虎の巻の特色

この問題集は、熊本の高校受験生の皆さんの志望校合格に向けて、効率の良い学習を進めることができるように編集作成したものです。したがって、学習したいところから取り組め、確実に得点になる演習ができるように、教科・単元別にしております。また、自分ひとりでも学習できるよう詳しい解説を掲載し、さらに無料で質問できるサービス'とらサポ'が入試直前までの心強い味方です。

虎の巻の使い方

過去10年間の入試問題を見てみると、似た形式の問題が数多く存在します。そこで、実際に出題された問題を単元ごとに集中的に繰り返すことで、パターンを掴みしっかりマスターすることができます。

1回目：1単元ごとにノートに解いてみる。

教科書を見てもよし、誰かに教えてもらいながらでもよいです。実際に問題を解くことで入試のレベルを知り、自分の苦手なところを発見しながら学習を進めましょう。この1回目で間違った問題には印をつけておきましょう。

2回目：何も見ずに解いてみる。

1回目の印をつけた問題は解けるようになりましたか？
ただし、1度解いても忘れるものです。もう一度解く事が復習になり、より一層理解を高めることができます。ここで全体の半分程解く事が出来れば十分です。間違った問題には2回目の印をつけ、理解できるまで何度もやり直しましょう。

3回目：冬休みや入試前に、1つの問題に対して7分～15分で解いてみる。

時間を計って問題を解くことで、入試を想定することができます。
短い時間で正確に問題を解けるようにしましょう。そして、どれだけ力がついたか【本番形式：実践問題】で力試しをしてください。

もくじ

(注1) 編集上、掲載していない問題が一部ございます。
(注2) 著作権の都合により、実際の入試に使用されている写真と違うところがございます。
＊上記（注1）（注2）をあらかじめご了承の上、ご活用ください。

公立高校入試出題単元

過去9年間
(平成27年～令和5年迄)

数　学

計算問題

■令和5年度 [1] (6題)
■令和4年度 [1] (6題)
■令和3年度 [1] (6題)
■令和2年度 [1] (6題)
■平成31年度 [1] (6題)
■平成30年度 [1] (6題)
■平成29年度 [1] (6題)
■平成28年度 [1] (6題)
■平成27年度 [1] (6題)

小問

■令和5年度 [2] AB (7題)
■令和4年度 [2] AB (7題)
■令和3年度 [2] B (7題)
■令和2年度 [2] B (6題)
■平成31年度 [2] B (6題)
■平成30年度 [2] B (7題)
■平成29年度 [2] B (7題)
■平成28年度 [2] B (7題)

方程式・確率・場合の数・数の規則性・資料の整理

■令和5年度 [3] (資料の整理)
■令和4年度 [3] (資料の整理)
■令和3年度 [3] (資料の整理)
■令和2年度 [3] (資料の整理)
■平成31年度 [3] (資料の整理)
■平成30年度 [3] (数)
■平成29年度 [3] (正三角形)
■平成27年度 [3] (数)

一次関数と二次関数

■令和5年度 [5] AB
■令和4年度 [5] AB
■令和3年度 [5] AB
■令和2年度 [5] B
■平成31年度 [5] AB
■平成30年度 [5] AB
■平成29年度 [5] AB
■平成28年度 [5] B
■平成27年度 [5] B

平面図形(証明)

■令和5年度 [6] AB
■令和4年度 [6] AB
■令和3年度 [6] AB (円と三角形)
■令和2年度 [6] B (円と三角形)
■平成31年度 [6] AB (円と三角形)
■平成30年度 [6] AB (円と三角形)
■平成29年度 [6] B (円と内接する三角形)
■平成28年度 [6] AB (円と内接する図形)
■平成27年度 [6] B (円と内接する三角形)

空間図形

■令和5年度 [4]
■令和4年度 [4]
■令和3年度 [4] (三角柱)
■令和2年度 [4] (円すいと三角形)
■平成31年度 [4] (三角すい)
■平成30年度 [4] (三角柱)
■平成27年度 [4] (三角柱)
■平成29年度 [4] (球)
■平成28年度 [4] (円すいと球)

計算問題

■令和５年度問題

1　次の計算をしなさい。

(1) $\frac{1}{7}+\frac{1}{2}$　(2) $6+4\times(-3)$

(3) $8x+9y+7(x-y)$　(4) $8a^3b\div(-6ab)^2\times9b$

(5) $(x+1)(x-5)+(x+2)^2$　(6) $\sqrt{30}\div\sqrt{5}+\sqrt{54}$

■令和４年度問題

1　次の計算をしなさい。

(1) 0.5×0.7　(2) $-9+8\div4$

(3) $\frac{x+3y}{4}+\frac{7x-5y}{8}$　(4) $6ab\div(-9a^2b^2)\times3a^2b$

(5) $(2x-3)^2-4x(x-1)$　(6) $(\sqrt{6}-2)(\sqrt{3}+\sqrt{2})+\frac{6}{\sqrt{2}}$

■令和３年度問題

1　次の計算をしなさい。

(1) $\frac{1}{3}+\frac{2}{7}$　(2) $8+7\times(-4)$　(3) $3(x+y)-2(x-6y)$

(4) $(-6a)^2\times2ab^2\div(-9a^2b)$　(5) $(2x+1)^2+(5x+1)(x-1)$

(6) $\frac{\sqrt{10}}{4}\times\sqrt{5}+\frac{3}{\sqrt{8}}$

■令和２年度問題

1　次の計算をしなさい。

(1) 600×1.1　(2) $6+(-3)^2$　(3) $\frac{9x+5y}{8}-\frac{x-y}{2}$

(4) $(8a^3b^2+4a^2b^2)\div(2ab)^2$　(5) $(3x+7)(3x-7)-9x(x-1)$

(6) $(\sqrt{5}+1)^2-\sqrt{45}$

■平成31年度問題

1　次の計算をしなさい。

(1) $\frac{3}{4}\times\frac{5}{9}$　(2) $7-2\times(-3)$　(3) $7x+y-(5x-8y)$

(4) $48a^2b^2\div(-4a)\div(-2b)^2$　(5) $(3x-1)^2+6x(1-x)$　(6) $\sqrt{90}+\frac{60}{\sqrt{10}}$

■平成30年度問題

1　次の計算をしなさい。

(1) 700×1.08　(2) $-15+9\div(-3)$

(3) $\frac{x+y}{6}+\frac{2x-y}{3}$　(4) $9a^2\div(-6ab)\times(-2b^2)$

(5) $(x+4)(x-4)-(x+2)(x-8)$　(6) $\frac{\sqrt{75}}{3}+\sqrt{\frac{16}{3}}$

■平成29年度問題

1　次の計算をしなさい。

(1) $\frac{7}{4}\div\frac{1}{8}$　(2) $10+(6-9)\times5$　(3) $\frac{5x+7y}{2}+x-4y$

(4) $(-2)^3\times(ab)^2\times6b$　(5) $9x^2-(3x-1)^2$　(6) $(\sqrt{6}+\sqrt{3})(\sqrt{8}-2)$

■平成28年度問題

1　次の計算をしなさい。

(1) $\frac{2}{3}-\frac{1}{4}$　(2) $9+5\times(-7)$　(3) $8x+y-6(x-y)$

(4) $(-4a)^2\times9a\div6a^2$　(5) $(x-4)^2+x(8-x)$　(6) $\sqrt{27}+\frac{15}{\sqrt{3}}$

■平成27年度問題

1　次の計算をしなさい。

(1) 0.8×0.7　(2) $9-15\div(-3)$　(3) $\frac{x-7y}{4}+\frac{x+5y}{3}$

(4) $9a\div(6ab)^2\times8ab^3$　(5) $(x-2)(x+4)+x(x-2)$　(6) $(\sqrt{6}+1)^2$

小問

■令和５年度問題

2　次の各問いに答えなさい。

(1)　一次方程式　$5x+8=3x-4$　を解きなさい。

(2)　二次方程式　$2x^2+5x-1=0$　を解きなさい。

(3)　y は x に反比例し，$x=2$ のとき $y=3$ である。$x=5$ のときの y の値を求めなさい。

(4)　右の図は，点 O を中心とする円で，2 点 A，B は円 O の周上にある。点 C は円 O の外部にあり，AC＝BC である。線分 BC と円 O との交点のうち，B と異なる点を D とする。

∠ACB＝54°，∠AOB＝140° であるとき，∠OAD の大きさを求めなさい。

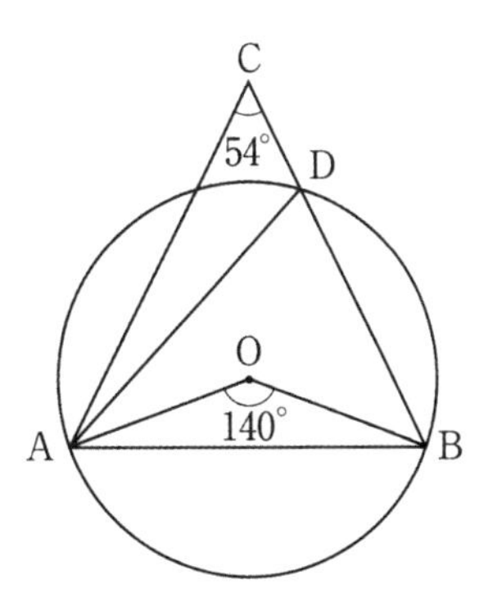

(選択問題 A)

(5)　右の図のように，平行でない 2 本の直線 ℓ，m があり，ℓ 上に点 A，m 上に点 B がある。線分 AB 上に，ℓ と m の両方に接する円の中心 O をとりたい。点 O を，定規とコンパスを使って作図しなさい。なお，作図に用いた線は消さずに残しておくこと。

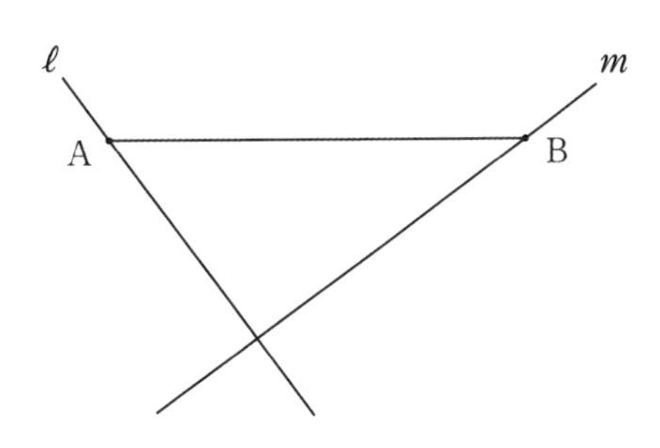

(6)　下の図のように，箱 A と箱 B の 2 つの箱がある。箱 A には 1，2，3，4 の数字が 1 つずつ書かれた 4 枚のカードが，箱 B には 1，2，3，4，5 の数字が 1 つずつ書かれた 5 枚のカードが入っている。箱 A，箱 B の順に，それぞれの箱から 1 枚ずつカードを取り出し，取り出した順に左から右にカードを並べて 2 けたの整数をつくる。

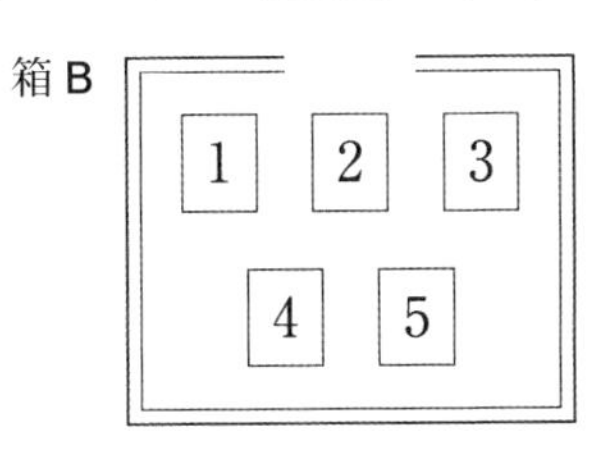

①　つくることができる 2 けたの整数のうち，6 の倍数は何個できるか，求めなさい。

②　つくることができる 2 けたの整数が 3 の倍数になる確率を求めなさい。ただし，どのカードが取り出されることも同様に確からしいものとする。

(7)　健太さんと直樹さんは，航平さんと，運動公園にある 1 周 2400m のジョギングコースを走った。3 人ともスタート地点から同じ方向に一定の速さで走り，健太さんと直樹さんは，健太さんから直樹さんの順にそれぞれ 1 周ずつ，航平さんは一人で 2 周走った。

また，健太さんと直樹さんは次のように走った。

・健太さんは走り始めてから 12 分後に 1 周を走り終え，直樹さんへ引き継いだ。
・直樹さんは引き継ぎと同時に走り始め，引き継ぎから 15 分後に 1 周を走り終えた。

一方，航平さんは次のように走った。

・航平さんは，健太さんが走り始めてから 4 分後に走り始めた。
・健太さんが 1 周を走り終えたとき，航平さんは 1 周目の途中を走っており，健太さんと 640m 離れていた。
・航平さんは 2 周目の途中で直樹さんを追いこし，2 周を走り終えた。

下の図は，健太さんが走り始めてから x 分後の，健太さんと直樹さんが走った距離の合計を y m として，x と y の関係をグラフに表したものに，航平さんが走ったようすをかき入れたものである。

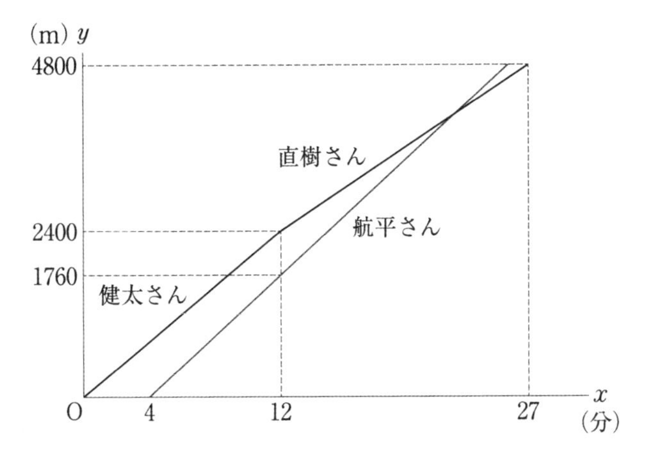

①　航平さんの走る速さは毎分何 m か，求めなさい。

②　航平さんが直樹さんと並んだのは，健太さんが走り始めてから何分何秒後か，求めなさい。

（選択問題 B）

(5) 右の図のように，四角形 ABCD があり，辺 AB 上に点 E がある。点 E で辺 AB に接し，辺 CD にも接する円の中心 O を，定規とコンパスを使って作図しなさい。なお，作図に用いた線は消さずに残しておくこと。

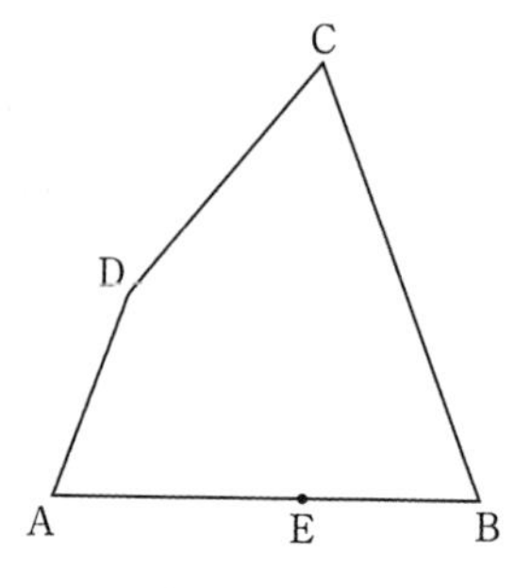

(6) 下の図のように，箱 A，箱 B の 2 つの箱がある。箱 A には 2，4 の数字が 1 つずつ書かれた 2 枚の赤いカードと 2 の数字が書かれた 1 枚の白いカードが，箱 B には 3，6 の数字が 1 つずつ書かれた 2 枚の赤いカードと 3，4，6 の数字が 1 つずつ書かれた 3 枚の白いカードが入っている。箱 A と箱 B からそれぞれ 1 枚ずつカードを取り出し，取り出した 2 枚のカードを用いて次のように得点を決めることにした。

- 取り出した 2 枚のカードの色が同じときは，その 2 枚のカードに書かれた数の積を得点とする。
- 取り出した 2 枚のカードの色が異なるときは，その 2 枚のカードに書かれた数の和を得点とする。

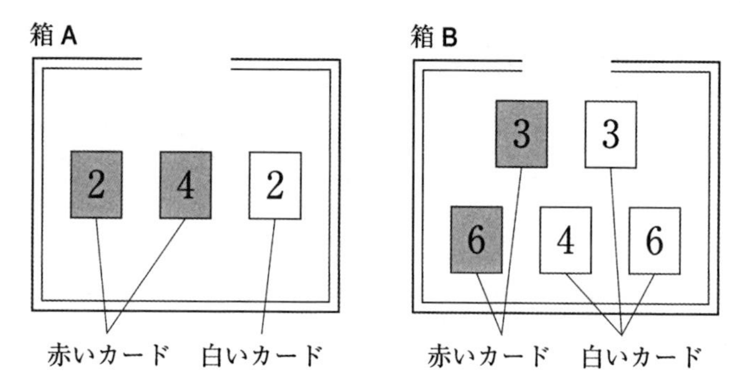

① 得点の最大値を求めなさい。

② 次の［ ア ］，［ イ ］に当てはまる数を入れて，文を完成しなさい。ただし，どのカードが取り出されることも同様に確からしいものとする。

> 得点が［ ア ］点となる確率が最も高く，その確率は［ イ ］である。

(7) 健太（けんた）さんと直樹（なおき）さんは，航平（こうへい）さんと，運動公園にある 1 周 2400m のジョギングコースを走った。

健太さんと直樹さんはスタート地点から 1 周ずつ，健太さんから直樹さんの順にそれぞれ一定の速さで走った。健太さんは走り始めてから 12 分後に 1 周を走り終え，直樹さんへ引き継いだ。直樹さんは引き継ぎと同時に健太さんと同じ方向に走り始め，引き継ぎから 15 分後に 1 周を走り終えた。

一方，航平さんは一人で 2 周を走ることとし，健太さんが走り始めて a 分後に，毎分 240m の速さで健太さんと同じスタート地点から健太さんと同じ方向に走り始めた。健太さんが走り終えたとき，航平さんは 1 周目の途中を走っており，健太さんと 240m 離れていた。航平さんは 2 周目の途中で直樹さんを追いこし，その後も毎分 240m の速さで 2 分以上走ったが，ある地点で b 分間立ち止まった。航平さんは，直樹さんが航平さんに並ぶと同時に直樹さんと同じ速さで一緒に走り，2 周を走り終えた。

下の図は，健太さんが走り始めてから x 分後の，健太さんと直樹さんが走った距離の合計を ym として，x と y の関係をグラフに表したものである。

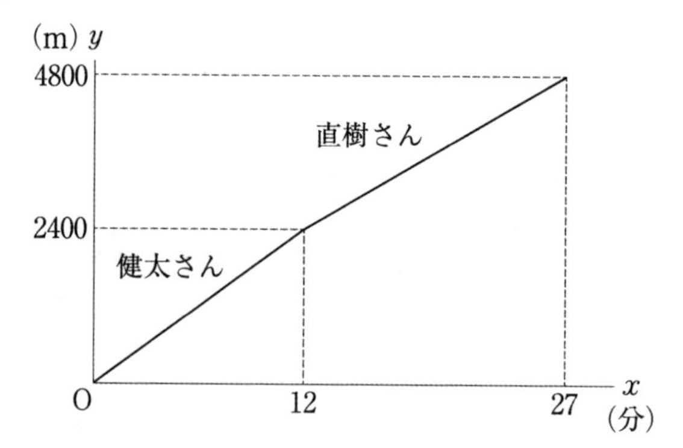

① a の値を求めなさい。

② 航平さんが直樹さんと最初に並んだのは，健太さんが走り始めてから何分後か，求めなさい。

③ b の値の範囲を求めなさい。

■令和4年度問題

2 次の各問いに答えなさい。

(1) 一次方程式 $3x-7=8-2x$ を解きなさい。

(2) 二次方程式 $2x^2+7x+1=0$ を解きなさい。

(3) 下の**記録**は，ある中学校の生徒14人がハンドボール投げを行ったときの結果を，距離の短い方から順に並べたものである。

記録

8，10，10，11，11，12，12，14，14，15，16，17，17，18

(単位：m)

① ハンドボール投げの**記録**の中央値を求めなさい。

② ハンドボール投げの**記録**の箱ひげ図をかきなさい。

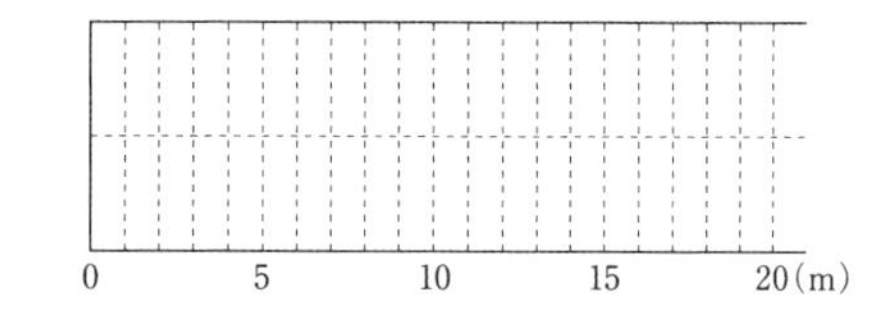

(4) 右の図は，線分ABを直径とする半円で，点OはABの中点である。2点C，Dは$\overset{\frown}{AB}$上にあって，$\overset{\frown}{AC}$と$\overset{\frown}{CD}$の長さの比は1：2である。また，点EはACの延長と点Dで半円に接する直線との交点である。

∠BAE＝70°であるとき，∠CEDの大きさを求めなさい。

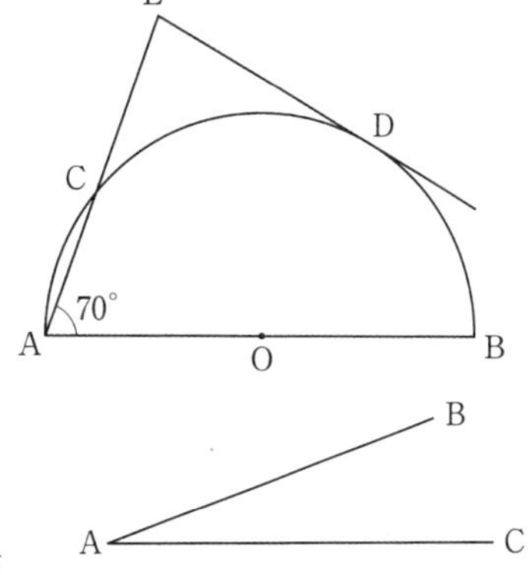

(選択問題A)

(5) 右の図のように，2つの線分AB，ACがある。線分AB上に点Pを，∠PAC＝∠PCAとなるようにとりたい。点Pを，定規とコンパスを使って作図しなさい。なお，作図に用いた線は消さずに残しておくこと。

(6) 次の図のように，袋**A**と袋**B**の2つの袋がある。袋**A**には1，3の数字が1つずつ書かれた2個の玉が入っており，袋**B**には1，3，4の数字が1つずつ書かれた3個の玉が入っている。袋**A**からは1個の玉を，袋**B**からは同時に2個の玉を取り出し，取り出した3個の玉を用いて次のようにして得点を決めることにした。

・取り出した3個の玉に書かれた3つの数がすべて異なるときは，その3つの数の和を得点とする。
・取り出した3個の玉に書かれた3つの数のうち，2つの数が同じときは，その2つの数の積と残り1つの数との和を得点とする。

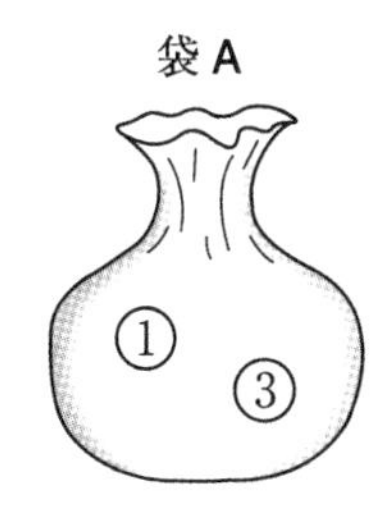

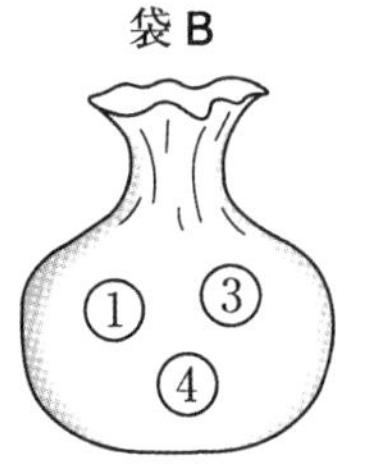

① 袋**A**から3の数字が書かれた1個の玉を，袋**B**から3，4の数字が書かれた2個の玉を取り出したときの得点を求めなさい。

② 得点が奇数になる確率を求めなさい。ただし，どの玉が取り出されることも同様に確からしいものとする。

(7) 長さ25mのプールで，妹と姉が，同じスタートラインから別々のレーンを泳ぎ始め，一定の速さで1往復してゴールした。

妹は，スタートしてから50秒後にゴールし，姉は妹より14秒遅くスタートして，4秒遅くゴールした。下の図は，妹のスタートから計測を始めてx秒後の妹と姉の位置を，それぞれのスタート地点からの距離ymで表したグラフである。ただし，妹と姉の身長や折り返しのターンにかかる時間は考えないものとする。

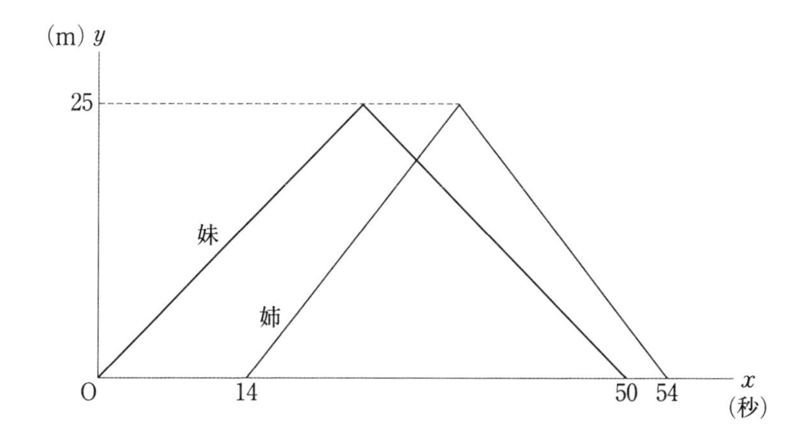

① 妹と姉の泳ぐ速さは，それぞれ毎秒何 m か，求めなさい。

② グラフから，妹と姉は 1 回すれちがっていることがわかる。妹と姉がすれちがったのは，妹がスタートしてから何秒後か，求めなさい。

(選択問題 B)

(5) 右の図のように，∠ADC＝90° の四角形 ABCD がある。辺 AB 上に点 P を，∠APD＝∠ACD となるようにとりたい。点 P を，定規とコンパスを使って作図しなさい。なお，作図に用いた線は消さずに残しておくこと。

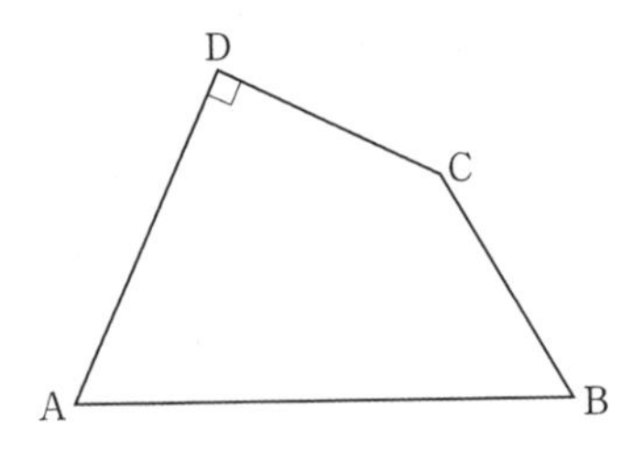

(6) 下の図のように，袋 A と袋 B の 2 つの袋がある。袋 A には 1 の数字が書かれた 1 個の赤玉と 2 の数字が書かれた 1 個の白玉が入っており，袋 B には 0，2，3 の数字が 1 つずつ書かれた 3 個の赤玉と 3 の数字が書かれた 1 個の白玉が入っている。袋 A からは 1 個の玉を，袋 B からは同時に 2 個の玉を取り出し，取り出した 3 個の玉を用いて次のようにして得点を決めることにした。

・取り出した 3 個の玉のうち，3 個の玉の色がすべて同じときは，その 3 個の玉に書かれた 3 つの数の和を得点とする。
・取り出した 3 個の玉のうち，2 個の玉だけ色が同じときは，その 2 個の玉に書かれた 2 つの数の積と残り 1 個の玉に書かれた数との和を得点とする。

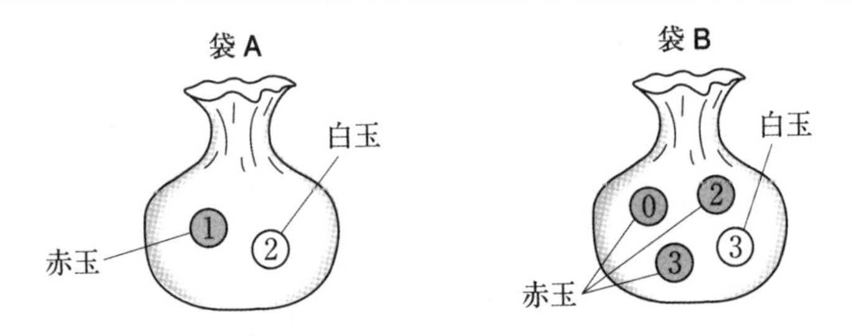

① 袋 A から 1 の数字が書かれた赤玉を，袋 B から 2 の数字が書かれた赤玉と 3 の数字が書かれた白玉を取り出したときの得点を求めなさい。

② 得点が奇数になる確率を求めなさい。ただし，どの玉が取り出されることも同様に確からしいものとする。

(7) 長さ 25m のプールで，妹と姉が，同じスタートラインから別々のレーンをクロールで泳ぎ始め，一定の速さで泳ぎ，2 往復してゴールした。

妹は，スタートしてから 100 秒後にゴールし，姉は，妹より 28 秒遅くスタートして，8 秒遅くゴールした。下の図は，妹のスタートから計測を始めて x 秒後の妹と姉の位置を，それぞれのスタート地点からの距離 y m で表したグラフである。ただし，妹と姉の身長や折り返しのターンにかかる時間は考えないものとする。

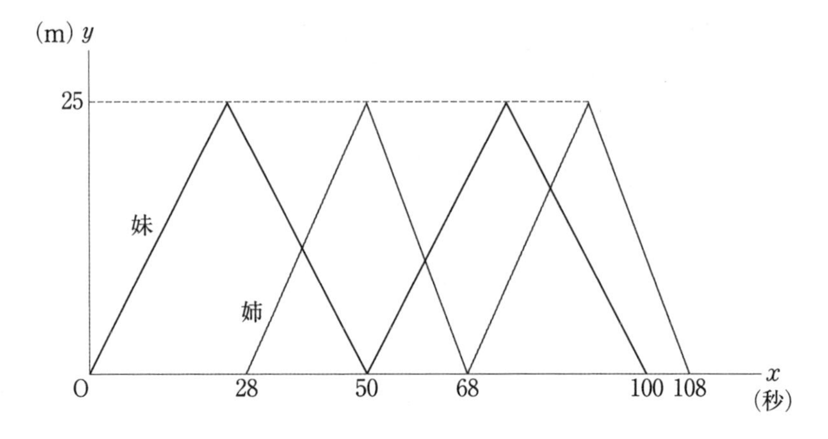

① グラフから，妹と姉は 3 回すれちがっていることがわかる。2 回目にすれちがったのは，妹がスタートしてから何秒後か，求めなさい。

② 次の日，妹と姉は同じプールを泳いで 2 往復した。妹は，前の日と同じ速さで泳いで 2 往復した。姉は，妹がスタートしてから a 秒後にスタートし，最初平泳ぎで毎秒 b m の速さで 1 往復し，続けてクロールで前の日と同じ速さで 1 往復して，妹より 8 秒遅くゴールした。妹と姉は，泳いでいる間に 3 回すれちがっており，2 回目にすれちがったのは，妹がスタートしてから 58 秒後であった。

a と b の値をそれぞれ求めなさい。

■令和３年度問題

2　次の各問いに答えなさい。

(1) 一次方程式　$2x+7=1-x$　を解きなさい。

(2) 二次方程式　$(x+3)(x-3)=x$　を解きなさい。

(3) 関数 $y=ax^2$（a は定数）について，x の値が 1 から 4 まで増加するときの変化の割合は 4 である。a の値を求めなさい。

(4) 右の図のように，1，2，3，4，5 の数字が 1 つずつ書かれた 5 個の玉が入った箱がある。この箱から玉を 1 個取り出し，その玉を箱にもどさずに，続けてもう 1 個玉を取り出す。最初に取り出した玉に書かれている数を a，次に取り出した玉に書かれている数を b とする。

　このとき，$\dfrac{3b}{2a}$ の値が整数になる確率を求めなさい。ただし，どの玉が取り出されることも同様に確からしいものとする。

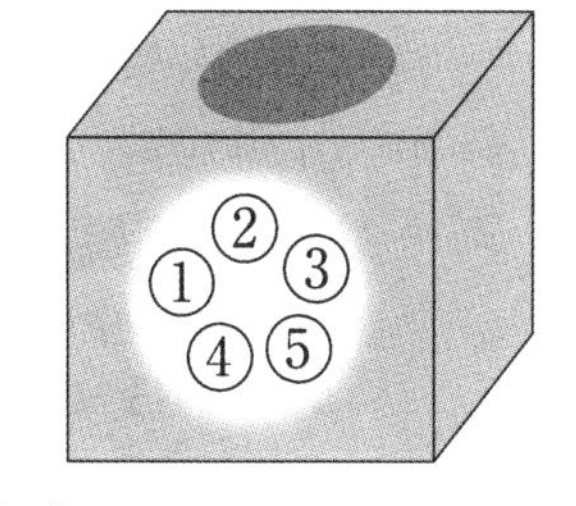

（選択問題 B）

(5) 右の図のように，△ABC がある。∠BAP＝∠CAP，∠PBA＝60° となる点 P を，定規とコンパスを使って作図しなさい。なお，作図に用いた線は消さずに残しておくこと。

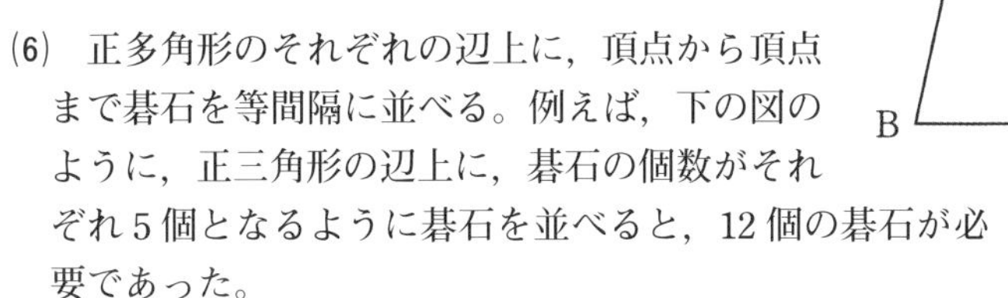

(6) 正多角形のそれぞれの辺上に，頂点から頂点まで碁石を等間隔に並べる。例えば，下の図のように，正三角形の辺上に，碁石の個数がそれぞれ 5 個となるように碁石を並べると，12 個の碁石が必要であった。

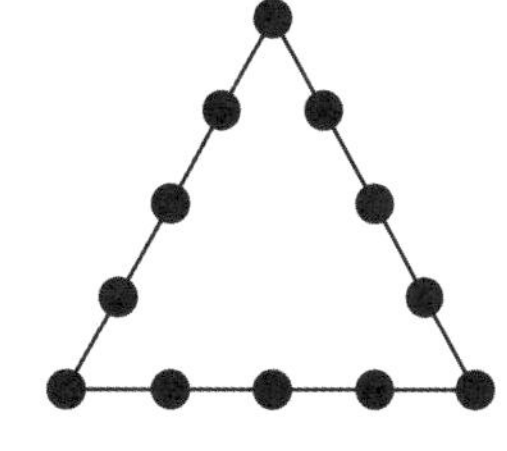

① a，b を 3 以上の自然数とする。正 a 角形の辺上に，碁石の個数がそれぞれ b 個となるように碁石を並べる。このときに必要な碁石の個数を a，b を使った式で表しなさい。

② n を 3 以上の自然数とする。正 n 角形の辺上に，碁石の個数がそれぞれ n 個となるように碁石を並べるときに必要な碁石の個数が，正 $(n+2)$ 角形の辺上に，碁石の個数がそれぞれ $(n+1)$ 個となるように碁石を並べるときに必要な碁石の個数よりも 24 個少なかった。

　このとき，n の値を求めなさい。

(7) 大輔（だいすけ）さんは，自分が住んでいるヒバリ市と，となりのリンドウ市の水道料金について調べた。あとの**表**は，1 か月当たりの基本料金と使用量ごとの料金を市ごとに表したものであり，あとの**図**は，1 か月間に水を x m^3 使用したときの水道料金を y 円として，2 つの市において，x と y の関係をそれぞれグラフに表したものである。

　なお，1 か月当たりの水道料金は，

　　(基本料金)＋(使用量ごとの料金)×(使用量)　……㋐

で計算するものとする。

　例えば，1 か月間の水の使用量が 25m^3 のとき，

ヒバリ市の水道料金は，620＋140×10＋170×5＝2870(円)，

リンドウ市の水道料金は，900＋110×25＝3650(円)　となる。

表

	基本料金	使用量ごとの料金（1m^3 につき）	
ヒバリ市	620 円	0m^3 から 10m^3 まで	0 円
		10m^3 をこえて 20m^3 まで	140 円
		20m^3 をこえた分	170 円
リンドウ市	900 円	110 円	

図

(円) y
リンドウ市
ヒバリ市
2000
900
620
O　10　20　x (m^3)

① ヒバリ市とリンドウ市のそれぞれの市において 1 か月間に同じ量の水を使用したところ，それぞれの市における水道料金も等しくなった。このときの水道料金を求めなさい。

② 1 か月当たりの基本料金を a 円，使用量ごとの料金を 1m^3 につき 80 円として，次の 2 つの条件をみたすように水道料金を設定するとき，a の値の範囲を求めなさい。

　なお，1 か月当たりの水道料金は，㋐と同じ式で計算するものとする。

〈条件〉
- 1 か月間の水の使用量が 10m^3 のとき，1 か月当たりの水道料金が，ヒバリ市とリンドウ市のそれぞれの水道料金より高くなるようにする。
- 1 か月間の水の使用量が 30m^3 のとき，1 か月当たりの水道料金が，ヒバリ市とリンドウ市のそれぞれの水道料金より安くなるようにする。

■令和２年度問題

2　次の各問いに答えなさい。(4)は除く。

(1)　一次方程式　$x-4=5x+16$　を解きなさい。

(2)　二次方程式　$x^2-3x-1=0$　を解きなさい。

(3)　次のア～オから，y が x の関数であるものを**すべて**選び，記号で答えなさい。

ア　1 辺の長さが $x$cm である正方形の面積 $y\text{cm}^2$

イ　頂点が x 個である正多角形の 1 つの外角の大きさ y 度

ウ　降水確率が x%の日の最高気温 y℃

エ　3%の食塩水 xg にとけている食塩の量 yg

オ　自然数 x の倍数 y

(選択問題 B)

(5)　右の図のように，円があり，円の周上に 3 点 A，B，C がある。A を含まない $\overset{\frown}{BC}$ 上に点 P を，△BPC の面積が△ABC の面積と等しくなるようにとりたい。点 P を，定規とコンパスを使って 1 つ作図しなさい。なお，作図に用いた線は消さずに残しておくこと。

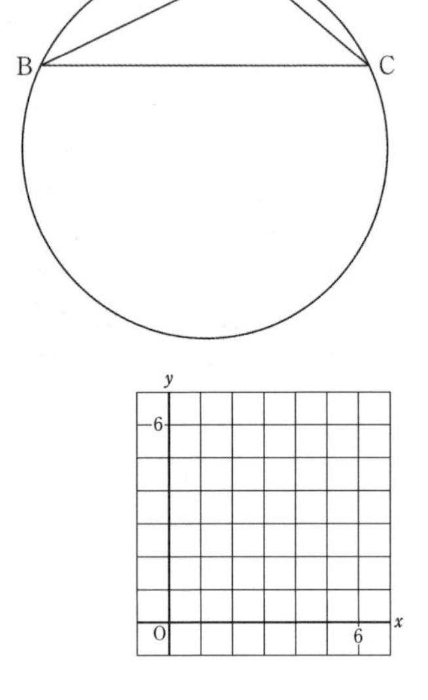

(6)　2 つのさいころ A，B と，右の図のような，方眼紙に座標軸をかいた平面があり，点 O は原点である。さいころ A，B を投げて，それぞれのさいころの出る目の数を a, b として，次のルールで点 P の x 座標と y 座標をそれぞれ決める。ただし，さいころの 1 から 6 までのどの目が出ることも同様に確からしいものとする。

〈ルール〉

・点 P の x 座標は，a の値が奇数のとき a，偶数のとき $\frac{a}{2}$ とする。

・点 P の y 座標は，b の値が奇数のとき b，偶数のとき $\frac{b}{2}$ とする。

例えば，$a=1$，$b=6$ のとき，P(1, 3) となり，$a=2$，$b=4$ のとき，P(1, 2) となる。

①　点 P が関数 $y=x$ のグラフ上の点となる確率を求めなさい。

②　点 P と原点 O との距離が 4 以下となる確率を求めなさい。

(7)　駅からスタジアムまでの 9km の路線を，3 台のバスが一定の速さで往復運行している。それぞれのバスは，駅とスタジアムの間を 15 分で運行し，スタジアムでは 5 分間，駅では 10 分間停車する。

①　ある日，大輔(だいすけ)さんは，午前 10 時 10 分に自転車に乗って駅を出発し，バスと同じ路線をスタジアムに向かって時速 18km で走った。

下の図は，午前 10 時から午前 11 時までにおける時間と，それぞれのバスの駅からの道のりとの関係をグラフに表したものに，大輔さんが駅からスタジアムに向かって進んだようすをかき入れたものである。

グラフから，大輔さんは，スタジアムに到着するまでに，スタジアムを出発したバスと 3 回すれちがい（○印），駅を出発したバスに 1 回追いこされた（▫印）ことがわかる。

大輔さんが 2 回目にバスとすれちがったのは午前 10 時何分何秒か，求めなさい。

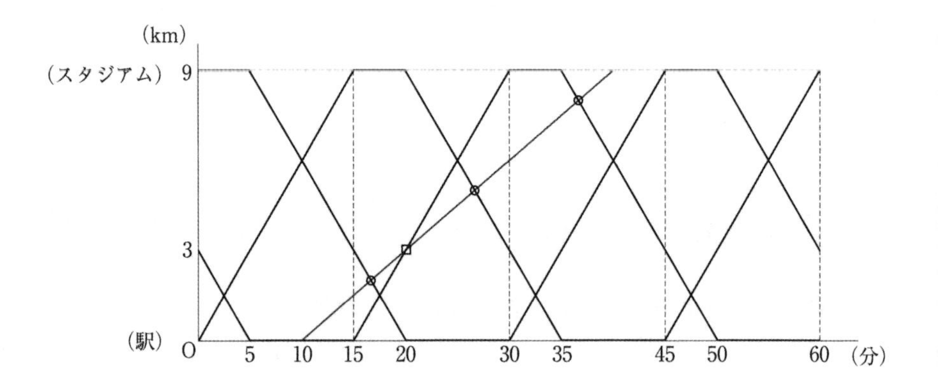

②　次の日に大輔さんは，午前 10 時 10 分に自転車に乗って駅を出発し，バスと同じ路線をスタジアムに向かって時速 $a$km で走った。大輔さんはスタジアムに到着するまでに，スタジアムを出発したバスと 4 回すれちがい，駅を出発したバスに 2 回追いこされた。なお，このときのバスの運行状況は前の日と同じであった。

a の値の範囲を求めなさい。

■平成31年度問題

2　次の各問いに答えなさい。

(1) 一次方程式　$\dfrac{2x+9}{5}=x$　を解きなさい。

(2) 右の図で，ある数を**ア**に当てはめると，**イ**，**ウ**の数は，書いてある計算のルールにしたがって順に決まっていく。

（ア）―9をひく→（イ）―$\frac{2}{3}$をかける→（ウ）

① 2019を**ア**に当てはめたとき，**ウ**の数を求めなさい。

② ある数xを**ア**に当てはめると，**ウ**の数はyとなった。さらに，yを**ア**に当てはめると，**ウ**の数は2となった。このとき，x，yの値を求めなさい。

(3) 次の［ア］には式を入れ，［イ］には，①から②を導くことができるように説明の続きを書いて，説明を完成しなさい。ただし，$a>0$，$b^2-4ac>0$とする。

> 二次方程式$ax^2+bx+c=0$の解$x=$［ア］は，等式を変形していくことで次のように説明できる。
>
> $ax^2+bx+c=0$
>
> 両辺をaでわると，$x^2+\dfrac{b}{a}x+\dfrac{c}{a}=0$　……①
>
> ［イ］
>
> よって，$x=$［ア］　……②

(選択問題B)

(4) 右の図のように，直線ℓ上の点Aと，ℓ上にない点Bがある。Aでℓに接し，Bを通る円の中心Pを，定規とコンパスを使って作図しなさい。なお，作図に用いた線は消さずに残しておくこと。

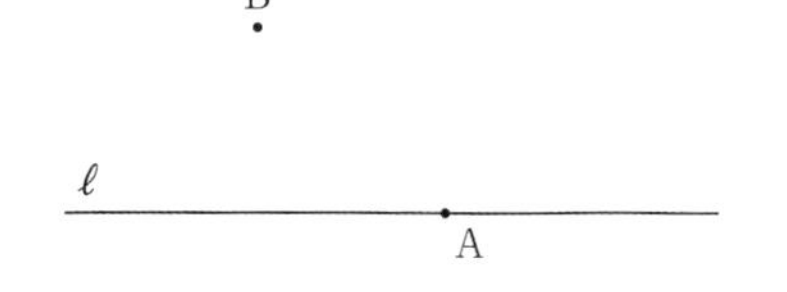

(5) あとの図のように，3つの箱A，B，Cがあり，箱Aには6，7の数字が1つずつ書かれた2枚のカードが，箱Bには+，−の記号が1つずつ書かれた2枚のカードが入っていて，箱Cにはまだカードが1枚も入っていない。

ここで，3，4，5の数字が1つずつ書かれた3枚のカードから1枚のカードを選んで箱Aに入れ，残りの2枚のカードを箱Cに入れる。カードを入れたあと，箱A，箱B，箱Cの順にそれぞれの箱から1枚ずつカードを取り出し，取り出した順に左から並べて式を作り，計算する。ただし，それぞれの箱では，どのカードが取り出されることも同様に確からしいものとする。

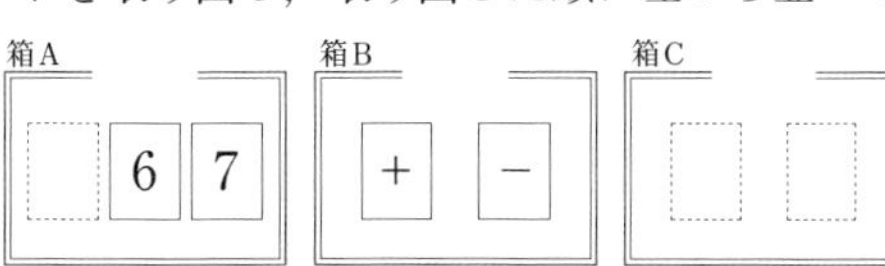

① 箱Aに，5の数字が書かれたカードを選んで入れたとき，計算の結果が素数になる確率を求めなさい。

② 次の［ア］，［イ］に当てはまる数を入れて，文を完成しなさい。

> 計算の結果が正の奇数になる確率は，箱Aに［ア］の数字が書かれたカードを選んで入れたときに最も高くなり，その確率は［イ］である。

(6) 下の図のように，200Lの水が入った水そうと，300Lの水が入ったタンクがある。

水そうの底についている排水装置は，毎分2Lの割合で排水する。また，水そうの水の量が150Lになったとき，タンクの底についている給水装置が自動で動き始め，毎分5Lの割合で20分間水そうへ給水する。

下の右図は，水そうの排水装置を145分間動かしたときの，排水装置が動き始めてからの時間と，水そうの水の量との関係をグラフに表したものに，タンクの水の量の変化のようすをかき入れたものである。

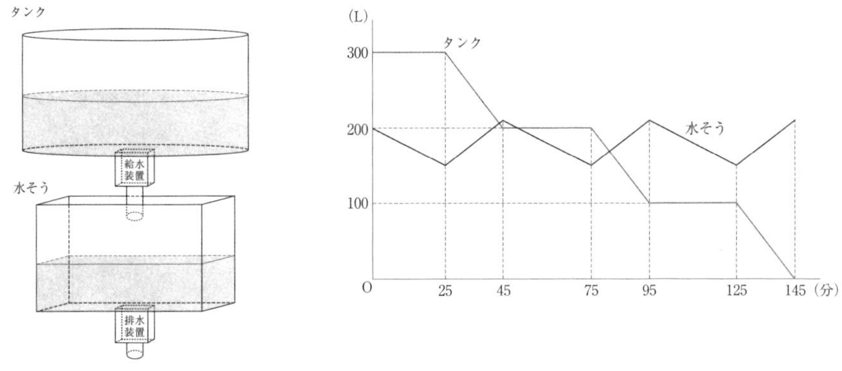

① 水そうの排水装置が動き始めてから30分後の，水そうの水の量とタンクの水の量をそれぞれ求めなさい。

② 水そうの排水装置が動き始めてからタンクが空になるまでに，水そうの水の量とタンクの水の量が等しくなるときが，グラフから3回あることがわかる。3回目に水そうの水の量とタンクの水の量が等しくなるのは，水そうの排水装置が動き始めてから何分何秒後か，求めなさい。

■平成30年度問題

2 次の各問いに答えなさい。

(1) 一次方程式 $5x=3(x+4)$ を解きなさい。

(2) $(x+2)^2+(x+2)-12$ を因数分解しなさい。

(3) あるお店にすいかとトマトを買いに行った。このお店では，すいか1個を a 円の2割引きで，トマト1個を b 円で売っていて，すいか1個とトマト3個をまとめて買ったところ，代金の合計は1000円より安かった。この数量の関係を不等式で表しなさい。

(4) 右の表は，美咲(みさき)さんのお父さんが，ある週の月曜日から金曜日までの5日間に，20分間のウォーキングで歩いた歩数を曜日ごとに表したものである。

① お父さんがウォーキングで歩いた歩数の1日当たりの平均値を求めなさい。

② お父さんの1歩の歩幅が60cmのとき，お父さんが5日間のウォーキングで歩いた距離の合計は何kmか，求めなさい。

曜日	月	火	水	木	金
歩数(歩)	2424	2400	2391	2420	2415

(選択問題B)

(5) 右の図のように，2つの線分AB，CDがある。線分ABの垂直二等分線上にあって，2つの線分AB，CDから等しい距離にある点Pを，定規とコンパスを使って作図しなさい。なお，作図に用いた線は消さずに残しておくこと。

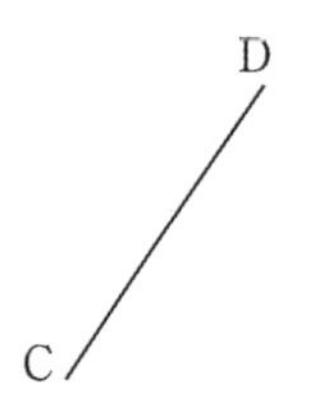

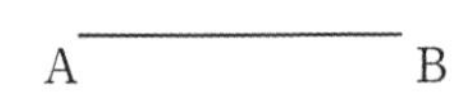

(6) 右の図のように，2つの関数

$y=\frac{5}{2}x+1$ ……㋐

$y=-x+8$ ……㋑

のグラフがある。

点Aは関数㋐，㋑のグラフの交点，点Bは関数㋐のグラフと y 軸との交点である。また，関数㋑のグラフと x 軸，y 軸との交点をそれぞれC，Dとする。

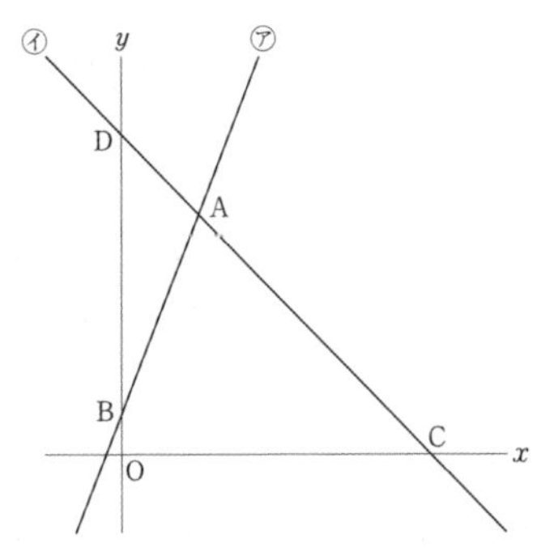

① 点Aの座標を求めなさい。

② 四角形ABOCの内部にあり，x 座標，y 座標がともに自然数である点の個数を a 個とする。また，△ADBの内部にあり，x 座標，y 座標がともに自然数である点の個数を b 個とする。

このとき，$a-b$ の値を求めなさい。ただし，それぞれの図形の辺上の点は含まないものとする。

(7) 下の**図1**のように，1，2，3の数字が1つずつ書かれた3個の赤玉と1，3の数字が1つずつ書かれた2個の白玉が入った袋がある。また，次の**図2**のように，点A，B，C，Dを頂点とする正方形がある。点Pは最初，正方形の頂点Aの位置にあり，次の操作を2回続けて行い，Pを移動させる。

〈操作〉

袋の中から玉を1個取り出す。

・玉の色が赤色のときは，Pを時計の針の回転と同じ向きに，玉に書かれた数だけ頂点から頂点へ正方形の辺上を移動させる。

・玉の色が白色のときは，Pを時計の針の回転と反対の向きに，玉に書かれた数だけ頂点から頂点へ正方形の辺上を移動させる。

Pを移動させた後，玉を袋の中にもどす。

図1

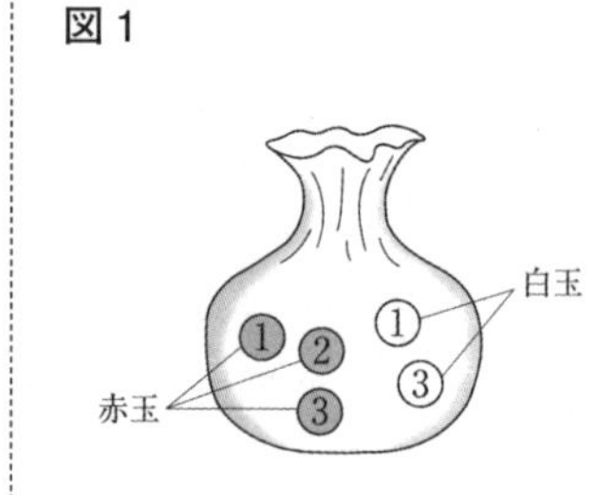

図2

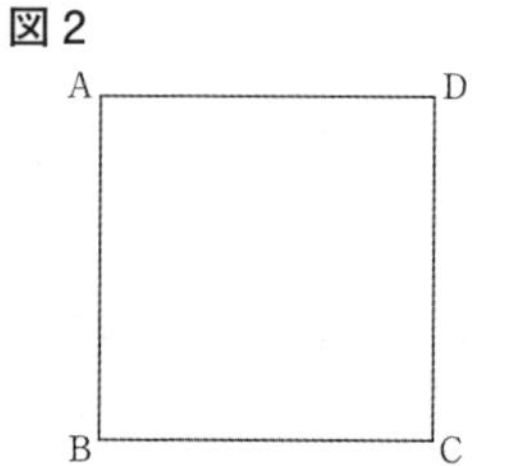

例えば，1回目に2の数字が書かれた赤玉を取り出し，2回目に3の数字が書かれた白玉を取り出したとき，Pの最後の位置はBである。

① 1回目に1の数字が書かれた白玉を取り出し，2回目に2の数字が書かれた赤玉を取り出したとき，Pの最後の位置を求めなさい。

② 次の［ア］にはA, B, C, Dのいずれかを，［イ］には数を入れて，文を完成しなさい。ただし，どの玉が取り出されることも同様に確からしいものとする。

2回の操作のあと，Pの最後の位置となる確率が最も高い頂点は［ア］で，その確率は［イ］である。

■平成29年度問題

2 次の各問いに答えなさい。

(1) 一次方程式 $1.3x-2=0.7x+1$ を解きなさい。

(2) ある数 x と，x を2乗した数との和は3である。このとき，x についての方程式をつくり，x の値を求めなさい。

(3) 右の図は，ある中学校の3年1組の男子20人と3年2組の男子20人のハンドボール投げの記録を，それぞれヒストグラムに表したものである。例えば，3年1組の男子のヒストグラムにおいて，25～30の階級では，ハンドボール投げの記録が25m以上30m未満の男子が7人いることを表している。

3年1組の男子と3年2組の男子の合計40人の記録を，階級が右の図と同じヒストグラムに表したとき，

① 最頻値を求めなさい。

② 中央値が入っている階級の相対度数を求めなさい。

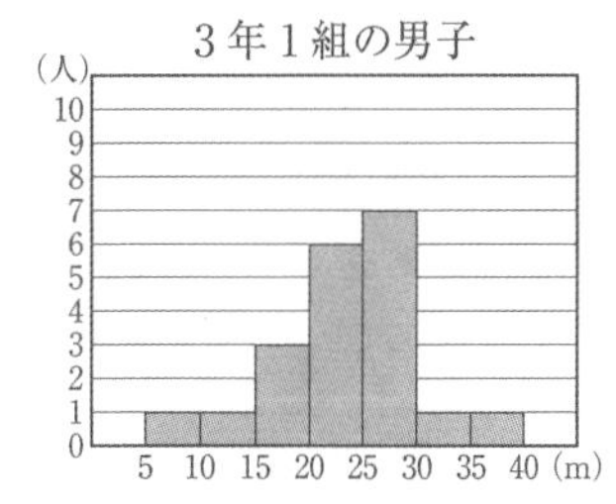

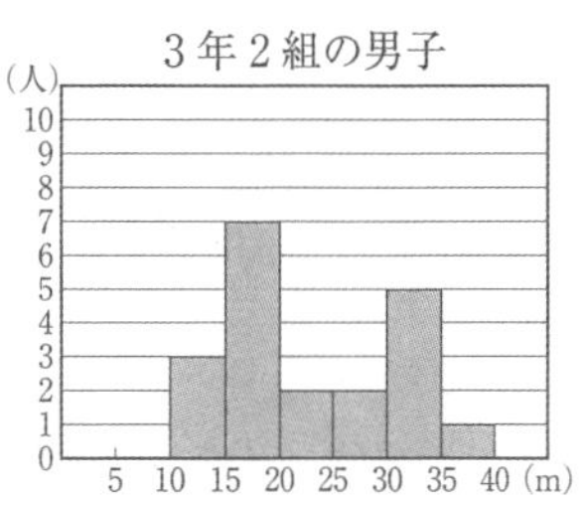

(4) 右の図は，線分ABを直径とする半円で，点Cは$\overset{\frown}{AB}$上にある。点Dは線分AC上にあって，DC＝BCである。また，点EはBDの延長と$\overset{\frown}{AC}$との交点である。

$\angle BAD=28^\circ$ であるとき，$\angle DCE$ の大きさを求めなさい。

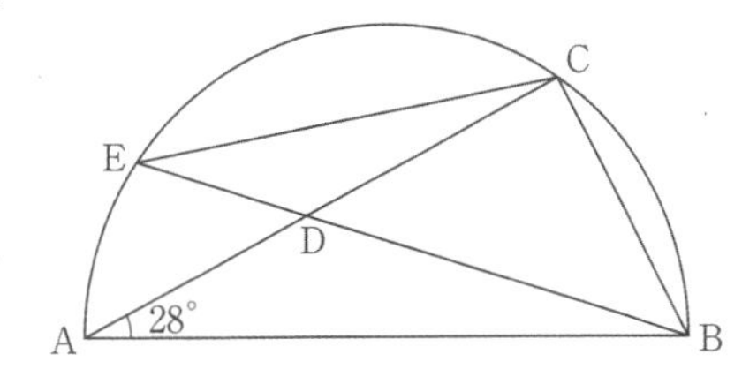

(選択問題B)

(5) 右の図のように，点Oを中心とする円の周上に点Aがあり，円の外部に点Bがある。Aを接点とする円Oの接線上にあって，2つの線分OP，PBの長さの和が最小となる点Pを，定規とコンパスを使って作図しなさい。なお，作図に用いた線は消さずに残しておくこと。

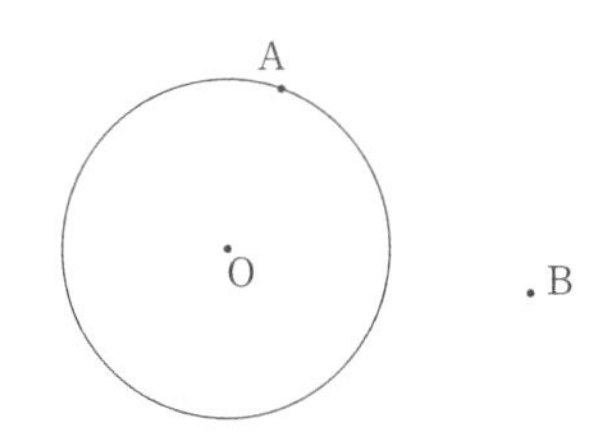

(6) 下の図のように，赤玉2個と白玉1個が入っている袋Aと，赤玉3個と白玉1個が入っている袋Bとがある。それぞれの袋で，袋の中から玉を1個取り出し，玉の色を確認してから袋にもどすことを2回行う。ただし，どの玉が取り出されることも同様に確からしいものとする。

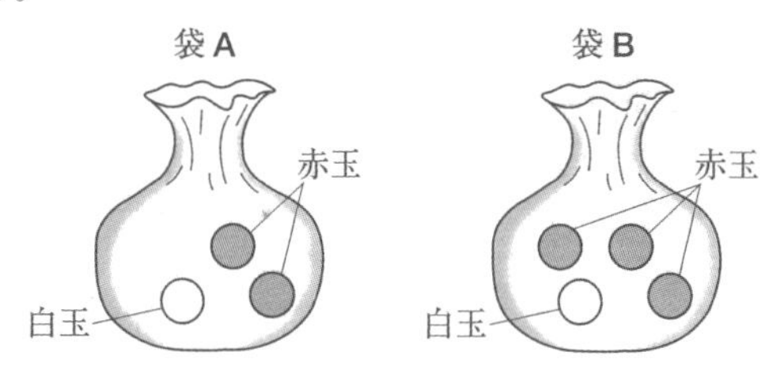

① 袋Aで，1回目と2回目で異なる色の玉が出る確率を求めなさい。

② 袋Bで，1回目と2回目で同じ色の玉が出る確率を求めなさい。

③ 袋Aと袋Bのどちらの方が，1回目と2回目で出る玉が同じ色になりやすいか，確率を使って説明しなさい。

(7) A駅とC駅の間にB駅があり，A駅とC駅の間を一定の速さで運行する普通列車と特急列車がある。

A駅からC駅に向かう普通列車は，午前9時にA駅を出発し，12km離れたB駅に午前9時16分に到着した。B駅で2分間停車し，B駅を出発してから20分後にC駅に到着した。

C駅からA駅に向かう特急列車は，午前9時12分にC駅を出発し，B駅には停車せずに通過して，午前9時36分にA駅に到着した。

下の図は，普通列車がA駅を出発してからの時間と，A駅からの道のりとの関係をグラフに表したものに，特急列車がC駅を出発して運行したようすをかき入れたものである。

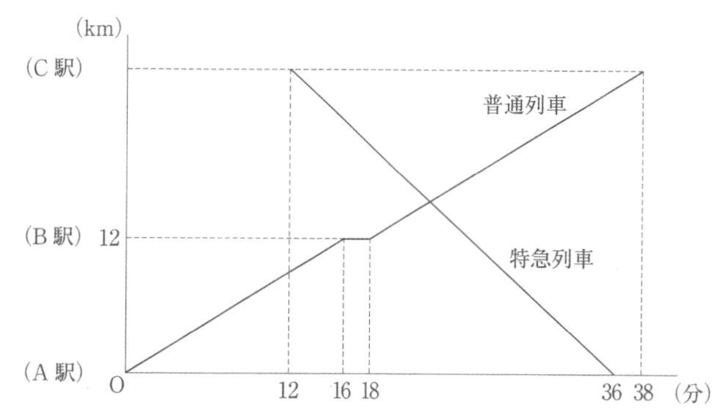

① B駅とC駅の間の道のりを求めなさい。

② 普通列車と特急列車がすれちがった時刻は午前9時何分何秒か，求めなさい。ただし，列車の長さは考えないものとする。

■平成28年度問題

2　次の各問いに答えなさい。

(1)　一次方程式　$x-1=3x+3$　を解きなさい。

(2)　箱の中にはたくさんのゴムバンド（輪ゴム）が入っている。箱の中に入っているゴムバンドの本数を推定するために，ゴムバンドすべての重さをはかると100.8gであり，無作為に取り出した20本のゴムバンドの重さをはかると4.2gであった。

箱の中には，何本のゴムバンドが入っていたと推定されるか，求めなさい。

(3)　xについての二次方程式 $(x+1)(x-2)=a$ （aは定数）の解の1つが4である。

①　aの値を求めなさい。

②　この方程式のもう1つの解を求めなさい。

(4)　関数$y=\frac{1}{3}x^2$について，xの変域が$-3\leqq x\leqq 6$のときのyの変域を求めなさい。

(選択問題B)

(5)　右の図のように，線分ABと，線分AB上にない点Cがある。Cを通り，ABに接する円のうち，中心が∠CABの二等分線上にある円の中心Pを，定規とコンパスを使って作図しなさい。なお，作図に用いた線は消さずに残しておくこと。

(6)　下の図のように，2，3，4，5，6の数字が1つずつ書かれた5枚のカードがあり，これらの5枚のカードを箱に入れた。この箱から同時にn枚のカードを取り出し，書かれている数の小さい順に左から右に並べてnけたの整数をつくる。

2　3　4　5　6

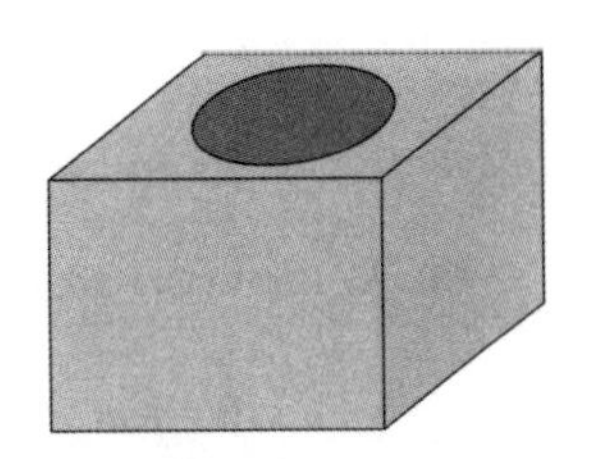

①　$n=3$のときにつくることができる3けたの整数のうち，345は小さい方から数えて何番目か，求めなさい。

②　$n=2$のときにつくることができる2けたの整数よりも，$n=3$のときにつくることができる3けたの整数の方が3の倍数になりやすい。この理由を，確率を使って説明しなさい。ただし，どのカードが取り出されることも同様に確からしいものとする。

(7)　右の図のように，AB=30cm，BC=60cmの長方形ABCDを底面とし，高さが35cmの直方体の形をした空の水そうが水平に固定されている。水そうの中には，水をさえぎるため，PQ=30cm，PS=25cmの長方形のしきりPQRSが，底面と垂直で，AP=BQ=20cmとなる部分に取り付けられている。また，2つの蛇口Ⅰ，Ⅱがあり，Ⅰの蛇口は底面ABQP側にあり，Ⅱの蛇口は底面PQCD側にあって，それぞれの蛇口からは一定の割合で水を水そうに入れることができる。

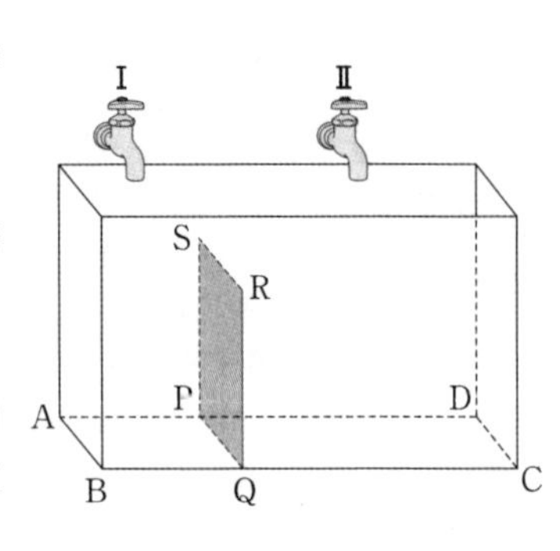

この水そうに，Ⅰ，Ⅱ両方の蛇口を使って水を入れると，210秒で満水となった。右のグラフは，Ⅰ，Ⅱ両方の蛇口を使って水を入れたときの，水を入れ始めてからの時間と底面ABQP上における水面の高さとの関係を表している。なお，水そうとしきりのそれぞれの厚さは考えないものとする。

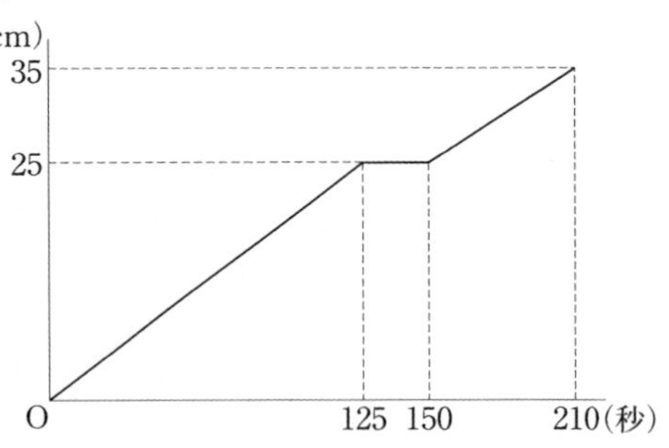

①　Ⅰ，Ⅱ両方の蛇口から1秒間に出る水の量の合計は何cm^3か，求めなさい。

②　Ⅱの蛇口から1秒間に出る水の量は何cm^3か，求めなさい。

③　この水そうに，空の状態から最初はⅡの蛇口だけを使って水を入れ，途中からⅠ，Ⅱ両方の蛇口で水を入れ続けると，底面ABQP上における水面の高さと底面PQCD上における水面の高さは，それぞれ底面から18cmのところで等しくなった。このとき，Ⅰの蛇口から水を入れ始めたのは，空の状態からⅡの蛇口だけを使って水を入れ始めてから何秒後か，求めなさい。

方程式・確率・場合の数・数の規則性・資料の整理

■令和５年度問題

3　下の図は，美咲さんが通う高校の，1年1組39人と1年2組39人の反復横とびの回数の測定結果を，体育委員である美咲さんが箱ひげ図に表したものである。

このとき，次の各問いに答えなさい。

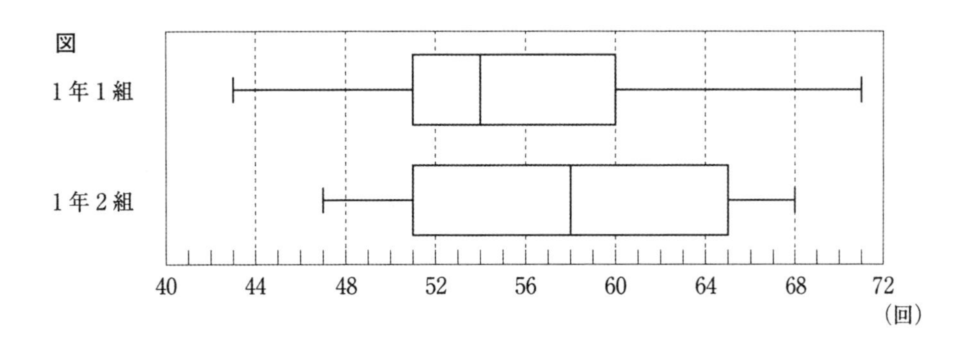

(1) 次の［ア］，［イ］に当てはまる数を入れて，文を完成しなさい。

> 図の1組の箱ひげ図から，回数の範囲は［ア］回，四分位範囲は［イ］回であることがわかる。

さらに美咲さんは，その測定結果をヒストグラムに表した。

(2) 次のア～エのヒストグラムのうち，1組と2組を表しているものはどれか。それぞれ記号で答えなさい。

なお，ヒストグラムの階級は，40回以上44回未満，44回以上48回未満などのように，階級の幅を4回として分けている。

ア
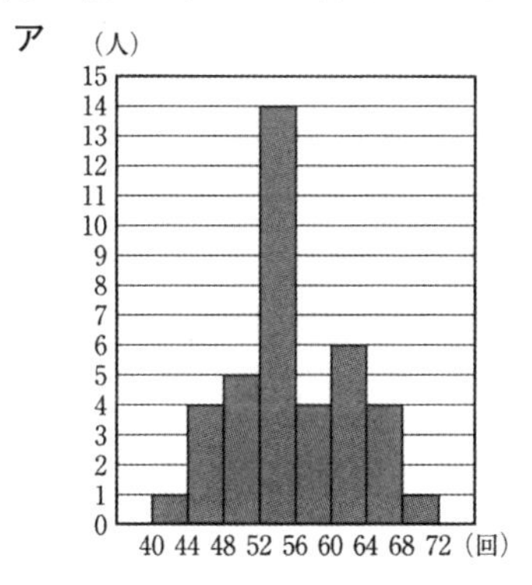

イ
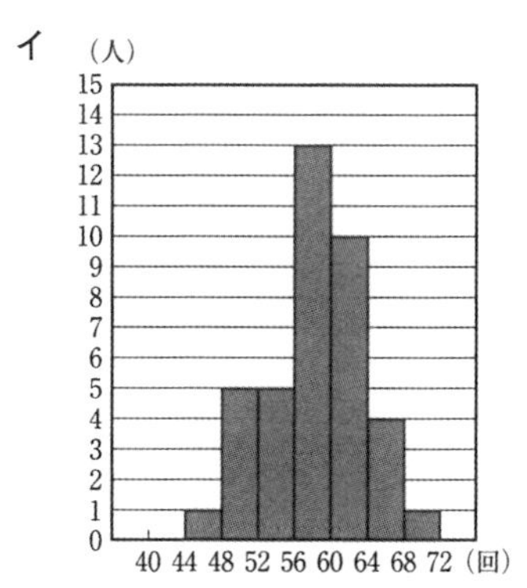

ウ
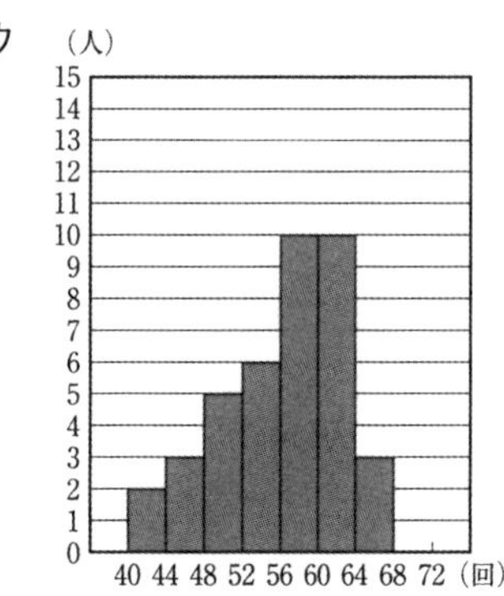

エ
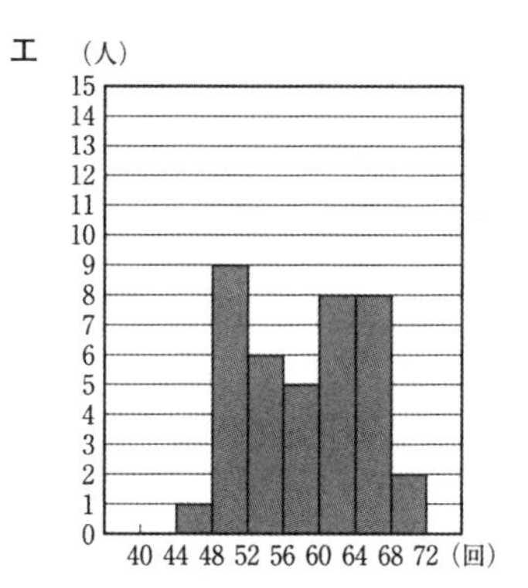

(3) 美咲さんと同じ体育委員の大輔さん，由衣さん，雄太さん，恵子さんは，箱ひげ図やヒストグラムから読みとれることについて，それぞれ次のように考えた。

大輔さん：回数の範囲は，1組よりも2組の方が大きい。
由衣さん：回数の四分位範囲は，1組よりも2組の方が大きい。
雄太さん：回数が64回以上である人数は，1組よりも2組の方が多い。
恵子さん：1組の回数の平均値は，60回である。

4人のうち，正しい読みとりをしているのは誰か。次のア～エから**すべて選び**，記号で答えなさい。

ア　大輔さん　　イ　由衣さん　　ウ　雄太さん　　エ　恵子さん

■令和４年度問題

3　ある高校において，２年１組の男子25人と女子15人，２年２組の男子15人と女子25人の握力を測定した。

このとき，次の各問いに答えなさい。

(1)　下の**表１**は１組の男子25人の，**表２**は２組の男子15人の，測定結果を度数分布表に表したものである。

表１

握力(kg)	度数(人)
以上　未満	
25 ～ 30	0
30 ～ 35	4
35 ～ 40	11
40 ～ 45	9
45 ～ 50	1
50 ～ 55	0
計	25

表２

握力(kg)	度数(人)
以上　未満	
25 ～ 30	1
30 ～ 35	3
35 ～ 40	3
40 ～ 45	5
45 ～ 50	2
50 ～ 55	1
計	15

①　**表１**と**表２**の度数分布表について，次の**ア**～**エ**から正しいものを**すべて**選び，記号で答えなさい。

ア　**表１**において，最頻値は11人である。

イ　**表２**において，45kg未満の累積度数は12人である。

ウ　**表１**における範囲は，**表２**における範囲より大きい。

エ　**表１**における30kg以上35kg未満の階級の相対度数は，**表２**における30kg以上35kg未満の階級の相対度数より小さい。

②　１組の男子25人から無作為に１人を選んだときと，１組と２組の男子を合わせた40人から無作為に１人を選んだときで，握力が40kg未満の男子が選ばれやすいのはどちらのときか。下の**ア**，**イ**から正しいものを１つ選び，記号で答えなさい。また，それが正しいと考える理由を，累積相対度数を使って説明しなさい。

ア　１組の男子25人から選んだときである。

イ　１組と２組の男子を合わせた40人から選んだときである。

(2)　次は，１組の女子15人と２組の女子25人の握力について述べた文章である。［　ア　］，［　イ　］に当てはまる数を入れて，文章を完成しなさい。

> １組の女子15人のうちの一人である美咲(みさき)さんの握力は，この測定をしたときには21kgであった。もし，このときの美咲さんの握力が$a$kgであれば，１組の女子15人の平均値は，美咲さんの握力が21kgのときと比べて，0.4kg大きくなる。
>
> このとき，aの値は［　ア　］であり，１組と２組の女子を合わせた40人の平均値は，美咲さんの握力が21kgのときと比べて，［　イ　］kg大きくなる。

■令和３年度問題

3　ある高校の２年１組42人の通学時間を調べた。**図１**は，42人のうち自転車で通学している34人について，**図２**は，42人全員について，その結果をそれぞれヒストグラムに表したものである。例えば，**図１**のヒストグラムにおいて，6～12の階級では，通学時間が6分以上12分未満の生徒が3人いることを表している。

このとき，次の各問いに答えなさい。

図１

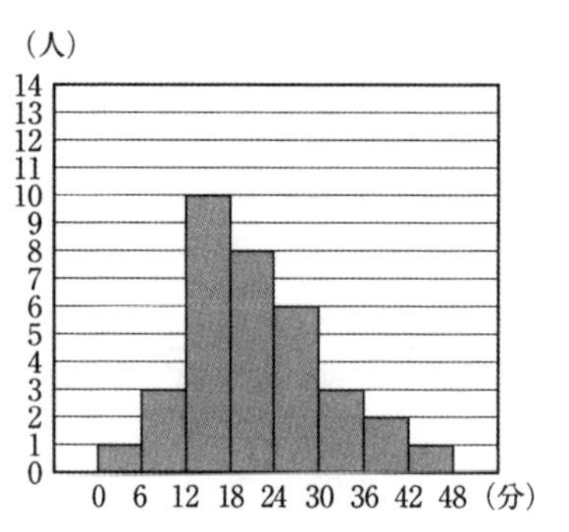

図２

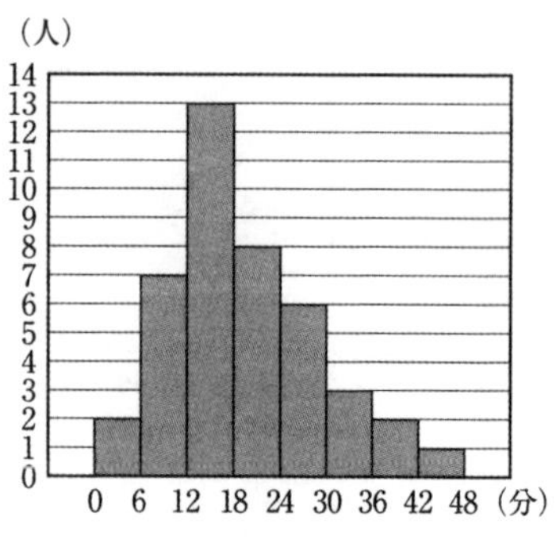

(1)　**図１**のヒストグラムについて，次の**ア**～**オ**から正しいものを**すべて**選び，記号で答えなさい。

ア　範囲は6分である。

イ　最頻値は15分である。

ウ　最頻値と，中央値が含まれる階級の階級値は等しい。

エ　中央値が含まれる階級の相対度数は0.25より大きい。

オ　34人の中で通学時間が30分以上の生徒の割合は20％以下である。

(2)　**図１**と**図２**から，自転車で通学していない8人の生徒の通学時間の平均値は何分何秒か，求めなさい。

(3)　42人全員の通学時間の平均値は20分である。このクラスの雄太(ゆうた)さんは，自分の通学時間が19分で，クラス全員の通学時間の平均値よりも短かったので，自分より通学時間が長い生徒はクラスに半分以上いると考えた。

この考えについて，下の**ア**，**イ**から正しいものを１つ選び，記号で答えなさい。また，それが正しいことの理由を，**図２**から読み取れることをもとに説明しなさい。

ア　雄太さんより通学時間が長い生徒はクラスに半分以上いる。

イ　雄太さんより通学時間が長い生徒はクラスに半分以上いない。

■令和２年度問題

3　サッカーが好きな航平（こうへい）さんは，日本のチームに所属しているプロのサッカー選手の中から100人を無作為に抽出し，身長や靴のサイズ，出身地についての標本調査を行った。**表１**は身長について，**表２**は靴のサイズについて，その結果をそれぞれ度数分布表に表したものである。また，**表３**は抽出した選手について，熊本県出身の選手と熊本県以外の出身の選手の人数をそれぞれ表したものである。

このとき，次の各問いに答えなさい。

表１

身長(cm)	度数(人)
以上　未満	
160～ 165	2
165～ 170	10
170～ 175	22
175～ 180	25
180～ 185	24
185～ 190	13
190～ 195	4
計	100

表２

靴のサイズ(cm)	度数(人)
24.5	2
25	6
25.5	8
26	14
26.5	18
27	17
27.5	16
28	11
28.5	6
29	2
計	100

表３

出身地	度数(人)
熊本県	2
熊本県以外	98
計	100

(1)　航平さんの身長は，177cmである。**表１**において，航平さんの身長と同じ身長の選手が含まれる階級の階級値を求めなさい。

(2)　**表２**において，靴のサイズの最頻値を答えなさい。

(3)　次の［ア］には平均値，中央値のいずれかの言葉を，［イ］には数を入れて，文を完成しなさい。

> **表２**において，靴のサイズの平均値と中央値を比較すると，［ア］の方が［イ］cm大きい。

(4)　この標本調査を行ったとき，日本のチームに所属しているプロのサッカー選手のうち，熊本県出身の選手は36人いた。**表３**から，日本のチームに所属しているプロのサッカー選手のうち，熊本県以外の出身の選手は何人いたと推定されるか，求めなさい。

■平成31年度問題

3　下の図は，あるクラス40人のハンドボール投げの記録を，ヒストグラムに表したものである。このヒストグラムでは，例えば，5～9の階級では，ハンドボール投げの記録が5m以上9m未満の人数が3人であったことを表している。また，ハンドボール投げの記録の中央値は18mであった。

このとき，次の各問いに答えなさい。ただし，記録の値はすべて自然数である。

(1)　ハンドボール投げの記録の最頻値を求めなさい。

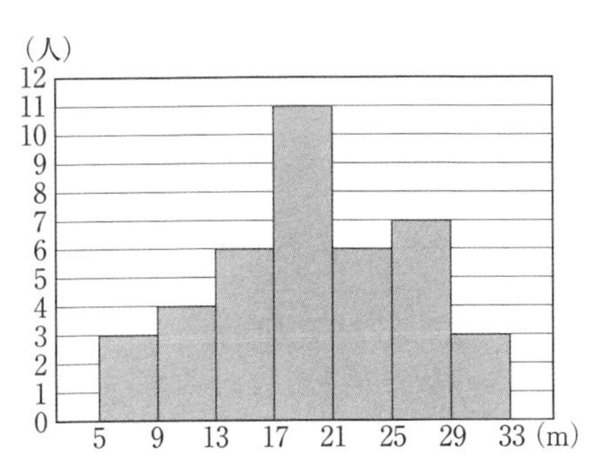

(2)　ハンドボール投げの記録で，25m以上投げた人数の相対度数を求めなさい。

(3)　ハンドボール投げの記録を小さい方から順に並べたとき，20番目の値をa，21番目の値をbとする。このヒストグラムから考えられるa，bの値の組は2つある。その2つの組を求めなさい。

(4)　ハンドボール投げの記録の平均値を求めなさい。

■平成30年度問題

3　健太（けんた）さんと優子（ゆうこ）さんと大輔（だいすけ）さんは，数学の授業で，次の課題に取り組んだ。

> (課題)　次のように，1行目には2の倍数から1引いた自然数を，2行目には3の倍数から1引いた自然数を，3行目には5の倍数から1引いた自然数を，それぞれ小さい方から順に並べています。このとき，①～③の問題を解きなさい。
>
> 1行目　　1，3，5，7，9，11，・・・・・・
> 2行目　　2，5，8，11，14，17，・・・・・・
> 3行目　　4，9，14，19，24，29，・・・・・・
>
> ①　1行目と2行目に共通する自然数を，小さい方から3つ求めなさい。
> ②　1行目と2行目と3行目に共通する自然数を，小さい方から3つ求めなさい。
> ③　1行目と2行目に共通する自然数のうち，2けたの自然数の個数を求めなさい。

次は，3人が話し合いながら課題に取り組んでいる場面である。会話文をよく読んで，あとの各問いに答えなさい。

健太：①は，共通する自然数の5と11が見えているから，3番目を探すといいね。それぞれ書き並べていくと，3番目は［ア］とわかったよ。でも，②は，3つの行に共通する自然数が1つも見えていないから，どうしよう。書き並べていくしかないのかな。

優子：書き並べてもわかると思うけど，公倍数を考えたらどうかな。

大輔：わかった。例えば，①では，2と3の公倍数を考えるとよさそうだね。2と3の最小公倍数は6だから，6の倍数から1引いた自然数が，①の答えになっているね。同じように考えると，2と3と5の最小公倍数は［イ］だから，［イ］の倍数から1引いた自然数を考えると求めることができそうだね。

健太：②が解けたよ。同じように考えて，③も解けるかな。

優子：<u>1行目と2行目に共通する自然数を小さい方から順に並べたとき，n番目の自然数をnで表すことができるから，③も解くことができそうね。</u>

大輔：③を解いたら，この課題を使って違う問題を作り，それも解いてみようよ。

(1) ［ア］，［イ］に当てはまる数を入れて，会話文を完成しなさい。

(2) ②の問題の答えとなる3つの自然数を求めなさい。

(3) 下線部について，優子さんは③の問題を次のように解いた。次の［ウ］にはnを使った式を，［エ］，［オ］，［カ］には当てはまる数を入れて，文章を完成しなさい。

> 1行目と2行目に共通する自然数を小さい方から順に並べたとき，n番目の自然数は［ウ］と表すことができる。よって，2けたの自然数となるnの値は，$n=$［エ］から$n=$［オ］までであり，求める自然数の個数は［カ］個である。

(4) 大輔さんは，課題を使って，次の④の問題を作った。この問題に答えなさい。

> ④　1行目と2行目に共通する自然数で，小さい方から100番目までのうち，3行目にはない自然数の個数を求めなさい。

■平成29年度問題

3　次は，幾何学的な模様に興味を持った優子（ゆうこ）さんと健太（けんた）さんとの会話文である。よく読んで，あとの各問いに答えなさい。

優子：1辺が1cmの正三角形をすき間なく並べてみて，いろいろな大きさの正六角形を作ってみましょうよ。

健太：1個作ってみたよ。（図1）

図1

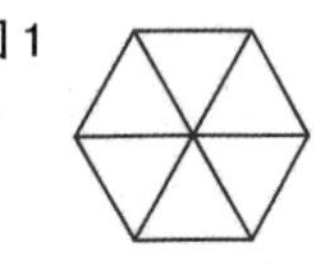

優子：それは，1辺が1cmの正六角形ね。正三角形を6個使っているね。それでは，1辺が2cmの正六角形を作るには，正三角形はいくつ必要かな。

健太：24個必要だね。（図2）

図2

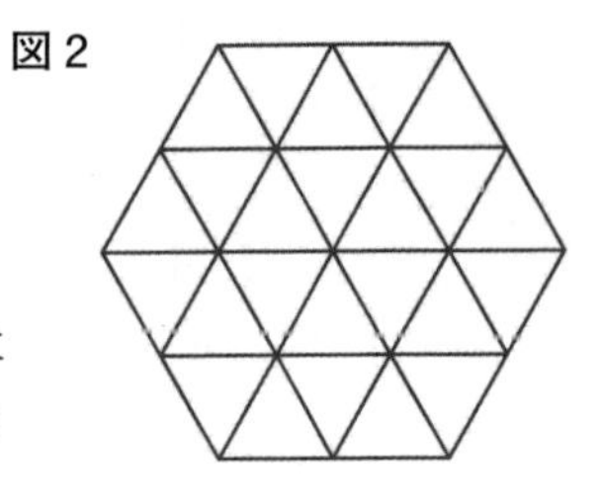

優子：それでは，1辺が3cmの正六角形を作るには，正三角形はいくつ必要かな。

健太：［ア］個必要だね。

優子：それぞれの正六角形の1辺の長さと正三角形の個数には，何か関係がありそうね。表にまとめると次のようになったよ。

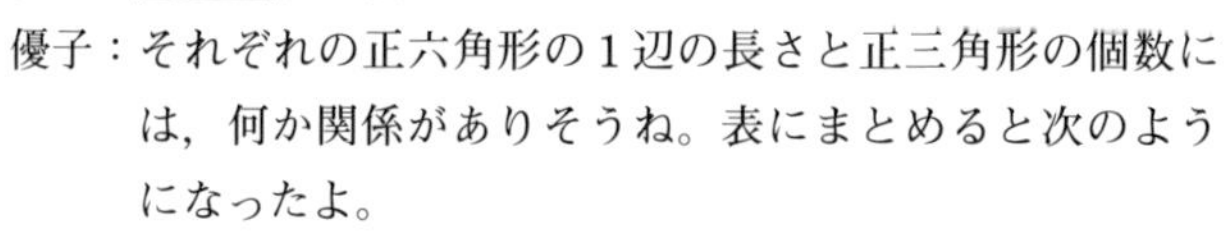

正六角形の1辺の長さ(cm)	1	2	3	…
正三角形の個数(個)	6	24	［ア］	…

健太：表から，1辺が2cmの正六角形で使われている正三角形の個数は，1辺が1cmの正六角形で使われている正三角形の個数の［イ］倍になっていることがわかるね。辺の長さがもっと長くなったらどうなるのかな。

優子：辺の長さが違う正六角形はすべて相似な図形だから，①<u>相似比を利用すると，正六角形を作るときに必要な正三角形の個数を計算で求める</u>ことができるね。

健太：②<u>正六角形の1辺の長さと正三角形の個数との関係</u>は，興味深いね。

(1) ［ア］，［イ］に当てはまる数を入れて，会話文を完成しなさい。

(2) 下線部①について，1辺が1cmの正三角形をすき間なく並べて1辺が$n$cmの正六角形を作る。このとき，必要な正三角形の個数をnを使った式で表しなさい。

(3) 下線部②について，健太さんは次の問題を作った。この問題に答えなさい。

> （問題）1辺が$(n+1)$cmの正六角形を作るときに必要な正三角形の個数が，1辺が$n$cmの正六角形を作るときに必要な正三角形の個数よりも138個多いとき，nの値を求めなさい。ただし，正六角形は，1辺が1cmの正三角形をすき間なく並べて作るものとする。

■平成27年度問題

3　右の**図１**のように，縦に３段，横に n 列のマス目がある。次の規則にしたがって，各マス目に数を１つずつ記入する。記入後，３段目に並んでいる数の合計と，それぞれの列の縦に並んでいる数の合計について，次の各問いに答えなさい。

図１

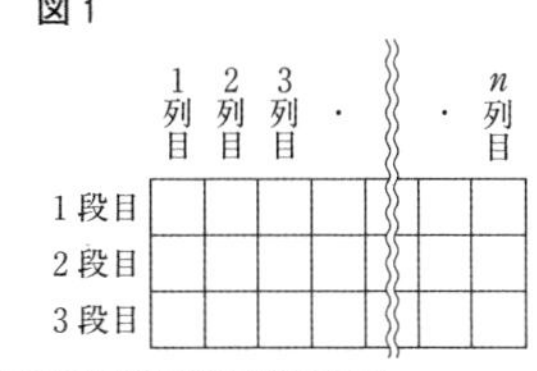

〈規則〉
- １段目には，１列目から順に，0，0，0，１の数を繰り返し記入する。
- ２段目には，１列目から順に，0，0，１の数を繰り返し記入する。
- ３段目には，１列目から順に，1，０の数を繰り返し記入する。

例えば，$n=8$ のとき，右の**図２**のように数が記入され，１列目から８列目までにおいて，３段目に並んでいる数の合計は４である。また，それぞれの列の縦に並んでいる数の合計は，１列目から順に 1，0，2，1，1，1，1，1 である。

図２

	1列目	2列目	3列目	4列目	5列目	6列目	7列目	8列目
1段目	0	0	0	1	0	0	0	1
2段目	0	0	1	0	0	1	0	0
3段目	1	0	1	0	1	0	1	0

(1)　$n=12$ とする。

①　1列目から12列目までにおいて，3段目に並んでいる数の合計を求めなさい。

②　1列目から12列目までにおいて，縦に並んでいる数の合計が1となる列は何列あるか，求めなさい。

(2)　n を奇数とする。

①　1列目から n 列目までにおいて，3段目に並んでいる数の合計を，n を使った式で表しなさい。

②　1列目から n 列目までにおいて，3段目に並んでいる数の合計が27であるとき，n の値を求めなさい。また，このとき，縦に並んでいる数の合計が1となる列は何列あるか，求めなさい。

一次関数と二次関数

■令和５年度問題

5　（選択問題Ａ）

右の図のように，関数 $y=ax^2$（a は定数）……① のグラフ上に２点Ａ，Ｂがある。Ａの座標は（－１，２），Ｂの y 座標は８で，Ｂの x 座標は正である。また，点Ｃは直線ABと y 軸との交点であり，点Ｏは原点である。

このとき，次の各問いに答えなさい。

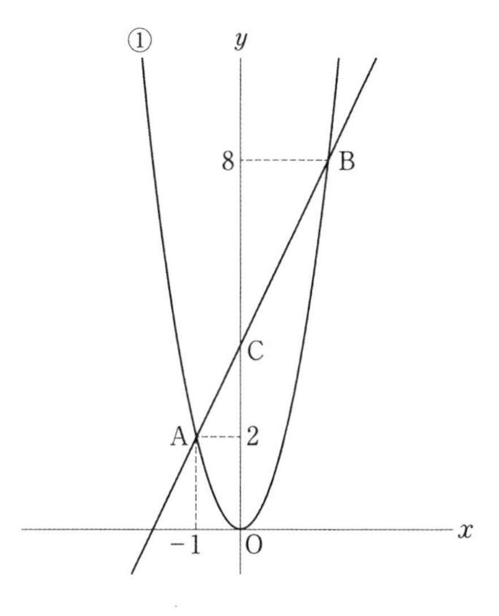

(1)　a の値を求めなさい。

(2)　点Ｂの x 座標を求めなさい。

(3)　直線ABの式を求めなさい。

(4)　線分BC上に２点Ｂ，Ｃとは異なる点Ｐをとる。△OPCの面積が，△AOBの面積の $\frac{1}{4}$ となるときのＰの座標を求めなさい。

（選択問題Ｂ）

右の図のように，２つの関数
$y=2x^2$ ……㋐
$y=ax^2$（a は定数）……㋑　のグラフがある。

点Ａは関数㋐のグラフ上にあり，x 座標は１である。点Ｂは関数㋑のグラフ上にあり，x 座標が４で，直線ABは原点Ｏを通る。また，点Ｃは関数㋐のグラフ上にあり，x 座標は－１である。

このとき，次の各問いに答えなさい。

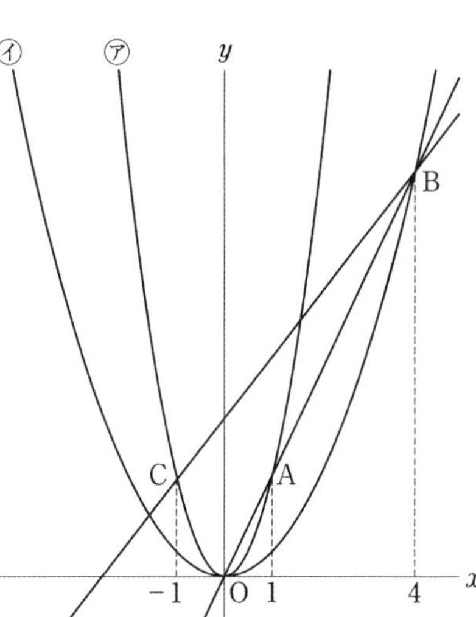

(1)　a の値を求めなさい。

(2)　直線BCの式を求めなさい。

(3)　点Ｂから x 軸にひいた垂線と x 軸との交点をＤ，直線BCと y 軸との交点をＥとする。関数㋑のグラフ上において２点Ｏ，Ｂの間に点Ｐをとり，点Ｐから x 軸にひいた垂線と x 軸との交点をＱとする。また，直線PQと関数㋐のグラフとの交点をＲとする。

PR＝QD のとき，

①　点Ｐの x 座標を求めなさい。

②　線分CE上に点Ｓをとる。△SPRの面積が，△SQDの面積の $\frac{5}{6}$ 倍となるときのＳの座標を求めなさい。

■令和４年度問題

5 （選択問題 A）

右の図のように，関数 $y=\frac{1}{8}x^2$……①のグラフ上に２点 A，B がある。A の x 座標は-8，B の y 座標は２で，B の x 座標は正である。また，点 C は直線 AB と x 軸との交点であり，点 O は原点である。

このとき，次の各問いに答えなさい。

⑴　点 A の y 座標を求めなさい。

⑵　点 B の x 座標を求めなさい。

⑶　直線 AB の式を求めなさい。

⑷　直線 OA 上に x 座標が正である点 P をとる。△PAB の面積が，△OAC の面積と等しくなるときの P の座標を求めなさい。

（選択問題 B）

右の図のように，２つの関数

$y=ax^2$（a は定数）……㋐

$y=-x^2$……㋑　のグラフがある。

点 A は関数㋐のグラフ上にあり，A の座標は（4，4）である。２点 B，C は関数㋑のグラフ上にあり，B の x 座標は-2で，線分 BC は x 軸と平行である。また，点 D は線分 BC と y 軸との交点である。

このとき，次の各問いに答えなさい。

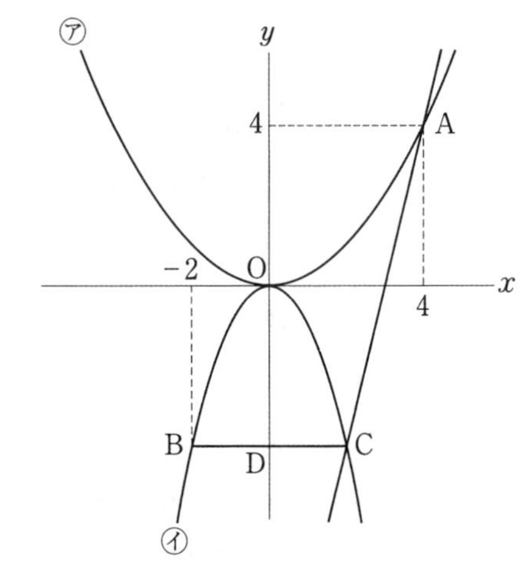

⑴　a の値を求めなさい。

⑵　直線 AC の式を求めなさい。

⑶　点 A から y 軸にひいた垂線と y 軸との交点を H とする。線分 AH 上に点 P を，線分 AC 上に点 Q を，QA＝QP となるようにとるとき，P の x 座標を t として，

①　点 Q の x 座標を，t を使った式で表しなさい。

②　△QHD の面積が，△PHQ の面積の３倍となるような t の値を**すべて**求めなさい。

■令和３年度問題

5 （選択問題 A）

右の図のように，関数 $y=\frac{1}{4}x^2$……①のグラフ上に２点 A，B がある。A の x 座標は-2，B の x 座標は正で，B の y 座標は A の y 座標より３だけ大きい。また，点 C は直線 AB と y 軸との交点である。

このとき，次の各問いに答えなさい。

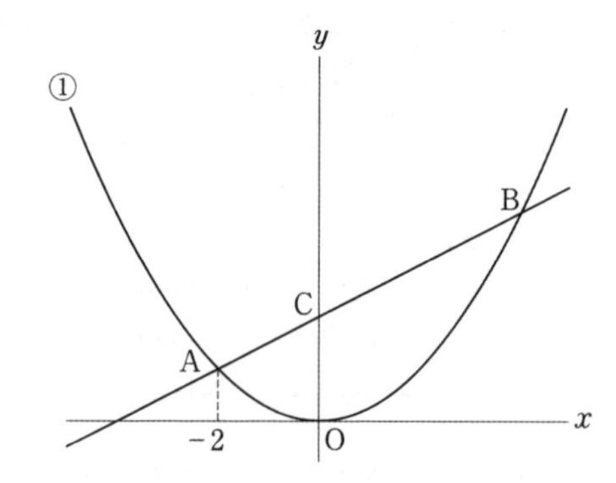

⑴　点 A の y 座標を求めなさい。

⑵　点 B の座標を求めなさい。

⑶　直線 AB の式を求めなさい。

⑷　線分 BC 上に２点 B，C とは異なる点 P をとる。また，関数①のグラフ上に点 Q を，線分 PQ が y 軸と平行になるようにとり，PQ の延長と x 軸との交点を R とする。

PQ：QR＝5：1 となるときの P の座標を求めなさい。

（選択問題 B）

右の図のように，２つの関数

$y=ax^2$（a は定数）……㋐

$y=-x+1$……㋑　のグラフがある。

２点 A，B は関数㋐，㋑のグラフの交点で，A の y 座標は３で，A の x 座標は負であり，B の x 座標は A の x 座標より $\frac{8}{3}$ だけ大きい。点 C は関数㋐のグラフ上にあって，C の x 座標は４である。

このとき，次の各問いに答えなさい。

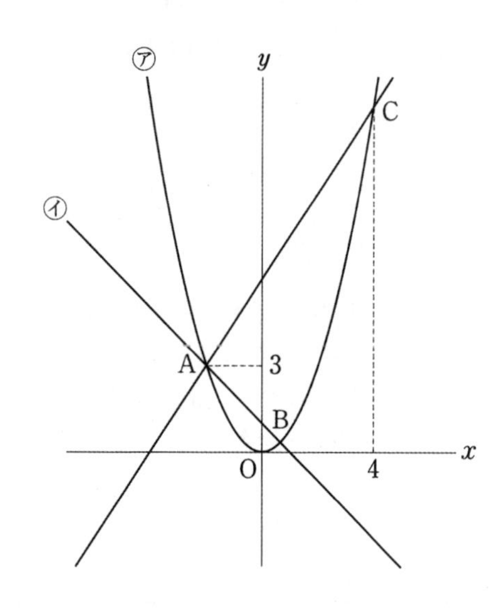

⑴　a の値を求めなさい。

⑵　直線 AC の式を求めなさい。

(3) 関数㋐のグラフ上において2点B, Cの間に点Pを, 直線AC上において点Qを, 直線PQがy軸と平行になるようにとる。また, 直線PQと関数㋑のグラフとの交点をRとする。

PQ：PR＝3：1となるとき,

① 点Pのx座標を求めなさい。

② △ARCの面積は, △ABPの面積の何倍であるか, 求めなさい。

■令和2年度問題

5 (選択問題B)

右の図のように, 関数$y=\frac{1}{8}x^2$のグラフ上に3点A, B, Cがある。Aのx座標は−4, Bのx座標は6である。また, Cのx座標は正であり, Cからx軸, y軸にひいた垂線とx軸, y軸との交点をそれぞれD, Eとすると, 原点Oと3点D, C, Eを頂点とする四角形ODCEは正方形である。

このとき, 次の各問いに答えなさい。

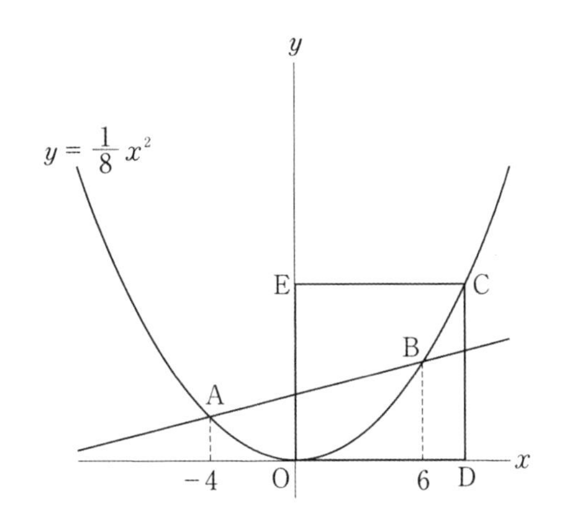

(1) 直線ABの式を求めなさい。

(2) 美咲(みさき)さんは, 直線ABが正方形ODCEの面積を2等分することを, 次のように説明した。[ア], [イ]に当てはまる座標を入れて, 説明を完成しなさい。

〔説明〕
正方形は, 4つの辺の長さが等しく, 4つの角が直角である四角形だから, 点Cの座標は[ア]である。また, 正方形は点対称な図形であり, 対称の中心の座標は[イ]である。直線ABは, [イ]を通る直線だから, 正方形を合同な2つの図形に分けている。よって, 直線ABは正方形ODCEの面積を2等分する。

(3) 線分AB上に2点A, Bとは異なる点Pをとる。△OPAの面積が△PCEの面積と等しくなるときのPの座標を求めなさい。

■平成31年度問題

5 (選択問題A)

右の図のように, 関数$y=\frac{1}{4}x^2$……㋐
のグラフ上に2点A, Bがあり, Aのx座標は−4, Bのx座標は6である。

このとき, 次の各問いに答えなさい。

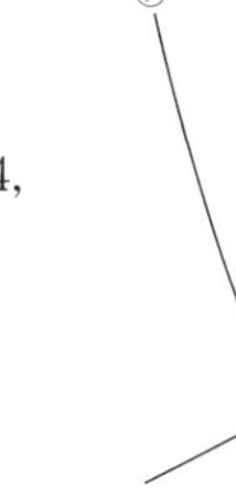

(1) 点Bのy座標を求めなさい。

(2) 直線ABの式を求めなさい。

(3) 直線AB上にx座標が2である点Pをとる。また, 関数㋐のグラフ上に点Qを, 線分PQがy軸と平行になるようにとる。

① 2点P, Qの間の距離を求めなさい。

② 2点A, Qの間の距離を求めなさい。ただし, 根号がつくときは, 根号のついたままで答えること。

(選択問題B)

右の図のように, 2つの関数

$y=-\frac{1}{3}x^2$……㋐

$y=ax^2$ (aは定数) ……㋑

のグラフがある。

点Aは関数㋐のグラフ上にあり, Aのy座標は−3で, Aのx座標は負である。2点B, Cは関数㋑のグラフ上にあり, Bのx座標は4, Cのx座標は−2である。また, 直線ABは原点Oを通る。

このとき, 次の各問いに答えなさい。

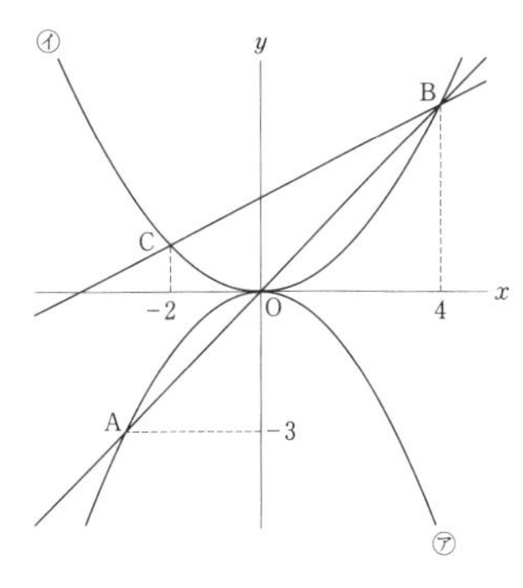

(1) aの値を求めなさい。

(2) 直線BCの式を求めなさい。

(3) 線分BC上に2点B, Cとは異なる点Pを, △OPCの面積が△ABCの面積の$\frac{1}{3}$となるようにとるとき,

① 点Pの座標を求めなさい。

② Pを通りy軸に平行な直線と関数㋐のグラフとの交点をQとする。四角形AQBCの面積は, △OPCの面積の何倍であるか, 求めなさい。

■平成30年度問題

5 (選択問題 A)

右の図のように，関数

$y=ax^2$ (a は定数) ……①

のグラフ上に点Aがあり，Aの座標は (4, 12) である。また，Aを通り，切片が4の直線と x 軸との交点をBとする。

このとき，次の各問いに答えなさい。

(1) a の値を求めなさい。

(2) 直線ABの式を求めなさい。

(3) 点Bの x 座標を求めなさい。

(4) 関数①のグラフ上において，2点O，Aの間に点Pをとる。また，x 軸上に x 座標が6である点Qをとる。△PBQの面積が△ABOの面積と等しくなるときのPの座標を求めなさい。

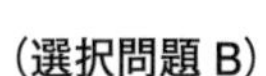

(選択問題 B)

右の図のように，2つの関数

$y=ax^2$ (a は定数) ……㋐

$y=x+6$……㋑

のグラフがある。

2点A，Bは関数㋐，㋑のグラフの交点で，Aの x 座標は−3，Bの y 座標はAの y 座標より9だけ大きい。点Cは関数㋐のグラフ上にあって，Cの x 座標は2である。

このとき，次の各問いに答えなさい。

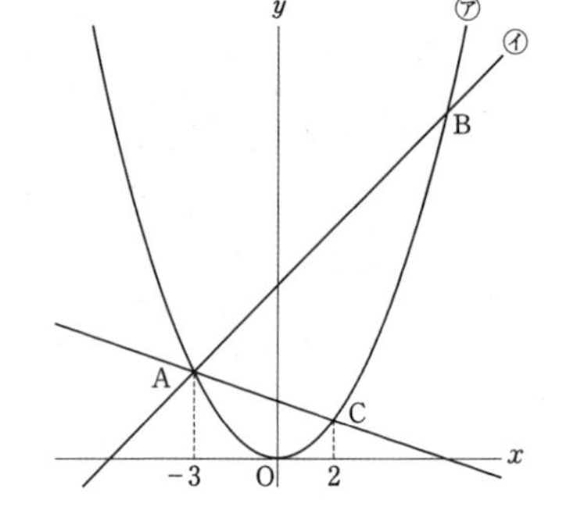

(1) a の値を求めなさい。

(2) 直線ACの式を求めなさい。

(3) y 軸上に，y 座標が正である点Pを，△ACPの面積が△ACBの面積と等しくなるようにとるとき，

① 点Pの y 座標を求めなさい。

② △ACBと△ACPが重なる部分の面積は，△ACBの面積の何倍であるか，求めなさい。

■平成29年度問題

5 (選択問題 A)

右の図のように，関数 $y=\frac{2}{9}x^2$ のグラフ上に2点A，Bがある。Aの x 座標は−6，Bの x 座標は3であり，点Cは，直線ABと x 軸との交点である。また，点Dは直線ABと y 軸との交点であり，点Oは原点である。

このとき，次の各問いに答えなさい。

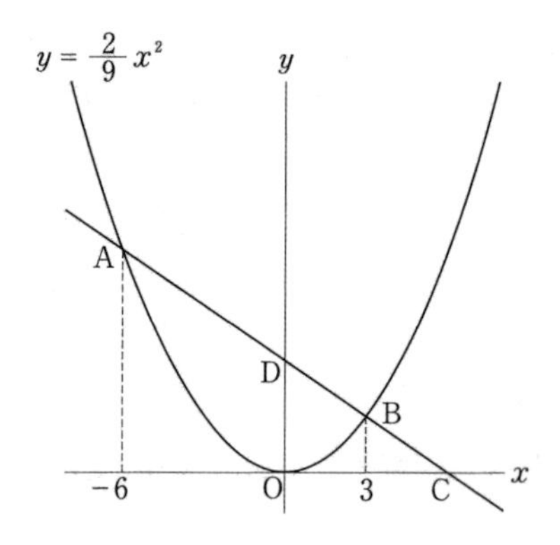

(1) 点Aの y 座標を求めなさい。

(2) 関数 $y=\frac{2}{9}x^2$ について，x の値が−6から3まで増加するときの変化の割合を求めなさい。

(3) 直線ABの式を求めなさい。

(4) △OCDの内部に，x 座標，y 座標がともに整数である点はいくつあるか，求めなさい。ただし，△OCDの辺上の点は含まないものとする。

(選択問題 B)

右の図のように，2つの関数

$y=ax^2$ (a は定数) ……㋐

$y=\frac{b}{x}$ ($x>0$，b は定数) ……㋑

のグラフがある。

点Aは関数㋐，㋑のグラフの交点で，Aの x 座標は4である。点Bは関数㋐のグラフ上にあって，Bの x 座標は2であり，点Cは関数㋑のグラフ上にあって，Cの x 座標は8である。また，関数㋐について，x の値が2から4まで増加するときの変化の割合は $\frac{9}{2}$ である。

このとき，次の各問いに答えなさい。

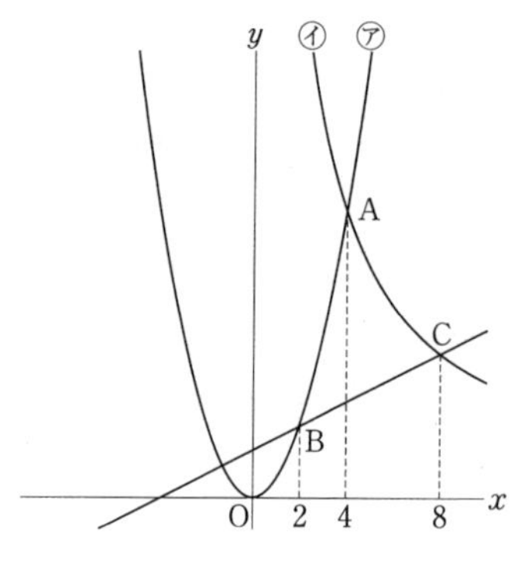

(1) a，b の値を求めなさい。

(2) 直線BCの式を求めなさい。

(3) 関数㋐のグラフ上において2点A，Bの間に点Pを，線分BC上において2点B，Cとは異なる点Qを，直線PQが x 軸と平行になるようにとる。また，直線PQと y 軸との交点をRとする。

① 点Pの x 座標を t として，線分PQの長さを，t を使った式で表しなさい。

② PQ : PR = 3 : 2となるときのPの座標を求めなさい。

■平成28年度問題

5　右の図のように，2つの関数
$y=ax^2$（aは定数）……①，
$y=-\frac{1}{2}x$……②　のグラフがある。

点Aは関数①，②のグラフの交点で，Aのx座標は-2である。3点B，C，Dは関数①のグラフ上にあり，Bのx座標は5，Cのx座標は8であり，線分BDはx軸と平行である。また，点Eは関数②のグラフと直線CDとの交点である。

このとき，次の各問いに答えなさい。

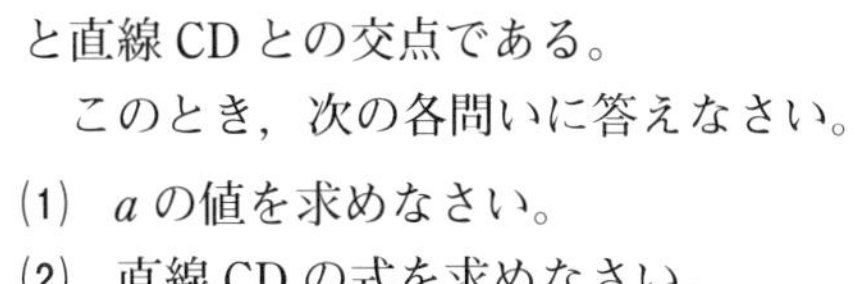

(1)　aの値を求めなさい。

(2)　直線CDの式を求めなさい。

(3)　線分CD上に2点C，Dとは異なる点Pをとる。△EAPの面積が△ABDの面積と等しくなるときのPの座標を求めなさい。

■平成27年度問題

5　右の図のように，2つの関数
$y=x^2$……①
$y=ax^2$（aは定数）……②
のグラフと長方形ABCDがある。

2点A，Bは関数①のグラフ上にあり，Aのx座標は3であって，辺ABはx軸に平行である。2点C，Dは関数②のグラフ上にあり，Cのx座標は負で，Cのy座標はBのy座標よりも小さい。点Eは直線BDとy軸との交点であり，点Oは原点である。また，長方形ABCDにおいて，AB：AD＝2：1である。

このとき，次の各問いに答えなさい。

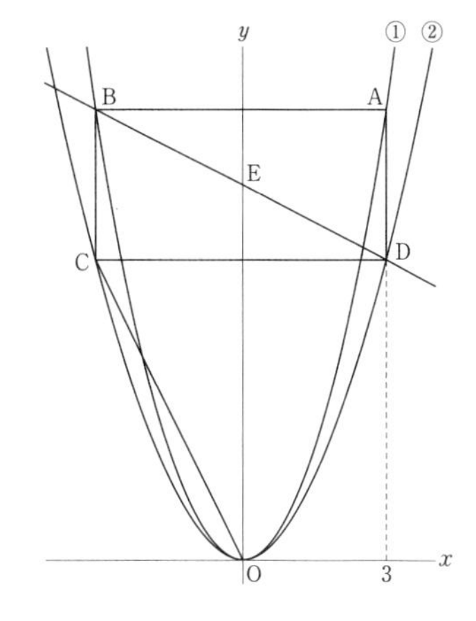

(1)　aの値を求めなさい。

(2)　直線BDの式を求めなさい。

(3)　線分OC上に2点O，Cとは異なる点Pをとる。線分EPが四角形ODBCの面積を2等分するときのPの座標を求めなさい。

平面図形（証明）

■令和5年度問題

6　（選択問題A）

右の図は，点Oを中心とする円で，線分ABは円の直径である。点Cは$\overset{\frown}{AB}$上にあり，点Dは線分BC上にあって，OD∥ACである。また，点EはODの延長とBにおける円の接線との交点である。

このとき，次の各問いに答えなさい。

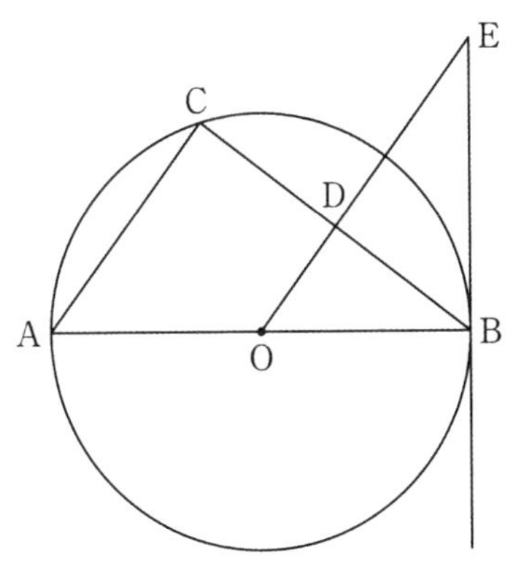

(1)　△ABC∽△OEBであることを証明しなさい。

(2)　AB＝10cm，BC＝8cmのとき，

①　線分ACの長さを求めなさい。

②　線分BEの長さを求めなさい。

（選択問題B）

右の図は，点Oを中心とする円で，線分ABは円の直径である。$\overset{\frown}{AB}$上に点Cを，AC＞BCとなるようにとる。点Dは線分OB上にあり，点EはCDの延長とCを含まない$\overset{\frown}{AB}$との交点である。また，点Fは線分AC上にあって，FD∥AEである。

このとき，次の各問いに答えなさい。ただし，根号がつくときは，根号のついたままで答えること。

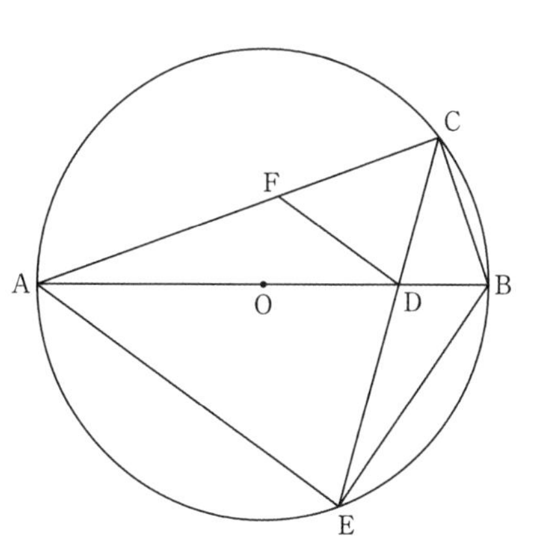

(1)　△ADF∽△ECBであることを証明しなさい。

(2)　AB＝6cm，BC＝2cm，AE＝CEのとき，

①　線分AEの長さを求めなさい。

②　△ADFの面積は，△ECBの面積の何倍であるか，求めなさい。

■令和４年度問題

6 （選択問題 A）

下の図は，線分 AB を直径とする半円で，点 O は AB の中点である。点 C は $\overset{\frown}{AB}$ 上にあり，点 D は，線分 BC と∠BAC の二等分線との交点である。点 E は，AD の延長と $\overset{\frown}{BC}$ との交点であり，点 F は，線分 OE と線分 BC との交点である。

このとき，次の各問いに答えなさい。ただし，根号がつくときは，根号のついたままで答えること。

(1) △ACD∽△EFD であることを証明しなさい。

(2) AB＝10cm，AC＝4cm のとき，

① 線分 OF の長さを求めなさい。

② 線分 DF の長さを求めなさい。

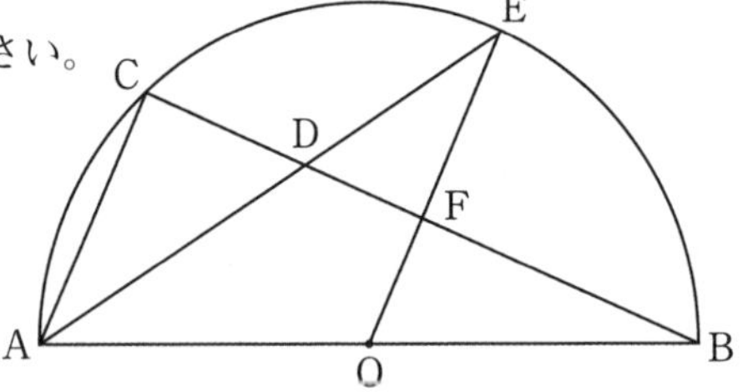

（選択問題 B）

下の図は，点 O を中心とする円で，線分 AB は円の直径である。$\overset{\frown}{AB}$ 上に点 C を，$\overset{\frown}{AC}$ の長さが $\overset{\frown}{CB}$ の長さより短くなるようにとる。点 D は線分 OB 上にあり，点 E は CD の延長と C を含まない $\overset{\frown}{AB}$ との交点である。また，点 F は線分 AB 上にあって，∠ACF＝∠BCD であり，点 G は線分 CF 上にあって，BG⊥CF である。

このとき，次の各問いに答えなさい。

(1) △ABE∽△BCG であることを証明しなさい。

(2) AB＝10cm，AC＝CD＝6cm のとき，線分 CG の長さを求めなさい。

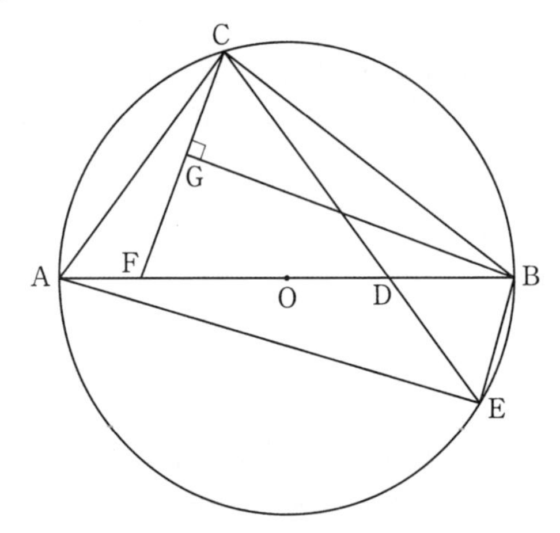

■令和３年度問題

6 （選択問題 A）

右の図は，線分 AB を直径とする半円で，点 O は AB の中点である。点 C は線分 AO 上にあり，点 D は $\overset{\frown}{AB}$ 上にあって，DC＝DO である。点 E は DO 上にあって，AE＝AO であり，点 F は AE の延長と線分 BD との交点である。

このとき，次の各問いに答えなさい。

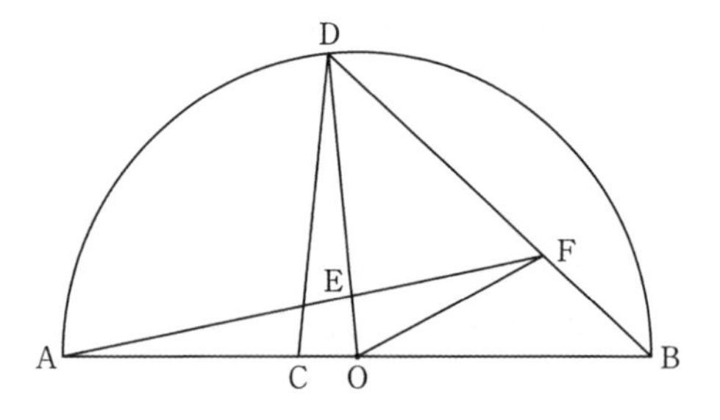

(1) 優子（ゆうこ）さんは，△BDC∽△DFE であることを証明するため，次のように，まず∠DCB＝∠AEO を示し，それをもとにして証明した。[　　]に証明の続きを書いて，証明を完成しなさい。

> 証明
> △DCO はDC＝DO の二等辺三角形だから
> 　∠DCB＝∠DOC……①
> また，△AEO はAE＝AO の二等辺三角形だから
> 　∠AEO＝∠DOC……②
> ①，②より
> 　∠DCB＝∠AEO……③
> ここで，△BDC と△DFE において
>
> [　　　　]
>
> 　よって，△BDC∽△DFE

(2) AB＝10cm，OC＝1cm のとき，△DFE の面積は $2\sqrt{11}\,\text{cm}^2$ である。

① △BDC の面積は，△DFE の面積の何倍であるか，求めなさい。

② △BFO の面積を求めなさい。ただし，根号がつくときは，根号のついたままで答えること。

■令和３年度問題

6 （選択問題 B）

下の図のように，∠ACB＝90°である直角二等辺三角形 ABC と，∠ADC＝90°である直角二等辺三角形 ACD がある。辺 AB 上に点 E を，AE の長さが EB の長さより短くなるようにとり，線分 EB 上に点 F を，∠ACF＝∠ADE となるようにとる。点 G は，DE の延長と CF の延長との交点であり，辺 AC と線分 DE との交点を H とする。

このとき，次の各問いに答えなさい。

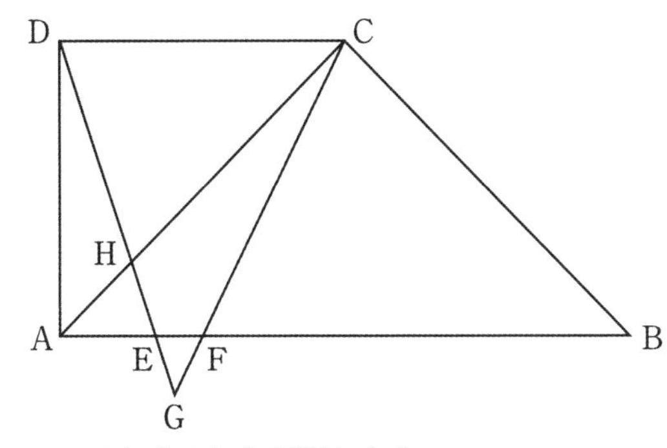

(1) △BCF∽△CDH であることを証明しなさい。

(2) AB＝12cm，AE＝2cm のとき，AC＝BC＝$6\sqrt{2}$cm，CF＝$3\sqrt{5}$cm である。このとき，線分 DH と線分 HG の長さの比 DH：HG を求めなさい。答えは最も簡単な整数比で表すこと。

■令和２年度問題

6 （選択問題 B）

下の図は，線分 AB を直径とする半円で，点 C は $\overset{\frown}{AB}$ 上にある。$\overset{\frown}{BC}$ 上に点 D を，$\overset{\frown}{BD}=\overset{\frown}{DC}$ となるようにとり，線分 AD と線分 BC との交点を E とする。また，D から直線 AC にひいた垂線と直線 AC との交点を F とする。

このとき，次の各問いに答えなさい。

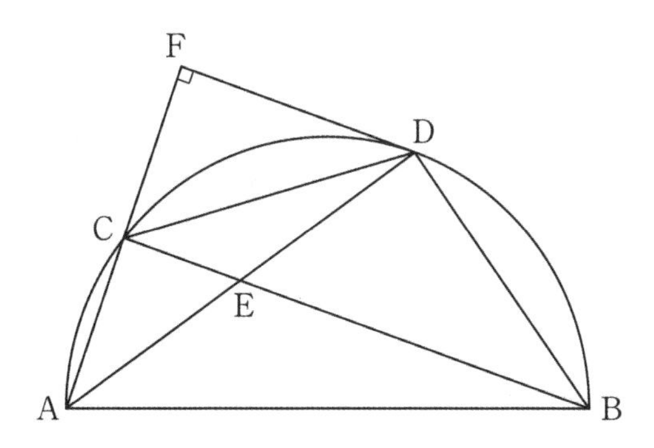

(1) △CDF∽△EAC であることを証明しなさい。

(2) 図において，△CDF と相似な三角形を，△EAC 以外に 3 つ答えなさい。

(3) AB＝9cm，AC＝3cm のとき，点 C が線分 AF の中点になることを，次のように説明した。次の［　　］に説明の続きを書いて，説明を完成しなさい。

〔説明〕

△ABC で三平方の定理を利用すると，
BC＝$6\sqrt{2}$cm となる。
ここで，線分 AE は∠BAC の二等分線だから，

［　　　　　　　　　　　　　　　　］

よって，AC＝CF である。
つまり，点 C は線分 AF の中点である。

■平成31年度問題

6 （選択問題 A）

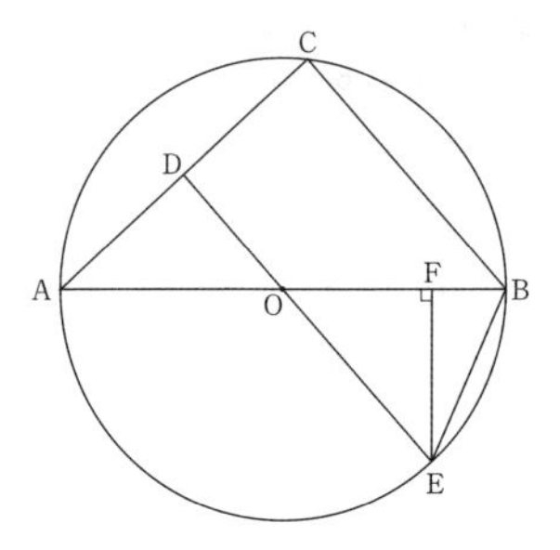

右の図は，点 O を中心とする円で，線分 AB は円の直径である。点 C は $\overset{\frown}{AB}$ 上にあり，点 D は線分 AC 上にあって，AD = CD である。点 E は線分 DO の延長と，C を含まない $\overset{\frown}{AB}$ との交点であり，点 F は AB 上にあって，EF ⊥ AB である。

このとき，次の各問いに答えなさい。

(1) 美咲（みさき）さんは，△AOD≡△EOF であることを証明するため，次のように，最初に△AOD∽△ABC を示し，それをもとにして証明した。［ア］には当てはまる相似条件を入れ，［イ］には証明の続きを書いて，証明を完成しなさい。

> 証明
> △AOD と△ ABC において，
> 2 つの三角形に共通な角だから
> ∠OAD＝∠BAC……①
> 点 O，点 D はそれぞれ線分 AB，AC の中点だから
> AO：AB＝AD：AC＝1：2……②
> ①，②より，［　ア　］から
> △AOD∽△ABC……③
> また，AB は円の直径だから∠ACB＝90°であり，③から
> ∠ADO＝∠ACB＝90°……④
> ここで，△AOD と△EOF において
>
> ［　イ　］
>
> よって，△AOD≡△EOF

(2) AB=6cm, BC=4cm のとき，線分 BE の長さを求めなさい。ただし，根号がつくときは，根号のついたままで答えること。

（選択問題 B）

下の図は，点 O を中心とする円で，線分 AB は円の直径である。点 C は線分 OB 上にあり，2 点 D，E は，C を通る線分 OB の垂線と円 O との交点である。点 F は線分 BE 上にあって，OF ⊥ BE である。また，点 G は OF の延長と B における円 O の接線との交点であり，点 H は FO の延長と線分 AD との交点である。

このとき，次の各問いに答えなさい。ただし，根号がつくときは，根号のついたままで答えること。

(1) △ADC∽△BGF であることを証明しなさい。

(2) AB=10cm，BC=4cm のとき，

① 線分 CE の長さを求めなさい。

② 線分 DH の長さを求めなさい。

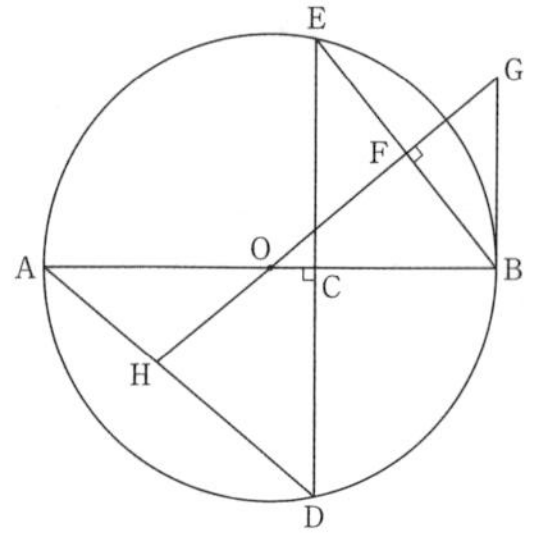

■平成30年度問題

6 （選択問題 A）

右の図は，線分 AB を直径とする半円で，点 O は AB の中点である。$\overset{\frown}{AB}$ 上に点 C を，$\overset{\frown}{AC}$ の長さが $\overset{\frown}{BC}$ の長さより長くなるようにとる。点 D は線分 AC 上にあって，DO⊥OC である。

このとき，次の各問いに答えなさい。ただし，根号がつくときは，根号のついたままで答えること。

(1) △ABC∽△CDO であることを証明しなさい。

(2) AB=6cm，BC=2cm のとき，

① 線分 CD の長さを求めなさい。

② △AOD の面積を求めなさい。

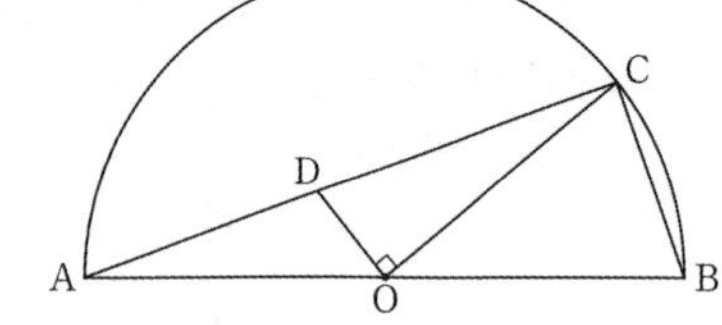

（選択問題 B）

右の図は，点 O を中心とする円で，線分 AB は円の直径である。四角形 OACD は，線分 OA を 1 辺とする正方形で，点 C は円の外部にあり，点 D は $\overset{\frown}{AB}$ 上にある。また，D を含まない $\overset{\frown}{AB}$ 上に点 E をとり，線分 AB と線分 EC，線分 ED との交点をそれぞれ F，G とする。

このとき，次の各問いに答えなさい。ただし，根号がつくときは，根号のついたままで答えること。

(1) △EAD∽△AGD であることを証明しなさい。

(2) AB=6cm，BG=2cm のとき，

① 線分 ED の長さを求めなさい。

② △AFE の面積を求めなさい。

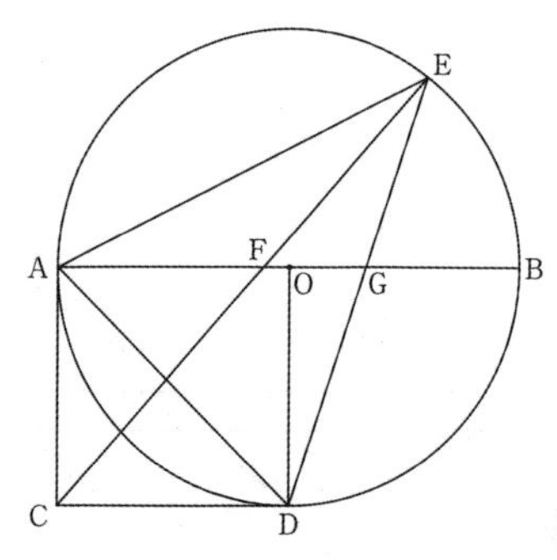

■平成29年度問題

6 右の図は，線分 AB を直径とする半円で，点 C は$\overset{\frown}{AB}$上にある。点 D は線分 AC 上の点であって，点 E は BD の延長と$\overset{\frown}{AC}$との交点である。

点 F は線分 AB 上にあって，EF∥CB であり，点 G は線分 AC と線分 EF との交点である。

このとき，次の各問いに答えなさい。

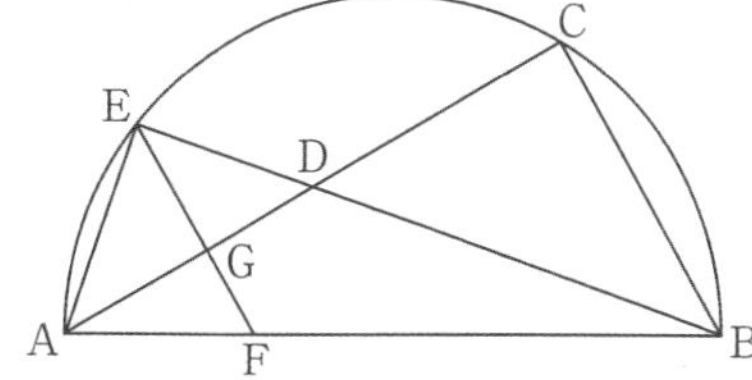

(1) 次の(a)，(b)の［　　］に当てはまる三角形を答えなさい。

> 図において，△ADE と相似な三角形は 3 つあり，その関係をそれぞれ記号∽を使って表すと，
>
> △ADE∽△BDC
>
> (a) △ADE∽［　　］
>
> (b) △ADE∽［　　］　　となる。

(2) (1)の(a)と(b)のうち，どちらか一方を選択して証明しなさい。なお，選択した方の記号を書くこと。

(3) AB＝12cm，BC＝6cm，AD＝DC のとき，線分 FG の長さを求めなさい。

（選択問題 B）

右の図は，点 O を中心とする円で，線分 AB は円の直径である。点 C は線分 OB 上にあり，点 D は$\overset{\frown}{AB}$上にあって，DO⊥AB である。四角形 CDEF は線分 CD を 1 辺とする正方形で，点 E は円の外部にあり，点 F は円の内部にある。また，点 G は線分 AD と線分 EF との交点である。

このとき，次の各問いに答えなさい。ただし，根号がつくときは，根号のついたままで答えること。

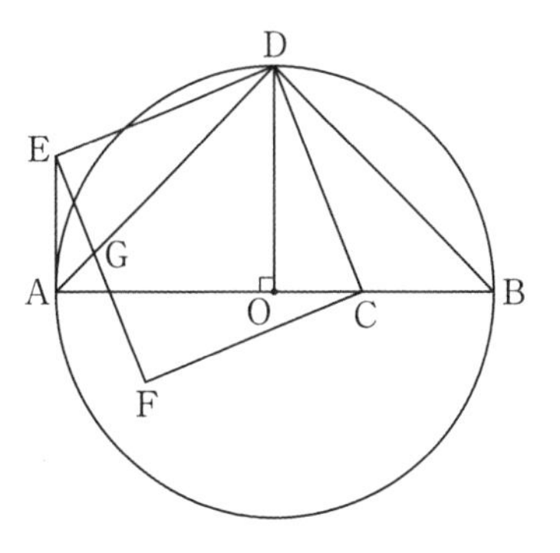

(1) △ADE≡△BDC であることを証明しなさい。

(2) OC＝2cm，OD＝5cm のとき，線分 AG の長さを求めなさい。

■平成28年度問題

6 （選択問題 A）

右の図のように，線分 AB を直径とする円 O の周上に点 C があり，C を含まない$\overset{\frown}{AB}$上に点 D を，$\overset{\frown}{AD}$の長さが$\overset{\frown}{AC}$の長さより長くなるようにとる。点 E は線分 CD 上にあって，AE⊥CD である。

このとき，次の各問いに答えなさい。ただし，根号がつくときは，根号のついたままで答えること。

(1) △ABC∽△ADE であることを証明しなさい。

(2) AB＝9cm，AC＝3cm，AD＝6cmのとき，

① 線分 DE の長さを求めなさい。

② △AEC の面積を求めなさい。

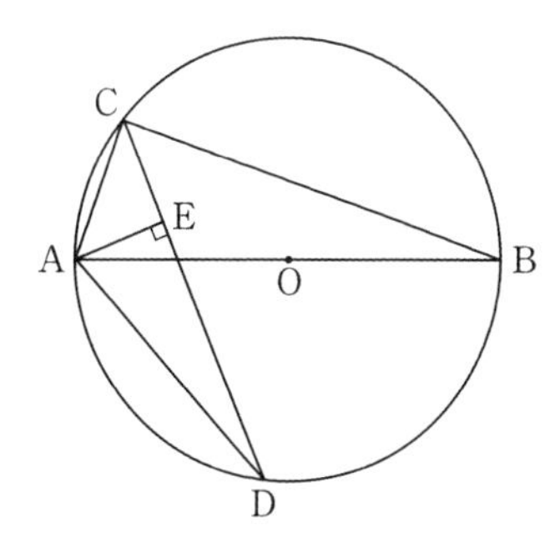

■平成27年度問題

6 右の図のように，AB＝AC，AB<BC である△ABC の 3 つの頂点が円 O の周上にあり，点 B を含まない$\overset{\frown}{AC}$上に点 D を，$\overset{\frown}{AD}=\overset{\frown}{CD}$となるようにとる。また，線分 BD 上に点 E を，AE＝AD となるようにとる。点 F は線分 AE の延長と辺 BC との交点である。

このとき，次の各問いに答えなさい。

(1) △ABD∽△FBE であることを証明しなさい。

(2) AB＝7cm，AD＝4cm のとき，線分 BD の長さを求めなさい。

空間図形

■令和５年度問題

4　**図１**は，底面の半径が 3cm，母線の長さが 6cm の円すいの形をした容器 A である。底面の円の中心を O，頂点を P とすると，底面と線分 OP は垂直に交わっている。**図１**の容器 A に球 B を，容器 A の内側の面にぴったりつくように入れたところ，**図２**のように球 B の中心が O と重なった。**図３**は，**図２**の立面図である。

　このとき，次の各問いに答えなさい。ただし，円周率は π とし，容器 A の厚さは考えないものとする。また，根号がつくときは，根号のついたままで答えること。

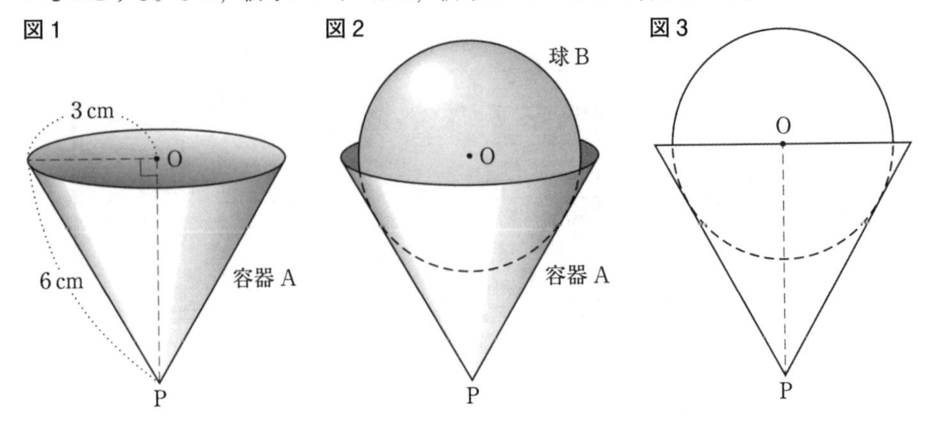

(1)　容器 A の容積を求めなさい。

(2)　容器 A の側面積を求めなさい。

(3)　球 B の半径を求めなさい。

(4)　**図４**のように，容器 A と球 B の間にちょうど入るような球 C を入れた。**図５**は，**図４**の立面図である。球 C の体積を求めなさい。

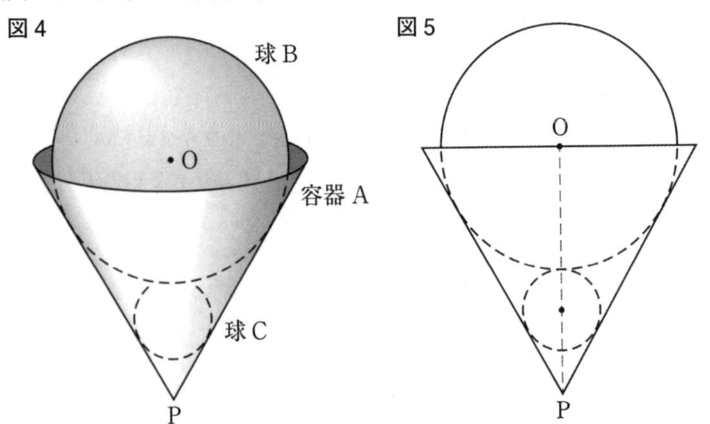

■令和４年度問題

4　下の図は，点 A，B，C，D，E，F，G，H を頂点とし，４つの側面がそれぞれ長方形である四角柱で，AD∥BC，AD＝4cm，AB＝DC＝7cm，BF＝10cm，FG＝8cm である。点 P は辺 FG 上にあって，∠HPG＝90° であり，点 Q は線分 EG と線分 FH の交点である。また，点 R は線分 CE と△AFH を含む平面との交点である。

　このとき，次の各問いに答えなさい。ただし，根号がつくときは，根号のついたままで答えること。

(1)　線分 PG の長さを求めなさい。

(2)　線分 HP の長さを求めなさい。

(3)　△EFQ の面積を求めなさい。

(4)　三角すい REFQ の体積を求めなさい。

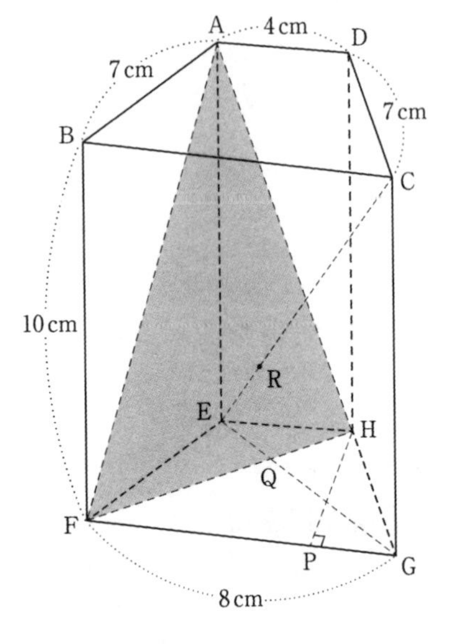

■令和３年度問題

4　右の図は，点 A，B，C，D，E，F を頂点とし，３つの側面がそれぞれ長方形である三角柱で，AC＝5cm，AD＝4cm，DE＝3cm，EF＝4cm，∠ABC＝90° である。辺 BC 上に点 P を，△ABP∽△CBA となるようにとる。

　このとき，次の各問いに答えなさい。

(1)　線分 BP の長さを求めなさい。

(2)　△ABP を底面とする三角すい EABP の体積を求めなさい。

(3)　線分 AP 上に点 Q を，三角すい EABQ の体積が，三角柱 ABC−DEF の体積の $\frac{1}{20}$ となるようにとる。このとき，線分 AQ と線分 QP の長さの比 AQ：QP を求めなさい。答えは最も簡単な整数比で表すこと。

■令和２年度問題

4　右の**図１**のように，頂点をＡとし，底面の直径BCが4cm，母線ABが6cmの円すいと，この円すいの中にぴったり入った球がある。円すいの底面の中心をＭとすると，底面と線分AMは垂直に交わっている。

この円すいに，糸を，母線ABと球との接点Ｐから，側面を一回りして点Ｂまで，糸の長さが最も短くなるように巻きつける。

このとき，次の各問いに答えなさい。ただし，根号がつくときは，根号のついたままで答えること。また，糸の伸び縮みおよび太さは考えないものとする。

図１

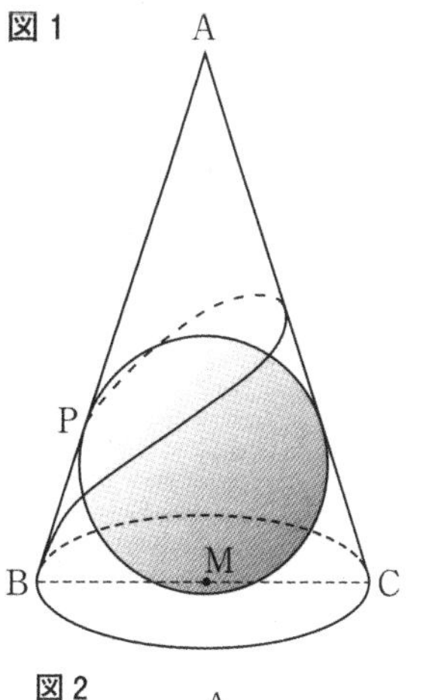

図２

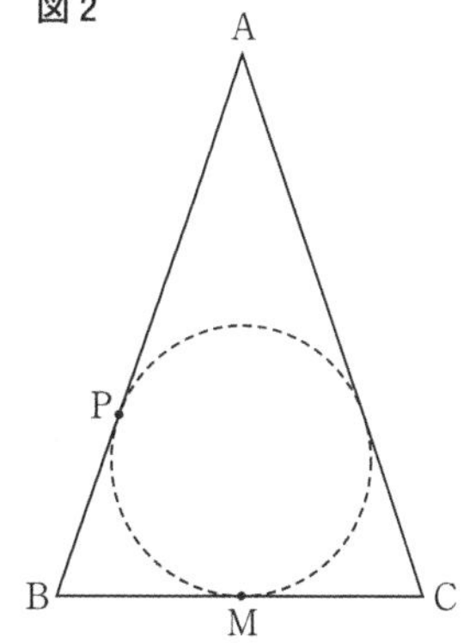

(1)　円すいの高さAMを求めなさい。

(2)　右の**図２**は，**図１**の立面図である。線分APの長さを求めなさい。

(3)　**図１**の円すいの側面の展開図はおうぎ形である。

①　おうぎ形の面積を求めなさい。ただし，円周率はπとする。

②　点Ｐから点Ｂまでの糸の長さを求めなさい。

■平成31年度問題

4　下の図のように，AB＝6cm，∠BAC＝90°の直角二等辺三角形ABCを底面とする三角すいOABCがあり，辺OAは底面ABCに垂直で，OA＝6cmである。２点Ｄ，Ｅはそれぞれ辺OB，OC上にあって，OD：DB＝OE：EC＝2：1である。また，辺OA上に点Ｐをとる。

このとき，次の各問いに答えなさい。

(1)　AP＝2cmのとき，

①　線分PDの長さを求めなさい。

②　三角すいOPDEの体積を求めなさい。

(2)　三角すいOPDEの体積が三角すいOABCの体積の$\frac{1}{3}$となるとき，

①　線分APの長さを求めなさい。

②　点Ｐと△ODEを含む平面との距離を求めなさい。ただし，根号がつくときは，根号のついたままで答えること。

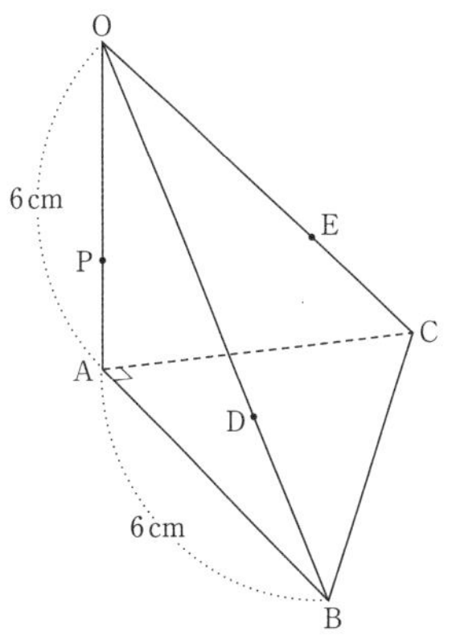

■平成30年度問題

4　右の図は，点Ａ，Ｂ，Ｃ，Ｄ，Ｅ，Ｆを頂点とし，３つの側面がそれぞれ長方形である三角柱で，AC＝9cm，AD＝6cm，DE＝7cm，EF＝8cmである。

このとき，次の各問いに答えなさい。

(1)　三角柱の辺のうち，辺ABとねじれの位置にある辺をすべて答えなさい。

(2)　辺EF上に点Ｐを，DP ⊥ EFとなるようにとり，EP＝$x$cmとする。

このとき，xの値の求め方について，次の［ア］には式を，［イ］には数を入れて，文章を完成しなさい。

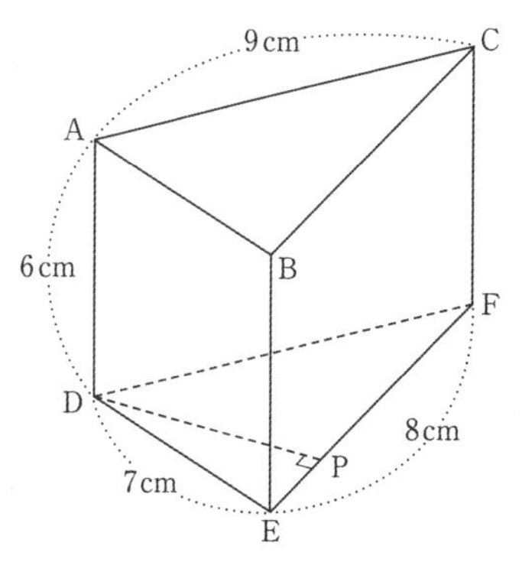

> DP^2をxの式で表すと，$DP^2=7^2-x^2$，$DP^2=$［ア］という２通りの二次式で表される。この２通りの二次式から，xについての方程式を導き，その方程式を解くと，$x=$［イ］である。

(3)　△ADPを，辺APを軸として１回転させてできる立体の体積を求めなさい。ただし，円周率はπとする。

■平成27年度問題

4　右の図は，点Ａ，Ｂ，Ｃ，Ｄ，Ｅ，Ｆを頂点とし，３つの側面がそれぞれ長方形である三角柱で，AD＝5cm，DE＝6cm，EF＝4cm，∠ABC＝90°である。辺AB上に点Ｐを，２つの線分DP，PCの長さの和が最小となるようにとる。また，点Ｑは，線分AEと線分DPとの交点である。

このとき，次の各問いに答えなさい。ただし，根号がつくときは，根号のついたままで答えること。

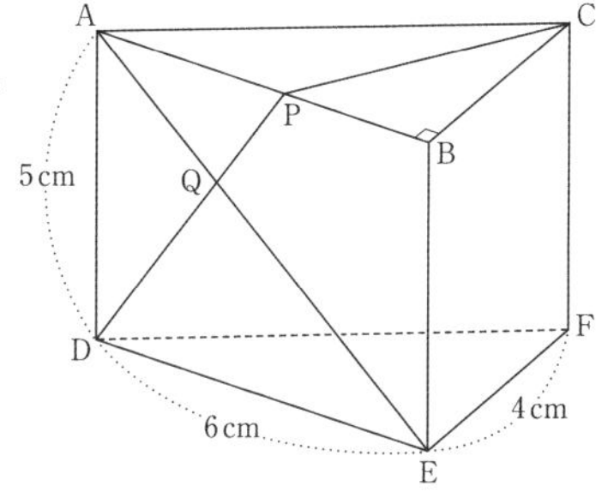

(1)　辺ACの長さを求めなさい。

(2)　線分PBの長さを求めなさい。

(3)　線分AQと線分QEの長さの比AQ：QEを求めなさい。答えは最も簡単な整数比で表すこと。

(4)　四角形ADFCを底面とする四角すいQADFCの体積を求めなさい。

■平成29年度問題

4　**図1**は，半径が2cmの球7個がちょうど入っている円柱である。**図2**は，直径が**図1**の円柱の底面の直径と等しい球であり，**図3**は，底面の直径が**図1**の円柱の底面の直径と等しく，**図2**の球1個と，半径が2cmの球6個がちょうど入っている円柱である。

このとき，次の各問いに答えなさい。ただし，円周率はπとする。また，根号がつくときは，根号のついたままで答えること。

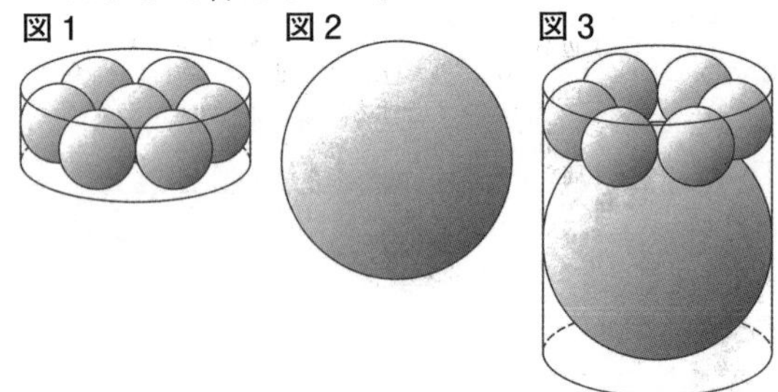

(1)　**図4**は，**図1**の平面図である。**図1**の円柱の底面の直径を求めなさい。

(2)　**図2**の球の体積を求めなさい。

(3)　**図5**は，**図3**の立面図である。**図3**の円柱の高さを求めなさい。

(4)　**図3**において，円柱の中にある7個の球の中心を結び，底面が正六角形の角すいをつくる。この角すいの体積を求めなさい。

図4

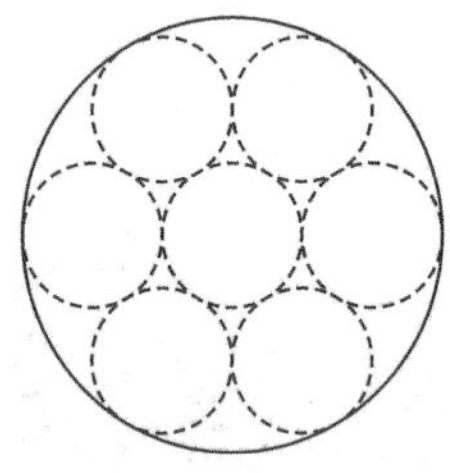

図5

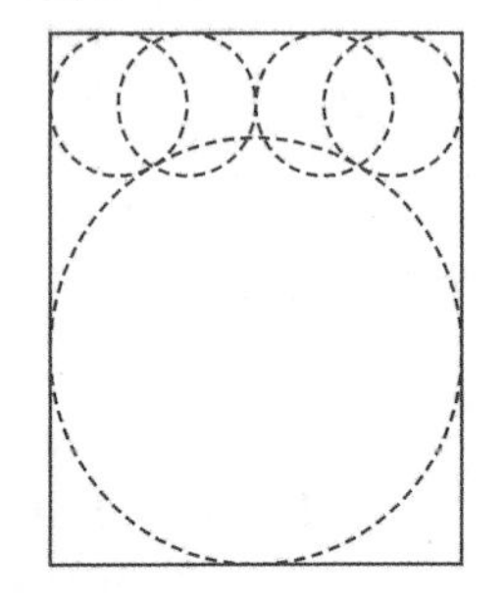

■平成28年度問題

4　**図1**は，底面の半径が4cm，高さが4cmの円柱である。**図2**は，底面の半径が4cm，体積が**図1**の円柱と同じ円すいであり，頂点をA，底面の円の中心をBとする。また，底面と線分ABは垂直に交わっている。**図3**は，半径5cmの球を，中心Oを通る平面で切ってできた半球の形をした容器である。

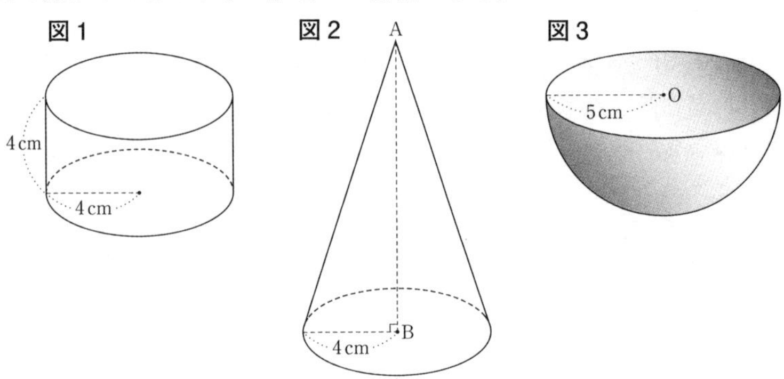

このとき，次の各問いに答えなさい。ただし，円周率はπとし，**図3**の容器の厚さは考えないものとする。

(1)　**図1**の円柱の体積を求めなさい。

(2)　**図2**の円すいの高さABを求めなさい。

(3)　**図3**の半球の形をした容器の中に**図2**の円すいを，円すいの底面が半球の切り口と平行になるように置く。右の**図4**は，このときの立面図である。

①　線分OBの長さを求めなさい。

②　**図4**において，**図2**の円すいを半球の切り口よりも上側の部分と下側の部分に分けるとき，下側の部分の体積を求めなさい。

図4

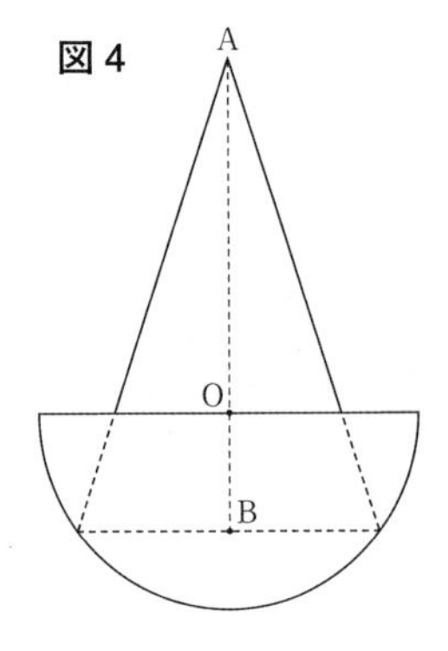

公立高校入試出題単元

過去９年間
(平成27年～令和５年迄)

理　科

身近な科学
■令和５年度 4 1 (音)
■令和３年度 4 1 (光)
■令和２年度 4 1 (力)

物質の性質とその変化 (質量と体積)
■令和４年度 3 1
■令和３年度 3 1
■令和２年度 3 2
■平成31年度 3 1
■平成29年度 3 1

化学変化と原子分子
■令和５年度 3 1 (化学式)
■令和３年度 3 2 (化学式・気体)
■平成31年度 3 2 (酸化)
■平成30年度 3 1 (還元・気体の集め方・化学反応式)
■平成29年度 3 2
■平成27年度 3 1 (質量の変化)

水溶液とイオン (電気分解)
■令和５年度 3 2 (イオンのなりやすさ・電池)
■令和４年度 3 2 (中和)
■令和２年度 3 1 (電池)
■平成30年度 3 2 (酸とアルカリ)
■平成28年度 3 2

運動とエネルギー
■令和５年度 4 2 (仕事)
■令和４年度 4 1
■令和２年度 4 2
■平成31年度 4 1
■平成28年度 4 1
■平成27年度 4 2

電流とそのはたらき
■令和４年度 4 2 (磁界)
■令和３年度 4 2 (回路・電力)
■平成30年度 4 2 (電力)
■平成29年度 4 2
■平成28年度 4 2

大地の変化
■令和５年度 2 2 (地層)
■令和４年度 2 1 (地震)
■令和３年度 2 1 (岩石)
■平成30年度 2 1 (堆積岩)
■平成28年度 2 1

植物の生活と種類
■令和５年度 1 1 (光合成・呼吸)
■令和４年度 1 1 (蒸散)
■令和３年度 1 1 (光合成)
■令和２年度 1 1 (受粉・発芽・種子)
■平成31年度 1 1 (遺伝･光合成)
■平成30年度 1 1 (光合成・呼吸・細胞)

動物の種類とからだのはたらき
■令和５年度 1 2 (分解)
■令和４年度 1 2 (分類・呼吸)
■令和３年度 1 2 (心臓・呼吸)
■令和２年度 1 2 (動物の特徴)
■平成31年度 1 2 (分類)
■平成30年度 1 2 (メダカ・目・刺激)
■平成29年度 1 2
■平成27年度 1 2 (動物の分類)

天気の変化
■令和３年度 2 2
■令和２年度 2 2
■平成31年度 2 2
■平成27年度 2 1

地球と太陽系
■令和５年度 2 1 (太陽)
■令和４年度 2 2 (月)
■令和２年度 2 1 (星座・公転)
■平成31年度 2 1 (太陽系)
■平成30年度 2 2 (太陽)
■平成29年度 2 1
■平成27年度 2 2 (太陽)

身近な科学

■令和５年度問題

4　次の各問いに答えなさい。

1　葵さんと令子さんは，音の性質を調べるため，図 25 のように，コンピュータにマイクを接続し，モノコードの弦をはじいたときの振動のようすを波形として表示した。図 26 は，その結果を示したものである。

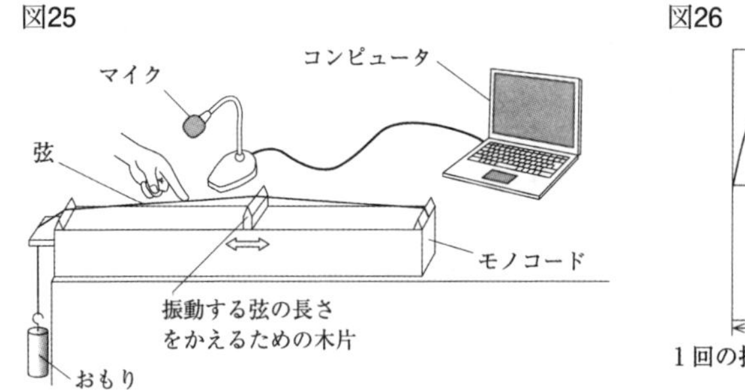

図25

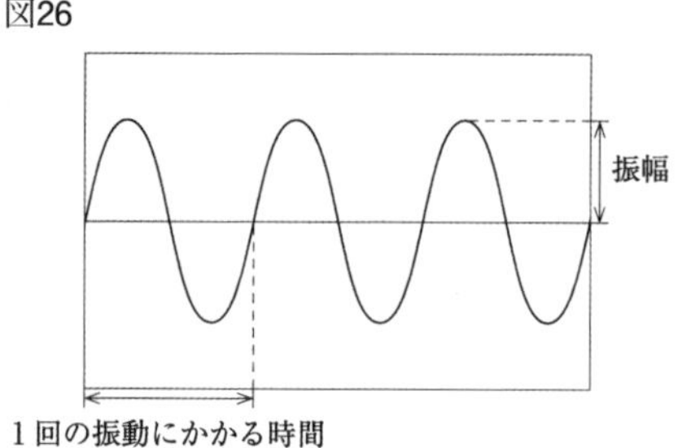

図26

(1)　図 26 の波形が得られてから時間が経過するにつれて，モノコードの音が小さくなった。音が小さくなったとき，１回の振動にかかる時間は①（ア　長くなり　イ　短くなり　ウ　変化せず），振幅は②（ア　大きくなる　イ　小さくなる　ウ　変化しない）。

また，図 25 の木片を移動させて弦をはじいたとき，モノコードの音が高くなった。音が高くなったとき，振動数は③（ア　大きくなる　イ　小さくなる　ウ　変化しない）。

①～③の（　　）の中からそれぞれ最も適当なものを一つずつ選び，記号で答えなさい。

次に二人は，図 25 のモノコードを用いて，はじく弦の太さや長さ，弦を張るおもりの質量をかえ，弦をはじいたときの音の振動数を調べる実験Ⅰ～Ⅳを行った。表 27 は，その結果をまとめたものである。

表 27

	弦の太さ〔mm〕	弦の長さ〔cm〕	おもりの質量〔g〕	振動数〔Hz〕
実験Ⅰ	0.3	20	800	270
実験Ⅱ	0.3	20	1500	370
実験Ⅲ	0.3	60	1500	125
実験Ⅳ	0.5	20	1500	225

(2)　表 27 において，弦の長さと音の高さの関係を調べるには，［①］を比較するとよい。また，弦の太さと音の高さの関係を調べるには，［②］を比較するとよい。

［①］，［②］に当てはまるものを，次のア～カからそれぞれ一つずつ選び，記号で答えなさい。

ア　実験Ⅰと実験Ⅱ　　イ　実験Ⅰと実験Ⅲ　　ウ　実験Ⅰと実験Ⅳ
エ　実験Ⅱと実験Ⅲ　　オ　実験Ⅱと実験Ⅳ　　カ　実験Ⅲと実験Ⅳ

(3)　20cm の長さの弦と 1500g のおもりを使って，200Hz の音を出すためには，弦の太さを①（ア　0.3mm より細く　イ　0.3mm より太く 0.5mm より細く　ウ　0.5mm より太く）する必要がある。また，0.3mm の太さの弦と 800g のおもりを使って，150Hz の音を出すためには，弦の長さを②（ア　20cm より短く　イ　20cm より長く 60cm より短く　ウ　60cm より長く）する必要がある。

①，②の（　　）の中からそれぞれ最も適当なものを一つずつ選び，記号で答えなさい。

■令和３年度問題

4　次の各問いに答えなさい。

1　図 24 のような薄いシート状のレンズに太陽の光を当てると，凸レンズと同様に，一点に光を集めることができた。令子さんは，この光を集めるしくみが光の屈折によるものではないかと考え，図 25 のような，光源装置，半円形ガラス，円形分度器を用いて，次の実験Ⅰ，Ⅱを行った。円形分度器の中心を点Ｏとし，円周上に 90° ごとに点Ａ～Ｄを置き，円形分度器に対して，半円形ガラスをその直径部分が直径ＡＣに重なるように置いた。また，光源装置から出た光が，２点Ｂ，Ｏを通るように装置を設置した。

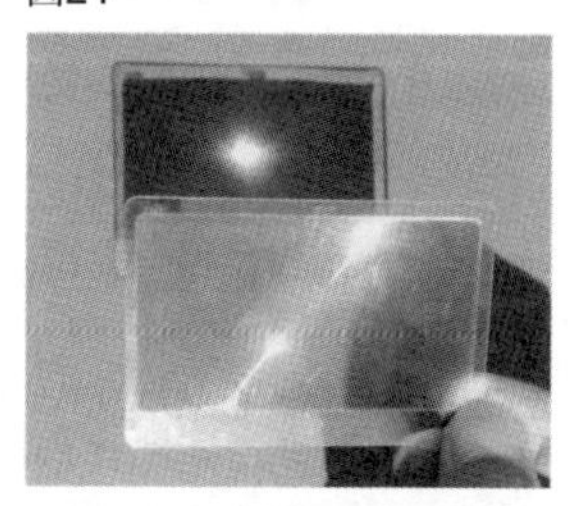
図24

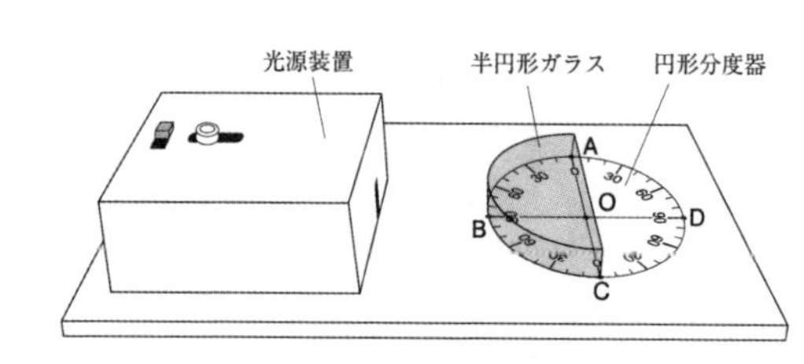

図25

実験Ⅰ　半円形ガラスを点Ｏを中心に反時計回りに 30° 回転させ，光を入射させたところ，入射光と屈折光，反射光が観察された。

実験Ⅱ　半円形ガラスを点Ｏを中心に反時計回りに 40° 回転させ，光を入射させたところ，入射光と屈折光，反射光が観察された。

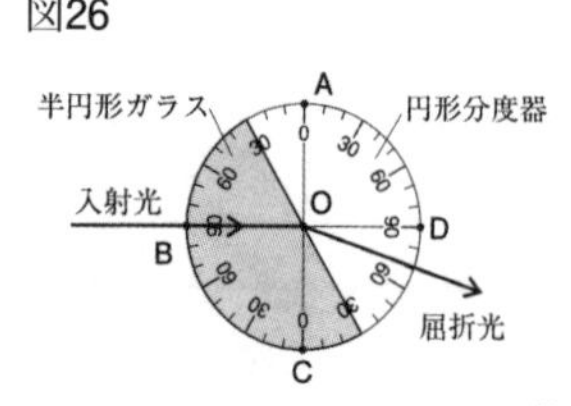

図26

図 26 は実験Ⅰの，図 27 は実験Ⅱの，円形分度器と半円形ガラスを真上から見たときの入射光と屈折光の道すじを示したものである。

図27

⑴　実験Ⅰにおいて，点Oで反射した光の道すじはどうなるか。右下の図中の --------- をなぞって，⟶で示しなさい。

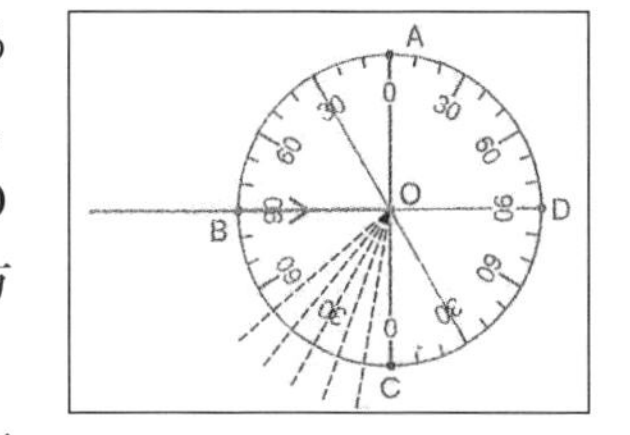

⑵　図 26 において，入射角と屈折角の大きさを比べると①（ア　入射角　イ　屈折角）の方が大きい。また，図 26 と図 27 を比較すると，入射光の延長線であるＯＤと屈折光との角度は，②（ア　図 26　イ　図 27）の方が大きい。

①，②の（　　）の中からそれぞれ正しいものを一つずつ選び，記号で答えなさい。

次に令子さんが，ガラスでできた三角柱の一面に垂直に光を当てると，屈折光が確認できた。図 28 は，ガラスでできた三角柱を真上から見たときの入射光の道すじを示したものである。

さらに令子さんは，図 28 のような三角柱で，ａの角度が異なるものを３つ用意して，それぞれ図 29 の①，②，③に置き，平行な３つの光を入射したところ，点Ｘに光を集めることができた。なお，図 29 は，真上から見たときの光の道すじを示したものである。

図28　　図29

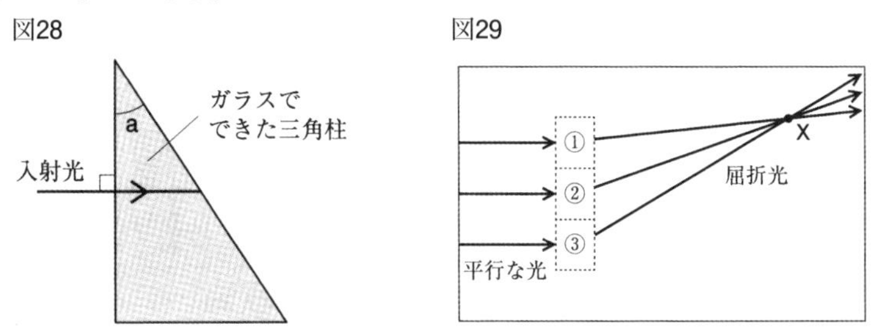

⑶　図 29 の①，②，③に置いた三角柱の形と向きとして最も適当なものを，次の**ア**～**カ**から一つずつ選び，記号で答えなさい。ただし，**ア**～**カ**は，三角柱を真上から見たものを表している。

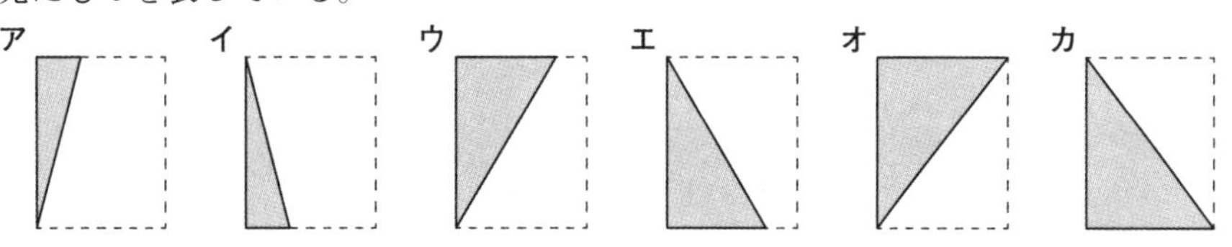

■**令和２年度問題**

4　次の各問いに答えなさい。

1　博樹さんは，物体にはたらく浮力に興味をもち，高さ 4.0cm，重さ 0.50 N の直方体と，直径 4.0cm，重さ 1.00 N の球体を用いて，浮力を調べる実験を行った。図 24 のように，直方体と球体をそれぞれ糸でばねばかりにつるし，水を入れた水そうにゆっくりと沈めた。表 25 は，直方体または球体を水に沈めたときの水面からの深さと，そのときのばねばかりの値を示したものである。ただし，実験で使用する糸の伸び縮みや重さは考えないものとする。

図24

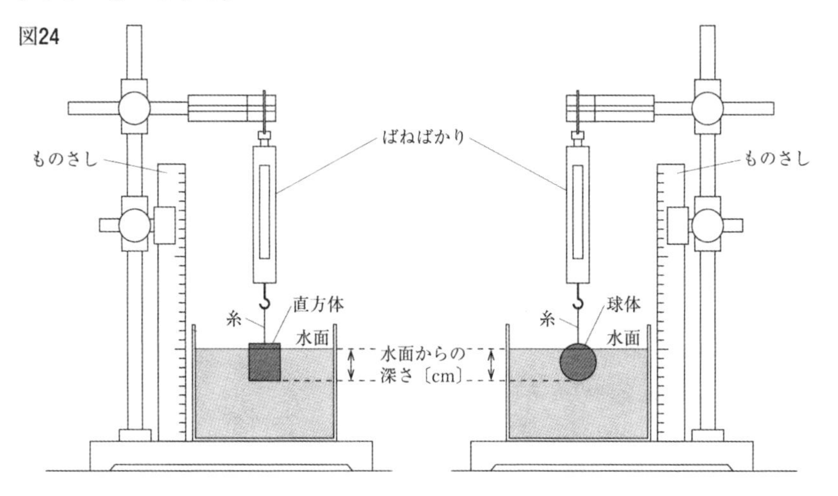

表25

水面からの深さ〔cm〕		0	1.0	2.0	3.0	4.0	5.0	6.0
ばねばかりの値〔N〕	直方体	0.50	0.41	0.32	0.23	0.14	0.14	0.14
	球　体	1.00	0.95	0.84	0.72	0.67	0.67	0.67

⑴　直方体の表面にはたらく水圧について，水面からの深さが 5.0cm のときのようすを，最もよく表したものはどれか。次の**ア**～**エ**から一つ選び，記号で答えなさい。ただし，**ア**～**エ**の矢印の長さと向きは，水圧の大きさと向きを表すものとする。

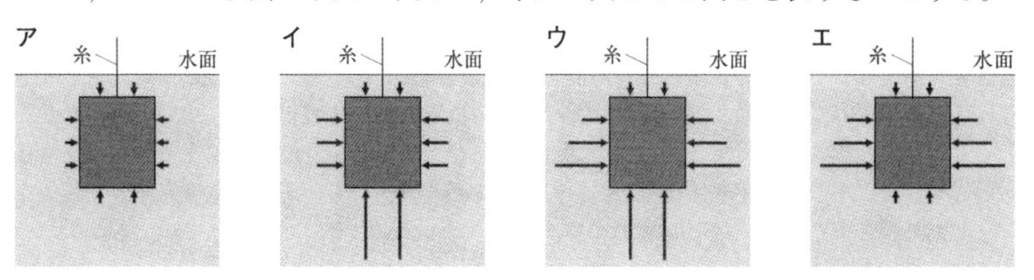

(2) 表25から，水面からの深さと直方体にはたらく浮力の関係を示すグラフを右にかきなさい。

(3) 表25から，球体にはたらく力について正しく説明しているものを，次の**ア**～**エ**から**すべて**選び，記号で答えなさい。

ア 水面からの深さが4.0cmまでは，深さが大きくなるほど糸が球体を引く力は小さくなる。

イ 水面からの深さが4.0cmまでは，深さが大きくなるほど球体の重力の大きさは小さくなる。

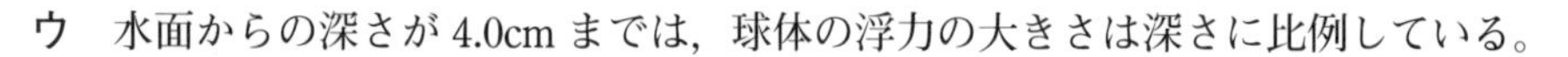

ウ 水面からの深さが4.0cmまでは，球体の浮力の大きさは深さに比例している。

エ 水面からの深さが4.0cmから6.0cmでは，球体の浮力の大きさは変化しない。

〔N〕 浮力 0.5 0.4 0.3 0.2 0.1 0
0 1.0 2.0 3.0 4.0 5.0 6.0 水面からの深さ 〔cm〕

次に図26のように，4つの球体**A**，**B**，**C**，**D**を水に入れたところ，**A**，**B**は水面に浮き，**C**，**D**は底に沈んだ。球体の直径は**A**，**C**が7.0cm，**B**，**D**が10.0cmであり，重さは，**A**，**B**が1.00N，**C**，**D**が8.00Nである。

図26

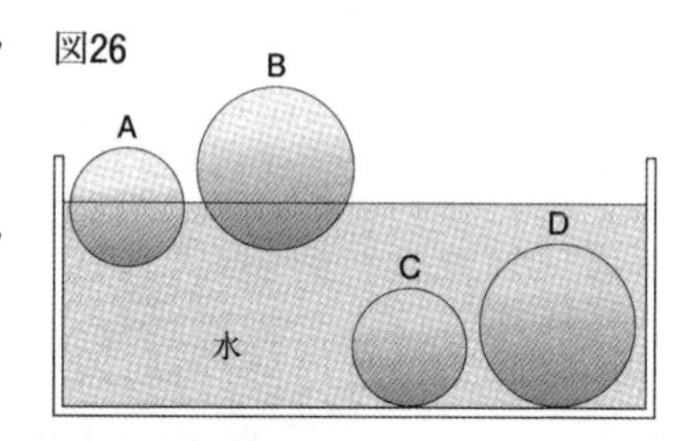

(4) 図26の**A**～**D**にはたらく浮力の大きさについて，大きい方から順に並べたとき，1番目と2番目にくるものを**A**～**D**からそれぞれ一つずつ選び，記号で答えなさい。

物質の性質とその変化（質量と体積）

■令和4年度問題

3 次の各問いに答えなさい。

1 優子さんは，先生から「学校のオキシドールは購入後時間がたっているので，分解が進んでしまっていると思う」という話を聞き，どれくらい分解しているかを調べるため，次の実験Ⅰ，Ⅱを行った。

実験Ⅰ 過酸化水素3.0％と表示されている購入後間もないオキシドールを，図16のようにビーカーに200.0gはかり取り，1.0gの二酸化マンガンを加えると，過酸化水素が分解し，気泡が発生し始めた。電子てんびんを用いて，ビーカー内の混合物の質量を1分ごとに10分間測定した。気泡が発生しているビーカーの中に火のついた線香を入れると，激しく燃焼した。

図16

表17は，この実験での測定結果を示したものである。なお，二酸化マンガンは，過酸化水素の分解を促すはたらきがあるが，二酸化マンガンが他の物質に変化することはない。

表17

時間〔分〕	0	1	2	3	4	5	6	7	8	9	10
混合物の質量〔g〕	201.0	199.8	199.3	198.9	198.6	198.5	198.4	198.3	198.2	198.2	198.2

実験Ⅱ 購入後時間がたったオキシドールを使用して，実験Ⅰと同様の操作を行ったところ，実験Ⅰと同じく気泡が発生した。表18は，この実験での測定結果を示したものである。

表18

時間〔分〕	0	1	2	3	4	5	6	7	8	9	10
混合物の質量〔g〕	201.0	200.1	199.7	199.5	199.4	199.3	199.3	199.3	199.3	199.3	199.3

(1) 実験を行うときの一般的な注意点として**誤っているもの**を，次の**ア**～**エ**から一つ選び，記号で答えなさい。

ア 気体が発生する実験は，換気扇を回すなど，換気のよい状態で行う。

イ 危険な試薬を使うときは，保護眼鏡を着用する。

ウ 試薬びんに入った溶液をビーカーに注ぐときは，ガラス棒を伝わらせる。

エ 実験で使用した薬品は，実験後すぐに流しに捨てる。

(2) オキシドールは①（ア　溶質　　イ　溶媒）である過酸化水素が水に溶けた水溶液である。3.0％の過酸化水素水 200.0g に含まれる過酸化水素は［　②　］g である。
①の（　　）の中から正しいものを一つ選び，記号で答えなさい。また，［　②　］に適当な数字を入れなさい。

(3) 実験Ⅰ，Ⅱで，過酸化水素の分解により発生した気体の化学式を答えなさい。また，この気体と同じ気体を，次のア〜エから一つ選び，記号で答えなさい。
ア　塩酸の電気分解を行い，陽極に発生する気体
イ　塩酸の電気分解を行い，陰極に発生する気体
ウ　水の電気分解を行い，陽極に発生する気体
エ　水の電気分解を行い，陰極に発生する気体

(4) 表 17 において，最も激しく反応しているのはどの時間か。次のア〜ウから最も適当なものを一つ選び，記号で答えなさい。また，そう判断した理由を，**混合物の質量**という語を用いて書きなさい。
ア　0〜1分　　イ　3〜4分　　ウ　6〜7分

(5) 実験Ⅱで用いたオキシドールの過酸化水素の濃度は何％と考えられるか。表 17 と表 18 を使って計算し，小数第２位を四捨五入して答えなさい。

■令和３年度問題

3　次の各問いに答えなさい。

1　優子さんは，「水に沈むトマトは甘い」という広告を見て，トマトの密度と糖度の関係に興味をもち，次の実験Ⅰ〜Ⅲを行った。

実験Ⅰ　水 500 g を入れたビーカーに，種類の違う３個のトマトＡ，Ｂ，Ｃを入れたところ，トマトはすべてビーカーの底に沈んだ。

実験Ⅱ　次に，水 500 g を入れたビーカーを３つ用意し，それぞれに食塩８ g，16 g，24 g を加えて溶かし，それぞれ食塩水Ｘ，食塩水Ｙ，食塩水Ｚとした。食塩水ＸにトマトＡ，Ｂ，Ｃを入れ，トマトが食塩水Ｘに浮くかどうか観察したところ，図 17 のようになった。食塩水Ｙ，食塩水Ｚでも同様の実験を行い観察した。

実験Ⅲ　糖度計を用いて，トマトＡ，Ｂ，Ｃの糖度を測定した。

表 18 は，実験Ⅱと実験Ⅲの結果をまとめたものである。

表18

	食塩水Ｘ	食塩水Ｙ	食塩水Ｚ	糖度
食塩の量	8 g	16 g	24 g	
トマトＡ	浮いた	浮いた	浮いた	4.2 度
トマトＢ	沈んだ	浮いた	浮いた	4.6 度
トマトＣ	沈んだ	沈んだ	浮いた	6.9 度

図17

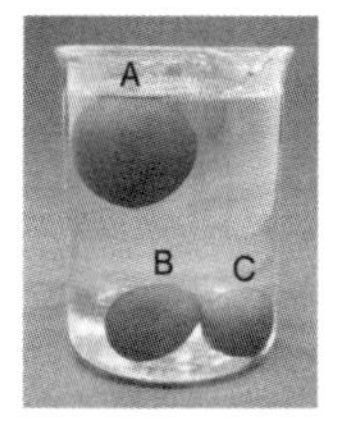

(1) 食塩を溶かしたときの食塩水のようすを最もよく表したモデルはどれか。次のア〜エから一つ選び，記号で答えなさい。ただし，ア〜エの●はナトリウムイオン，○は塩化物イオンを表すものとする。

ア
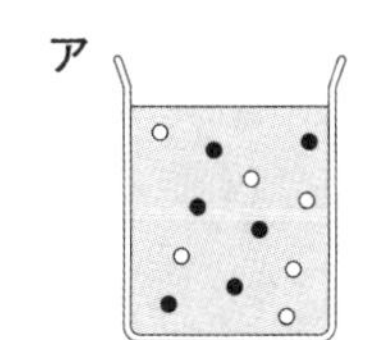
イ
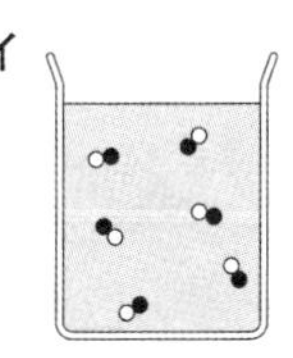
ウ
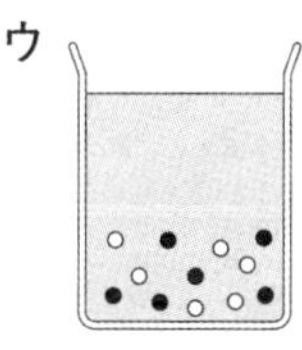
エ
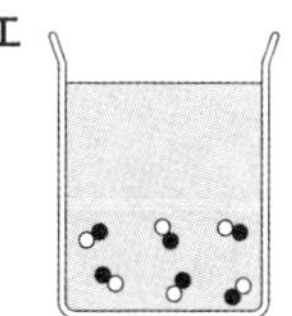

(2) 食塩水Ｚの質量パーセント濃度は何％か。小数第２位を四捨五入して答えなさい。

(3) トマトＡ，水，食塩水Ｘについて，それぞれを密度の小さい方から順に並べたものはどれか。次のア〜カから一つ選び，記号で答えなさい。
ア　トマトＡ→水→食塩水Ｘ　　イ　食塩水Ｘ→水→トマトＡ
ウ　水→食塩水Ｘ→トマトＡ　　エ　トマトＡ→食塩水Ｘ→水
オ　食塩水Ｘ→トマトＡ→水　　カ　水→トマトＡ→食塩水Ｘ

表 18 で，<u>密度が大きいトマトほど糖度が高い</u>ことを確認した優子さんは，次に，水 500 g に食塩 20 g を溶かした食塩水と，水 500 g に砂糖 20 g を溶かした砂糖水を用意した。この食塩水と砂糖水にトマトＤ，Ｅ，Ｆを入れ，そのようすを観察したところ，表 19 のようになった。

表19

	食塩水	砂糖水
トマトＤ	浮いた	沈んだ
トマトＥ	浮いた	浮いた
トマトＦ	沈んだ	沈んだ

(4) 表 19 のトマトＤのようすから，この食塩水と砂糖水の質量パーセント濃度，密度，体積を比較したときのそれぞれの大きさの関係として正しいものを次のア〜ウからそれぞれ一つずつ選び，記号で答えなさい。
ア　食塩水の方が大きい　　イ　砂糖水の方が大きい
ウ　砂糖水と食塩水では等しい

(5) トマトの密度と糖度が下線部の関係にあるとき，トマトＤ，Ｅ，Ｆを糖度の高い方から順に並べ，記号で答えなさい。

■令和２年度問題

3 次の各問いに答えなさい。

2 明雄さんは，しょう油に含まれる食塩の量を調べるため，Ⅰ～Ⅳの順に実験を行い，しょう油に含まれる有機物を炭として取り除いた。図22は，用いたしょう油の食品表示ラベルの一部である。

図22

名　　称：こいくちしょうゆ
原材料名：大豆，小麦，食塩
内 容 量：200mL

Ⅰ 図23のように，蒸発皿に $10.0cm^3$ のしょう油を入れ，表面が黒くこげて炭になりはじめるまで，ガスバーナーで加熱した。

Ⅱ 加熱後冷えてから，蒸発皿に蒸留水を加え，ろ過によって，ろ液と炭にわけた。

Ⅲ ろ液を別の蒸発皿に入れ，ガスバーナーで再び加熱すると，蒸発皿に<u>食塩とともに少量の炭が得られた</u>。

Ⅳ 蒸発皿に蒸留水を加え，再びろ過をして，ろ液と炭にわけた。ろ液を別の蒸発皿に入れ，ガスバーナーで再び加熱すると，蒸発皿に炭が混ざっていない食塩1.36 gが得られた。

図23

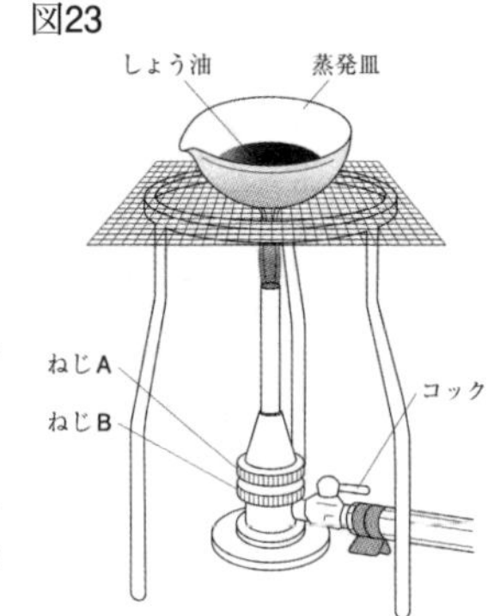

(1) しょう油と同じように，混合物であるものを次の**ア**～**オ**から**すべて**選び，記号で答えなさい。

ア 水　**イ** 鉄　**ウ** 空気　**エ** 塩酸　**オ** 二酸化炭素

(2) 図23のガスバーナーの使い方について，正しく説明しているものはどれか。次の**ア**～**オ**から**二つ**選び，記号で答えなさい。

ア ガスバーナーを使用する前に，コックやねじA，ねじBが閉まっていることを確認する。

イ 点火するときは，コックを開き，ねじAを開いてからねじBを開く。

ウ 炎の大きさを調節するときは，ねじBを回して，空気の量を調節する。

エ 炎を適正な青い炎にするときは，ねじBを動かさないようにして，ねじAを回す。

オ ガスバーナーの火を消すときは，最初にねじBを閉める。

(3) 下線部について，食塩とともに炭が得られた理由を，**ろ過**という語を用いて書きなさい。

(4) 明雄さんが，日本人が１日にしょう油から摂取している食塩の量について調べたところ，平均1.7 gであることがわかった。食塩1.7 gに相当するしょう油の体積を実験結果をもとに計算すると，小さじ何杯分になるか。次の**ア**～**エ**から適当なものを一つ選び，記号で答えなさい。ただし，小さじ１杯は $5.0cm^3$ とする。

ア $1\frac{1}{2}$杯　**イ** $2\frac{1}{2}$杯　**ウ** ４杯　**エ** ６杯

■平成31年度問題

3 次の各問いに答えなさい。

1 由香さんは，物質の状態変化を調べるため，水とエタノールを用いて実験Ⅰ，Ⅱを行った。

実験Ⅰ 水 $50cm^3$ とエタノール $50cm^3$ をそれぞれ加熱し，温度変化を測定した。図20は，加熱した時間と温度との関係をグラフで表したものであり，点Xは二つのグラフの交点である。

図20

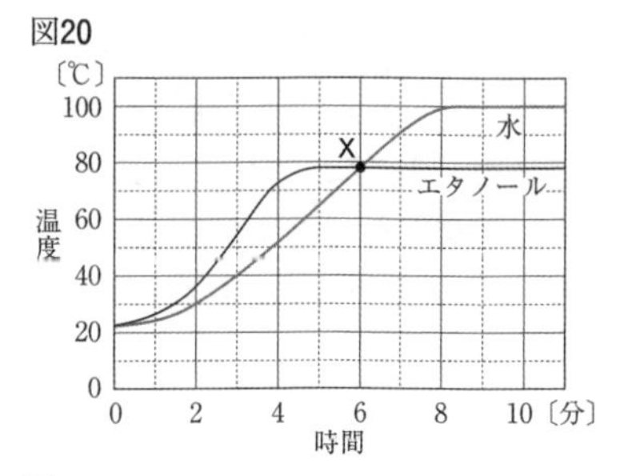

実験Ⅱ 水 $20cm^3$ とエタノール $5cm^3$ の混合物を，図21のような装置で加熱した。出てきた液体を，試験管a，bの順に $3cm^3$ ずつ集め，加熱をやめた。次に，同じ大きさのポリエチレンの袋A～Dを用意し，袋Aには試験管aに集めた液体，袋Bには試験管bに集めた液体，袋Cには水，袋Dにはエタノールをそれぞれ $3cm^3$ ずつ入れ，空気が入らないように口を密閉し，すべての袋に約90℃の湯をかけた。図22は，その結果を示したもので，大きく膨らんだ方から順に，袋D，袋A，袋Bとなり，袋Cは膨らまなかった。

図21

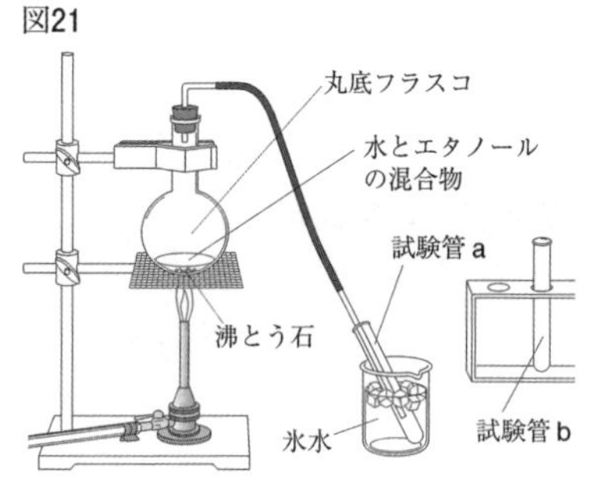

図22

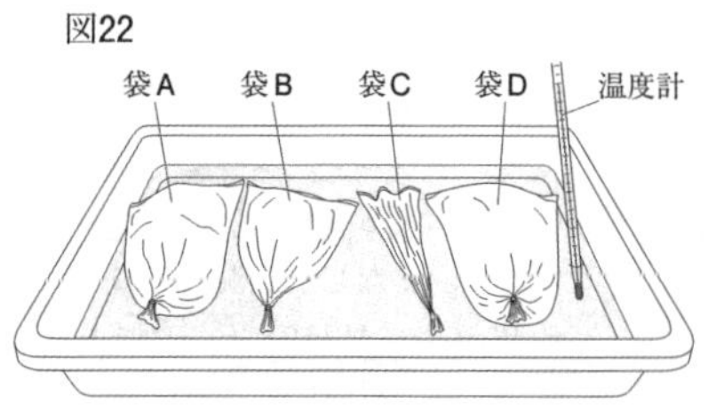

(1) 図20の点Xにおける水とエタノールのようすについて正しく説明したものを，次の**ア**～**エ**から一つ選び，記号で答えなさい。

ア 水とエタノールはいずれも沸とうしている。

イ 水とエタノールはいずれも沸とうしていない。

ウ 水は沸とうしているが，エタノールは沸とうしていない。

エ 水は沸とうしていないが，エタノールは沸とうしている。

(2) 図22の結果から，試験管aと試験管bのうち，集めた液体に含まれるエタノールの割合が大きいのはどちらか，a，bの記号で答えなさい。また，そう判断した理由を，図22の袋の中における水とエタノールの状態変化をふまえて書きなさい。

(3) 図22の袋Dについて，袋にかけた湯が室温の22℃と同じ温度になるまで放置したとき，図22のときと比べ，袋の中のエタノールの質量は①（ア 増加し イ 減少し ウ 変化せず），②（ア 激しく イ 穏やかに）運動するエタノール分子の割合が増える。

①，②の（ ）の中からそれぞれ正しいものを一つずつ選び，記号で答えなさい。

(4) 表23は，いろいろな物質の融点と沸点を示したものである。物質の温度が図20の点Xと同じ温度のとき，液体の状態であるものを次のア～オからすべて選び，記号で答えなさい。

ア 銅　　イ 酢酸　　ウ 塩化ナトリウム
エ パルミチン酸　　オ 窒素

表23

物質	融点〔℃〕	沸点〔℃〕
銅	1085	2562
酢酸	17	118
塩化ナトリウム	801	1485
パルミチン酸	63	351
窒素	−210	−196

■平成29年度問題

3 次の各問いに答えなさい。

1 隆雄さんは，身のまわりで使用されているプラスチックの性質について調べる実験を行った。ポリプロピレン，ポリエチレン，ポリスチレンをそれぞれ約1cm四方に切り，水の入ったビーカーに入れてガラス棒で混ぜた後，浮くかどうか調べた。その結果，18図のようにポリスチレンだけが沈んだ。次に，実験に用いたプラスチックの体積をメスシリンダーで，質量を電子てんびんでそれぞれ測定し，密度を求めたところ，19表のようになった。そこで隆雄さんは，プラスチックの密度に関する実験Ⅰ，Ⅱを行った。

18図

19表

プラスチック名	密度〔g/cm³〕
ポリプロピレン	0.91
ポリエチレン	0.95
ポリスチレン	1.06

実験Ⅰ ポリプロピレン，ポリエチレン，ポリスチレンを切って，Ⓐそれぞれの質量を0.50gにそろえ，水の入ったビーカーに入れてガラス棒で混ぜた後，浮くかどうか調べた。

実験Ⅱ ポリプロピレン，ポリエチレン，ポリスチレンをそれぞれ約1cm四方に切り，密度が1.15 g/cm^{3}の食塩水の入ったビーカーに入れてガラス棒で混ぜた後，浮くかどうか調べた。

(1) 実験Ⅰ，Ⅱの結果として適当なものを，次のア～エからそれぞれ一つずつ選び，記号で答えなさい。

ア ポリプロピレンとポリエチレンが浮き，ポリスチレンが沈む。
イ ポリプロピレンとポリエチレンが沈み，ポリスチレンが浮く。
ウ ポリプロピレン，ポリエチレン，ポリスチレンのすべてが浮く。
エ ポリプロピレン，ポリエチレン，ポリスチレンのすべてが沈む。

(2) 下線部Ⓐについて，ポリプロピレン，ポリエチレン，ポリスチレンのうち，質量が同じとき体積が最も大きいものを一つ選び，プラスチック名で答えなさい。

次に隆雄さんは，密度の違いを利用してプラスチックを区別する方法を考え，実験を行った。20図のように，18図のプラスチックと水の入ったビーカーに，密度が0.79 g/cm^{3}のエタノールを少しずつ加え，加えるごとにガラス棒で混ぜた後，それぞれのプラスチックが浮くかどうか調べた。この操作をくり返し行ったところ，Ⓑプラスチックの浮き沈みが変化していき，プラスチックを区別することができた。その後ビーカーから，水とエタノールの混合物の一部をとり出し，21図のようにメスシリンダーで体積を測定した。さらに，とり出した混合物の質量を電子てんびんで測定したところ，48.00gであった。

20図

(3) 21図の水とエタノールの混合物の密度は何g/cm^{3}か。小数第3位を四捨五入して答えなさい。

(4) 下線部Ⓑについて，どのように浮き沈みが変化していったか。プラスチック名をあげながら書きなさい。

21図

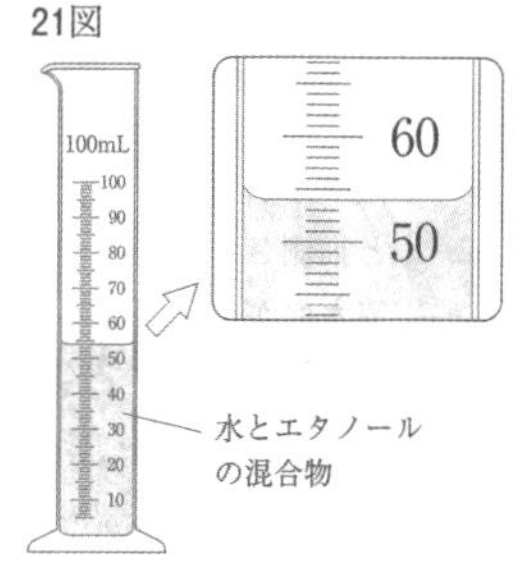

化学変化と原子分子

■令和５年度問題

3 次の各問いに答えなさい。

1 葵さんは，先生から「銅はクジャク石からも取り出すことができる」という話を聞き，図 18 のクジャク石に含まれる銅の割合を調べるため，次の実験Ⅰ，Ⅱを行った。

図18

実験Ⅰ　クジャク石 1.00g を細かく砕いて試験管Aに入れ，図 19 のような装置で加熱し，発生した気体を試験管Bに集めた。加熱後，ⓐ試験管A内に液体が発生していたので，青色の塩化コバルト紙につけると赤色に変化した。また，試験管Bに石灰水を入れると白くにごった。試験管Aのクジャク石は黒色の物質に変化し，その質量を測定すると 0.72g であった。

図19

実験Ⅱ　実験Ⅰで得られた黒色の物質 0.72g と炭素の粉末 0.10g をよく混ぜ，その混合物を試験管Cに入れ，図 20 のような装置で加熱し，発生した気体を試験管Dに集めた。気体の発生が終わったことを確認し，水槽からガラス管を取り出した後，加熱をやめ，ⓑ試験管Cが冷えるまでゴム管をピンチコックで閉じた。試験管Dに石灰水を入れると白くにごった。その後，試験管Cに残った固体を厚紙の上に取り出し，薬さじの裏側でこすると，赤色の金属光沢を示したことから，この固体は銅であることがわかった。

図20

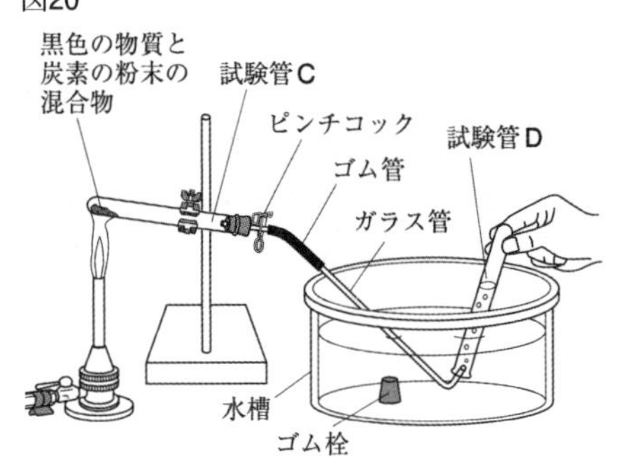

(1) 下線部ⓐについて，塩化コバルト紙によって確認された物質を化学式で答えなさい。

(2) 実験Ⅱで銅を得ることができたことから，黒色の物質は酸化銅であると考えられる。酸化銅から炭素を用いて銅を得ることができたのは，①（ア　酸化銅　　イ　銅　　ウ　炭素）よりも②（ア　酸化銅　　イ　銅　　ウ　炭素）の方が酸素と結びつきやすいからである。

①，②の（　　）の中からそれぞれ最も適当なものを一つずつ選び，記号で答えなさい。

(3) 下線部ⓑは，加熱された試験管Cに空気が入ることを防ぐための操作である。試験管Cに空気が入らないようにする理由を，加熱された試験管Cに空気が入ることで起きる化学変化にふれながら書きなさい。

(4) 実験Ⅰで得られた黒い物質がすべて酸化銅であるとき，この実験で用いたクジャク石の中に含まれていた銅の割合は何％か。小数第１位を四捨五入して答えなさい。ただし，銅 2.0g を完全に酸化させたときに得られる酸化銅の質量は 2.5g であるものとする。

■令和３年度問題

3 次の各問いに答えなさい。

2 明雄さんと綾香さんは，発泡入浴剤の泡の出るしくみにクエン酸と炭酸水素ナトリウムが使われていることを知り，泡として発生した気体の種類を調べるため，実験Ⅰを行った。

実験Ⅰ　図 20 のように三角フラスコにクエン酸と炭酸水素ナトリウムを 1.0 g ずつ入れ，水を加えて気体を発生させた。発生した気体を水上置換法で試験管X，Yの順に集めた。試験管X，Yに石灰水を入れて振ると，Ⓐ試験管Xの石灰水は変化がなかったが，試験管Yの石灰水は白くにごった。

図20

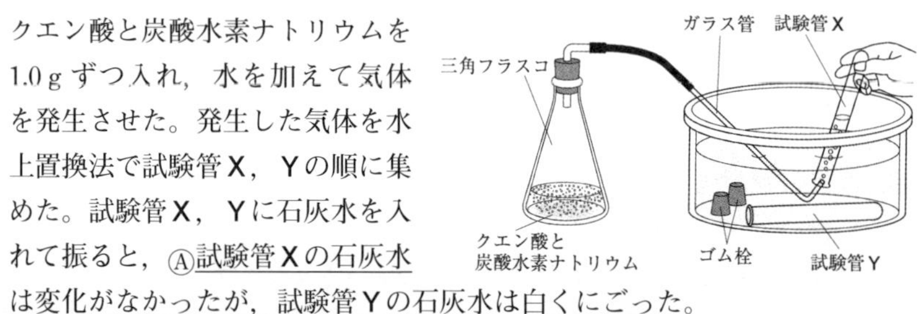

(1) 下線部Ⓐについて，試験管Yの石灰水を白くにごらせた気体の化学式を答えなさい。また，試験管Xに石灰水を白くにごらせる気体が試験管Yほど多く含まれなかった理由を書きなさい。

次に二人は，発生する気体の量が最も多くなるときのクエン酸と炭酸水素ナトリウムの質量の比を調べるため，実験Ⅱを行った。

実験Ⅱ　水 $50cm^3$ を入れたビーカーを電子てんびんにのせ，表示を 0.0 g となるようセットした。クエン酸 1.0 g をビーカーの水に溶かし，これに炭酸水素ナトリウム 4.0 g を加えると気体が発生するとともに，Ⓑビーカーが冷たくなった。気体の発生がおさまってから，電子てんびんの示す値を記録した。さらに，クエン酸と炭酸水素ナトリウムの質量の合計が 5.0 g となるように，それぞれの質量をかえ，同じ手順で実験を繰り返し行った。表 21 は，その結果を示したものである。

表21

クエン酸の質量〔g〕	1.0	2.0	3.0	4.0
炭酸水素ナトリウムの質量〔g〕	4.0	3.0	2.0	1.0
電子てんびんの示す値〔g〕	4.3	3.6	3.8	4.4

(2) 下線部Ⓑについて，ビーカーが冷たくなったのは，クエン酸と炭酸水素ナトリウムが反応するときに，①（ア　周囲の熱を吸収　イ　周囲に熱を放出）したからであり，このような化学反応を［　②　］反応という。
　①の（　　）の中から正しいものを一つ選び，記号で答えなさい。また，［　②　］に適当な語を入れなさい。

(3) クエン酸 1.0 g と炭酸水素ナトリウム 4.0 g が反応したとき，発生した気体の質量は何 g か，求めなさい。

(4) 図22と図23は，表21をもとに明雄さんと綾香さんがそれぞれかいたグラフである。どちらのグラフが，この実験の反応を示す上でより適当かを確かめるには，クエン酸の質量が 2.0 g から 3.0 g の間で発生する気体の質量を調べる必要がある。もし，発生する気体の質量が①（ア　1.2 g　イ　1.4 g）より大きくなることがある場合は，②（ア　図22　イ　図23）の方がより適当なグラフとなる。
　①，②の（　　）の中からそれぞれ正しいものを一つずつ選び，記号で答えなさい。

図22

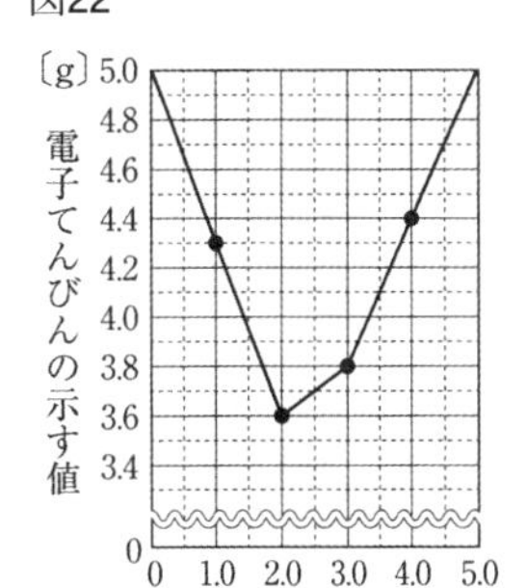

図23

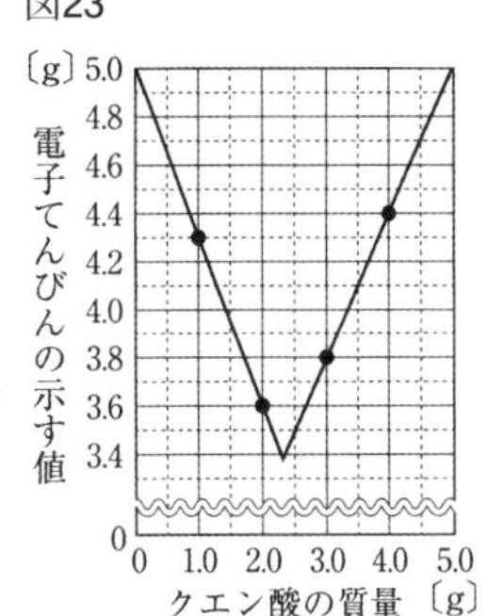

■平成31年度問題

3　次の各問いに答えなさい。

2　優子さんは，鉄がさびる条件を調べるため，綿の入ったびんを6つ用意し，水などの液体を加えた後，図24のように鉄くぎを入れてびんの中のようすを記録した。表25は，びんA～Fに加えた液体の種類とふたの有無をまとめ，2日後のびんの中のようすを示したものである。

図24

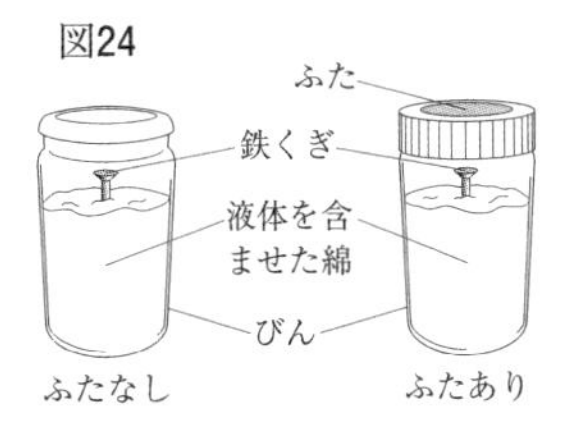

表25

	びんに加えた液体の種類	ふたの有無	2日後のびんの中のようす	
			液体を含ませた綿	鉄くぎの表面
びんA	水	なし	鉄くぎの周りだけが茶色に変化した。	ほとんど変化しなかった。
びんB	水	あり	鉄くぎの周りだけが茶色に変化した。	ほとんど変化しなかった。
びんC	食塩水	なし	全体が茶色に変化した。	茶色に変化した。
びんD	食塩水	あり	鉄くぎの周りだけが茶色に変化した。	ほとんど変化しなかった。
びんE	砂糖水	なし	鉄くぎの周りだけが茶色に変化した。	ほとんど変化しなかった。
びんF	砂糖水	あり	鉄くぎの周りだけが茶色に変化した。	ほとんど変化しなかった。

(1) 鉄くぎがさびるのは，鉄の酸化によるものである。酸素が十分にあると鉄くぎがさびやすくなることは，表25の①（ア　びんA，B　イ　びんC，D　ウ　びんE，F）の中のようすから判断できる。また，水，食塩水，砂糖水のうち，食塩水を加えると鉄くぎがさびやすくなることは，表25の②（ア　びんA，C，E　イ　びんB，D，F）の中のようすから判断できる。
　①，②の（　　）の中からそれぞれ正しいものを一つずつ選び，記号で答えなさい。

(2) 優子さんは，質量パーセント濃度が15％の食塩水 30 g を準備していたが，水を加えて濃度を5％にした食塩水で実験を行った。15％の食塩水 30 g に加えた水の質量は何 g か，求めなさい。

(3) 食品に含まれる物質の中には，空気中の酸素によって酸化されるものが多い。このような食品の酸化を防ぐための薬剤として，鉄がよく用いられる。鉄が食品の酸化防止にはたらくのはなぜか。その理由を，鉄が酸化されやすい物質であることに着目して書きなさい。

　次に優子さんは，鉄の酸化を利用したかいろのしくみを調べるため，図26のように，鉄粉と活性炭を蒸発皿に入れ，食塩水を加えて温度変化を測定する実験を行うことにした。

図26

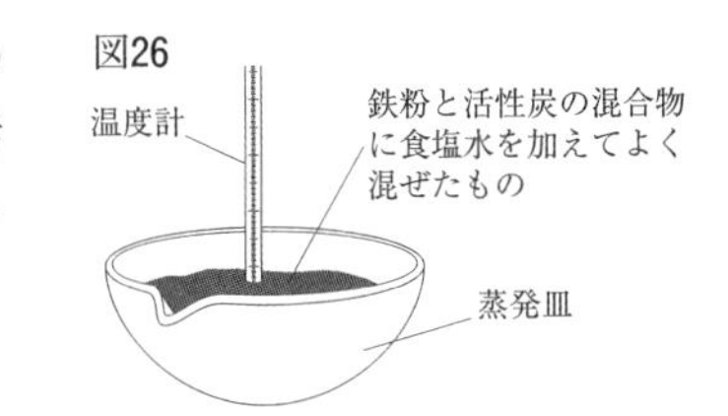

(4) 優子さんは，「食塩水の体積がかいろの温度変化に与える影響」および「食塩水の濃度がかいろの温度変化に与える影響」を調べるため，表27の実験Ⅰ，Ⅱ，Ⅲを計画した。表27の実験Ⅲのa，bの組み合わせとして適当なものを，次のア～エから一つ選び，記号で答えなさい。

表27

	実験Ⅰ	実験Ⅱ	実験Ⅲ
鉄粉〔g〕	6	6	6
活性炭〔g〕	3	3	3
食塩水の濃度〔%〕	5	5	a
食塩水の体積〔cm³〕	5	2.5	b

ア　a：5　b：7.5　　イ　a：5　b：12.5
ウ　a：10　b：5　　エ　a：10　b：10

■平成30年度問題

3 次の各問いに答えなさい。

1 由香さんは，金属と酸素との結びつきについて調べるため，次の実験Ⅰ，Ⅱを行った。

実験Ⅰ 酸化銅 4.0 g と炭素の粉末 0.5 g をよく混ぜ，その混合物を試験管に入れて15図のような装置で加熱し，発生した二酸化炭素を集気びんに集めた。加熱後，試験管内に銅ができた。

15図

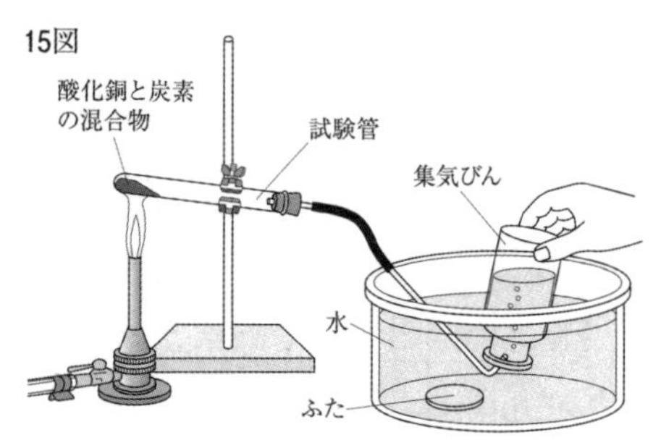

実験Ⅱ 16図のように，実験Ⅰで二酸化炭素を集めた集気びんの中に，火をつけたマグネシウムリボンを入れて燃焼させた。燃焼後，酸化マグネシウムができた。また，集気びん内に黒色の物質が見られた。

16図

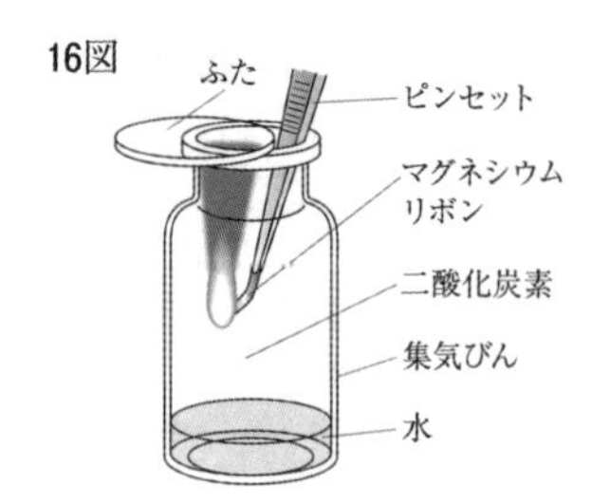

(1) 実験Ⅰで発生した二酸化炭素を集めるには，15図のような水上置換法のほかに，［①］置換法が適している。これは，二酸化炭素が，［②］からである。
［①］に適当な語を入れなさい。また，［②］には，二酸化炭素の集め方として［①］置換法が適している理由を，**密度**という語を用いて書きなさい。

(2) 実験Ⅰについて，酸化銅 4.0 g に含まれる酸素の質量は何 g か，求めなさい。ただし，銅 2.0 g を完全に酸化させたときに得られる酸化銅の質量は 2.5 g であるものとする。

実験を終えた由香さんは，実験Ⅰ，Ⅱで起きた化学変化を，17図のようにモデルで表した。なお，図中の□，○，◎，●は，炭素原子，酸素原子，マグネシウム原子，銅原子のいずれかを表したものである。

17図

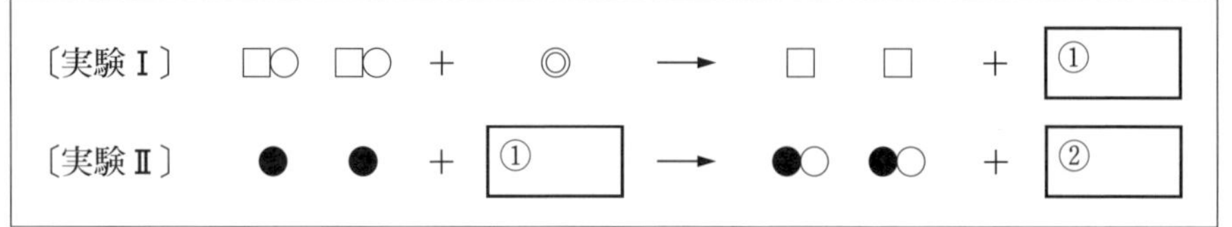

(3) 17図の［①］，［②］に入れるのに適当なモデルをそれぞれかきなさい。ただし，実験Ⅰ，Ⅱの［①］には，共通する物質のモデルが入る。

(4) 17図のモデルをもとに，実験Ⅱで起きた化学変化を化学反応式で表しなさい。

(5) 実験Ⅰ，Ⅱで起きた化学変化から，炭素，銅，マグネシウムのうち，最も酸素と結びつきやすいのは，①（ア 炭素　イ 銅　ウ マグネシウム）であることがわかる。このことから，実験Ⅰの酸化銅を酸化マグネシウムにかえて同様の実験を行った場合，加熱後，試験管内にマグネシウムが②（ア できる　イ できない）と考えられる。
①，②の（　）の中からそれぞれ正しいものを一つずつ選び，記号で答えなさい。

■平成29年度問題

3 あとの各問いに答えなさい。

2 綾香さんは，市販のベーキングパウダーに含まれる炭酸水素ナトリウムの割合を確かめるため，実験Ⅰ，Ⅱを行った。

実験Ⅰ ビーカーにうすい塩酸 50cm^3 を入れ，22図のように，電子てんびんにのせて表示を 0.00 g にした後，ビーカーに炭酸水素ナトリウム 1.00 g を加え，うすい塩酸と混ぜて気体を発生させた。その後，気体が発生しなくなってから，電子てんびんの示す値を記録した。さらに，うすい塩酸の量はかえずに，炭酸水素ナトリウムの質量だけをかえて，同じ手順で実験をくり返し行った。

22図

23表は，その結果を示したものであり，24図は，炭酸水素ナトリウムの質量と発生した気体の質量との関係をグラフにしたものである。

23表

炭酸水素ナトリウムの質量〔g〕	1.00	2.00	3.00	4.00	5.00	6.00	7.00
電子てんびんの示す値〔g〕	0.48	0.96	1.44	1.92	2.85	3.85	4.85

24図

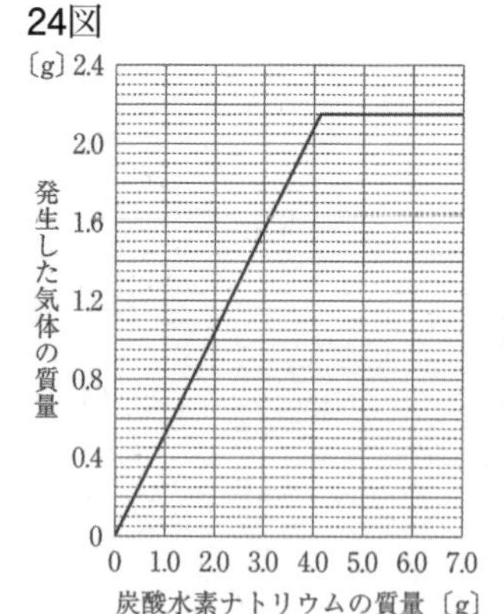

実験Ⅱ 実験Ⅰの炭酸水素ナトリウムをベーキングパウダーにかえて，同様の操作を行った。25表は，その結果を示したものである。

25表

ベーキングパウダーの質量〔g〕	1.00	2.00	3.00	4.00	5.00	6.00	7.00
電子てんびんの示す値〔g〕	0.87	1.74	2.61	3.48	4.35	5.22	6.09

(1) 炭酸水素ナトリウムの化学式を答えなさい。

(2) 実験Ⅰで発生した気体と同じ気体を発生させる方法として適当なものを，次のア～エから，一つ選び，記号で答えなさい。

ア うすい塩酸を亜鉛に加えて気体を発生させる。

イ うすい塩酸を石灰石に加えて気体を発生させる。

ウ うすい塩酸を硫化鉄に加えて気体を発生させる。

エ うすい塩酸を電気分解して陽極から気体を発生させる。

32図

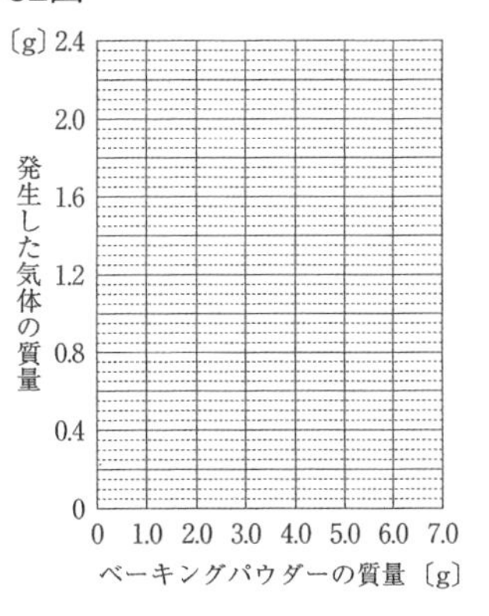

(3) 24図において，ある量以上の炭酸水素ナトリウムを加えたとき，発生した気体の質量が増加せず一定になるのはなぜか。その理由を書きなさい。

(4) 25表から，ベーキングパウダーの質量と発生した気体の質量との関係を示すグラフを32図へかきなさい。

(5) 26図は，実験に用いたベーキングパウダーの成分表の一部で，図中の値は，ベーキングパウダーに含まれる原材料の質量の割合を示したものである。実験Ⅰ，Ⅱの結果をもとに，26図のア～エの中から炭酸水素ナトリウムに当てはまるものを一つ選び，記号で答えなさい。ただし，実験Ⅱにおいて，塩酸は，ベーキングパウダーに含まれる炭酸水素ナトリウム以外の物質とは反応しないものとする。

26図

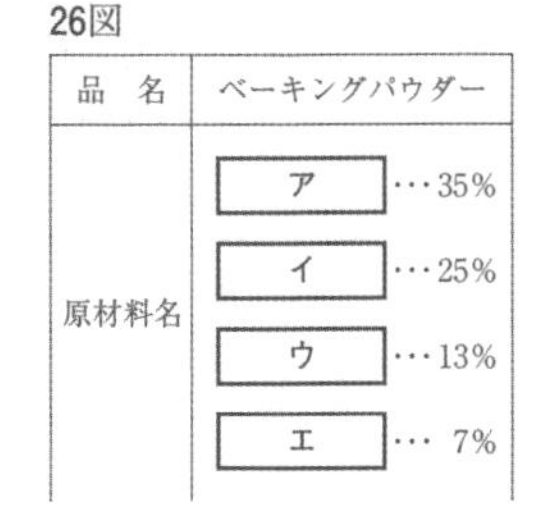

品 名
ベーキングパウダー
原材料名
ア …35%
イ …25%
ウ …13%
エ … 7%

■平成27年度問題

3 次の各問いに答えなさい。

1 隆雄さんは，化学反応における熱の出入りと質量の変化について調べるため，実験Ⅰ，Ⅱを行った。

実験Ⅰ 鉄の酸化を利用した市販のかいろを，20図のように，温度計の先端を包むようにして輪ゴムで固定し，集気びんに入れて密閉した後，温度計で温度を，電子てんびんで質量を測定し，5分ごとに記録した。

実験Ⅱ 実験Ⅰで開始20分後に測定をした後，21図のようにゴム栓をはずし，実験Ⅰと同様の測定を行い，5分ごとに記録した。

なお，ゴム栓をはずしたときに，集気びん内に空気が吸い込まれる音がした。

22表は，実験Ⅰ，Ⅱの結果を示したものである。

20図　21図

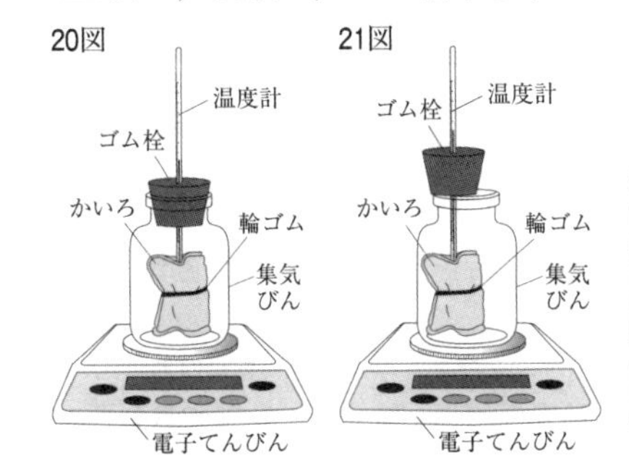

22表

		開始時	5分後	10分後	15分後	20分後
実験Ⅰ	温度〔℃〕	27.9	34.7	36.5	38.0	38.1
	質量〔g〕	380.39	380.39	380.39	380.39	380.39
実験Ⅱ	温度〔℃〕	38.1	42.0	45.6	48.5	49.8
	質量〔g〕	380.46	380.48	380.50	380.52	380.53

(1) 下線部について，酸化の例として適当なものを，次のア～エから二つ選び，記号で答えなさい。

ア 水素が燃えると，水ができる。

イ 鉄と硫黄を混ぜて加熱すると，硫化鉄ができる。

ウ 炭素の粉末を加熱すると，二酸化炭素が発生する。

エ 炭酸水素ナトリウムを加熱すると，二酸化炭素が発生する。

(2) 市販のかいろに鉄が含まれていることを確かめる方法と，鉄が含まれている場合の予想される結果について，それぞれ書きなさい。

(3) 22表について，温度の測定結果から，かいろにおける鉄の酸化は①（ア 吸熱 イ 発熱）反応であることがわかる。また，質量の測定結果から，実験Ⅰでは［②］の法則が成り立っていることが確認できる。①の（ ）の中から正しいものを一つ選び，記号で答えなさい。また，［②］に適当な語を入れなさい。

(4) 22表の実験Ⅰの開始15分後から20分後にかけて温度がほとんど変わらなかったのは，集気びん内の［ ］が不足したことで反応が進みにくくなったためと判断できる。［ ］に適当な物質名を入れなさい。また，そう判断できる理由を，22表の実験Ⅱの温度と質量の変化をふまえて書きなさい。

水溶液とイオン（電気分解）

■令和５年度問題

3　次の各問いに答えなさい。

2　明雄さんは，マグネシウム，亜鉛，銅のイオンへのなりやすさを調べるため，図21のように，３種類の金属片と３種類の水溶液の組み合わせを示した台紙にマイクロプレートを置き，実験を行うことにした。まず，マグネシウム片をうすい硫酸亜鉛水溶液，うすい硫酸銅水溶液にそれぞれ入れたところ，マグネシウム片のまわりに固体が現れた。表22は，マグネシウム片で実験したときの結果を示している。なお，表22のa～dには亜鉛片，銅片で実験したときの結果が入る。

図21　金属のイオンへのなりやすさの比較

	硫酸マグネシウム水溶液	硫酸亜鉛水溶液	硫酸銅水溶液
マグネシウム片			
亜鉛片			
銅片			

台紙　マイクロプレート

表22

	硫酸マグネシウム水溶液	硫酸亜鉛水溶液	硫酸銅水溶液
マグネシウム片		固体が現れた	固体が現れた
亜鉛片	a		b
銅片	c	d	

(1)　マグネシウムがイオンになるときの化学変化を化学反応式で表しなさい。ただし，電子はe^-を使って表すものとする。

(2)　明雄さんは，イオンになりやすいものから順に，マグネシウム，銅，亜鉛であると考え，表22のa～dに入る結果を予想した。この明雄さんの考えが正しいとすると，表22のa～dに入る結果はどのようになるか。固体が現れる場合をX，変化がない場合をYとして，それぞれ記号で答えなさい。

実験の結果，明雄さんの予想とは異なり，イオンになりやすいのは，マグネシウム，亜鉛，銅の順であることがわかった。次に明雄さんは，図23のように，中央をセロハンで仕切ったダニエル電池用水槽のAに硫酸亜鉛水溶液と亜鉛板を入れ，Bに硫酸銅水溶液と銅板を入れて，導線でモーターにつないだところ，プロペラが**右**に回った。

図23
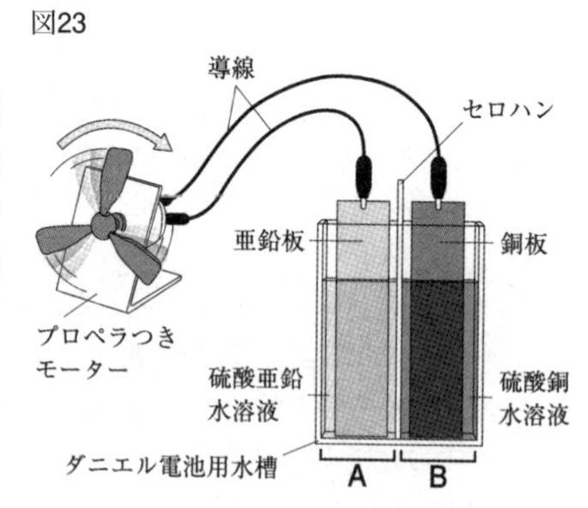

(3)　プロペラが回っているとき，－（マイナス）極の金属板では電子を①（ア　失う　　イ　受けとる）反応が起こり，＋（プラス）極の金属板では電子を②（ア　失う　　イ　受けとる）反応が起こる。このとき，＋極側から－極側にセロハンを通過して③（ア　陽イオン　　イ　陰イオン）が移動する。

①～③の（　　）の中からそれぞれ最も適当なものを一つずつ選び，記号で答えなさい。

(4)　図23の導線のつなぎ方はかえず，ダニエル電池用水槽のAとBに入れる金属板と水溶液の組み合わせだけを表24のようにかえて電池を作ったところ，すべての組み合わせでプロペラが回った。このとき，プロペラが**左**に回った組み合わせを表24のア～オから**すべて**選び，記号で答えなさい。

表24

	A	B
ア	マグネシウムと硫酸マグネシウム水溶液	亜鉛と硫酸亜鉛水溶液
イ	マグネシウムと硫酸マグネシウム水溶液	銅と硫酸銅水溶液
ウ	亜鉛と硫酸亜鉛水溶液	マグネシウムと硫酸マグネシウム水溶液
エ	銅と硫酸銅水溶液	マグネシウムと硫酸マグネシウム水溶液
オ	銅と硫酸銅水溶液	亜鉛と硫酸亜鉛水溶液

■令和４年度問題

3　あとの各問いに答えなさい。

2　明雄さんは，レモンの汁で色が変わるハーブティーに興味を持ち，実験Ⅰを行った。

実験Ⅰ　うすい塩酸を用意し，pHメーターでpHを測定した。次に，図19のように，２本の試験管に，うすい塩酸をそれぞれ5 cm^3ずつ入れ，一方にＢＴＢ液を，他方にハーブティーを加え，色の変化を観察した。食酢，食塩水，セッケン水，うすい水酸化ナトリウム水溶液についても同様の操作を行い，色の変化を観察した。

表20は，その結果を示したものである。

図19
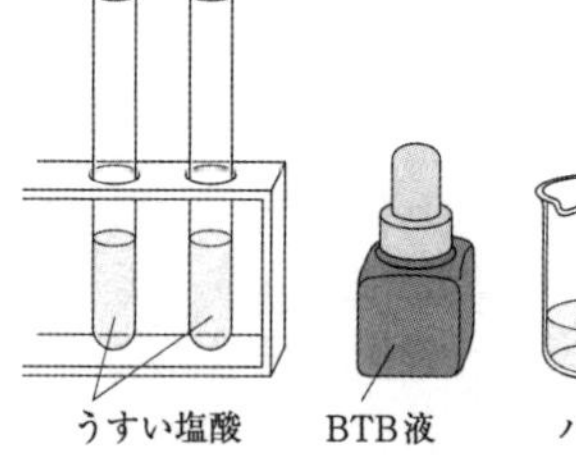

表 20

	うすい塩酸	食酢	食塩水	セッケン水	うすい水酸化ナトリウム水溶液
pH	1	3	7	9	13
ＢＴＢ液	黄色	黄色	緑色	青色	青色
ハーブティー	赤色	ピンク色	青色	緑色	黄色

(1) 表 20 からわかることについて，正しく説明しているものはどれか。次の**ア**～**エ**から正しいものを**二つ**選び，記号で答えなさい。

ア うすい塩酸と食酢を比べると，食酢の方が酸性が弱い。

イ ハーブティーが緑色になったセッケン水は，中性である。

ウ ＢＴＢ液を使うと，５種類の水溶液を判別できる。

エ 同じ水溶液でも，ＢＴＢ液とハーブティーでは変化後の色が異なる。

実験Ⅰから，ハーブティーもＢＴＢ液と同様に指示薬として利用できることがわかった。そこで明雄さんは，ハーブティーを用いて実験Ⅱを行った。

実験Ⅱ 塩酸と水酸化ナトリウム水溶液を，ビーカー**A**～**E**にそれぞれ表 21 のように混合し，その後，ハーブティーを加え，色の変化を観察した。

表 21

	ビーカーA	ビーカーB	ビーカーC	ビーカーD	ビーカーE
塩酸〔cm^3〕	5	10	15	20	25
水酸化ナトリウム水溶液〔cm^3〕	25	20	15	10	5
ハーブティーを加えた水溶液の色	黄色	黄色	黄色	青色	赤色

(2) 図 22 は，表 21 のビーカー**A**～**E**のいずれかの水溶液のようすをモデルで表したものである。図 22 は，どのビーカーの水溶液を表したものか，**A**～**E**の記号で答えなさい。ただし，●は水素イオン，▲はナトリウムイオン，○は塩化物イオンを表している。

図22

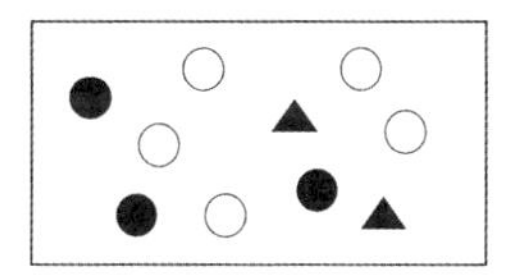

(3) 表 21 のビーカー**B**の水溶液を中性にするには①（**ア** 塩酸 **イ** 水酸化ナトリウム水溶液）を，あと［ ② ］cm^3 加えればよい。

①の（ ）の中から正しいものを一つ選び，記号で答えなさい。また，［ ② ］に適当な数字を入れなさい。

(4) 表 21 のビーカー**A**～**E**のうち，水溶液に含まれる塩の量が等しいものを**すべて**選び，記号で答えなさい。

■令和２年度問題

3 次の各問いに答えなさい。

1 令子さんは，電池のしくみを調べる実験を行った。図 20 のように，うすい塩酸に銅板と亜鉛板を入れ，モーターをつないだところ，銅板から気体が発生すると同時にモーターが回転しはじめた。しばらくモーターを回転させた後，うすい塩酸に入っていた亜鉛板を観察すると，表面がざらついていた。

図20

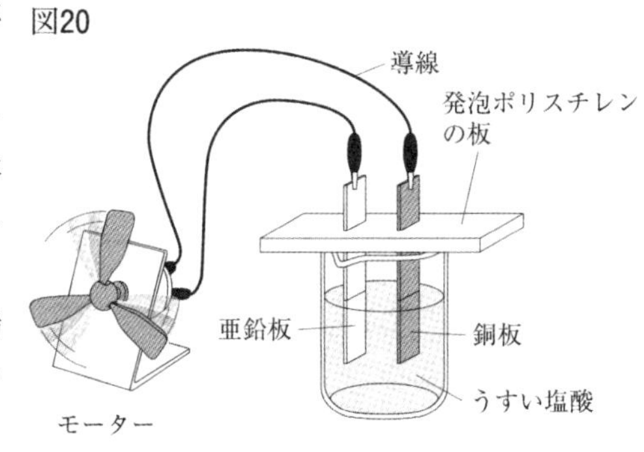

(1) 銅に見られる性質として**誤っているもの**を，次の**ア**～**エ**から一つ選び，記号で答えなさい。

ア 熱がよく伝わる。 **イ** みがくと光沢がでる。

ウ たたくと広がる。 **エ** 磁石に引きつけられる。

(2) 実験でモーターが回転しているときの亜鉛板の一部で起こる化学変化のようすを最もよく表したモデルはどれか。次の**ア**～**エ**から一つ選び，記号で答えなさい。また，亜鉛イオンのイオン式を答えなさい。ただし，**ア**～**エ**の●は亜鉛イオン，⊖は電子を表すものとする。

ア

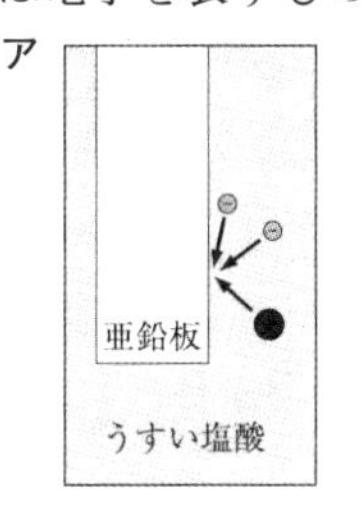

イ

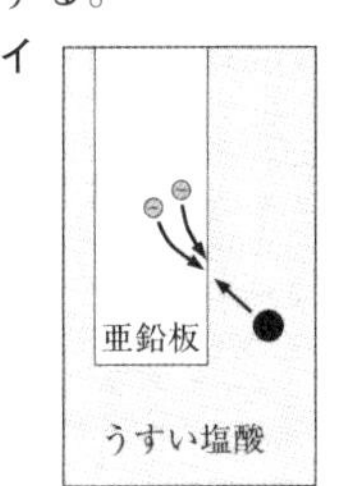

ウ

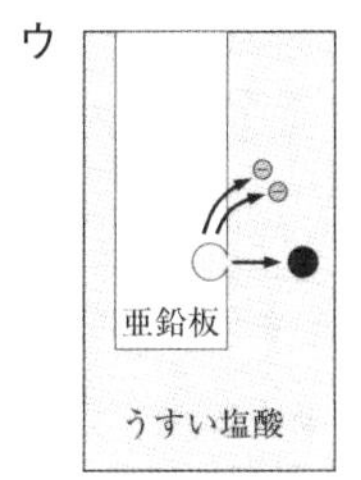

エ

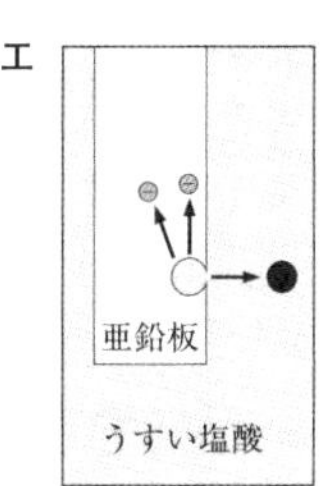

(3) 実験でモーターが回転しているとき，銅板の表面では水素イオンが水素分子に変化している。水素分子が N 個できたとき，水素分子に変化した水素イオンの数は何個か，N を使って表しなさい。

次に令子さんは，図21のように，備長炭(びんちょうたん)に食塩水でしめらせたキッチンペーパーを巻き，さらにその上にアルミニウムはくを巻いた装置をつくった。この装置と電子オルゴールを導線でつないだところ，メロディが鳴った。しばらくメロディを鳴らした後，アルミニウムはくのようすを観察すると，穴があいたり，厚さがうすくなったりしていた。

図21

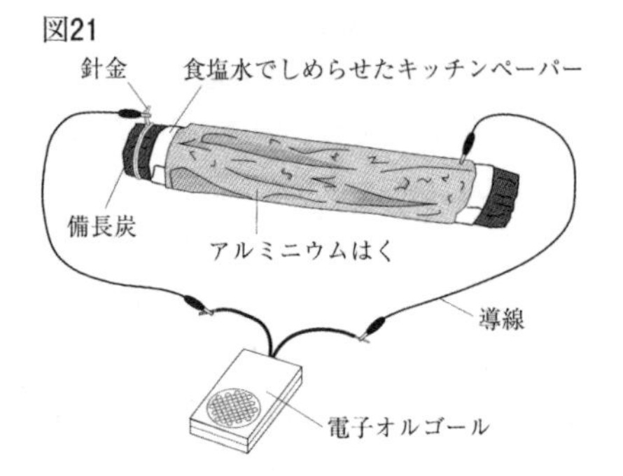

(4) 電子オルゴールのメロディが鳴ったのは，［　①　］からである。このことから，アルミニウムはくは，②（ア　＋極(プラス)　イ　－極(マイナス)）であると考えられる。

［①］にメロディが鳴った理由を，アルミニウムはくの変化のようすをふまえて**イオン**と**移動**という**二つ**の語を用いて書きなさい。また，②の（　）の中から正しいものを一つ選び，記号で答えなさい。

■平成30年度問題

3 次の各問いに答えなさい。

2 優子さんは，酸とアルカリの水溶液の性質について調べるため，次の実験Ⅰ，Ⅱを行った。

18図

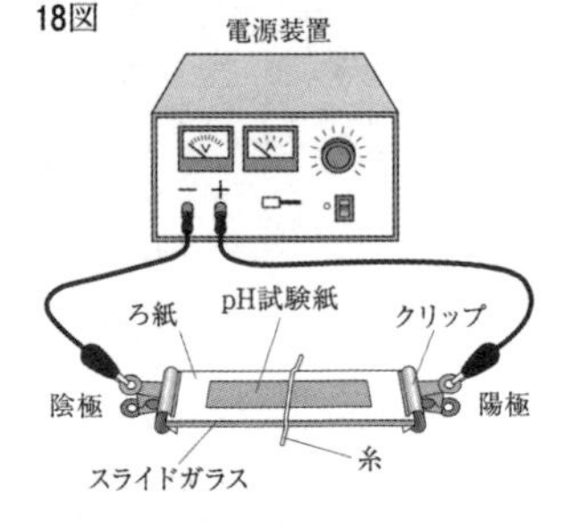

実験Ⅰ　食塩水でしめらせたろ紙とpH試験紙を，18図のようにスライドガラスに置き，金属製のクリップでとめて電源装置につないだ。次に，うすい塩酸をしみこませた糸をpH試験紙の中央に置き，電圧を加えてpH試験紙の色の変化を観察した。

実験Ⅱ　実験Ⅰのうすい塩酸を，うすい水酸化ナトリウム水溶液にかえ，同様の操作を行った。

(1) 水溶液の酸性やアルカリ性の強さを表すには，pHが用いられる。実験Ⅰ，Ⅱで用いた次の**ア**～**ウ**の水溶液を，pHの値が大きい方から順に並べ，記号で答えなさい。

ア　食塩水　　**イ**　うすい塩酸　　**ウ**　うすい水酸化ナトリウム水溶液

(2) 実験Ⅰ，Ⅱのどちらも，電圧を加えたことでpH試験紙の色が変化していった。糸よりも陰極側のpH試験紙の色が変化したのは①（**ア**　実験Ⅰ　　**イ**　実験Ⅱ）で，このとき色が変化したのは，陰極に向かって②（**ア**　水素イオン　　**イ**　水酸化物イオン）が移動したからである。

①，②の（　）の中からそれぞれ正しいものを一つずつ選び，記号で答えなさい。

次に優子さんは，酸とアルカリの水溶液を混ぜた液の性質について調べるため，実験Ⅲを行った。

実験Ⅲ　うすい塩酸50.0cm^{3}を入れたビーカー**A**に，うすい水酸化ナトリウム水溶液10.0cm^{3}と水40.0cm^{3}を加え，混ぜた後の液の最高温度を測定した。その後，BTB液を数滴加え，色の変化を調べた。次にビーカー**B**，**C**，**D**を用意し，うすい塩酸の量はかえずに，うすい水酸化ナトリウム水溶液の量と水の量をかえて，ビーカー**A**と同様の操作を行った。なお，実験に用いたうすい塩酸，うすい水酸化ナトリウム水溶液，水はすべて27.0℃であった。

19表は，その結果を示したものである。

19表

	ビーカーA	ビーカーB	ビーカーC	ビーカーD
加えた水酸化ナトリウム水溶液の量〔cm^3〕	10.0	20.0	30.0	40.0
加えた水の量〔cm^3〕	40.0	30.0	20.0	10.0
混ぜた後の液の最高温度〔℃〕	29.2	31.4	33.6	33.6
BTB液の色	黄色	黄色	緑色	青色

(3) 19表について，BTB液の色から，ビーカー［①］が中性であるとわかる。また，混ぜた後の液の最高温度から，ビーカー［②］で中和が起こったとわかる。

［①］，［②］に当てはまるものを，次の**ア**～**オ**からそれぞれ一つずつ選び，記号で答えなさい。

ア　A，Bだけ　　**イ**　C，Dだけ　　**ウ**　Cだけ
エ　Dだけ　　**オ**　A～Dのすべて

(4) 実験Ⅲにおいて，混ぜた後の液に含まれる［①］の数は，ビーカー**A**に対して，ビーカー**B**，**C**，**D**の順に2倍，3倍，4倍となる。また，混ぜた後の液に含まれる［②］の数は，ビーカー**A**～**D**のすべてで一定である。

［①］，［②］に適当なイオン式を入れなさい。

■平成28年度問題

3 次の各問いに答えなさい。

2 綾香(あやか)さんは，電池のしくみを調べるため，22図のように，銅板と亜鉛板を使って，うすい塩酸でしめらせたろ紙をはさんだ装置をつくり，電子オルゴールをつないだところ，メロディが鳴った。

22図

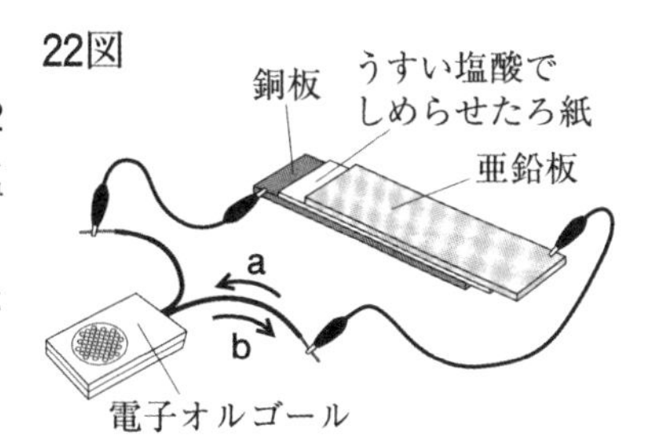

(1) 塩酸中の塩化水素と同じように，電解質であるものを次のア～エから二つ選び，記号で答えなさい。

ア 水酸化ナトリウム　イ 砂糖　ウ エタノール　エ 塩化銅

(2) 22図について，銅板は①（ア ＋極(プラス)　イ －極(マイナス)）であり，電子は②（ア aの向き　イ bの向き）に移動する。①，②の（　）の中からそれぞれ正しいものを一つずつ選び，記号で答えなさい。

(3) この実験において，銅板の表面から発生する気体は何か。化学式で答えなさい。

次に綾香さんは，23図のように，銅板A，Bと亜鉛板A，Bを使って，うすい塩酸でしめらせたろ紙をはさんだ装置をつくり，モーターをつないだところ，モーターは一定の向きに回転した。さらに，23図の装置から，うすい塩酸でしめらせたろ紙のはさむ位置や数をかえ，モーターの回転のようすを調べた。

23図

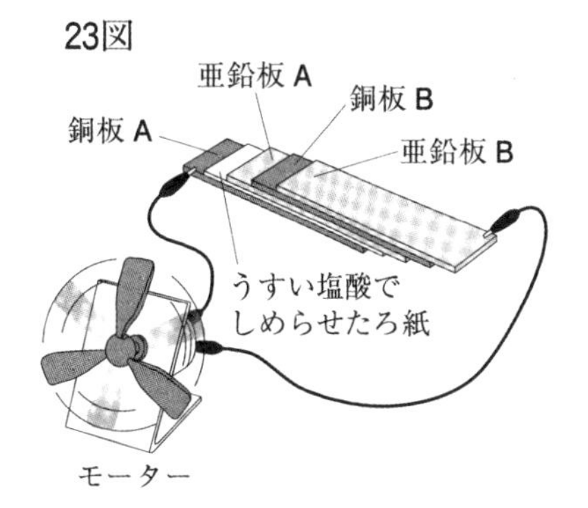

(4) うすい塩酸でしめらせたろ紙を，亜鉛板Aと銅板Bの間にだけはさむと[①]。また，うすい塩酸でしめらせたろ紙を，銅板Aと亜鉛板Aの間および銅板Bと亜鉛板Bの間にそれぞれはさむと[②]。[①]，[②]に当てはまるものを，次のア～ウからそれぞれ一つずつ選び，記号で答えなさい。

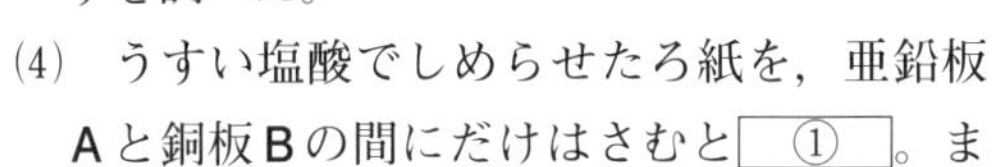

ア 23図の装置のときと同じ向きに電流が流れ，モーターは同じ向きに回転する

イ 23図の装置のときと逆の向きに電流が流れ，モーターは逆の向きに回転する

ウ 電流は流れず，モーターは回転しない

運動とエネルギー

■令和５年度問題

4 あとの各問いに答えなさい。

2 博樹さんと明雄さんは，滑車を使った仕事について調べるため，滑車A，Bと，重さが1.0Nのおもりを使って，実験Ⅰ，Ⅱを行った。なお，実験で使用する糸の，伸び縮みと重さ，糸と滑車の摩擦は考えないものとする。

実験Ⅰ　図28のように，滑車Aを使っておもりを高さ0.10mまでゆっくり引き上げ，このときの力の大きさと糸を引いた距離を調べた。

実験Ⅱ　図29のように，滑車Bを使っておもりを高さ0.10mまでゆっくり引き上げ，このときの力の大きさと糸を引いた距離を調べた。

図28

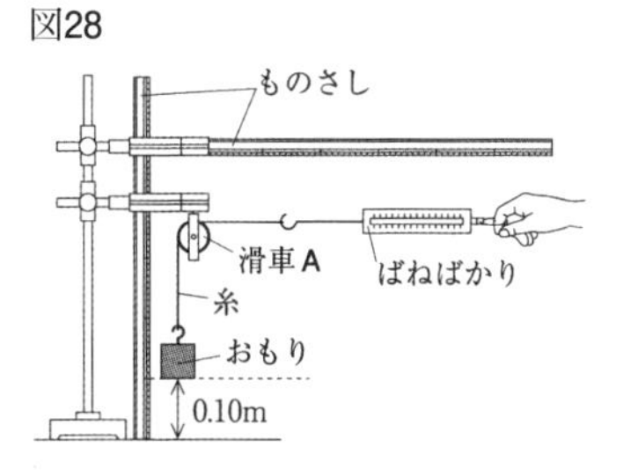

表30

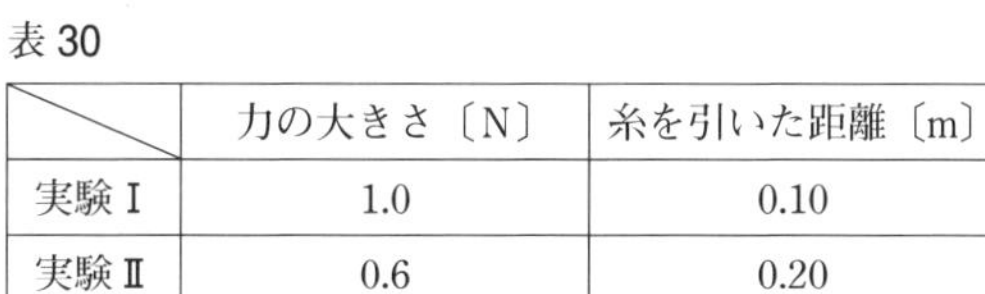

	力の大きさ〔N〕	糸を引いた距離〔m〕
実験Ⅰ	1.0	0.10
実験Ⅱ	0.6	0.20

図29

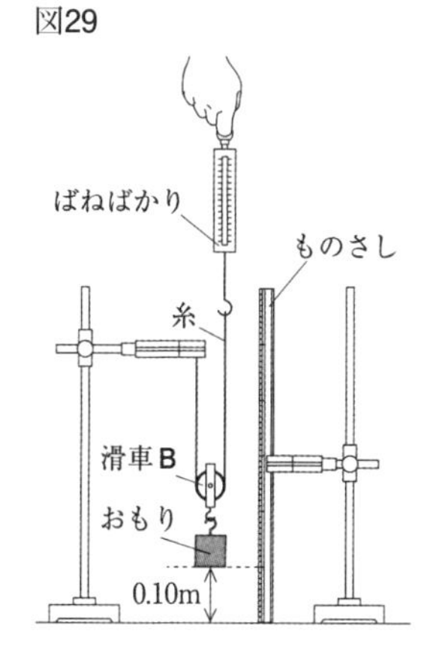

表30は，実験Ⅰ，Ⅱの結果を示したものである。

実験を終えて，博樹さんと明雄さんは表30を見ながら，次のような会話をした。

博樹：ⓐ実験Ⅰの仕事の大きさは，実験Ⅱとは異なっているよ。ⓑ滑車などの道具を使っても仕事の大きさは変わらないと学習したけど，仕事の大きさが同じにならないのはどうしてだろう。

明雄：滑車の重さに注目したらどうかな。

博樹：そうか。表30から，滑車Bの重さは[　　]Nであることがわかるね。

明雄：滑車の重さがあるから，それだけ仕事が大きくなるんだね。

(1) 下線部ⓐについて，実験Ⅰの仕事の大きさは何Jか，求めなさい。また，下線部ⓑのように，道具を使っても仕事の大きさは変わらないことを何というか，適当な語を答えなさい。

(2) [　　]に適当な数字を入れなさい。

次に二人は，図29の装置を，重さが0.5Nの滑車Cにかえ，糸を斜めに引っぱり，重さが1.0Nのおもりをゆっくり引き上げた。図31は，糸と水平面のなす角が45°のときのようすを示したものである。なお，点Pはばねばかりと糸の接点を示しており，実験で使用する糸の，伸び縮みと重さ，糸と滑車の摩擦は考えないものとする。

(3) 滑車Cとおもりを支える力を糸の方向へ分解し，その分力をもとにして，図31のときのばねばかりが糸を引く力を，解答欄の図中の点Pから矢印でかきなさい。

図31

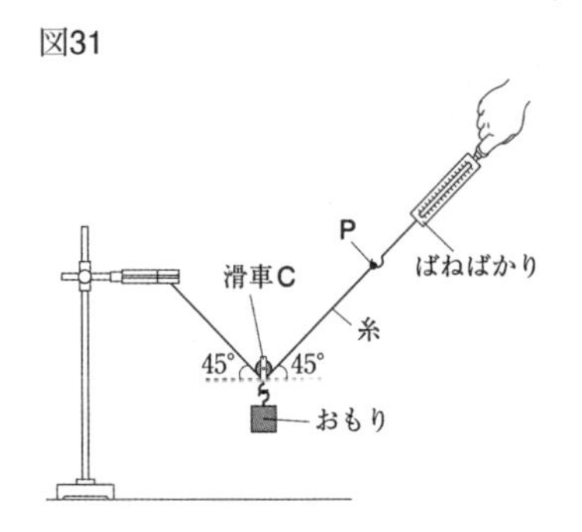

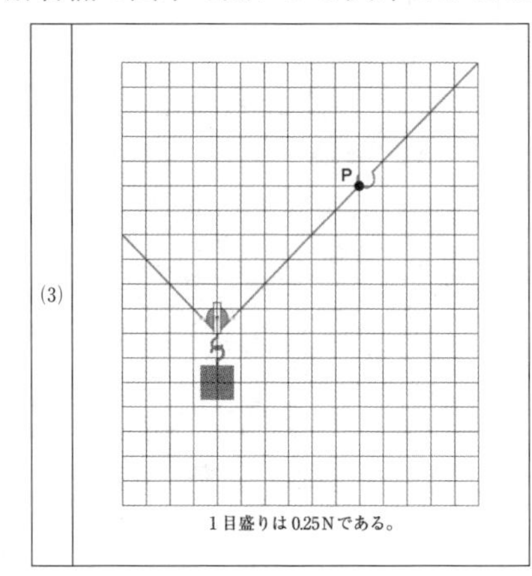

(4) 糸と水平面のなす角を小さくしていくと，ばねばかりの示す値は①（ア　大きくなる　　イ　小さくなる　　ウ　変化しない）。また，糸と水平面のなす角が30°のとき，ばねばかりの示す値は，［　②　］Nになる。

①の（　　）の中から正しいものを一つ選び，記号で答えなさい。また，［　②　］に適当な数字を入れなさい。

■令和4年度問題

4 次の各問いに答えなさい。

1 博樹さんは，レールの形状と小球の速さの関係を調べるため，図23のように，水平方向と鉛直方向に等間隔で線を引いた黒板にレールの支持台A，B，Cを固定し，AB間の形状が異なる2つのレールX，Yをそれぞれ支持台にのせ，実験を行った。

図23

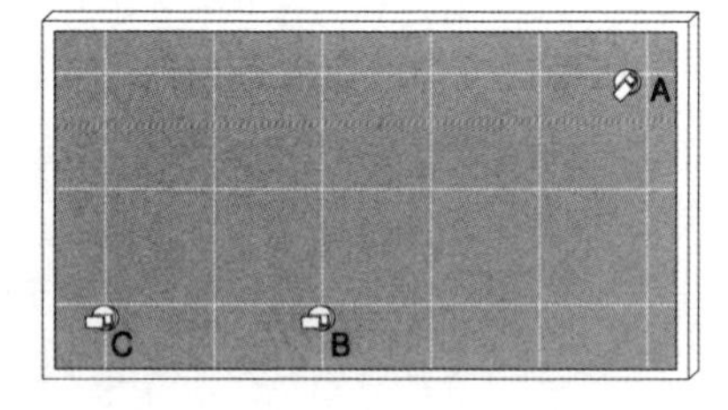

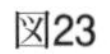

図24，図25は，これらのレールを使って，支持台Aから小球を静かにはなしたときの様子を，一定時間ごとに撮影し，それを模式的に表したものである。ただし，摩擦や空気の抵抗は考えないものとする。

図24

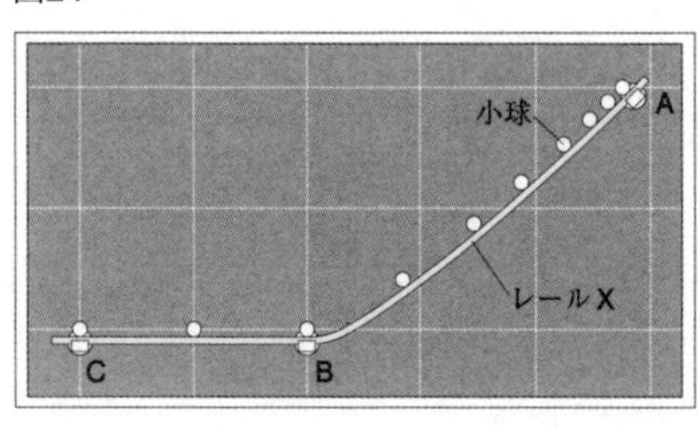

図25

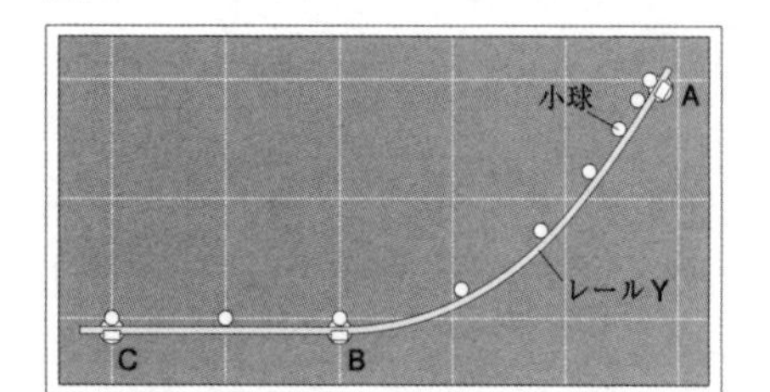

(1) 図24と図25のどちらの実験においても，小球のもつ［　①　］エネルギーが［　②　］エネルギーに移り変わる。小球がレールの上を移動している間，［　③　］エネルギーは変化しない。

［　①　］〜［　③　］に当てはまるものを，次のア〜ウから一つずつ選び，記号で答えなさい。

ア　力学的　　　イ　位置　　　ウ　運動

(2) 図24と図25を比べると，支持台Cの位置における瞬間の速さが等しいことがわかる。速さが等しいとわかる理由を書きなさい。

この実験の結果について，博樹さんは，先生と次のような会話をした。

先生：図24と図25を使って，レールXとレールYの小球が支持台Aから支持台Cを通過するまでの時間を比較してみましょう。

博樹：撮影の間隔は1分間に300回だったので，レールXの方が［　　］秒多く時間がかかっていることがわかります。

先生：同じ高さから小球をはなしているのに，かかる時間が違うのは不思議ですね。この原因には，小球をはなした直後の速さの増え方が関係しているようですよ。

博樹：確かにⓐ<u>小球の動きはじめの速さが変化する割合は，レールYの方が大きい</u>ようです。

先生：その理由は，レールXとレールYのⓑ<u>支持台Aの位置で小球にはたらく重力</u>を分解して比べると理解できるでしょう。

(3) 文中の［　　］に適当な数字を入れなさい。

(4) 文中の下線部ⓑについて，レールXの支持台Aの位置で小球にはたらく重力を「レールに平行な方向の分力」および「レールに垂直な方向の分力」に分解し，右図に矢印で書きなさい。また，下線部ⓐのようになった理由を，**分力**という語を用いて書きなさい。

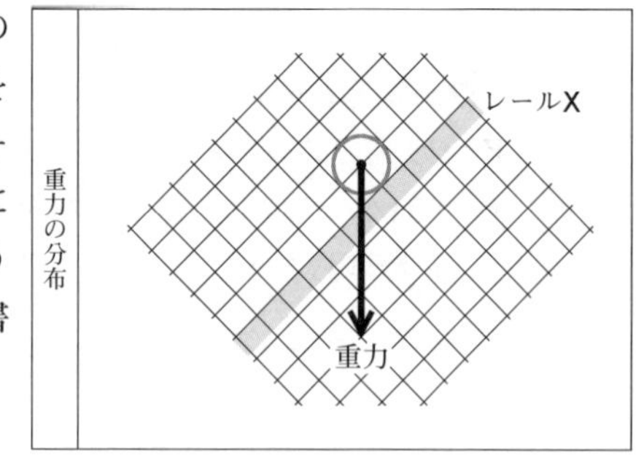

■令和２年度問題

4　次の各問いに答えなさい。

2　優子さんは，モーターによるエネルギーの変換について調べるため，図27のように電源装置，電圧計，電流計，モーターを使って回路を作り，滑車につけた糸に，重さが0.20Nのおもりをつり下げて，実験Ⅰ，Ⅱを行った。ただし，実験で使用する糸の伸び縮みや重さは考えないものとする。

実験Ⅰ　モーターに加える電圧を2.5Vにして，おもりが0.50m離れた点Aから点Bまで一定の速さで持ち上がったときの，モーターに流れた電流とかかった時間を調べた。

実験Ⅱ　実験Ⅰの電圧を5.0Vにかえ，同様の実験を行った。

表28は，実験Ⅰ，Ⅱの結果を示したものである。

図27

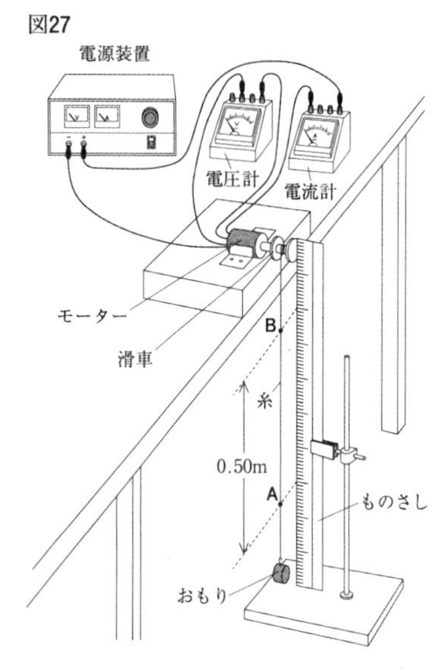

表28

	実験Ⅰ	実験Ⅱ
加えた電圧〔V〕	2.5	5.0
流れた電流〔mA〕	40	48
かかった時間〔秒〕	5.0	2.2

(1)　実験Ⅰにおいて，点Aと点Bの間をおもりが動く速さは何m/sか，求めなさい。

(2)　実験Ⅰ，Ⅱのおもりについて，点Aでの運動エネルギーが大きいのは①（ア　実験Ⅰ　イ　実験Ⅱ）である。また，実験Ⅰにおいて，点Aと点Bでのおもりの力学的エネルギーの大きさを比べると②（ア　点Aの方が大きい　イ　点Bの方が大きい　ウ　点Aと点Bでは等しい）。さらに，実験Ⅰ，Ⅱで点Aから点Bまでのおもりの力学的エネルギーの増加した量を比べると③（ア　実験Ⅰの方が大きい　イ　実験Ⅱの方が大きい　ウ　実験ⅠとⅡでは等しい）。

①～③の（　）の中からそれぞれ適当なものを一つずつ選び，記号で答えなさい。

(3)　実験Ⅰにおいて，点Aから点Bまでにモーターが消費した電力量は何Jか，求めなさい。

(4)　実験Ⅰ，Ⅱにおいて，点Aから点Bまでのモーターのエネルギー変換効率を考えると，モーターによって［①］の約8割が［②］に，約2割が［③］に変換されている。

［①］～［③］に当てはまるエネルギーの名称を，次のア～ウからそれぞれ一つずつ選び，記号で答えなさい。

ア　力学的エネルギー　　イ　電気エネルギー　　ウ　熱や音のエネルギー

■平成31年度問題

4　次の各問いに答えなさい。

1　綾香さんは，カーリング競技のストーンの動きに興味をもち，水平面上における物体の運動について調べるため，台車や木片を用いて次の実験Ⅰ，Ⅱを行った。

図28・図29

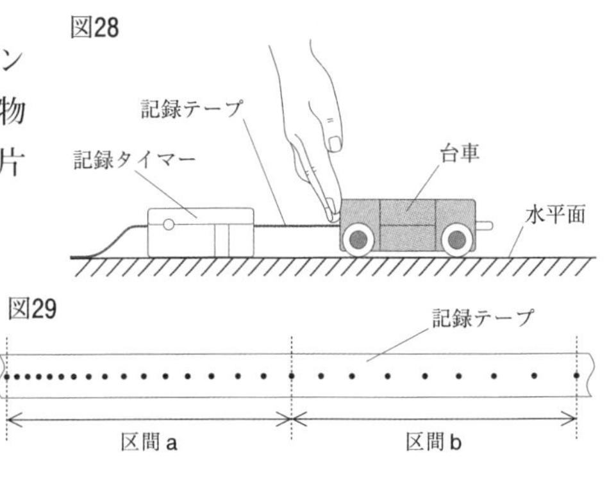

実験Ⅰ　図28のように，台車を水平面上に置いて手で軽く押し，1秒間に60回打点する記録タイマーで台車の運動のようすを調べた。図29は，台車の運動を記録したテープの一部であり，図30は，テープに記録された打点が重なっている部分を除外し，6打点ごとに切って左から順に紙にはり付け，A～Lの記号をつけたものである。

図30

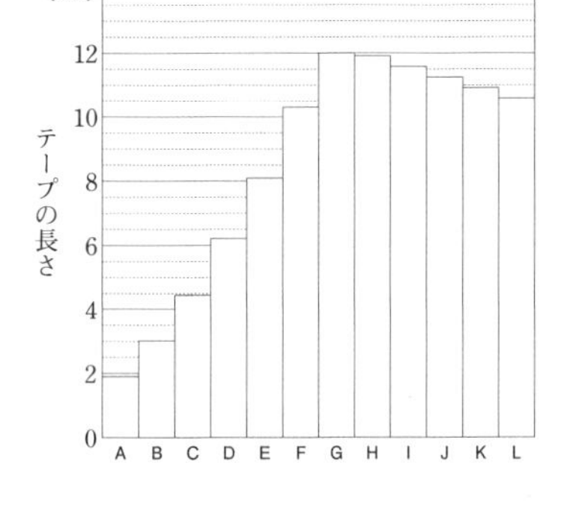

実験Ⅱ　図31のように，水平面上に重さが1.5Nの台車と，重さが2.0Nの木片を置き，台車を矢印の向きに手で軽く押し，静止している木片に衝突させた。衝突後，木片は台車から離れ，図31の矢印と同じ向きにしばらく移動した後，静止した。

図31

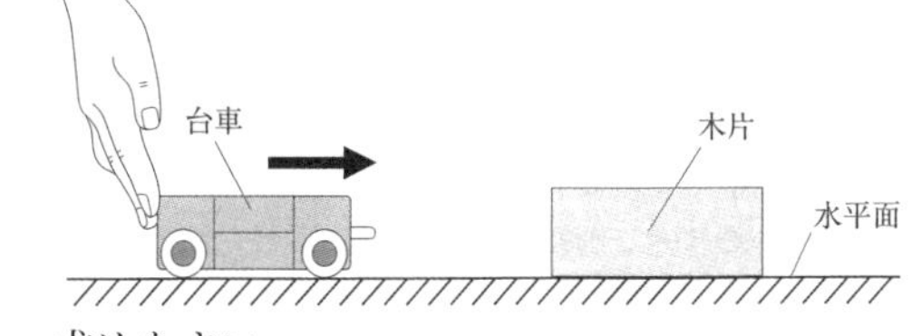

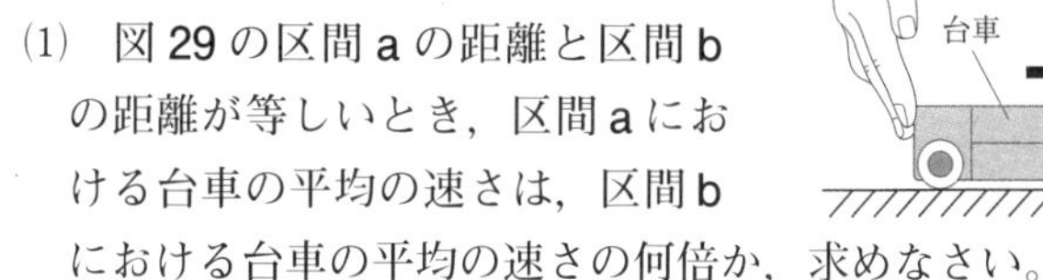

(1)　図29の区間aの距離と区間bの距離が等しいとき，区間aにおける台車の平均の速さは，区間bにおける台車の平均の速さの何倍か，求めなさい。

(2)　図30について，それぞれのテープの長さは，台車が［①］秒間に移動した距離を表している。また，図30から，台車の速さが一定の割合で変化しているのは，②（ア　A～Gの間　イ　H～Lの間）とわかる。

［①］に適当な数字を入れなさい。また，②の（　）の中から正しいものを一つ選び，記号で答えなさい。

(3)　図32は，実験Ⅱで木片に台車を衝突させたときに，木片が台車から押された力を矢印で示した模式図である。木片が台車から押さ

図32

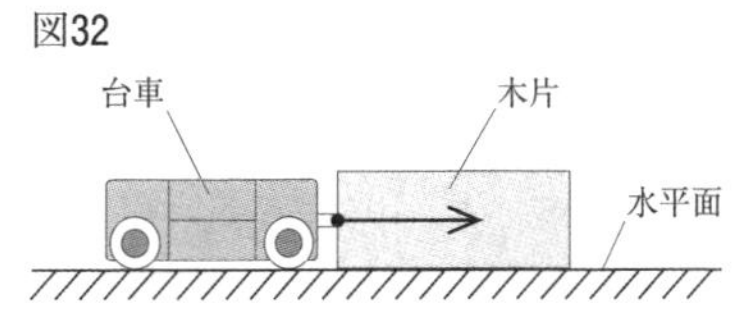

れた力が3.0Nであるとき，木片が台車を押し返す力を，図37中に矢印でかきなさい。ただし，作用点を●印で示すこと。

図37

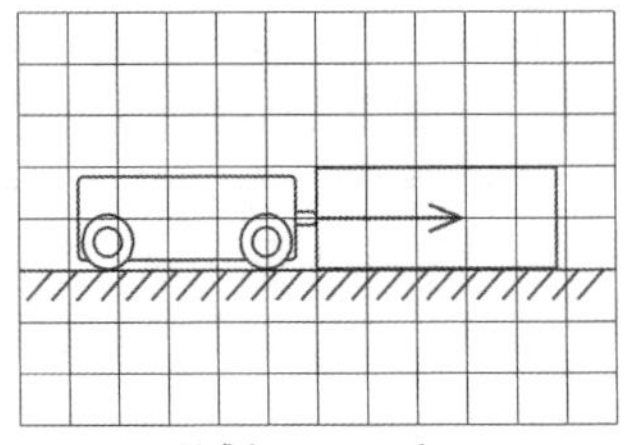

1目盛りは1Nである。

(4) 実験Ⅱにおいて，下線部のとき，木片にはたらいている力はどれか。次のア～エから**すべて**選び，記号で答えなさい。

ア　木片が運動する向きと同じ向きの力
イ　木片が運動する向きと逆の向きの力
ウ　水平面に対して垂直で上向きの力
エ　水平面に対して垂直で下向きの力

■平成28年度問題

4　次の各問いに答えなさい。

1　優子さんは，24図のような装置を使って，仕事やエネルギーについて調べる実験を行った。金属球Aをレールの斜面に置き，いろいろな高さから静かにはなして木片に衝突させたところ，木片はすべて止まった。このときの木片の移動距離をものさしで測定した。また，金属球Aが水平面に達したときの速さを速さ測定器で測定した。なお，金属球Bについても同様の操作を行った。

24図

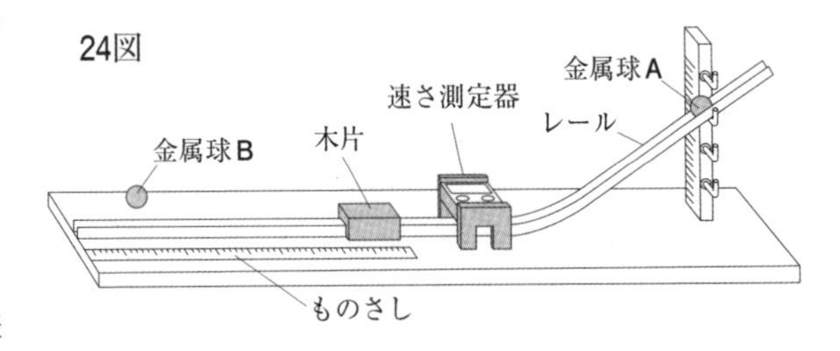

25図は，金属球をはなした高さと木片の移動距離の関係を示したグラフであり，26図は，金属球が水平面に達したときの速さと木片の移動距離の関係を示したグラフである。

25図　26図

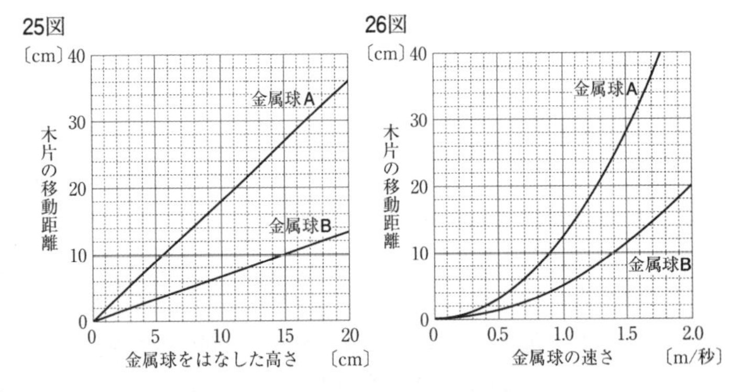

(1) 24図について，金属球A，Bのいずれにおいても，金属球が斜面を転がり始めて水平面に達するまでの運動では，位置エネルギーは①（ア　大きくなっていき　イ　変化せず　ウ　小さくなっていき），運動エネルギーは②（ア　大きくなっていく　イ　変化しない　ウ　小さくなっていく）。①，②の（　）の中からそれぞれ正しいものを一つずつ選び，記号で答えなさい。

(2) 金属球Aを10cmの高さからはなしたときの木片の移動距離は何cmか，答えなさい。

(3) 25図および26図から，この実験において，金属球Bを15cmの高さからはなして水平面に達したときの速さは何m/秒か，答えなさい。

(4) 25図および26図から，金属球A，Bのいずれにおいても，木片の移動距離を2倍にするためには，金属球をはなす高さを①（ア　2倍より大きく　イ　2倍に　ウ　2倍より小さく）する必要があるとわかる。また，木片の移動距離が2倍になったとき，金属球が水平面に達したときの速さは，②（ア　2倍より大きい　イ　2倍である　ウ　2倍より小さい）ことがわかる。①，②の（　）の中からそれぞれ正しいものを一つずつ選び，記号で答えなさい。

■平成27年度問題

4　次の各問いに答えなさい。

2　隆雄さんは，滑車やてこを使った仕事について調べるため，実験Ⅰ～Ⅲを行った。

実験Ⅰ　29図のように，滑車をつなげた台車を高さ10cmまでゆっくり引き上げ，このときの力の大きさと糸を引いた距離を調べた。

29図　30図　31図

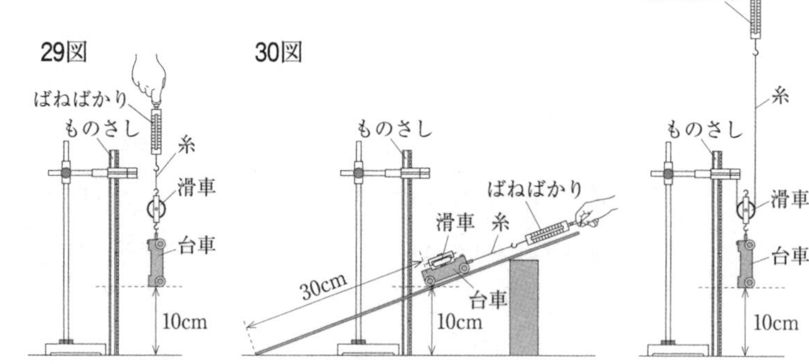

実験Ⅱ　30図のように，滑車をのせた台車を高さ10cmまで斜面にそってゆっくり引き上げ，このときの力の大きさと糸を引いた距離を調べた。

実験Ⅲ　31図のように，滑車を使って台車を高さ10cmまでゆっくり引き上げ，このときの力の大きさと糸を引いた距離を調べた。

32表は，実験Ⅰ～Ⅲの結果を示したものである。ただし，糸の伸び縮みと重さは考えないものとする。

32表

	力の大きさ〔N〕	糸を引いた距離〔m〕
実験Ⅰ	4.8	0.10
実験Ⅱ	1.6	0.30
実験Ⅲ	2.4	0.20

(1) 32表から，実験Ⅰ～Ⅲにおける仕事は，すべて［①］Jである。このように，同じ仕事をするのに，滑車や斜面などを使っても使わなくても仕事の大きさが変わらないことを［②］という。

［①］に適当な数字を，［②］に適当なことばを入れなさい。

(2) 実験Ⅲにおいて，台車を引き上げるのにかかった時間は，15秒であった。この仕事率は何Wか，求めなさい。

次に，隆雄さんは，てこを使った仕事について調べるため，33図のように，実験Ⅰ～Ⅲで用いた滑車と台車を，支柱に連結させた棒で引き上げる実験を行った。ただし，用いた棒はABとBCの距離の比が1：4であり，棒と支柱との摩擦（まさつ）や，棒の重さ，糸の伸び縮みと重さは考えないものとする。

33図

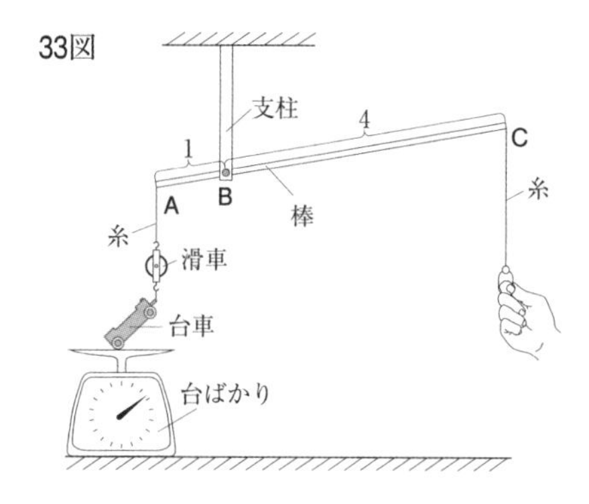

(3) 33図において，滑車と台車を少し引き上げたところ，台ばかりが示した数値から，台ばかりには下向きに2.8Nの力がはたらいたことがわかった。このときのCを引く力の大きさは何Nか，求めなさい。

(4) 34図のように，33図のてこと滑車を組み合わせた装置をつくった。棒がこの状態で静止しているとき，Cを引く力の大きさは，滑車と台車にはたらく重力の何倍か，求めなさい。

34図

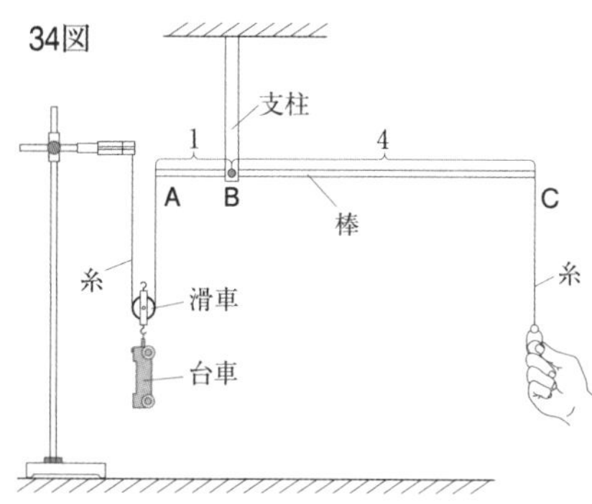

電流とそのはたらき

■令和4年度問題

4 次の各問いに答えなさい。

2 令子さんは，透明なプラスチックの板，導線，方位磁針を使って，図26，図27のような装置を作り，それぞれ矢印の向きに電流を流して，電流がつくる磁界を調べたところ，方位磁針のN極は，図26では東を指し，図27では西を指した。

図26　図27

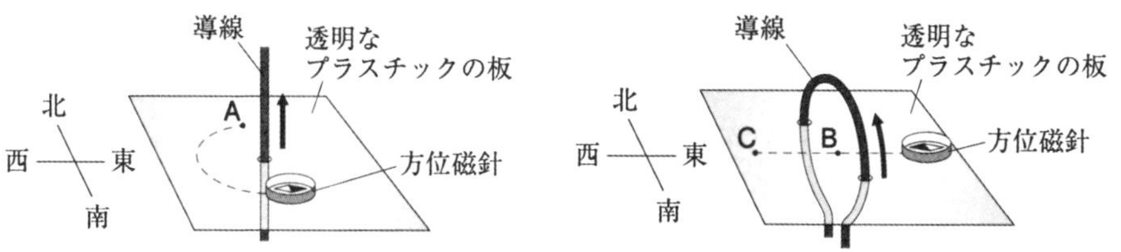

(1) 図26の方位磁針を，┈┈┈で示す線に沿って点Aへゆっくり動かすと，方位磁針のN極は，①（ア　時計回りに回って西を指す　イ　反時計回りに回って西を指す　ウ　東を指し続ける）。

また，図27の方位磁針を，┈┈┈で示す線に沿って点Bを通って点Cへゆっくり動かすと，方位磁針のN極は，②（ア　点Bで反転して東を指す　イ　点Cで反転して東を指す　ウ　西を指し続ける）。

①，②の（　）の中からそれぞれ最も適当なものを一つずつ選び，記号で答えなさい。

次に令子さんは，図28のような装置を作り，電磁石と磁石が相互におよぼす力の関係を調べた。この装置を使って図29の矢印の向きに電流を流し，電磁石の右側から磁石のN極を近づけて固定すると，電磁石は左に移動し図29の位置で静止した。

図28

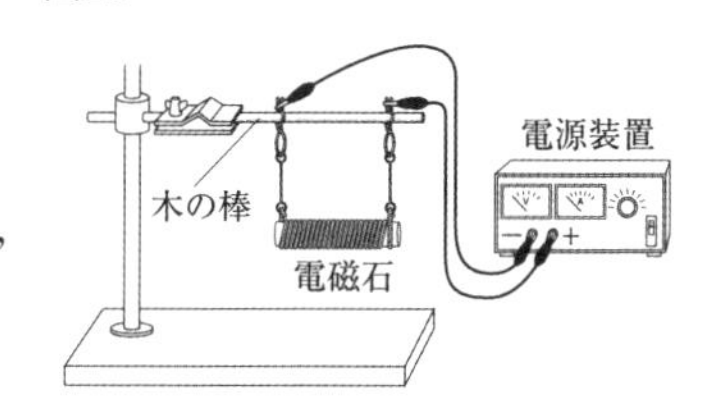

(2) 図29の電流の向きと磁石のN極の位置を変えずに，電磁石の位置が図29よりも左側にくるようにするには，電流の大きさを①（ア　小さく　イ　大きく）するとよい。または，別の磁石を用意して，電磁石の左側に②（ア　S極　イ　N極）を近づけるとよい。

①，②の（　）の中からそれぞれ最も適当なものを一つずつ選び，記号で答えなさい。

図29

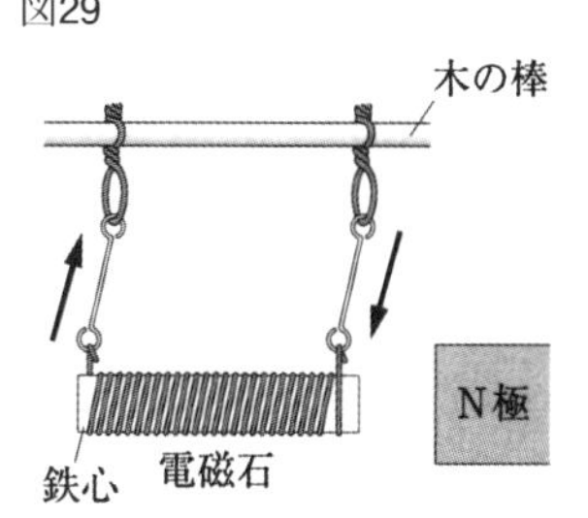

令子さんは，エナメル線を８の字形に巻いた導線を用いて，図 30 のような装置を作った。８の字部分の両側に磁石を置いて，電流を流したところ，導線は矢印の向きに回転し続けた。

図30

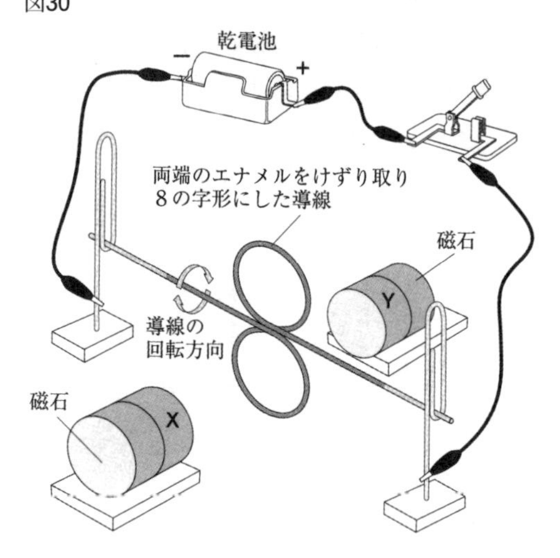

(3) 図 30 の２つの磁石，それぞれの X 側，Y 側の極の組み合わせとして最も適当なものを，次のア～エから一つ選び，記号で答えなさい。

ア　X 側：N極　　Y 側：S極
イ　X 側：S極　　Y 側：N極
ウ　X 側：N極　　Y 側：N極
エ　X 側：S極　　Y 側：S極

■令和３年度問題

4　次の各問いに答えなさい。

2　博樹さんは，図 30 のようなテーブルタップには，安全に使用できる電流の最大値があることに興味をもち，複数の電気器具をつないだときの電流の変化を調べるため，図 31 のような回路をつくり，実験を行った。実験では，スイッチ a のみ，スイッチ a と b，スイッチ b と c を入れて，それぞれ電圧計の値が６Ｖになるよう調整したときの，電流計の値を測定した。表 32 は，その結果をまとめたものである。

図30

図31

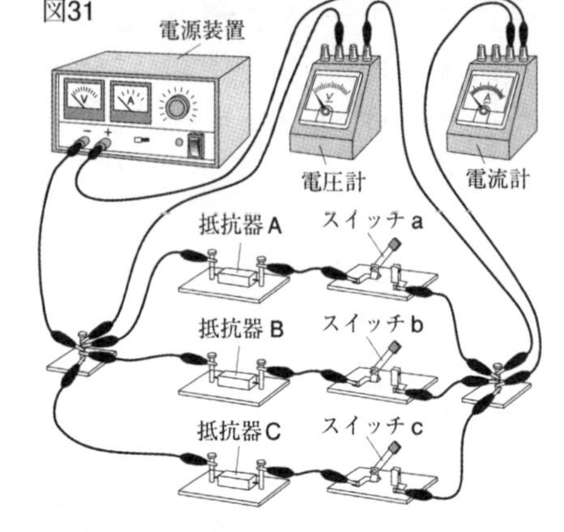

表32

入れたスイッチ	電圧〔V〕	電流〔A〕
a のみ	6	0.60
a と b	6	0.90
b と c	6	0.50

(1) スイッチ a と b を入れたとき，抵抗器 A，B の両端の電圧は①（ア　A の方が大きい　　イ　B の方が大きい　　ウ　同じである）。また，このときの回路全体の抵抗の大きさは，スイッチ a のみを入れたときの抵抗の大きさと比べて，②（ア　大きくなる　　イ　小さくなる　　ウ　変わらない）。

①，②の（　　）の中からそれぞれ正しいものを一つずつ選び，記号で答えなさい。

(2) スイッチ b のみを入れ，電圧を６Ｖに調整したとき，電流計の示す値は何Ａか，求めなさい。

(3) スイッチ a と c を入れたときの回路全体の抵抗の大きさは何Ωか，求めなさい。

次に博樹さんは，家の中にある主な電気器具を 100Ｖで使用したときの消費電力を調べ，表 33 のようにまとめた。

表33

電気器具	消費電力〔W〕
ドライヤー	1100
電気ストーブ	1000
炊飯器	630
こたつ	350
テレビ	120
ノートパソコン	50

(4) 図 30 のテーブルタップには，安全に使用できる電流の最大値が 15Ａと表示されていた。このテーブルタップには，電気ストーブとテレビがつながれており，２つとも使用している。さらにあと１つの電気器具をつなげて使用するとき，電気器具３つの合計が 15Ａをこえてしまうものを次のア～エから**すべて**選び，記号で答えなさい。

ア　ドライヤー　　イ　炊飯器　　ウ　こたつ　　エ　ノートパソコン

■平成30年度問題

4　次の各問いに答えなさい。

2　綾香さんは，発光ダイオードと豆電球を用いて23図のような回路をつくった。Ⓐ23図のスイッチSを入れずに，電圧計の示す値が2Vになるように電圧を加えると，電流計は270mAを示し，豆電球だけが光った。次に，Ⓑスイッチ Sを入れてから，電圧計の示す値が2Vになるように電圧を加えると，電流計は290mAを示し，豆電球と発光ダイオードのどちらも光った。

23図

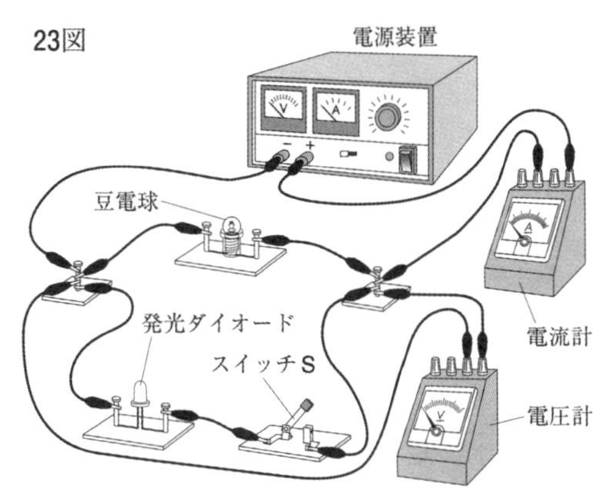

(1)　下線部Ⓑのときの豆電球の明るさは，下線部Ⓐのときの豆電球の明るさと比べて①（ア　明るくなった　　イ　暗くなった　　ウ　変わらなかった）。これは，下線部Ⓑのときの豆電球に流れる電流の大きさが，下線部Ⓐのときの豆電球に流れる電流の大きさと比べて②（ア　大きくなった　　イ　小さくなった　　ウ　変わらなかった）からである。

①，②の（　　）の中からそれぞれ正しいものを一つずつ選び，記号で答えなさい。

(2)　下線部Ⓑのときの発光ダイオードの消費電力は何Wであったか，求めなさい。

次に綾香さんは，発光ダイオードを使用した照明器具であるLED電球について調べるため，24図のような，100Vの電圧で使用したときの消費電力がそれぞれ8W，60Wで，ほぼ同じ明るさのLED電球と白熱電球を，コンセントにつないで同時に光らせた。その3分後に，赤外線カメラ（サーモグラフィー）を用いて，LED電球と白熱電球の表面温度を測定した。25図は，測定した結果を示したもので，色がうすいところほど表面温度が高かった。

24図　　25図

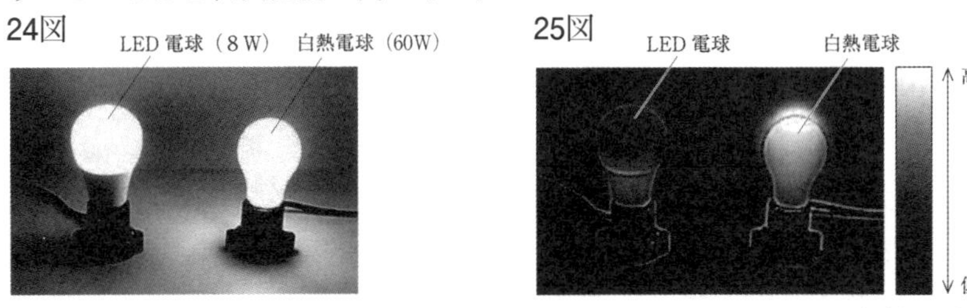

(3)　24図について，家庭において100Vの電圧で使用するとき，60Wの白熱電球を8WのLED電球につけかえることによって，消費する電力量を1分間当たり何J節約することができるか，求めなさい。

(4)　24図のLED電球と白熱電球がほぼ同じ明るさであるのに，LED電球の方が消費電力が小さいのはなぜか。その理由を，25図の結果をふまえて，**熱エネルギー**という語を用いて書きなさい。

■平成29年度問題

4　次の各問いに答えなさい。

2　拓也さんは，透明なプラスチックの板，コイル，A～Eの方位磁針を使って，29図のような装置をつくり，矢印の向きに電流を流して方位磁針のN極が指す向きを調べた。

29図

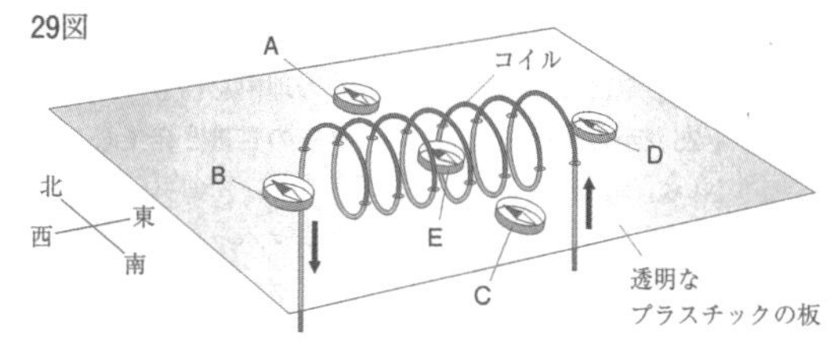

(1)　教室や運動場など場所を変えても，方位磁針のN極が北を指すのは，地球が大きな磁石になっていて，北極付近が①（ア　S極　　イ　N極）に当たり，地表での磁界の向きがほぼ②（ア　南から北　　イ　北から南）に向いているからである。

①，②の（　　）の中からそれぞれ正しいものを一つずつ選び，記号で答えなさい。

(2)　拓也さんが，29図のコイルに流れる電流の大きさを少しずつ大きくすると，すべての方位磁針のN極が北以外を指すようになった。このとき，29図のA～Eの中で，方位磁針のN極がしだいに東を指すようになるものはどれか。適当なものを29図のA～Eから**すべて**選び，記号で答えなさい。

(3)　拓也さんが行った実験から，いくつか操作を変えたときの方位磁針のようすについて正しく説明しているものはどれか。次のア～エから**二つ**選び，記号で答えなさい。

ア　電流の大きさを0にしたとき，Bの方位磁針のN極は北を指さなかった。

イ　電流の大きさや向きを変えずに，Dの方位磁針を東へずらしていったとき，Dの方位磁針のN極はしだいに北を指すようになった。

ウ　電流の大きさや向きを変えずに，透明なプラスチックの板を水平に保ったまま装置全体を反時計回りに90°回転させたとき，N極が東を指す方位磁針はなかった。

エ　電流の大きさを変えずに，電流の向きを逆にしたとき，Eの方位磁針のN極の指す向きは変わらなかった。

次に拓也さんは，30図のように，台車を点Aのところに置き，N極を上に向けて磁石を台車にのせ，点Aからコイルに近づけていったところ，検流計の針は＋（プラス）に振れた。また，31図のように，台車を点Aのところに置き，N極を点Bに向けて磁石を台車にのせ，点Aからコイルに近づけていったところ，検流計の針は＋に振れた。

30図　　31図

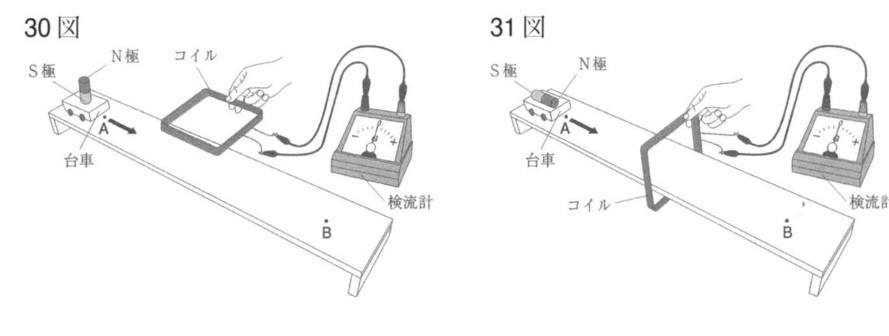

(4) 30図において，台車を点Bのところに置き，S極を上に向けて磁石を台車にのせ，点Bからコイルの下を通過させて点Aまで動かすと，検流計の針の振れ方はどのように変化していくか。また，31図において，台車を点Bのところに置き，S極を点Aに向けて磁石を台車にのせ，点Bからコイルの中を通過させて点Aまで動かすと，検流計の針の振れ方はどのように変化していくか。適当なものを，次のア～エからそれぞれ一つずつ選び，記号で答えなさい。

ア　＋に振れ，0に戻った後，再び＋に振れる。

イ　＋に振れ，0に戻った後，－(マイナス)に振れる。

ウ　－に振れ，0に戻った後，＋に振れる。

エ　－に振れ，0に戻った後，再び－に振れる。

■平成28年度問題

4　次の各問いに答えなさい。

2　隆雄さんは，抵抗値が20 Ω，30 Ω，40 Ωの3個の抵抗器を使って電気抵抗について調べた。27図のように，20 Ωの抵抗器に手回し発電機をつないでハンドルを一定の速さで回転させ，電流を流した。30 Ω，40 Ωの抵抗器についても同様の操作を行った。

27図

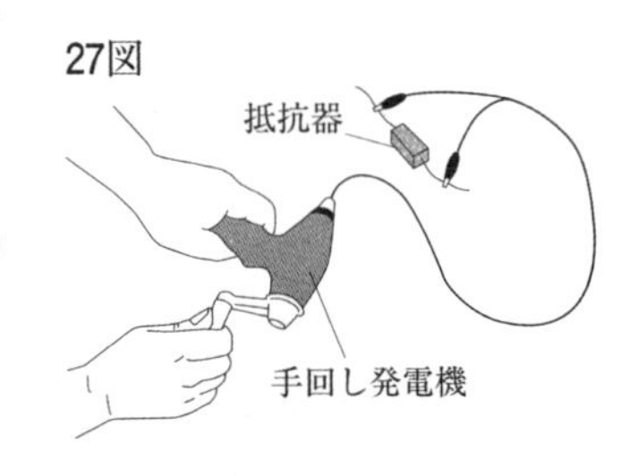

(1) 27図において，抵抗器に電流を流すと電気エネルギーが[①]エネルギーに変換されるため，抵抗器の温度が上昇する。また，手回し発電機のハンドルを一定の速さで回転させたとき，流れる電流が大きいほどハンドルの手ごたえは大きくなることから，抵抗値が大きいほどハンドルの手ごたえは②(ア　大きく　　イ　小さく)なる。[①]に適当な語を入れなさい。また，②の(　　)の中から正しいものを一つ選び，記号で答えなさい。

次に隆雄さんは，電源装置，電流計，電圧計を28図のようにつなぎ，端子PとQの間には，20 Ω，30 Ω，40 Ωの抵抗器から2個を選び，29図の直列つなぎ，並列つなぎのいずれかでつないで電圧と電流の関係について調べた。

28図

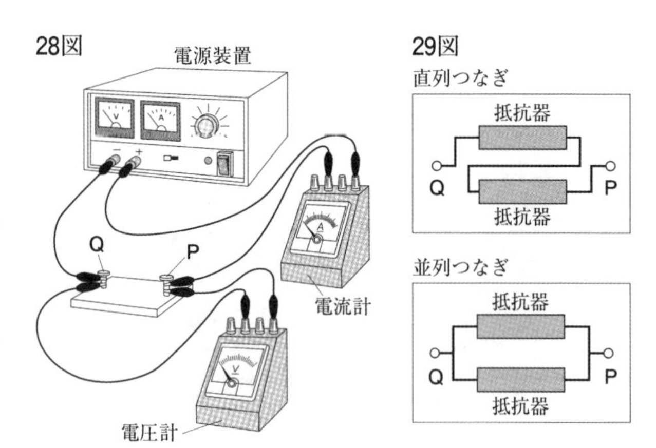

29図

直列つなぎ

抵抗器
Q
P
抵抗器

並列つなぎ

抵抗器
Q
P
抵抗器

(2) 28図のPQ間に5 Vの電圧をかけると，電流計に流れる電流が最大になるのは，[①]でつないだときである。また，電流計に0.2 Aの電流が流れるようにすると，PQ間で消費する電力が最大になるのは，[②]でつないだときである。[①]，[②]に当てはまるものを，次のア～エからそれぞれ一つずつ選び，記号で答えなさい。

ア　20 Ωと30 Ωの抵抗器を29図の直列つなぎ

イ　30 Ωと40 Ωの抵抗器を29図の直列つなぎ

ウ　20 Ωと30 Ωの抵抗器を29図の並列つなぎ

エ　30 Ωと40 Ωの抵抗器を29図の並列つなぎ

30図のように，端子A～Dがついた箱の内側に，20 Ω，30 Ω，40 Ωの抵抗器を，AB間，BC間，CD間，AD間の4区間のうちの3区間にそれぞれ1個ずつつなぎ，外側からはつないだようすがわからないようにした装置がある。隆雄さんは，この装置について，電源装置，電流計，電圧計を使って，AB間，AC間，BD間の電圧と電流の関係をそれぞれ調べた。

30図

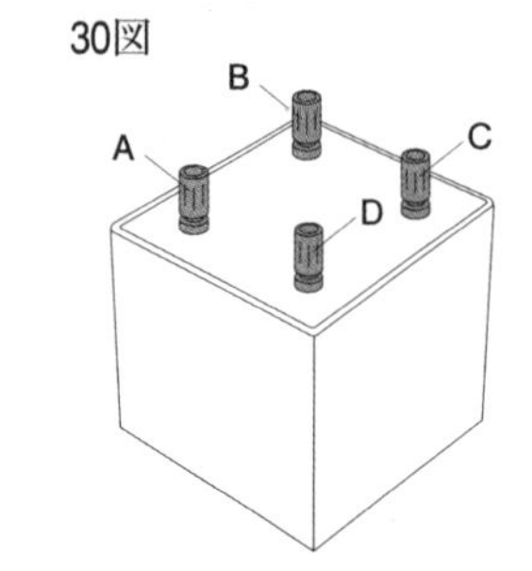

31図は，各端子間の電圧と電流の関係を示したグラフである。

(3) 31図から，20 Ωの抵抗器はどの区間につながっていると考えられるか。次のア～エから一つ選び，記号で答えなさい。

ア　AB間　　イ　BC間　　ウ　CD間　　エ　AD間

(4) AD間における電圧と電流の関係を示すグラフを，31図を参考にして33図にかきなさい。

31図

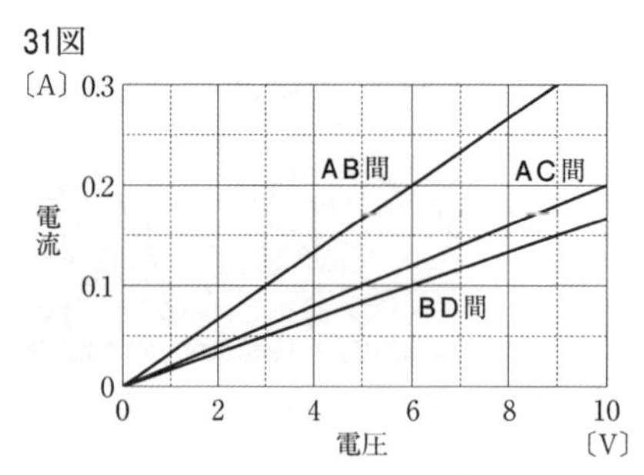

33図

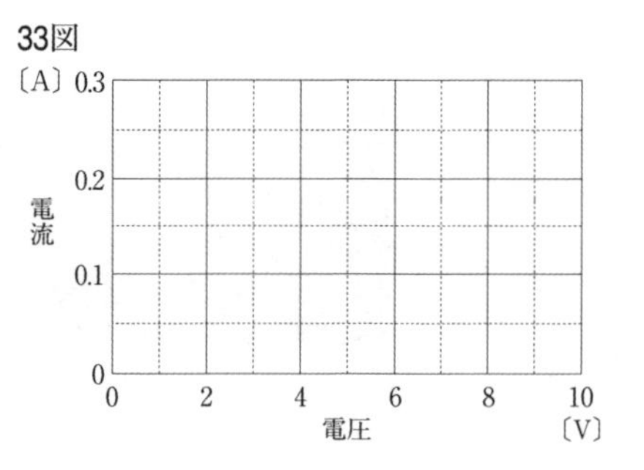

大地の変化

■令和５年度問題

2　次の各問いに答えなさい。

2　明雄(あきお)さんは，学校の近くにある露頭の観察を行い，記録をまとめた。次は，その記録の一部である。

> 露頭の観察
>
> 〔観察日と天気〕
> 10月23日　晴れ
>
> 〔目的〕
> 学校の近くにある露頭を観察し，地層のでき方を考える。
>
> 〔方法〕
> Ⅰ　露頭のようすをスケッチする。
> Ⅱ　地層の特徴を調べる。
>
> 〔結果〕
> ・　図14のように，砂岩や泥岩，凝灰岩でできた層が見られた。
> ・　この露頭で見られた地層の一部は，断層によってずれていた。
>
> 図14
> a層（泥岩）
> b層（凝灰岩）
> c層（泥岩）
> d層（砂岩）
> 0
> 2m
>
> 〔観察後に調べたこと〕
> ・　この露頭で見られる地層には，カワニナやタニシの化石が見つかる層がある。
> ・　この露頭で見られる地層は，連続的に土砂が堆積した地層であり，上下の関係が逆転していない。

(1)　大地が大きな力を受けて上昇することを［　①　］といい，この作用により水底に堆積した地層を陸上で観察することができる。また，地表に出ている岩石は，太陽の熱や水のはたらきなどによって表面からぼろぼろになっていく。このような現象を［　②　］という。

［　①　］，［　②　］に適当な語を入れなさい。

(2)　下線部について，化石は堆積岩の層から見つかることがあるが，火成岩の層からは見つからない。化石が火成岩の層からは見つからない理由を書きなさい。

(3)　露頭の観察の結果と観察後に調べたことから考えられるものを，次の**ア**～**オ**から**すべて**選び，記号で答えなさい。

ア　火山活動によって火山灰が堆積した層がある。
イ　地層ができたときはサンゴが生息するような暖かな浅い海であった。
ウ　c層よりb層の方が先に堆積した地層である。
エ　河川や湖の底でつくられた層がある。
オ　地層ができた後，大地に大きな力が加わった。

図14の断層は，どのような力がはたらいてできたのかを調べるため，明雄さんは，次の実験を行った。

図15のような側面を水平方向に動かすことができる透明のプラスチック容器の中に，着色した寒天を水平に入れ，地層を再現した。その後，図15の矢印の向きにプラスチック容器の側面をゆっくりと動かし，地層に見立てた寒天の変化を観察した。図16は，その結果を示したものである。

図15

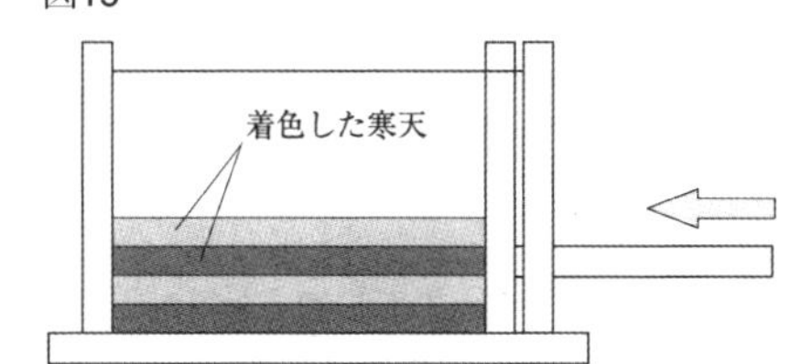

図16

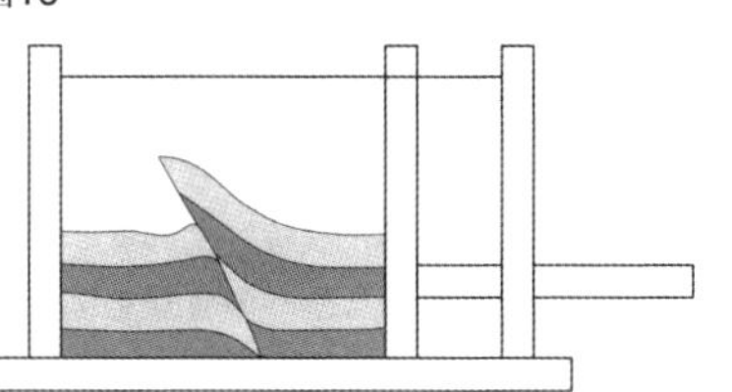

明雄さんは実験の結果から，図14の断層は，横から押す力がはたらくことで生じたと考えた。

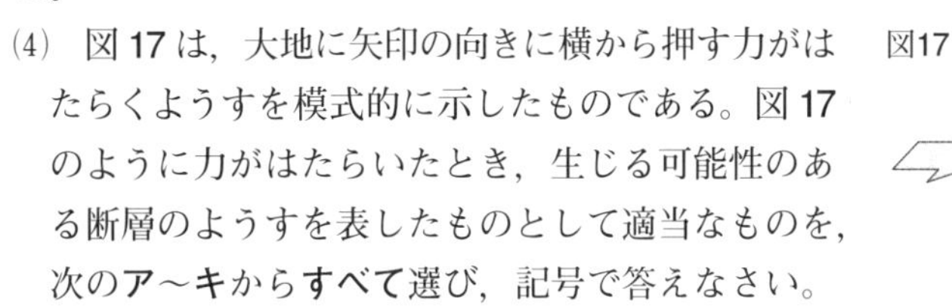

(4)　図17は，大地に矢印の向きに横から押す力がはたらくようすを模式的に示したものである。図17のように力がはたらいたとき，生じる可能性のある断層のようすを表したものとして適当なものを，次の**ア**～**キ**から**すべて**選び，記号で答えなさい。

図17

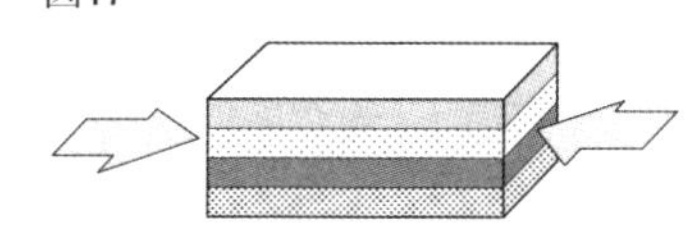

ア

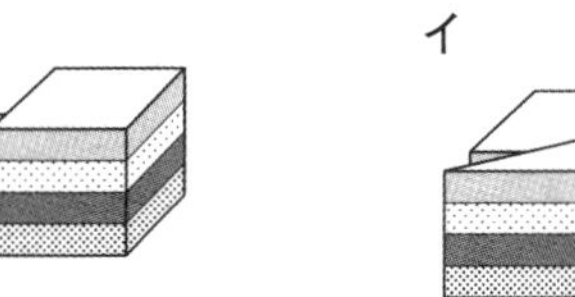

イ

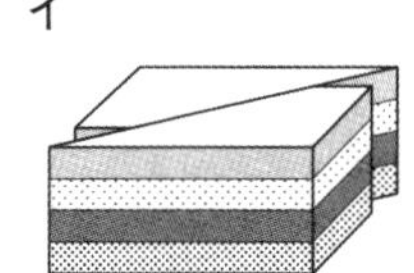

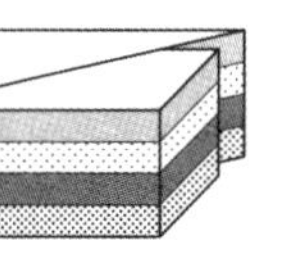

ウ

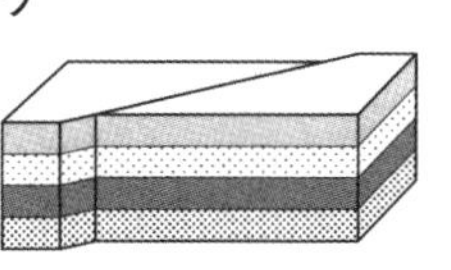

エ

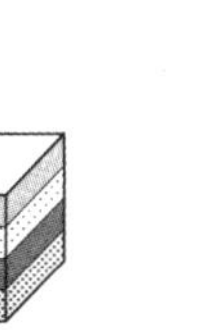

オ

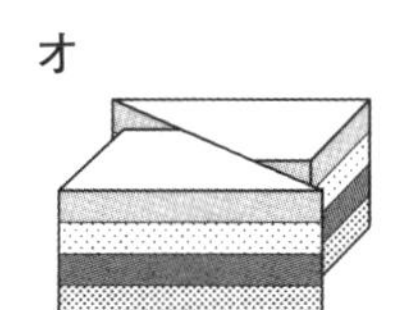

カ

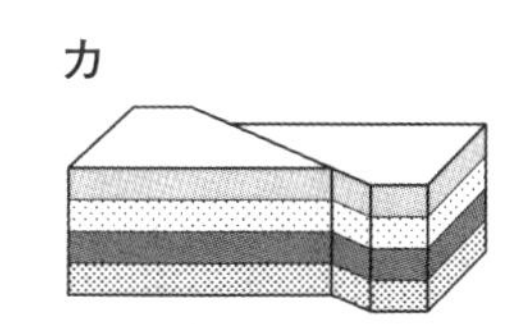

キ

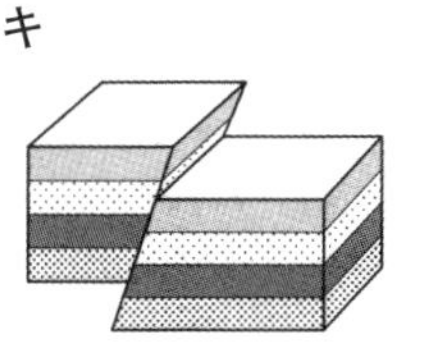

■令和４年度問題

2　次の各問いに答えなさい。

1　令子さんは，防災について興味を持ち，地震のゆれと伝わり方について調べた。

(1)　地震のゆれを記録するためには，地震計が用いられる。各観測点での地震のゆれの大きさを［　①　］という。［　①　］は地点によって異なり，ゆれの程度は［　②　］段階（階級）で表される。

［　①　］に適当な語を，［　②　］に適当な数字を入れなさい。

(2)　図10は，地震計のしくみを模式的に表したものである。地震計は，慣性を利用して地震のゆれを記録する。地震計が地震のゆれを記録することができるしくみを，慣性に着目し，**記録用紙**と**おもり**という**二つ**の語を用いて書きなさい。

図10

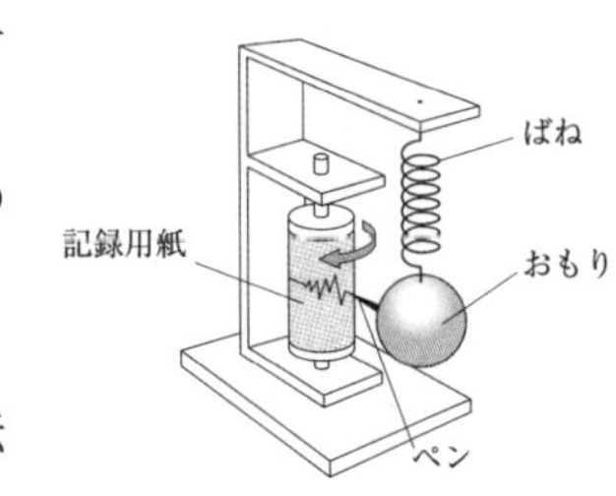

次に，令子さんは，気象庁のデータをもとに地震の伝わり方を調べ，緊急地震速報のしくみについて考えた。図11は，日本で発生したある地震を，２つの地点A，Bの地震計が記録したものである。ただし，図中の↓はP波の到達を，⇩はS波の到達を示し，P波とS波は，それぞれ一定の速さで伝わるものとする。

図11

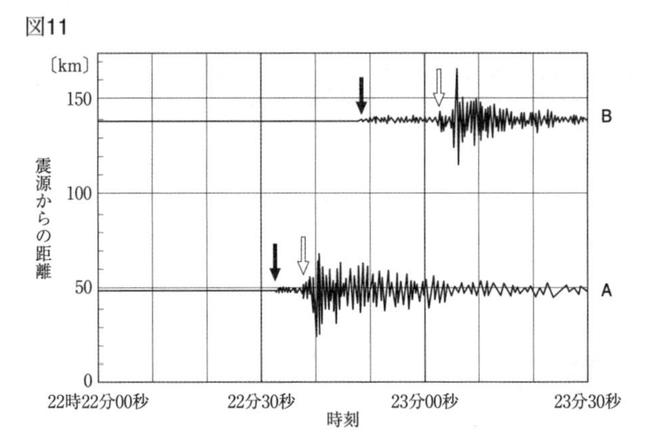

(3)　図11において，震源からの距離が100kmの地点での初期微動継続時間は何秒と考えられるか。最も適当なものを，次のア～エから一つ選び，記号で答えなさい。

ア　5秒　　イ　10秒　　ウ　14秒　　エ　24秒

緊急地震速報は，地震が発生したときに，震源に近い地震計でP波を感知し，その情報をもとに各地のS波の到達時刻や震度を予測してすばやく知らせるシステムのことである。震源からある程度離れたところでは，この緊急地震速報によって，強いゆれがくる前に，自らの身を守ったり，列車の速度を落としたりするなど，命を守る行動をとることが可能となる。

(4)　図11の地震では，地震発生から13秒後に緊急地震速報が広範囲に発表された。地点Bでは，緊急地震速報発表の何秒後にS波が到達したと考えられるか。最も適当なものを，次のア～エから一つ選び，記号で答えなさい。

ア　1秒　　イ　11秒　　ウ　26秒　　エ　50秒

■令和３年度問題

2　次の各問いに答えなさい。

1　明雄(あきお)さんは，火山噴出物の一つである図8のような火山弾に興味をもち，ルーペで観察を行った。火山弾の表面は，図9のように，大きな結晶とそのまわりの細かい粒の部分からできていた。また，明雄さんは，図9のようなつくりがどのようにしてできるのか，インターネットで調べたところ，マグマの冷え方のちがいによって結晶のでき方が変わることや，結晶のでき方を調べる実験には，ミョウバンが用いられることを知った。

図8

5cm

（熊本県博物館ネットワークセンターホームページによる）

図9

(1)　火山噴出物を次のア～カから**二つ**選び，記号で答えなさい。

ア　石灰岩　　イ　斑れい岩　　ウ　溶岩
エ　チャート　　オ　軽石　　カ　花こう岩

(2)　表10は，塩化ナトリウムとミョウバンの水100gに対する溶解度を温度ごとに示したものである。下線部について，表10をもとに，塩化ナトリウムよりもミョウバンが用いられる理由を，**結晶**という語を用いて書きなさい。

表10

	0℃	20℃	40℃	60℃
塩化ナトリウム〔g〕	35.7	35.8	36.3	37.1
ミョウバン〔g〕	5.7	11.4	23.8	57.4

次に明雄さんは，ミョウバンを使って結晶のでき方を調べる実験を行った。60℃の湯であたためておいたペトリ皿A～Cに60℃のミョウバン飽和水溶液を入れ，表11のように，それぞれの冷やし方をかえて，ミョウバンの結晶のできるようすを観察した。図12は，冷やし始めてから60分後のペトリ皿A～Cにおけるミョウバンの結晶のようすを示したものである。

表11

	冷やし方
ペトリ皿A	氷水につけ，60分間放置する。
ペトリ皿B	60℃の湯につけ，30分間放置後，氷水につけ，30分間放置する。
ペトリ皿C	60℃の湯につけ，60分間放置する。

図12

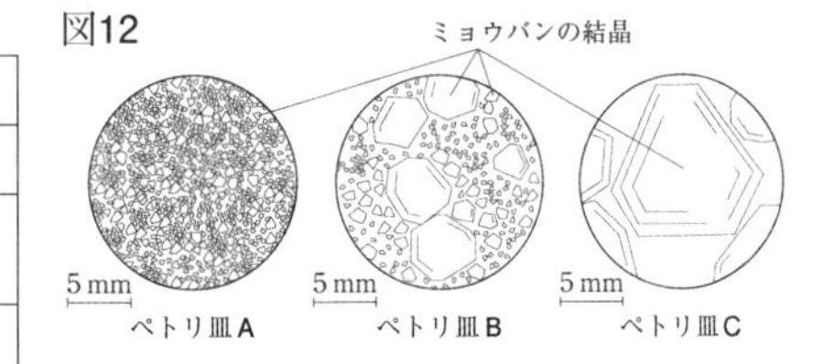

(3) ペトリ皿A～Cのようすから，ミョウバンの結晶は①（ア 急速に イ ゆっくり）冷えることで大きくなると考えられる。また，図9のようなつくりを［ ② ］組織といい，このつくりに最も近いのはペトリ皿Bである。

①の（ ）の中から正しいものを一つ選び，記号で答えなさい。また，［ ② ］に適当な語を入れなさい。

(4) 図9の組織のでき方について正しく説明したものはどれか。次のア～エから一つ選び，記号で答えなさい。

ア 大きな結晶は地下のマグマだまりで，細かい粒の部分は地表付近や，噴火したときに空中や地表でできた。

イ 細かい粒の部分は地下のマグマだまりで，大きな結晶は地表付近や，噴火したときに空中や地表でできた。

ウ 大きな結晶は地表付近や，噴火したときに空中で，細かい粒の部分は地表でできた。

エ 細かい粒の部分は地表付近や，噴火したときに空中で，大きな結晶は地表でできた。

■平成30年度問題

2 次の各問いに答えなさい。

1 由香（ゆか）さんと拓也（たくや）さんは，学校の近くを流れるX川とY川の二つの川において，6地点の河原で見られた岩石を採集し，ルーペなどを使って岩石の種類を調べた。その後，X川とY川の周辺の地表に分布する岩石についてインターネットを利用して調べた。

8図は，岩石を採集したA～F地点と，地表に火山岩および堆積岩が分布する場所を示したものである。また，9表は，A～F地点で採集した岩石の主な種類を示したものである。

9表

	採集した岩石の主な種類
A地点	砂岩，泥岩，安山岩
B地点	砂岩，泥岩，石灰岩，チャート，安山岩
C地点	砂岩，泥岩，石灰岩，チャート，安山岩
D地点	砂岩，泥岩，チャート，安山岩
E地点	砂岩，泥岩，安山岩
F地点	安山岩

8図

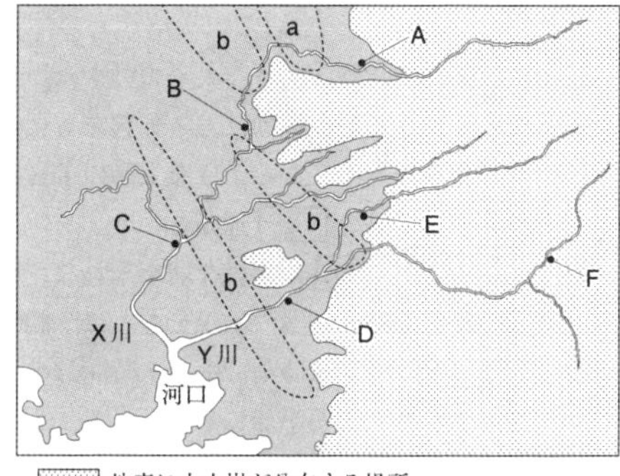

(1) 採集した石灰岩とチャートのそれぞれに，うすい塩酸を数滴ずつかけたとき，表面から激しく気体が発生するのは①（ア 石灰岩 イ チャート）である。また，発生する気体は②（ア 酸素 イ 二酸化炭素）である。

①，②の（ ）の中からそれぞれ正しいものを一つずつ選び，記号で答えなさい。

(2) 採集した砂岩をつくっている粒は，安山岩をつくっている粒と比べて，形が①（ア 角ばっている イ 丸みをおびている）ものが多い。また，採集した砂岩と泥岩は，［ ② ］によって区別することができる。

①の（ ）の中から正しいものを一つ選び，記号で答えなさい。また，［ ② ］に適当なことばを入れなさい。

調査を終えて，二人は次のような会話をした。

> 由香：X川のC地点やY川のD地点のように，Ⓐ地表に堆積岩が分布する場所の河原で安山岩が見られたのはなぜかしら。
> 拓也：川の流れを考えるとわかるかもしれないよ。それに，採集した地点によって，堆積岩の種類がちがっていることも興味深いね。
> 由香：Ⓑ地表に特定の種類の堆積岩が分布する場所についても，もっとくわしく調べたいね。

(3) 下線部Ⓐについて，X川のC地点やY川のD地点で安山岩が見られたのはなぜか。その理由を，川の流れをふまえて書きなさい。

(4) 下線部Ⓑについて，9表をもとに，8図の（点線の楕円）で示したa，bの地表に分布する堆積岩の種類として適当なものをそれぞれ一つずつ選び，岩石名で答えなさい。ただし，a，bの地表にはそれぞれ特定の種類の堆積岩だけが分布し，8図中の他の場所には分布していないものとする。

■平成28年度問題

2　次の各問いに答えなさい。

1　隆雄(たかお)さんは，熊本県内のある場所の地層から火山灰を採取し，双眼実体顕微鏡で観察した。9図は，観察した火山灰をスケッチしたものである。

9図

(1)　9図の火山灰には，白色で柱状の鉱物である①（ア　カクセン石　　イ　キ石　　ウ　チョウ石）が含まれている。また，火山灰などの火山噴出物が堆積して固まったものは②（ア　石灰岩　　イ　せん緑岩　　ウ　凝灰岩）とよばれる。①，②の（　　）の中からそれぞれ正しいものを一つずつ選び，記号で答えなさい。

次に隆雄さんは，安山岩，玄武岩，流紋岩の観察を行い，火山岩と火山灰との関連について調べた。

10図は，安山岩をルーペで観察し，スケッチしたものである。

10図

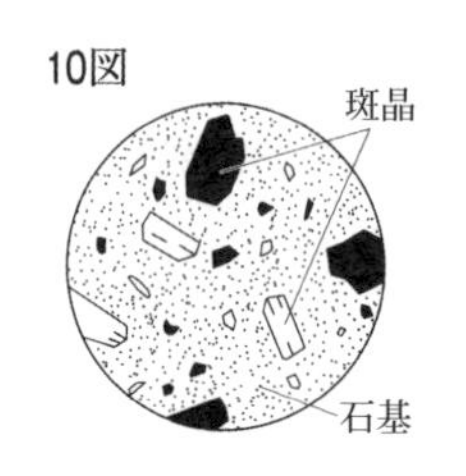

(2)　10図の安山岩には，大きな鉱物が小さな粒の間に散らばって見えた。このようなつくりを［　①　］組織といい，マグマが地下にある間は②（ア　急速に　　イ　ゆっくりと）冷やされて斑晶ができる。その後、地表付近に上がってくると③（ア　急速に　　イ　ゆっくりと）冷やされて石基ができる。［　①　］に適当な語を入れなさい。また，②，③の（　　）の中からそれぞれ正しいものを一つずつ選び，記号で答えなさい。

(3)　安山岩，玄武岩，流紋岩のうち，溶岩がうすく広がってできた傾斜のゆるやかな火山で主に見られるものを一つ選び，岩石名を書きなさい。また，そのような傾斜のゆるやかな形の火山になる理由を書きなさい。

(4)　隆雄さんが観察した火山灰と火山岩との関連を調べるとき，火山灰に含まれる鉱物の［　　］から，この火山灰をふき出した噴火によってできた火山岩の種類を推定できる。［　　］に当てはまるものを，次のア～エから一つ選び，記号で答えなさい。

ア　大きさや形　　イ　集まり方や数　　ウ　種類や割合　　エ　固さや質量

植物の生活と種類

■令和５年度問題

1　次の各問いに答えなさい。

1　博樹(ひろき)さんは，教室の水槽で育てているメダカとオオカナダモの細胞の観察を行い，記録をまとめた。次は，その記録の一部である。

メダカとオオカナダモの細胞の観察

〔観察日と天気〕

9月8日　晴れ

〔目的〕

メダカとオオカナダモの細胞のようすを観察する。

〔方法〕

Ⅰ　チャックのついた透明な袋にメダカを水とともに入れ，ⓐ顕微鏡で尾びれを観察する。観察後はすぐにメダカを水槽に戻す。

Ⅱ　オオカナダモの葉を２枚用意する。それぞれを熱湯に数分ひたした後，１枚は水を１滴落とし，もう１枚はヨウ素液を１滴落として，それぞれを顕微鏡で観察する。

〔結果〕

・　方法Ⅰで観察した尾びれのようすは図１のとおり。丸い粒Ａが毛細血管の中を一定方向に流れているようすが観察された。

・　方法Ⅱで観察したそれぞれの葉のようすは図２のとおり。ⓑヨウ素液を１滴落としたものでは，丸い粒Ｂが青紫色に染まっているようすが観察された。

図１

毛細血管　丸い粒Ａ　骨

図２

丸い粒Ｂ

水を１滴落としたもの　　ヨウ素液を１滴落としたもの

(1)　下線部ⓐについて，次のア～エを顕微鏡を正しく操作する順に並べたとき，２番目と４番目にくるものはどれか。ア～エからそれぞれ一つずつ選び，記号で答えなさい。

ア　観察したいものが，よりはっきり見えるようにしぼりを調節する。

イ　対物レンズを最も低い倍率のものにする。

ウ　調節ねじを回して対物レンズとプレパラートを離していき，ピントを合わせる。

エ　プレパラートをステージの上にのせ，プレパラートと対物レンズの間をできるだけ近づける。

(2) 下線部ⓑのようすから，丸い粒Bは［ ① ］であると考えられる。また，丸い粒A，Bのうち，細胞であるのは丸い粒［ ② ］の方である。
［ ① ］に適当な語を入れなさい。また，［ ② ］に当てはまるものを，A，Bのいずれかの記号で答えなさい。

次に，博樹さんはオオカナダモの行う光合成について調べるため，次のような実験を行った。

図3のように，BTB液を加えて青色になった水を三角フラスコの上部まで入れ，その中にオオカナダモを入れた。BTB液の色が黄色になるまで十分に息を吹き込んだ後，ガラス管つきゴム栓をして光を当てた。チューブから気泡が出始めてから，メスシリンダーに集まった気体の体積を20分ごとに180分間測定した。表4は，その結果を示したものである。測定開始180分後には，三角フラスコ内のBTB液の色は青色になっていた。

図3

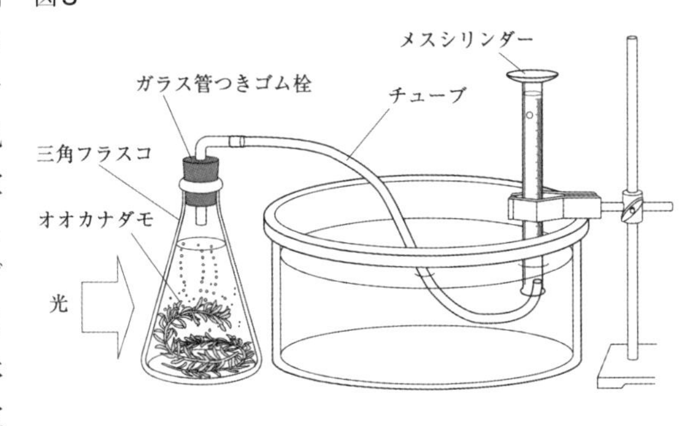

表4

時間〔分〕	20	40	60	80	100	120	140	160	180
気体の体積〔cm^3〕	0.4	0.9	1.5	2.1	2.7	3.2	3.6	4.0	4.2

(3) 表4から，測定を開始して①（ア 60分　イ 100分　ウ 140分）以降に，20分ごとの気体の発生量が減少していることがわかる。博樹さんは，この20分ごとの気体の発生量の減少について，「水中の二酸化炭素量が原因ではないか」と考えた。この考えが正しいことを確かめるためには，測定開始180分後すぐに，三角フラスコ内の水に二酸化炭素を溶かして光を当て，20分ごとの気体の発生量が②（ア $0.0cm^3$　イ $0.2cm^3$　ウ $0.4cm^3$　エ $0.6cm^3$）より多くなることを確認するとよい。
①，②の（　）の中からそれぞれ最も適当なものを一つずつ選び，記号で答えなさい。

次に博樹さんは，BTB液を加えて青色になった水に息を吹き込んで緑色にし，これを3つのガラスの容器に入れ，それぞれA，B，Cとした。図5のように，Aにメダカを，Bにオオカナダモを，Cにメダカとオオカナダモを入れ，それぞれゴム栓で密閉した。A，Bは，光が当たらないように全体をアルミニウムはくでおおい，A～Cの容器に光を当てて放置し，一定時間後のBTB液の色の変化を調べた。表6は，その結果を示したものである。なお，メダカ，オオカナダモは，それぞれほぼ同じ大きさのものを用いた。

図5

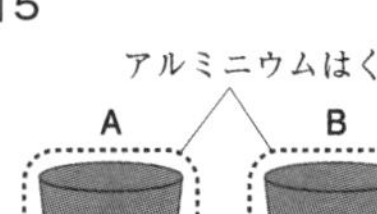
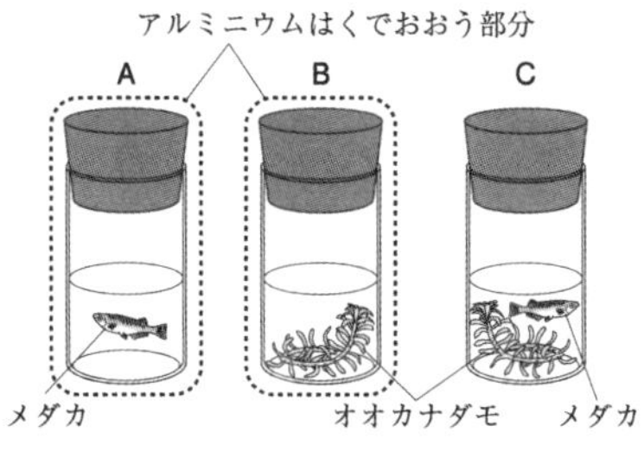

表6

	A	B	C
BTB液	黄色	緑色	青色

(4) この実験において，メダカの呼吸によって放出された二酸化炭素の量をX，オオカナダモの呼吸によって放出された二酸化炭素の量をY，オオカナダモの光合成によって吸収された二酸化炭素の量をZとする。表6の結果をもとにX～Zを比較したとき，それらの量の関係として適当なものを，次のア～カから**三つ**選び，記号で答えなさい。

ア　X＞Y　　イ　X＜Y　　ウ　X＞Z
エ　X＜Z　　オ　Y＞Z　　カ　Y＜Z

■令和4年度問題

1 次の各問いに答えなさい。

1 令子さん，優子さん，明雄さんの3人は，植物の蒸散と吸水の関係を調べる実験を行い，記録をまとめた。次は，その記録の一部である。

植物の蒸散と吸水の関係を調べる実験

〔実験日と天気〕
9月27日　晴れ
〔目的〕
植物の葉の有無によるチューブ内の水の減少量の違いから，蒸散と吸水の関係を調べる。
〔方法〕
Ⅰ　葉の大きさや枝の長さがほぼ同じである，カキの木の枝を2本用意する。葉が3枚のものをA，葉をすべて切り取ったものをBとする。Bは，葉を切り取った切り口に，ワセリンをぬる。

図1

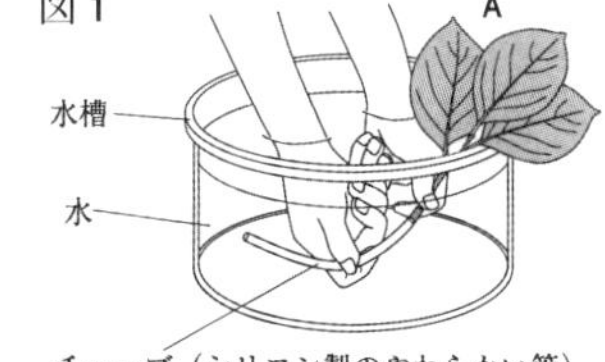

Ⅱ　シリコン製のやわらかい透明なチューブを用意し，水を入れた水槽の中に入れ，チューブ内を水で満たす。

Ⅲ　図１のように，Aを水中でチューブ内に空気が入らないように差し込み，持ち上げてチューブから水が出ないことを確認したら，バットに置く。Bについても同様の操作を行う。

Ⅳ　図２のように，A，Bのチューブ内の水と空気の境目に印を付け，はじめの水の位置とする。

Ⅴ　はじめの水の位置からの，水の位置の変化を吸水量として，10分ごとに60分間，ものさしで測定する。

図２

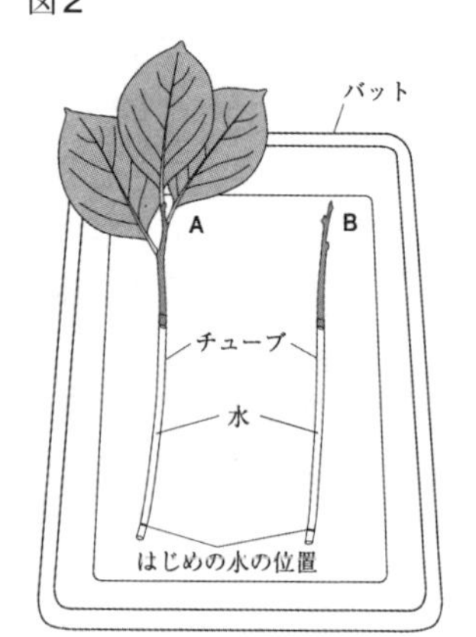

〔結果〕

水の位置の変化は，表３のとおり。

表３

時間〔分〕	0	10	20	30	40	50	60
Aの水の位置の変化〔mm〕	0	9	18	26	35	44	53
Bの水の位置の変化〔mm〕	0	1	2	2	3	3	4

(1)　下線部について，このカキの木には果実が見られた。果実は，花のつくりのうち，めしべの根もとのふくらんだ部分である［①］が変化したものである。カキのように，果実をつける植物には，②（ア　ソテツ　イ　イヌワラビ　ウ　アブラナ）がある。

［①］に適当な語を入れなさい。また，②の（　）の中から正しいものを一つ選び，記号で答えなさい。

(2)　表３の結果から，10分ごとのAが吸水する量は，①（ア　小さくなっていく　イ　大きくなっていく　ウ　ほぼ一定である）こと，60分間でAが吸水する量は，Bが吸水する量よりも大きいことがわかる。

AとBの測定結果の比較から，吸水には，②（ア　枝　イ　葉）での蒸散が大きく関係していると考えられる。

①，②の（　）の中からそれぞれ最も適当なものを一つずつ選び，記号で答えなさい。

次に３人は，葉の表と裏での蒸散の量について，以下のように考えた。

> 令子さん：葉の表と裏では，蒸散の量は変わらないんじゃないかな。
> 優子さん：光が良く当たる葉の表の方が蒸散の量が多いと思う。
> 明雄さん：葉の裏の方が蒸散の量が多いと思う。

３人の考えを確かめるため，葉の大きさや枝の長さがほぼ同じで，１枚の葉がついたカキの木の枝を４本用意した。そして，それぞれの枝の葉に表４の組み合わせでワセリンをぬり，前の実験と同様の方法で実験を行い，その結果を表４にまとめることとした。表４のa～dはそれぞれの組み合わせで実験したときの，測定開始から60分後の水の位置の変化〔mm〕が入る。

表４

		葉の表	
		ぬらない	ぬる
葉の裏	ぬらない	a	b
	ぬる	c	d

(3)　令子さんの考えが正しいとすると，表４のa～dの関係は［①］と考えられる。また，明雄さんの考えが正しいとすると，［②］と考えられる。

［①］，［②］に当てはまるa～dの関係として最も適当なものを，次のア～カからそれぞれ一つずつ選び，記号で答えなさい。

ア　大きい方からa，b，c，dの順になる
イ　大きい方からa，c，b，dの順になる
ウ　aが最も大きく，bとcはほぼ同じになり，dが最も小さくなる
エ　大きい方からd，b，c，aの順になる
オ　大きい方からd，c，b，aの順になる
カ　dが最も大きく，bとcはほぼ同じになり，aが最も小さくなる

実験の結果，明雄さんの考えが正しいことがわかった。そこで，カキの葉を顕微鏡で観察したところ，葉の表側よりも裏側に多くの気孔があることが確認できた。図５は，葉の裏側を顕微鏡で観察したときの視野のようすを示したものである。

図５

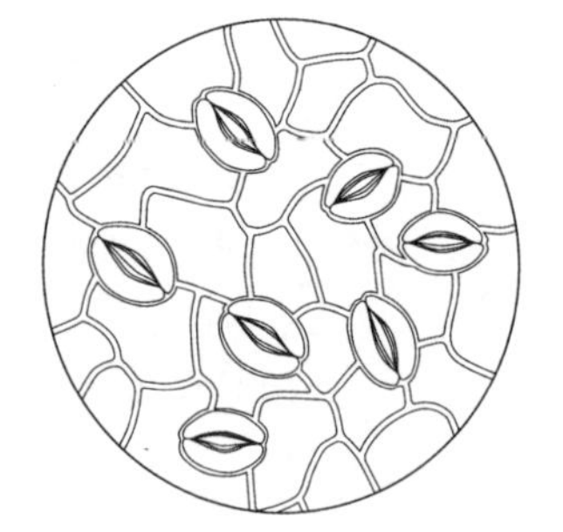

(4)　観察に用いた葉の裏全体の面積をx〔mm^2〕，図５の視野の面積をy〔mm^2〕とする。カキの気孔が葉の裏全体に均等に分布していると仮定した場合，このカキの葉の裏全体にある気孔の数はおよそ何個と考えられるか。xとyを使って表しなさい。

■令和３年度問題

1　次の各問いに答えなさい。

1　優子(ゆうこ)さんと博樹(ひろき)さんは，校内にあるアジサイの葉の観察を行い，記録をまとめた。次は，その記録の一部である。

<u>アジサイの葉の観察</u>

〔観察日と天気〕
　7月22日　晴れ

〔目的〕
　アジサイの葉のつき方やつくりを観察して，どのような特徴があるかを調べる。

〔方法〕
　Ⅰ　葉のつき方を上から見て観察する。
　Ⅱ　葉を一枚とり，観察する。
　Ⅲ　葉の一部を，かみそりの刃でうすく切ってプレパラートをつくり，顕微鏡で観察する。

〔結果〕
・　方法Ⅰで観察した葉のつき方は図１のとおり。
・　方法Ⅱで観察した葉のようすは図２のとおり。
・　方法Ⅲで観察した葉の断面のようすは図３のとおり。

図１

図２　　図３

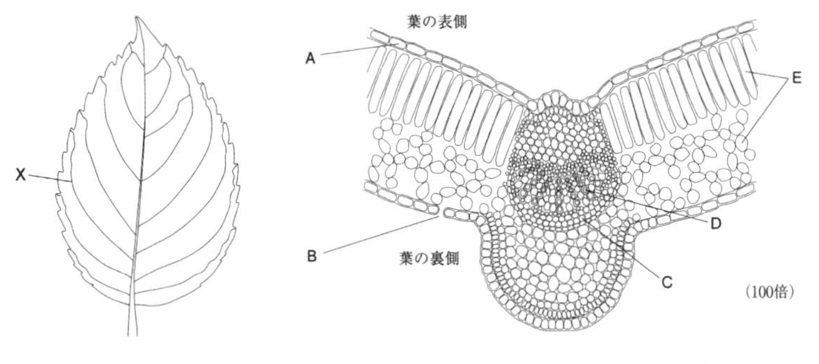

(1)　アジサイの葉のつき方が図１のようになっているのは，葉の重なりを①（ア　少なく　イ　多く）し，光合成に必要な②（ア　酸素　イ　二酸化炭素　ウ　光　エ　水）をできるだけ多く受けとるためと考えられる。
①，②の（　）の中からそれぞれ正しいものを一つずつ選び，記号で答えなさい。

(2)　図２のXは，維管束が枝分かれしたもので［①］といい，アジサイの［①］は，網目状になっている。このような［①］をもつ植物の茎を輪切りにして維管束を観察すると，維管束は，②（ア　輪状に並んで　イ　ばらばらに散らばって）見える。
［①］に適当な語を入れなさい。また，②の（　）の中から正しいものを一つ選び，記号で答えなさい。

(3)　図３のA～Eは，師管，道管，気孔，葉肉細胞，表皮細胞のいずれかである。図３のA～Eについて正しく説明しているものはどれか。次のア～オから**すべて**選び，記号で答えなさい。
ア　Aが集まった組織を葉肉組織という。
イ　Bでは，つねに水蒸気や酸素を出し，二酸化炭素をとり入れている。
ウ　Cは，光合成でできた二酸化炭素を運ぶ通路である。
エ　Dは，根で吸い上げた水を運ぶ通路である。
オ　Eでは，光が当たるかどうかに関係なく，呼吸が行われている。

　優子さんと博樹さんは，葉で光合成によってつくられたデンプンが，葉以外のどの器官に存在するのかを調べるため，アジサイの茎と根を輪切りにしたものを用意し，図４のように，ヨウ素液を加えて，色の変化を観察した。表５は，その結果を示したものである。

図４

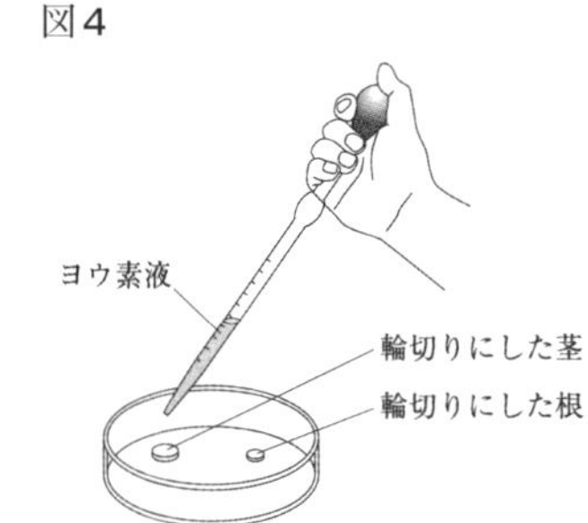

　実験を終えて，二人は表５を見ながら，先生と次のような会話をした。

表５

器官	色の変化
茎	変化しなかった。
根	青紫色に変化した。

優子：実験結果から，アジサイは，［①］ではなく，［②］にデンプンをたくわえていると考えられます。
先生：そうですね。たくわえられたデンプンは成長のためのエネルギー源になるんだよ。
博樹：［①］にデンプンが見られないのはどうしてでしょうか。
先生：それは，デンプンが体全体に運ばれるときに，デンプンとは異なる物質に変化しているからだよ。その方が<u>移動に適している</u>んだ。
優子：そうなんですね。

(4)　［①］，［②］に入る器官名を答えなさい。また，下線部について，移動に適しているのは，デンプンが変化した物質がどのような性質をもっているからか，その性質について書きなさい。

■令和２年度問題

1 次の各問いに答えなさい。

1 令子(れいこ)さんは，マツの花と花粉の観察を行い，記録をまとめた。次は，その記録の一部である。

<u>マツの花と花粉の観察</u>

〔観察日と天気〕
4月19日 晴れ

〔目的〕
マツの花と花粉の観察を行う。

〔方法〕
Ⅰ マツの枝の先端を観察する。
Ⅱ 雄花と雌花から，りん片をはぎとり，ルーペで観察する。
Ⅲ 雄花の花粉をスライドガラスにとり，顕微鏡で観察する。

〔結果〕
・ 方法Ⅰで観察したマツの枝の先端のようすは図１のとおり。
・ 方法Ⅱで観察した雄花と雌花のりん片のようすは図２のとおり。
・ 方法Ⅲで観察した花粉のようすは図３のとおり。

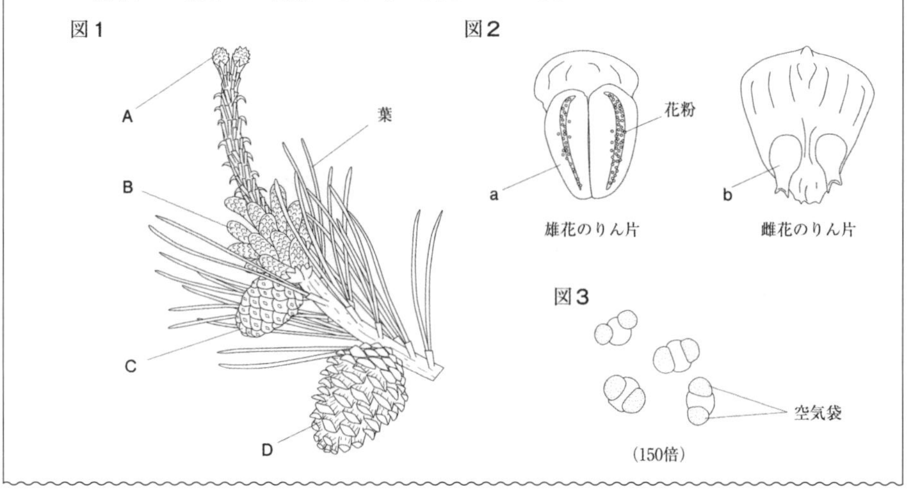

(1) 図１のＡ～Ｄは，雄花，観察した年の雌花，１年前の雌花，２年前の雌花のいずれかである。雄花と２年前の雌花はどれか。図１のＡ～Ｄから適当なものをそれぞれ一つずつ選び，記号で答えなさい。

(2) 図２のａは，花粉が入っている部分で［ ① ］という。図２のｂは，②（ア 胚珠(はいしゅ) イ 柱頭）であり，受粉後に種子となる。
［ ① ］に適当な語を入れなさい。また，②の（ ）の中から正しいものを一つ選び，記号で答えなさい。

(3) 図３の空気袋は，マツの花粉にとってどんな点で都合が良いと考えられるか，書きなさい。

次に令子さんは，マツの種子の発芽について調べた。ペトリ皿Ａ，Ｂ，Ｃ，Ｄに，水を含ませた脱脂綿を置き，それぞれ図４のようにマツの種子を20個ずつまいた。

図４

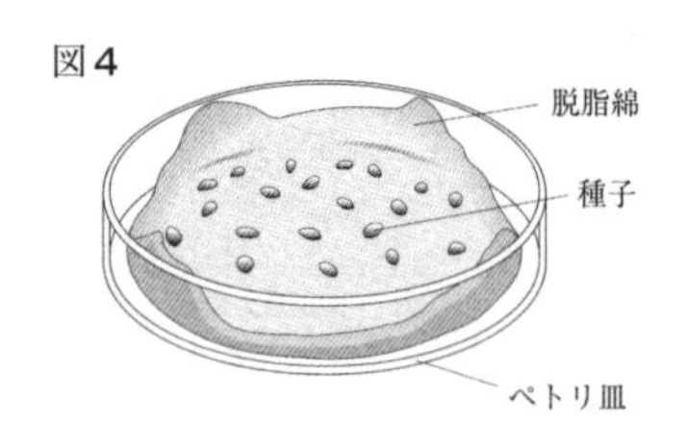

表５は，温度と光の条件をかえて，２週間後に発芽した種子の数を示したものである。図６は，２週間後のペトリ皿Ｃとペトリ皿Ｄにおける，それぞれの発芽した個体のようすを示したものである。

表５

	温度〔℃〕	光	発芽した種子の数〔個〕
ペトリ皿Ａ	10	当てる	0
ペトリ皿Ｂ	10	当てない	0
ペトリ皿Ｃ	20	当てる	18
ペトリ皿Ｄ	20	当てない	15

図６

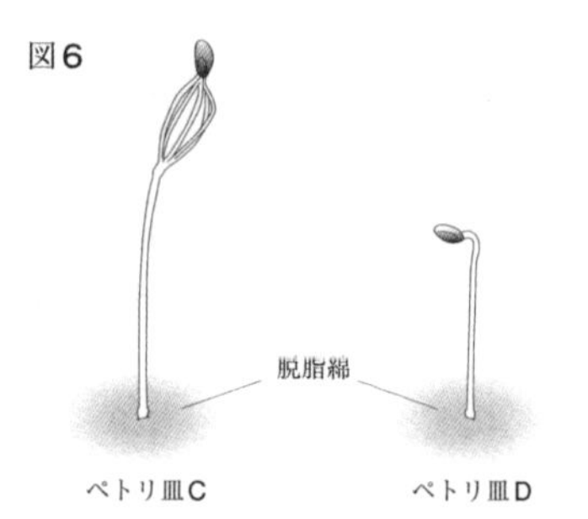

(4) 光の条件だけをかえたペトリ皿［ ① ］とペトリ皿Ｄの結果の比較と，温度の条件だけをかえたペトリ皿［ ② ］とペトリ皿Ｃの結果の比較から，マツの種子の発芽には，光の影響に比べて温度の影響が大きいと判断できる。
また，図６より，マツの種子は発芽した後，光を当てても当てなくても成長していたことがわかった。図６のペトリ皿Ｄのように光を当てなくてもマツが成長を続けていたのは，［ ③ ］と考えられる。
［ ① ］，［ ② ］に当てはまるものを，Ａ～Ｄからそれぞれ一つずつ選び，記号で答えなさい。また，［ ③ ］には，光を当てなくてもマツが成長を続けていた理由を，**種子**という語を用いて書きなさい。

さらに令子さんは，エンドウとイチョウの種子について調べた。

(5) 図７はエンドウの，図８はイチョウの，種子が見られる部分の写真である。次のア～カのうち，エンドウとイチョウの種子がつくられるときのようすについて正しく説明したものを**二つ**選び，記号で答えなさい。

図７

図８

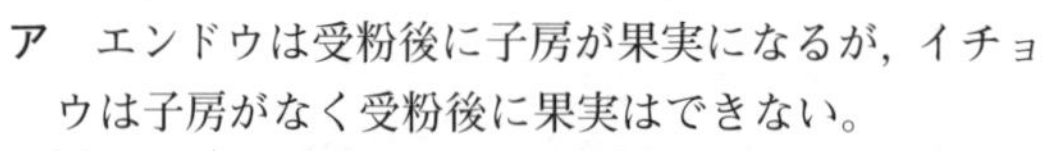

ア エンドウは受粉後に子房が果実になるが，イチョウは子房がなく受粉後に果実はできない。
イ エンドウは子房がなく受粉後に果実はできないが，イチョウは受粉後に子房が果実になる。
ウ エンドウとイチョウは，どちらも受粉後に子房が果実になる。
エ エンドウは花をつけて種子をつくるが，イチョウは花をつけずに種子をつくる。
オ エンドウは花をつけずに種子をつくるが，イチョウは花をつけて種子をつくる。
カ エンドウとイチョウは，どちらも花をつけて種子をつくる。

■平成31年度問題

1　次の各問いに答えなさい。

1　拓也(たくや)さんは，学校で育てたピーマンの花と果実の観察を行い，記録をまとめた。次は，その記録の一部である。

ピーマンの花と果実の観察

〔観察日〕

7月4日から8月20日

〔目的〕

ピーマンの花のつくりと果実への変化を観察する。

〔方法〕

Ⅰ　花の各部分をはずして台紙にはる。

Ⅱ　花から果実への変化を，写真をとって継続的に観察する。

Ⅲ　果実を縦に切って，断面を観察する。

〔結果〕

・　方法Ⅰで調べた花のつくりは図1のとおり。

・　方法Ⅱで観察した果実への変化の写真とそのようすは図2のとおり。

・　方法Ⅲで観察した果実の断面のようすは図3のとおり。

図2

果実への変化の写真とそのようす

7月13日

子房が膨らみ始めた。

7月31日

緑色をした果実ができた。

8月20日

果実が赤色に変化した。

図1

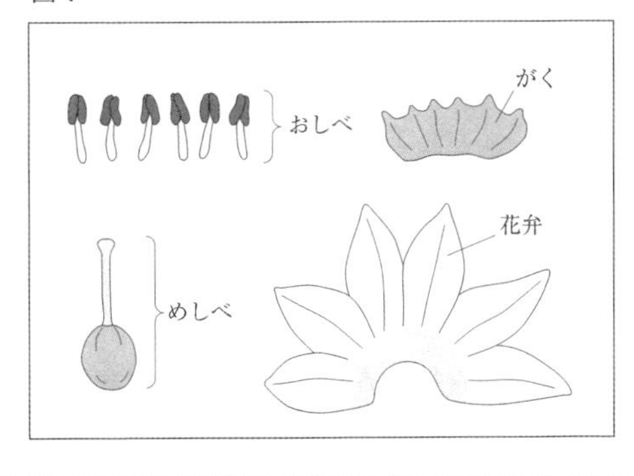

図3

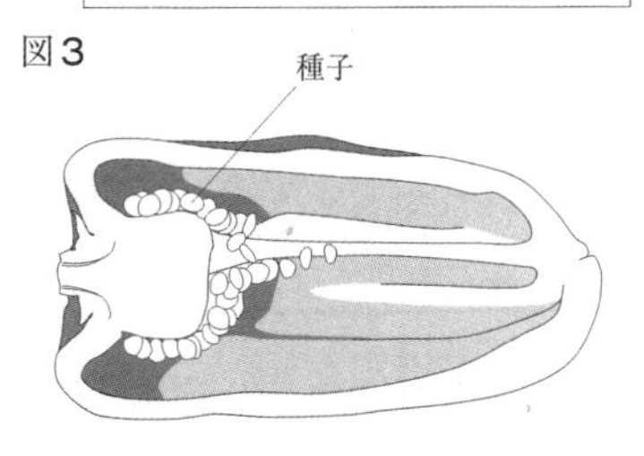

(1)　図1のおしべ，がく，花弁について，花の外側から中心のめしべに向かってついている順に並べたとき，外側から2番目にくるものは①（ア　おしべ　　イ　がく　　ウ　花弁）である。また，双子葉類には，花弁が互いに離れている離弁花類と，花弁がくっついている［　②　］類があり，ピーマンは［　②　］類である。

①の（　　）の中から正しいものを一つ選び，記号で答えなさい。また，［　②　］に適当な語を入れなさい。

(2)　図3の種子は，自家受粉によってつくられる。体細胞を，図4のような□と■の2本の染色体をもつ模式図で表すとき，この体細胞からなる個体が自家受粉で種子をつくると，種子の中にできる胚(はい)の細胞の染色体の組み合わせは3種類となる。その3種類の組み合わせを，□や■を使い，右の図35中に，模式的にかきなさい。

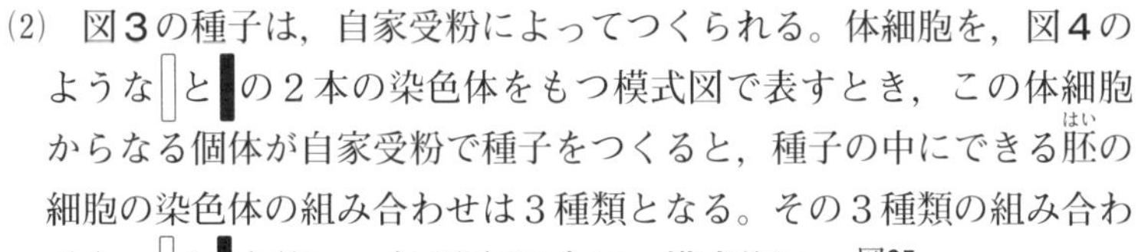

図4

図35

次に拓也さんは，緑色をした果実と赤色をした果実について，それぞれ表面をうすく切ってプレパラートをつくり，顕微鏡で観察を行った。その結果，図5のように，緑色をした果実の細胞には緑色の粒が見られたが，赤色をした果実の細胞には緑色の粒は見られず，赤色の粒が見られた。

図5

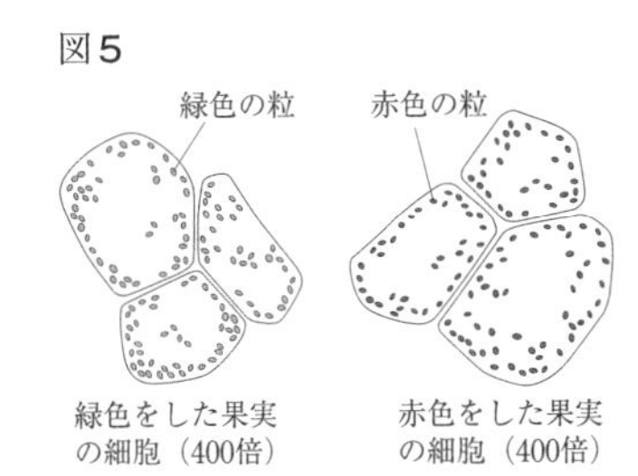

さらに拓也さんは，ピーマンの果実や葉を用いて次の実験を行った。図6のように，試験管A，B，C，Dを準備し，試験管Aには緑色をした果実を，試験管Bには赤色をした果実を，試験管Cには葉を，適当な大きさに切りそろえて入れ，試験管Dには何も入れず，それぞれに息をふきこんでゴム栓をした後，光を当てて放置した。1時間後，それぞれの試験管に少量の石灰水を入れて再びゴム栓をし，よく振って石灰水の変化を調べた。

図6

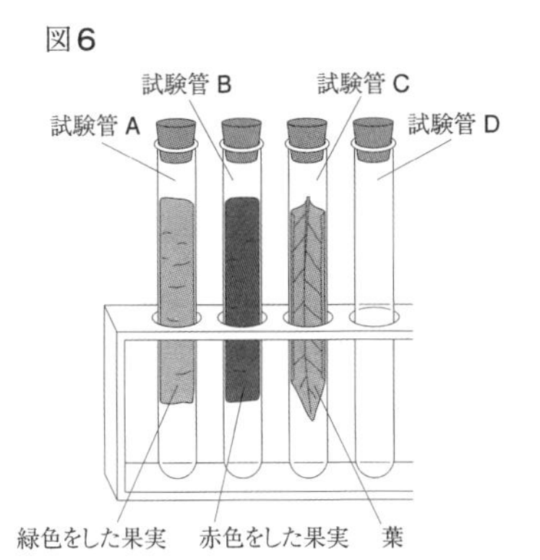

表7は，その結果を示したものである。

表7

	試験管A	試験管B	試験管C	試験管D
石灰水の変化	ほとんど変化しなかった。	白く濁った。	ほとんど変化しなかった。	白く濁った。

(3)　試験管Dのように，材料を入れない試験管を準備するのは，結果のちがいが植物のはたらきによることを確認するためであり，このような実験を［　①　］実験という。また，表7の結果から，試験管Aと試験管Cは，植物のはたらきによって②（ア　酸素が増加　　イ　酸素が減少　　ウ　二酸化炭素が増加　　エ　二酸化炭素が減少）したことがわかる。

［　①　］に適当な語を入れなさい。また，②の（　　）の中から正しいものを一つ選び，記号で答えなさい。

(4)　表7について，試験管Aと試験管Bの石灰水の変化にちがいが見られたのはなぜか。その理由を，図5の緑色の粒の名称を用いて，その粒で行われるはたらきにふれながら書きなさい。

■平成30年度問題

1 あとの各問いに答えなさい。

1 優子(ゆうこ)さんは，ソラマメの成長と呼吸および光合成との関係について調べる実験を行い，記録をまとめた。次は，その記録の一部である。

ソラマメの成長と呼吸および光合成との関係

〔実験日〕
8月27日

〔目的〕
発芽したソラマメの成長と呼吸および光合成との関係について調べる。

〔方法〕

Ⅰ 透明なポリエチレンの袋A～Dを用意し，1図のように，袋Aには何も入れず，袋Bには発芽後5日目，袋Cには発芽後10日目，袋Dには発芽後15日目のソラマメをそれぞれ5株ずつ入れ，袋の口を輪ゴムでしっかりとめた。

Ⅱ 袋Aに小さな穴をあけてストローをさしこみ，息をふきこんだ。次に，気体検知管をさしこみ，袋Aの中の二酸化炭素の割合を調べた。その後，小さな穴をセロハンテープでふさいだ。袋B～Dにも同様の操作を行った。

Ⅲ 袋A～Dを，光が当たる所に4時間置いた。

Ⅳ 袋Aの小さな穴に，再び気体検知管をさしこみ，袋Aの中の二酸化炭素の割合を調べた。袋B～Dにも同様の操作を行った。

1図

袋A
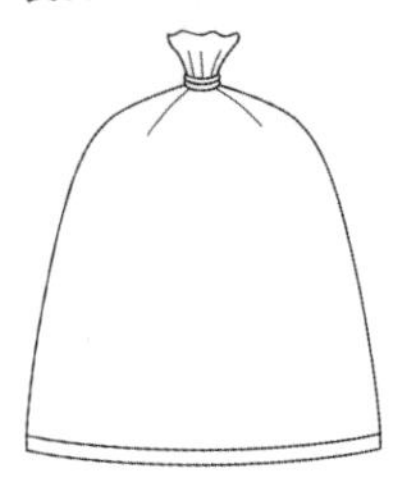
袋B

袋C

袋D
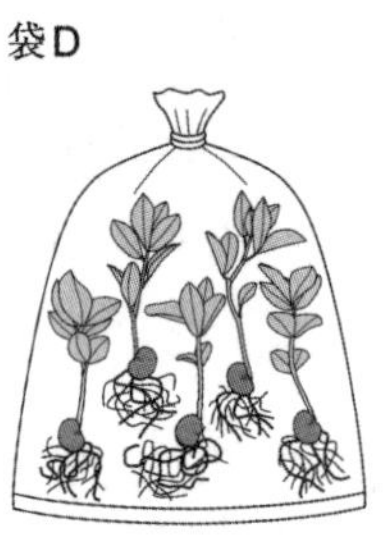

〔結果〕 2表のとおり。

2表

		袋A	袋B	袋C	袋D
二酸化炭素の割合〔%〕	測定開始時	3.4	3.4	3.4	3.4
	4時間後	3.4	4.2	3.4	2.2

(1) 2表から，4時間後に袋の中の二酸化炭素の割合が減少したのは①（ア 袋B イ 袋D）であることがわかる。この袋の中の二酸化炭素の割合が減少したのは，②（ア 呼吸 イ 光合成）のはたらきによるものであり，酸素の割合は③（ア 増加 イ 減少）したと考えられる。

①～③の（ ）の中からそれぞれ正しいものを一つずつ選び，記号で答えなさい。

(2) 袋Cについて，測定開始時と4時間後で，二酸化炭素の割合が同じであったのはなぜか。その理由を，**呼吸**と**光合成**という**二つ**の語を用いて書きなさい。

次に優子さんは，ソラマメの根が成長するときの細胞のようすについて調べた。3図のように，根もとに近い部分をX，先端に近い部分をYとして，5mmずつ切り取ってそれぞれプレパラートをつくり，顕微鏡で観察した。

4図は，観察したXの部分とYの部分の，いずれか一方の細胞をスケッチしたものである。

3図
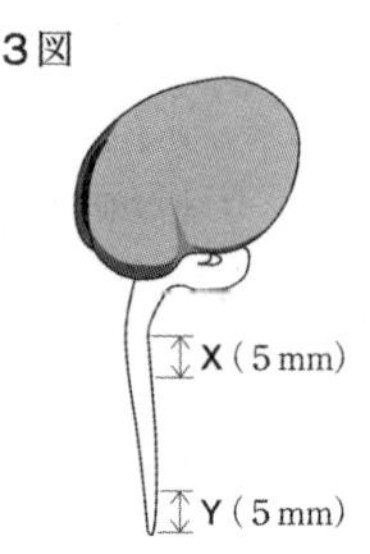

(3) 4図のア～オは，細胞分裂の過程において異なる時期の細胞である。染色体が複製される時期の細胞として適当なものを4図のア～オから一つ選び，記号で答えなさい。

4図
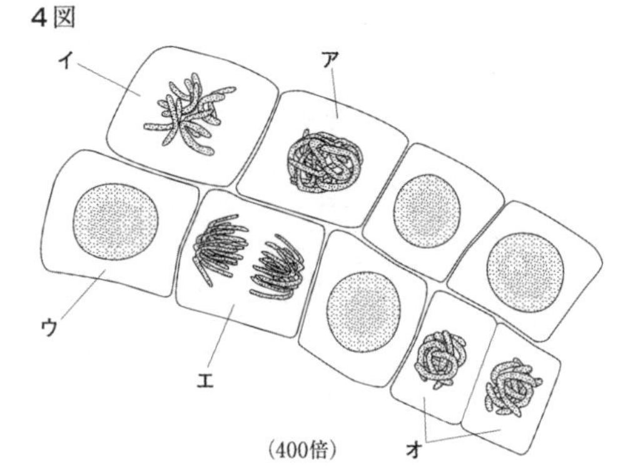

3図のXの部分とYの部分を観察した優子さんは，それぞれの細胞のようすから，根の成長について次のようにまとめた。

> ソラマメの根は，先端近くの細胞が分裂して数をふやし，さらにそれらの細胞が体積を大きくすることによって成長する。

(4) 優子さんが根の成長についてこのようにまとめたのは，4図が①（ア Xの部分 イ Yの部分）の細胞であり，もう一方の部分では，細胞分裂が行われておらず，4図よりも細胞が②（ア 大きかった イ 小さかった）からである。

①，②の（ ）の中からそれぞれ正しいものを一つずつ選び，記号で答えなさい。

動物の種類とからだのはたらき

■令和５年度問題

1　次の各問いに答えなさい。

2　表７は，葵(あおい)さんが食べ物に含まれる栄養分のつくりについてまとめたものの一部である。

表７

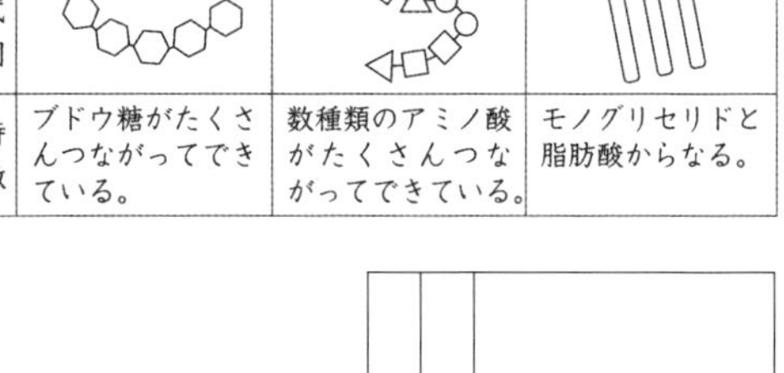

	デンプン	タンパク質	脂肪
模式図			
特徴	ブドウ糖がたくさんつながってできている。	数種類のアミノ酸がたくさんつながってできている。	モノグリセリドと脂肪酸からなる。

(1)　脂肪が分解されてできるモノグリセリドを，表７の模式図をもとにしてかきなさい。

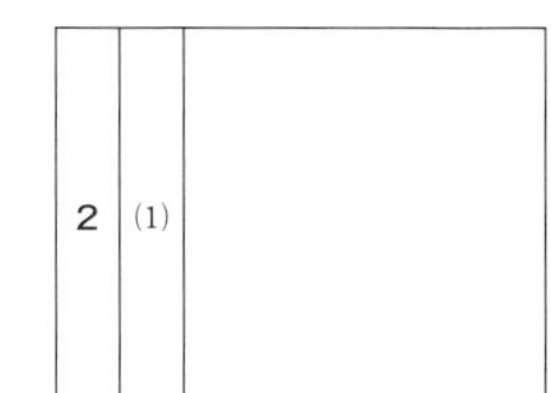

2 (1)

(2)　タンパク質に関する内容として正しいものを，次のア～オから二つ選び，記号で答えなさい。

ア　筋肉など体をつくる材料になる。

イ　主に米や小麦，いもに含まれる。

ウ　胆汁によって分解されやすくなる。

エ　小腸の柔毛で吸収され，リンパ管に入る。

オ　胃液に含まれる消化酵素によって分解される。

葵さんは，デンプンがセロハンを通り抜けないことを利用し，だ液によるデンプンの分解について調べる実験を行った。図８のように，デンプン溶液 20cm³ と，水でうすめただ液 10cm³ を混ぜた液をセロハンの袋に入れ，約 40℃の湯を入れたビーカーに 30 分間つけた。試験管**A**～**D**を用意し，**A**，**B**にセロハンの袋の中の液を５cm³ ずつ入れ，**C**，**D**にセロハンの袋の外の液を５cm³ ずつ入れた。その後，試験管**A**，**C**にヨウ素液を２，３滴加えた。また，試験管**B**，**D**にベネジクト液を少量加え，沸とう石を入れてガスバーナーで加熱した。表９は，その結果を示したものである。

図８

温度計
デンプン溶液20cm³と水でうすめただ液10cm³を混ぜた液
セロハンの袋
約40℃の湯

表９

ヨウ素液	試験管A	試験管C
	変化なし	変化なし
ベネジクト液	試験管B	試験管D
	赤褐色になった	赤褐色になった

実験を終えた葵さんは，表９を見ながら，先生と次のような会話をした。

葵　：デンプンがすべて分解されていることは，表９の試験管［　①　］の結果から判断できます。また，分解されてできた糖がセロハンの穴よりも小さいことは，試験管［　②　］の結果から判断できます。

先生：そうですね。しかし，この実験だけでは，だ液によってデンプンが分解されたとは言い切れませんよ。さらに，セロハンの袋に入れる液をかえて，同様の実験を行い，結果を比較する必要がありますね。

(3)　［　①　］，［　②　］に当てはまるものを，**A**～**D**のいずれかの記号でそれぞれ答えなさい。

(4)　下線部の実験では，セロハンの袋に入れる液をどのような液にかえればよいか，書きなさい。また，液をかえた実験において，試験管**A′**～**D′**を用意し，試験管**A′**には試験管**A**と同じ操作を行い，同様に試験管**B′**，**C′**，**D′**には，それぞれ試験管**B**，**C**，**D**と同じ操作を行ったとき，その結果はどうなると考えられるか。試験管**A′**～**D′**について，次の**ア**～**ウ**からそれぞれ一つずつ選び，記号で答えなさい。

ア　赤褐色になる　　**イ**　青紫色になる　　**ウ**　変化しない

■令和４年度問題

1　次の各問いに答えなさい。

2　博樹(ひろき)さんは，下水処理場で微生物が利用されていることを知り，川底の微生物のはたらきを調べるため，家の近くの小川へ川底の砂の採取に行った。川の中ではⓐタニシを，その周辺ではⓑカエルやトカゲを観察することができた。

(1)　下線部ⓐについて，タニシは軟体動物に分類される。軟体動物の体には，内臓を包みこんでいる［　①　］というやわらかい膜がある。軟体動物に属するものには，②（**ア**　ミミズ　　**イ**　ヒル　　**ウ**　イカ）がいる。

［　①　］に適当な語を入れなさい。また，②の（　　）の中から正しいものを一つ選び，記号で答えなさい。

(2)　下線部ⓑについて，両生類のカエルとハチュウ類のトカゲでは，トカゲの方が乾燥した陸上での生活に適している。トカゲの体の表面と卵のつくりについて，乾燥した環境に適した特徴をそれぞれ書きなさい。

博樹さんは，川底の砂の中の微生物のはたらきを調べるため，次の実験を行った。図６のように，容器**A**には採取した川底の砂 10g を，容器**B**には採取した川底の砂 10g を焼いたものを入れ，それぞれに 0.1％のデンプン溶液を 100cm³ ずつ加えた後，容器のふたを閉めて放置した。２日後，それぞれの容器の中の気体と液体のうち，気体は石灰水に通し，液体は２cm³ ずつとりヨウ素液を加えた。

図６

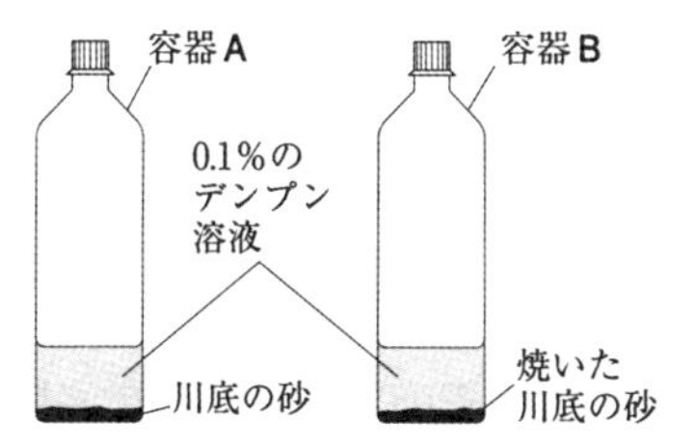

表７は，その結果を示したものである。

(3) 表7から，①（ア　容器A　イ　容器B）では，微生物のはたらきでデンプンがなくなっていることがわかる。また，この容器では，②（ア　酸素　イ　二酸化炭素）の増加が見られることから，微生物が③（ア　光合成　イ　呼吸）を行っていると考えられる。

表7

	容器A	容器B
石灰水	白くにごった	ほとんど変化しなかった
ヨウ素液	変化しなかった	青紫色に変化した

①～③の（　）の中からそれぞれ最も適当なものを一つずつ選び，記号で答えなさい。

下水処理場には，微生物のはたらきを利用する反応タンクと呼ばれる設備があり，ここへは外部から空気が送り込まれている。博樹さんは，反応タンクに空気を送り込むことの効果を調べるため，次の実験を行った。

図8

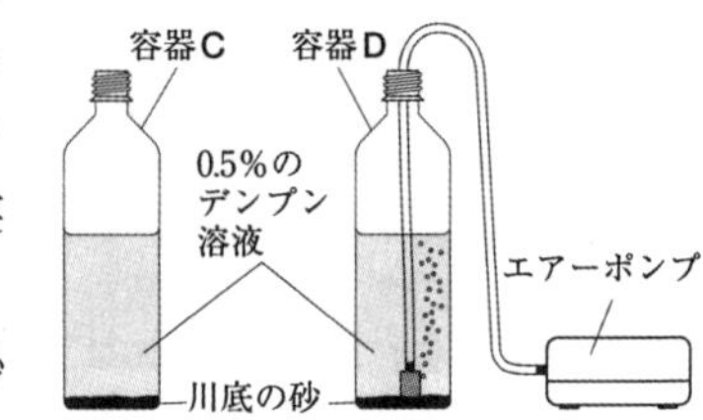

図8のように，容器C，Dそれぞれに川底の砂10gと0.5%のデンプン溶液300cm^{3}を入れ，容器Cはそのまま，容器Dはエアーポンプで空気を送りながら放置した。3日後と5日後に，それぞれの容器の中の液体を2cm^{3}ずつとり，ヨウ素液を加えたところ，表9のような結果になった。

表9

		容器C	容器D
ヨウ素液	3日後	青紫色に変化した	青紫色に変化した
	5日後	青紫色に変化した	変化しなかった

(4) 下水処理場の反応タンクに空気を送り込むことには，どのような効果があると考えられるか。表9の結果をもとに，微生物のはたらきにふれながら**有機物**という語を用いて書きなさい。

■令和3年度問題

1　次の各問いに答えなさい。

2　綾香（あやか）さんは，激しい運動のあと，心臓がドキドキし，息がきれることに興味をもち，心臓のつくりと呼吸との関係について調べた。図6は，ヒトの心臓の断面を模式的に表したものである。

図6

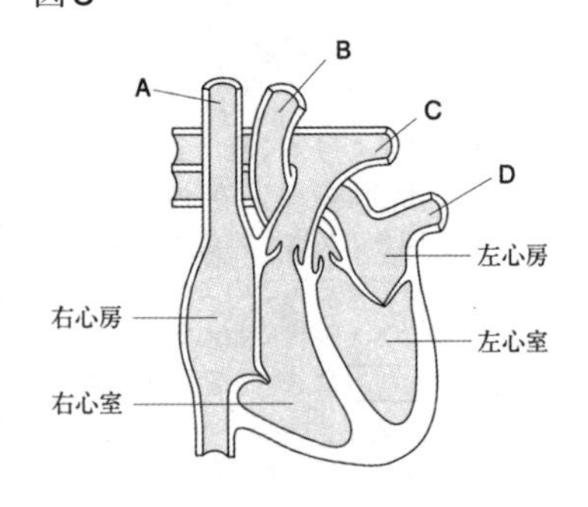

(1) 酸素は肺でとりこまれた後，血液によって肺から心臓へ運ばれ，そこから全身へと送られる。心臓から全身へ送り出される血液が流れる血管を，図6のA～Dから一つ選び，記号で答えなさい。また，その名称を書きなさい。

(2) ヒトの肺は，細かく枝分かれした気管支と，毛細血管で囲まれたたくさんの小さな袋が集まってできている。この小さな袋を［　①　］という。肺は［　①　］がたくさんあることで空気にふれる表面積が②（ア　大きく　イ　小さく）なり，効率よく酸素と二酸化炭素の交換を行うことができる。

［　①　］に適当な語を入れなさい。また，②の（　）の中から正しいものを一つ選び，記号で答えなさい。

次に綾香さんは，安静時と全速力で走った直後の，呼吸数と心拍数（心臓の拍動数）について調べた。表7は，友人の1人に協力してもらい，安静時と全速力で走った直後の，それぞれ15秒間の呼吸数と心拍数を3回ずつ測定した結果である。なお，全速力で走る距離は，3回とも同じである。

表7

		1回目	2回目	3回目
安静時	呼吸数〔回〕	6	5	6
	心拍数〔回〕	21	19	20
全速力で走った直後	呼吸数〔回〕	10	11	11
	心拍数〔回〕	45	43	47

(3) この友人の体内の全血液量を4200cm^3，1回の心臓の拍動によって送り出される血液の量を70cm^{3}とする。安静時において，この友人の心臓が全血液量を送り出すのにかかる時間は何秒か，表7の心拍数の3回の平均値から求めなさい。

(4) 赤血球は酸素を全身に運ぶ役割をしている。赤血球が，肺で受けとった酸素を細胞にわたすことができるのはなぜか。赤血球に含まれるヘモグロビンの性質にふれながら書きなさい。

(5) この実験で，激しい運動をすると呼吸数と心拍数がともに増加することがわかった。この増加によって体に生じる変化として正しいものを次の**ア**～**カ**から**三つ**選び，記号で答えなさい。

ア 体外から体内にとり入れる酸素の量が増える。
イ 体外から体内にとり入れる養分の量が増える。
ウ 体内の血液の量が大きく変化する。
エ 一定時間に流れる血液の量が大きく変化する。
オ 細胞でより多くの養分をとり出すことができる。
カ 細胞でより多くのエネルギーをとり出すことができる。

■令和２年度問題

1 次の各問いに答えなさい。

2 博樹(ひろき)さんは，動物園で飼育されている動物の特徴について園内の資料館で調べた。図９は，ライオンとシマウマの頭骨を示したものである。

図９

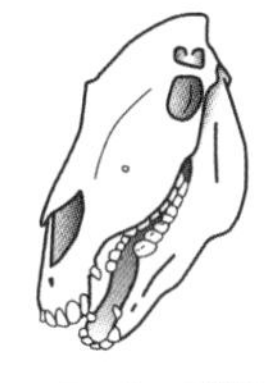

ライオンの頭骨　シマウマの頭骨

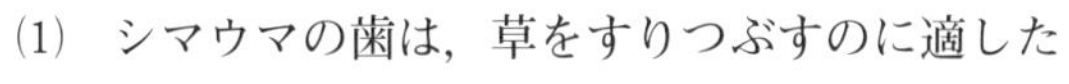

(1) シマウマの歯は，草をすりつぶすのに適した①（**ア** 門歯　**イ** 犬歯　**ウ** 臼歯）が発達している。また，ライオンとシマウマは，食物の違いから，体長に対する腸の長さの割合が，ライオンに比べてシマウマの方が②（**ア** 小さい　**イ** 大きい）。

①，②の（　）の中からそれぞれ正しいものを一つずつ選び，記号で答えなさい。

(2) 博樹さんはフクロウを観察したとき，目のつき方がシマウマよりライオンに似ていることに気づき調べたところ，フクロウは，獲物との距離をはかって，獲物をつかまえていることがわかった。フクロウが獲物との距離をはかることができる理由を，フクロウの目のつき方と見え方に着目して書きなさい。

次に博樹さんは，図10のニホンイシガメとアカミミガメについて調べたところ，ニホンイシガメは日本固有の種であり，アカミミガメは北米原産の外来種であることがわかった。

図10

ニホンイシガメ

アカミミガメ

表11は，１匹の雌からふえるニホンイシガメとアカミミガメの個体数に関するデータを示したものである。

表11

	１回の産卵数〔個〕	ふ化の割合〔％〕	生き残り率〔％〕	年間の産卵回数〔回〕
ニホンイシガメ	10	50	20	2
アカミミガメ	20	50	20	3

※生き残り率とは，ふ化してから成体になるまでに生き残る割合のこと。

(3) 表11において，アカミミガメの雌１匹の１回の産卵数が20個のとき，成体まで生き残る個体数は［①］匹である。また，アカミミガメの雌１匹が１年間に産む卵のうち，成体まで生き残る個体数は，ニホンイシガメの雌１匹が１年間に産む卵のうち，成体まで生き残る個体数の［②］倍である。

［①］，［②］に適当な数字を入れなさい。

さらに，博樹さんはニホンイシガメとアカミミガメの生態について調べ，次のようにまとめた。

> ・ニホンイシガメとアカミミガメは，生活場所とえさが共通していることが多い。
> ・アカミミガメはニホンイシガメよりも，短期間で成体になる。

(4) ニホンイシガメがすんでいる環境に，アカミミガメが持ち込まれ，定着すると，ニホンイシガメの個体数は減少すると考えられる。ニホンイシガメの個体数が減少すると考えられる理由を，表11と博樹さんのまとめをふまえて書きなさい。

■平成31年度問題

1 次の各問いに答えなさい。

2 綾香(あやか)さんは，ニワトリの手羽先を用いて，骨と筋肉のしくみを調べた。骨と筋肉を観察した後，図８のように**A**の筋肉をピンセットで引っぱったところ，手羽先の先端が矢印の向きに動いた。

図８

ピンセット　A　B

(1) 図８の**B**の部分は，筋肉と骨をつないでいる部分で，［①］とよばれる丈夫なつくりになっている。図８のように手羽先の先端が動いたのは，**A**の筋肉をピンセットで引っぱる操作が，実際に**A**の筋肉が②（**ア** 縮む　**イ** ゆるむ）ときと同じ作用になるからである。

［①］に適当な語を入れなさい。また，②の（　）の中から正しいものを一つ選び，記号で答えなさい。

次に綾香さんは，図9のように，ニワトリの手羽先の骨格標本をつくったところ，小さな指の骨があることがわかった。そこで綾香さんは，この指の骨が鳥類の祖先に関係していると考え，博物館で動物の化石や進化について調べた。次は，綾香さんが，博物館で調べたことをまとめたノートの一部であり，図10は，いろいろな動物のグループが出現する年代を示したもので，図11は，展示されていたシソチョウの特徴を記録したものである。

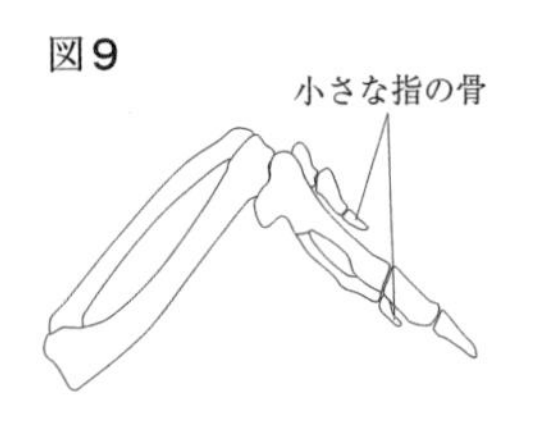

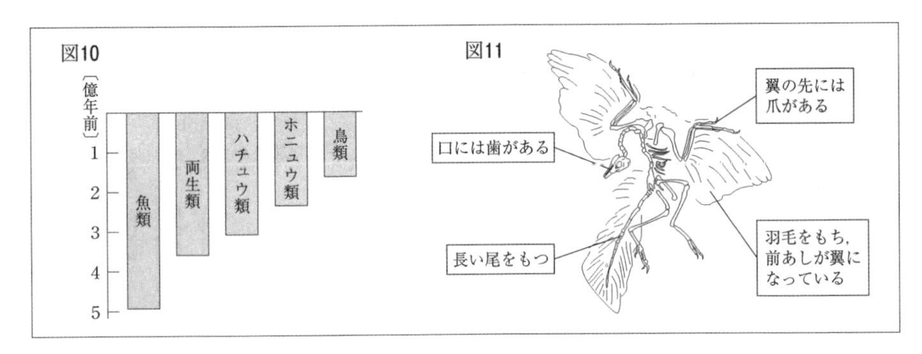

(2) 図9の骨格は，ヒトの手や腕の一部の骨格と基本的なつくりが似ている。ニワトリの翼と，ヒトの手や腕のように，もとは同じものであるが，それぞれの生活やはたらきに適した形に変化したと考えられる体の部分を何というか，名称を答えなさい。

(3) 図10の両生類とハチュウ類では，ハチュウ類の方が陸上生活に適した特徴をもっている。両生類とハチュウ類の特徴について正しく説明したものはどれか。次のア～エから一つ選び，記号で答えなさい。

ア 両生類は卵生で水中に卵を産み，ハチュウ類は胎生で子は陸上で生まれる。

イ 両生類は変温動物で体温を一定に保てず，ハチュウ類は恒温動物で体温を一定に保てる。

ウ 両生類は無セキツイ動物で背骨をもたず，ハチュウ類はセキツイ動物で背骨をもつ。

エ 両生類は子のときはえらで呼吸し，ハチュウ類は生まれたときから肺で呼吸する。

(4) 綾香さんは，博物館で調べた内容から，「鳥類はハチュウ類から進化した」と考えた。図10と図11から，鳥類がハチュウ類から進化したと考えられる理由を書きなさい。

■平成30年度問題

1 次の各問いに答えなさい。

2 博樹(ひろき)さんは，刺激に対するメダカの反応を調べるため，次の実験Ⅰ～Ⅲを順に行った。

実験Ⅰ 円形の水そうにメダカを5匹入れ，泳ぐようすをⒶ観察した後，水そうの上からメダカに手をかざしたとき，メダカの動きがどのように変化するか調べた。

実験Ⅱ 5図のように，ガラス棒で矢印の向きに水をかき回して水流をつくったとき，メダカの動きがどのように変化するか調べた。

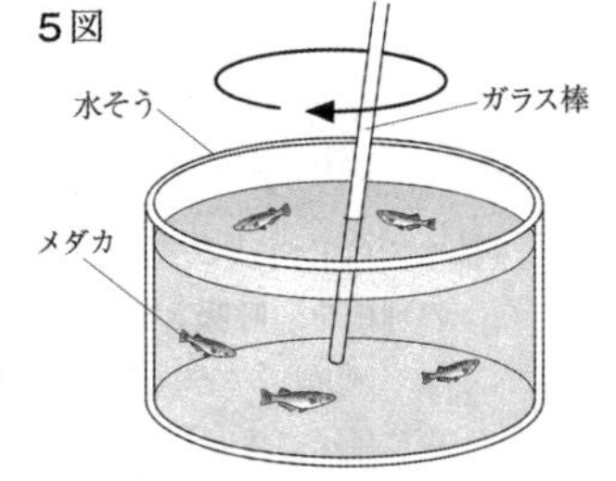

実験Ⅲ 6図のように，縦じま模様のある円筒を水そうの外側に糸でつるし，矢印の向きに回転させたとき，メダカの動きがどのように変化するか調べた。なお，実験Ⅲは，Ⓑ実験Ⅱの水流が止まり，メダカが水そうの中を自由に泳ぐようになってから行った。

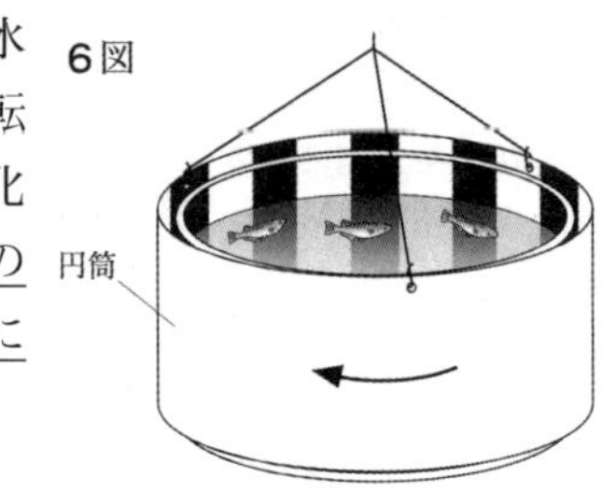

7表は，実験Ⅰ～Ⅲの結果を示したものである。

7表

	メダカの動き
実験Ⅰ	さっと逃げた。
実験Ⅱ	水流の向きと逆を向き，流れにさからうように泳いだ。
実験Ⅲ	円筒の回転と同じ向きに，回転の速さに合わせて泳いだ。

(1) 下線部Ⓐについて，光が博樹さんの目に入ると，①（ア 網膜 イ レンズ）の感覚細胞で受けとった光の刺激が信号にかえられ，その信号が②（ア 末しょう イ 中枢）神経である脳に伝えられると，ものが「見える」という視覚が生じる。
①，②の（ ）の中からそれぞれ正しいものを一つずつ選び，記号で答えなさい。

(2) 下線部Ⓑについて，メダカが自由に泳ぐようになってから実験Ⅲを行うのは何のためか，**反応**という語を用いて書きなさい。

(3) 7表のようにメダカの動きが変化したのは，実験［①］では主に目で受けとる刺激に反応し，実験［②］では主に体表で受けとる刺激に反応したからである。
［①］，［②］に当てはまる実験の組み合わせとして正しいものを，次のア～カから一つ選び，記号で答えなさい。

ア ①：Ⅰ ②：Ⅱ，Ⅲ　**イ** ①：Ⅱ，Ⅲ ②：Ⅰ
ウ ①：Ⅱ ②：Ⅰ，Ⅲ　**エ** ①：Ⅰ，Ⅲ ②：Ⅱ
オ ①：Ⅲ ②：Ⅰ，Ⅱ　**カ** ①：Ⅰ，Ⅱ ②：Ⅲ

■平成29年度問題

1　次の各問いに答えなさい。

2　由香(ゆか)さんは，動物の体の中のつくりを調べるために，カタクチイワシとイカを用いてⅠ，Ⅱの観察を行った。

Ⅰ　カタクチイワシの煮干しを湯に５分間つけた後，胴体をピンセットで解剖して体の中のつくりを観察し，スケッチした。

7図

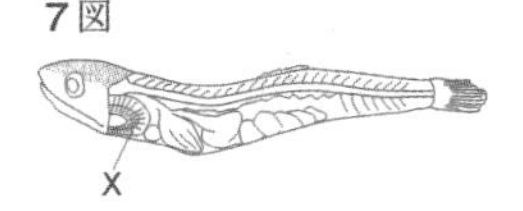

７図は，解剖したカタクチイワシのスケッチである。

Ⅱ　イカの胴部の外とう膜を解剖ばさみで切り開き，体の中のつくりを観察し，スケッチした。

８図は，解剖したイカのスケッチである。

8図

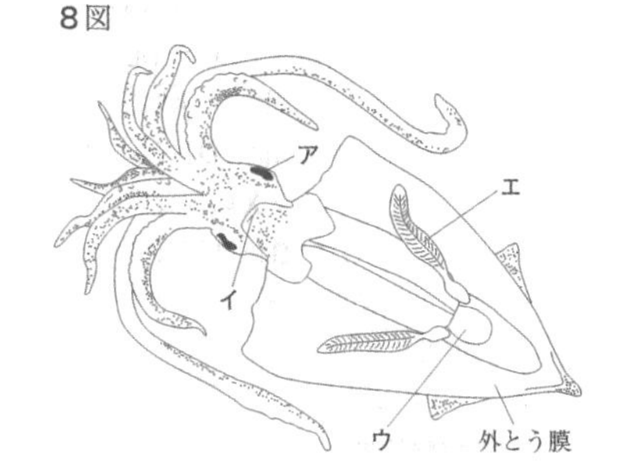

(1)　イカは，内臓が外とう膜におおわれており，①（ア　節足　　イ　軟体）動物に分類される。このグループに属するものには，②（ア　クモ　イ　ミミズ　　ウ　アサリ）がある。

①，②の（　　）の中からそれぞれ正しいものを一つずつ選び，記号で答えなさい。

(2)　７図のXは，ヒトの肺と同様のはたらきをする器官である。この器官名を書きなさい。また，７図のXと同じ名称の器官を８図のア～エから一つ選び，記号で答えなさい。

(3)　カタクチイワシやイカなどの動物の体をつくっている細胞について正しく説明しているものはどれか。次のア～エから一つ選び，記号で答えなさい。

ア　筋組織の細胞と上皮組織の細胞は，形やはたらきが同じである。

イ　細胞膜の外側には細胞壁があり，体を支える役割をしている。

ウ　細胞の核の中にある染色体には，DNAが含まれている。

エ　体細胞分裂のたびに，一つの細胞にある染色体の数は減少していく。

■平成27年度問題

1　次の各問いに答えなさい。

7図

2　隆雄(たかお)さんと晴美(はるみ)さんは，学校の近くにある水田で自然観察を行ったところ，７図のザリガニを見つけた。

(1)　ザリガニは，背骨をもたない動物の一つで，体の外側が［①］とよばれるかたい殻でおおわれている。また，体やあしのつくりから②（ア　軟体　　イ　節足）動物とよばれるグループに属する。［①］に適当な語を入れなさい。また，②の（　　）の中から正しいものを一つ選び，記号で答えなさい。

次に二人は，水田とその周辺の自然観察を続けたところ，カエル，ハト，メダカ，トカゲ，コウモリを見つけた。自然観察の後，これらの動物の特徴について調べ，隆雄さんは体の表面のようすについて，晴美さんは呼吸のしかたについてそれぞれ動物を分けた。

8図

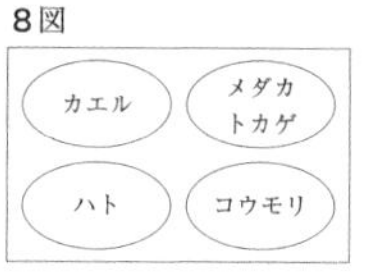

9図

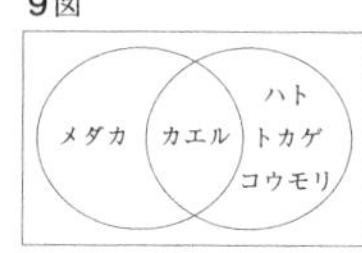

８図は隆雄さんが，９図は晴美さんがそれぞれ分けたものである。

(2)　８図について，トカゲの体の表面をおおうものとして適当なものを，次のア～エから一つ選び，記号で答えなさい。

ア　毛　　イ　羽毛　　ウ　うろこ　　エ　しめった皮ふ

(3)　９図について，晴美さんは，カエルをえらで呼吸するグループと肺で呼吸するグループの重なる部分に分けた。カエルの呼吸のしかたについて，生活場所の変化をふまえて書きなさい。

さらに二人は，次のⅠ～Ⅲの順に，自然観察で見つけた動物とヒトとの共通性について考えた。

Ⅰ　カエル，ハト，メダカ，トカゲ，コウモリについて，ヒトの特徴である次のA～Dの中から当てはまるものを，動物ごとにすべて選んだ。

A　恒温動物である。　　　B　背骨をもつ。

C　肺で呼吸する。　　　D　胎生である。

Ⅱ　ヒトとの共通性を段階的に表すため，A～Dに1，2，3，4の数値を1つずつ割り当てた後，動物ごとに，当てはまる特徴に割り当てた数値を合計し，10表に記入した。ただし，A～Dの特徴をもつが，子がうまれた後に成長する過程で当てはまらない時期がある場合は，その特徴に割り当てた数値を半分にして扱った。

Ⅲ　ヒトの数値の合計が10であることから，合計が10に近い動物ほどヒトとの共通性が高いものとしてそれぞれの動物を比較した。

(4)　ヒトの特徴A，Bに割り当てた数値をそれぞれ答えなさい。

(5)　10表のa，bに適当な数字をそれぞれ入れなさい。また，10表の動物をヒトとの共通性が高い順に並べたとき，３番目にくる動物名を答えなさい。

10表

	カエル	ハト	メダカ	トカゲ	コウモリ
合計	2	6	1	a	b

天気の変化

■令和３年度問題

2 次の各問いに答えなさい。

2 自宅の近くで発生した霧に興味をもった令子(れいこ)さんは，霧ができる条件について調べるため，次のような実験を行った。

図 **13** のように，ビーカーとペトリ皿を組み合わせたものを４つ用意し，それぞれ **A**，**B**，**C**，**D** とした。**A**，**B** のビーカーには40℃の湯を，**C**，**D** のビーカーにはくみ置きの水を入れた後，４つのビーカーに線香の煙を少量入れた。さらに **A**，**C** のペトリ皿には氷を，**B**，**D** のペトリ皿にはくみ置きの水を入れ，それぞれビーカーの上に置き，その後，ビーカーの中のようすを観察した。表 **14** は，その結果を示したものである。なお，室温とくみ置きの水の温度はともに25℃であった。

図13

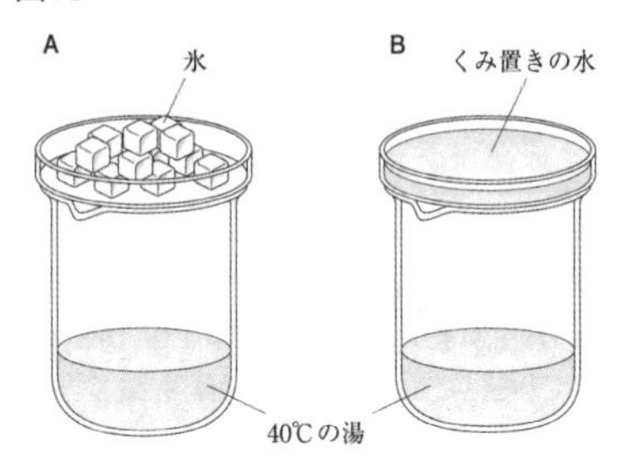

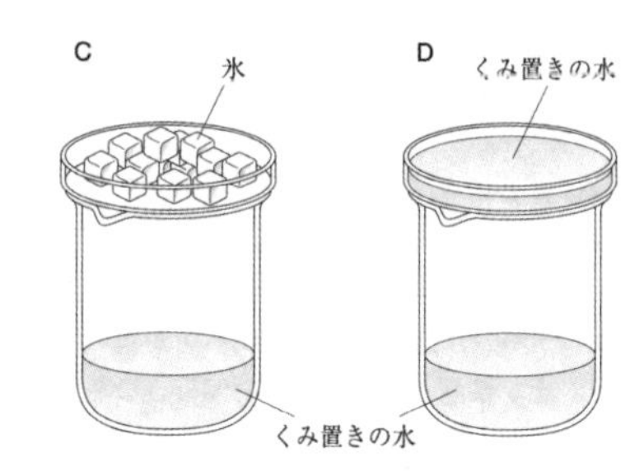

表14

	A	B	C	D
ビーカーの中のようす	白くくもった。	変化しなかった。	変化しなかった。	変化しなかった。

(1) **A** のビーカーの中で白いくもりが発生したのは，氷によって冷やされたビーカー内の空気の温度が［ ① ］に達し，空気中に含まれていた水蒸気の一部が細かい水滴になったためである。線香の煙は，②（**ア** ビーカー内の温度を下げる **イ** ビーカー内の水蒸気量を増やす **ウ** 水蒸気が水滴になるときの芯(しん)になる）役割をしている。

［ ① ］に適当な語を入れなさい。また，②の（ ）の中から正しいものを一つ選び，記号で答えなさい。

(2) この実験から，霧の発生には，空気中の水蒸気量と気温が関係していることがわかる。空気中の水蒸気量が多いと霧ができやすくなることは，表 14 の①（**ア** **A** と **B** **イ** **A** と **C** **ウ** **A** と **D**）のビーカーの中のようすを比較して判断できる。また，空気が冷やされると霧ができやすくなることは，表 14 の②（**ア** **A** と **B** **イ** **A** と **C** **ウ** **A** と **D**）のビーカーの中のようすを比較して判断できる。

①，②の（ ）の中からそれぞれ最も適当なものを一つずつ選び，記号で答えなさい。

次に令子さんは，インターネットを利用して，過去に霧が発生した前後の天気と気温，湿度の観測記録を調べた。図 **15** は，ある年の２月27日８時から28日24時までの天気と気温，湿度の変化を２時間ごとに示したものであり，表 **16** は，気温と飽和水蒸気量の関係を示したものである。

図15

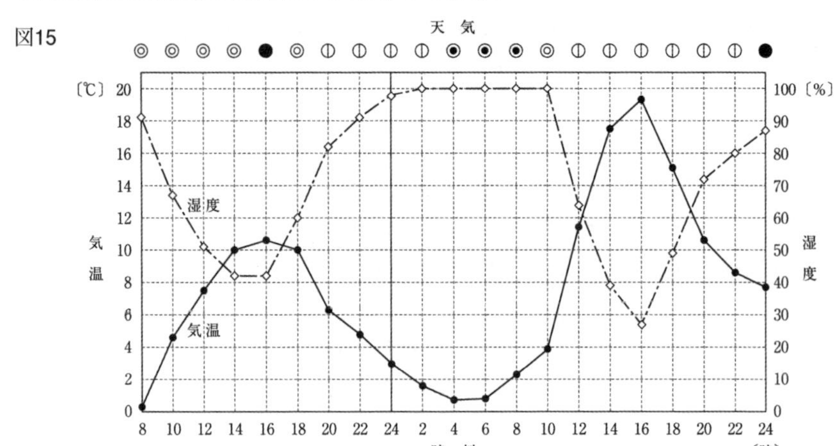

表16

気温〔℃〕	0	2	4	6	8	10	12	14	16	18	20
飽和水蒸気量〔g/m^3〕	4.8	5.6	6.4	7.3	8.3	9.4	10.7	12.1	13.6	15.4	17.3

(3) 図 **15** と表 **16** から，27日18時の空気１ m^3 中に含まれる水蒸気量は，およそ①（**ア** 4.7 g **イ** 5.4 g **ウ** 5.6 g **エ** 6.4 g）であり，28日４時の空気１ m^3 中に含まれる水蒸気量より②（**ア** 多い **イ** 少ない）ことがわかる。

①，②の（ ）の中からそれぞれ最も適当なものを一つずつ選び，記号で答えなさい。

(4) ２月27日８時から28日24時までの気象の変化について，正しく説明しているものはどれか。次の **ア**～**オ** から**すべて**選び，記号で答えなさい。

ア 気温が上昇すると湿度も上昇している。

イ ２時間ごとの気温の変化が最も大きいのは28日の10時から12時である。

ウ 27日の16時から28日の２時において，天気は雨からくもり，晴れへと変化し，気温は下がった。

エ 28日の２時から10時において，空気１ m^3 中に含まれる水蒸気量はすべて同じである。

オ 28日の８時から10時の間に，気温が上昇して，空気中に含むことができる水蒸気量が減少し，霧が消えた。

■令和２年度問題

2　次の各問いに答えなさい。

2　優子（ゆうこ）さんは，海に近い場所では，晴れた日の昼と夜の風のふき方が異なることに興味を持ち，海岸付近の気象要素の観測記録を調べた。表14は，ある海岸付近の，ある日の天気，風向，風速を，表15は，風力階級表の一部を示したものである。

表14

時刻〔時〕	3	6	9	12	15	18	21	24
天気	晴れ	晴れ	晴れ	晴れ	晴れ	晴れ	晴れ	晴れ
風向	東	東	西北西	西北西	北西	北西	東北東	東
風速〔m/s〕	1.5	1.2	1.9	4.0	4.5	2.7	1.2	2.4

表15

風力	風速〔m/s〕
0	0 ～ 0.3 未満
1	0.3 ～ 1.6 未満
2	1.6 ～ 3.4 未満
3	3.4 ～ 5.5 未満
4	5.5 ～ 8.0 未満
5	8.0 ～ 10.8 未満

(1)　表14と表15から，12時の天気，風向，風力を，天気図に使用する記号で下の図中にかきなさい。

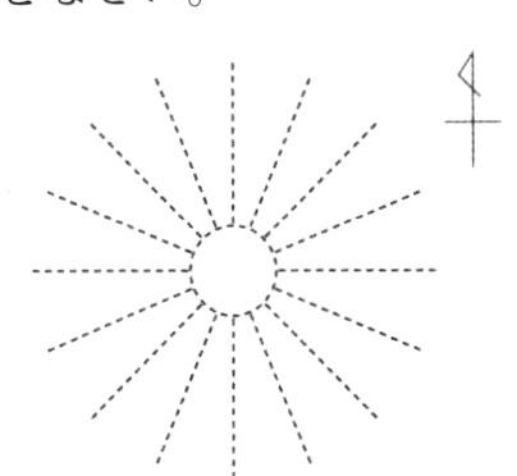

図16

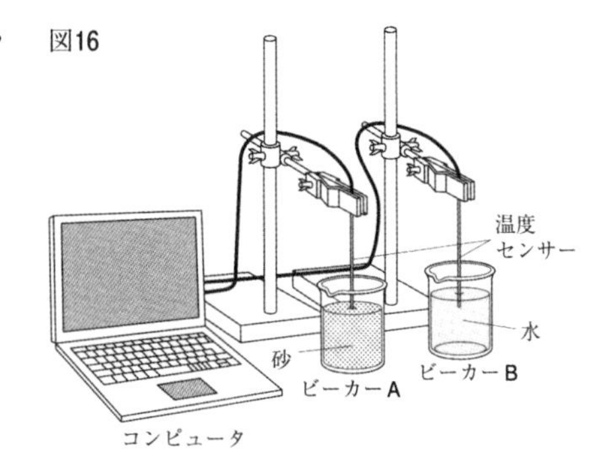

次に優子さんは，海岸付近で昼と夜の風向きが異なる理由を調べるため，次の実験Ⅰ，Ⅱを行った。

実験Ⅰ　図16のように，ビーカーAには，かわいた砂500cm^{3}を，ビーカーBには，水500cm^{3}を入れた。次に，砂や水の表面近くの温度が測定できるように温度センサーをさし，コンピュータに接続した。その後，２つのビーカーに太陽の光を当て，２分ごとに20分間，それぞれの温度を測定した。

実験Ⅱ　実験Ⅰで用いたかわいた砂500cm^{3}と水500cm^{3}の温度を30℃にした後，太陽の光が当たらないところで，同様の実験を行った。

図17は実験Ⅰの結果を，図18は実験Ⅱの結果を，それぞれグラフに示したものである。

図17

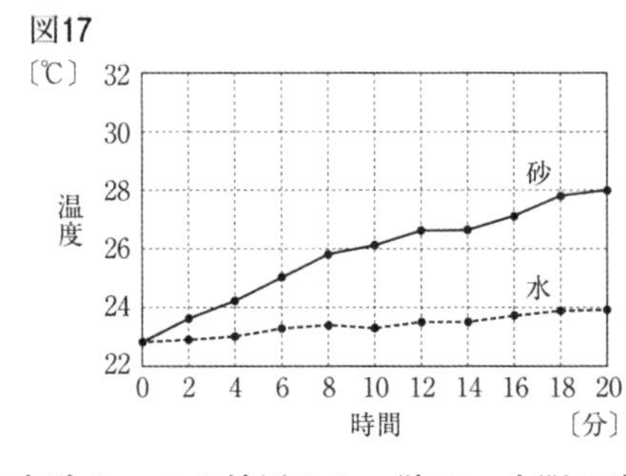

図18

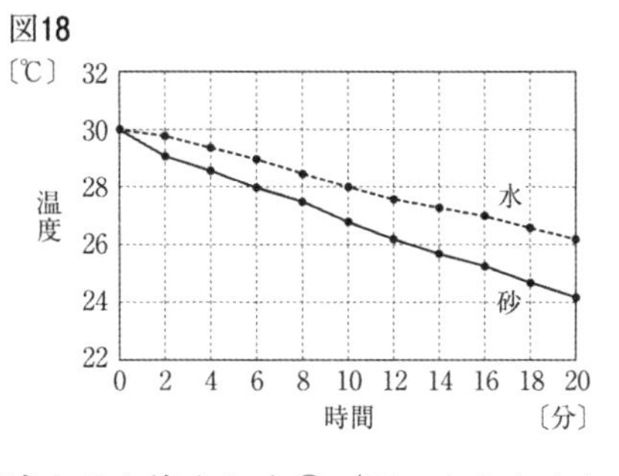

(2)　実験Ⅰ，Ⅱの結果から，陸は，太陽の光が当たると海よりも①（**ア**　あたたまりやすく　**イ**　あたたまりにくく），太陽の光が当たらないと海よりも②（**ア**　冷えやすい　**イ**　冷えにくい）と考えられる。陸上と海上で気温差が生じることは，風がふく原因の一つであり，晴れた日の昼の海岸付近では，③（**ア**　陸上から海上　**イ**　海上から陸上）に向かって風がふく。

①～③の（　　）の中からそれぞれ正しいものを一つずつ選び，記号で答えなさい。

さらに優子さんは，日本付近の大気の動きについて，天気図を使って調べた。図19は，ある年の1月25日，1月26日，1月27日の午前9時の，それぞれの天気図である。また，A地点は，熊本県内の同一地点を示している。

図19

1月25日午前9時

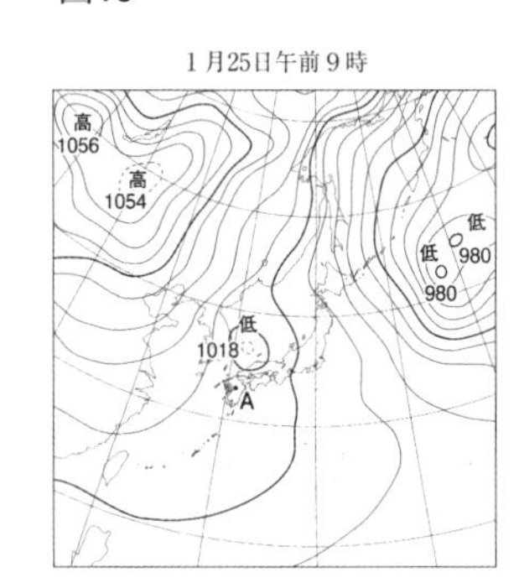

1月26日午前9時

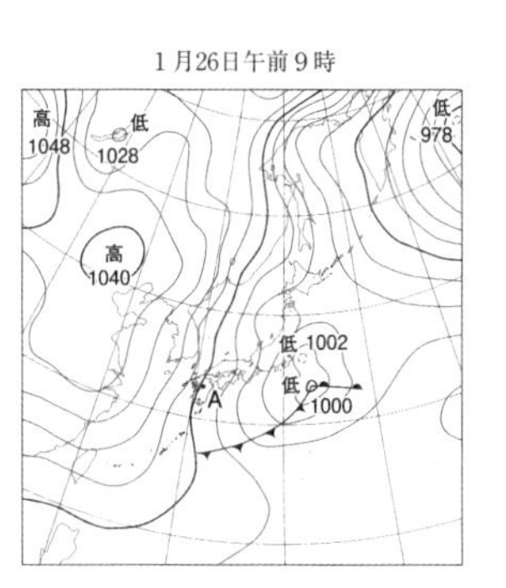

1月27日午前9時

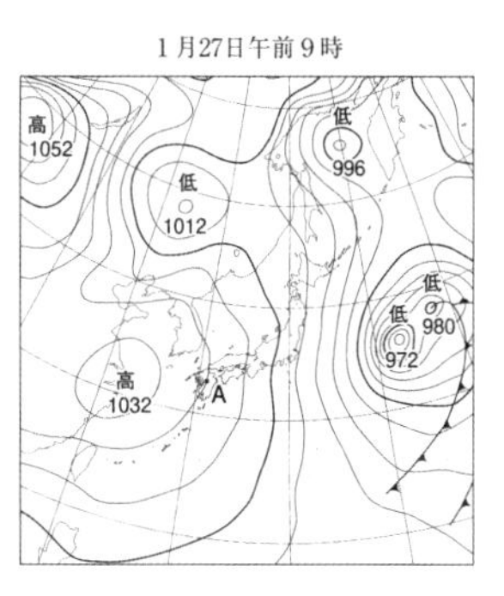

(3)　図19の1月25日から27日のA地点において，午前9時の風が最も強いと考えられるのは，1月①（**ア**　25日　**イ**　26日　**ウ**　27日）であり，気圧が最も高いと考えられるのは，1月②（**ア**　25日　**イ**　26日　**ウ**　27日）である。

①，②の（　　）の中からそれぞれ正しいものを一つずつ選び，記号で答えなさい。

(4)　図19の1月25日から27日のように，冬の日本付近では，太平洋上で低気圧が，ユーラシア大陸上で高気圧が発達することが多い。ユーラシア大陸上で高気圧が発達する理由を，図18をふまえて，**密度**と**下降気流**という**二つ**の語を用いて書きなさい。

■平成31年度問題

2　次の各問いに答えなさい。

2　次は，洗濯物の乾き方に関する優子さん，拓也さん，由香さんの会話と，三人の考えをまとめたものである。

> 優子：雨の日は，洗濯物を室内で干すことが多いけど，乾きにくくて困るよね。みんなは何か工夫をしているのかな。
> 拓也：室内に干すときは，除湿機を使って部屋の湿度を下げるようにしているよ。
> 由香：私の部屋はちょっと狭いから，別の広い部屋に干すようにしているよ。
> 優子：なるほどね。他には，部屋を暖房器具であたためるのもいいかもしれないね。洗濯物が乾きやすい条件ってどんなものかな。みんなの考えをまとめて実験してみましょう。

【三人の考え】

拓也さん	部屋の湿度を下げた方が，より乾きやすいのではないか。
由香さん	部屋が広い方が，より乾きやすいのではないか。
優子さん	部屋をあたためた方が，より乾きやすいのではないか。

そこで三人は，それぞれの考えを確かめるために，図16のような，ふたのついた密閉できる箱を4つ用意し，水で湿らせた15cm四方の布を箱の中に広げて置き，その布を洗濯物に見立てて実験を行うことにした。表17は，箱A～Dの容積や実験の操作をまとめたものであり，実験では，表17の操作を行った後，そのまま1時間放置した。また，水で湿らせた布については，箱に入れる前と1時間後の質量をそれぞれ測定した。表18は，その結果を示したものである。なお，実験を行ったときの室内の気温は26℃，湿度は65％で一定であった。

図16

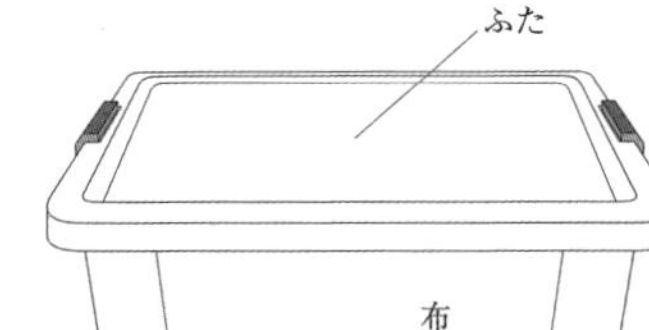

表17

	箱の容積〔m^3〕	操作
箱A	0.1	水で湿らせた布を入れてふたをする。
箱B	0.1	水で湿らせた布を入れてふたをした後，箱にかいろをはる。
箱C	0.1	水で湿らせた布と除湿剤を入れてふたをする。
箱D	0.025	水で湿らせた布を入れてふたをする。

※ 除湿剤とは，空気中の水蒸気をとり除く薬剤のこと。

表18

	水で湿らせた布の質量〔g〕	
	測定開始時	1時間後
箱A	60.00	59.40
箱B	60.00	59.11
箱C	60.00	59.08
箱D	60.00	59.79

(1)　拓也さんの考えを確かめるには，表18における［　①　］の布の質量の変化と，［　②　］の布の質量の変化を比較すればよい。また，優子さんの考えを確かめるには，表18における［　①　］の布の質量の変化と，［　③　］の布の質量の変化を比較すればよい。

［　①　］～［　③　］に当てはまる組み合わせとして正しいものを，次のア～エから一つ選び，記号で答えなさい。

ア　①：箱A　②：箱B　③：箱C　　イ　①：箱A　②：箱C　③：箱B
ウ　①：箱C　②：箱A　③：箱B　　エ　①：箱C　②：箱B　③：箱A

(2)　次は，実験を終えた三人が，由香さんの考えについて，表18の結果をもとにまとめたものの一部である。①の（　　）の中から正しいものを一つ選び，記号で答えなさい。また，［　②　］には，箱Aと箱Dで布の質量の変化に差が見られた理由を，**水蒸気**という語を用いて書きなさい。

> 表18において，箱Aは箱Dに比べて布の質量の変化が①（ア　大きい　イ　小さい）ことから，由香さんの考えは洗濯物が乾きやすい条件の一つであることが確かめられた。箱Aと箱Dで布の質量の変化に差が見られたのは，箱Aの方が箱の容積が大きいことで，［　②　］と考えられる。

次に三人は，図19の気温と飽和水蒸気量の関係を示したグラフを用いて，箱の中の水蒸気量と湿度の変化について考えた。このとき三人は，実験を行った室内の気温と湿度をもとに，測定開始時における箱の中の気温と水蒸気量を，図19に●の点で示した。

図19

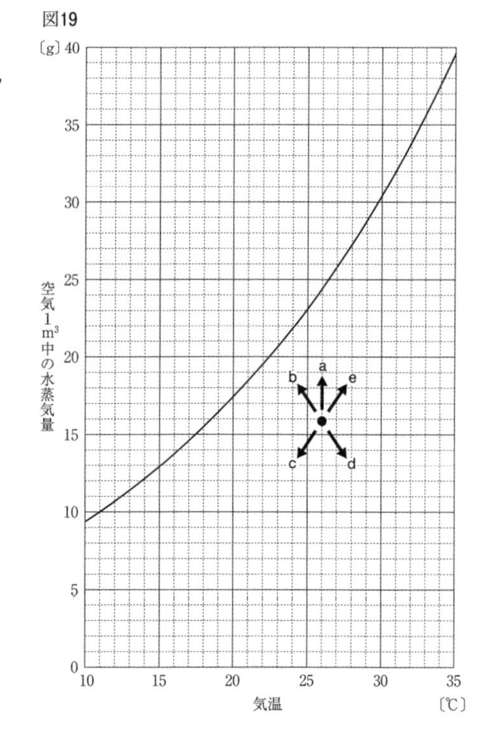

(3)　三人は，図19に示した●について，箱Aの1時間後を示す点は，矢印aの向きに移動すると考えた。このことについて，表17，表18，図19から，箱Aの1時間後の湿度はおよそ何％と考えられるか。最も近い値を，次のア～エから一つ選び，記号で答えなさい。ただし，気温26℃における飽和水蒸気量は24.4 g/m^3であり，布から出た水はすべて水蒸気になったものとし，実験によって箱の容積は変化しなかったものとする。

ア　67％　　イ　75％　　ウ　90％　　エ　98％

(4)　図19において，箱Bの1時間後を示す点は，●からどの向きに移動すると考えられるか。最も近い向きを示した矢印を，図19のb～eから一つ選び，記号で答えなさい。

■平成27年度問題

2 次の各問いに答えなさい。

1 優子(ゆうこ)さんは，ある晴れた日に，乾湿計を用いて教室内の気温と湿度を測定したところ，気温28℃，湿度57％であった。

11図は，測定に用いた乾湿計の一部を，12表は，湿度表の一部をそれぞれ示したものである。

11図

(1) 優子さんは，乾湿計の乾球温度計が［①］℃，湿球温度計が［②］℃を示していたことから，12表を参考にして，湿度が57％であると判断した。

［①］，［②］に適当な数字を入れなさい。

12表

乾球〔℃〕	乾球と湿球の差〔℃〕							
	0	1	2	3	4	5	6	7
35	100	93	87	80	74	68	63	57
34	100	93	86	80	74	68	62	56
33	100	93	86	80	73	67	61	56
32	100	93	86	79	73	66	60	55
31	100	93	86	79	72	66	60	54
30	100	92	85	78	72	65	59	53
29	100	92	85	78	71	64	58	52
28	100	92	85	77	70	64	57	51
27	100	92	84	77	70	63	56	50
26	100	92	84	76	69	62	55	48
25	100	92	84	76	68	61	54	47

(2) 12表から，気温が一定であれば，乾球温度計と湿球温度計の示す温度の差が①（**ア** 大きい **イ** 小さい）ほど湿度が高いことがわかる。

また，11図のガーゼに含まれる水は，湿度が高いほど②（**ア** 蒸発しやすい **イ** 蒸発しにくい）。

①，②の（　）の中からそれぞれ正しいものを一つずつ選び，記号で答えなさい。

次に優子さんは，空気中の水蒸気について調べるため，教室で次の実験を行った。

13図のように，ろ紙をしいた電子てんびんに，くみ置きの水をいれた金属製のコップをのせ，氷を加えてからすぐにコップ全体の質量を測定し，温度計で水の温度を測定した。そして，10分後にコップ全体の質量と水の温度を測定した。

14表は，その結果を示したものである。

(3) 14表について，質量が変化したのはなぜか。その理由を**露点**という語を用いて書きなさい。

(4) 15図は，気温と飽和水蒸気量との関係を表したグラフである。コップ全体の質量が変化し始めたときの水の温度は，およそ何℃と考えられるか。次の**ア**～**オ**から一つ選び，記号で答えなさい。ただし，教室内は，気温28℃，湿度57％で安定していたものとする。

ア 14℃　**イ** 16℃　**ウ** 18℃
エ 21℃　**オ** 25℃

13図

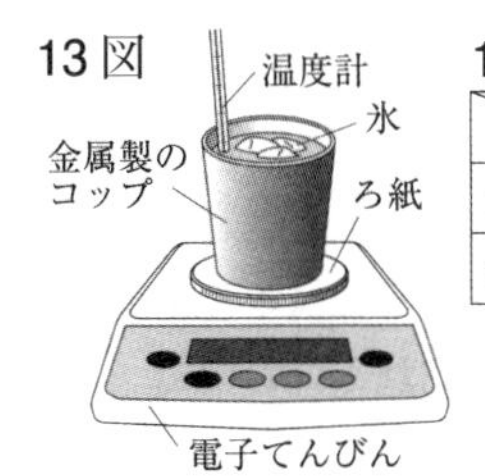

14表

	開始直後	10分後
質量〔g〕	320.5	321.2
温度〔℃〕	28	14

15図

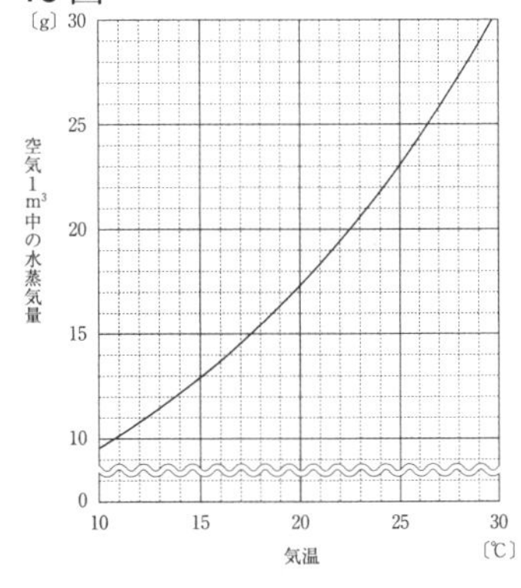

地球と太陽系

■令和５年度問題

2 次の各問いに答えなさい。

1 令子(れいこ)さんは，太陽の動きに興味を持ち，季節ごとの太陽の１日の動きについて調べた。

(1) 太陽は，高温の①（**ア** 気体 **イ** 液体 **ウ** 固体）のかたまりであり，自ら光や熱を宇宙空間に放つ天体である。このような天体を［②］という。

①の（　）の中から正しいものを一つ選び，記号で答えなさい。また，［②］に適当な語を入れなさい。

(2) 図10は天球を表しており，**ア**～**ウ**は春分，夏至，秋分，冬至のいずれかの太陽の日周運動のようすを示している。冬至の太陽の日周運動のようすを示しているものを**ア**～**ウ**から一つ選び，記号で答えなさい。また，北緯32.5°における冬至の太陽の南中高度を答えなさい。

図10

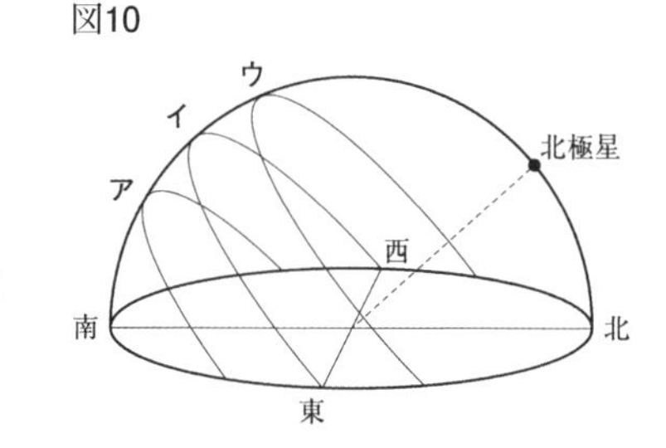

次に令子さんは，６月の晴れた日に，北緯32.5°の熊本県内のある地点で，Ⅰ～Ⅳの順で日時計を作成して時刻を調べる実験を行った。

Ⅰ 画用紙に円をかき，時刻の目安として円の中心から15°おきに円周に目盛りを記した時刻盤を作成した。

Ⅱ 時刻盤の中心に竹串を通し，竹串と時刻盤が垂直になるようにして固定した。

Ⅲ 図11のように時刻盤を真北に向け，図12のように竹串が水平面に対して観測地の緯度の分だけ上方になるようにして固定した。なお，図12は，図11を東側から見たものであり，竹串の延長線上付近には北極星があることになる。

Ⅳ 図13のように時刻盤の目盛りと竹串の影の位置が重なった12時10分から１時間ごとに，18時10分まで竹串の影を観察した。

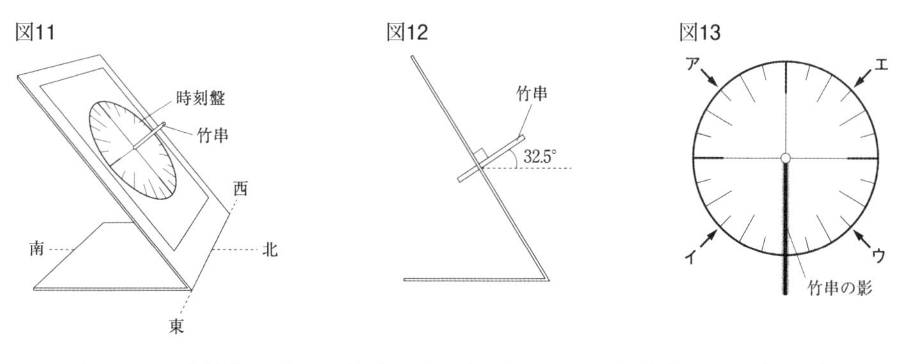

(3) 15時10分の時刻盤に映った竹串の影の位置として最も適当なものを，図13の**ア**～**エ**から一つ選び，記号で答えなさい。

(4) 実験で用いた日時計について，正しく説明しているものを，次の**ア**～**エ**から**二つ**選び，記号で答えなさい。ただし，日時計は晴れた日に使用するものとする。

ア 時刻盤に映る竹串の影の長さは，１日の中では正午から夕方にかけて長くなる。

イ 正午の時刻盤に映る竹串の影の長さは，夏至の日から秋分の日にかけて長くなる。

ウ 夏至の日と秋分の日では，日時計を利用できる時間の長さは同じである。

エ 冬至の日は，時刻盤に竹串の影が映らない。

■令和４年度問題

2 次の各問いに答えなさい。

2 博樹さんは，昨年の10月に，熊本県内のある場所で月の観察を行った。図**12**は，昨年の10月９日，11日，13日の，それぞれ18時に観察した月をスケッチしたものである。

図12

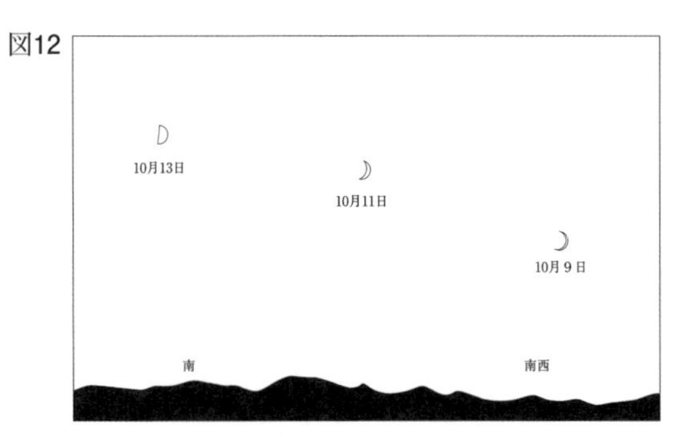

(1) 月のように惑星のまわりを公転している天体を[①]という。また，太陽系の惑星を，その特徴をもとに２つに分類するとき，[①]を多くもつのは，②（**ア** 地球型 **イ** 木星型）惑星の方である。

[①]に適当な語を入れなさい。また，②の（　）の中から正しいものを一つ選び，記号で答えなさい。

博樹さんは，月を観察した後，太陽，地球，月の位置関係について考えた。図**13**は，地球の北極側から見た，地球と月の位置関係および太陽光の向きを模式的に表したものである。

図13

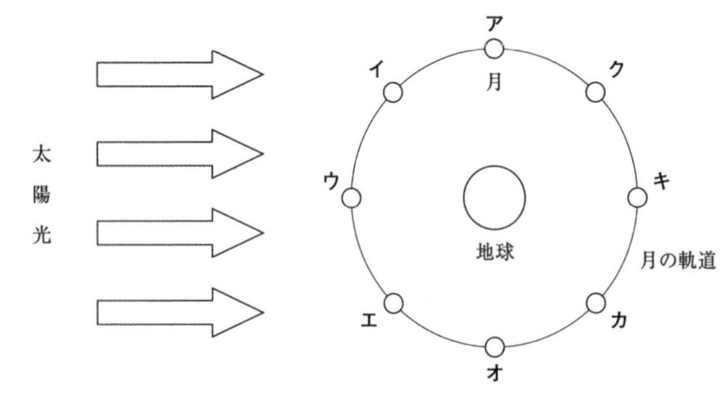

(2) 昨年の10月９日から13日にかけて，図**13**の月は[①]から[②]へ移動したと考えられる。

[①]，[②]に入る月の位置として最も適当なものを，図**13**の**ア**～**ク**からそれぞれ一つずつ選び，記号で答えなさい。

太陽，地球，月の位置関係によって月の満ち欠けが起こることを知った博樹さんは，次に日食と月食が起こるしくみについて調べた。

(3) 日食と月食が起こったときの月の位置として最も適当なものを，図**13**の**ア**～**ク**からそれぞれ一つずつ選び，記号で答えなさい。

(4) 表**14**は，太陽，月，地球の直径と，地球から太陽および月までの平均距離をまとめたものである。

表14

天体名	太陽	月	地球
直径〔km〕	約140万	約0.35万	約1.3万
地球からの平均距離〔km〕	約１億5000万	約38万	――

表**14**から，太陽の直径は月の直径と比べて，約[①]倍大きいことがわかる。しかし，実際に地球から見ると，太陽と月はほぼ同じくらいの大きさに見える。その理由は，[②]からである。

[①]に適当な数字を入れなさい。また，[②]には，月と太陽の大きさに差があるが，地球から見ると太陽も月もほぼ同じくらいの大きさに見える理由を，表**14**を参考にして書きなさい。

(5) 日本で観測された皆既月食をインターネットで調べると，ある年の５月26日に皆既月食が起こり，20時11分から20時26分までの間，月食によって月全体が図**15**のように暗く見えていたことがわかった。同じ日の21時00分の月の見え方として最も適当なものを，次の**ア**～**エ**から一つ選び，記号で答えなさい。

図15

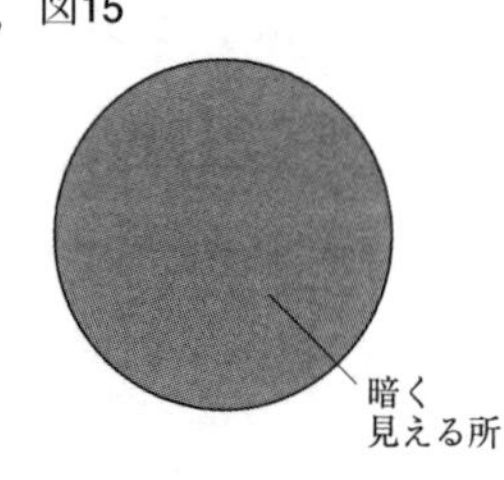

ア

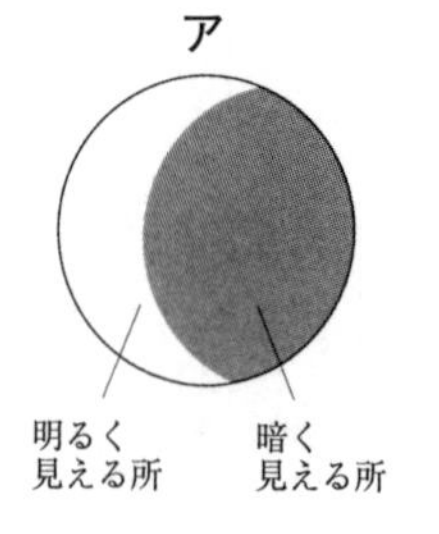

イ

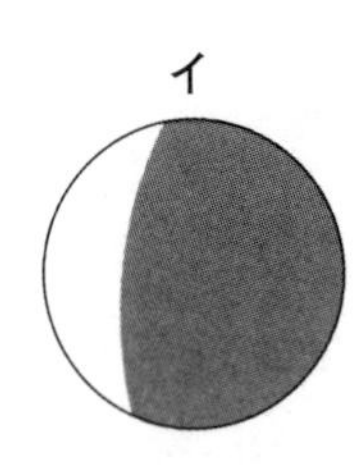

ウ

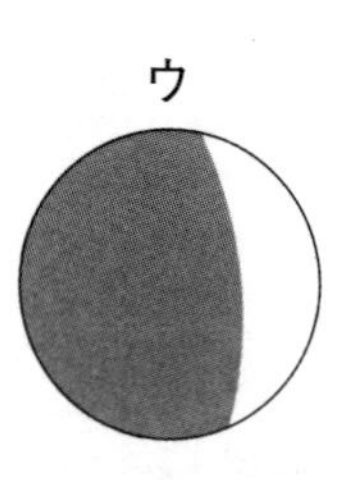

エ

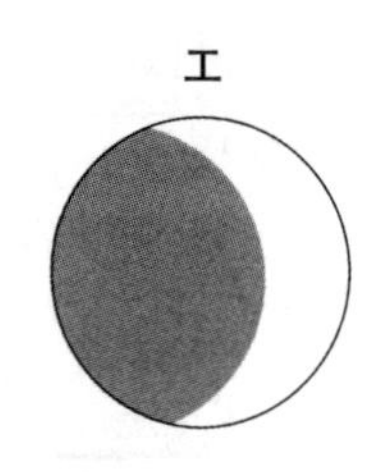

■令和２年度問題

2　次の各問いに答えなさい。

1　明雄(あきお)さんは，昨年８月８日に，熊本県内のある場所で，天体の観察を行った。図12は，午後９時に観察した木星，さそり座のアンタレス，月をスケッチしたものである。

(1)　木星のように太陽のまわりを公転する天体を［　①　］という。図12の天体のうち，自ら光を出しているのは②（ア　木星　イ　アンタレス　ウ　月）である。

［　①　］に適当な語を入れなさい。また，②の（　　）の中から正しいものを一つ選び，記号で答えなさい。

(2)　アンタレスと月を，９日後の午後９時に同じ場所で観察すると，図12よりも，アンタレスは　①（ア　東　イ　西）側に，月は　②（ア　東　イ　西）側に移動して見える。また，このとき，図12よりも位置が大きく移動して見えるのは，③（ア　アンタレス　イ　月）の方である。

①～③の（　　）の中からそれぞれ正しいものを一つずつ選び，記号で答えなさい。

明雄さんは，地球と木星の軌道について調べたところ，太陽，地球，木星の順に周期的に一直線上に並ぶことがわかった。図13は，ある年の12月の太陽，地球，木星が一直線上に並んだときのようすを模式的に表したものである。ただし，地球と木星の軌道は，同じ平面上の円であるものとする。

(3)　図13のとき，熊本県内のある場所で木星を観察すると，一日の中でいつ頃，どの方角に見えるか。次のア～エから最も適当なものを一つ選び，記号で答えなさい。

ア　真夜中には東の空，明け方には南の空に見える。
イ　明け方には東の空，夕方には西の空に見える。
ウ　夕方には南の空，真夜中には西の空に見える。
エ　夕方には東の空，明け方には西の空に見える。

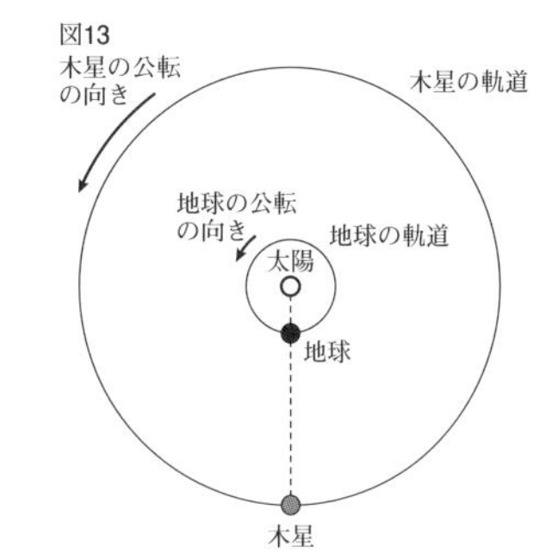

(4)　次は，明雄さんが図13をもとに太陽，地球，木星の位置関係について，先生と考えたときの会話である。①，②の（　　）の中からそれぞれ正しいものを一つずつ選び，記号で答えなさい。

明雄：太陽，地球，木星が，この順で一直線上に並ぶ現象は，どれくらいの周期で起こるのでしょうか。
先生：まず地球と木星の公転周期から考えると，地球の公転周期は１年，木星の公転周期は11.9年なので，地球と木星が１か月で公転する角度は，それぞれ何度になるかな。
明雄：地球は約30°で，木星は約①（ア　0.5°　イ　1.0°　ウ　1.3°　エ　2.5°）になります。
先生：次に１年後の地球と木星の位置関係をもとに考えると，再び一直線上に並ぶ周期が予想できますよ。
明雄：わかりました。そう考えると，13か月よりも②（ア　短い　イ　長い）周期で，この現象が起こることになります。先生，ありがとうございました。

■平成31年度問題

2　次の各問いに答えなさい。

1　博樹(ひろき)さんは，昨年８月５日に，熊本県内のある場所で，惑星の観察を行った。図12は，午後８時に観察した火星，土星，木星，金星の位置を示したものである。

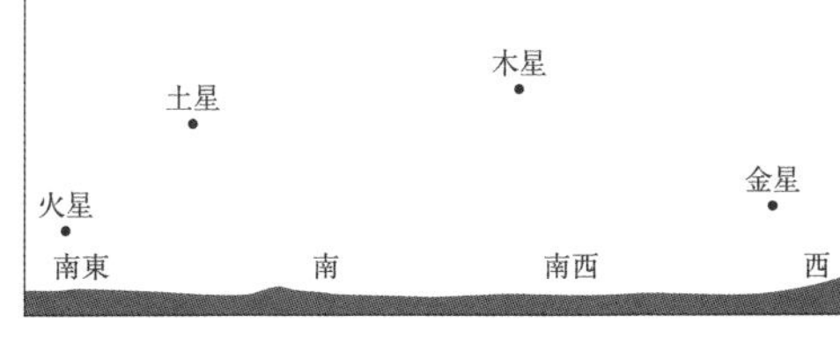

(1)　図12の惑星について，午後８時以降も観察を続けたとき，２番目に早く地平線に沈むものはどれか，惑星名で答えなさい。

(2)　表13は，図12の惑星と地球の特徴を示したものである。表13について正しく説明しているものはどれか。次のア～エから一つ選び，記号で答えなさい。

表13

	火星	土星	木星	金星	地球
太陽からの平均距離〔億 km〕	2.28	14.3	7.8	1.08	1.50
公転周期〔年〕	1.88	29.5	11.9	0.62	1.00
地球を１とした赤道半径	0.53	9.4	11.2	0.95	1.00
地球を１とした質量	0.11	95	318	0.82	1.00
平均密度〔g/cm³〕	3.9	0.7	1.3	5.2	5.5

ア　太陽からの平均距離が長いほど，公転周期は長くなる。
イ　太陽からの平均距離が長いほど，赤道半径は大きくなる。
ウ　太陽からの平均距離が長いほど，質量は大きくなる。
エ　太陽からの平均距離が長いほど，平均密度は大きくなる。

さらに博樹さんは，図12の金星を天体望遠鏡で観察した。図14は，このときの金星の形を，肉眼で見たときのように向きを直して記録したものである。観察後に博樹さんは，観察結果と表13の公転周期を参考にして，金星，地球，火星の位置関係について考えた。図15は，金星，地球，火星の軌道を，太陽を中心にして模式的に示したものである。

図14

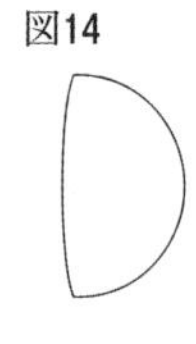

(3) 図15において，昨年8月5日の火星の位置として適当なものを，ア～エから一つ選び，記号で答えなさい。また，昨年8月5日から4か月後の地球と火星の間の距離は，昨年8月5日の地球と火星の間の距離と比べてどうなるか，書きなさい。

(4) 図12と同じ場所で，昨年8月5日から4か月後に金星を観察したとき，一日の中でいつ頃のどの方角に見えるか。下のア～エから適当なものを一つ選び，記号で答えなさい。また，このときの金星の形を，肉眼で見たときのように向きを直して記録するとどんな形になるか。図14を参考にして，右の図36中の┈┈をなぞって━━で示しなさい。

図36

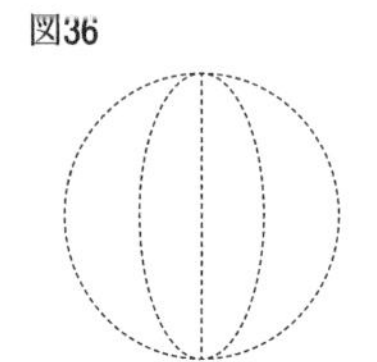

ア　明け方の東の空　　イ　夕方の東の空
ウ　明け方の西の空　　エ　夕方の西の空

図15

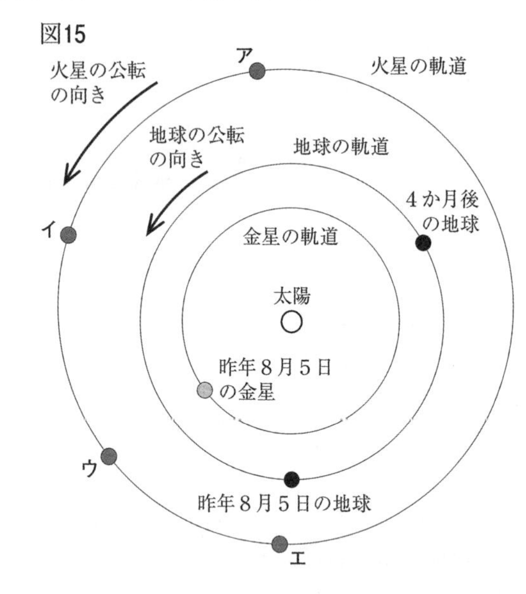

■平成30年度問題

2　次の各問いに答えなさい。

2　綾香(あやか)さんは熊本県のある場所で，ある日の日中に，画用紙の上に透明半球を固定して水平に置き，太陽の1日の動きについて観測を行った。10図は，9時から17時までの1時間ごとに，ペンの先端の影が点Oと一致するようにして太陽の位置を記録し，それらの点をなめらかな曲線で結び，透明半球のふちまでのばしたものである。ただし，点Xと点Yは，のばした曲線と透明半球のふちが交わった位置を表し，点Zは，太陽が南中したときの位置を表している。

10図

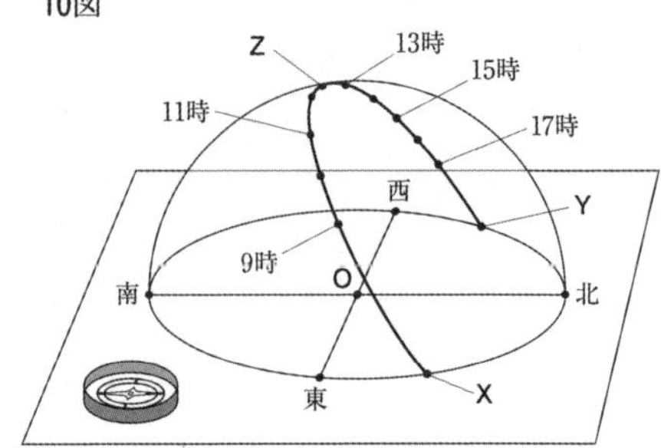

(1) 10図に見られるような太陽の動きは，地球の[　①　]という運動によって起こる見かけの動きであり，このような太陽の1日の動きを，太陽の[　②　]運動という。[　①　]，[　②　]に適当な語を入れなさい。

(2) 綾香さんは，10図の記録をもとに，観測を行った日の登校時刻である7時40分の太陽の位置を，透明半球にかき入れることにした。そこで，1時間ごとに記録したとなり合う点と点の間の曲線の長さを測定したところ，すべて2.7cmであった。また，9時に記録した点と，点Xの間の曲線の長さは9.9cmであった。観測を行った日の7時40分の太陽の位置は，点Xから何cm離れた曲線上の位置にかき入れるとよいか，答えなさい。

次に綾香さんは，10図の観測を行った熊本と，札幌(さっぽろ)における太陽の1日の動きを比べるため，観測を行った日の昼の長さと太陽の南中高度についてそれぞれ調べ，11表のようにまとめた。

11表

	昼の長さ	太陽の南中高度
熊本	14時間8分	78.9°
札幌	15時間5分	68.6°

(3) 12図は，10図の透明半球を西側から真横に見た模式図である。11表から，10図の観測を行った日に札幌で同様の観測を行った場合，札幌における太陽の動きはどうなると考えられるか。12図中の┈┈をなぞって━━で示しなさい。

12図

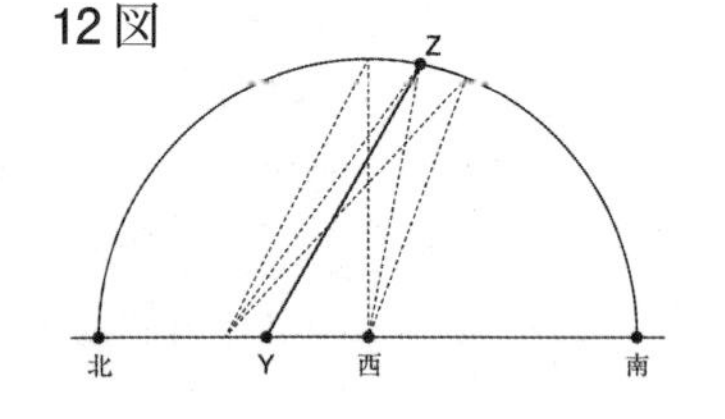

さらに綾香さんは，熊本と札幌の，季節による昼の長さの変化と太陽の南中高度の変化をそれぞれ調べた。

13図は，熊本と札幌における昼の長さの変化を，14図は，熊本と札幌における太陽の南中高度の変化を，それぞれ示したものである。

13図

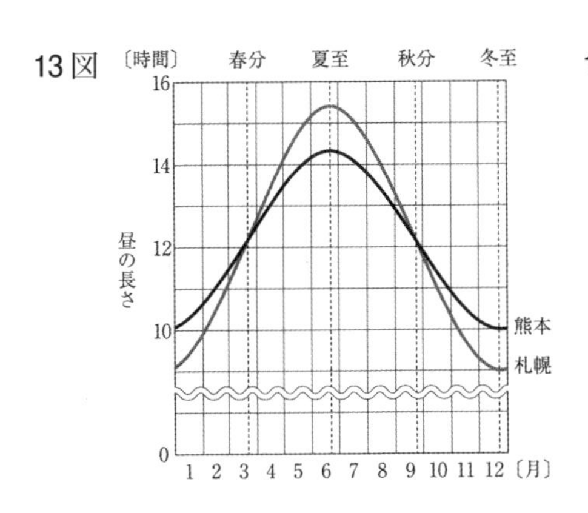

14図

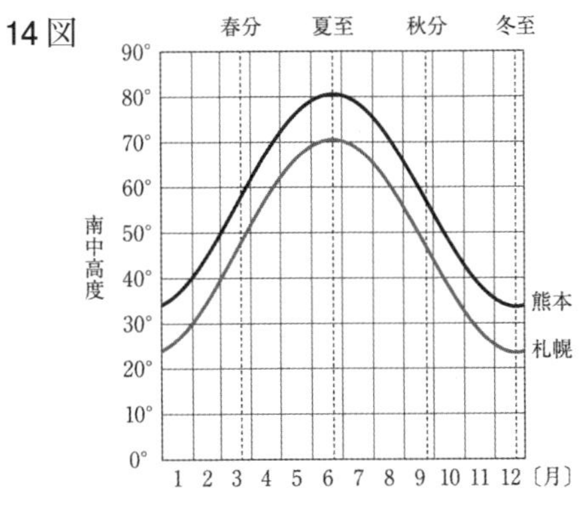

(4) 13図について正しく説明しているものはどれか。次のア～エから二つ選び，記号で答えなさい。

ア　夏至の日と冬至の日のどちらも，札幌の昼の長さの方が，熊本の昼の長さよりも長い。

イ　春分の日と秋分の日のどちらも，熊本の昼の長さと札幌の昼の長さがほぼ等しい。

ウ　春分の日から夏至の日にかけて，熊本と札幌のどちらも昼の長さが長くなっていくが，熊本の昼の長さの方が，より長くなっていく。

エ　熊本における夏至の日の昼の長さと冬至の日の昼の長さとの差の方が，札幌における夏至の日の昼の長さと冬至の日の昼の長さとの差よりも小さい。

(5) 綾香さんは，14図をもとに，季節による太陽の南中高度の変化について次のようにまとめた。

①，②の（　　）の中からそれぞれ正しいものを一つずつ選び，記号で答えなさい。

・熊本と札幌のそれぞれの場所で，季節によって南中高度が変化するのは，地軸が地球の公転面に垂直な方向に対して一定の角度で傾いているからである。この地軸の傾きは，それぞれの場所における夏至の日の南中高度と，①（ア　春分の日または秋分の日　　イ　冬至の日）の南中高度との差とほぼ等しい。

・熊本の南中高度と札幌の南中高度に，年間を通して一定の差が見られるのは，熊本と札幌の②（ア　標高　　イ　経度　　ウ　緯度）のちがいによるものである。

■平成29年度問題

2　次の各問いに答えなさい。

1　拓也（たくや）さんは，昨年の8月22日の早朝に，熊本県内のある場所で月の観察を行った。10図は，午前6時に西の空で観察した月をスケッチしたものである。また，11図は，月が地球のまわりを公転する軌道を，地球を中心にして模式的に表したものである。

10図

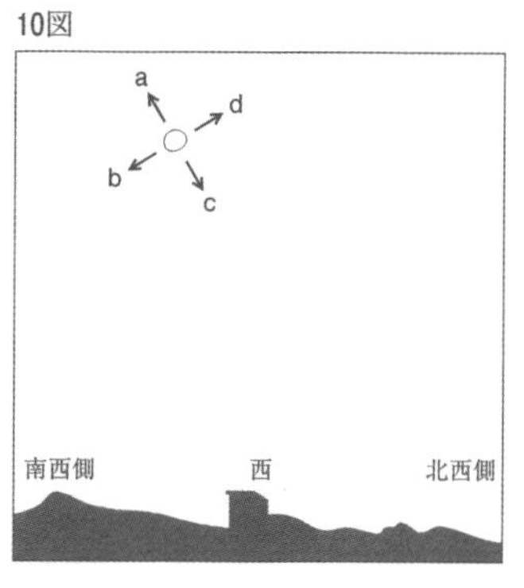

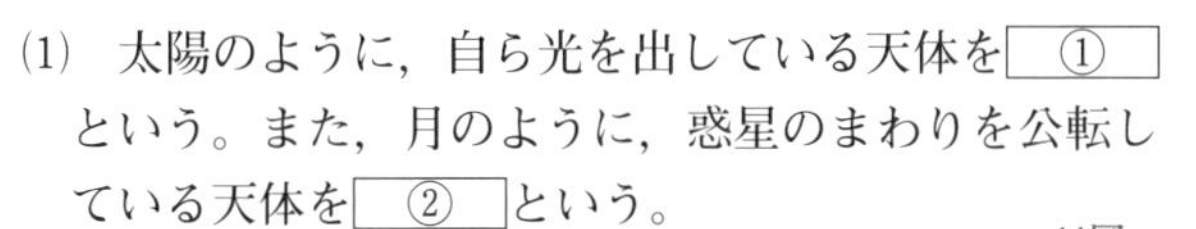

(1) 太陽のように，自ら光を出している天体を［①］という。また，月のように，惑星のまわりを公転している天体を［②］という。

［①］，［②］に適当な語を入れなさい。

(2) 10図の月を1時間後に観察したところ，位置が変わっていた。このとき，月はどの向きに移動したか。適当なものを，10図のa～dから一つ選び，記号で答えなさい。また，10図の月を観察していたとき，拓也さんがいた地点として適当なものを，11図のア～エから一つ選び，記号で答えなさい。

11図

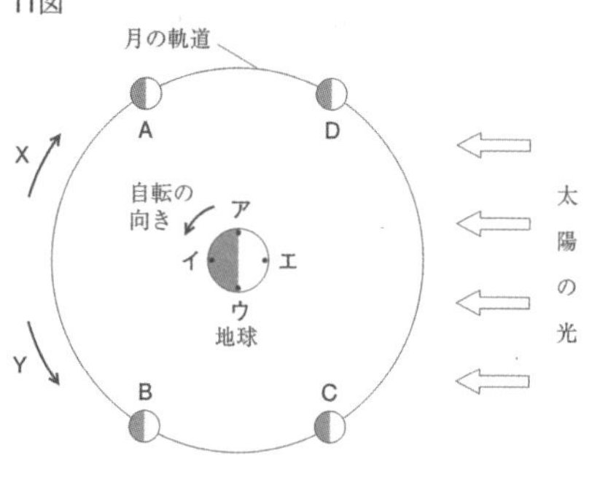

次に拓也さんは，昨年の9月6日の夜に，10図と同じ場所で月の観察を行った。12図は，午後8時に西の空で観察した月をスケッチしたものである。

12図

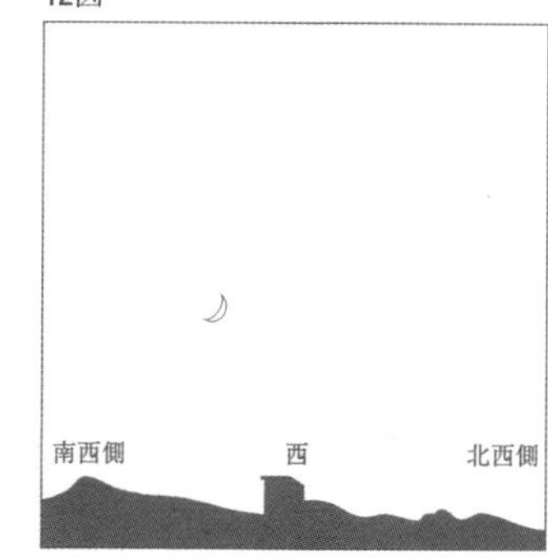

(3) 拓也さんが観察した12図の月の位置を表しているものを，11図のA～Dから一つ選び，記号で答えなさい。また，月が地球のまわりを公転する向きとして適当なものを，11図のX，Yから一つ選び，記号で答えなさい。

(4) 10図と12図の月について，翌日の同じ時刻に，同じ場所から見える月の形や位置として適当なものを，次のア～エからそれぞれ一つずつ選び，記号で答えなさい。

ア　前日よりも月の形は満ちていて，位置は南西側へ移動して見える。

イ　前日よりも月の形は満ちていて，位置は北西側へ移動して見える。

ウ　前日よりも月の形は欠けていて，位置は南西側へ移動して見える。

エ　前日よりも月の形は欠けていて，位置は北西側へ移動して見える。

■平成27年度問題

2　次の各問いに答えなさい。

2　綾香（あやか）さんと拓也さんは，昨年の９月26日に熊本県内のある場所で，天体望遠鏡を用いて，直径10.9cmの円をかいた記録用紙を太陽投影板に固定し，太陽の表面を観察した。

16図は，観察に用いた天体望遠鏡の一部を示したものである。

16図

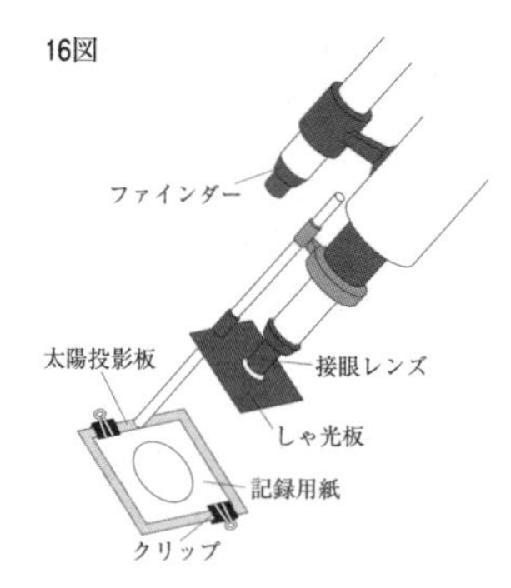

(1)　太陽の表面温度は，約①（ア　400℃　イ　6000℃　ウ　1600万℃）あり，黒点が黒く見えるのは，周囲よりも温度が②（ア　低い　イ　高い）ためである。

①，②の（　）の中からそれぞれ正しいものを一つずつ選び，記号で答えなさい。

(2)　16図のように，記録用紙に太陽の像をうつしたところ，記録用紙の円よりも小さくうつし出された。天体望遠鏡の倍率を変えることなく，太陽の像と記録用紙の円を同じ大きさに合わせるためには，ピントを調節することのほかにどのような操作を行えばよいか，書きなさい。

太陽の像と記録用紙の円を同じ大きさに合わせた後に二人は，17図のように，記録用紙に黒点の位置と形をスケッチした。

17図

北　9月26日　午後２時

西　東　南

黒点A　黒点B　黒点C　黒点D

(3)　17図について，記録用紙にスケッチした黒点A～Dのそれぞれの横幅をものさしで測定したところ，18表のようになった。黒点A～Dの形がすべて円であると仮定した場合，黒点A～Dの実際の横幅と，地球の直径を比較したときに，大きさの関係として適当なものを，次のア～オから一つ選び，記号で答えなさい。

ただし，太陽の直径は地球の直径の109倍とする。

18表

	黒点A	黒点B	黒点C	黒点D
横幅〔mm〕	1.5	0.7	2.4	1.9

ア　黒点Cの実際の横幅＜地球の直径

イ　黒点Dの実際の横幅＜地球の直径＜黒点Cの実際の横幅

ウ　黒点Aの実際の横幅＜地球の直径＜黒点Dの実際の横幅

エ　黒点Bの実際の横幅＜地球の直径＜黒点Aの実際の横幅

オ　地球の直径＜黒点Bの実際の横幅

さらに二人は，黒点について，インターネットを利用して調べ，昨年の５月10日，13日，17日のほぼ同じ時刻の太陽の画像をもとに，黒点Eとその周辺の黒点について，19図のようにまとめた。

19図

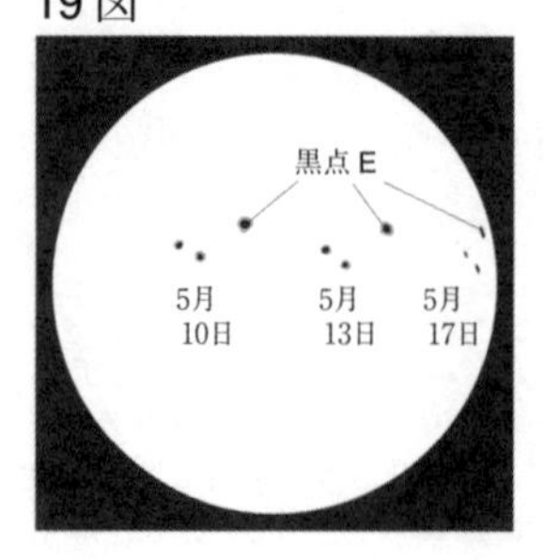

まとめ終えて，二人は19図を見ながら次のような会話をした。

綾香：５月10日の黒点Eの形に比べて，５月17日の黒点Eの形が細くなっているのはなぜかな。

拓也：黒点Eが，太陽の端にあることで細く見えているんだよ。このように，黒点Eの形が違って見えるのは，太陽が［　①　］形をしているからだよ。黒点Eの位置が変化しているようすから，<u>太陽が自転していること</u>もわかるね。

綾香：そうね。それに，黒点Eは，５月10日から17日にかけて，太陽のおよそ４分の１を移動していることがわかるね。このことから，黒点Eは，地球から見ておよそ②（ア　28日　イ　32日　ウ　36日）で太陽を１周すると考えられるね。

(4)　［　①　］に適当な語を入れなさい。また，②の（　）の中から適当なものを一つ選び，記号で答えなさい。

(5)　下線部をふまえて，昨年の５月７日の黒点Eの位置として適当なものを，次のア～エから一つ選び，記号で答えなさい。

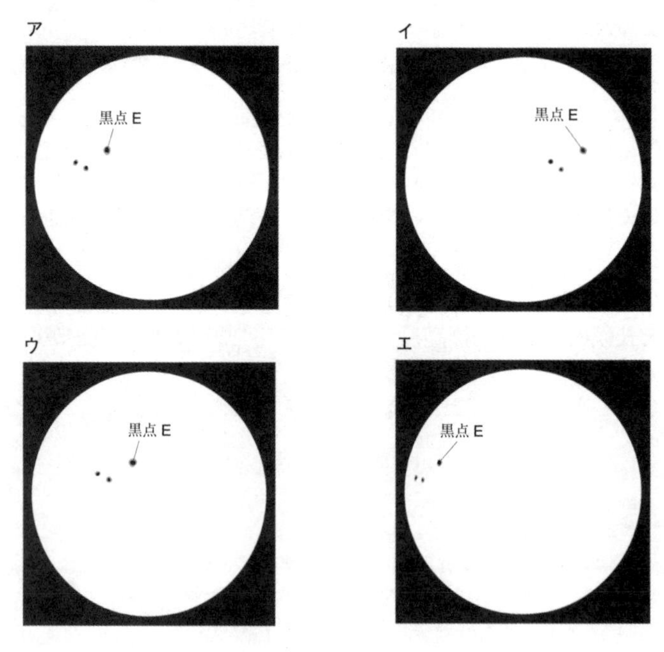

公立高校入試出題単元

過去9年間
(平成27年～令和5年迄)

英　語

単語・表現
■令和5年度 [2] A, B
■令和4年度 [2] A, B
■令和3年度 [2] A, B, C
■令和2年度 [2] A, B, C
■平成31年度 [2] A, B, C, D
■平成30年度 [2] A, B, C
■平成29年度 [2] A, B, C

図や表についての英文読解
■令和5年度 [2] C, D
■令和4年度 [2] C, D
■令和3年度 [2] D
■令和2年度 [2] D
■平成31年度 [2] E
■平成30年度 [2] E
■平成29年度 [2] E
■平成27年度 [2] B

対話文読解
■令和5年度 [3] (英文補充・空欄補充)
■令和4年度 [3] (英文補充・空欄補充)
■令和3年度 [3] (英文補充・語句補充)
■令和2年度 [3] (英文補充・内容把握)
■平成31年度 [3] (適文選択・空欄補充・内容把握)
■平成30年度 [3] (空欄補充・内容把握・適語補充)
■平成29年度 [3] (並べかえ・空欄補充・内容把握・適語補充)
■平成28年度 [3] (空欄補充・内容把握・適文選択補充)

英文読解
■令和5年度 [4] A (英質英答・空欄補充・内容真偽)
■令和5年度 [4] B (空欄補充・英質英答・内容真偽・英文補充)
■令和4年度 [4] A (空欄補充・英質英答・内容把握・内容真偽)
■令和4年度 [4] B (空欄補充・英質英答・英作文)
■令和3年度 [4] B (空欄補充・英質英答・内容真偽)
■令和2年度 [4] B (空欄補充・英質英答・内容把握・内容真偽)
■平成31年度 [4] B (英質英答・適語選択・内容把握・内容真偽)
■平成30年度 [4] B (英質英答・内容真偽・内容把握・適語補充)
■平成29年度 [4] B (内容真偽・適語補充・英質英答)
■平成27年度 [4] B (英質英答・適語補充・内容理解・英作文)

英作文
■令和5年度 [5] A, B
■令和4年度 [5] A, B
■令和3年度 [5] A, B
■令和2年度 [5] A, B
■平成31年度 [5] A, B
■平成30年度 [5] A, B
■平成29年度 [5] A, B
■平成28年度 [5] A, B
■平成27年度 [2] D

単語・表現

■令和５年度問題

2 次のＡ，Ｂの問題に答えなさい。

Ａ 次の１～３の対話文の[ ]に入れるのに最も適当なものを，それぞれ下のア～エから一つ選び，記号で答えなさい。

1 A：Mom, will you [ ] me to the zoo? I want to see the animals there.
B：OK, but didn't we go there two weeks ago?
ア ask イ go ウ take エ visit

2 A：Which restaurant is the [ ] from here? I'm very hungry.
B：How about ABC restaurant? We can get there in only a few minutes.
ア fastest イ highest ウ latest エ nearest

3 A：Wow, their performance is exciting! That girl on the stage is my classmate.
B：Really? The boy [ ] the guitar is my friend.
ア is playing イ playing ウ plays エ who play

Ｂ 次は，中学生の佳奈(かな)が英語の授業でスピーチをするために書いた原稿の一部である。英文中の[ ]には，下のア～エの四つの英文が入る。意味がとおる文章になるようにア～エの英文を並べかえて，記号で答えなさい。

(注) *Honey Rosa* ＝ハニーローザ（スモモの品種の一つ） chance ＝機会 in the past ＝過去には thanks to ～＝～のおかげで grown ＝ grow（～を栽培する）の過去分詞

佳奈が書いた原稿の一部

We have many popular fruits here in Kumamoto. One example is *Honey Rosa*. [ ] If you have a chance, please try it.

ア As a result, such a sweet and popular fruit is eaten in many places in Japan.
イ It looks like a peach, but, in the past, it was not as sweet as a peach.
ウ So, some people in Kumamoto have been working hard to make it sweeter for about twenty years.
エ Thanks to them, the fruit has become sweeter and popular, and the amount of *Honey Rosa* grown in Kumamoto has become No. 1 in Japan.

■令和４年度問題

2 次のＡ，Ｂの問題に答えなさい。

Ａ 次の１～３の対話文の[ ]に入れるのに最も適当なものを，それぞれ下のア～エから一つ選び，記号で答えなさい。

1 A：Your shopping bag looks [ ] and you look tired. Do you want me to carry it for you?
B：Thank you very much.
ア heavy イ light ウ new エ old

2 A：Look at the man over there! He's playing basketball very well.
B：Right. He's so cool! I wish I [ ] play like him.
ア will イ can ウ could エ should

3 A：Do you know where we'll practice singing?
B：No. I'll ask our teacher and [ ] you know later.
ア show イ let ウ tell エ want

Ｂ 次は，中学生の真子(まこ)が英語の授業で発表するために書いた原稿の一部である。英文中の[ ]には，下のア～エの四つの英文が入る。意味がとおる文章になるようにア～エの英文を並べかえて，記号で答えなさい。

(注) Indonesian ＝インドネシア人の，インドネシア語 *Nyepi* ＝ニュピ Bali ＝バリ島（インドネシアの島） turn on ～＝～をつける the whole day ＝丸１日

真子が書いた原稿の一部

I have an Indonesian friend, and she told me an interesting story. Today, I will tell you about it. Do you know *Nyepi*? It means "a day of keeping quiet" in Indonesian and it is a new year holiday in Bali. [ ] You may think it is boring to spend the whole day at home like this, but she told me that she usually enjoys reading books until it gets dark and enjoys looking at beautiful stars at night.

ア People there also cannot watch TV or turn on the lights at home.
イ For example, they cannot work and go out for shopping or eating.
ウ On this holiday, all the people in Bali have to spend a quiet life.
エ So, stores and restaurants in Bali are all closed.

■令和３年度問題

2 次のＡ，Ｂ，Ｃの問題に答えなさい。

Ａ 次の１～３の対話文の［　　］に入れるのに最も適当なものを，それぞれ下のア～エから一つ選び，記号で答えなさい。

1 A：Where is Taro now? I'm looking for him.
B：I saw him at the ［　　］. He was waiting for a train for Aso.
ア hospital　イ library　ウ museum　エ station

2 A：Do you know this book?
B：Yes. It's *Kusamakura*. It ［　　］ *Natsume Soseki* more than 100 years ago.
ア is written by　イ was written by　ウ is writing　エ was writing

3 A：Should I bring something to the party?
B：Everything is ready, so you ［　　］ bring anything.
ア must　イ should　ウ don't have to　エ didn't

Ｂ 次は，中学生の美春（みはる）が英語の授業で発表するために書いた原稿の一部である。英文中の［　　　　］には，下のア～エの四つの英文が入る。意味がとおる文章になるようにア～エの英文を並べかえて，記号で答えなさい。
（注）*ikinari-dango* ＝いきなり団子　sweets ＝お菓子　dialect ＝方言　serve ＝（食事などを）出す

美春が書いた原稿の一部

My favorite food is *ikinari-dango*. It is one of the famous sweets in Kumamoto. Its name has the word "*ikinari*" in it. Do you know why? ［　　　　］ My grandmother often makes it for me in a short time when I visit her.

ア You may know *ikinari* means "suddenly," but it also means "easily" in Kumamoto's dialect.
イ There are a few reasons.
ウ I will talk about one of them.
エ So if someone suddenly visits you, you can cook *ikinari-dango* easily and serve it quickly.

Ｃ 次は，中学生の華（Hana）と，デイビス先生（Mr. Davis）との放課後の対話である。英文を読んで，１，２の問いに答えなさい。
（注）skill ＝能力　advice ＝助言　tour guide ＝ツアーガイド　tourist spots ＝観光地
like-minded ＝同じ志の　by myself ＝ひとりで

Hana　：Can I talk to you now, Mr. Davis?
Mr. Davis　：Sure, Hana. What's up?
Hana　：I practice speaking English very hard and I want to improve my English speaking skill. I hear that you speak three languages. Would you give me some advice?
Mr. Davis　：OK. Well, why do you want to improve your English speaking skill? Is it for English tests?
Hana　：No. My dream is to become a tour guide in Japan. I want to show many great tourist spots in Japan to people from other countries.
Mr. Davis　：Great! Then I'll tell you how to improve your English speaking skill. Three things are important: time, place, and like-minded people. We need enough time, good places to practice, and friends to help each other.
Hana　：I see. I practice speaking hard every day in my room by myself. So I need ［　　］. Then I can make a group and practice English with them. Thank you very much.

1 下線部の質問に対する華の考えを表したものとして最も適当なものを，次のア～エから一つ選び，記号で答えなさい。
ア She wants to tell Mr. Davis more good points about Japan.
イ She wants to do well on the next English speaking test.
ウ She wants to show wonderful places in Japan to people from abroad.
エ She wants to get more information about tour guides in other countries.

2 ［　　］に入れるのに最も適当なものを，次のア～エから一つ選び，記号で答えなさい。
ア some friends
イ some information
ウ quiet places
エ more chances

■令和２年度問題

2 次のＡ，Ｂ，Ｃの問題に答えなさい。

Ａ　次の１～３の対話文の[　　]に入れるのに最も適当なものを，それぞれ下のア～エから一つ選び，記号で答えなさい。

１　A：How was the book?
　　B：It was [　　]. I couldn't understand the story well.
　　　ア　better　　イ　difficult　　ウ　easy　　エ　hungry

２　A：I want to talk with Mike. Do you know [　　] phone number?
　　B：I'm sorry, I don't know.
　　　ア　he　　イ　he's　　ウ　him　　エ　his

３　A：Did you watch the movie last night?
　　B：Yes, I did. It was so exciting [　　] I wanted to watch it again.
　　　ア　that　　イ　which　　ウ　when　　エ　why

Ｂ　次は，中学生の由美（Yumi）が英語の授業で発表するために書いた原稿の一部である。英文中の[　　　　]には，下のア～エの四つの英文が入る。意味がとおる文章になるようにア～エの英文を並べかえて，記号で答えなさい。

（注）pink handfish＝ピンクハンドフィッシュ　　sea bottom＝海底　　fin＝ひれ

由美が書いた原稿の一部

> Do you know the pink handfish? It lives in Australia. [　　　　] So there is not much information about the fish. Let's find some new information about it.

ア　By using them, it can walk along the sea bottom.
イ　It's about 10 cm long and its color is pink.
ウ　Until now, only four were found.
エ　It also has fins like hands.

Ｃ　次は，高校生の春雄（Haruo）と，留学生のポール（Paul）との教室での会話である。英文を読んで，１，２の問いに答えなさい。

（注）presentation＝発表

Haruo：Paul, some high school students from Taiwan will come to our school next month, and we'll have time to get to know each other. I'd like to become friends with them.
Paul　：Wow! We're lucky to have a chance to meet them.
Haruo：Yes, I'm very <u>excited</u>. I want to do something for them, but I don't know what to do.
Paul　：Why don't you make a presentation about our town?
Haruo：That sounds good! What should I do [　　]?
Paul　：I'll give you three ideas. First, you should use easy English. Next, you should show many pictures. Finally, you should talk with the students who listen to your presentation. For example, you can ask them some questions during the presentation.
Haruo：Great! Thank you, Paul.

１　下線部の理由として最も適当なものを，次のア～エから一つ選び，記号で答えなさい。
　ア　Haruo will have a chance to visit Taiwan.
　イ　Haruo has a good idea about the meeting.
　ウ　Haruo has to make a presentation.
　エ　Haruo will have time to meet students from Taiwan.

２　[　　]に入れるのに最も適当なものを，次のア～オから一つ選び，記号で答えなさい。
　ア　to learn about our town
　イ　to become friends with students from Taiwan
　ウ　to make it interesting
　エ　to speak English better
　オ　to listen to a presentation in English

■平成31年度問題

2 次のA，B，C，Dの問題に答えなさい。

A　次の1，2について，文中の下線部と同じ発音をする箇所に下線を引いたものを，ア～エからそれぞれ一つ選び，記号で答えなさい。

1　I live in Kumamoto.

ア　five　　イ　give　　ウ　nice　　エ　time

2　I don't know her name.

ア　bag　　イ　fall　　ウ　table　　エ　watch

B　次は，中学生の智子（Tomoko）がホームステイ先のホストファミリーへ書いたお礼の手紙である。[①]～[④]に入れるのに最も適当なものを，それぞれ下のア，イから一つ選び，記号で答えなさい。

（注）memory＝思い出

智子が書いた手紙

Dear Ms. Smith,

Thank you for your help during my stay last month. I was happy that you [①] me to many famous places. I was surprised that all of them [②] by so many people. During the stay, my English got [③] than before !

The best memory is my birthday party at your house. I really like the picture [④] me as a present. I hope I can see you again in the future.

Tomoko

① ア　take　　イ　took　　② ア　visited　　イ　were visited

③ ア　better　　イ　best　　④ ア　which gave　　イ　you gave

C　次は，中学生の由美（ゆみ）が英語の授業で発表するために書いた原稿の一部である。英文中の[　　　]には，下のア～ウの三つの英文が入る。意味がとおる文章になるようにア～ウの英文を並べかえて，記号で答えなさい。

（注）plant＝植物　SOS＝助けを求める合図　insect＝昆虫　attack～＝～を攻撃する　smell＝におい

由美が書いた原稿の一部

Do you think that plants can send an SOS to insects ? You may say no, but some plants do so. [　　　] They want other insects to come to help them.

ア　When some plants are attacked by an insect, they will have a special smell.

イ　That is the SOS from the plants.

ウ　I'll show you an example.

D　次は，高校生の真奈（Mana）と，留学生のテッド（Ted）との放課後の会話である。1，2の問いに答えなさい。

（注）field trip＝校外学習　look forward to～＝～を楽しみにする　special class＝特別授業

Mana: Hi, Ted. We were going to have the field trip to the museum this Friday, but we can't.

Ted: Oh, I was looking forward to the field trip because I can learn the history of Kumamoto there. What happened ?

Mana: I got a message from our teacher. Many students are sick this week, so we'll have the field trip on Thursday next week. But the museum is closed on Thursdays, so we'll go to the city library. We'll have a special class by a person from the museum there.

Ted: So [①], but [②], right ?

Mana: Yes, so let's enjoy the special class about the history of Kumamoto on Thursday next week.

1　下線部の理由として最も適当なものを，次のア～エから一つ選び，記号で答えなさい。

ア　Because Ted was looking forward to the field trip.

イ　Because students can learn the history of Kumamoto.

ウ　Because Mana didn't get a message from the teacher.

エ　Because many students are sick this week.

2　[①]と[②]に入れるのに最も適当な組み合わせを，次のア～エから一つ選び，記号で答えなさい。

ア　① we'll go to the museum this Friday
　　② we'll also go there on Thursday next week

イ　① we will not go to the museum this Friday
　　② we'll go there on Thursday next week

ウ　① we will not go to the museum
　　② we can learn about the history of Kumamoto

エ　① the museum is closed on Thursday next week
　　② a person from the museum will come to our school

■平成30年度問題

2 次の A，B，C の問題に答えなさい。

A 次の 1，2 について，文中の下線部と同じ発音をする箇所に下線を引いたものを，ア～エからそれぞれ一つ選び，記号で答えなさい。

1 My brother likes to cook very much.

ア cool　イ food　ウ school　エ good

2 Yoko was happy when she heard the news.

ア early　イ dear　ウ wear　エ year

B 次の 1，2 の英文を読むとき，意味のまとまりを考えて一箇所だけ区切るとすれば，どこで区切るのが最も適当か。ア～エからそれぞれ一つ選び，記号で答えなさい。

1 My brother was not / at home / when / I got home / from school.

ア　イ　ウ　エ

2 The two women / who are running / along the river / are my mother / and my sister.

ア　イ　ウ　エ

C 次の英文は，中学生の明子(あきこ)が英語の授業で発表するために書いている原稿である。明子が一度書き終えたところで原稿を見直すと，下線部①～③に誤りがあることに気づいた。明子になったつもりで，下線部①～③の語をそれぞれ正しい形に直して書きなさい。

明子が書いた原稿

> I'm going to talk about my town. My town ①have a lot of beautiful places. My favorite place is Higo Park. There are many parks in my town and it's the ②large. Many people enjoy ③play some sports there. I hope you'll come to my town.

■平成29年度問題

2 次の A，B，C の問題に答えなさい。

A 次の 1，2 について，文中の下線部と同じ発音をする箇所に下線を引いたものを，ア～エからそれぞれ一つ選び，記号で答えなさい。

1 How many people are there in your family ?

ア face　イ fan　ウ fall　エ father

2 The game started at seven.

ア finished　イ showed　ウ needed　エ talked

B 次の 1，2 の対話において，下線部のうち最も強く発音されるものはどれか。最も適当なものを，ア～エからそれぞれ一つ選び，記号で答えなさい。

1 A：Which do you like better, cats or dogs ?

B：I like cats better than dogs.

ア like　イ cats　ウ better　エ than

2 A：How long have you been in Japan ?

B：I've been here for two weeks.

ア been　イ here　ウ for　エ two weeks

C 次の英文は，中学生の拓也(たくや)が英語の授業で発表するために書いている原稿である。拓也が一度書き終えたところで原稿を見直すと，下線部①～③に誤りがあることに気づいた。拓也になったつもりで，下線部①～③の語をそれぞれ正しい形に直して書きなさい。

拓也が書いた原稿

> I am going to talk about "Kumamon." He ①is born on March 12, 2011 and he has been very popular since then. He sometimes goes to Tokyo, Osaka and even to some foreign ②country such as America and France to introduce Kumamoto. You can read about his trips. They are ③write in some books. I hope he will make more people happy.

（注） introduce ～＝～を紹介する

図や表についての英文読解

■令和５年度問題

2 次のＣ，Ｄの問題に答えなさい。

Ｃ　次は，高校生の理沙(Risa)が，友達のトム(Tom)と一緒に見ているイングリッシュキャンプの英語版パンフレットの一部である。１，２の問いに答えなさい。

(注) interact with ～＝～と交流する　college＝大学　participation fee＝参加料
by ～＝～までに　register ～＝～に登録する　discussion＝討論　presentation＝発表

ENGLISH CAMP in Kumamoto

If you want to improve your English, please join this camp. In this camp, you will interact with foreign students studying at colleges in Japan. They will help you during this camp.

Date : October 15 – October 16
Place : ABC Culture Hall
Participation Fee : 20,000 yen

・To join this camp, send an e-mail to us by September 30.
・If you register by September 15, your participation fee will be 18,000 yen.

You can choose one of these activities to join.

Activity A : Games and Sports (Playing fun games and sports in groups)
Activity B : Discussion (Talking about school rules in groups)
Activity C : Presentation (Learning about foreign cultures and making a presentation about them)

・You have to speak only in English during the camp.
・For more information, please send us an e-mail (englishcamp@××× .jp).

１　パンフレットの内容として最も適当なものを，次のア～エから一つ選び，記号で答えなさい。

ア　Japanese students studying in colleges will join the camp to help you during the activities.
イ　If you send an e-mail one week before the camp, the participation fee will be cheaper.
ウ　In one of the activities, you will exchange your opinions about rules in school with others.
エ　In some activities, you will talk with each other in Japanese.

２　理沙は，トムとパンフレットを見ながら話をしています。［①］と［②］に入れるのに最も適当な組み合わせを，あとのア～カから一つ選び，記号で答えなさい。

Risa: I'm thinking about joining this camp.

Tom: It looks interesting. Oh, you can choose one of the three activities. Maybe you'll join［①］because you like playing sports, right?

Risa: Yes, I like it. But I'm going to choose［②］. I want to go abroad in the future, so I'm very interested in learning about foreign cultures in this activity.

ア　① Activity A　② Activity B　　イ　① Activity A　② Activity C
ウ　① Activity B　② Activity A　　エ　① Activity B　② Activity C
オ　① Activity C　② Activity A　　カ　① Activity C　② Activity B

Ｄ　次は，高校生の絵梨(Eri)と，留学生のサム(Sam)との対話である。英文を読んで，１，２の問いに答えなさい。

(注) presentation＝発表　study abroad＝留学する　graph＝グラフ　table＝表
skill＝技能

Sam : Eri, what are you going to talk about for the presentation in our English class?
Eri : I'll talk about studying abroad. I'm surprised about the results of this graph and table about high school students in Japan.
Sam : What did you find out?
Eri : Look at the graph. For high school students, the most popular reason to study abroad is to improve their foreign language skills. Then,［①］of them want to make friends with people in other countries.
Sam : I see. Then, do you want to study abroad, Eri?
Eri : Yes, of course! I'm interested in living and studying in other countries. I'm surprised that only about［②］percent of high school students are interested in doing that. How about you, Sam? Why did you come to Japan?
Sam : Because I［　］. I really wanted to join a judo club in Japan. I'm happy that about thirty-eight percent have the same idea. By the way, if you study abroad, where do you want to go?
Eri : I want to go to［③］. Look at the table. It's not the most popular country, but the number of students who went there is a little larger than nine hundred. I want to go there and experience the way of life in that country.
Sam : That's a good idea. I hope you can go there in the future.

1 ［①］～［③］に入れるのに最も適当な組み合わせを，次のア～カから一つ選び，記号で答えなさい。

ア ① about seventy percent ② forty ③ New Zealand
イ ① about seventy percent ② twenty ③ Canada
ウ ① about seventy percent ② twenty ③ New Zealand
エ ① more than half ② forty ③ Canada
オ ① more than half ② forty ③ New Zealand
カ ① more than half ② twenty ③ Canada

2 ［　　］に，対話が成り立つような英語を７語以内で書きなさい。

Graph　日本の高校生の海外に留学したい理由（複数回答）［一部抜粋］

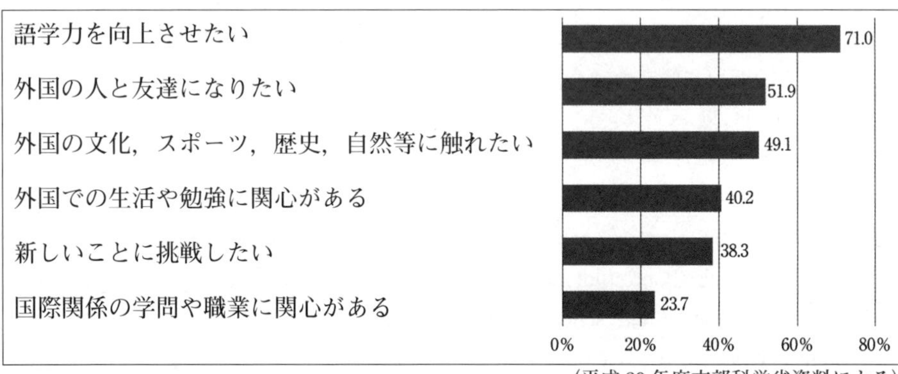

（平成 29 年度文部科学省資料による）

Table　日本の高校生の留学（３か月以上）

留学先（国）	生徒数（人）
アメリカ	1,151
カナダ	937
ニュージーランド	704
オーストラリア	522
その他	762

（平成 29 年度文部科学省資料による）

■令和４年度問題

［2］ 次のＣ，Ｄの問題に答えなさい。

Ｃ　次は，高校生の健太（Kenta）が，留学先のリバータウン高校（River Town High School）で見つけたサッカーチームのポスターである。１，２の問いに答えなさい。

（注）coach ＝コーチ　　supporter ＝サポーター

Let's Enjoy Soccer Together!
River Town High School Soccer Team

We are looking for new members who will enjoy soccer with us. You don't need any experience in soccer. Our coaches will teach you everything. Just come and enjoy soccer!!

Practice Plan for the Week

Day	Time	Place to Practice
Monday	4:00 p.m.～ 6:00 p.m.	River Town Park
Wednesday	4:00 p.m.～ 6:00 p.m.	River Town High School
Friday	4:00 p.m.～ 6:00 p.m.	River Town Stadium
Saturday	9:00 a.m.～ 11:00 a.m.	River Town Stadium

You can come all four days or choose one, two, or three days for practice.
・Bring your soccer shoes and some drinks.
・You can join us as a player or a supporter.
If you are interested in our activity, please tell Mr. White, the P.E. teacher, or just visit one of our practices.

1　ポスターの内容として最も適当なものを，次のア～エから一つ選び，記号で答えなさい。
ア　You can join the team without any experience in soccer.
イ　You don't need your own soccer shoes because you can borrow them from the team.
ウ　You have to play soccer if you want to join the team.
エ　You must meet Mr. White first if you want to join the team.

2　健太は，友達のトム（Tom）とポスターを見ながら話をしています。［①］と［②］に入れるのに最も適当なものを，それぞれ下のア～ウから一つ選び，記号で答えなさい。

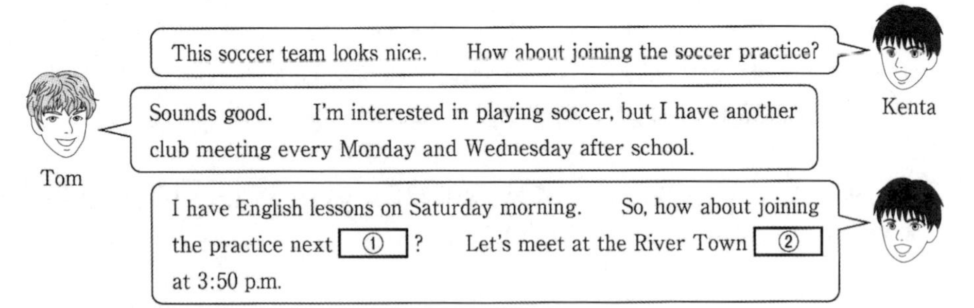

This soccer team looks nice. How about joining the soccer practice?
Kenta
Sounds good. I'm interested in playing soccer, but I have another club meeting every Monday and Wednesday after school.
Tom
I have English lessons on Saturday morning. So, how about joining the practice next ［①］? Let's meet at the River Town ［②］ at 3:50 p.m.

① ア Monday　イ Wednesday　ウ Friday
② ア High School　イ Park　ウ Stadium

D　次は，高校生の由美(Yumi)と，ブラウン先生(Ms. Brown)との対話である。英文を読んで，１，２の問いに答えなさい。

(注) communicate with ～＝～と意思の疎通を図る　make a presentation＝発表をする
graph＝グラフ　gesture＝身ぶり　rate＝割合　table＝表　in their 40s＝40歳代の
application＝アプリケーション(アプリ)　smartphone＝スマートフォン
the same as ～＝～と同じ

Ms. Brown : Hi, Yumi. What are you doing now?

Yumi : I'm collecting information about how Japanese people communicate with people from other countries. I'm thinking about making a presentation about it.

Ms. Brown : Oh, that's interesting. What did you find out about it?

Yumi : Please look at the graph. Communication with gestures is [①] way for Japanese people. I was surprised to find that the rate of talking in easy Japanese is [②] the rate of talking in foreign languages such as English.

Ms. Brown : That's a good point. I often feel that speaking to me in easy Japanese is as nice as speaking to me in English because I feel like a member of Japanese people.

Yumi : I see. I didn't know that. Next, please look at the table. We can see people in different ages choose different ways of communication. For example, the rate of people between 16 and 19 years old who use gestures is [③] the rate of people in their 40s or 70s who use gestures.

Ms. Brown : You're right, and the rate of the youngest group of people using applications on smartphones is almost the same as the rate of people in their 70s talking in Japanese [　　].

1　[①]～[③]に入れるのに最も適当な組み合わせを，次のア～カから一つ選び，記号で答えなさい。

ア　① the most difficult　② higher than　③ lower than
イ　① the most difficult　② higher than　③ higher than
ウ　① the most difficult　② almost as high as　③ lower than
エ　① the most popular　② higher than　③ higher than
オ　① the most popular　② almost as high as　③ lower than
カ　① the most popular　② almost as high as　③ higher than

2　[　　]に，対話が成り立つような英語を４語以内で書きなさい。

Graph　外国人とどのように意思の疎通を図っているか(全体・複数回答)［一部抜粋］

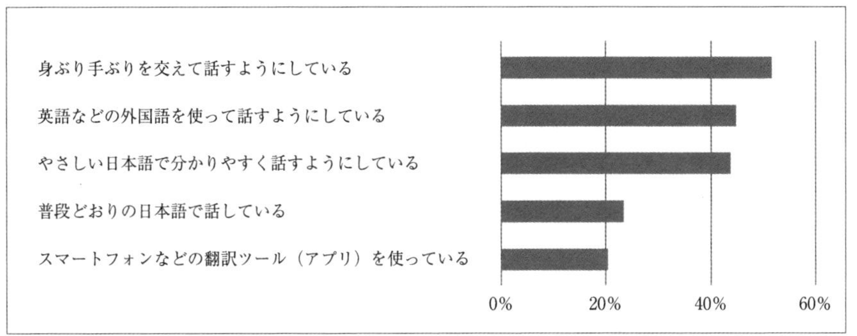

(2019年度文化庁資料による)

Table　外国人とどのように意思の疎通を図っているか(年齢別・複数回答)［一部抜粋］

選択肢	16～19歳	40歳代	70歳代
身ぶり手ぶりを交えて話すようにしている	63.9%	56.0%	35.2%
英語などの外国語を使って話すようにしている	61.1%	47.4%	46.5%
やさしい日本語で分かりやすく話すようにしている	33.3%	47.4%	46.5%
普段どおりの日本語で話している	2.8%	24.1%	31.0%
スマートフォンなどの翻訳ツール(アプリ)を使っている	30.6%	23.3%	7.0%

(2019年度文化庁資料による)

■令和３年度問題

2 D　次は，英語クラブに所属する高校生の由美（Yumi）と，顧問のブラウン先生（Ms. Brown）が，今年の英語キャンプ希望調査結果を見ながら対話をしている場面である。英文を読んで，［①］，［②］に，対話が成り立つような英語を，それぞれ３語以上で書きなさい。

（注）camp＝キャンプ　table＝表　debate＝ディベート（討論）をする　add＝付け加える　in third place＝３番目に

Ms. Brown：Yumi, are you planning our English camp?

Yumi：Yes. Last year, a lot of members in our club joined this camp and they enjoyed it very much. So I want to make it more interesting this year.

Ms. Brown：That's good.

Yumi：You know we stayed one night last year, but look at Table 1. 14 members want ［①］ than last year.

Ms. Brown：Wow! They really like the camp, right?

Yumi：Yes. Now I'm planning the activities for the English camp. Look at Table 2. The most popular ones are to debate in English and to play games in English. So I've already planned these two activities. I want to add one more.

Ms. Brown：Two activities are both in third place. How about adding one of them?

Yumi：Yes. I'll plan ［②］ because we can work together and have a chance to eat something special.

英語キャンプ希望調査結果

Table 1　希望するキャンプの日数

日数	人数（人）
日帰り	1
1泊2日	4
2泊3日	8
3泊4日	6

Table 2　希望するキャンプの活動内容

活動内容	人数（人）
英語でディベートをする。	6
英語でゲームをする。	6
英語で劇をする。	3
海外の料理を作る。	3
海外の祭りを体験する。	1

■令和２年度問題

2 D　次は，中学生のすず（Suzu）と，ジョーンズ先生（Ms.Jones）との会話である。英文を読んで，［①］，［②］に，会話が成り立つような英語を，それぞれ３語以上で書きなさい。（注）graph＝グラフ　pair＝ペア　other than ～＝～以外に

Ms. Jones：Did you enjoy our class?

Suzu：Yes, I did. Well, I think it's more fun to speak English, but my classmates like ［①］.

Ms. Jones：Really? Why do you think so?

Suzu：Our English teacher, Ms.Tanaka asked us which English activities we liked. Please look at Graph 1.

Ms. Jones：It's interesting. What does Graph 2 show?

Suzu：It shows that many of us enjoy pair activities. Also, most of us try to share our ideas even when we don't know how to say them in English. However, we don't use English very much other than during English lessons. So, I think we should ［②］ during our lessons.

Ms. Jones：Wonderful! If you try to do so, your English will be better. I want you to speak to me more often.

Graph 1　好きな英語の活動（複数回答）

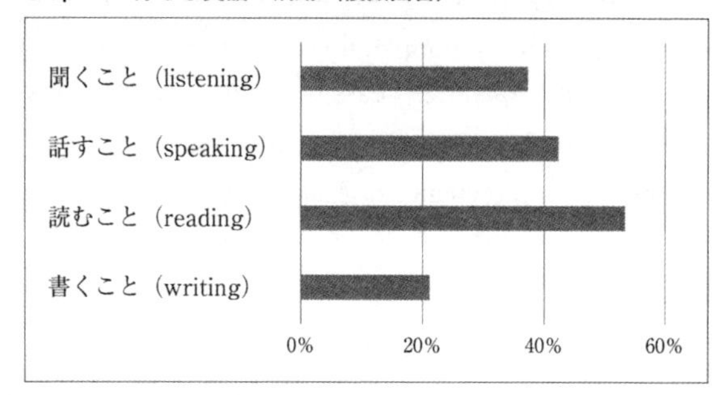

Graph 2　英語の学習について

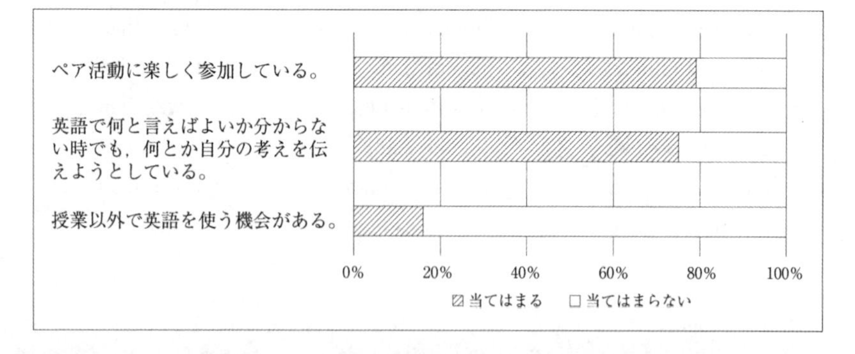

■平成31年度問題

2 E　次は，留学生のカロリーナ（Carolina）とホストマザーの澤さん（Ms.Sawa）とが，**雑誌の記事**を見ながら会話をしている場面である。１，２の問いに答えなさい。

（注）article＝記事　pancake＝パンケーキ　set meal＝（定食などの）セット　sweet＝甘いデザート

Ms. Sawa : I found an article about the new restaurants in our town, Carolina. Do you know about them ?

Carolina : No, I don't. Well, it's about lunch time. Shall we go to one of them ?

Ms. Sawa : Sure. What do you want to eat for lunch ? The article says you should go to Higo Restaurant if [①].

Carolina : It's hot today, so I don't want to eat hot food.

Ms. Sawa : Well, Kumamon Coffee has good pancakes and set meals.

Carolina : That's good. We can enjoy both lunch and sweets at the same place. I think Mr. Sawa will also want to come with us because he likes sweets. Where is he ?

Ms. Sawa : He went shopping by car and hasn't come home yet, so we can't go to Kumamon Coffee. The article says that you may [②] to go there.

Carolina : That means we have to wait until he comes back.

１　[①]に入れるのに最も適当なものを，次の**ア**～**エ**から一つ選び，記号で答えなさい。

ア　you want to eat a lot but don't have much time

イ　you want to enjoy many kinds of food slowly

ウ　you don't want to choose from many kinds of food

エ　you don't want to use a lot of money for food

２　[②]に，会話が成り立つような英語を書きなさい。

雑誌の記事

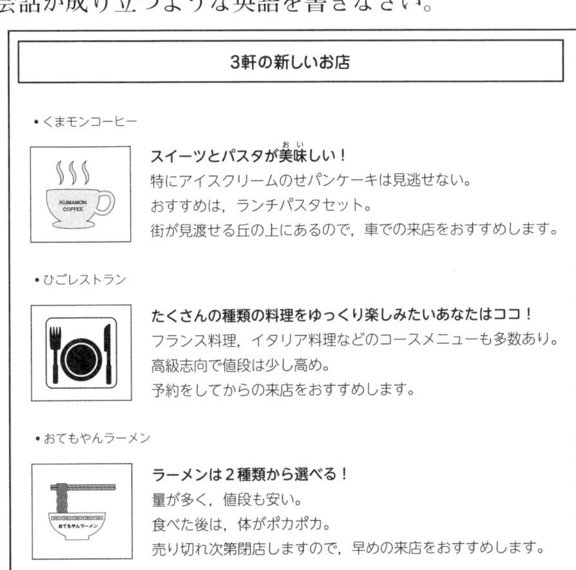

3軒の新しいお店

・くまモンコーヒー

スイーツとパスタが美味しい！
特にアイスクリームのせパンケーキは見逃せない。
おすすめは，ランチパスタセット。
街が見渡せる丘の上にあるので，車での来店をおすすめします。

・ひごレストラン

たくさんの種類の料理をゆっくり楽しみたいあなたはココ！
フランス料理，イタリア料理などのコースメニューも多数あり。
高級志向で値段は少し高め。
予約をしてからの来店をおすすめします。

・おてもやんラーメン

ラーメンは２種類から選べる！
量が多く，値段も安い。
食べた後は，体がポカポカ。
売り切れ次第閉店しますので，早めの来店をおすすめします。

■平成30年度問題

2 E　次は，**学級通信の一部**を見ている中学生の祐太（Yuta）と，祐太のクラスで英語を教えているキング先生（Ms. King）との会話である。１，２の問いに答えなさい。

Yuta : Look at Table 1, Ms. King. Twenty students in my class [①]. I read the newspaper every morning. How about you, Ms. King?

Ms. King : I read the newspaper every day, too. I usually read the newspaper in English, but I also read Japanese newspapers. I can learn many Japanese words from them.

Yuta : I see. I like to learn what is happening in Japan and around the world from newspapers.

Ms. King : Good. Look at Table 2, Yuta. You'll use newspapers in some classes from January, right?

Yuta : Oh, yes. [②]

Ms. King : That's great.

Yuta : Also, we'll give a presentation about our favorite articles on February 19. Well, I'll have to read the newspaper and find some interesting articles.

Ms. King : You can do it !

（注）table＝表　give a presentation＝発表を行う　article＝記事

１　[①]に，会話が成り立つような英語を書きなさい。

２　[②]に入れるのに最も適当なものを，次の**ア**～**エ**から一つ選び，記号で答えなさい。

ア　In January, we'll read newspapers in math class.

イ　On January 23, we'll talk about the food we eat every day.

ウ　In February, we'll use newspapers in three classes.

エ　We'll read some newspaper articles in English class.

学級通信の一部

新聞を読んで知識や考えを広げよう

表１　クラスの生徒が１日に新聞を読む時間

時間	０分（読んでいない）	30分程度	１時間程度
人数	20人	15人	４人

表２　新聞を使った授業の予定（全４回）

実施予定日	教科	授業内容
１月15日	国語	新聞記事を比較して読む。
１月23日	家庭	食に関する記事を探し，毎日の食事について話し合う。
２月14日	理科	新聞の天気図を集めて，天気の変化を調べる。
２月19日	社会	自分の好きな記事についての意見を発表する。

■平成29年度問題

2 E　次は，**生徒会新聞の記事の一部**を見ている高校生の由香(Yuka)と留学生のケイト(Kate)との会話である。1，2の問いに答えなさい。

Kate：What are you looking at, Yuka ?

Yuka：I'm looking at two graphs about voting rates. Graph 1 is about the national average voting rate and the Kumamoto voting rate.

Kate：How is the Kumamoto voting rate ?

Yuka：From Graph 1, I know that the Kumamoto voting rate [①].

Kate：What can you find from Graph 2, Yuka ?

Yuka：The voting rate of people in their 20's is [②], and the voting rate of people in their 60's is the highest.

Kate：I think young people should vote more.

(注) voting rate＝投票率　national average＝全国平均　in their 20's＝20歳代の
vote＝投票する

1　[①]に入れるのに最も適当なものを，次の**ア**～**エ**から一つ選び，記号で答えなさい。

ア　has kept going up
イ　is the highest in 2007
ウ　in 2001 is lower than the national average voting rate in 2001
エ　is always higher than the national average voting rate

2　[②]に，会話が成り立つような英語を，2語で書きなさい。

生徒会新聞の記事の一部

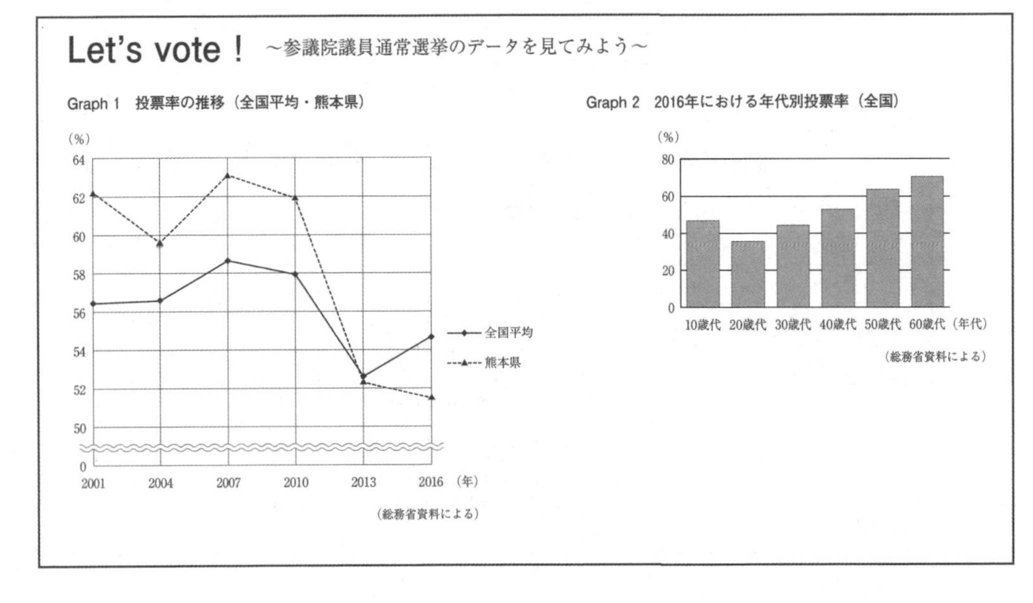

■平成27年度問題

2 B　高校生の剛（Tsuyoshi）と香織（Kaori）は，英語の授業で，熊本県の姉妹提携州であるアメリカのモンタナ州（Montana State）について調べ，発表することになった。準備の途中，二人は**グラフ**を作り，それについてスミス先生（Ms. Smith）と次の会話をした。[①]～[④]に入れるのに最も適当なものを，下の**ア**～**ク**からそれぞれ一つ選び，記号で答えなさい。

(注) average monthly temperature＝月平均気温
Helena＝ヘレナ（モンタナ州にある都市）　degree＝度（温度の単位）

Tsuyoshi：Look at the graph, Ms. Smith. This shows the average monthly temperature in Kumamoto City and Helena, Montana State.

Ms. Smith：OK. What did you learn from it?

Kaori：Well, winter in Helena is much [①] than winter in Kumamoto.

Tsuyoshi：The average monthly temperature in Helena is lower than zero degrees in [②].

Ms. Smith：I see. What else did you learn?

Kaori：The average monthly temperature in Helena is higher than fifteen degrees in [③].

Tsuyoshi：July is the hottest month in Helena. Its average monthly temperature in July and the average monthly temperature in May in Kumamoto are almost the [④].

Ms. Smith：Very good.

ア　colder　　イ　coldest　　ウ　highest　　エ　same
オ　January, February, November and December
カ　June, July and August　　キ　January, February and December
ク　June, July, August and September

グラフ

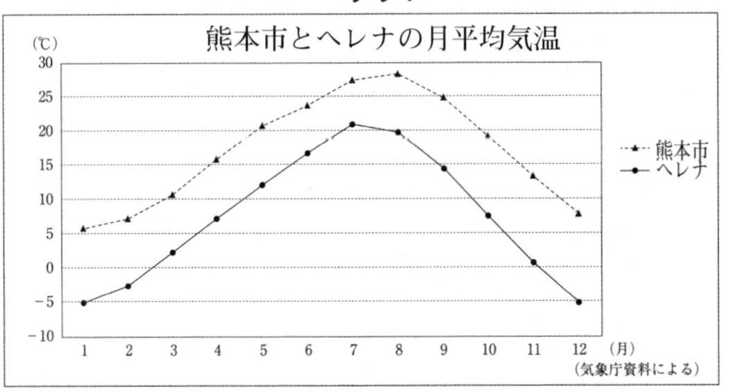

対話文読解

■令和５年度問題

3　次は，高校生の真希(Maki)と，クラスメートの一郎(Ichiro)，夕紀(Yuki)，そして，ベーカー先生(Mr. Baker)との授業中の会話である。英文を読んで，１，２の問いに答えなさい。

(注) volunteer＝ボランティア　barbecue＝バーベキュー　grandparents＝祖父母　chance＝機会

Mr. Baker : Hello, everyone. Summer vacation is coming soon. What are you going to do during the summer vacation? Maki, please tell us about your plans.

Maki : [①]. I'm in the basketball club, and I like playing basketball and talking with my club members very much. We'll have more time for club activities during summer vacation, so I'll do my best to become a better player.

Mr. Baker : That's nice. Ichiro, how about you?

Ichiro : [②]. First, I'm going to stay with a family in Canada for two weeks. I've never been abroad, so I'm very excited. Next, I'm going to work as a volunteer in the summer festival. I did it last year, and it was a lot of fun. This year, I want to enjoy talking with people of different ages. Third, I'll work hard in the science club. I'm very interested in all of these things. I'll be busier than last summer, but I'm sure I can learn more through these experiences.

Mr. Baker : Good. Yuki, what will you do this summer?

Yuki : [③]. I can't usually do that because I'm very busy with school activities every day. During the vacation, I'll have a barbecue with my family at home. I'm also going to visit my grandparents with my family. They'll show us how to fish in the sea. From these experiences, I hope I'll learn a lot of things.

Mr. Baker : Great. Thank you, everyone. I think you should enjoy events that you can take part in only during summer vacation. Summer vacation is a good chance for you to spend a lot of time with your family, friends, or many other people. I hope you'll have a lot of wonderful experiences this summer.

1　[①]～[③]に入れるのに最も適当なものを，次の**ア**～**カ**からそれぞれ一つ選び，記号で答えなさい。

ア　I'm going to travel with my family
イ　I'm going to study English very hard
ウ　I'm going to try various things inside and outside of the school
エ　I'm going to work hard for my club activity
オ　I want to help a lot of people as a volunteer
カ　I want to spend a lot of time with my family

2　次は，ベーカー先生の授業の後の，真希と留学生のポール(Paul)との対話である。授業中の会話の内容を踏まえて，文中の[A]，[B]に当てはまる英語を，それぞれ３語で書きなさい。

Maki : In today's class, we talked about our plans during the summer vacation. What did you think about that?

Paul : Well, as some students said, summer vacation is a good chance for us to [A] through a lot of experiences. Mr. Baker also told us [B] that we can't usually take part in, so I've decided to go to many summer festivals in Japan.

■令和４年度問題

3　次は，高校生の圭太(Keita)と，クラスメートの歩美(Ayumi)，春樹(Haruki)，そして，ベーカー先生(Mr. Baker)との授業中の会話である。英文を読んで，１，２の問いに答えなさい。

(注) stone steps＝石段　relationship＝関係　tomato＝トマト　rich＝豊かな
ground water＝地下水　water source＝水源　chosen＝choose の過去分詞
Selected 100 Best Waters in Japan＝日本名水百選　tap water＝水道水
on average＝平均して

Mr. Baker : Hello, everyone. Have you done your homework about "Kumamoto's No. 1s"? How about you, Keita?

Keita : Yes. I learned about the 3,333 stone steps in Kumamoto. The number of the steps is No. 1 in Japan. When I went there, I found that they are made of stones not only from Japan, but also from some other countries like America, China, and India. I hear that [①] through the stone steps.

Mr. Baker : Amazing! I hope their relationship will continue forever. Thank you, Keita. Ayumi, did you find something interesting?

Ayumi : Yes, Mr. Baker. The amount of tomatoes grown in Kumamoto is No. 1 in Japan. I hear that many tomatoes are grown in the area near the sea from fall to spring because it doesn't get too cold there in winter. Then, from summer to fall, many tomatoes are grown around the mountain areas because it doesn't get too hot. So, [②] because Kumamoto has the sea and mountains.

Mr. Baker : Great! Oh, Haruki. Do you know another No. 1?

Haruki : Yes. We shouldn't forget that Kumamoto is rich in ground water. Four water sources in Kumamoto were chosen as "Selected 100 Best Waters in Japan" in 1985 and another four in 2008. The number of those water sources is No. 1 in Japan. Actually, [③] than people in other areas in Japan because, in Kumamoto, about 80% of tap water is from ground water, but only about 20% on average in Japan.

Mr. Baker : Wow, there are many No. 1s in Kumamoto! All of you did very well. I think learning about your hometown is helpful for you to make new friends. When you have a chance to go abroad, how about introducing your hometown to people there? Some people who are interested in it may talk to you. Then, you'll have a good time when you talk about it with them and make some good friends there.

1 [①]～[③]に入れるのに最も適当なものを，次の**ア**～**カ**からそれぞれ一つ選び，記号で答えなさい。

ア Kumamoto has a long history of art made of stone
イ Kumamoto has a good friendship with other countries
ウ people in Kumamoto have more chances to use ground water in their daily lives
エ people in Kumamoto have more chances to take a bath in their daily lives
オ they are grown in each season in Kumamoto
カ they are grown in the easiest way every year in Kumamoto

2 次は，圭太と，ベーカー先生の授業を一緒に受けていた留学生のマイク(Mike)との放課後の対話である。授業中の会話の内容を踏まえて，文中の[A]，[B]に当てはまる英語を，それぞれ4語で書きなさい。

Keita : In today's class, we talked about Kumamoto's No. 1s. What did you think about it?

Mike : I was very surprised that Kumamoto has many No. 1s. As Mr. Baker said, [A] helps us a lot to make new friends. When I came here last year, I had a chance to introduce my hometown in class. I was very glad that a lot of my classmates became interested in it and came to talk to me! Then, I [B] with them and we became good friends.

■令和３年度問題

3 次は，高校生の信吾（Shingo）と，クラスメートの歩美（Ayumi），康平（Kohei），そして，ベーカー先生（Mr.Baker）との授業中の会話である。英文を読んで，1，2の問いに答えなさい。

（注）sports day ＝運動会　prepare ＝準備をする　communicate with ～＝～と意思疎通をする
in pairs ＝ペアを組んで　work experience program ＝職場体験　act ＝行動する
by ourselves ＝自分で　pay attention to ～＝～に注意を払う　surroundings＝ 周囲の状況
society ＝社会

Mr. Baker : Hello, everyone. First, let's talk about "the good points of school life in Japan." Shingo, please tell us about your idea.

Shingo : Sure. Well, I think the most wonderful things are school events like sports day or the school festival. We have to work together to make a plan and prepare for the events. Through these events, we can share good times. So, [①].

Ayumi : That's true, Shingo. I also think we have a lot of chances to communicate with others in our school lives. For example, in our classes, we talk a lot with each other in pairs or groups. When we have a work experience program, we may have chances to talk with small children or older people. So, [②].

Kohei : I see. I have another idea. I think cleaning time at school every day is one of the best things in Japanese schools. During this time, we can learn to think and act by ourselves. For example, when we clean our school, we pay attention to our surroundings and we find places to clean by ourselves. So, [③].

Mr. Baker : Thank you very much, everyone. I'm glad you've found many good things in Japanese school life. I think school is a place to learn the ways of becoming a good member of our society. So having many experiences is as important as studying hard. Through these experiences, your school lives will be more exciting.

1 [①]～[③]に入れるのに最も適当なものを，次の**ア**～**カ**からそれぞれ一つ選び，記号で答えなさい。

ア it's important for us to think about our club activities more carefully
イ it's important for us to plan and prepare well to make the events better
ウ we can think about what to do and act by ourselves every day
エ we can think about how to show our feelings in our school lives
オ we can learn how to communicate well with people of different ages
カ we can learn more important things to do at home than at school

2　次は，信吾と，ベーカー先生の授業を一緒に受けていた留学生のポール（Paul）との放課後の対話である。授業中の会話の内容をふまえて，文中の［ A ］，［ B ］に当てはまる英語を，それぞれ3語で書きなさい。

Shingo　:　In today's class, we talked about good points about school life in Japan. What did you think about it?

Paul　:　Well, I thought studying hard was the most important thing to do in Japanese school life. But now I understand it is not enough. As Mr. Baker said, we should also ［ A ］ in our school lives. We have a lot of events and chances to communicate with others at school. So, in our school lives, we can learn ［ B ］ good members of our society.

■令和2年度問題

3　次は，高校生の大志（Taishi）と，クラスメートの涼太（Ryota），里美（Satomi），そして，スミス先生（Mr. Smith）との授業中の会話である。英文を読んで，1，2の問いに答えなさい。

（注）teammate＝チームメート　give up＝あきらめる　race＝競争
tradition＝伝統，慣習　community＝地域住民　border＝国境

Mr. Smith : We'll have the Olympics and the Paralympics in Japan this year, right? All the sports fans in the world will be very excited this summer. We know playing sports is fun, but have you ever thought about any other good points of sports?

Taishi　: I've played soccer for six years, and I'm in good health. Also, my dream is to play soccer abroad in the future. I practice soccer very hard, but my teammates play soccer better than me. However, I'll never give up. So I believe ［ ① ］.

Ryota　: I'm a member of a cycling team in my town. I sometimes join international cycling races. I've got a lot of friends from many countries. They tell me about interesting traditions which are different from the Japanese ones. Also, when I talk with them, I become interested in their way of thinking. It is new to me. So I think ［ ② ］.

Satomi　: There are a lot of sports clubs everyone can join in my town. For example, my mother plays volleyball three times a week. My grandmother also plays table tennis twice a week. They really enjoy playing sports with their community, and they get to know each other. I think ［ ③ ］.

Mr. Smith : Wow, your ideas are very interesting. We've talked about many good points of sports. We've found there is no border in sports, and we can have a better life through sports. This summer, the world will be "one" through the Olympics and the Paralympics. Let's enjoy these great events.

1　［ ① ］～［ ③ ］に入れるのに最も適当なものを，次の**ア**～**カ**からそれぞれ一つ選び，記号で答えなさい。

ア　playing one sport is better than playing many sports
イ　sports can make our body and mind stronger
ウ　sports give everyone a chance to meet people living in the same town
エ　sports make everybody famous, so we can enjoy playing sports
オ　watching sports is as interesting as playing sports
カ　we can make friends around the world through sports and learn about their traditions

2　次は，**大志が書いた授業の感想**である。大志とクラスメートやスミス先生との会話の内容をふまえて，文中の［ A ］，［ B ］に当てはまる英語を，それぞれ4語で書きなさい。

大志が書いた授業の感想

Today, we learned that playing sports is fun and also ［ A ］. There is no border in sports, and they can ［ B ］ to us. This summer, we'll have the Olympics and the Paralympics. I can't wait!

■平成31年度問題

3 次は，高校生の大志（Taishi）と，クラスメートの里美（Satomi），涼太（Ryota），彩花（Ayaka），そして，クラスで英語を教えているスミス先生（Mr. Smith）との，Sustainable Development Goals（持続可能な開発目標）についての会話である。１～４の問いに答えなさい。(注) figure＝図　as ～＝～のように　trash＝ごみ　visitor＝訪問者

〈One day in a class〉

Taishi : What are these pictures in the figure, Mr. Smith ?
Mr. Smith : Good question. These are seventeen goals to change the world for the future.
Taishi : I see. I'm a member of the world, so I have to do something to make the world better.
Mr. Smith : [①] So, today, I want you to choose one goal from the figure and think about something we can do for the world.
Satomi : Mr. Smith, [　　] Goal 11 ?
Mr. Smith : Good. Let's choose Goal 11 as Satomi said. I think we'll get a lot of ideas for our town. Now, please think about things we can do for three minutes.

〈Three minutes later〉

Mr. Smith : [②]
Satomi : We can collect trash when we go to school and clean the streets near our school.
Ryota : I would like to help old people. For example, we can visit their houses and talk with them or go shopping for them.
Ayaka : I'm thinking about helping families with young children. We can read books to them or play with them.
Taishi : My idea is a little different from yours. It's to put many flowers around the station. We can welcome visitors with them.
Mr. Smith : All the ideas are great. The most important thing is to think about something we can do for our town.
Taishi : Yes. Maybe we can do only small things, but we should keep doing them to make our town better. Then we may change the world !

Figure

(国際連合広報センターホームページによる)

(注) この図はイメージであり，中の文字を読む必要はありません。

1　[①]，[②]に入れるのに最も適当なものを，次のア～カからそれぞれ一つ選び，記号で答えなさい。

ア　Could you tell me your ideas ?　イ　I don't think so.　ウ　No, we can't.
エ　Which goal did you choose ?　オ　Do you need more time ?　カ　That's right.

2　[　　]に，会話が成り立つような英語を書きなさい。

3　本文の内容に合っているものを，次のア～エから一つ選び，記号で答えなさい。

ア　彩花は，図についてスミス先生に質問をした。
イ　里美は，学校の近くの川を掃除する例を挙げた。
ウ　涼太は，子育てで忙しい家族の代わりに買い物をしたいと言った。
エ　大志は，駅周辺に花を置き，訪問者を花で歓迎したいと考えた。

4　次の英文は，**大志が書いた日記の一部**である。大志とクラスメートやスミス先生との会話の内容をふまえて，文中の[A]，[B]に当てはまる英語を，それぞれ４語で書きなさい。

大志が書いた日記の一部

> Today, we learned about seventeen goals to change the world and talked about Goal 11. We got a lot of ideas to [A]. We have learned that we have to think about something we can do. We may change the world if we [B] for our town.

■平成30年度問題

3 次は，高校生の美穂(Miho)と，留学生のエイミー(Amy)との教室での会話である。１～４の問いに答えなさい。

Amy : Hi, Miho. What are you doing ?
Miho : Hi, Amy. I'm looking for more information about origami on the Internet. I have to teach origami to international students in an event at the city library next Sunday.
Amy : That's great, Miho.
Miho : I had a lot of fun when I taught origami to American students who came to our school last year, so I decided to teach origami to international students again.
Amy : What did the American students make ?
Miho : They made *shuriken*.
Amy : [①]
Miho : *Shuriken*.
Amy : Oh, *shuriken* ! That sounds interesting. Was it difficult for the American students to make them ?

Miho : ② They learned how to make them quickly.
Amy : What are you going to make next Sunday ?
Miho : I'm thinking about making "Kumamon."
Amy : Really ? That's cool ! By the way, you speak English very well, so it's easy for you to teach origami in English, right ?
Miho : Well, I usually feel a little nervous when I speak English. However, when I taught origami to the American students, I could speak English better.
Amy : I think origami opened a door of communication between English speakers and you. I want to try origami. ③ ?
Miho : Sure. Let's meet here after school tomorrow, and I'll show you how to make something.

(注) origami＝折り紙　international student＝留学生　*shuriken*＝手裏剣
sound ～＝～に聞こえる　by the way＝ところで　English speaker＝英語を話す人

1 ①, ②に入れるのに最も適当なものを，次のア～カからそれぞれ一つ選び，記号で答えなさい。
ア What did you say ?　イ Where are they from ?　ウ Who was the teacher ?
エ Yes, it was.　オ No, it wasn't.　カ I think so.

2 ③に会話が成り立つような英語を，4語以上10語以内で書きなさい。ただし，ピリオド(.)，コンマ(,)などの符号は語数に含めないものとする。

3 本文の内容に合っているものを，次のア～エから一つ選び，記号で答えなさい。
ア 美穂は，先週の日曜日，市立図書館で，外国の人々に折り紙を教えた。
イ 美穂は，アメリカの生徒たちに折り紙を教えて楽しかったと言った。
ウ 美穂は，折り紙の手裏剣の作り方を，エイミーから教えてもらった。
エ 美穂は，英語を話す時にふつうは少しも緊張しないとエイミーに言った。

4 次の英文は，**美穂が書いた日記の一部**である。美穂とエイミーの会話の内容をふまえて，文中の A ， B に当てはまる英語を，それぞれ1語で書きなさい。

美穂が書いた日記の一部

> Today, I told Amy about origami. I like the words "a door of communication" which Amy used. I think teaching origami is a good A to make my English better. She became B in origami, so I'm glad to have a good friend through origami.

■平成29年度問題

3 次は，高校生の沙紀(Saki)と，留学生のジェーン(Jane)との会話である。1～4の問いに答えなさい。

〈One day in the classroom〉

Saki : Hi, Jane. What are you reading ?
Jane : Hi, Saki. I'm reading a book about trees. I found some big trees near the library in our school today. ①Do you【 are know they what】?
Saki : Sorry, I don't know their English name. I'll find some information about them.
Jane : Thank you.
Saki : ②

〈The next day〉

Jane : Hi, Saki. Did you find any information about the trees in our school ?
Saki : Yes. They are called "ginkgo trees" in English.
Jane : Ginkgo trees ?
Saki : In Japan, people call them "*icho*" or "*ginkyo*."
Jane : *Ginkyo* ? It's almost the same as the English word.
Saki : ③ *Ginkyo* and ginkgo have almost the same sound, but they are a little different. Do you know why ?
Jane : No, I don't. Please tell me more about it.
Saki : OK. Ginkgo was brought to Europe from Japan by a German. When he wrote the name of the tree in a book, he didn't write "*ginkyo*." He wrote "ginkgo" there as the name of the tree. ④Germans have called the tree "ginkgo" since then, and English speakers borrowed the word from German. Now those trees are called "ginkgo" in English.
Jane : That's interesting.
Saki : I think so, too. I also learned that there are many words borrowed from other languages. Shall we find some more examples together at the library ?
Jane : That will be fun. Let's go to the library.
Saki : OK. Let's go.

Ginkgo

(注) ginkgo＝イチョウ　same as ～＝～と同じ　Europe＝ヨーロッパ
German＝ドイツ人，ドイツ語　English speaker＝英語を話す人

1 下線部①の【 】内の語を，正しい順序に並べかえて書きなさい。

2 ②, ③に入れるのに最も適当なものを，次のア～カからそれぞれ一つ選び，記号で答えなさい。
ア How about you ?　イ I don't know.　ウ Nice to meet you, too.
エ No, it isn't.　オ That's right.　カ You're welcome.

3　下線部④の理由として最も適当なものを，次のア～エから一つ選び，記号で答えなさい。

ア　あるドイツ人が，イチョウをヨーロッパで発見したから。
イ　あるドイツ人が，イチョウを “ginkgo” という綴(つづ)りで本に書いたから。
ウ　英語を話す人々が，ドイツ語から “ginkgo” という単語を借りたから。
エ　英語を話す人々が，イチョウのことを “ginkgo” と呼んだから。

4　次の英文は，沙紀が書いた日記の一部である。沙紀とジェーンの会話の内容をふまえて，文中の［A］，［B］に当てはまる英語を，それぞれ１語で書きなさい。

Today, I talked with Jane about ginkgo trees. She asked me about them yesterday. When I met her today, I ［A］ her about the history of the word. I was happy because she liked my story. After looking for information about ginkgo trees, I learned that finding where words ［B］ from was interesting.

■平成28年度問題

［3］ 次は高校生の陽子（Yoko）と，カナダから来ている留学生のベッキー（Becky）との会話である。１～５の問いに答えなさい。

（注） writer＝作家　“The Little Prince”＝「星の王子さま」（フランスの作家サン＝テグジュペリの作品）　translate～into…＝～を…に翻訳する

〈After school on Friday〉

Yoko　: Are you free tomorrow, Becky? Why don't you come to my house?
Becky : Thank you, Yoko. What time can I come?
Yoko　: ⓐHow【the　in　ten　about】morning?
Becky : OK. Can I find your house easily?
Yoko　: There's a post office next to my house.
Becky : I see. Then I'll come to your house at ten tomorrow. ［①］
Yoko　: Bye.

〈In Yoko's room the next day〉

Becky : You have many books, Yoko.
Yoko　: Thank you, Becky. I often talk about books with my friends at school.
Becky : I want to join you. But I've never read stories written by Japanese writers.
Yoko　: ［②］ We can talk about famous stories in the world. Do you know “The Little Prince”?
Becky : Yes, I do. I read it many times when I was in Canada. Now people can read it in many languages. Have you read it in English ?
Yoko　: No, I haven't. I want to do that next time. By the way, I talked about “The Little Prince” with our teacher last week. ⓑThen he【interesting　me　something　taught】.
Becky : What was it?
Yoko　: The first person that translated “The Little Prince” into Japanese was from Kumamoto. I didn't know that. He also said that we can learn about the person at the city library. ⓒSo I'm going to go there next Saturday.
Becky : Can I go with you?
Yoko　: Sure. Now many Japanese stories are translated into English. You can enjoy reading such books there.
Becky : That will be fun. But my Japanese will get better if I read books in Japanese.
Yoko　: Then ［　　］. Why don't you read some of them?
Becky : That sounds interesting! I'll try that.

1　下線部ⓐ，ⓑの【　　】内の語を，正しい順序に並べかえて書きなさい。

2　［①］，［②］に入れるのに最も適当なものを，次のア～カからそれぞれ一つ選び，記号で答えなさい。

ア　Not really.　　イ　Help yourself.　　ウ　Nice to meet you.
エ　See you.　　オ　How was it?　　カ　That's not important.

3　下線部ⓒのように陽子が計画したのは，先生からどんなことを聞いたからか。次の（　　）に適当な日本語を入れて，答えとなる文を完成しなさい。

市の図書館で（　　　　　　　　　　　　）ことができるということ。

4　［　　］に入れるのに最も適当なものを，次のア～エから一つ選び，記号で答えなさい。

ア　you can find books written in easy English
イ　you can find books written in easy Japanese
ウ　you can translate “The Little Prince” into English
エ　you can translate “The Little Prince” into Japanese

5　次の英文は，ベッキーが陽子の家を訪ねた日に，陽子が英語で書いた日記の一部である。当日の二人の会話の内容をふまえて，文中の［A］，［B］に当てはまる英語を，それぞれ２語で書きなさい。

Today, Becky came to my house. We talked about “The Little Prince.” Becky read it many times in Canada. She said that people can read it in many languages, so I want to read it ［A］ next time. We enjoyed talking about some other things. I told her about an idea for making her Japanese better, and she ［B］ in it.

英文読解

■令和５年度問題

4 (選択問題 A)

次は，中学生の智子(Tomoko)が，英語の授業でスピーチをするために書いたものである。英文を読んで，１～５の問いに答えなさい。

(注) write to ～＝～に手紙を書く　reply＝返事　jump for joy＝喜びで跳び上がる
advice＝助言　expression＝表現　envelope＝封筒　stamp＝切手

Do you write letters? I often do. I like writing letters. I will tell you why.

I first wrote a letter in a Japanese class in elementary school. I was eight years old then. Our teacher told us to write to someone and wait for a reply. So I wrote to my cousin, Kyoko. Some weeks later, [　　]. I was very happy, and I jumped for joy. She wrote about her new pet. I found that writing letters was fun, and I have written a lot of letters to many people [①] then. Kyoko and I write letters to each other even now.

I think there are three good points in writing letters. First, writing letters makes you feel better. For example, when I feel sad, I sometimes write to my friend about my feeling in the letter. Soon after that, she sends me a reply and gives me some good advice. Then, I forget about feeling [②].

Second, when you write letters by using a dictionary, you can learn more words and expressions. It takes a lot of time for me to write a letter with a dictionary, but I can learn many new Japanese expressions. I think my Japanese has improved a lot.

Third, you can make other people happy with your letters. For example, when I write letters to Kyoko, I [③] her favorite kinds of paper, envelopes, and stamps. She tells me that she always smiles and feels happy when she receives my letters. So, I think letters have a power to make other people smile and feel happy.

Will I keep writing letters? Of course I will. I know e-mails are a faster and easier way to communicate with each other, but, because of these good points, I like writing letters better. So, why don't you write letters like me?

1　本文の内容について，次の質問に英語で答えなさい。
How old was Tomoko when she wrote her first letter?

2　[　　]に入れるのに最も適当なものを，次のア～ウから一つ選び，記号で答えなさい。
ア　I got a letter from her
イ　I saw her on TV
ウ　I wrote a letter to her

3　[①]～[③]に入れるのに最も適当なものを，それぞれ次のア～ウから一つ選び，記号で答えなさい。

①	ア before	イ for	ウ since
②	ア excited	イ happy	ウ sad
③	ア choose	イ cut	ウ learn

4　次は，智子のスピーチを聞いた後，クラスメートの健人(けんと)が，その内容をまとめたメモである。本文の内容に合うように，「健人のメモ」の[A]～[C]にそれぞれ適当なことばを日本語で書きなさい。

「健人のメモ」

智子さんが考える手紙の良い点
〈一つ目〉　手紙を書くことで，自分の[A]がよくなること。
〈二つ目〉　[B]を使って手紙を書くことで，多くの単語や表現が身につくこと。
〈三つ目〉　手紙を受け取った人を[C]にしたり，幸せな気持ちにしたりできること。

5　本文の内容に合っているものを，次のア～ウから一つ選び，記号で答えなさい。
ア　Tomoko's teacher told Kyoko to write a letter to Tomoko.
イ　Tomoko thinks her Japanese has gotten better by writing letters.
ウ　Tomoko knows writing letters is faster and easier than writing e-mails.

■令和５年度問題

4 (選択問題 B)

次は，高校生の涼(Ryo)が，英語の授業でスピーチをするために書いたものである。英文を読んで，１～５の問いに答えなさい。

(注) chicken farm ＝養鶏場　feed ＝(動物への)飼料，えさ　device ＝装置
healthy ＝健康的な　waste ＝廃棄物　vitamin ＝ビタミン　mineral ＝(栄養素の)ミネラル
for free ＝無料で　… enough to ～＝～するのに十分…　pudding ＝プリン

Hello, everyone. I am going to talk about my experience during the summer vacation, and I want you to know about working on our chicken farm.

I knew my parents worked very hard there every day, but I actually did not know much about how they worked. So, during the summer vacation, I worked with them as a son of the chicken farm and learned many things.

Last August, I got up early in the morning every day and helped my parents clean our chicken farm, give feed to the chickens, and collect the eggs. I had to be [①] when I collected the eggs because they are easily broken. After lunch, I helped my parents check the size of the eggs and put them in the boxes. At first, doing all these things looked easy, but I realized it was not. While I was working, I had a good experience and found three good points about our chicken farm.

First, there are many devices that keep the good health of our chickens on our farm. For example, my parents use a machine which always gives our chickens clean water. They also use computers to check their health. Our chickens look happy and healthy because of these devices.

Second, some of the feed my parents use are recycled from our food waste, so they are good for the environment. The feed is also good for the health of our chickens because there are a lot of vitamins and minerals in the feed. Some local companies give my parents food waste for free, so my parents do not have to [②] to get the feed.

Third, my parents sell not only eggs but also sweets to reduce the waste of the eggs. Some of the eggs do not look good enough to sell, but they still taste good. So, my parents make cakes and puddings with such eggs. My parents are happy to sell those sweets because they can reduce the waste of the eggs.

I was very surprised to learn these good points about our chicken farm. My parents are working hard not only for the chickens but also for the environment. I respect my parents very much. Like them, I want to work with animals in the future. So, I want to learn more about what we should do to create a better living environment, both for animals and for us. If you are interested in my speech, please come and talk with me.

1 [①] に入れるのに最も適当なものを，次のア～エから一つ選び，記号で答えなさい。

ア careful　イ easy　ウ fast　エ strong

2 本文の内容について，次の質問に英語で答えなさい。

What did Ryo do after lunch every day last August?

3 本文の流れに合うように，[②] に当てはまる英語を３語で書きなさい。

4 本文の内容と合っているものを，次のア～オから**すべて**選び，記号で答えなさい。

ア Ryo knew a lot about how his parents worked before he helped them last August.

イ Ryo got up early every morning and worked with his parents on their chicken farm last August.

ウ Ryo realized that doing the jobs at his parents' chicken farm was not easy.

エ Ryo found that his parents' chicken farm has a lot of devices to keep the chickens healthy.

オ Ryo found that his parents sell both the eggs and the feed used for the chickens.

5 下の英文は，クラスメートの知美(Tomomi)が，このスピーチを聞いた後に涼に書いた感想である。英文中の[　　]に当てはまる英語を前後の文章とのつながりを考えて，５語以上８語以内で書きなさい。ただし，短縮形(I'm や isn't など)は１語と数え，ピリオド(.)，コンマ(,)などの符号は語数に含めないものとする。

知美が書いた感想

To Ryo,

Thank you very much for your wonderful speech. I have learned a lot about how your parents are working on your chicken farm. I did not know that your parents are thinking not only about the health of the chickens but also about some of the problems in our environment. I hope you will learn a lot about [　　] better, both for animals and for us.

Tomomi

■令和４年度問題

4 （選択問題 A）

次は，中学生の友紀(Yuki)が，いとこの聡史(Satoshi)が泊まりにきた時の体験について，英語の授業でスピーチをしたものである。英文を読んで，１～５の問いに答えなさい。

(注) nursery school teacher ＝保育士　all day long ＝一日中　carefully ＝注意深く
spoon ＝スプーン　spill ～＝～をこぼす　take ～ away ＝～を取り上げる
make a mistake ＝失敗する

Today, I want to talk about my experience during winter vacation. Last December, my aunt and uncle stayed at my house for three days, and I met their son, Satoshi, for the first time. He is only two years old. It was a good chance for me to learn how to take care of little children like him [①] I want to be a nursery school teacher in the future.

On the first day, we went to a zoo and saw many animals. I held his hand and walked with him, but sometimes I walked too [②] for him. He often cried and asked me to stop. Walking slowly with little children was a little difficult for me, but I found that it is important when I take care of them.

On the second day, we enjoyed singing songs and playing with a ball in my house all day long. When we were playing together, he talked to me a lot, but I couldn't understand some of his words. When I tried hard to listen to his words, he smiled and talked to me more. I learned that listening carefully is important for communication with little children.

On the last day, we ate lunch together. Satoshi couldn't use his spoon well and kept spilling his food on the table. So, I took his spoon away from his hand and brought the food to his mouth with it. I thought I did a good thing, but my aunt looked sad and asked me to stop. She said, "Yuki, thank you for helping Satoshi like his older sister, but he is trying to do his best. He is learning now, so, just [③] him." I learned that helping too much is not good for little children when they are trying to do something.

During his stay, I had a lot of good experiences. I learned that it is important for us to have many experiences and to make many mistakes. Through mistakes, we can learn [ ]. I learned important things from Satoshi.

1 [①]～[③]に入れるのに最も適当なものを，それぞれ次のア～ウから一つ選び，記号で答えなさい。

[①]　ア because　イ but　ウ or
[②]　ア easily　イ straight　ウ fast
[③]　ア ask　イ stop　ウ watch

2 本文の内容について，次の質問に英語で答えなさい。
Where were Yuki and Satoshi on the second day?

3 [ ]に入れるのに最も適当なものを，次のア～ウから一つ選び，記号で答えなさい。
ア how to ask meanings of some words
イ how to do things better
ウ how to sing songs

4 次の「翔太(しょうた)のメモ」は，クラスメートの翔太が，友紀のスピーチを聞いてその内容を書きとめたものである。本文の内容に合うように，[A]～[C]にそれぞれ適当なことばを日本語で書きなさい。

「翔太のメモ」

友紀が聡史との体験を通して学んだこと
〈１日目〉 幼い子どもと一緒のときには，[A]ことが大事だということ。
〈２日目〉 幼い子どもとのコミュニケーションでは，しっかりと[B]ことが大事だということ。
〈３日目〉 幼い子どもが何かをやろうとしているときには，[C]ことはよくないということ。

5 本文の内容に合っているものを，次のア～ウから一つ選び，記号で答えなさい。
ア It was the second time for Yuki to meet Satoshi last December.
イ When Yuki helped Satoshi with eating lunch, Yuki's aunt looked very happy.
ウ Yuki had many good experiences with Satoshi during the winter vacation.

■令和４年度問題

4 （選択問題Ｂ）

次は，高校生の里奈(Rina)が，fast fashion(ファスト・ファッション)と sustainable fashion(持続可能なファッション)について英語の授業でスピーチをするために書いたものである。英文を読んで，１～５の問いに答えなさい。

(注) price ＝値段　fashionable ＝おしゃれな　worn ＝ wear の過去分詞
throw away ～＝～を処分する　clothing ＝衣料品　material ＝素材

Look at this shirt. Do you think I bought it? No. Actually, my mother [①] it for me by using her old clothes. To make this speech, I learned about "fast fashion" and "sustainable fashion." Today, I'll tell you about them. Then, let's think about what to do for the environment.

First, I'll talk about "fast fashion." Now, many kinds of clothes are sold at a low price and people can buy them easily. Some people buy many popular clothes and enjoy the newest fashion as some fashionable people often do. Those are examples of fast fashion. However, there are some problems. Many clothes are made to keep the prices lower, and some of them are not worn and are thrown away. People sometimes buy too many clothes, and some of them are also not worn and are thrown away. So, some clothing companies are trying to solve these problems. For example, they are collecting clothes from people who do not need them anymore and are trying to reuse or recycle those clothes. I think these activities are good for the environment.

Next, I'll talk about "sustainable fashion." Some people take good care of their clothes, or they don't buy new clothes so often because they want to be friendly to the environment. Some clothing companies make clothes which are worn for a long time or use materials which are friendly to the environment. Those are examples of sustainable fashion. However, there are some problems with these activities, too. Clothes which are friendly to the environment are often more expensive than fast fashion clothes, and some people think they are not as popular as fast fashion clothes. So, some clothing companies are trying to solve these problems. Now, they are trying to make more fashionable clothes that are not too expensive.

You can choose your own clothes, but I want you to think about the environment and try these three things. First, please buy the clothes which are friendly to the environment. They are usually a little more expensive than other clothes, but I think protecting the environment is more important than enjoying popular clothes. Second, please wear your clothes again and again. Then, you don't have to buy too many clothes. Third, when you don't need some of your clothes anymore, please [②]. Someone around you may need your clothes. I hope, in the future, our world will become more sustainable through these activities.

1 [①]に入れるのに最も適当なものを，次のア～エから一つ選び，記号で答えなさい。

ア bought　イ brought　ウ made　エ sold

2 本文の内容について，次の質問に英語で答えなさい。

What do some people who want to be fashionable often do?

3 本文の流れに合うように，[②]に当てはまる英語を４語以内で書きなさい。

4 本文の内容と合っているものを，次のア～オから**すべて**選び，記号で答えなさい。

ア Fast fashion has made people happy because they can make their own clothes quickly.
イ One of the problems about fast fashion is that people keep their clothes for a long time.
ウ Choosing clothes which people can wear for a long time is a kind of sustainable fashion.
エ Clothes which are friendly to the environment are often more expensive than clothes which are not.
オ Rina thinks enjoying fashionable clothes is as important as protecting the environment.

5 下の英文は，クラスメートの早紀(Saki)が，このスピーチを聞いた後に里奈に書いた感想である。英文中の[ ]に当てはまる英語を前後の文章とのつながりを考えて，15 語以内で書きなさい。ただし，短縮形(I'm や isn't など)は１語と数え，ピリオド(.)，コンマ(,)などの符号は語数に含めないものとする。

早紀が書いた感想

To Rina,

Thank you very much for your wonderful speech. I knew a little about "fast fashion," but it was the first time for me to hear about "sustainable fashion." I understood that both have some good points and some problems, but I like the idea of sustainable fashion better. As you said, when I go to a clothing store next time, I will [ ] many times. I want to think more about how I can protect the environment through clothes.

Saki

■令和３年度問題

4 (選択問題 B)

次は，高校生の絵里(Eri)が，英語の授業でスピーチをするために書いたものである。英文を読んで，１～５の問いに答えなさい。

(注) benefit ＝恩恵　for a while ＝しばらくの間　relaxed ＝落ち着いた　responsibility ＝責任
pet owner ＝ペットの飼い主　advice ＝助言

Today, I want to talk about my pet and some benefits of having pets. I have had a small dog since I was a little girl. His name is Koro. Ten years ago, my parents and I went to a pet shop. When I first saw him there, he was very cute and small. I really loved him, and wanted to have him. So I asked my parents, "Can I have this dog as a pet?" They thought for a while and said, "OK, Eri. You can have this dog, but you have to take good care of him." I was very [①] to have him and we have been good friends since then.

What are the benefits of having animals as pets? I looked for information about them in some books and on the Internet. I found many good points, but today I'll tell you three benefits of having pets.

First, we can feel happy or relaxed. When we live with pets, we can forget about our bad things or busy lives. For example, when I feel lonely or sad, Koro always comes to me and makes me happy. When I am very busy and tired, I feel relaxed to be with him.

Second, we can learn the responsibility for having pets. In my family, I have to give food to Koro every day. I also take a walk with him after coming home from school. It is sometimes hard for me to do everything by myself, but it is necessary for him. So I feel the responsibility for taking care of him.

Third, we can have a lot of chances for [②] with other people when we have pets. For example, pet owners have many chances to meet and talk with other people because they often walk with their dogs. Many pet owners also take a lot of pictures of their pets, show them on the Internet, and share a lot of information about their pets with others.

I found many good points of having pets, and I know many pet owners have a good time with their pets. Through taking care of my pet, I have learned that every animal has a life as we do, and their lives are as important as ours. To be a good pet owner, we should think more about the lives of pets and give a lot of love to them. At the same time, they will give you a lot of wonderful memories as my pet, Koro, does. So if you have a chance, why don't you get a pet and follow my advice?

1 [①]に入れるのに最も適当なものを，次のア～エから一つ選び，記号で答えなさい。

ア nervous　イ funny　ウ sad　エ glad

2 本文の内容について，次の質問に英語で答えなさい。

When and where did Eri meet Koro for the first time?

3 本文の流れに合うように，[②]に当てはまる英語を１語で書きなさい。

4 本文の内容と合っているものを，次の**ア～オ**から**すべて**選び，記号で答えなさい。

ア Eri's parents said Eri was too young to have a dog when she first met Koro.

イ Eri used books and the Internet to find the good points about having pets.

ウ Eri always stays with Koro when she thinks he is sad or lonely.

エ Eri usually walks with Koro before she goes to school.

オ Eri has learned, through having her pet, that all animals have lives as we do.

5 下の英文は，絵里のスピーチを聞いた後，クラスメートの健二（Kenji）が絵里に書いた感想である。英文中の[ ]に当てはまる英語を，10語以内で書きなさい。ただし，短縮形（I'm や isn't など）は１語と数え，ピリオド（.），コンマ（,）などの符号は語数に含めないものとする。

健二が書いた感想

To Eri,

Your speech was very interesting. I agree that pets make us happy and relaxed. From your speech, I learned other benefits of having pets. I have a cat, so I should have more responsibility for taking care of my cat. As you said at the end of your speech, when we take care of pets, we should [ ]. So I will follow your advice and try to be a good pet owner.

Kenji

■令和２年度問題

4 (選択問題 B)

次は，中学３年生の麻衣（Mai）が，英語の授業でスピーチをするために書いたものである。英文を読んで，１～５の問いに答えなさい。

(注) international student ＝留学生　introduce ～＝～を紹介する　gesture ＝身ぶり　laugh ＝笑う

Now I'm going to talk about my experience when I was in elementary school. When I was nine years old, my father got a new job in Kumamoto. My family decided to move from Okinawa to Kumamoto. So, my little brother and I moved to a new school. During the spring vacation, we went to the new school to meet our new teachers. They welcomed us and talked to us a lot. The new school building looked very small.

On my first day of school, my father took us there. I was nervous because I was worried about my school life. Will the students be kind to me? Can I study as well as other students? Can I find good friends? Will I enjoy my school life? I was [①] of my new school life. Then, my father said to me, "When I was a high school student, I went to America as an international student and stayed there for a year. On my first day of school, I didn't have any friends there and I couldn't speak English well. So, I was very nervous. In my first English class, my teacher told me to introduce myself in English, so I told my classmates about my hometown and my club activities. They became interested about me and asked me a lot of questions. Then I answered them by using gestures. We laughed a lot and became good friends. I was very happy. Today, you should talk about yourself to a lot of your classmates. If they know you well, they will talk to you and become good friends with you."

In the classroom, the teacher told my name to my classmates and then I introduced myself. I was so nervous, but I said, "I come from Okinawa. I like swimming. I love comics." After that, some of my classmates came around me and talked to me. A student who once lived in Okinawa told me about his favorite food in Okinawa. Another student asked me to join the swimming club which she joined. Other students talked about the comics that they loved, and we enjoyed talking about that. I felt so happy because many students talked to me.

From this experience, I learned one thing. It is important [②] in a new school. By doing so, your classmates will become interested about you and ask you many questions. If you just wait, you won't have any chances to talk with your classmates. I really enjoyed my new school life with my friends. I was happy to have many friends both in my old elementary school and in my new one. Moving to another school became a great experience for me.

1 [①]に入れるのに最も適当なものを，次のア～オから一つ選び，記号で答えなさい。
ア afraid　イ back　ウ glad　エ kind　オ surprised

2 本文の内容について，次の質問に英語で答えなさい。
Why was Mai's father nervous on the first day of his new high school in America?

3 本文の内容と合っているものを，次のア～オから**すべて**選び，記号で答えなさい。
ア When Mai was in elementary school, she moved from Okinawa to Kumamoto because her father got a new job in Kumamoto.
イ When Mai went to her new school during the spring vacation, she thought it was bigger than her old school.
ウ When Mai introduced herself to her classmates, she told them about where she was from, what sport she liked and the thing she loved.
エ Some students came to Mai to talk about the comics, but she didn't enjoy talking with them because she couldn't understand them well.
オ She didn't have a lot of friends when she was in her old elementary school, but she had many friends in her new one.

4 本文の流れに合うように，[②]に当てはまる英語を，10語以内で書きなさい。ただし，ピリオド（.），コンマ（,）などの符号は語数に含めないものとする。

5 麻衣のスピーチを聞いた後，クラスメートの亜美（Ami）は，麻衣にスピーチの感想を英語で書いた。次の[ ]に当てはまる英語を，2語で書きなさい。

亜美の感想

> To Mai,
> Thank you for your speech. I understand how [ ] when you moved to your new school. We learned an important thing from your experience. I hope you can make many friends in your high school, too.
> Ami

■平成31年度問題

4 （選択問題 B）

次の英文は，高校生の亜紀（Aki）が，英語の授業でスピーチをするために書いたものである。よく読んで，1～5の問いに答えなさい。

（注）cheerleaders' performance ＝応援団の演技　cafeteria ＝食堂　bow ＝お辞儀をする
proud ＝誇りに思う　behavior ＝ふるまい　cherish ～＝～を大事にする

Hello, everyone. I'm interested in English, so I'm in the English club. We meet on Wednesdays and do many kinds of activities with our English teacher. For example, we watch movies, play games, and cook foreign food. We had a tea party last month. We invited George, Emma, and John. They are international students who are studying Japanese language and culture in different high schools in Kumamoto. They came to Kumamoto three months ago.

At the party, I asked them, "Are you enjoying your school life in Kumamoto ?" George said, "I really enjoyed the sports festival last month. I was excited to see the cheerleaders' performances. They were amazing. In my country, we don't have a big sports festival like that in high school."

Emma said, "I like lunch time here. My host mother puts a lot of Japanese food in a lunch box every morning. I enjoy lunch with my friends in our classroom. In my country, we don't have lunch in the classroom. We have a school cafeteria."

John said, "At first, I was surprised that there is cleaning time at school. In my country, students don't clean their classroom. Now I like cleaning time at school because I feel good after cleaning."

Then I talked with our English teacher about cleaning time in Japan. He is from London. He said, "I like cleaning time in Japan, too. Now, I practice judo here. When we enter the practice room, we bow to show our thanks to the place we use every day. I think Japanese students clean their classroom every day for the same reason."

I was surprised to learn that students don't have cleaning time at school in some countries. I wanted to know more about it, so I checked it on the Internet and learned two things. First, there are countries which have cleaning time at school in the world, but there are more countries which don't. Second, some people think it is not necessary for students to have cleaning time at school because they should learn how to clean at home, not at school.

I learned that different countries have different ways of thinking. We can't say which is [①]. However, I felt proud and happy when I saw the news about the World Cup. Japanese soccer fans cleaned the places they used after the game. Some fans from other countries also became interested in their behavior and started to clean. I think cleaning is one of the Japanese cultures. We should cherish the wonderful culture of cleaning and [②] people around the world.

1 日本で生徒が教室を掃除する理由を，ロンドン出身の先生は何と言っているか，日本語で書きなさい。

2 本文の内容について，次の問いに英語で答えなさい。
Some people think students don't have to clean their classroom. Why do they think so ?

3 [①]に入れるのに最も適当なものを，次のア～オから一つ選び，記号で答えなさい。
ア abroad　イ busy　ウ different　エ near　オ right

4 本文の流れに合うように，[②]に当てはまる英語を，３語で書きなさい。

5 本文の内容と合っているものを，次のア～オから一つ選び，記号で答えなさい。
ア At a tea party, Aki talked with three international students who are studying Japanese language and culture in the same high school.
イ George said that he had a good time at the sports festival, and he also said they have a big sports festival in high school in his country.
ウ Emma likes lunch time in Japanese high schools because she has lunch with her friends outside the classroom.
エ John didn't have cleaning time at school before coming to Japan, but now he likes cleaning time at his school in Japan.
オ One thing Aki learned from the Internet is that more than half of the countries in the world have cleaning time at school.

■平成30年度問題

4 (選択問題 B)

次の英文は，高校生の光太(Kota)が，英語の授業でスピーチをするために書いたものである。よく読んで，１～４の問いに答えなさい。

Hello, everyone. I'm on the baseball team. My friends and teachers are very kind. I'm enjoying my school life very much. However, there is one thing I don't like. When I go home from school by train after practicing baseball, it's always crowded. Standing on the train for an hour makes me [ ].

One day, when I was going home by train, I found a seat. I was so happy ! I sat on the seat and started reading a book. I kept reading for about thirty minutes, and when I stopped reading, I found an old woman standing near the doors. She looked a little tired. I felt that she was as old as my grandmother. I thought I should give up my seat, but I said to myself, "Do I have to give up my seat to her, or should I wait for someone who will give up his or her seat ? No, people on the priority seats must give up their seats." I couldn't find the answer.

After a while, she was still standing there. So I decided to give up my seat to her. I stood up and started walking to her. Soon after that, I felt someone moving behind me. The seat was taken by a young man who was listening to music. ①I felt sad.

The next day, I talked with our English teacher about the priority seats. He is from the U.K. He said, "In the U.K., when you are shown a priority seat card, you have to give up your seat to the person who showed it to you." He also said, "When I was traveling in Taiwan last year, I saw a lot of posters telling people to give up priority seats."

Our English teacher also said, "When I first came to Japan, people were kind to me. I believe that Japanese people are kind to each other. But sometimes I see some people who don't give up their seats to old people. I don't know why. In the U.K., however, it's natural to give up our seats to old people." ②I still remember the thing he told me.

Is it difficult for us to be kind to each other? Why are we shy when we try to be kind to other people ? Maybe we don't want to be different from people around us. From my experience, I always say to myself, "Don't be shy when you do something good for others." I believe that doing something good for others makes them happy and makes me happy, too.

(注) crowded＝混雑している　give up ～＝～をゆずる　priority seat＝優先席
after a while＝しばらくして　poster＝ポスター　natural＝当然の　shy＝ためらう
maybe＝おそらく

1　本文の流れに合うように，□に当てはまる英語を，1語で書きなさい。
2　下線部①の理由を，日本語で書きなさい。
3　本文の内容と合っているものを，次のア～オから一つ選び，記号で答えなさい。
ア　Kota met his grandmother on the train when he was going home from school.
イ　Kota saw an old woman who was giving up her seat to a young man.
ウ　Kota couldn't decide what to do soon after he saw the old woman standing by the doors.
エ　Kota learned that people in the U.K. show priority seat cards to give up their seats.
オ　Kota always says to others, "Don't be shy when you do something good for others."
4　下線部②について，次の質問に15語以上20語以内の英語で答えなさい。ただし，答えは "Japanese people" で書き始めることとし，この2語も語数に含め，ピリオド(.)，コンマ(,)などの符号は語数に含めないものとする。
What did Kota's English teacher want to tell Kota?

■平成29年度問題

4 (選択問題B)

次の英文は，高校生の健太(Kenta)が，英語の授業でスピーチをするために書いたものである。よく読んで，1～4の問いに答えなさい。

(注) repair＝修理する　Holland＝オランダ　repair café＝リペアカフェ　as～＝～のように
café＝カフェ(コーヒー・紅茶・ケーキなどを出す飲食店)　toy＝おもちゃ
cherish＝大切にする　electrics＝電気設備　would～＝～かもしれない

Last year, my grandfather showed me his watch and said, "Kenta, this watch is older than you. It's 30 years old. It stopped last week, so I have to find someone to repair it." I said, "Why don't you get a new one ?" He said, "This watch was a present from your grandmother. I want to keep using this. I don't want to buy a new one." Then I remembered my junior high school teacher's interesting stories.

In Holland, there are places called repair cafés. As you know, we usually drink a cup of coffee and eat some food in a café. You can enjoy a cup of coffee in repair cafés, too, but they are different. You can also bring broken things such as bikes, clothes, and desks and enjoy repairing them.

The woman who started repair cafés thinks young people should have a chance to enjoy learning how to repair things from old people and talking about the memories that each family has with those things. She also wants many people to know repairing things is fun and not difficult.

My junior high school teacher also talked about some events in Japan. In Aomori, some volunteers visit an elementary school and teach children how to repair books. In this event, children meet the volunteers living near them, and the volunteers are happy to meet children in their town.

At a high school in Kanagawa, students repair children's toys which are brought to the school. They work hard to repair them. Then, the children can learn to cherish things more. They also visit old people and check the electrics in their houses. When they find broken parts, they repair them. Old people thank the students a lot and are even moved by their efforts. Through these events, students have a chance to meet people outside their school and help them.

When I became a high school student, my mother bought a bag for me. When I look at it, I remember the first day in my high school. The bag is really important to me. I've been to many places with it and made wonderful memories. So I want to keep using it for a long time. Buying a new bag may be easier than repairing it, but I would lose those memories.

Let's cherish the things we have and enjoy repairing them if they are broken. Then, we can keep the memories and make new ones, too.

1　本文の内容と合っているものを，次のア～エから一つ選び，記号で答えなさい。
ア　Kenta's grandfather wanted to buy a new watch.
イ　Kenta heard about repair cafés from the volunteers.
ウ　Children in Aomori meet the volunteers from other towns.
エ　Kenta keeps using the bag his mother bought for him.
2　下線部はどんな機会か。その内容を，日本語で書きなさい。
3　次の英文は，本文中の二つの学校で行われている活動の内容をまとめたものである。文中の ① ， ② に入れるのに最も適当な組み合わせを，下のア～エから一つ選び，記号で答えなさい。

In Aomori, children and volunteers meet each other. Children ① how to repair books from the volunteers and the volunteers are happy to teach them.

At a high school in Kanagawa, students ② children and old people in different ways. They repair toys for the children and check the electrics for the old people.

ア (① teach　② visit)　イ (① teach　② help)
ウ (① learn　② help)　エ (① learn　② visit)

4　本文の内容について，次の質問に20語以内の英語で答えなさい。ただし，ピリオド(.)，コンマ(,)などの符号は語数に含めないものとする。
What does Kenta want his classmates to do ?

■平成27年度問題

4 (選択問題 B)

次の英文は，高校生の里美（Satomi）が，英語の授業でスピーチをするために書いたものである。よく読んで，1～6の問いに答えなさい。

（注） competition＝大会　grade＝学年　prefectural＝県の　result＝結果　last＝最後の
do one's best＝全力を尽くす　the Modern Olympics＝近代オリンピック
Pierre de Coubertin＝（人名）ピエール・ド・クーベルタン
France＝フランス　opportunity＝機会　as～＝～につれて
education＝教育　England＝イングランド（イギリス南部の地方）
peaceful＝平和な　finally＝ついに　Greece＝ギリシャ　athlete＝選手
shook hands＝握手をした　respect＝尊敬　realize＝実現する
the Olympic Charter＝オリンピック憲章　without knowing it＝知らないうちに

I started swimming when I was four, and I have won many competitions.

When I was in the third grade at junior high school, I swam in the prefectural competition. To swim in the national competition, I had to get a good result in the prefectural competition. But I could not, and the competition became the last one of my junior high school. I was sad. A few days later, I talked with my father in my room. He said, "Don't be sad, Satomi. You did your best." He also said, "You know the Modern Olympics, don't you? If you study about them, you'll find something good for you." After talking with him, I started to study about them.

I learned about a person who worked hard to start the Modern Olympics. His name is Pierre de Coubertin. He is known as "the father of the Modern Olympics." He was born in France in 1863. When he was a child, children in France could only study in the classroom and did not have opportunities to enjoy sports at school. As he got older, he became interested in education and studied about it.

When Coubertin was twenty, he went to England and visited some schools. He found there was a big difference between education in England and education in France. Students in [①] enjoyed sports at school. They learned many things through sports, so Coubertin thought sports were important for education. To change education in France, he thought students in [②] should do sports at school like students in [③]. Then he went to America and some other countries, and studied about education there. After visiting all of those countries, he began to think people could be friends and build a peaceful world through sports. Soon he had a plan to hold a sports event for people all over the world. He met many people and told them about ⓐit. Finally, his dream came true. In 1896, the first Modern Olympics were held in Greece. Fourteen countries joined them and more than two hundred young athletes did their best to win. After the games, they shook hands to show respect to each other. People were moved to see those young athletes.

Coubertin wanted to realize three things through sports. First, he wanted people in the world to make their body and mind strong. Second, he wanted them to become friends. Third, he wanted them to build a peaceful world. Those wishes were written in the Olympic Charter and have not changed for more than one hundred years.

After I learned about Coubertin's wishes, I thought of my experience through swimming. One day a new member joined our team. Her name was Tomoko. She swam fast and always practiced hard to swim faster. I also practiced hard to swim faster. We tried to swim faster than each other. Through swimming together, we [　　　　]. Without knowing it, I was already following one of the Coubertin's wishes which I told you as the second one. With that experience, I found an important thing in sports.

My dream is to swim in the Olympics as an athlete. I will do my best for the dream. Also, I will always remember Coubertin's three wishes when I swim.

1 本文の内容について，次の問いに英語で答えなさい。
What did Satomi start to do after she talked with her father in her room?

2 [①]～[③]に入れるのに最も適当な組み合わせを，次のア～エから一つ選び，記号で答えなさい。
ア（① England　② England　③ France）　イ（① England　② France　③ England）
ウ（① France　② France　③ England）　エ（① France　② England　③ France）

3 下線部ⓐの内容を，20字以上30字以内の日本語で書きなさい。ただし，句読点は字数に含めるものとする。

4 本文の流れに合うように，[　　]に当てはまる英語を，2語で書きなさい。

5 本文の内容と合っているものを，次のア～オから一つ選び，記号で答えなさい。
ア Satomi swam in the national competition as the last competition of her junior high school.
イ Coubertin learned about a person who is known as "the father of the Modern Olympics."
ウ The number of young athletes who joined the first Modern Olympics was fourteen.
エ Coubertin's wishes were written in the Olympic Charter over a hundred years ago.
オ Tomoko and Satomi tried to swim faster than each other in different teams.

6 里美のスピーチを聞いた後，クラスでは，スポーツをすることの意義について，自分の考えを英文で書くことになった。和也（かずや）は自分の考えを，次のA～Dの四つの内容にまとめた。和也になったつもりで，次のA～Dの内容を2文の英文で書きなさい。

A　スポーツをするのは多くの人にとって楽しい。
B　スポーツをすることには，ほかにもよいことがある。
C　スポーツを通して，私たちは互いに助け合うことを学ぶ。
D　スポーツを通して，私たちは他者に優しくなれる。

英作文

※短縮形（I'm や isn't など）は１語と数え，コンマ（,）などの符号は語数に含めない。

■令和５年度問題

5（選択問題 A）

あなたは，英語の授業で，「最近買ったもの」について，クラスメートの聡史と英語で伝え合う活動を行うことになった。あなたなら何と言うか。下の**条件**にしたがい，英語で書きなさい。

（注）recently ＝最近

条件

- A には，何を買ったかについて２語以上の英語で書く。
- B には，買ったものについての説明を４語以上の英語で書く。

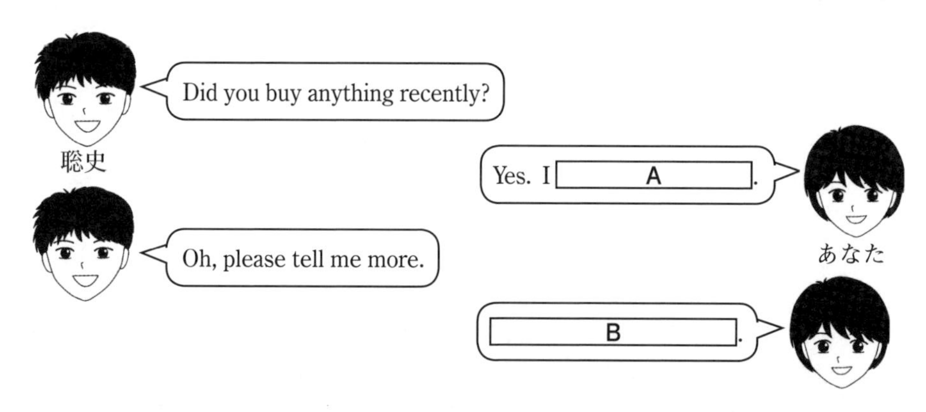
Did you buy anything recently?
聡史
Yes. I A .
あなた
Oh, please tell me more.
B .

5（選択問題 B）

あなたは，英語の授業で，次の**テーマ**について陽子と英語で意見交換をしている。下の**陽子の発言**に対する**あなたの答え**として，Yes, I do. または No, I don't. のいずれかを選択し，続けてその理由を 25 語以上 35 語以内の英語で書きなさい。

（注）tablet ＝タブレットコンピュータ

テーマ

"Using a Tablet in English Classes ― Good Points and Bad Points"

陽子の発言

I think using a tablet in English classes has more good points than bad points. Do you agree that we should use a tablet in every English class?

■令和４年度問題

5（選択問題 A）

あなたは，英語の授業で，「将来の夢」というテーマについて英語で話し合うことになった。あなたならこのテーマについて何と言うか。また，その夢を実現するために何をするか。下の**条件**にしたがい， A ， B にそれぞれ適当な英語を書き，**あなたの伝える内容**を完成させなさい。

（注）realize ～＝～を実現する

あなたの伝える内容

My dream is to A . To realize my dream, I B .

条件

- A には，２語以上の英語を書く。
- B には，４語以上の英語を書く。

5（選択問題 B）

あなたは，英語の授業で，"An effective way to learn foreign cultures or customs"というテーマについて陽子と英語で意見交換をしている。次の**陽子の発言**に対するあなたの答えを，その理由とともに，25 語以上 35 語以内の英語で書きなさい。

（注）effective ＝効果的な　　custom ＝習慣

陽子の発言

I think visiting other countries even for a few days is an effective way to learn foreign cultures or customs. Do you agree with me?

■令和３年度問題

5 (選択問題 A)

あなたは，英語の授業で，「スポーツをすることとスポーツをみることではどちらがよりおもしろいと思うか」というテーマで，英語で意見を伝え合うことになった。あなたならこのテーマについてどちらの立場で意見を述べるか。下の**条件**にしたがい，［A］，［B］にそれぞれ適当な英語を書き，**あなたの意見**を完成させなさい。

あなたの意見　I think ［A］ is more interesting because ［B］.

条件
- ［A］には，選んだ方を２語以上の英語で書く。
- ［B］には，その理由を４語以上の英語で書く。

5 (選択問題 B)

あなたは，英語の授業で，外国語の学習について陽子と英語で意見交換をしている。次の**陽子の発言**に対するあなたの答えを，その理由とともに，25 語以上 35 語以内の英語で書きなさい。

(注) in addition to ～＝～に加えて

陽子の発言

Now we are studying English hard at school. In addition to English, I think it's good for us to learn another foreign language in the future. Do you agree with me?

■令和２年度問題

5 (選択問題 A)

あなたは，英語の授業で，「勉強するとき，家と図書館のどちらを選ぶか」というテーマで，英語で意見を伝え合うことになった。あなたなら何と言うか。下の**注意**にしたがい，［A］，［B］にそれぞれ適当な英語を書き，**あなたの答え**を完成させなさい。

あなたの答え　I think studying ［A］ is better because ［B］.

注意
- ［A］には，選んだ方を２語以上の英語で書く。
- ［B］には，その理由を５語以上の英語で書く。

5 (選択問題 B)

次の質問に対するあなたの答えを，**二つの理由とともに**，25 語以上 35 語以内の英語で書きなさい。

Which do you like better, a school trip in Japan or a school trip abroad?

■平成31年度問題

5 (選択問題 A)

あなたは，クラスの英語の授業で，カナダ出身の英語の先生から「高校生になって挑戦したいこと」について尋ねられ，英語で答えることになった。あなたなら何と言うか。あとの**注意**にしたがい，［A］，［B］にそれぞれ適当な英語を書き，**あなたの答え**を完成させなさい。

あなたの答え　I want to ［A］ because ［B］.

注意
- ［A］には，挑戦したいことを２語以上の英語で書く。
- ［B］には，その理由を５語以上の英語で書く。

5 (選択問題 B)

次の質問に対するあなたの答えを，25 語以上 35 語以内の英語で書きなさい。

(注) ability ＝能力

What can you do to make your English communication abilities better ?

■平成30年度問題

5 (選択問題 A)

あなたは，クラスの英語の授業で，アメリカ出身の英語の先生から「日本でおすすめの食べ物」について尋ねられ，英語で答えることになった。あなたなら何と言うか。下の**注意**にしたがい，［A］，［B］にそれぞれ適当な英語を書き，**あなたの答え**を完成しなさい。

あなたの答え　I want you to eat ［A］. ［B］.

注意
- ［A］には，食べ物の名前を書く。ローマ字で書いてもかまわない。
- ［B］には，［A］についての英文を，５語以上で書く。

5 (選択問題 B)

あなたは，クラスの英語の授業で，"Hopes for the future of Kumamoto" をテーマに話し合いをしている。次の**陽子(ようこ)の発言**に対するあなたの答えを，20 語以上 30 語以内の英語で書きなさい。(注) international visitors ＝外国人観光客　realize ～＝～を実現する

陽子の発言

My hope for the future of Kumamoto is that more international visitors come to Kumamoto. What can we do to realize this ?

■平成29年度問題

5 （選択問題 A）

あなたは，クラスの英語の授業で，先生から「好きな教科」について尋ねられ，英語で答えることになった。あなたなら何と言うか。下の**注意**にしたがい，[A]，[B]にそれぞれ適当な英語を書き，**あなたの答え**を完成しなさい。

あなたの答え　I like [A] because [B].

注意
- [A]には，あなたが好きな教科名を書く。
- [B]には，[A]が好きな理由を４語以上で書く。

5 （選択問題 B）

あなたのクラスでは，英語の授業で「Studying abroad（留学）」をテーマに話し合いをしている。次の**陽子**（ようこ）**の発言**に対して，あなたならどんな意見を述べるか。あなたの意見を 20 語以上 30 語以内の英語で書きなさい。

陽子の発言

I think studying abroad is a good idea. What do you think about this ?

■平成28年度問題

5 （選択問題 A）

あなたのクラスの英語の授業で，先生から「週末にしていること」について尋ねられ，英語で答えることになった。あなたなら何と言うか。下の**注意**にしたがい，[A]，[B]にそれぞれ適当な英語を書き，**あなたの答え**を完成しなさい。

あなたの答え

[A] on weekends. [B].

注意
- [A]には，あなたが週末にしていることを３語以上で書く。
- [B]には，[A]で述べたことについての説明や感想を４語以上で書く。

■平成28年度問題

5 （選択問題 B）

あなたのクラスでは，英語の授業で「Reading newspapers」をテーマに話し合いをしている。クラスのある生徒が述べた次の意見に対して，あなたならどんな意見を述べるか。下の**注意**にしたがい，[A]，[B]にそれぞれ適当な英語を書き，**あなたの意見**を完成しなさい。

ある生徒の意見

I heard that about 60％ of junior high school students in Japan don't read newspapers. I think that more junior high school students should read newspapers.

あなたの意見

[A], because [B].

注意
- [A]には，**ある生徒の意見**に賛成か反対かがわかるよう２語以上で書く。
- [B]には，賛成か反対の具体的な理由を 10 語以上で書く。

■平成27年度問題

2 D　あなたのクラスの英語の授業で，オーストラリアの学校の生徒とのテレビ会議が行われている。あなたは，日本を訪れるのに最もよい季節について話すことになった。あなたなら何と言うか。下の**注意**にしたがい，２文の英文で書きなさい。

注意

1　次の二つの内容を伝える英文を書くこと。
- 日本を訪れるのに最もよいとあなたが思う季節。
- あなたが思う，その季節のよさ，または，その季節に日本で楽しめること。

2　それぞれの英文は４語以上とし，ピリオド（.），コンマ（,）などの符号は語数に含めないものとする。

公立高校入試出題単元

過去9年間
(平成27年～令和5年迄)

社　会

世界地理
■令和5年度 1 (地形・風・国の特色・時差・人口)
■令和4年度 1 (宗教・時差・農業・鉱業・言語)
■令和3年度 1 (経線・産業・南アメリカ州について)
■令和2年度 1 (緯度・人口・気候・農業・生産)
■平成31年度 1 (地形・時差・アメリカの特徴)
■平成30年度 1 (大陸・縮尺・地形・気候・人口・貿易)
■平成28年度 1 (州・時差・宗教・環境・産業)

日本地理
■令和5年度 2 (交通・伝統工芸品・農業・発電・地形図)
■令和4年度 2 (地図・交通・気候・農業・地形図)
■令和3年度 2 (県・気候・地形図・産業)
■令和2年度 2 (地形・気候・農業・地形図)
■平成31年度 2 (県庁所在地・気候・農業・地形図)
■平成29年度 2 (県・地形・地形図)

歴史的分野（総合）
■令和5年度 3 (古代～近世)
■令和4年度 3 (古代～近世)
■令和3年度 3 (古代～近世)
■令和2年度 3 (原始・古代～近代)
■平成30年度 3 (古代～近世の政治・文化)
■平成29年度 3 (古代～近世)
■平成27年度 3 (古代～江戸時代の主な出来事・関連する所在地)

歴史的分野（近代史）
■令和5年度 4 (近現代)
■令和4年度 4 (近代・現代)
■令和3年度 4 (近代)
■令和2年度 4 (明治以降)
■平成31年度 4 (近代・近現代)
■平成28年度 4 (近代の経済・出来事)

政治
■令和5年度 5 (憲法)
■令和4年度 5 (憲法・選挙・裁判)
■令和3年度 5 (憲法・地方自治)
■令和2年度 5 (国際連合・政治・裁判・選挙)
■平成31年度 5 (国際社会・憲法)
■平成30年度 5 (選挙・地方自治・憲法・情報化社会)
■平成29年度 5 (憲法・選挙・国会・内閣・裁判)
■平成28年度 5 (選挙・憲法・三権分立)

経済
■令和5年度 6 (経済・環境)
■令和4年度 6 (税・社会福祉・経済)
■令和2年度 6 (経済・環境)
■平成29年度 6 (家計・予算・為替・社会保障・消費者)
■平成28年度 6 (景気・企業・国際連合・国際社会)
■平成27年度 6 (消費者・京都議定書・労働三法)

世界地理

■令和５年度問題

1　次の各問いに答えなさい。

1　図１～図３を見て，⑴～⑷の問いに答えなさい。

図１

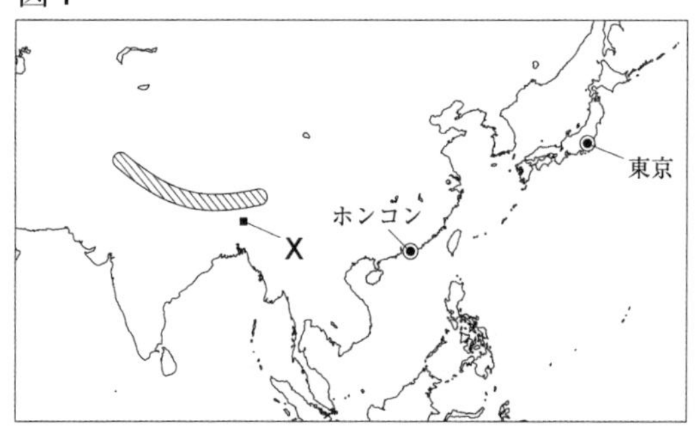

図２

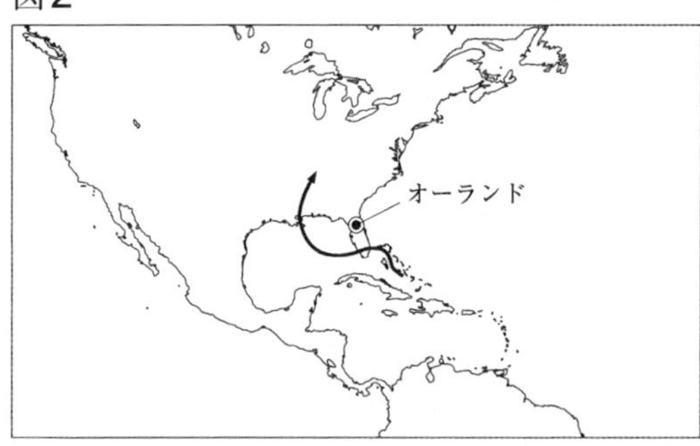

図３

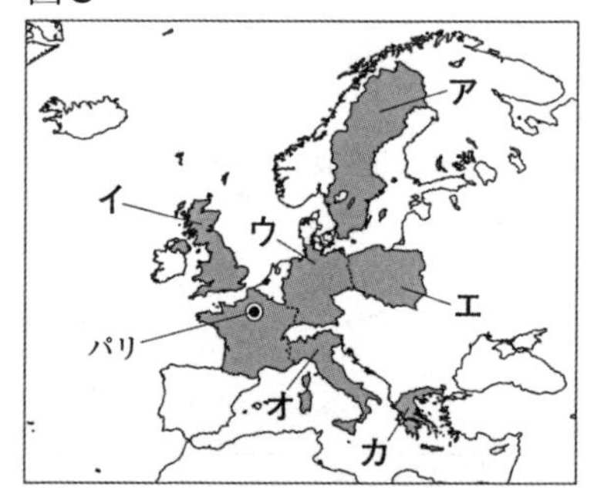

⑴　図１の▪で示したＸの都市周辺では，夏にａ（ア　インド洋　　イ　大西洋　ウ　チベット高原）からの湿った季節風が，（斜線）で示した［ｂ］山脈にぶつかり，大量の雨を降らせる。ａの（　　）の中から適当なものを一つ選び，記号で答えなさい。また，［ｂ］に当てはまる山脈名を書きなさい。

⑵　図２の←は，アメリカ合衆国南東部を中心とした地域に風水害をもたらした強い勢力の熱帯低気圧の進路の一例を示したものである。図２で示した地域で見られるこのような熱帯低気圧は何とよばれているか，書きなさい。

⑶　表４は，図３の（灰色）で示した，フランス及びア～カのいずれかの国の国内総生産（ＧＤＰ）に占める農業生産額の割合などを示したものである。表４のＢとＥに当たる国を，図３のア～カからそれぞれ一つずつ選び，記号で答えなさい。

表４

国＼項目	国内総生産に占める農業生産額の割合（%）	国土面積に占める森林の割合（%）	主な宗教と人口に占める割合（%）	一人あたりの国民総所得（ドル）
A	3.8	30.3	正教会 90	19690
B	2.3	30.9	カトリック 89	15350
C	1.9	32.0	カトリック 83	34830
フランス	1.6	31.2	カトリック 64	42290
D	1.4	68.7	プロテスタント 76	56090
E	0.7	32.7	カトリック 31，プロテスタント 30	48550
F	0.6	13.1	プロテスタント 72	42130

（「データブック オブ・ザ・ワールド 2022」による）

⑷　図５は，◉で示した東京，ホンコン，オーランド，パリにあるテーマパークのそれぞれの営業時間を都市名の下の（　　）に現地時間で示し，東京，ホンコン，オーランドについては，日本時間での営業時間帯を（斜線）で示したものである。東経15度を標準時の基準とするパリにあるテーマパークの営業時間帯を，図５へ他の都市の例にしたがってかきなさい。ただし，サマータイムは考えないものとする。

図５

日本時間（時）　0　2　4　6　8　10　12　14　16　18　20　22　24

東京（9：00－21：00）

ホンコン（10：30－20：30）

オーランド（9：00－23：00）

パリ（9：30－21：00）

2　中国について，⑴，⑵の問いに答えなさい。

⑴　図6の・で示した五つの地域は，1980 年と 1988 年に外国企業を優遇する法律が適用される行政地域に指定された。このような行政地域を何というか，書きなさい。

図6

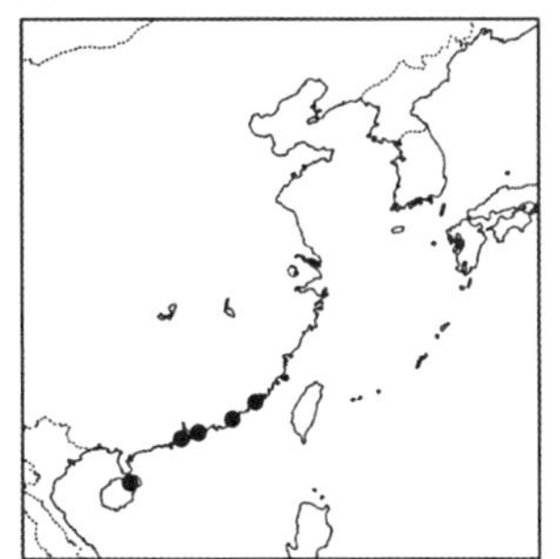

⑵　図7は，中国の年齢別人口構成について，1980 年から 2020 年までの推移と，2030 年から 2050 年までの将来推計を示したものである。中国の年齢別人口構成の変化が，「世界の工場」とよばれるようになった中国の製造業に与える影響として今後どのようなことが考えられるか，図7から読み取れることを根拠として書きなさい。

図7

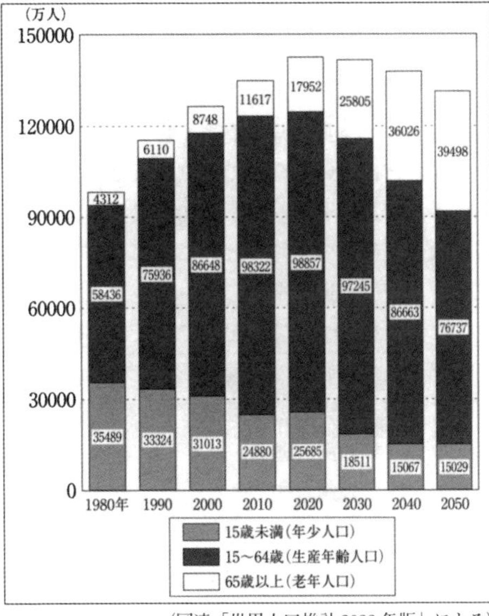

（国連「世界人口推計 2022 年版」による）

■令和４年度問題

1　次の各問いに答えなさい。

1　図１を見て，⑴～⑶の問いに答えなさい。

図１

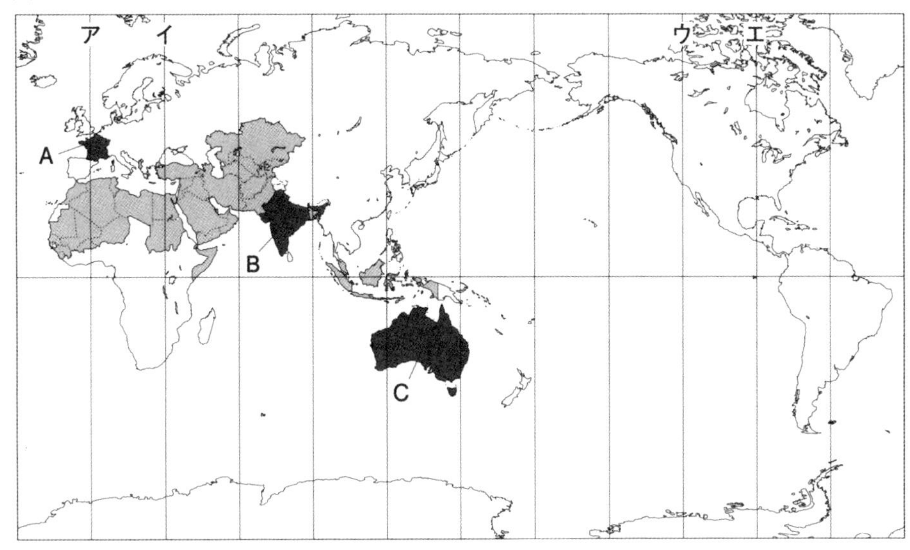

⑴　図１の　　　で示した国々は，人口の 60％以上の人々が　a　教を信仰している国々である。なかでも，東南アジアに位置する b（ア　インドネシア　　イ　サウジアラビア　　ウ　バングラデシュ）は，　a　教を信仰する人々の数が最も多い国である。　a　に当てはまる宗教を書きなさい。また，b の（　　）の中から適当なものを一つ選び，記号で答えなさい。

⑵　北半球のある都市でスポーツの国際試合が開催され，現地時間の 11 月 11 日午後7時に試合が始まった。このとき，わが国は，11 月 12 日午前 10 時であった。試合が開催された都市とわが国との時差は何時間か，書きなさい。また，試合が開催された都市の標準時の基準となる経線として適当なものを，図１のア～エから一つ選び，記号で答えなさい。

(3) 図2は，わが国の九州地方と図1の［塗りつぶし］で示したA～Cのそれぞれの国における小麦の栽培時期を比較したものである。ア，ウに当たる国を，A～Cからそれぞれ一つずつ選び，記号で答えなさい。

図2

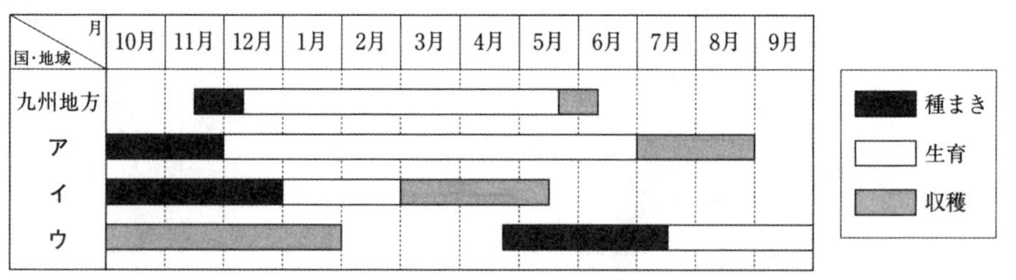

（農林水産省ホームページなどによる）

2 アフリカ州について，図3を見て，(1)～(4)の問いに答えなさい。

(1) 図3の［塗りつぶし］で示したA国で，1990年代前半までとられてきた人種隔離政策を何というか，書きなさい。

(2) 表4は，図3の［塗りつぶし］で示したナイジェリア，ガーナのそれぞれの国における輸出総額に占める輸出額の割合が高い上位3品目の割合を示したものである。表4の［　］には同じ輸出品が当てはまる。［　］に当てはまる輸出品として正しいものを，下のア～エから一つ選び，記号で答えなさい。また，アフリカ州の多くの国々でみられる，特定の農産物や鉱産資源の生産と輸出にたよる経済を何というか，書きなさい。

図3

表4

国名	ナイジェリア		ガーナ	
輸出額上位3品目と輸出総額に占める割合（%）	［　］	82.3	金	37.0
	液化天然ガス	9.9	［　］	31.3
	船舶	2.4	カカオ豆	11.0

（「データブック オブ・ザ・ワールド 2021」による）

ア 綿花　　イ コーヒー　　ウ 原油　　エ ダイヤモンド

(3) 資料5は，図3の［斜線］で示したマリに関することがらをまとめたものである。多くのアフリカ州の国々にみられるように，マリがかつての支配国の言語を現在も公用語として使用している理由と考えられることを，資料5から読み取って説明しなさい。

資料5

【独立】 1960年にフランスから独立
【民族構成】 バンバラ人30.6%，セヌフォ人10.5%，フラ人9.6%，ソニンケ人7.4%，トゥアレグ人7.0%など
【主な言語】 フランス語（公用語），バンバラ語，フラ語，ソンガイ語，タマシェク語，セヌフォ語，ソニンケ語，トゥアレグ語など

（「データブック オブ・ザ・ワールド 2021」などによる）

(4) わが国は，図3の［横線］で示したウガンダに対するＯＤＡ（政府開発援助）により，稲作の普及や振興のために，2004年以降，ＪＩＣＡ（国際協力機構）を通じて専門家の派遣や技術協力などの援助を行っている。表6は，2004年から2018年までのウガンダにおける米の生産量と収穫面積の推移を示したものである。表6から，2004年から2018年までの間にウガンダの米の生産がどのように変化したと考えられるか，表6から読み取れることを根拠として書きなさい。

表6

項目 ＼ 年	2004	2006	2008	2010	2012	2014	2016	2018
米の生産量（万ｔ）	12.1	15.4	17.8	21.8	21.2	23.7	21.5	24.6
米の収穫面積（万ha）	9.3	11.3	12.8	8.7	9.2	9.5	8.4	8.9

（ＦＡＯ資料による）

■令和３年度問題

1　次の各問いに答えなさい。

1　図１を見て，(1)〜(3)の問いに答えなさい。

図１

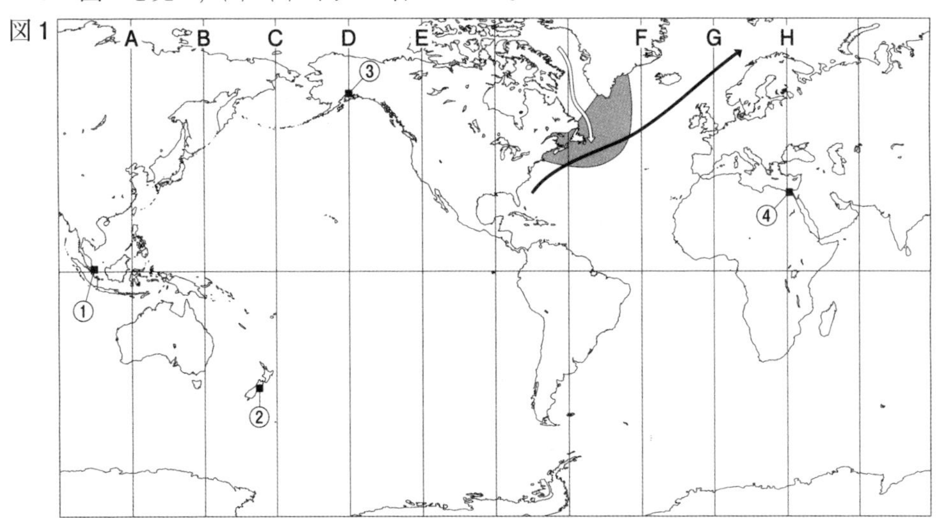

(1)　図１のＡ〜Ｈの経線から，本初子午線と東経150度の経線をそれぞれ一つずつ選び，記号で答えなさい。

(2)　表２のア〜エは，図１の▪で示した①〜④のそれぞれの都市における2020年６月21日の日の出と日の入りの時刻を示したものである。図１の②，③の都市に当たるものを，表２のア〜エからそれぞれ一つずつ選び，記号で答えなさい。

表２

	日の出	日の入り
ア	3時17分	22時46分
イ	4時52分	19時01分
ウ	5時59分	18時12分
エ	8時02分	17時02分

(国立天文台ホームページによる)

(3)　図１の⟶と⟹は，それぞれ海流の流れを示したものであり，(網かけ)は，世界有数の漁場となっている海域を示したものである。図１の(網かけ)で示した海域が世界有数の漁場となっているのはなぜか，二つの海流の性質の違いにふれて書きなさい。

2　表３は，六つの大陸のそれぞれに分布する気候帯の割合(％)を示したものである。ユーラシア大陸とオーストラリア大陸に当たるものを，表３のア〜エからそれぞれ一つずつ選び，記号で答えなさい。

表３

気候帯＼大陸	北アメリカ大陸	ア	イ	ウ	エ	南極大陸
熱帯	5.2	7.4	63.4	16.9	38.6	−
乾燥帯	14.4	26.1	14.0	57.2	46.7	−
温帯	13.5	17.5	21.0	25.9	14.7	−
冷帯(亜寒帯)	43.4	39.2	−	−	−	−
寒帯	23.5	9.8	1.6	−	−	100.0

(「データブック　オブ・ザ・ワールド2020」による)

3　表４は，2017年における地熱発電の設備容量の上位５か国を示したものである。地熱発電は，主に火山の周辺で発生する地熱や熱水を利用して行われている。表４の□に当てはまる国を，次のア〜エから一つ選び，記号で答えなさい。

ア　イギリス　　イ　モンゴル
ウ　オーストラリア　　エ　インドネシア

表４

順位	国　名	地熱発電設備容量(万Kw)
1位	アメリカ合衆国	372
2位	フィリピン	193
3位	□	186
4位	トルコ	106
5位	ニュージーランド	98

(資源エネルギー庁資料による)

(注) 設備容量とは，発電施設における発電可能な最大電力のこと。

4　南アメリカ州について，次の問いに答えなさい。

図５

図６

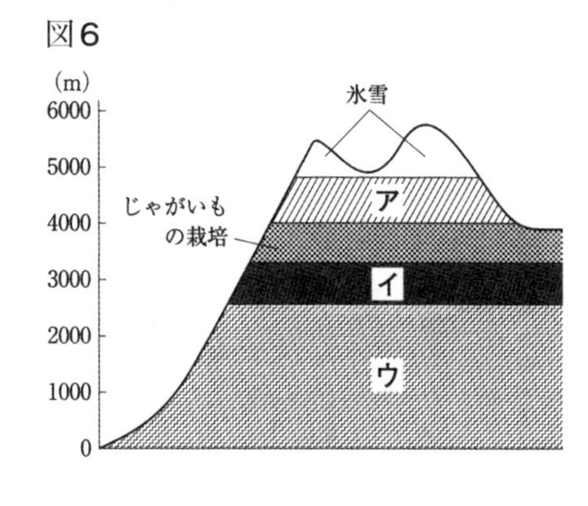

(1)　図５の(横線の網かけ)で示した地域に広がる□とよばれる草原では，小麦の栽培や牧畜がさかんである。□に当てはまる語を書きなさい。また，図６は，ペルーからボリビアにかけてのアンデス山脈周辺で伝統的にみられる土地利用を標高で区分し，模式的に表したものである。主にリャマやアルパカの放牧に利用されている区分として最も適当なものを，図６のア〜ウから一つ選び，記号で答えなさい。

(2)　ブラジルではバイオ燃料が自動車の燃料として多く利用されている。ガソリンや軽油などの燃料にかわりバイオ燃料を利用することが，持続可能な社会の実現にどのような点で有効であるかを，バイオ燃料の特徴をふまえて，**二つ**書きなさい。

■令和２年度問題

1　図１～図３の（▒）で示したＡ～Ｄの国は，21世紀以降のオリンピック・パラリンピック開催国を示している。次の各問いに答えなさい。

１　図１～図３を見て，⑴，⑵の問いに答えなさい。

図１

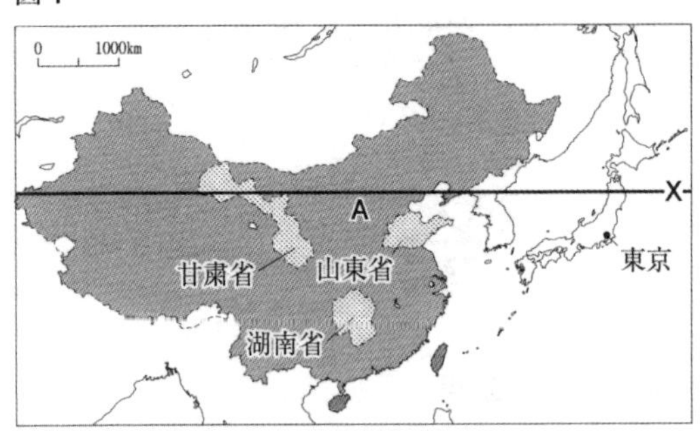

図２

図３

⑴　地球上の海は，三つの大洋とそれらに付属する小さな海により，構成されている。三つの大洋のうち，［ａ］は図１と図２の両方にその一部が含まれている。また，［ｂ］は図２と図３の両方にその一部が含まれている。［ａ］，［ｂ］に当てはまる語を，それぞれ書きなさい。

⑵　図１の線Ｘは，北緯40度の緯線を示したものである。線Ｘと同じ北緯40度を示す線を，図３の①～③から一つ選び，記号で答えなさい。また，図２の線Ｙは，わが国の標準時子午線に対して12時間の時差が生じる経線を，線Ｚは，南緯40度の緯線を示したものである。地球上で東京の反対側に当たる地点として適当なものを，図２の•で示したア～エから一つ選び，記号で答えなさい。

２　図１のＡ国，図２のＢ国，図３のＣ国とＤ国について，⑴～⑷の問いに答えなさい。

⑴　Ａ国の人口の約９割は，［ａ］族（民族）で，約１割が少数民族である。Ｂ国では，先住民やヨーロッパ系の移民のほか，ｂ先住民とヨーロッパ系の移民との混血の人々や日系人などが生活している。［ａ］に当てはまる民族名を書きなさい。また，下線部ｂは，Ｂ国や周辺の国々では何とよばれているか，書きなさい。

⑵　Ｃ国は，ａ（ア　夏に降水量が多い　　イ　冬に降水量が多い　ウ　１年を通じて降水量の差が小さい）気候で，羊の放牧などの牧畜がさかんである。Ｄ国では，夏に乾燥する気候にも強いｂ（ア　オリーブ　イ　油やし　ウ　カカオ）の栽培がさかんである。ａ，ｂの（　　）の中から適当なものをそれぞれ一つずつ選び，記号で答えなさい。

⑶　表４は，Ａ国のうち（▒）で示した三つの省の人口密度などについてまとめたものであり，ア～ウは山東（さんとう）省，甘粛（かんしゅく）省，湖南（こなん）省のいずれかである。山東省と甘粛省に当たるものを，表４のア～ウからそれぞれ一つずつ選び，記号で答えなさい。

表４

項目＼省	ア	イ	ウ
人口密度（人/km^2）	324	58	637
米の生産量（万ｔ）	2740	3	90
小麦の生産量（万ｔ）	10	270	2495

（「データブック オブ・ザ・ワールド 2019」による）

⑷　表５は，2016年における大豆と石炭の生産量，輸出量，輸入量について，それぞれの上位３か国と，世界に占める割合を示したものである。表５のア，イは，大豆，石炭のいずれかを示し，Ｘ，Ｙは，輸出量，輸入量のいずれかを示している。大豆に当たるものを，表５のア，イから一つ選び，記号で答えなさい。また，輸入量に当たるものを，表５のＸ，Ｙから一つ選び，記号で答えなさい。

表５

	生産量		Ｘ		Ｙ	
ア	Ａ国	54.4%	オーストラリア	29.9%	Ａ国	20.4%
	インド	10.6%	インドネシア	28.4%	インド	15.3%
	インドネシア	7.3%	ロシア	12.7%	日本	14.9%
イ	アメリカ合衆国	34.8%	アメリカ合衆国	42.8%	Ａ国	63.1%
	Ｂ国	28.7%	Ｂ国	38.2%	オランダ	3.3%
	アルゼンチン	17.5%	アルゼンチン	6.6%	メキシコ	3.0%

（「世界国勢図会2019/2020」などによる）

３　図６は，EU（ヨーロッパ連合）に加盟する28か国（2019年８月現在）について，EC（ヨーロッパ共同体）またはEUに加盟した時期と，2017年における一人当たりの国内総生産を示したものである。図６から2000年以降の加盟国にみられる特徴を，2000年以前の加盟国と比較して読み取り，その特徴をふまえて，加盟国の増加にともなって生じているEUの課題を書きなさい。

図６

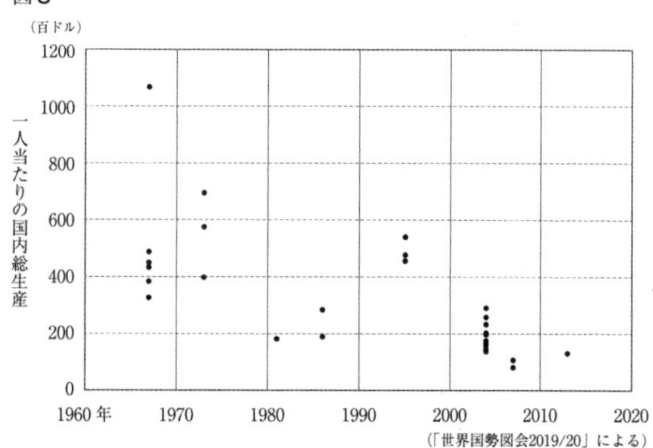

（「世界国勢図会2019/20」による）

■平成31年度問題

1　次の各問いに答えなさい。

1　図１は，緯線と経線が直角に交わった地図である。⑴～⑷の問いに答えなさい。

図１

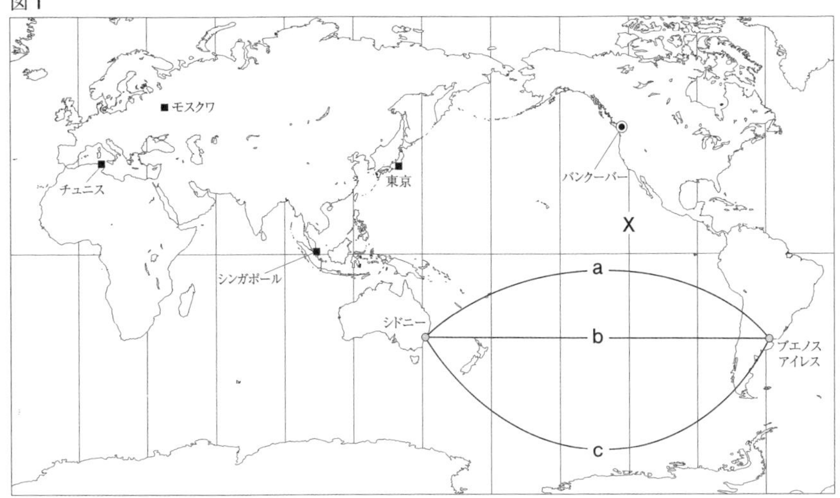

⑴　世界には，高くけわしい山脈や山地が多い二つの新しい造山帯がある。このうちフィリピン諸島やニュージーランドは，［　　］造山帯に位置している。［　　］に当てはまる造山帯名を書きなさい。

⑵　図１の◉で示したバンクーバーは，Ｘの経線で標準時を定めている。わが国が１月１日午後６時のときのバンクーバーの日時を，次のア～エから一つ選び，記号で答えなさい。

ア　１月１日午前１時　　　イ　１月１日午前11時
ウ　１月２日午前１時　　　エ　１月２日午前11時

⑶　図１の●で示したシドニーとブエノスアイレスの距離を地球儀を使って調べるため，目もりをつけた紙テープを地球儀上の二つの都市間に当てて，距離が最も短くなる経路で測った。このときの経路として適当なものを，図１のａ～ｃから一つ選び，記号で答えなさい。

⑷　図２のア～エは，図１の■で示した東京，シンガポール，モスクワ，チュニスのいずれかの都市について，月平均気温が最も低い月の降水量を○印で，月平均気温が最も高い月の降水量を●印で表し，線で結んだものである。モスクワとチュニスに当たるものを，図２のア～エからそれぞれ一つずつ選び，記号で答えなさい。

図２

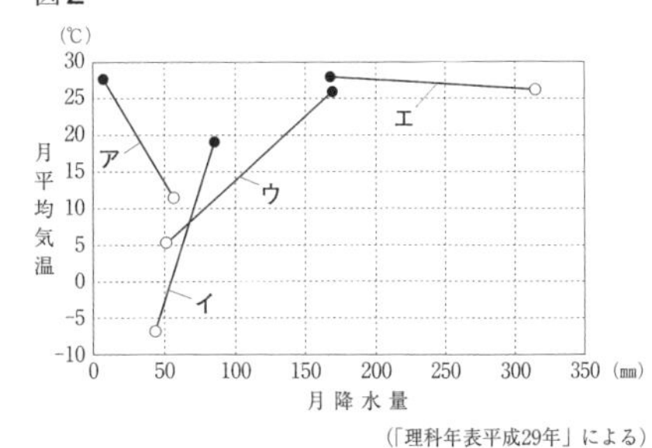

（「理科年表平成29年」による）

2　アメリカ合衆国について，⑴～⑶の問いに答えなさい。

⑴　アメリカ合衆国は，移民を受け入れ，多民族からなる社会を形成している。次のア～ウは，州ごとの人口構成について，州人口のうちアフリカ系が15％以上を占める州，ヒスパニックが15％以上を占める州，アジア系が５％以上を占める州のいずれかを［　　］で示したものである。アフリカ系が15％以上を占める州とヒスパニックが15％以上を占める州を示したものとして適当なものを，ア～ウからそれぞれ一つずつ選び，記号で答えなさい。

ア　　　イ　　　ウ

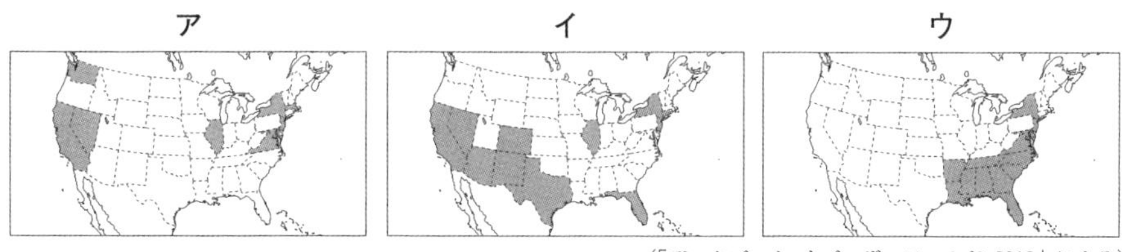

ア，イ，ウは，アラスカ州とハワイ州を除いている。　（「データブック オブ・ザ・ワールド 2018」による）

⑵　アメリカ合衆国では，ａ各地の地形や気候に合わせた農産物を集中的に栽培しており，ｂ（ア　アパラチア　　イ　ロッキー　　ウ　アンデス）山脈の東側に広がるグレートプレーンズやプレーリーでは，牧畜や小麦，とうもろこしなどの栽培が行われている。下線部ａのことを何というか，**漢字４字**で答えなさい。また，ｂの（　　）の中から適当なものを一つ選び，記号で答えなさい。

⑶　表３は，2013年におけるアメリカ合衆国と中国の小麦，米，とうもろこしの生産量と輸出量を示したものである。表３から読み取れる，中国と比較したアメリカ合衆国の農産物の生産量と輸出量の関係を書きなさい。

表３

項目／国	小麦		米		とうもろこし	
	生産量（万ｔ）	輸出量（万ｔ）	生産量（万ｔ）	輸出量（万ｔ）	生産量（万ｔ）	輸出量（万ｔ）
アメリカ合衆国	5797	3469	575	352	35370	2466
中国	12193	56	13581	54	21849	25

（「世界国勢図会2018/19」による）

■平成30年度問題

1　次の各問いに答えなさい。

1　1図を見て，(1)～(4)の問いに答えなさい。

1図

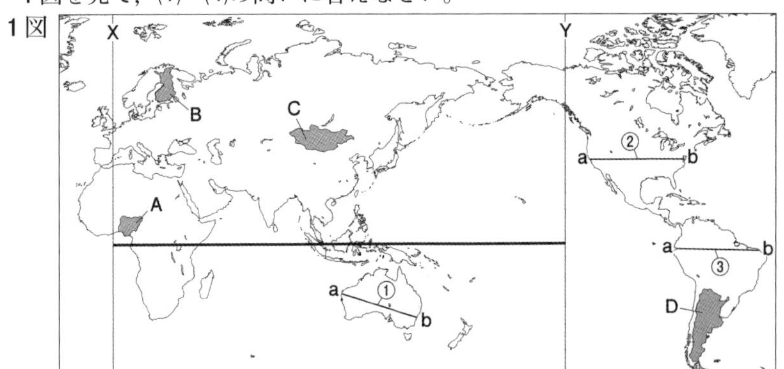

(1)　世界の地域は海や山脈などによって大きく六つの州に区分でき，オーストラリア大陸は，□州に属している。□に当てはまる語を書きなさい。

(2)　1図の線Xは本初子午線を，線Yは西経135度を示したものである。1図の赤道上に示した━━の実際の距離はおよそどれだけか。次のア～エから一つ選び，記号で答えなさい。ただし，赤道の全周は約4万kmである。

ア　22500km　　イ　25000km　　ウ　27500km　　エ　30000km

(3)　次のア～ウは，1図の①～③のa━━bに沿って切った断面のいずれかの模式図である。①～③の断面の模式図として最も適当なものを，ア～ウからそれぞれ一つずつ選び，記号で答えなさい。ただし，ア～ウのそれぞれの縮尺は1図の縮尺と異なる。

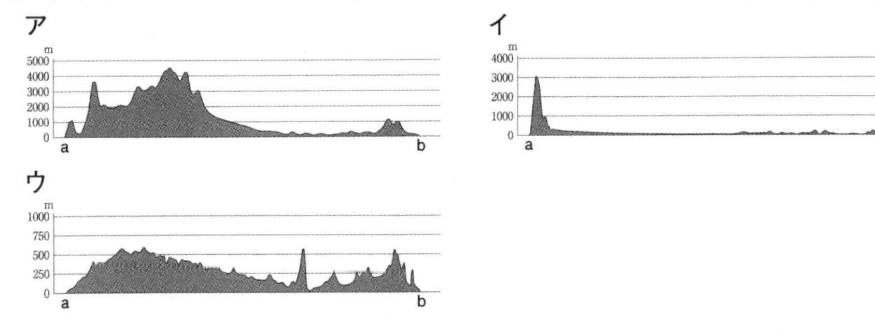

(4)　資料2は，ある国で見られる景観で，遊牧民の住居であるゲルのまわりに，丈の短い草原が広がっており，乾燥帯の□気候の特徴が見られる。□に当てはまる語を書きなさい。また，ゲルを使用しながら遊牧が伝統的に行われてきた国を，1図の▭で示したA～Dから一つ選び，記号で答えなさい。

資料2

2　オーストラリアについて，(1)～(3)の問いに答えなさい。

(1)　3図は，オーストラリアの農業地域と年間降水量線（等降水量線）を示したものである。X，Y，Zに当たる農業地域の組み合わせとして最も適当なものを，次のア～カから選び，記号で答えなさい。

3図

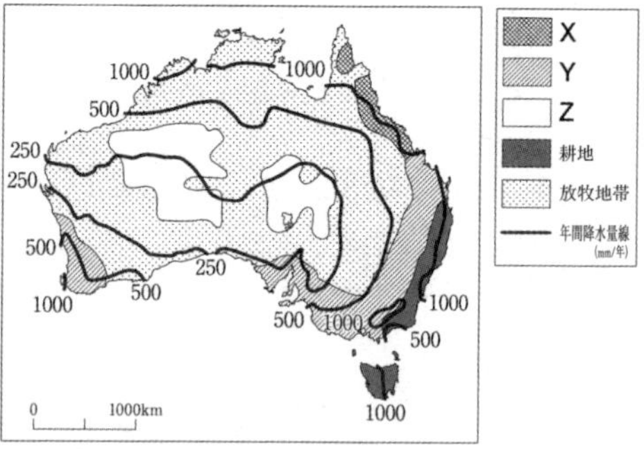

ア　X：小麦や牧羊地帯　Y：森林地帯　Z：荒れ地・砂漠
イ　X：小麦や牧羊地帯　Y：荒れ地・砂漠　Z：森林地帯
ウ　X：荒れ地・砂漠　Y：森林地帯　Z：小麦や牧羊地帯
エ　X：荒れ地・砂漠　Y：小麦や牧羊地帯　Z：森林地帯
オ　X：森林地帯　Y：荒れ地・砂漠　Z：小麦や牧羊地帯
カ　X：森林地帯　Y：小麦や牧羊地帯　Z：荒れ地・砂漠

(2)　4表は，日本，アメリカ合衆国，インド，オーストラリア，ロシアの人口密度や一人当たりの国民総所得などを示したものである。日本とオーストラリアに当たるものを，4表のア～オからそれぞれ選び，記号で答えなさい。

4表

国＼項目	人口密度（人/km²）	一人当たりの国民総所得（ドル）	産業別就業人口割合（%）		
			第1次産業	第2次産業	第3次産業
ア	3	50469	2.6	19.4	77.9
イ	8	8992	6.7	27.2	66.1
ウ	33	57481	1.6	18.4	80.0
エ	342	35939	3.6	25.5	70.9
オ	407	1595	47.0	24.4	28.6

（「世界国勢図会 2017/18」による）

(3)　5表は，オーストラリアの輸出額に占める割合が高い上位5か国について，1973年と2012年とを比較したものである。5表から読み取れるオーストラリアの輸出相手国はどのように変化したか，世界を区分する州の名称を用いて書きなさい。

5表

年	1973年		2012年	
国名と割合（%）	日本	33.0	中国	29.6
	アメリカ合衆国	12.2	日本	19.4
	イギリス	8.1	韓国	8.0
	ニュージーランド	5.9	インド	4.9
	西ドイツ	2.8	アメリカ合衆国	3.7

（「国際連合貿易統計年鑑」による）

■平成28年度問題

1　１図を見て，次の各問いに答えなさい。

１図

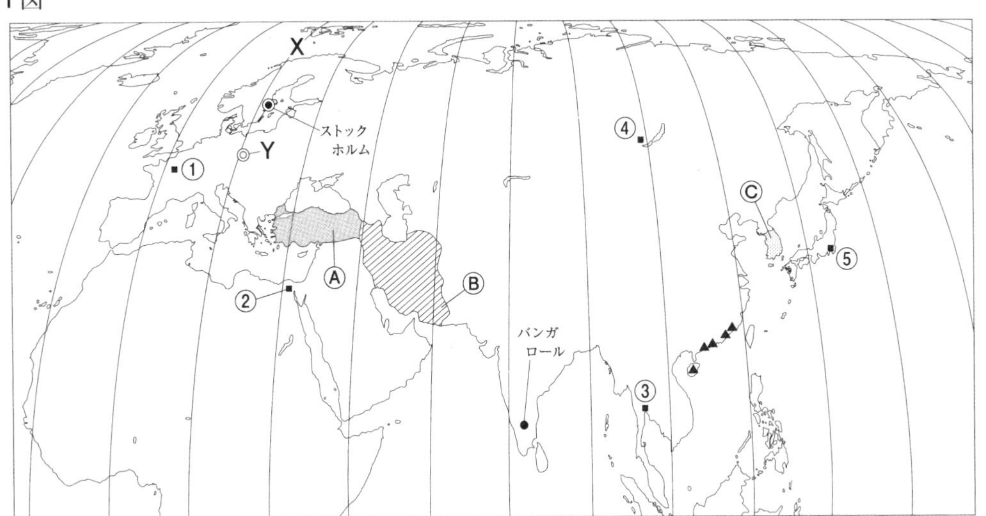

1　１図の▭で示したⒶ国は，海峡をはさんで，ヨーロッパ州と□にまたがっている。□に当てはまる州の名称を書きなさい。

2　１図の◉で示したスウェーデンのストックホルムは，１図の**X**で示した経線の経度で標準時を定めている。わが国が午前10時のとき，ストックホルムは何時か，次の**ア**～**エ**から一つ選び，記号で答えなさい。ただし，サマータイムは考えないものとする。

ア　午前２時　　**イ**　午前６時　　**ウ**　午後２時　　**エ**　午後６時

3　２図の**ア**～**オ**の・は，１図の▪で示した①～⑤の都市について，それぞれの１月の月平均気温と年降水量を表したものである。①，④の都市に当たるものを，２図の**ア**～**オ**からそれぞれ一つずつ選び，記号で答えなさい。

２図

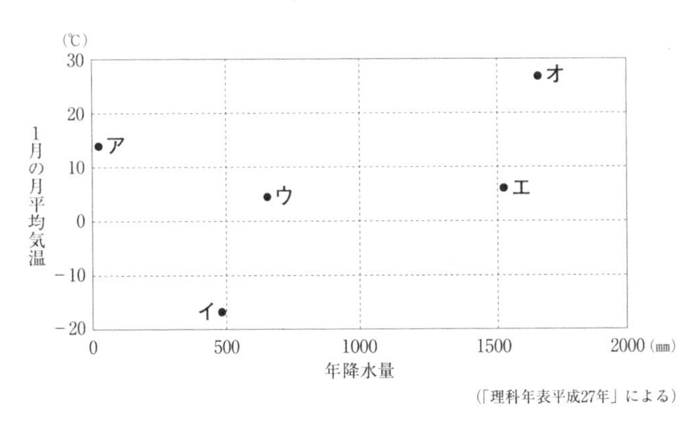

（「理科年表平成27年」による）

4　世界各地には，それぞれの地域の自然環境や宗教などによって，特色ある伝統的な衣装がみられる。１図の▨で示したⒷ国と▭で示したⒸ国のそれぞれの特色ある衣装を，次の**ア**～**ウ**から一つずつ選び，記号で答えなさい。

ア

イ

ウ

5　資料３は，１図の◎で示した**Y**の付近の立ち枯れした森林のようすである。このような被害が発生する主な原因は，□である。□に当てはまる地球環境問題は何か，書きなさい。

資料３

6　インドと中国について，(1)，(2)の問いに答えなさい。

(1)　１図の●で示したインドのバンガロールでは，アメリカ合衆国との結びつきが強い［a］関連の産業がさかんである。また，１図の▲で示した中国の沿海部の地域は，中国が外国の企業を受け入れるために設けた［b］とよばれる開発地区である。［a］に当てはまる語を次の**ア**～**ウ**から一つ選び，記号で答えなさい。また，［b］に当てはまる語を書きなさい。

ア　石油　　**イ**　鉄鋼　　**ウ**　IT（ICT）

(2)　４図は，1960年から2010年にかけてのインドと中国の国別の人口について，それぞれの1980年の人口を100とした場合，どう変化したかを比較したものである。中国に当たるものを４図の**A**，**B**から一つ選び，記号で答えなさい。また，そう判断した理由を，中国が進めてきた政策にふれながら書きなさい。

４図

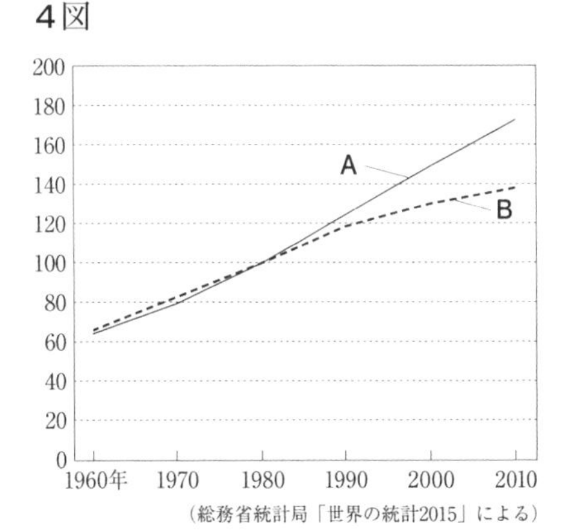

（総務省統計局「世界の統計2015」による）

日本地理

■令和５年度問題

2　長崎県大村市の中学生である圭太さんのクラスでは，班ごとにテーマを決めて地域の調査を行った。次の各問いに答えなさい。

1　A班は，2022年９月の西九州新幹線の開業にともない，新幹線について調べた。表８は，2022年10月現在における新幹線の路線と区間についてまとめたものであり，図９は表８に示した新幹線の路線を示したものである。⑴，⑵の問いに答えなさい。

表８

路線	区間
北海道新幹線	新青森駅～新函館北斗駅
東北新幹線	①東京駅～新青森駅
秋田新幹線	②盛岡駅～秋田駅
山形新幹線	福島駅～新庄駅
上越新幹線	大宮駅～新潟駅
北陸新幹線	高崎駅～③金沢駅
東海道新幹線	東京駅～新大阪駅
山陽新幹線	新大阪駅～博多駅
九州新幹線	博多駅～鹿児島中央駅
西九州新幹線	武雄温泉駅～長崎駅

図９

⑴　下線部①について，東京駅から新青森駅まで東北新幹線に乗車した場合，次のア～ウの河川を，新幹線で通過する順に，記号で答えなさい。

ア　阿武隈川　　イ　北上川　　ウ　利根川

⑵　下線部②と③について，盛岡駅と金沢駅がある県の伝統的工芸品を，次のア～エからそれぞれ一つずつ選び，記号で答えなさい。

ア　会津塗　　イ　南部鉄器　　ウ　西陣織　　エ　輪島塗

2　B班は，大村市の農業について調べるなかで，長崎県の農畜産物には，生産などにおいて全国で上位に入るものがあることを知った。図10の▬は，次のア～エのうち，どのことがらに関する上位５道県を示しているか，適当なものを一つ選び，記号で答えなさい。

ア　さつまいもの収穫量
イ　じゃがいもの収穫量
ウ　肉牛の飼育頭数
エ　乳牛の飼育頭数

図10

（「データでみる県勢2022」による）

3　C班は，大村湾の埋め立て地に大規模な太陽光発電所が建設されていることを知り，電力エネルギーについて調べた。⑴，⑵の問いに答えなさい。

⑴　表11は，2021年度における長崎県など９県の発電方法ごとの発電量についてまとめたものであり，ア～エは火力，原子力，水力，地熱のいずれかである。アとイに当たる発電方法をそれぞれ答えなさい。

表11

発電方法＼県	千葉県	富山県	福井県	長野県	岡山県	長崎県	熊本県	大分県	鹿児島県
ア（百万 kWh）	0	9300	1713	7373	693	7	805	683	530
イ（百万 kWh）	83932	6366	9248	116	6172	22086	8160	15796	1085
ウ（百万 kWh）	－	－	33553	－	－	－	－	－	13696
エ（百万 kWh）	－	－	－	－	－	－	－	823	376
太陽光（百万 kWh）	813	36	37	213	1339	234	399	720	827

（注）小数点以下は四捨五入している。

（資源エネルギー庁「電力調査統計表」による）

(2) 表 12 は，わが国の 2019 年度における太陽光と火力による発電について，発電所の数と総発電量を比較したものである。表 12 の太陽光による発電について，火力との比較から読み取れることを書きなさい。

表 12

項目 ＼ 発電方法	太陽光	火力
発電所の数（箇所）	2520	460
総発電量（億 kWh）	132	6962

（資源エネルギー庁「電力調査統計表」による）

4　D班は，大村市の地形や土地利用などについて調べた。(1)～(3)の問いに答えなさい。

(1) 図 13 は，大村市の地形図の一部について，地形の起伏や高さのようすを見やすいように陰影をつけ，色の濃淡で標高を区分したものである。図 13 の地域の大部分は，郡川（こおり）が山間部から平地に流れ出た所に土砂がたまって形成された［　　］であることがわかる。［　　］に当てはまる地形名を書きなさい。

図 13

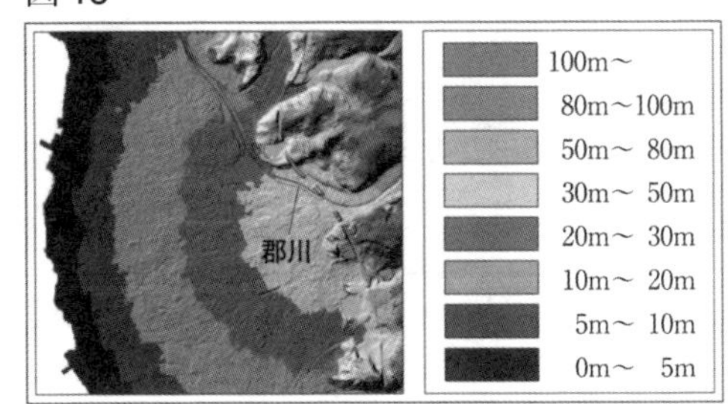

（国土地理院電子地形図による）

(2) 図 14 は，大村市北部にある野岳（のだけ）湖付近の土地利用を示した地形図の一部である。図 14 の ── で示したア～エの斜面のうち，傾斜が最も急なものを一つ選び，記号で答えなさい。

(3) 野岳湖は，江戸時代にかんがいを目的に川をせき止めて造られた湖である。図 14 の⬭で囲んだ範囲では，標高 250m 付近を境に土地利用に違いが見られる。どのような違いが見られるか，図 14 から土地利用の違いの要因になっていることを読み取って説明しなさい。

図 14

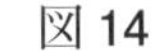

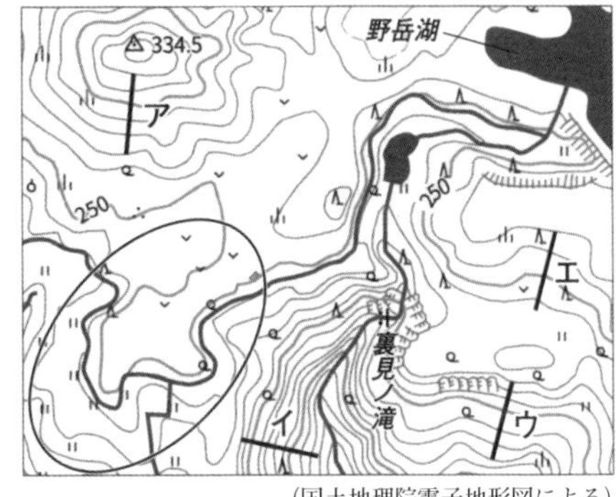

（国土地理院電子地形図による）

■令和４年度問題

2　次の各問いに答えなさい。

1　わが国の国土について，(1)～(4)の問いに答えなさい。

(1) 図 7 は，◉で示した熊本からの距離と方位が正しい地図である。◉で示した熊本と■で示した各都市との間を結んだ場合，熊本とウラジオストク間よりも距離が長くなる都市を，■で示した都市からすべて選び，書きなさい。

図 7

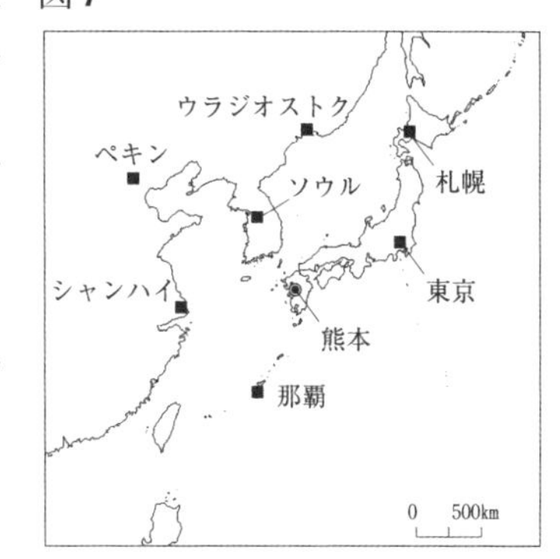

(2) わが国の国土の北端に当たる島を a 群のア～ウから，また，わが国の国土の南端に当たる沖ノ鳥島を b 群のア～ウから，それぞれ一つずつ選び，記号で答えなさい。

〈a 群〉

ア　択捉（えとろふ）島　　イ　国後（くなしり）島　　ウ　色丹（しこたん）島

〈b 群〉

ア

イ

ウ

(3) 表 8 は，北海道，青森県，福島県，三重県，長崎県，鹿児島県の六つの道県における海岸線延長と，それぞれの道県が境を接している府県の数を比較したものである。福島県と鹿児島県に当たるものを，ア～オからそれぞれ一つずつ選び，記号で答えなさい。

表 8

項目 ＼ 道県	ア	イ	ウ	エ	オ	北海道
海岸線延長（km）	167	796	1140	2665	4183	4457
境を接している府県の数	6	2	6	2	1	0

（「環境統計集」による）

（注）海岸線延長とは，すべての海岸線の長さを合計した距離のこと。

(4) 図9は，新千歳（ちとせ）空港，東京国際空港，中部国際空港，大阪国際空港，福岡空港，那覇空港の各空港間を結ぶ国内航空路線のうち，年間旅客数が105万人以上の路線を模式的に表したものであり，各空港間をつなぐ線の幅は，旅客の規模を示している。中部国際空港と福岡空港に当たるものを，ア～ウからそれぞれ一つずつ選び，記号で答えなさい。

図9

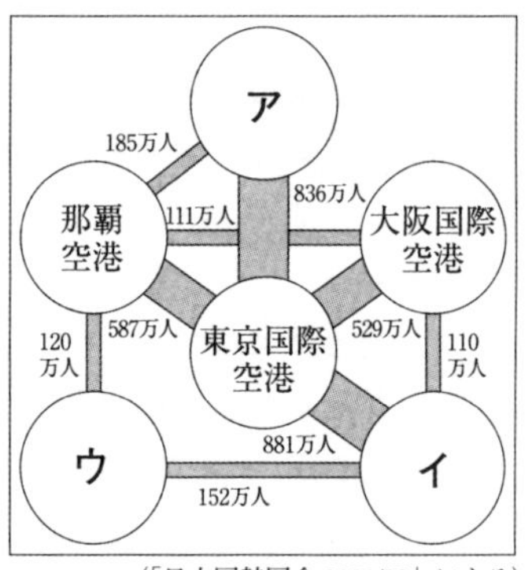

（「日本国勢図会 2021/22」による）

2 図10の［　］で示した地域について，(1)～(3)の問いに答えなさい。

図10

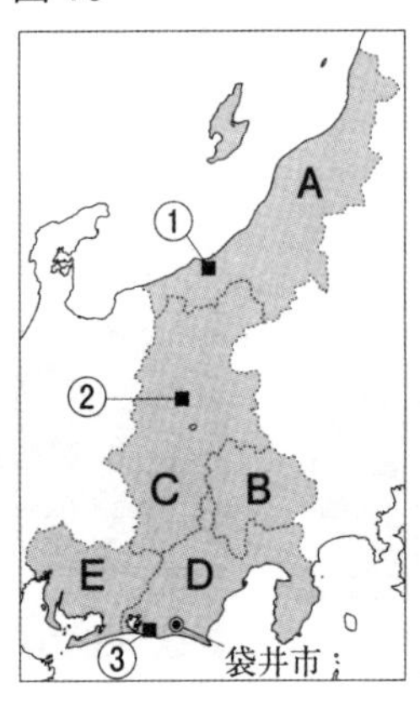

(1) 図11のア～ウは，図10の■で示した①～③のそれぞれの都市における1月の平均気温と月降水量を○で，7月の平均気温と月降水量を●で示し，線で結んだものである。ア～ウのうち，①，②の都市に当たるものを，それぞれ一つずつ選び，記号で答えなさい。

図11

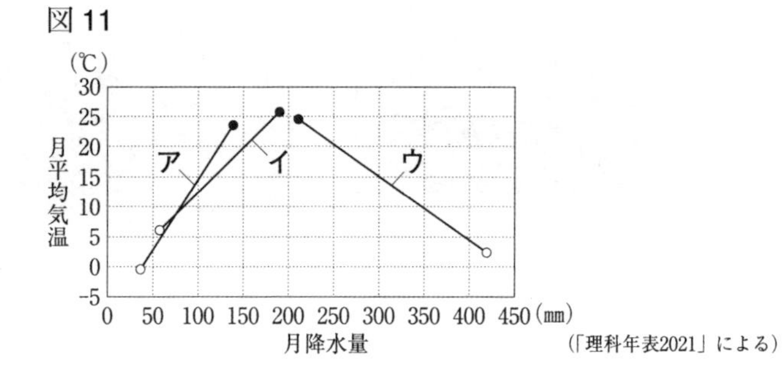

（「理科年表2021」による）

(2) 表12は，米，キャベツ，レタス，ぶどう，みかんについて，2019年におけるそれぞれの農産物の収穫量の上位3道県とその収穫量を示したものである。また，表12のA～Eは，図10のA～Eの各県に当たる。ウ，エに当たる農産物を，それぞれ一つずつ書きなさい。

表12

農産物	ア	イ	ウ	エ	オ
収穫量上位3道県と収穫量（千t）	A 667 北海道 594 秋田県 527	B 37 C 32 山形県 16	C 198 茨城県 86 群馬県 52	和歌山県 157 愛媛県 125 D 86	群馬県 275 E 269 千葉県 111

（「日本国勢図会 2020/2021」による）

(3) 図13は，図10の◉で示した袋井市の太平洋沿岸の一部を示した2万5千分の1の地形図である。図13の海岸付近では，最大で高さ10mの津波が想定されており，●で示した場所には，「命山（いのちやま）」とよばれる人工の丘が造られている。資料14は，図13の●で示した場所に造られた「命山」の写真と説明である。●で示した場所にこのような施設が造られた理由と考えられることを，図13と資料14から読み取れることをもとに書きなさい。

図13

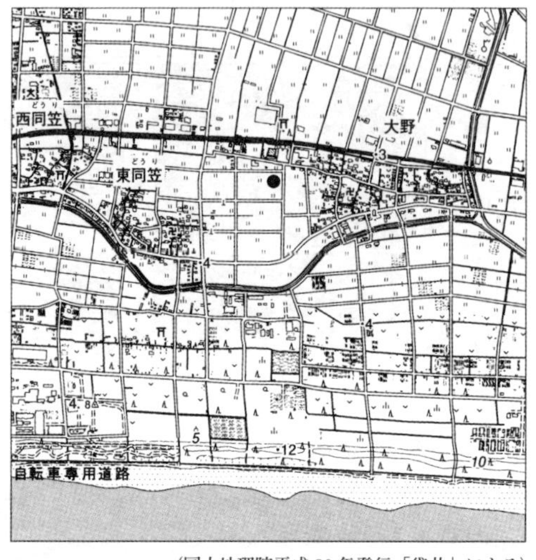

（国土地理院平成30年発行「袋井」による）

資料14

○名称　東同笠（どうり）・大野地区命山
○収容人数　300人
○地上からの高さ　7.5m

（袋井市ホームページによる）

■令和３年度問題

2 遙香さんは，自由研究で，国際的に価値のある地質遺産を保護し，活用することなどを目的としたユネスコ世界ジオパークについて調べた。次の各問いに答えなさい。

1 表８は，わが国において世界ジオパークに認定された９地域とそれぞれが所在する道府県をまとめたものであり，図９は，それぞれの地域を★で地図上に示したものである。表８と図９を見て，(1)〜(3)の問いに答えなさい。

表８

世界ジオパークに認定された地域	所在する道府県
アポイ岳	北海道
洞爺湖有珠山	北海道
糸魚川	新潟県
伊豆半島	静岡県
山陰海岸	京都府，［　　］，鳥取県
隠岐	島根県
室戸	高知県
阿蘇	熊本県
島原半島	長崎県

図９

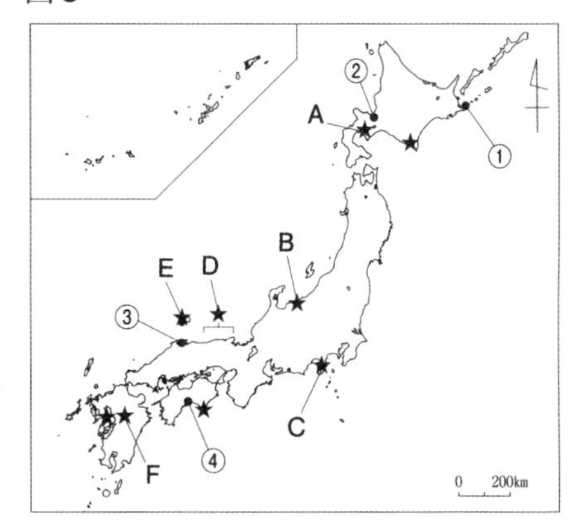

(1) 表８の山陰海岸のジオパークは，図９のDで示した地域にあり，京都府から鳥取県にかけての日本海に面した三つの府県にまたがっている。表８の［　　］に当てはまる府または県の名前を書きなさい。

(2) 図９のBとCのジオパークを結んだ線の西側には，「日本アルプス」とよばれる飛騨山脈，木曽山脈，［ a ］山脈がある。また，図９のA，E，Fのジオパークには，火山の噴火により陥没してできた巨大なくぼ地である［ b ］とよばれる地形がみられる。［ a ］，［ b ］に当てはまる語をそれぞれ書きなさい。

(3) 図９の・で示した①〜④の都市は，世界ジオパークに認定された地域が所在する道県に位置しており，図10のア〜エは，図９の①〜④のいずれかの都市における月ごとの平均日照時間を示したものである。図９の②，④の都市に当たるものを，図10のア〜エからそれぞれ一つずつ選び，記号で答えなさい。

図10

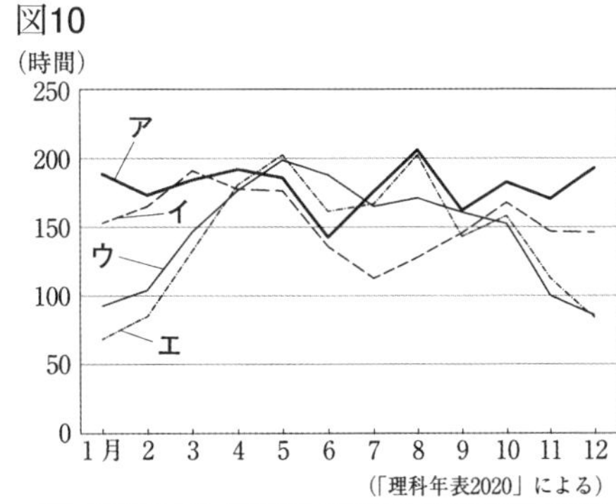

（「理科年表2020」による）

(注) 日照時間とは，直射日光が雲や霧などにさえぎられずに地表を照らした時間のこと。

2 図11は，山陰海岸ジオパークを構成する鳥取砂丘周辺の地形図である。(1)，(2)の問いに答えなさい。

図11

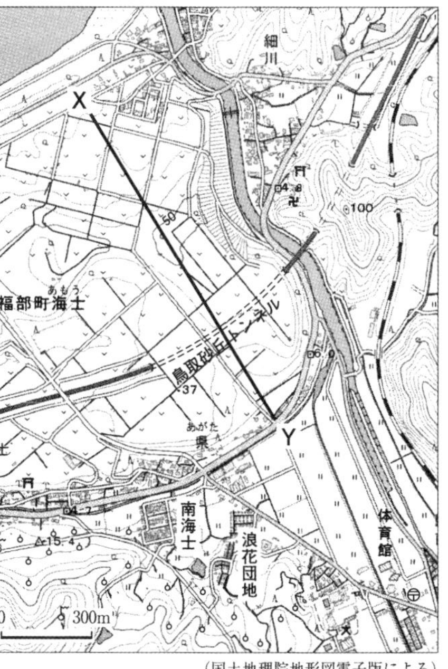

（国土地理院地形図電子版による）

(1) 図11から読み取った次のA〜Cのそれぞれの内容について，正しいものには○を，誤っているものには×を書きなさい。

A 南海士，浪花団地の南側には果樹園がみられる。

B 鳥取砂丘トンネル上の周辺には荒れ地が広がっている。

C 郵便局から直線距離で１kmの範囲内に寺院がある。

(2) 図11のX——Yに沿って切った断面の模式図として最も適当なものを，次のア〜ウから一つ選び，記号で答えなさい。

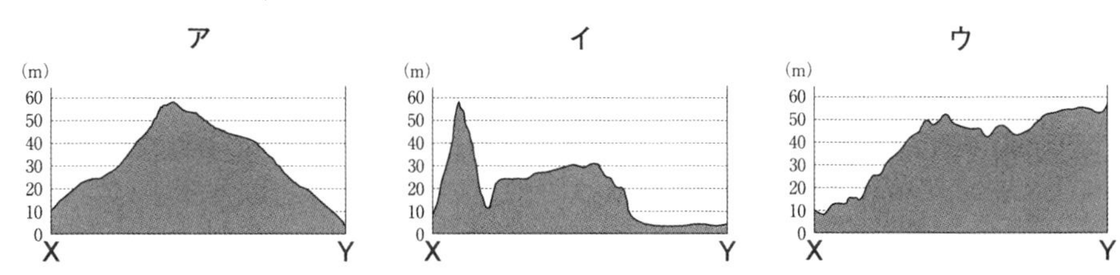

3 遙香さんは，世界ジオパークについて調べるなかで，北海道の歴史や文化，自然，産業などに興味をもち，北海道の「歴史と文化」，「自然と人間との共生」，「自然を利用した産業」について学ぶ観光ルートを考えた。資料12は，遙香さんが考えた三つの観光ルートである。(1)〜(4)の問いに答えなさい。

資料12

（ルート１）新千歳空港 → ①札幌市内観光（博物館・屯田兵村） → 札幌市内宿泊
（ルート２）釧路空港 → ②釧路湿原ツアー（エコツーリズム体験） → 釧路市内宿泊
（ルート３）釧路空港 → ③釧路漁港 → ④根釧台地の牧場 → 根室市内宿泊

(1) 下線部①について，札幌は，北海道の先住民族である[a]の言語で「かわいた大きな川」を意味する地名といわれている。札幌の市街地は，この「かわいた大きな川」である豊平(とよひら)川が山間部から[b]平野に流れ出た所に形成した扇状地を中心に，明治時代以降，計画的につくられた。[a]に当てはまる民族名を書きなさい。また，[b]に当てはまる平野の名称を書きなさい。

(2) 下線部②について，資料13は，遙香さんがエコツーリズムの定義についてエコツーリズム推進法を調べ，まとめたものの一部である。次のア～エの北海道各地の観光に関する説明のうち，エコツーリズムの視点に立った取り組みの例として最も適当なものを一つ選び，記号で答えなさい。

資料13

> エコツーリズムとは，観光旅行者が，自然観光資源について知識を有する者から案内または助言を受け，その保護に配慮しながら観光や体験活動などを行い，自然観光資源に関する知識及び理解を深めるための活動をいう。
> 自然観光資源とは，以下のⅠ，Ⅱをさしている。
> Ⅰ　動植物の生息地，または生育地，その他の自然環境にかかわる観光資源
> Ⅱ　自然環境と密接な関連を有する風俗習慣，その他の伝統的な生活文化にかかわる観光資源

ア　札幌市では，冬に観光客を呼び込めるように「さっぽろ雪まつり」を開催し，雪を利用してつくった雪像を市街地に展示している。

イ　旭川(あさひかわ)市の動物園では，動物本来の生態が観察できるようにペンギンやホッキョクグマなどの展示方法を工夫している。

ウ　知床(しれとこ)半島では，野生の動植物と共存しながら散策を楽しむことができるように高架木道を設置している。

エ　道内各地のスキー場では，多くの外国人がスキーを楽しむことができるように外国語表記の案内を充実させている。

(3) 下線部③について，かつて釧路漁港では，ソ連（ロシア）やアメリカ合衆国の近海でさけなどを獲(と)るa（ア　沿岸　　イ　遠洋　　ウ　栽培）漁業がさかんであったが，沿岸から200海里以内の海域にある水産資源や鉱産資源を自国のものとして管理する[b]が設定されたことなどにより，その水揚げ量は減少した。aの（　　）の中から適当なものを一つ選び，記号で答えなさい。また，[b]に当てはまる語を書きなさい。

(4) 下線部④について，根釧台地を含む北海道東部は全国有数の酪農地帯である。表14は，北海道における生乳生産量などについて，2001年と2018年を比較したものである。北海道の酪農経営がどのように変化しているかを，生乳生産量と乳用牛の飼育戸数の変化をふまえ，表14から読み取って書きなさい。

表14

年＼項目	生乳生産量（千t）	乳用牛の飼育戸数（戸）	100頭以上の飼育戸数（戸）	搾乳(さくにゅう)ロボット導入戸数（戸）
2001	3640.7	9640	930	19
2018	3965.2	6140	1310	299

（「畜産統計」などによる）

（注）生乳は，搾りたての乳で，牛乳や乳製品の原料となる。
100頭以上の飼育戸数には，２歳未満の子牛のみの飼育戸数は含まない。

■令和２年度問題

[2]　宏樹(ひろき)さんは，2019年にラグビーワールドカップの試合が行われた都道府県の一部について調べた。図７の（網掛け）は，調べた都道県を示したものである。次の各問いに答えなさい。

図７

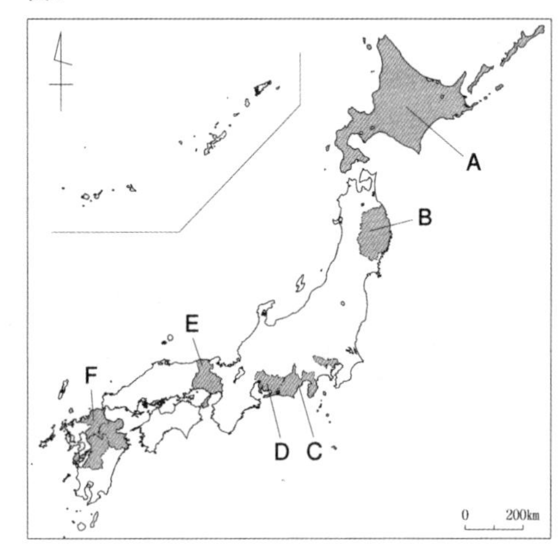

1　熊本市やB，Dの県庁所在地は，近世に大名の領地支配の中心地に形成されたa（ア　港町　　イ　門前町　　ウ　城下町）を基礎として発展した都市である。また，熊本市のように，人口が50万人以上の大都市で，道府県が担っている業務の一部を行なうことを認められた都市を[b]都市という。aの（　　）の中から適当なものを一つ選び，記号で答えなさい。また，[b]に当てはまる語を書きなさい。

2　次のア～ウは，図7で示した都道府県のうちB，C，Eのいずれかの自然環境などについて説明したものである。BとEに当たるものをそれぞれ一つずつ選び，記号で答えなさい。

ア　中央部に比較的なだらかな山地が東西にのび，北部は，季節風の影響で冬に降水量が多い。南部は，一年を通じて温暖で降水量が少ない。

イ　西部には南北に山脈が走り，沿岸部は入り組んだ海岸線がみられる。夏になると，沖合を流れる寒流の影響を受けた冷たく湿った北東の風が吹くことがある。

ウ　北部には，3000m を超える山脈や火山がある。一年を通じて温暖な気候のため，南部の台地や丘陵地でみかんや茶の栽培がさかんである。

3　表8は，図7で示した都道府県のうち，熊本県とA，D，Fの農畜産物の産出額を示したものである。表8の［ア］～［オ］は，米，畜産，野菜，果実，花きのいずれかである。野菜と畜産に当たるものを，表8のア～オからそれぞれ一つずつ選び，記号で答えなさい。

表8

項目 都道県	［ア］産出額（億円）	［イ］産出額（億円）	［ウ］産出額（億円）	［エ］産出額（億円）	［オ］産出額（億円）
A	1279	134	2114	61	7279
D	301	557	1193	197	893
F	425	177	794	240	392
熊本県	380	99	1247	318	1147

（「データで見る県勢2020」による）

（注）花きとは，観賞用の花や植物のこと。

4　宏樹さんは，都市におけるヒートアイランド現象について調べた。図9は，2005年の東京23区における1日の最低気温が25℃以上であった日数の分布を示したものである。また，図9の・は東京駅の位置を示しており，駅の周辺には高層ビルが建ち並ぶオフィス街や商業地区が広がり，東京の都心を形づくっている。これらのことをふまえ，図9から読み取れる都市におけるヒートアイランド現象の特徴を，**気温**という語を用いて書きなさい。

図9

（「東京都環境科学研究所年報2006」による）

5　図10は，大分市の一部を示した5万分の1の地形図である。(1)～(3)の問いに答えなさい。

図10

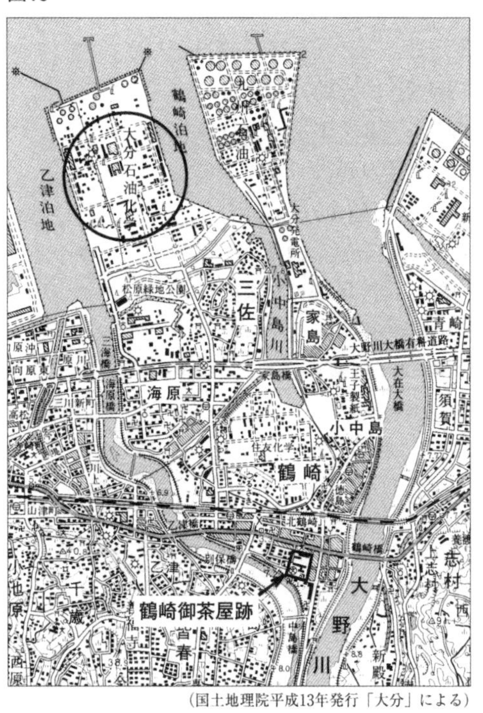

（国土地理院平成13年発行「大分」による）

図11

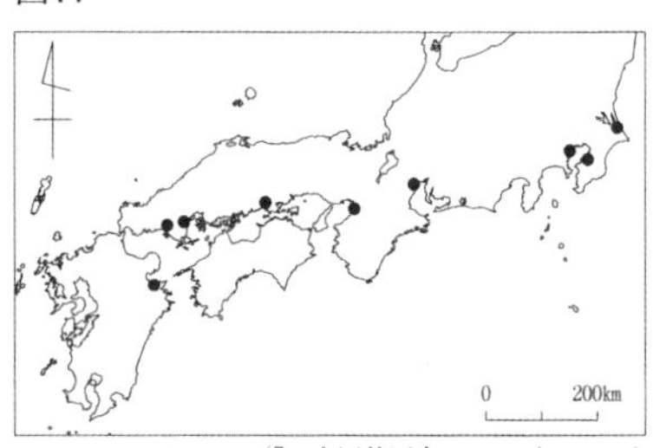

（「日本国勢図会2019/20」による）

表12

産出量（万t）	輸入量（万t）
19	15617

（「日本国勢図会2019/20」による）

(1)　図10の鶴崎や小中島（おなかしま），家島，三佐（みさ），海原（かいわら）は，河川が運んできた土砂により河口に形成された地形上にある。このような地形を何というか，書きなさい。

(2)　図10の鶴崎，小中島および大野川より東側の地域は，江戸時代には熊本藩の飛び地であり，図10の ━━ で囲まれたほぼ正方形の部分には，熊本藩主が参勤交代の時などに利用した御茶屋とよばれる施設があった。図10の ━━ で囲まれた部分の地形図上の面積は，2万5千分の1の地形図上では［　　］倍になる。［　　］に当てはまる数字を書きなさい。

(3)　図10の○で囲んだ地域には，石油化学コンビナートが形成されている。図11の・は，わが国における石油化学コンビナートの所在地を示したものである。また，表12は，2016年におけるわが国の原油の産出量と輸入量を示したものである。図10，図11から読み取れるわが国における石油化学コンビナートの立地の特徴を，表12から読み取れることと関連付けて説明しなさい。

■平成31年度問題

2 健吾さんと遥香さんは，社会科の調べ学習で，中国・四国地方について調べた。次の各問いに答えなさい。

1 図４の［網掛け］は，中国・四国地方を示したものである。健吾さんは，中国・四国地方の気候や人口の分布，産業について調べ，中国地方の日本海側，瀬戸内海沿岸，四国地方の太平洋側の各地域で特色が見られることを知った。⑴～⑷の問いに答えなさい。

⑴ 県名と県庁所在地名が異なる県を，図４のＡ～Ｇからすべて選び，記号で答えなさい。

図４

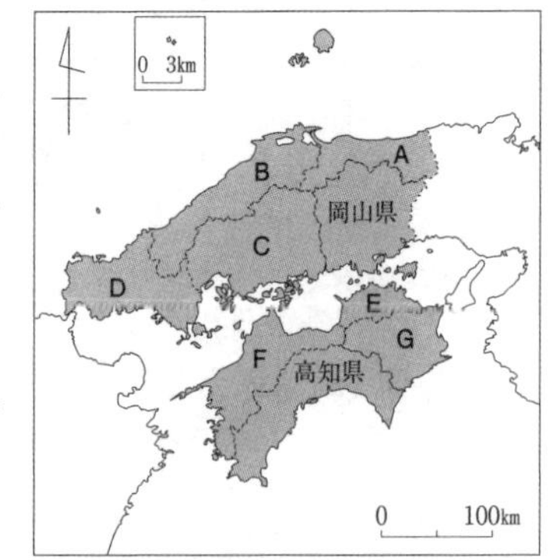

⑵ 中国・四国地方の気候は，瀬戸内海をはさんで東西にのびる中国山地と四国山地の南北で大きく異なる。中国山地の北側では，冬にａ（ア 北西 イ 南東）の季節風の影響で降水量が多くなる。中国山地と四国山地にはさまれた瀬戸内海沿岸は，季節風がさえぎられるため，一年を通じて降水量がｂ（ア 多い イ 少ない）。一方，四国山地の南側は，一年を通じて温暖で，季節風の影響により夏の降水量が多い。ａ，ｂの（　）の中から適当なものをそれぞれ一つずつ選び，記号で答えなさい。

⑶ 表５は，岡山県と図４のＣ，Ｄ，Ｅ，Ｆの県の，人口密度などをまとめたものである。ＣとＦの県に当たるものを，表５のア～エからそれぞれ一つずつ選び，記号で答えなさい。

表５

項目＼県	岡山県	ア	イ	ウ	エ
人口密度（人／km^2）	268	226	516	240	334
工業製造品出荷額（億円）	71299	56302	24953	38371	100064
農業産出額（億円）	1446	681	898	1341	1238
海面漁業・海面養殖業の産出額（億円）	84	162	218	913	264

（「データで見る県勢2019」による）

（注）農業産出額は，農産物の生産数量に販売価格（補助金等を含む）をかけたもの。

⑷ 図６は，東京都中央卸売市場で取引されたピーマンについて，全体の取引量のうち，高知県産が占める割合を棒グラフで，月平均価格を折れ線グラフで，それぞれ示したものである。高知県では温暖な気候を生かし，普通の出荷時期よりも早く栽培する［ａ］栽培によってピーマンを生産し，市場で取引する際の価格がｂ（ア 高い イ 安い）時期に東京などの大消費地に出荷している。［ａ］に当てはまる語を書きなさい。また，ｂの（　）の中から適当なものを一つ選び，記号で答えなさい。

図６

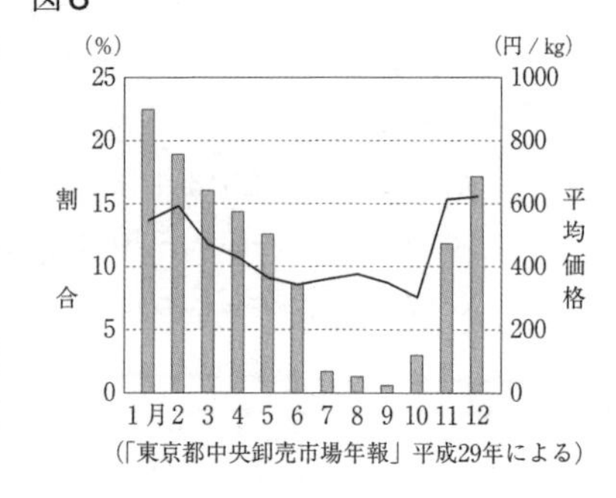

（「東京都中央卸売市場年報」平成29年による）

2 遥香さんは，本州四国連絡橋には，昭和63年に開通した児島－坂出ルート，平成10年に開通した神戸－鳴門ルート，平成11年に開通した尾道－今治ルートの三つのルートがあることを知り，連絡橋の開通にともなう変化について調べた。⑴，⑵の問いに答えなさい。

図７

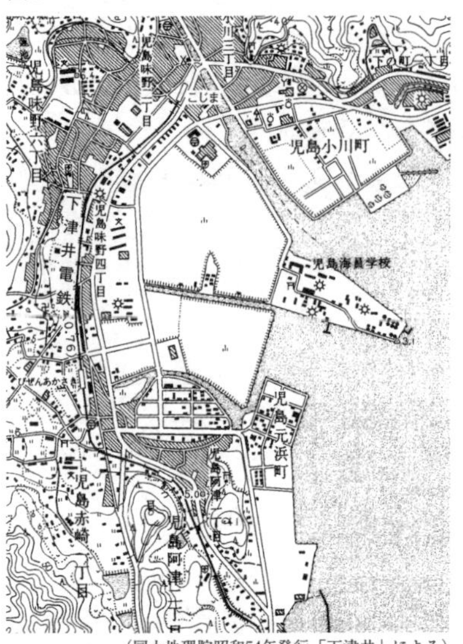

（国土地理院昭和54年発行「下津井」による）

図８

（国土地理院平成８年発行「下津井」による）

⑴ 図７と図８は，昭和54年と平成８年にそれぞれ発行された同一地域の２万５千分の１の地形図で，瀬戸大橋の本州側に当たる岡山県倉敷市児島の一部である。この地域では，昭和63年にJR線の鉄道も通る瀬戸大橋が開通し，平成２年に下津井電鉄の鉄道路線が廃止された。図７と図８を比較し，この地域の変化を読み取った次のＸ～Ｚのそれぞれの文について，正しいものには○を，誤っているものには×を書きなさい。

Ｘ 警察署の位置が変わり，新しい警察署は，以前の位置のおよそ南西の方位にある。

Ｙ 児島IC（インターチェンジ）が，新たに海岸を埋め立てて建設されている。

Ｚ JR「こじま」駅は，廃止された下津井電鉄「こじま」駅から直線距離で1.5km以上離れている。

⑵ 表９は，四国と中国・京阪神方面間の交通機関別の利用者数と，三つの連絡橋における自動車の通行台数を示したものである。表９から読み取れる，平成10年以降における交通機関の利用の変化について，書きなさい。

表９

年度＼交通機関	鉄道（万人）	高速バス（万人）	航空機（万人）	船舶（万人）	自動車（万台）
平成10年度	947	176	203	708	833
平成18年度	800	445	120	412	980
平成28年度	789	452	92	187	1454

（四国運輸局「四国地方における運輸の動き30年」による）

（注）自動車は，普通車と軽自動車等の合計（中型車，大型車，特大車を除く）。

■平成29年度問題

2 正明(まさあき)さんは，自由研究で海に面していない８県について調べた。５図は，その県を▭で示したものである。次の各問いに答えなさい。

１　５図で示した８県は，わが国を７地方区分で分けた場合，関東地方に［ a ］県，中部地方に［ b ］県，近畿地方に［ c ］県が属している。［ a ］～［ c ］に当てはまる数字の組み合わせとして正しいものを，次のア～エから一つ選び，記号で答えなさい。

ア　a：2　b：2　c：4
イ　a：2　b：3　c：3
ウ　a：3　b：2　c：3
エ　a：3　b：3　c：2

５図

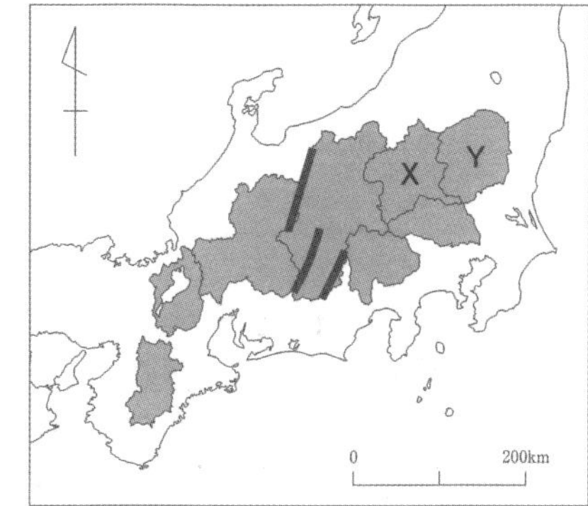

２　５図の━━で示した山脈を含む地域は，中央高地とよばれており，多くの盆地がある。その周辺には，資料６のような［　］とよばれる地形がみられる。この地形は，水田に適さないため，かつてこの地域では養蚕(ようさん)業が盛んであった。［　］に当てはまる語を書きなさい。また，この地形が，水田に適さない理由を書きなさい。

資料６

３　７表は，５図で示した８県の人口密度や耕地面積などを比較したものである。７表のＡとＢに当たる県名を書きなさい。

７表

項目／県	人口密度（人／km^2）	耕地面積（km^2）	農業産出額の内訳の一部（億円）	
			野菜	果実
A	154.8	1089	837	544
B	1912.0	763	967	65
C	187.0	242	106	504
D	369.8	218	116	82
栃木県	308.2	1245	803	87
群馬県	310.2	719	920	91
岐阜県	191.4	569	324	48
滋賀県	351.8	526	85	5

（「日本国勢図会 2016/17」，平成 26 年農林水産省資料による）

（注）農業産出額は，農産物の生産数量に販売価格（補助金等を含む）をかけたもの。

４　５図で示したＸとＹの両県と茨城県には，工業団地がつくられ［ a ］工業地域とよばれている。わが国の工業地域は，［ b ］とよばれる，関東地方から九州地方北部の臨海部を中心とした帯状の工業地域に集中していたが，交通網の整備などにより内陸部にも工業地域が形成されるようになった。［ a ］，［ b ］に当てはまる語を書きなさい。

５　８図は，群馬県の一部を示した２万５千分の１の地形図である。(1)，(2)の問いに答えなさい。

８図

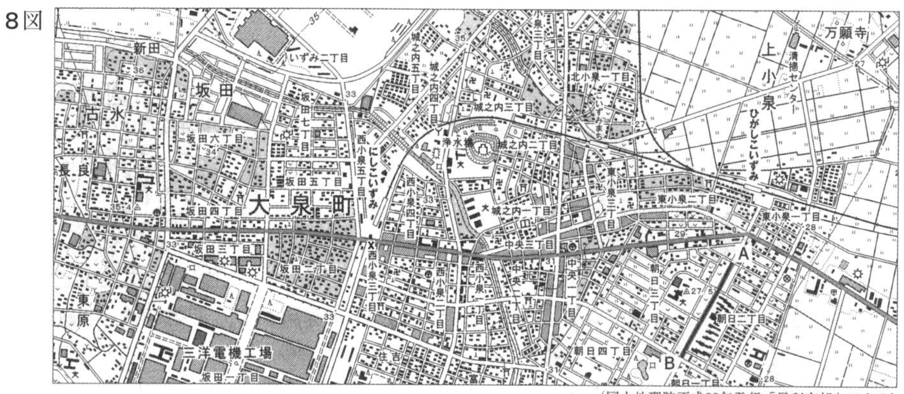

（国土地理院平成22年発行「足利南部」による）

(1)　８図から読み取れることとして正しいものを，次のア～エから**二つ**選び，記号で答えなさい。

ア　「にしこいずみ」駅の南の方位に交番がある。
イ　Ａ━━Ｂで示した通りは，地図上で測ると２cm であることから，実際は５km である。
ウ　「ひがしこいずみ」駅の北側には，畑が広がっている。
エ　JR 線以外の鉄道が，城跡の北側を通っている。

(2)　９表は，群馬県大泉町における 2015 年 12 月末現在の国籍別外国人登録者数を示したものである。資料 10 の大泉町での取り組みを参考にして，９表の［　］に当てはまる国名を書きなさい。

９表

	［　］	ネパール	中国	フィリピン	その他	合計
登録者数（人）	4243	451	252	205	1922	7073

（法務省資料による）

資料 10

○ポルトガル語表記の町の広報誌が配布されている。
○大泉町観光協会主催のサンバカーニバルが開催されている。

歴史的分野（総合）

■令和５年度問題

3　遙香さんのクラスでは，古代から近世までの歴史について，班ごとにテーマを決めて，調べ学習を行った。遙香さんの班は，「歴史の中の女性」というテーマで，古代，中世，近世についてそれぞれ調べた。次の各問いに答えなさい。

1　次は，遙香さんの班での会話の一部である。(1)～(3)の問いに答えなさい。

> 遙香：古代に活躍した女性にはどんな人がいるかな。
> 和哉：①エジプトの女王だったクレオパトラの名前は聞いたことがあるよ。
> 聡美：女王といえば，日本では邪馬台国の卑弥呼がいるね。
> 英雄：②飛鳥時代の推古天皇は，初の女性の天皇といわれてるよ。
> 志織：平安時代には，「源氏物語」の作者として知られる紫式部などの③女性たちによって多くの文学作品が生み出されているね。

(1)　下線部①について，古代のエジプトでは，１年を365日とする**a**（**ア**　太陰暦　**イ**　太陽暦）がつくり出され，**b**（**ア**　くさび形文字　**イ**　甲骨文字　**ウ**　象形文字）も発明された。**a**，**b**の（　　）の中から適当なものをそれぞれ一つずつ選び，記号で答えなさい。

(2)　下線部②について，飛鳥時代から奈良時代までのことがらを説明した次の**ア**～**ウ**のそれぞれの文について，正しいものには○を，誤っているものには×を書きなさい。

ア　冠位十二階の制度が定められ，豪族を家柄に応じて役人に取り立てるようにした。

イ　平城京に市が設置され，売買に和同開珎が使用された。

ウ　鑑真が唐から来日して新しい仏教を伝え，真言宗を開いた。

(3)　下線部③について，この背景の一つには，日本語の書き表し方の変化がある。平安時代に漢字をもとにして新しく生み出されたものは何か，書きなさい。

2　次は，中世の女性について調べたことを箇条書きにしたメモの一部である。(1)，(2)の問いに答えなさい。

> ○［　a　］は，夫である源頼朝の死後，「尼将軍」とよばれ，後鳥羽上皇がおこした**b**（**ア**　応仁の乱　**イ**　承久の乱　**ウ**　保元の乱）では，御家人らに結束を呼びかけた。
> ○④鎌倉時代の武士社会では，女性の地頭も見られた。

(1)　［　a　］に当てはまる人名を書きなさい。また，**b**の（　　）の中から適当なものを一つ選び，記号で答えなさい。

(2)　下線部④について，鎌倉時代の武士社会における相続の方法は，鎌倉時代の終わりごろから次第に変化した。図15と図16は，鎌倉幕府の御家人である大友氏の1240年当時と1333年当時の系図であり，それぞれの年に［太枠］で囲んだ人物から［二重枠］で囲んだ人物に領地が相続されたことを表している。図15に見られる領地の相続方法は，やがて御家人の生活を圧迫する一因となった。図15に見られる領地の相続方法が御家人の生活を圧迫することにつながった理由を，図16に見られる相続方法との違いに着目して説明しなさい。

図15

1240年
※大友能直①　＝　尼深妙
妻　＝　※時直
美濃局　犬御前　僧明真　能郷　景直（時景）　能秀　親秀②

図16

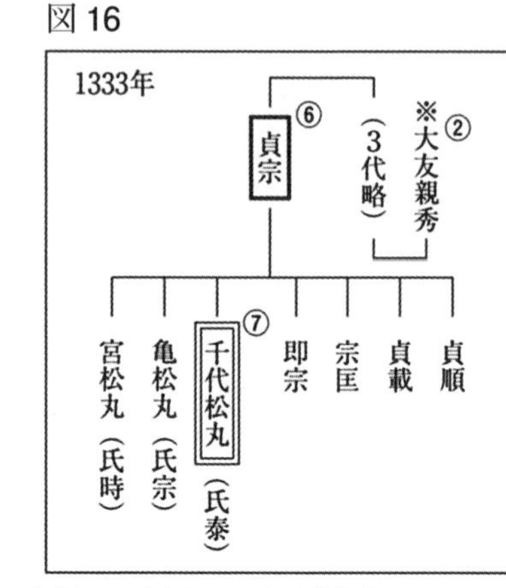

（注）図15と図16の○の数字は大友氏の当主となった順番を，※は当時すでに亡くなっていた人物を示している。

3　次は，近世の女性について調べたことを箇条書きにしたメモの一部である。(1)～(3)の問いに答えなさい。

> ○⑤参勤交代の制度のもとで，大名の妻は江戸に住むことを強制された。
> ○出雲の阿国や⑥葛飾北斎の娘応為など，文化の面で才能を発揮した女性たちがいた。
> ○江戸時代には各地で⑦綿織物の生産が盛んになり，主に女性たちが生産をになっていた。

(1)　下線部⑤について，参勤交代を制度化した将軍は誰か，書きなさい。

(2)　下線部⑥について，葛飾北斎の代表作である富嶽三十六景が出版された天保年間のできごととして正しいものを，次の**ア**～**エ**から一つ選び，記号で答えなさい。

ア　大塩平八郎が挙兵した。　**イ**　「おくのほそ道」が出版された。

ウ　公事方御定書が制定された。　**エ**　生類憐みの令が出された。

(3) 下線部⑦について，資料17は，遙香さんたちが19世紀初めごろと19世紀中ごろの綿織物生産のようすを描いたⅠとⅡの二枚の絵を比較してまとめたものである。[　　　　]に当てはまることばを書きなさい。

資料17

Ⅰ

①家の主人
②織物を集めに来た商人
③機を織る人

Ⅱ

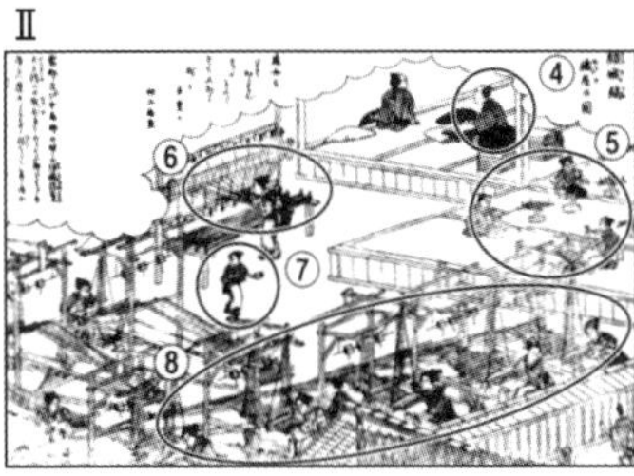

④織屋の主人
⑤糸を繰る人々
⑥糸をそろえる人
⑦糸を運ぶ人
⑧機を織る人々

Ⅰの絵では，商人が農村の家々に原料となる糸や道具などを貸し，各家で生産された綿織物と引き換えに加工賃を支払う生産形態のようすが描かれている。これに対し，Ⅱの絵では，商人が作業場をつくって働き手を集め，⑤～⑧のように複数の働き手たちが[　　　　]ことを特徴とする生産形態によって効率的に綿織物を生産するようすが描かれている。

■令和４年度問題

3 優一さんは，古代から近世までの歴史学習のまとめとして，「わが国の法と政治」というテーマで調べ学習を行った。表15は，調べたことをまとめたものの一部である。次の各問いに答えなさい。

表15

時代	わが国の法と政治
古代	○唐の律令にならって，①大宝律令が定められた。 ○②桓武天皇が都をうつし，律令に基づく政治の立て直しをはかった。 ○基準に合わない③荘園を停止する法令が出された。
中世	○鎌倉幕府が，④御成敗式目（貞永式目）を制定した。 ○⑤戦国大名が，分国法とよばれる独自の法律を制定した。
近世	○江戸幕府が，⑥武家諸法度を定めた。 ○江戸幕府がキリスト教の禁止や貿易の統制を強化する法令を出し，「⑦鎖国」とよばれる体制が整えられた。

1　下線部①について，大宝律令により，中央や地方の政治のしくみが定められ，[a]とよばれる役人が都から国ごとに派遣された。また，人々は戸籍に登録され，６歳以上のすべての者に[b]という土地が与えられた。[a]，[b]に当てはまる語をそれぞれ書きなさい。

2　下線部②について，このことを境にして時代区分が奈良時代と平安時代とに分けられる。奈良時代と平安時代につくられたものとして適当なものを，次のア～エからそれぞれ一つずつ選び，記号で答えなさい。

ア

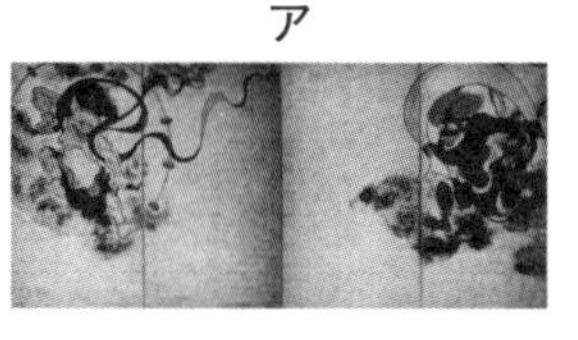

イ

ウ

エ

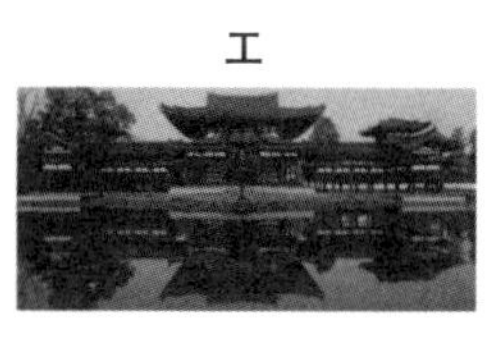

3　下線部③について，⑴，⑵の問いに答えなさい。

⑴　荘園が成立するきっかけとなった法令で，耕地不足を補うための開発奨励を目的に新たに開発した土地の永久所有を認めた法令は何か，書きなさい。

⑵　平安時代の中ごろには，藤原氏が皇室とのつながりを背景に一族で朝廷の主要な役職を独占し，多くの荘園をもつようになった。図16は，11世紀前半ごろの皇室と藤原氏の系図である。1016年，藤原道長は，孫の後一条天皇が7歳で即位すると［ a ］に任じられた。また，道長のあとを継いだ頼通は，彼の姉妹が生んだ［ b ］人の天皇のおじであった関係を背景に約50年間政治の実権を握った。［ a ］に当てはまる役職名を書きなさい。また，［ b ］に当てはまる数字を書きなさい。

図16

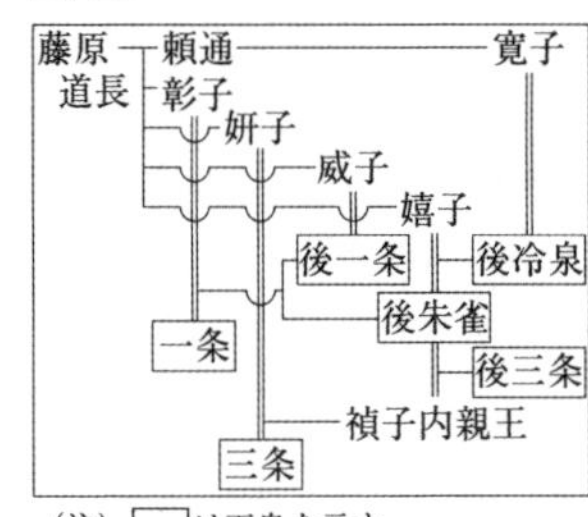

(注) □は天皇を示す。

4　下線部④について，御成敗式目は，御家人と荘園領主との土地をめぐる争いが増えたことを背景に，執権の［　　］により制定された。［　　］に当てはまる人名を書きなさい。また，御成敗式目に関する説明として**誤っているもの**を，次の**ア**～**ウ**から一つ選び，記号で答えなさい。

ア　子どものいない女性が養子に土地を譲ることを認めていた。

イ　御家人に，売却した領地を取り戻すことや借金の帳消しを認めていた。

ウ　公平に裁判を行うための基準として武士社会の慣習に基づいて定められた。

5　下線部⑤について，戦国大名は，実力のある者が力を伸ばして上の身分の者に打ち勝つという［　　］の風潮が広がる中で登場した。このような戦国大名の一つである朝倉氏は，「全ての有力な家臣は城下町である一乗谷に移住すること」を分国法で定めた。［　　］に当てはまる語を書きなさい。また，一乗谷の場所を，図17の•で示した**ア**～**ウ**から一つ選び，記号で答えなさい。

図17

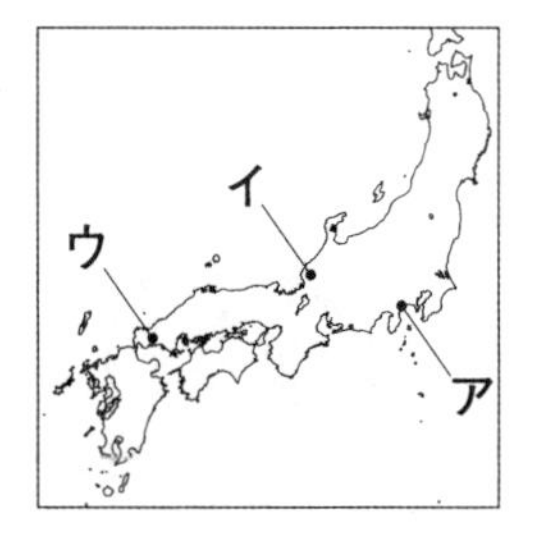

6　下線部⑥について，江戸幕府は武家諸法度を定め，法令違反などを理由に大名の領地を削減したり没収したりする一方，それらの領地を別の大名に与えるなどして統制をはかった。図18と図19は，それぞれ1614年と1664年における九州の大名配置を示したものであり，●は外様大名に，□は譜代大名に当たる。図18と図19の大名配置の変化から読み取れる幕府による大名統制上のねらいを書きなさい。

図18

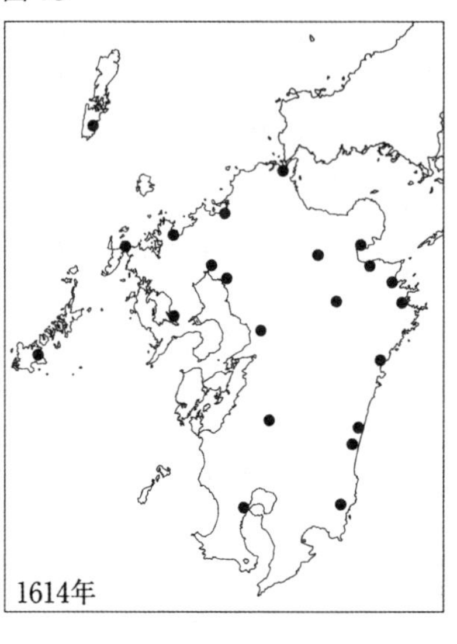

図19

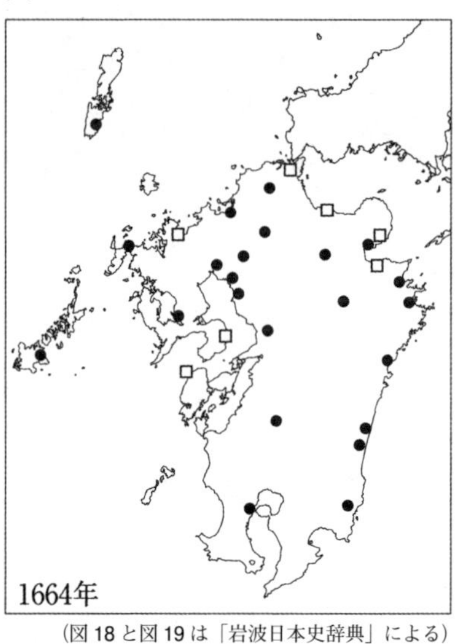

(図18と図19は「岩波日本史辞典」による)

7　下線部⑦について，鎖国体制下における外交や貿易などに関する説明として正しいものを，次の**ア**～**エ**から一つ選び，記号で答えなさい。

ア　朱印船の派遣は停止されたが，南蛮貿易は継続した。

イ　朝鮮の釜山に倭館が設置され，対馬藩が朝鮮との貿易を行った。

ウ　松前藩が，津軽半島の十三湊を拠点にアイヌとの交易を行った。

エ　幕府は，薩摩藩に征服された琉球王国を琉球藩とし，中国への朝貢を認めた。

■令和３年度問題

3 表15は，宏樹さんがわが国の歴史にかかわる故事やことわざなどについて調べ，作成したものの一部である。次の各問いに答えなさい。

表15

故事やことわざなど	由来など
和をもって貴しとなす	①聖徳太子が役人の心構えとして定めた十七条の憲法の最初の条文の一部がもととなった。
弘法にも筆の誤り	②平安時代に唐で仏教を学び，帰国後に真言宗を開いた空海（弘法大師）が，唐風の書の名人であったことに由来する。
いざ鎌倉	③鎌倉幕府の御家人の心構えを示す言葉で，④室町時代に成立した能（能楽）の脚本である「鉢木」に記されている。
小田原評定	⑤豊臣秀吉に小田原城を包囲された北条氏が，降伏するか戦うかで城内の意見がまとまらず，話し合いに日時を費やしたという通説に由来する。
為せば成る	江戸時代に米沢藩主として⑥藩政改革を進めた上杉治憲（鷹山）がよんだ歌の一節がもととなったといわれる。

1 下線部①について，聖徳太子は天皇（大王）を中心とした政治制度を整え，進んだ文化をとり入れるため a（ア 阿倍仲麻呂　イ 小野妹子　ウ 菅原道真）らを隋に派遣した。聖徳太子の死後，隋にかわった唐が b（ア 高句麗　イ 百済　ウ 新羅）を攻撃すると，わが国でも緊張が高まり，その後の大化の改新にも影響を与えた。a，b の（　）の中から適当なものをそれぞれ一つずつ選び，記号で答えなさい。

2 下線部②について，次のア～ウは，平安時代のできごとである。年代の古いものから順に，記号で答えなさい。

ア 藤原道長と頼通が，摂政や関白の地位につき，権力を握った。

イ 桓武天皇が，国司に対する監督を強化し，地方の政治を引きしめた。

ウ 白河天皇が，上皇になったのちに院政とよばれる政治を行った。

3 下線部③について，(1)，(2)の問いに答えなさい。

(1) 源頼朝は，対立した a（ア 平清盛　イ 源義仲　ウ 源義経）をとらえることを理由に守護・地頭を置くことを朝廷に認めさせ，鎌倉幕府の政治制度を整えた。幕府の政治組織のうち，b（ア 侍所　イ 政所　ウ 問注所）は，将軍に忠誠を誓った御家人の統率を担当した。a，b の（　）の中から適当なものをそれぞれ一つずつ選び，記号で答えなさい。

(2) 資料16は，鎌倉時代の武士が武芸の訓練にはげむようすを描いたものである。鎌倉幕府の御家人は，このような訓練にはげみ，将軍への奉公としての合戦への参加に備えた。また，御家人はこのほかの奉公として，［　　　］の義務を負った。［　　　］に当てはまることばを書きなさい。

資料16

4 下線部④について，資料17の金閣にみられる室町時代の文化の特色として最も適当なものを，次のア～エから一つ選び，記号で答えなさい。

資料17

ア 貴族と武士の文化がとけあっている。

イ 武士を担い手とし，質素で気品がある。

ウ 大名や大商人の経済力を反映し，壮大で豪華である。

エ 経済力をもった都市の町人が担い手となっている。

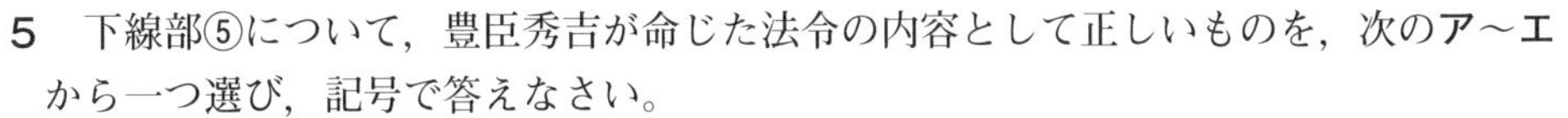

5 下線部⑤について，豊臣秀吉が命じた法令の内容として正しいものを，次のア～エから一つ選び，記号で答えなさい。

ア 日本人の海外渡航と海外からの帰国を禁止する。

イ 百姓の所有する田畑の売買を禁止する。

ウ 百姓が武器を持つことを禁止する。

エ 大名が届け出なしに城を修理することを禁止する。

6 下線部⑥について，表18は，18世紀後半から19世紀初めごろに熊本藩と米沢藩のそれぞれで行われた藩政改革の代表的な政策をまとめたものである。(1)～(2)の問いに答えなさい。

表18

項目＼藩	熊本藩	米沢藩
藩　主	細川重賢	上杉治憲（鷹山）
代表的な政策	○倹約令 ○はぜの栽培や養蚕の奨励 ○ろうの生産と販売の統制 ○藩校の時習館の設立	○倹約令 ○うるしの栽培や養蚕の奨励 ○米沢織の育成 ○藩校の興譲館の設立

（注）はぜとうるしの実は，ろうの原料として利用された。

(1) 表18の下線部について，藩校では主に藩士の子弟を対象に儒学が教えられた。儒学は，紀元前6世紀ごろの中国で［ a ］が説いた教えをもとに発展した学問である。江戸時代，儒学にはさまざまな学派が存在したが，5代将軍徳川綱吉は特に身分の秩序を重視する［ b ］を学ぶことを奨励した。［ a ］に当てはまる人名を書きなさい。また，［ b ］に当てはまる学派を書きなさい。

(2) 細川重賢と上杉治憲が藩政改革を実施したころ，幕府の政治を主導していた田沼意次が行った政策として最も適当なものを，次のア～エから一つ選び，記号で答えなさい。

ア 商工業者の株仲間を解散させた。

イ 長崎での貿易を活発にするために海産物の輸出を促した。

ウ 禁止していたヨーロッパの書物の輸入を緩和した。

エ ききんに備えて各地に米を蓄えさせた。

■令和２年度問題

3　表13は，健吾(けんご)さんが，「わが国における金属にかかわることがら」というテーマで調べ学習をしたときに，作成したものの一部である。次の各問いに答えなさい。

表13

時代	わが国における金属にかかわることがら
原始・古代	稲作とともに①金属器が伝来し，使用が始まる。
	②渡来人により，土器や鉄器の新たな製造技術，漢字などが伝えられる。
	国内で産出された銅を用いて，和同開珎(わどうかいちん)や③東大寺の大仏が造られる。
中世	④中国との貿易により輸入された銅銭が流通するようになる。
	刀や農具を作る鍛冶・鋳物業や，⑤鉱山開発がさかんになる。
近世	鉄砲が伝来し，堺(さかい)などで生産されるようになる。
	⑥備中(びっちゅう)ぐわなどの鉄製農具が普及するようになる。
近代	肥前（佐賀）藩や薩摩(さつま)藩などが反射炉を建設し，⑦大砲を製造する。

1　下線部①について，金属器のうち，［ a ］器は主に祭りの道具として使用され，鉄器は実用的な工具や武器として使用された。4世紀ごろになると，大和(やまと)政権（ヤマト王権）は鉄や進んだ技術を求めて朝鮮半島南端の伽耶(かや)（加羅）地域（諸国）と関係を深め，b（ア　百済(くだら)　イ　魏(ぎ)　ウ　隋(ずい)）と結んで高句麗(こうくり)や新羅(しらぎ)と戦った。［ a ］に当てはまる語を書きなさい。また，bの（　）の中から適当なものを一つ選び，記号で答えなさい。

2　下線部②について，図14は6世紀に渡来人と結び，大和政権（ヤマト王権）で勢力をのばした蘇我(そが)氏と皇室の関係を示した系図である。推古天皇の「おい」に当たる［ a ］は，推古天皇の「おじ」に当たる［ b ］と協力しながら，新しい政治を行った。［ a ］，［ b ］に当てはまる人物を，図14から選び，それぞれ書きなさい。

図14

蘇我稲目　馬子　蝦夷　入鹿　欽明　崇峻　用明　推古　敏達　聖徳太子

（注）□は男性の天皇，◯は女性の天皇を示す。
また，◇は女性，二重線は婚姻関係を表す。

3　下線部③について，奈良時代のできごととして正しいものを，次のア～オから**すべて**選び，記号で答えなさい。

ア　藤原純友(ふじわらのすみとも)が，瀬戸内地方で海賊を率いて反乱を起こした。
イ　遣唐使とともに唐へ渡った最澄(さいちょう)と空海が，新しい仏教を伝えた。
ウ　律令国家のしくみを定めた大宝律令が制定された。
エ　新たに開墾した土地の永久私有を認める法令が出された。
オ　地方の国ごとに地理や伝承などを記した「風土記(ふどき)」がつくられた。

4　下線部④について，宋(そう)（南宋），元，明(みん)との貿易でもたらされた銅銭は，中世のわが国の社会に大きな変化をもたらした。(1)，(2)の問いに答えなさい。

(1)　宋（南宋）の滅亡後も元との間で，民間の商人による貿易がさかんに行われた。宋（南宋）を滅ぼした元の皇帝は誰か，書きなさい。

(2)　1428年（正長(しょうちょう)元年），京都周辺で土一揆(どいっき)が発生し，庶民らが土倉や酒屋を襲撃した。資料15は，奈良市柳生(やぎゅう)町にある岩に刻まれた文である。この文は，「正長元年以前の［　　］は，神戸(かんべ)四か郷にはいっさいない」という意味で，一揆の成果を宣言したものである。［　　］に当てはまる，資料15の ―― で示した「ヲキメ」（負い目）が意味する語を，**漢字２字**で書きなさい。

資料15

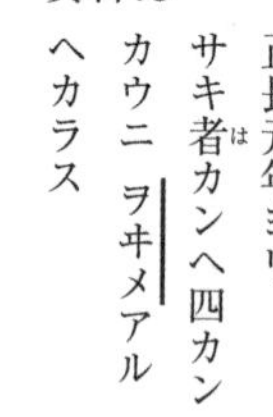
正長元年ヨリ
サキ者(は)カンへ四カン
カウニヲキメアル
ヘカラス

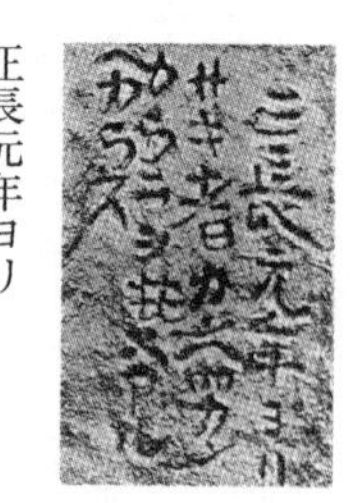

5　下線部⑤について，16世紀になるとわが国では，石見(いわみ)銀山などで銀の産出量が増大し，中国などに大量に輸出された。また，16世紀に先住民を征服し，植民地とした南北アメリカ大陸で銀山を開発した［　　］も，アジアでの貿易にのりだし，大量の銀を中国にもたらした。石見銀山の場所を，図16の・で示したア～エから一つ選び，記号で答えなさい。また，［　　］に当てはまる国名を書きなさい。

図16

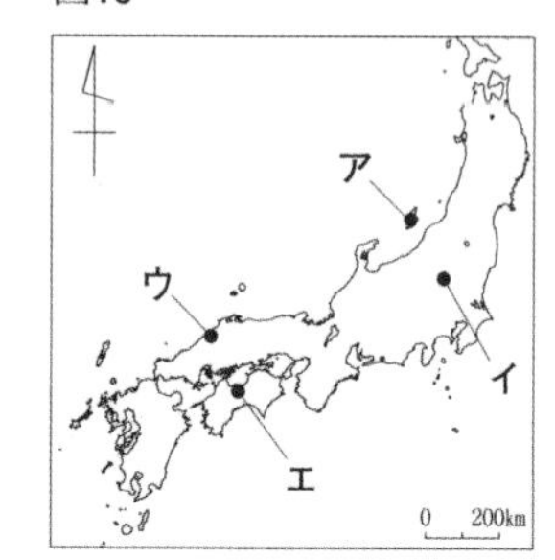

6　下線部⑥について，江戸時代には農具の改良や新田開発の進展などにより，農業生産力が向上した。資料17は，徳川吉宗(とくがわよしむね)に提出された意見書の一部である。また，資料18は，九十九里浜(くじゅうくりはま)での網を使った大規模な鰯(いわし)漁のようすを享保(きょうほう)年間に描いたものの一部である。資料17から読み取れることを，資料18と関連付けて説明しなさい。

資料17

> 近年，新田を開発できる場所は開発し尽くしてしまった結果，牛馬の飼料や肥料用の草を刈り取る採草地もなくなってしまい，…（中略）…。だんだんお金でさまざまな肥料を買うことが世間で一般的になってきた。

（「民間省要」現代語訳による）

資料18

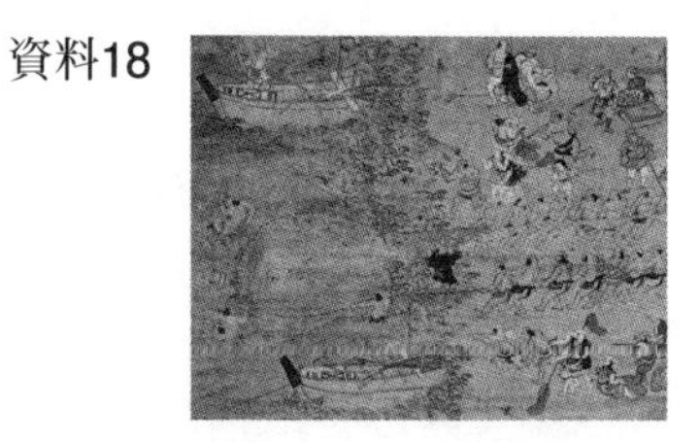

7　下線部⑦について，この背景には欧米列強のアジア進出に対する危機感があった。18世紀末以降における外国船の接近と幕府の対応に関する次のア～ウの説明文の下線部には，**誤っているもの**が一つある。誤りのある文の記号を書き，正しい語に改めなさい。

ア　ラクスマンなど<u>ロシア</u>使節の通商要求を断り，間宮林蔵らに蝦夷(えぞ)地や樺太(からふと)の調査を行わせた。
イ　外国船への砲撃を批判した<u>国学者</u>の高野長英や渡辺崋山(わたなべかざん)らを処罰した。
ウ　清(しん)が<u>アヘン戦争</u>で敗北したことを知り，異国船打払令（外国船打払令）を改めた。

■平成30年度問題

3　次は，熊本の歴史に関する，先生と生徒との会話の一部である。次の各問いに答えなさい。

先生：熊本の歴史について，どんなことを知っていますか。
幸子：私は，和水町の江田船山古墳から出土した鉄刀と，埼玉県の稲荷山古墳から出土した鉄剣に同じ大王の名前が刻まれていたことを知りました。また，どちらの古墳も①前方後円墳であることも知りました。
先生：大和政権（ヤマト王権）の勢力が，九州から関東にかけて広い範囲に及んでいたことが分かりますね。
洋平：私は，景行天皇が九州遠征で，熊本に来たことが②日本書紀に書かれていることを知りました。
先生：景行天皇にゆかりのある場所が，県内にはたくさんありますよ。もっと調べてみるといいですね。
優子：私は，八代に朝廷から③平清盛に与えられた土地があったことを知りました。
先生：平安時代末期に，平清盛は肥後国司となっていますね。
竜也：私は，宇城市小川町で竹崎季長の記念碑を見たことがあります。
先生：竹崎季長は，「蒙古襲来絵詞」にえがかれた④鎌倉時代の武士ですね。
千春：私は，⑤豊臣秀吉が，島津氏を従えるために，南関から熊本に入り，水俣を通って鹿児島に向かったということを知りました。
先生：島津氏は，⑥江戸時代には外様大名となりましたね。

1　下線部①について，資料12は，4～5世紀につくられた大阪府堺市にある古墳で，全長が486ｍあり，日本で最も大きい前方後円墳である。大王の墓といわれ，大和政権（ヤマト王権）の勢力の強大さをよく表している。この古墳の名称を書きなさい。

資料12

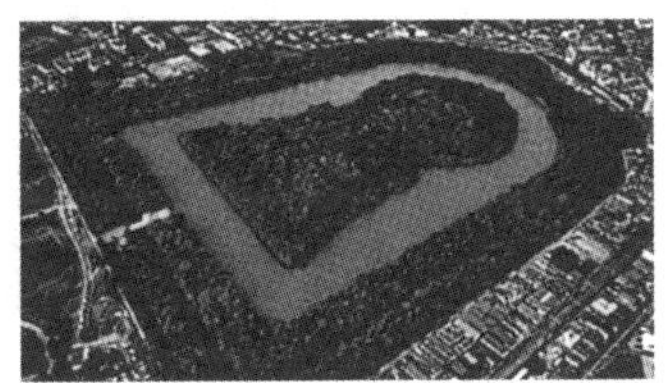

2　下線部②について，次のア～ウは，日本書紀がつくられるまでにおこったわが国のできごとである。年代の古いものから順に，記号で答えなさい。
ア　天智天皇のあとつぎ争いである壬申の乱がおこった。
イ　律令国家のしくみを定めた大宝律令がつくられた。
ウ　中臣鎌足らによって大化の改新が行われた。

3　下線部③について，平清盛は，平治の乱に勝利し政治の実権を握るようになり，武士として初めてa（ア　関白　　イ　太政大臣　　ウ　征夷大将軍）になった。清盛は，兵庫の港を整備するなどして，中国のb（ア　唐　　イ　宋　　ウ　明）との貿易に力を入れた。a，bの（　　）の中から適当なものを一つずつ選び，記号で答えなさい。

4　下線部④について，鎌倉時代のことがらとして**誤っているもの**を，次のア～エから一つ選び，記号で答えなさい。
ア　国ごとに守護を，荘園や公領ごとに地頭をおいた。
イ　将軍に従う武士は御家人とよばれ，御恩と奉公による主従関係を築いた。
ウ　実力のある者が，上の身分の者に打ち勝ち地位をうばう下剋上の風潮が広がった。
エ　武士の社会で行われていた慣習にもとづく御成敗式目（貞永式目）が定められた。

5　下線部⑤について，安土桃山時代の文化の説明として正しいものをa群のア～ウから，その時代につくられた作品として適当なものをb群のア～ウから，それぞれ一つずつ選び，記号で答えなさい。
〈a群〉
ア　公家と武家の文化が一体化し，禅宗の影響を受けて形成された文化。
イ　戦国大名や豪商（大商人）の経済力を反映した壮大で豪華な文化。
ウ　都市が繁栄し，上方とよばれる大阪や京都の，町人が生み出した文化。
〈b群〉

ア

イ

ウ

6　下線部⑥について，⑴，⑵の問いに答えなさい。
⑴　13表は，江戸時代の政治や改革に関する主なできごとを，年代順に並べたものである。田沼意次が政治を行ったのはどの時期か，A～Dから一つ選び，記号で答えなさい。また，田沼意次は，商工業者の同業者組織である［　　］を認め，営業税を取り幕府財政の立て直しを図った。［　　］に当てはまる語を書きなさい。

13表

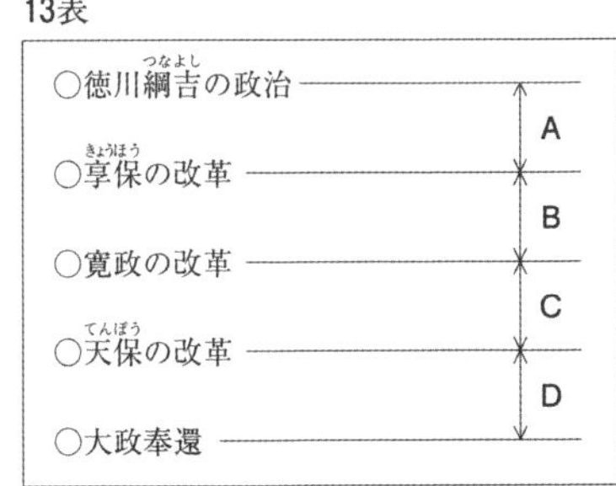

○徳川綱吉の政治	
	A
○享保の改革	
	B
○寛政の改革	
	C
○天保の改革	
	D
○大政奉還	

⑵　資料14は，13表中の政治または改革の一つを風刺した狂歌である。資料14の下線部が指している人物名をあげて，この人物が行った政治または改革に対する人々の反応を，**出版物**という語を用いて書きなさい。

資料14　白河の清きに魚のすみかねて　もとの濁りの田沼恋しき

■平成29年度問題

3　京子さんは，夏休みの調べ学習でわが国の文化や生活について調べ，カードを作成した。Ⅰ～Ⅴは，そのカードの一部を年代順に並べたものである。次の各問いに答えなさい。

Ⅰ		これは，弥生時代に①穀物などをたくわえていたとされる倉庫で，登呂遺跡（静岡県）に復元されたものです。稲作が盛んになると小さな国もでき，なかには中国に使いをおくる国もありました。
Ⅱ		この絵は，奈良時代の鳥毛立女屏風で，②正倉院に納められています。ここには，唐や新羅だけでなく西アジアから伝わったものも納められていて，国際色が豊かな文化が栄えていたことがわかります。
Ⅲ		これは，平安時代の作品である③「源氏物語」を題材としてえがかれた絵巻物の一場面です。この絵から，この時代の住居や服装など，貴族の生活のようすがわかります。
Ⅳ		これは，④鎌倉時代に時宗を開いた一遍が，教えを広めるために諸国をめぐるようすをえがいた絵巻物の一場面です。この時代には，⑤新しい仏教の教えが広まりました。
Ⅴ		この絵には，江戸時代の港のにぎわいがえがかれています。⑥この港には，諸藩の蔵屋敷がおかれました。また，⑦幕府や諸藩が財政難に苦しむようになり，大名に金を貸し付ける商人もあらわれました。

1　下線部①について，このような倉庫を［ a ］倉庫とよぶ。また，1世紀の半ばには，倭の奴国の王が，中国の皇帝から「漢委奴国王」と刻まれたb（ア　金印　　イ　銅鏡）を与えられた。［ a ］に当てはまる語を書きなさい。また，bの（　　）の中から適当なものを一つ選び，記号で答えなさい。

2　下線部②について，正倉院がある寺院名を書きなさい。また，奈良時代の文化に関する説明として正しいものを，次の**ア**～**エ**から一つ選び，記号で答えなさい。

ア　絵入りの物語である「一寸法師」や「浦島太郎」などの，お伽草子が読まれた。
イ　神話などをもとに，「古事記」や「日本書紀」という歴史書がつくられた。
ウ　生き生きとした民衆の姿を取り上げた随筆集「徒然草」が書かれた。
エ　武士の活躍をえがいた「平家物語」は，琵琶法師によって語られた。

3　下線部③について，「源氏物語」の作者である［ a ］は，下の歌をよんだ人物［ b ］の娘である中宮彰子に仕えていた。［ a ］，［ b ］に当てはまる人物の組み合わせとして正しいものを，次の**ア**～**カ**から一つ選び，記号で答えなさい。

この世をば　わが世とぞ思ふ　望月の　欠けたることも　なしと思へば

ア　a：小野小町　b：藤原道長　　イ　a：小野小町　b：藤原頼通
ウ　a：清少納言　b：藤原道長　　エ　a：清少納言　b：藤原頼通
オ　a：紫式部　b：藤原道長　　カ　a：紫式部　b：藤原頼通

4　下線部④について，鎌倉時代のできごととして正しいものを，次の**ア**～**エ**から一つ選び，記号で答えなさい。

ア　平将門や藤原純友が，周辺の武士らを率いてあいついで反乱をおこした。
イ　農民などが，徳政令を出すことを幕府に要求する土一揆をおこした。
ウ　京都に御所を建てた足利義満は，内乱を終わらせ南北朝を統一した。
エ　後鳥羽上皇が幕府をたおすために兵を挙げたが，敗れて隠岐に流された。

5　下線部⑤について，「南無阿弥陀仏」と念仏を唱えるだけで誰でも死後，極楽に行けると説いた法然の教え（宗派）は何か，書きなさい。

6　下線部⑥について，「天下の台所」とよばれ，経済の中心地だった都市名を書きなさい。また，その場所を，11図の・で示した**ア**～**エ**から一つ選び，記号で答えなさい。

11図

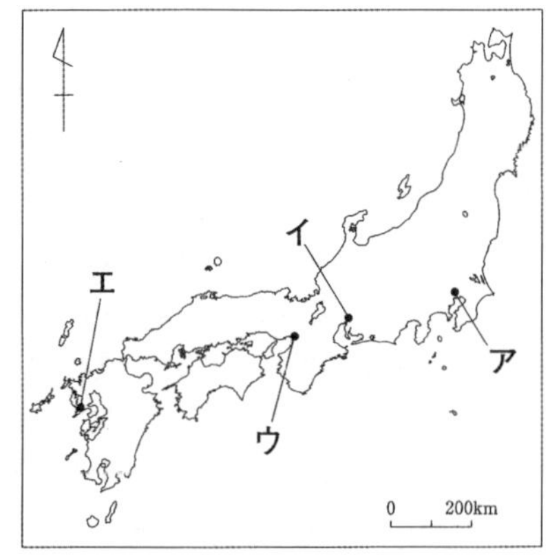

7　下線部⑦について，8代将軍徳川吉宗が，幕府の財政を立て直すために大名に命じたことを，**参勤交代**という語を用いて説明しなさい。

■平成27年度問題

3 11表は，京子さんが，「わが国と海外との関係」というテーマで調べ学習をしたときに作成したものの一部である。次の各問いに答えなさい。

11表

時代	わが国と海外との関係		国内のできごとやようす
原始・古代	①邪馬台国の女王が魏に使いを送る		小さな国々が分立
	わが国の軍が［A］の戦いで［B］の連合軍に敗れる		壬申の乱
	遣唐使が停止される		②摂関政治
	平清盛が宋と貿易を行う		③源氏と平氏の争い
中世	文永の役・弘安の役がおこる		北条氏の政治
		ア	
	足利義満が明と貿易を始める		南北朝の統一
		イ	
	ポルトガル人が鉄砲を伝える		④戦国の動乱
近世		ウ	
	幕府がオランダ商館を［C］に移す		島原・天草一揆
		エ	
	ラクスマン(ラックスマン)が［D］に来航する		寛政の改革
		オ	
	幕府が⑤異国船打払令(外国船打払令)を見直す		天保の改革

1 下線部①について，魏志倭人伝によると，この国の女王［a］は，b（ア 30 イ 100）ほどの国を従えており，239年に魏に使いを送ったとされている。［a］に当てはまる人名を書きなさい。また，bの（　）の中から適当なものを一つ選び，記号で答えなさい。

2 11表の［A］，［B］について，［A］の戦いのあと，わが国では，［B］からの攻撃に備えて，西日本の各地に山城などの防衛施設がつくられた。［A］に当てはまる語を書きなさい。また，［B］に当てはまる国の組み合わせとして正しいものを，次のア～エから一つ選び，記号で答えなさい。

ア 高句麗と百済　イ 高句麗と新羅　ウ 唐と百済　エ 唐と新羅

3 下線部②について，摂関政治のころ，わが国で栄えていた文化はどのような文化であったか。資料12のようにかな文字がつくられ，使用されたことを参考にして，**中国**という語を用いて説明しなさい。

4 下線部③について，源氏と平氏に関することがらとして**誤っているもの**を，次のア～エから一つ選び，記号で答えなさい。

ア 源義家は，東北地方の戦乱をしずめ，関東を中心とした東日本に勢力を広げた。
イ 源頼朝は，国ごとに守護を，荘園や公領ごとに地頭をおき，征夷大将軍に任命された。
ウ 平将門は，周辺の武士を率いて西日本で反乱をおこしたが，鎮圧された。
エ 平清盛は，平治の乱に勝利して太政大臣となり，一族も高い地位についた。

5 下線部④について，資料13は戦国大名の武田氏がつくった甲州法度之次第の一部の要約である。このような家臣の統制のほか，領内の支配を強めるために戦国大名が独自に定めた法律のことを何というか，書きなさい。また，資料13の［　］に当てはまる語を書きなさい。

資料13

一　［　］をした者は，どのような理由によるものでも処罰する。

6 11表の［C］と［D］に当てはまる場所を，14図の・印で示したa～fからそれぞれ一つずつ選び，記号で答えなさい。

14図

7 下線部⑤について，江戸幕府は，［a］で清が［b］に敗れたことを知って，異国船打払令(外国船打払令)を見直した。［a］に当てはまる戦争の名称を書きなさい。また，［b］に当てはまる国名を書きなさい。

8 資料15は，日本船の海外への渡航を許可する文書である。このような文書を何というか，書きなさい。また，このような文書をもつ船による貿易が行われたのは，11表のア～オのどの時期か，記号で答えなさい。

資料12

お	え	う	い	あ
於	衣	宇	以	安
於	衣	う	以	安
お	え	う	い	あ
お	え	う	い	あ

オ	エ	ウ	イ	ア
於	江	宇	伊	阿
於	エ	宇	イ	阝
オ		ウ		ア
		ウ		ア

資料15

自日本到
安南国舟也
右
慶長十年乙巳七月朔日

歴史的分野（近代史）

■令和５年度問題

4　優一さんは，幕末以降の歴史について，「人々とメディアとの関わり」というテーマで調べ学習を行った。表 18 は，調べたことをまとめたものの一部である。次の各問いに答えなさい。

表 18

時期	人々とメディアとの関わり
江戸時代（幕末）	江戸時代の庶民の主な情報源の一つに①瓦版があった。天変地異や大火などの速報記事が絵入りでかかれた瓦版は，庶民にとって貴重な情報源であった。
明治時代	明治時代になると新聞や雑誌の発刊が相次ぎ，これらを通して②自由民権運動を支持する論説などが主張された。その他，郵便や電信も整備され，③1890 年には電話サービスが開始された。
大正時代～昭和時代（戦前）	1925 年に放送が開始された④ラジオは，大衆の娯楽となる一方，政府の政策を伝える役割も果たした。また，発行部数が 100 万部を超える⑤新聞が現れるなど，ラジオや新聞が大衆の重要な情報源となった。
昭和時代（戦後）	1953 年，日本で初めてのテレビ放送が開始された。テレビは，速報性が高く，映像と音声で情報が伝えられるため，大衆は国内外の⑥歴史的なできごとを即時に知ることができるようになった。

1　下線部①について，図 19 は，1853 年にアメリカ東インド艦隊の司令長官としてわが国に来航し，開国を求めた［　　］を描いた瓦版である。［　　］に当てはまる人名を書きなさい。また，その人物が 1853 年に来航した場所を，図 20 の・で示したア～エから一つ選び，記号で答えなさい。

図 19

図 20

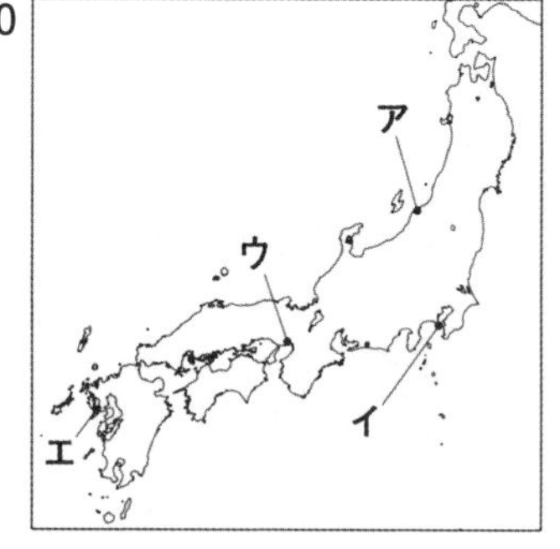

2　下線部②について，資料 21 は民撰議院設立建白書の一部を現代語訳したものである。資料 21 の～～～で示した政府の有力者に当たる人物を，下のア～エから一つ選び，記号で答えなさい。

資料21

> 私どもがつつしんで現在政権がどこにあるかを考えてみますに，上は皇室にもなく，下は人民にもなく，ただ政府の有力者に独占されています。

ア　板垣退助　　イ　大久保利通　　ウ　西郷隆盛　　エ　吉田松陰

3　下線部③について，1890 年に第一回帝国議会が開催された。次のア～ウは，1890 年以降におこった議会政治に関するできごとである。年代の古いものから順に，記号で答えなさい。

ア　伊藤博文を中心に，立憲政友会が結成された。
イ　加藤高明内閣のもと，納税額による選挙権の制限が撤廃された。
ウ　護憲運動がおこり，桂太郎内閣が倒された。

4　下線部④について，ラジオ放送開始と最も近い時期のことがらとして正しいものを，次のア～エから一つ選び，記号で答えなさい。

ア　義務教育が４年から６年に延長された。
イ　黒澤明のつくった映画が人気を博した。
ウ　大衆雑誌「キング」が発刊された。
エ　福沢諭吉が「学問のすゝめ」を著した。

5　下線部⑤について，(1)，(2)の問いに答えなさい。

(1)　資料22は，1927年当時の大蔵大臣（蔵相）の発言を伝える新聞の見出しの一部である。資料23は，この発言をきっかけにおこった騒ぎのようすを写した写真である。この騒ぎが各地に広がったことで，金融恐慌に発展した。また，資料24は，この恐慌の際に一時的に大量に発行された裏面が印刷されていない紙幣である。資料24の紙幣が発行された理由を，資料23が示すできごとと関連付けて説明しなさい。

資料22

東京渡邊銀行の破綻を
蔵相、突如言明す

資料23

資料24

表面

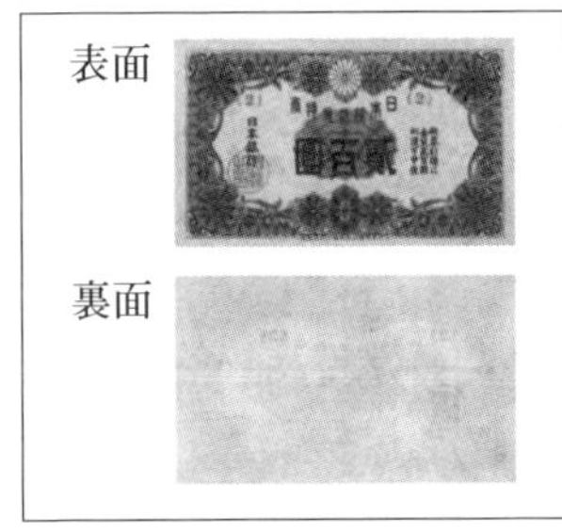

裏面

（日本銀行ホームページによる）

(2)　資料25は，1933年の国際連盟総会に関する新聞の見出しの一部である。資料25が示すできごとに関する説明として**誤っているもの**を，次のア～エから一つ選び，記号で答えなさい。

ア　このときの首相は，立憲政友会の出身であった。
イ　わが国は，この勧告書の採択に反対をした。
ウ　当時わが国は，国際連盟の常任理事国であった。
エ　このとき国際連盟は，「満州国」を承認しなかった。

資料25

総会、勧告書を採択し
我が代表堂々退場す
四十二対一票、棄権一

6　下線部⑥について，資料26は，1989年の「［ a ］の壁」の崩壊を喜ぶ人々のようすである。同年，アメリカ合衆国のブッシュ大統領とソ連のゴルバチョフ書記長との間で行われたマルタ会談では，第二次世界大戦後続いてきた［ b ］が宣言された。［ a ］に当てはまる都市名を書きなさい。また，［ b ］に当てはまることばを書きなさい。

資料26

■令和４年度問題

4　次は，渋沢栄一に関する，先生と生徒の会話である。次の各問いに答えなさい。

遥香：今度新しい１万円札の肖像に描かれる渋沢栄一とはどんな人物ですか。
先生：渋沢は，1840年に現在の埼玉県の裕福な農家に生まれ，24歳のときに①徳川慶喜の家臣となり，のちに幕府使節の随行員として②フランスに渡りました。帰国後は，明治政府に登用されましたが，1873年に大蔵省を辞職したのちには，わが国初の銀行を設立するなど，③近代産業の発展を支える大きな役割を果たしました。
健吾：「近代日本資本主義の父」とよばれていますよね。
先生：よく知っていますね。多くの企業を立ち上げる一方で，④教育や社会事業の発展にも寄与しました。
遥香：渋沢が設立した企業はどうなりましたか。
先生：渋沢は⑤満州事変がおこった年に亡くなっていますが，彼が設立に関わった企業の中には，戦後の⑥高度経済成長を支え，現在でもわが国の経済に大きな影響を与えているものも少なくないんです。まさに「近代日本資本主義の父」とよぶにふさわしい人物ですね。
健吾：渋沢についてもっと知りたくなりました。詳しく調べてみようと思います。

1　下線部①について，徳川慶喜が，政権を朝廷に返上したできごとを何というか，書きなさい。

2　下線部②について，この国でおこったフランス革命において出されたa（ア　独立宣言　　イ　人権宣言　　ウ　ワイマール憲法）は，明治時代のわが国にも影響を与え，1881年に結成された板垣退助を党首とする［ b ］党の主張には，その影響がみられた。aの（　　）の中から適当なものを一つ選び，記号で答えなさい。また，［ b ］に当てはまる語を書きなさい。

3　下線部③について，(1)，(2)の問いに答えなさい。

(1)　図20と図21は，それぞれ1867年と1899年におけるわが国の輸出・輸入総額に占める品目ごとの割合を示したものであり，図20と図21のX～Zは綿花，綿糸，生糸のいずれかである。綿花と綿糸に当たるものを，X～Zからそれぞれ一つずつ選び，記号で答えなさい。

図20

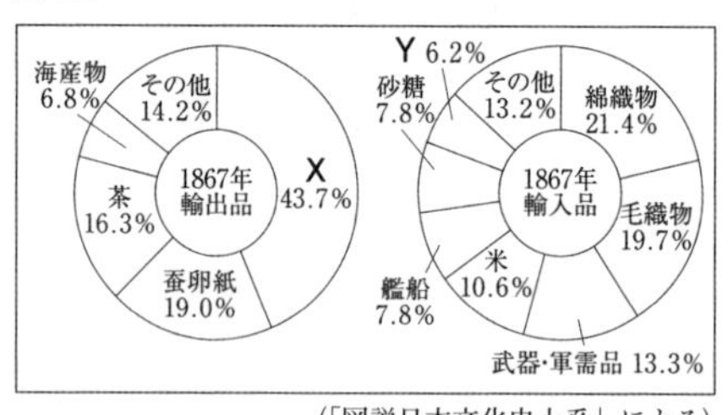

（「図説日本文化史大系」による）

図21

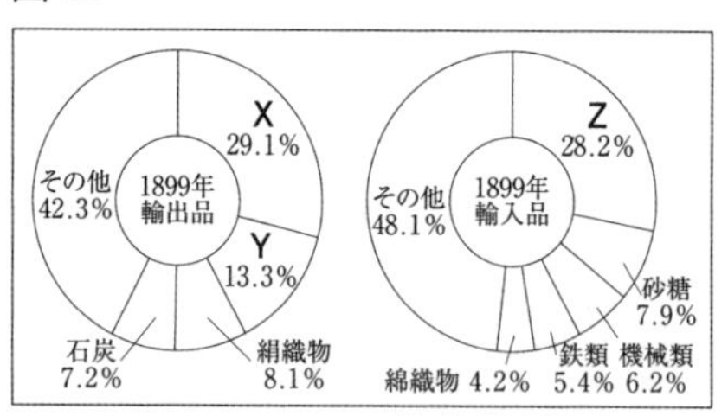

（「日本貿易精覧」による）

(2)　次のア～ウは，20世紀におけるわが国の工業に関するできごとである。年代の古いものから順に，記号で答えなさい。

ア　中学生や女学生が動員により工場や鉱山で働くようになった。

イ　工場での12歳未満の就業を禁止する法律が制定された。

ウ　官営として設立された八幡（やはた）製鉄所で鉄鋼の生産が開始された。

4　下線部④について，明治時代後期から大正時代には教育の普及とともに女子教育も盛んになり，かつて岩倉使節団に最年少で同行した女子留学生の［ a ］により女子教育の充実がはかられた。また，科学技術の発展がみられ，医学では，熊本県出身でペスト菌の発見や破傷風の血清療法の発見で知られる［ b ］など世界的な活躍をみせる学者も現れた。［ a ］，［ b ］に当てはまる人名をそれぞれ書きなさい。

5　下線部⑤について，満州事変がおこったころのわが国の社会のようすを説明した文として**適当でないもの**を，次のア～エから一つ選び，記号で答えなさい。

ア　満25歳以上のすべての男子に選挙権が与えられていた。

イ　都市でトンカツやカレーライスなどの洋食が広まっていた。

ウ　政党が解散し，大政翼賛会にまとめられていた。

エ　世界恐慌（きょうこう）の影響で農産物価格が暴落し，農村の不況が深刻になっていた。

6　下線部⑥について，わが国の高度経済成長は，1973年におこった石油危機により終わりを迎えた。図22は，1955年と1973年におけるわが国のエネルギー供給の構成割合を示したものであり，表23は1955年と1973年におけるわが国のエネルギー自給率を示したものである。石油危機がわが国の経済に大きな影響を与えた背景には，高度経済成長期におけるわが国のエネルギー供給に関する変化があった。それは，どのような変化か，図22と表23から読み取れることを関連付けて書きなさい。

図22

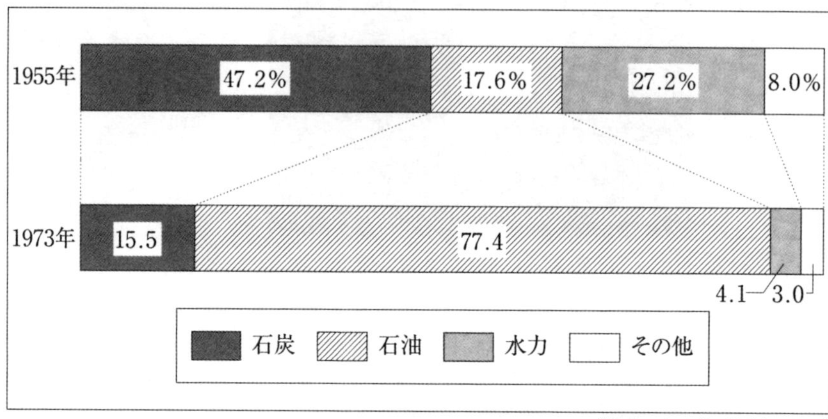

（「総合エネルギー統計」による）

表23

	1955年	1973年
エネルギー自給率（%）	79.2	10.6

（「総合エネルギー統計」による）

■令和３年度問題

4　表19は，健吾さんが「近代以降のわが国とアメリカ合衆国との関係」というテーマで調べ学習を行ったときに作成したものの一部である。次の各問いに答えなさい。

表19

年	近代以降のわが国とアメリカ合衆国との関係	
1853	ペリーが浦賀に来航する。	↑
1854	日米和親条約を結び，開国する。	
1858	①日米修好通商条約を結ぶ。	A
1876	②クラークが札幌農学校に赴任する。	
1905	アメリカ合衆国の仲介により，③ポーツマス条約を結ぶ。	↓
1911	④アメリカ合衆国との条約改正交渉で，関税自主権を完全に回復する。	
1921	ワシントン会議に参加する。	
1930	⑤世界恐慌の影響により，深刻な不況が発生する。	
1941	ハワイの真珠湾を攻撃し，⑥太平洋戦争が始まる。	
1945	ポツダム宣言を受諾し，連合国軍により占領される。	
1951	サンフランシスコ平和条約と同時に，日米安全保障条約を結ぶ。	
1972	沖縄が返還される。	
1981	⑦対米自動車輸出台数の自主規制を表明する。	

1　下線部①について，日米修好通商条約が，朝廷の許可を得ないままa（ア　水野忠邦　イ　井伊直弼　ウ　勝海舟）によって結ばれたことを機に，尊王攘夷運動がさかんとなった。運動の中心となった［ b ］藩は，外国船への砲撃を行ったが，翌年イギリスなど四か国の艦隊の報復攻撃を受けることとなった。aの（　）の中から適当なものを一つ選び，記号で答えなさい。また，［ b ］に当てはまる藩の名称を書きなさい。

2　表19のAの時期におこったできごととして**誤っているもの**を，次のア～エから一つ選び，記号で答えなさい。

ア　プロイセン王国が，ビスマルク首相の指導の下でドイツを統一した。
イ　南北戦争がおこり，リンカーン（リンカン）大統領の指導の下で北部が勝利した。
ウ　ナポレオンが，フランス皇帝となり，ヨーロッパ諸国の征服を進めた。
エ　イギリスが，インド大反乱をおさえ，インドの直接支配を始めた。

3　下線部②について，政府はクラークのほかにもお雇い外国人とよばれる学者や技術者を数多く招いた。このうち岡倉天心らと協力してわが国の美術の復興に努めたアメリカ人は誰か，書きなさい。

図20

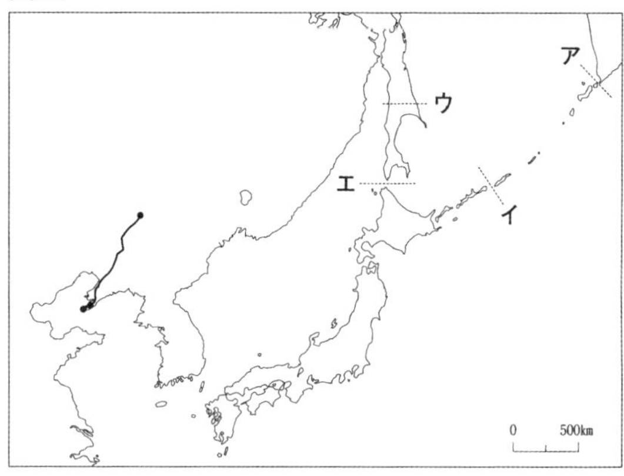

4　下線部③について，わが国は，ポーツマス条約で図20の●──●で示した鉄道の利権を得て，［　　］鉄道株式会社を設立した。［　　］に当てはまる語を書きなさい。また，この条約の締結によりわが国とロシアとの間で，新たに引かれた国境線として正しいものを，図20の……で示したア～エから一つ選び，記号で答えなさい。

5　下線部④について，わが国は，関税自主権を完全に回復したこの条約改正交渉より前の1894年に，イギリスとの交渉で領事裁判権（治外法権）の撤廃に成功していた。イギリスが領事裁判権の撤廃に応じた背景を，わが国の制度やしくみの変化にふれて説明しなさい。

6　下線部⑤について，世界恐慌に対して，イギリスとドイツがとった対応として正しいものを，次のア～エからそれぞれ一つずつ選び，記号で答えなさい。

ア　アジアやアフリカなどの植民地と経済的なつながりを強め，他国の商品を排除した。
イ　ニューディール（新規まき直し）政策を実施し，公共事業による失業者の雇用を図った。
ウ　一党独裁体制を確立して言論や思想の自由をうばい，軍備の拡大を進めた。
エ　「五か年計画」とよばれる計画経済を始め，工業化と農業の集団化を進めた。

7　下線部⑥について，次のア～ウは，太平洋戦争の開戦までにおこったできごとである。年代の古いものから順に，記号で答えなさい。

ア　ドイツが，ソ連と不可侵条約を結び，ポーランドに侵攻を開始した。
イ　アメリカ合衆国が，わが国への石油などの輸出を禁止した。
ウ　わが国が，ドイツ，イタリアと日独伊三国同盟を結んだ。

8　下線部⑦について，対米自動車輸出台数の自主規制が行われた背景には，わが国とアメリカ合衆国の貿易におけるアメリカ合衆国の不満があった。表21は，1975年から1981年までのわが国の対米貿易における輸出入額を示したものである。アメリカ合衆国がわが国との貿易に不満を募らせることとなった要因として考えられることを，表21から読み取れるわが国の対米貿易額の変化をふまえて書きなさい。

表21

項目＼年	1975	1976	1977	1978	1979	1980	1981
対米輸出額（億円）	33121	46538	52922	52590	57728	71181	85187
対米輸入額（億円）	34415	35052	33574	31087	44569	55581	55522

（「数字でみる日本の100年改訂第7版」による）

■令和２年度問題

4 遙香さんは，社会科の自由研究で，わが国の明治以降の教育について調べ，カードを作成した。Ⅰ～Ⅳは，そのカードの一部を年代順に並べたものである。次の各問いに答えなさい。

Ⅰ

この絵は，小学校での授業のようすを描いたものである。
明治政府は，①近代化を進めるため，教育の面では，1872 年に学制を公布して義務教育の確立を図った。1890 年には教育勅語を発布し，忠君愛国の道徳が学校教育を通じて国民に広まった。

Ⅱ

この写真は，1900 年に津田梅子が設立した女子英学塾のようすを写したものである。
②日清戦争・日露戦争を経て 1907 年には，義務教育の就学率は，97％を超えた。③大正時代には中等・高等教育機関が増設され，女性の進学率も高まった。

Ⅲ

この写真は，国民学校での軍事教練のようすを写したものである。④満州事変以降，軍部が次第に政治への発言力を高めた。日中戦争が始まると経済や国民生活，思想への統制が強まり，1941 年には小学校が国民学校と改称され，軍国主義的な教育が強化された。

Ⅳ

この写真は，第二次世界大戦後の学校でのホームルームのようすを写したものである。
敗戦後，教育も民主化が進められ，日本国憲法に基づいて教育基本法が制定された。⑤高度経済成長期には，国民の所得が増え，高校・大学への進学率が上昇した。

1　下線部①について，政府は殖産興業政策として，交通の整備を行い，1872 年に東京（新橋）と a（ア　大阪　　イ　京都　　ウ　横浜）の間に初めて鉄道が開通した。また，北海道の開拓を進めるにあたり，防備の目的も兼ね，士族などを［ b ］とよばれる兵士として移住させた。a の（　　）の中から適当なものを一つ選び，記号で答えなさい。また，［ b ］に当てはまる語を書きなさい。

2　下線部②について，⑴，⑵の問いに答えなさい。

⑴　1894 年，朝鮮半島南部で発生した a（ア　義和団事件　　イ　甲午農民戦争　　ウ　江華島事件）の鎮圧のため，朝鮮の求めに応じて清が軍隊を送ると，わが国もこれに対抗して出兵し，日清戦争へと発展した。戦争に勝利したわが国は，清との間で下関条約を結んだが，三国干渉により，清から獲得した b（ア　台湾　　イ　澎湖諸島（列島）　　ウ　遼東半島）を返還した。a，b の（　　）の中から適当なものをそれぞれ一つずつ選び，記号で答えなさい。

⑵　資料19 は，日露戦争時の首相である桂太郎と，重い荷物を背負った民衆を描いた風刺画である。また，表20 は，日清戦争と日露戦争における戦費を比較したものであり，図21 は，日露戦争前後の時期における政府の租税収入額の変化を示したものである。資料19 の風刺画が意味する日露戦争当時の民衆の負担となっていたことを，表20 と図21 を関連付けて説明しなさい。

資料19

表20

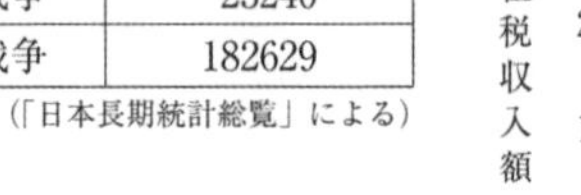

戦争＼項目	戦費（万円）
日清戦争	23240
日露戦争	182629

（「日本長期統計総覧」による）

図21

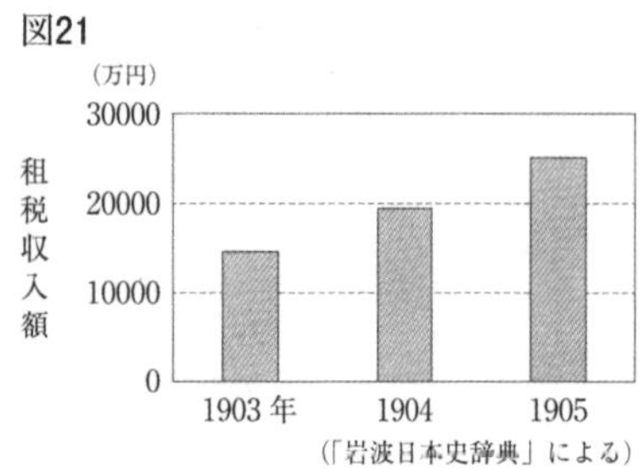

（「岩波日本史辞典」による）

3　下線部③について，次のア～ウは，大正時代のわが国に関するできごとである。年代の古いものから順に，記号で答えなさい。

ア　ワシントン会議で海軍の主力艦の保有制限などを取り決めた。
イ　二十一か条の要求の大部分を中国政府に認めさせた。
ウ　日英同盟を理由に第一次世界大戦に参戦した。

4　下線部④について，資料22 は，国際連盟が派遣したイギリスなど５か国の代表者からなる調査団が，南満州鉄道の線路爆破事件を調べるようすである。⑴，⑵の問いに答えなさい。

資料22

⑴　満州に駐留していた日本軍（関東軍）が，奉天（現在の瀋陽）郊外の a（ア　盧溝橋　　イ　柳条湖）で南満州鉄道の線路を爆破したことをきっかけに軍事行動を開始し，満州の大部分を占領した。これに対し，b（ア　毛沢東　　イ　蔣介石　　ウ　孫文）を指導者とする中国国民政府は，国際連盟に日本の行動を訴えた。a，b の（　　）の中から適当なものをそれぞれ一つずつ選び，記号で答えなさい。

⑵　図23 は，日本，アメリカ合衆国，イギリス，ドイツ，フランス，イタリアの国際連盟への加盟状況を示したものであり，▬▬は，加盟期間を表している。日本，アメリカ合衆国，ドイツに当たるものを，図23 の A～D からそれぞれ一つずつ選び，記号で答えなさい。

図23

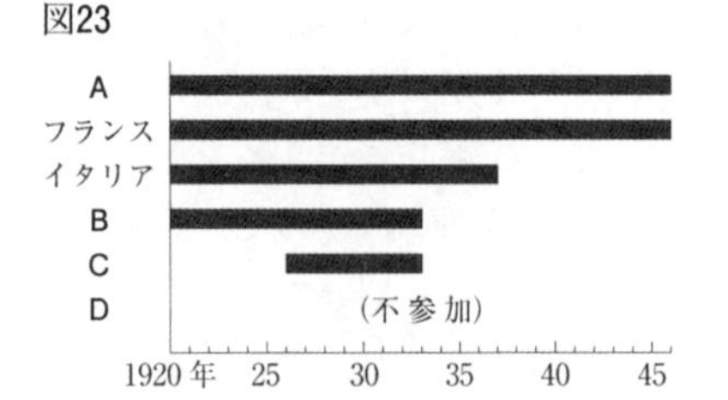

■平成31年度問題

4　次の問いに答えなさい。

1　次は，日本の近代化について学習したときの，先生と生徒の会話の一部である。(1)～(4)の問いに答えなさい。

> 琢磨：先生，①大日本帝国憲法が制定されてから今年で130年が経ちますね。
> 先生：幕末の開国からこの憲法が制定されるまで何年ぐらいかかったと思いますか。
> 琢磨：35年ぐらいです。
> 先生：そうですね。明治政府による②近代化政策をきっかけに③欧米の文化や生活様式を取り入れる動きも活発となり，「自由」や「権利」といった思想が広まりました。そのことが，国民が政治に参加する権利の確立を求める自由民権運動にも大きな影響を与え，④国会開設や憲法制定へとつながっていきました。

(1)　下線部①について，資料14は大日本帝国憲法の一部である。[a]，[b]に当てはまる語を，それぞれ書きなさい。

資料14

> 第1条　大日本帝国ハ万世一系ノ[a]之ヲ統治ス
> 第3条　[a]ハ神聖ニシテ侵スヘカラス
> 第29条　日本臣民ハ[b]ノ範囲内ニ於テ言論著作印行集会及結社ノ自由ヲ有ス

(2)　下線部②について，政府の近代化政策に対する不満が高まり，各地で士族の反乱や農民一揆がおこった。資料15は，1876年に三重県を中心に発生した地租改正反対一揆のようすを描いたものの一場面である。地租改正への不満に対し，1877年に政府がとった対応策を，**地価**という語を用いて書きなさい。

資料15

(3)　下線部③について，明治時代初期に欧米の文化や生活様式が取り入れられ，都市を中心に伝統的な生活が変化し始めた。このような社会の風潮を[a]という。このころ，「学問のすゝめ」を書いたb（ア　福沢諭吉　　イ　津田梅子　　ウ　中江兆民）らによって人間の自由や権利を尊重する思想がわが国に紹介された。[a]に当てはまる語を**漢字4字**で書きなさい。また，bの（　　）の中から適当なものを一つ選び，記号で答えなさい。

(4)　下線部④について，次のア～ウは，国会開設までにおこったできごとである。年代の古いものから順に，記号で答えなさい。

ア　内閣制度が発足し，伊藤博文が初代内閣総理大臣になった。
イ　板垣退助らが民撰議院設立建白書を政府に提出し，国会の開設を主張した。
ウ　国会期成同盟が結成され，政府に国会開設の請願書を提出した。

2　次の表16は，香澄さんが熊本県出身の金栗四三の生涯とわが国のできごとをまとめたものの一部である。(1)～(3)の問いに答えなさい。

表16

年	金栗四三の生涯	わが国のできごと
1891	現在の和水町で生まれる	
1910	東京高等師範学校に入学する	韓国を併合する
1912	ストックホルムオリンピックに出場する	①年号（元号）が大正に改められる
1920	②アントワープオリンピック（ベルギー）に出場する	国際連盟に加盟する
1924	パリオリンピックに出場する	第二次護憲運動がおこる
1931		満州事変がおこる
1937	③オリンピックの準備のために上京する	日中戦争がおこる
1945		第二次世界大戦が終わる
1955	玉名市名誉市民となる	55年体制が始まる
1964		④東京オリンピックが開催される
1983	玉名市で死去する	

(1)　下線部①について，大正時代のできごとに関する次のア～ウの説明文の下線部には，**誤っているもの**が一つある。誤りのある文の記号を書き，正しい人名または数字に改めなさい。

ア　幸徳秋水が，デモクラシーを民本主義と訳し，民意に基づいた政治を大日本帝国憲法の枠内で実現するための方法を説いた。
イ　原敬が，衆議院の第一党である立憲政友会の党員で閣僚の大部分を占める，初めての本格的な政党内閣を組織した。
ウ　加藤高明内閣のもと，納税額による制限を廃止して，満25歳以上のすべての男子に衆議院議員の選挙権を与える普通選挙法が成立した。

(2)　下線部②について，アントワープオリンピックでは，第一次世界大戦の敗戦国の参加が認められなかった。次のア～オから，第一次世界大戦の敗戦国を**すべて**選び，記号で答えなさい。

ア　アメリカ合衆国　　イ　ドイツ　　ウ　フランス　　エ　スイス　　オ　オーストリア

(3)　下線部③について，1940年のオリンピックが東京で開催されることになったが，a盧溝橋事件をきっかけにおこった日中戦争の長期化の影響により，わが国は開催権を返上した。かわって開催されることになったヘルシンキでのオリンピックも，1939年にドイツがb（ア　ポーランド　イ　フィンランド）に侵攻したことをきっかけに始まった第二次世界大戦の拡大のため，中止された。下線部aがおこった場所を，図17の•で示したア～ウから一つ選び，記号で答えなさい。また，bの（　　）の中から適当なものを一つ選び，記号で答えなさい。

図17

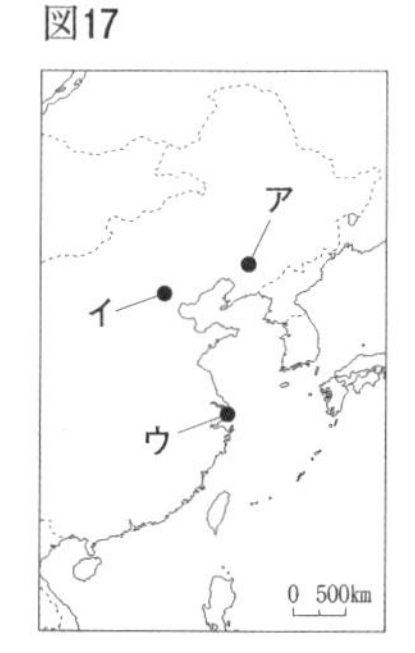

■平成28年度問題

4　11表は，直也さんが，社会科の授業で，わが国の明治以降の経済について時期ごとにテーマを考え，調べてまとめたものの一部である。次の各問いに答えなさい。

11表

時代	テーマ	わが国のようす
明治	殖産興業の推進	戊辰戦争に勝利した①新政府は，②富国強兵のための政策を進め，各地に③官営の工場をつくり，新しい技術の普及を図った。
	産業革命の進展	④立憲制の国家のしくみを整えていく中で，産業では，軽工業を中心に工業化が進み，生糸や綿糸がさかんに輸出された。
大正	大戦景気と米騒動	第一次世界大戦中には，輸出が増加して好景気になった一方で，シベリア出兵をきっかけとして⑤米騒動がおこった。
昭和	戦時体制下の経済	⑥日中戦争，太平洋戦争と戦争が長期化する中で，戦時体制が強まり，軍需品の生産が優先され，国民の生活は苦しくなった。
	経済の高度成長	第二次世界大戦後，年平均10%程度の経済の急速な成長が続いた⑦高度経済成長の時期には，国民の生活水準が高まった。

1　下線部①について，新政府は，[a]の国家をめざし，全国の藩主たちに命じて，土地と人民を天皇に返上させる[b]を行った。[a]，[b]に当てはまる語の組み合わせとして正しいものを，次のア～カから一つ選び，記号で答えなさい。

ア　a：地方分権　b：王政復古　　イ　a：中央集権　b：王政復古
ウ　a：地方分権　b：廃藩置県　　エ　a：中央集権　b：廃藩置県
オ　a：地方分権　b：版籍奉還　　カ　a：中央集権　b：版籍奉還

2　下線部②について，政府の収入を安定させるために地租改正が行われ，地租を[a]の３％とし，土地所有者が[b]で納めることとした。[a]，[b]に当てはまる語を，それぞれ書きなさい。

3　下線部③について，官営の工場は，わが国の軽工業と重工業の発展に大きな役割を果たした。(1)，(2)の問いに答えなさい。

(1)　資料12は，1872年に開業した，生糸を生産する官営の工場のようすをえがいたものである。この工場の名称を書きなさい。また，この工場の場所を，13図の・で示したア～カから一つ選び，記号で答えなさい。

資料12

(2)　官営の八幡製鉄所は，[　　]で得た賠償金を使って建設され，わが国の重工業の発展の基礎となった。[　　]に当てはまる戦争の名称を書きなさい。また，この製鉄所の場所を，13図の・で示したア～カから一つ選び，記号で答えなさい。

4　下線部④について，次のア～ウは，わが国の立憲制に関するできごとである。年代の古いものから順に，記号で答えなさい。

ア　第１回帝国議会が開かれた。
イ　内閣制度がつくられた。
ウ　大日本帝国憲法が発布された。

13図

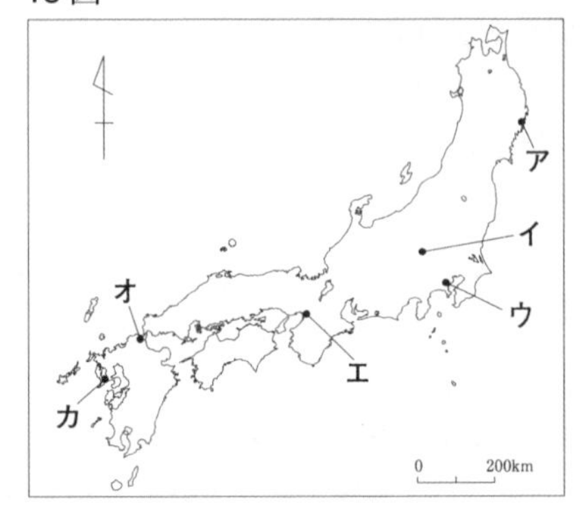

5　下線部⑤について，14表は，米騒動の直後に成立した，原敬内閣の閣僚についてまとめたものであり，15表は，その内閣が組織されたころの衆議院の政党別議席数を示したものである。原敬内閣が「本格的な政党内閣」といわれる理由を，14表と15表をふまえて書きなさい。

14表

閣僚	所属（出身）
内閣総理大臣	立憲政友会
外務大臣	外交官
内務大臣	立憲政友会
大蔵大臣	立憲政友会
陸軍大臣	陸軍
海軍大臣	海軍
司法大臣	立憲政友会
文部大臣	立憲政友会
農商務大臣	立憲政友会
逓信大臣	立憲政友会
内閣書記官長	立憲政友会
法制局長官	立憲政友会

（「日本史大事典」による）

15表

政党	議席数（定数381）
立憲政友会	165
憲政会	121
立憲国民党	35
無所属	60

（「岩波日本史辞典」による）

6　下線部⑥について，この時期の国民生活に関する説明として正しいものを，次のア～エから二つ選び，記号で答えなさい。

ア　労働力が不足し，勤労動員によって，女学生が工場で働くようになった。
イ　兵力が不足し，学徒出陣によって，中学生が軍隊に召集されるようになった。
ウ　食料が不足し，多くの農村の住民が，闇市や都市への買い出しで食料を入手した。
エ　生活必需品が不足し，衣料品や食料品の統制が行われ，米は配給制となった。

7　下線部⑦について，高度経済成長によってわが国の国民総生産（GNP）は急激に増加した。16表は，第二次世界大戦後の主なできごとを，年代順に並べたものである。わが国の国民総生産が資本主義国の中で初めて第２位となったのは，16表のア～エのどの時期か，記号で答えなさい。

16表

○サンフランシスコ平和条約が結ばれる	
	ア
○日米安全保障条約が改定される	
	イ
○沖縄が日本に返還される	
	ウ
○日中平和友好条約が結ばれる	
	エ
○東西ドイツが統一される	

政治

■令和５年度問題

5　次の各問いに答えなさい。

1　人権について，⑴，⑵の問いに答えなさい。

⑴　すべての人権は，日本国憲法第 13 条の「すべて国民は，[　　]として尊重される。」という規定に基づいて保障されている。[　　]に当てはまる語を書きなさい。

⑵　社会の発展にともない，日本国憲法に明確には規定されていない権利が主張されるようになった。資料 27 のカードは，自分の生き方や生活の仕方について決める[　　]権を尊重するものの一つである。[　　]に当てはまる語を書きなさい。

資料 27

2　憲法によって政治権力を制限し，国民の人権を保障するという立憲主義の考え方から，日本国憲法は，国の[　　]に位置付けられている。このことから，憲法改正には厳しい条件が付けられ，慎重な手続きがとられている。[　　]に当てはまる語を**漢字４字**で書きなさい。また，日本国憲法改正の手続きについて説明した文として**誤っているもの**を，次の**ア**～**ウ**から一つ選び，記号で答えなさい。

ア　憲法改正の発議には，衆議院と参議院のそれぞれの総議員の３分の２以上の賛成が必要である。

イ　憲法改正案は，国民投票で有効投票の３分の２以上の賛成により成立する。

ウ　憲法改正案が，国民投票により成立した後，天皇が国民の名において憲法改正を公布する。

3　国会について，⑴～⑶の問いに答えなさい。

⑴　表 28 は，2021 年における国会の１年間の主な動きをまとめたものである。[a]，[b]に当てはまる語をそれぞれ書きなさい。

表 28

回　次	第 204 回	第 205 回	第 206 回	第 207 回
会　期	1/18 ～ 6/16	10/4 ～ 10/14	11/10 ～ 11/12	12/6 ～ 12/21
国会の種類	[a]	臨時会	[b]	臨時会
主な動き	次年度予算の審議 法律の制定 条約の承認	内閣総理大臣の指名 衆議院解散	内閣総理大臣の指名	補正予算の審議 法律の制定

⑵　日本国憲法第 41 条では，「国会は，国権の最高機関であって，国の唯一の立法機関である。」と規定している。日本国憲法が，国会を国権の最高機関と位置付けている理由を書きなさい。

⑶　国会での内閣総理大臣の指名選挙の結果，衆議院ではＸさん，参議院ではＹさん，と両院で異なる人が指名されたため，両院協議会が開催された。両院協議会は，衆議院と参議院からそれぞれ 10 人ずつ選出された 20 人の協議委員で組織され，出席委員の３分の２以上の賛成で議案が成立するが，採決の結果は表 29 のとおりであった。内閣総理大臣に指名されたのはＸさんとＹさんのどちらか，指名された理由を含めて書きなさい。

表 29

Ｘさんに賛成	9 人
Ｙさんに賛成	10 人
どちらにも賛成せず	1 人

4　わが国の司法制度に関する説明として**誤っているもの**を，次の**ア**～**エ**から一つ選び，記号で答えなさい。

ア　刑事裁判で被害者や遺族の声を裁判に反映させるため，被害者参加制度が導入されている。

イ　裁判官の業務負担軽減を主な目的として，国民が裁判員として裁判に参加する裁判員制度が導入されている。

ウ　誰もが身近に司法に関するサービスを受けられるよう，日本司法支援センター（法テラス）が全国に設置されている。

エ　警察官や検察官の取り調べを録画，録音する「取り調べの可視化」を行うことで，えん罪の防止に努めている。

■令和４年度問題

5　圭太（けいた）さんのクラスでは，社会科の学習のまとめとして，法や政治がどのように人権を守っているかについて，班に分かれて調べた。表 24 は，班ごとに調べたテーマをまとめたものの一部である。次の各問いに答えなさい。

表 24

班	テーマ
Ⅰ	①日本国憲法と人権
Ⅱ	②政治と人権
Ⅲ	③共生社会と人権
Ⅳ	④司法と人権

1　下線部①について，⑴，⑵の問いに答えなさい。

⑴　日本国憲法に掲げられている三つの基本原理は，[a]，基本的人権の尊重，[b]である。[a]，[b]に当てはまる語を，それぞれ書きなさい。

(2) 表25は，「公共の福祉」により人権が制約される例と，その根拠とされる法律をまとめたものである。[a]，[b]に当てはまる人権として最も適当なものを，次のア～オからそれぞれ一つずつ選び，記号で答えなさい。

表25

人権	制約される例	根拠とされる法律
a	他人の名誉を傷つける行為の禁止	刑法
b	感染症による入院措置	感染症法

ア　思想・良心の自由　　イ　信教の自由　　ウ　表現の自由
エ　苦役からの自由　　オ　居住・移転の自由

2　下線部②について，表26と表27は，圭太さんのクラスの授業で，衆議院議員総選挙において，どのように政党の議席数や当選者が決定されるかを考えるためにモデルとして作られた資料である。表26は，定数が6人の比例代表制の選挙区における政党別の得票数と，得票数をもとにドント式（方式）で計算した結果を示したものであり，表27は，小選挙区制の選挙区における候補者別の得票数の結果を示したものである。(1)，(2)の問いに答えなさい。

表26

政党名	A党	B党	C党	D党
得票数（票）	19392	12096	39936	24960
÷1	19392	12096	39936	24960
÷2	9696	6048	19968	12480
÷3	6464	4032	13312	8320
÷4	4848	3024	9984	6240

表27

候補者	X氏	Y氏	Z氏
得票数（票）	3207	4123	1833

(1) 表26の結果から，この選挙においてA党～D党の各政党に配分される議席数を，それぞれ書きなさい。
(2) 比例代表制の特徴のうち，表26と表27のそれぞれにおける各政党や各候補者の得票数と選挙結果の比較から読み取れる特徴を，読み取ったことにふれながら**多様な意見**ということばを用いて書きなさい。

3　下線部③について，資料28は，熊本県知事による記者会見のようすである。熊本県では，共生社会の実現に向け，社会的な障壁を取り除くためのさまざまな取り組みや対応を行っている。資料28には，どのような対応が見られるか，書きなさい。

資料28

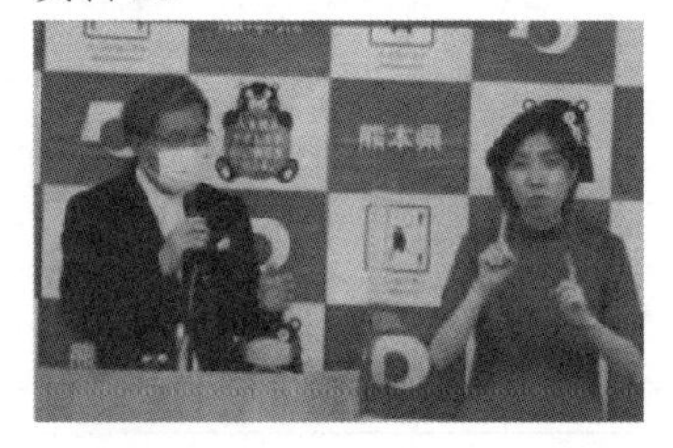

4　下線部④について，図29は，ある裁判における法廷内の座席の配置を示したものであり，A～Cには，裁判官，検察官，弁護人のいずれかが当てはまる。この裁判に関する次のア～ウのそれぞれの文について，正しいものには○を，誤っているものには×を書きなさい。

図29

裁判員席　A 席　裁判員席
書記官席
C 席　証言台　被告人席　B 席
傍聴人席

ア　この裁判所のAは，国民審査の結果，辞めさせられることがある。
イ　この裁判で，警察と協力して捜査を行い，被告人を起訴したのはCである。
ウ　被告人は，この裁判の判決に納得できない場合は，上告することができる。

■令和3年度問題

5　智子（ともこ）さんのクラスでは，班に分かれて，社会科の授業で学習した内容からテーマを決め，調べ学習を行った。表22は，テーマと調べたことをまとめたものの一部である。次の各問いに答えなさい。

表22

班	テーマ	調べたこと
Ⅰ	人権の保障	①基本的人権，社会の変化と新しい人権
Ⅱ	日本国憲法	②法にもとづく政治，三権分立
Ⅲ	地方自治	③地方自治の役割と課題，住民投票
Ⅳ	国の政治のしくみ	④国会と選挙，⑤議院内閣制

1　下線部①について，日本国憲法は，「教育を受ける権利」を定めている。「教育を受ける権利」は，日本国憲法が保障する基本的人権のうち，[　　]権に当たる。[　　]に当てはまる語を書きなさい。

2　下線部②について，法に関する次のA～Cのそれぞれの文について，正しいものには○を，誤っているものには×を書きなさい。
A　「法の支配」のもとでは，法によって政府の権力は制限される。
B　最高法規である憲法に反する法は，効力をもたない。
C　内閣や各省が定める政令や省令などの命令は，法には含まれない。

3　下線部③について，(1)，(2)の問いに答えなさい。
(1) 地方自治は，地域住民が自らの意思と責任で身近な問題の解決に取り組むことを通じ，政治参加のあり方を学ぶ場であることから何とよばれているか，書きなさい。
(2) 智子さんは，住民が，直接請求権に基づいて条例の制定を請求できることを知った。智子さんの住む市の有権者数が50000人の場合，条例の制定を請求するためには最低何人の署名が必要か，人数を書きなさい。

■令和２年度問題

5　次は，社会科の授業の一場面である。次の各問いに答えなさい。

竜也（たつや）：私が18歳になる2022年から成年年齢が，①18歳に引き下げられますよね。
先生：そうですね。2018年に②民法が改正されて引き下げられることになりました。
昌男（まさお）：18歳になったら何ができるようになるのですか。
先生：例えば，自分でクレジットカードやローンの契約ができるようになります。その一方で消費者トラブルなどに注意する必要がありますね。
智子（ともこ）：そういえば，③選挙権年齢も18歳に引き下げられていますね。18歳になるまでの心構えや何か準備しておくことがありますか。
先生：例えば，日本国憲法をはじめ，④司法制度，⑤安全保障などについて学び，主体的に考えることが大切です。そして，「この国の将来を決めるのは私たちだ」という意識をもって，⑥政治に参加する準備をしておいてください。

1　下線部①について，1989年に国際連合で採択された子どもの権利条約（児童の権利に関する条約）は，18歳未満を子どもとしている。国連児童基金（UNICEF）では，子どもの権利を4つに分類しており，「教育を受け，休んだり遊んだりできること」は，(ア　守られる　　イ　参加する　　ウ　生きる　　エ　育つ)権利とされる。(　　)の中から適当なものを一つ選び，記号で答えなさい。

2　下線部②について，法律の制定や改正は国会で行われる。図24は，法律ができるまでの流れを示したものである。図24の□に当てはまるものを，次のア～オから二つ選び，記号で答えなさい。

図24

□ ⇨ 法律案提出 先議の議院 ⇨ 可決 後議の議院 ⇨ 可決 成立

ア　天皇　　イ　内閣　　ウ　国会議員
エ　公聴会　　オ　利益団体（利益集団）

3　下線部③について，表25は，2016年の参議院議員選挙時のA，B，Cの各選挙区の定数と有権者数を示している。表25のA，B，Cの選挙区のうち，有権者の一票の価値の差が最大となるのは，a（ア　AとB　　イ　AとC　　ウ　BとC）の選挙区間であり，およそb（ア　1.35　　イ　3.08　　ウ　9.24）倍の差がある。a，bの（　　）の中から適当なものをそれぞれ一つずつ選び，記号で答えなさい。

表25

選挙区	定数	有権者数（人）
A	6	6093547
B	2	1506842
C	2	659353

（2016年6月21日現在「総務省資料」による）

4　下線部④について，裁判員制度に関する次のX～Zのそれぞれの文について，正しいものには○を，誤っているものには×を書きなさい。

X　裁判員は，裁判官とともに被告人の有罪・無罪や刑罰の内容を決める。
Y　裁判員は，地方裁判所や高等裁判所で行われる裁判に参加する。
Z　裁判員は，刑事裁判，民事裁判，行政裁判に参加する。

5　下線部⑤について，自衛隊の主な任務には国の防衛や災害派遣などがあり，その最高指揮権はa（ア　防衛大臣　　イ　内閣総理大臣）にある。また，国際貢献として，1992年に制定された［b］法に基づき，国際連合の平和維持活動に参加している。aの（　　）の中から適当なものを一つ選び，記号で答えなさい。また，［b］に当てはまる語を書きなさい。

6　下線部⑥について，智子さんは選挙の投票率が低いことを知り，2017年の衆議院議員総選挙の結果について調べた。表26は，年代別の選挙関心度を示したものであり，表27は，年代別の政治・選挙情報の入手元の割合を示したものである。資料28は，智子さんが表26から読み取った課題とその対応策を，表27から読み取れることをもとにまとめたメモの一部である。(1)，(2)の問いに答えなさい。

(1)　資料28の□に当てはまることばを書きなさい。

(2)　投票率が低いと，民主政治において問題になることは何か。**決定**という語を用いて書きなさい。

表26

年代＼関心度	関心があった	関心がなかった	わからない
18～20歳代	41.8%	56.8%	1.4%
30～40歳代	54.9%	43.0%	2.1%
50～60歳代	76.4%	22.7%	0.9%
70歳以上	80.2%	17.5%	2.4%

表27

年代＼情報入手元	テレビ	新聞	インターネット	その他
18～20歳代	64.1%	3.2%	27.7%	5.0%
30～40歳代	61.2%	9.8%	22.5%	6.5%
50～60歳代	68.0%	19.8%	7.3%	4.9%
70歳以上	56.6%	38.2%	1.0%	4.2%

（表26と表27は明るい選挙推進協会資料による）

（注）表26の「関心があった」は，「非常に関心があった」と「多少は関心があった」を合計し，「関心がなかった」は，「あまり関心がなかった」と「全く関心がなかった」を合計している。
（注）表26，表27に示した年代別の割合の合計は，四捨五入の関係から必ずしも100％にならない。

資料28

○表26から読み取った課題
40歳代以下の世代は，50歳代以上の世代と比べて選挙への関心度が低い傾向が見られる。
○表27から考えられる対応策
□

■平成31年度問題

5　次は，聡美さんが海外に住む伯父からもらったメールの一部である。これを読んで，次の各問いに答えなさい。

> 「高校生になる聡美へ」
> 　現在，私たちを取り巻く社会は大きく変化し，グローバル化が進んでいます。その結果，さまざまな問題が地球規模で結びつくようになりました。
> 　問題の解決には，意見の対立を解消することが必要です。そのために大切なことは，①合意にいたる努力に取り組むことです。互いの主張が何を根拠としているのか偏見を持たずに考察し，異なる考えの中から合意を見いだしていかねばなりません。
> 　②国際社会の一員として生きていく聡美には，歴史や文化，③政治，経済，④人権などについて幅広く学習し，広い視野で物事を見る力をつけて欲しいと思います。

1　下線部①について，合意に向けてルールや決まりをつくる際には，みんなのお金や労力などが無駄なく使われているかという a（ア　平和主義　　イ　効率）の観点や，みんなが参加して決められているかという b（ア　手続き　　イ　サービス）の公正さ，ルールや決まりが一部の人の不利益にならないかという機会や結果の公正さの観点が必要である。a，b の（　　）の中から適当なものをそれぞれ一つずつ選び，記号で答えなさい。

2　下線部②について，(1)，(2)の問いに答えなさい。

(1)　図 18 は，2016 年～ 2018 年の国際連合通常予算の分担率上位 6 か国を示したものである。この 6 か国のうち，安全保障理事会において拒否権を持つ国は，［ a ］か国である。国連の専門機関や補助機関のうち，難民の保護や救援活動を行う機関は，b（ア　UNCTAD　　イ　UNESCO　　ウ　UNHCR）である。［ a ］に当てはまる数字を書きなさい。また，b の（　　）の中から適当なものを一つ選び，記号で答えなさい。

図18

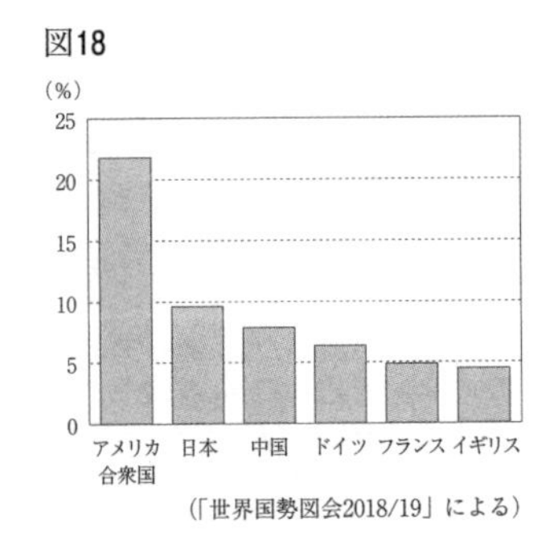

（「世界国勢図会2018/19」による）

(2)　わが国は，さまざまな形で国際貢献を行っているが，政府が，発展途上国への資金協力や青年海外協力隊の派遣を含む技術協力などを行うことを何というか，書きなさい。

3　下線部③について，(1)，(2)の問いに答えなさい。

(1)　憲法改正には，各議院の a（ア　総議員　　イ　出席議員）の 3 分の 2 以上の賛成で国会が発議し，国民に提案してその承認を必要とする。その承認については，日本国憲法第 96 条で「特別の［ b ］又は国会の定める選挙の際行はれる投票において，その過半数の賛成を必要とする。」と規定されている。a の（　　）の中から適当なものを一つ選び，記号で答えなさい。また，［ b ］に当てはまる語を書きなさい。

(2)　衆議院の選挙が行われた後の特別会（特別国会）で内閣総辞職が行われ，新しい内閣が作られるのはなぜか。**信任**という語を用いて説明しなさい。

4　下線部④について，(1)，(2)の問いに答えなさい。

(1)　表 19 は，聡美さんが日本国憲法に規定された基本的人権についてまとめたものであり，次の X，Y は日本国憲法の条文である。X，Y に示された権利を表 19 に当てはめるとき，ア～エのどこに入れるのが適当か，それぞれ一つずつ選び，記号で答えなさい。

X　すべて国民は，勤労の権利を有し，義務を負ふ。
Y　何人も，裁判所において裁判を受ける権利を奪はれない。

表19

基本的人権	自由権	精神活動の自由 生命・身体の自由 ［ア］
	社会権	生存権 教育を受ける権利 労働三権 ［イ］
	平等権	法の下の平等 男女の平等 ［ウ］
	参政権	選挙権 被選挙権 国民審査権 請願権
	請求権	国などに損害賠償を請求する権利 刑事補償請求権 ［エ］

(2)「新しい人権」と呼ばれる知る権利とプライバシーの権利は，それぞれどのような情報を対象とした権利であるか。対象の違いを明らかにして，**30 字以上，60 字以内**で説明しなさい。

■平成30年度問題

5　次は，社会科の授業の一場面である。次の各問いに答えなさい。

> 先生：民主主義とは，①多くの人々の参加によって物事を決めようとする考え方です。わが国の国会には②衆議院と参議院があり，二院制をとっているのも民主主義を実現するためのしくみの一つです。
> 貴子：民主主義の実現には，③選挙も大きな役割を持っていると思います。
> 先生：そうです。選挙は，私たちが政治に参加する手段の一つです。特に地方自治は，住民の日常生活と密接に関わるので，④地方自治においてのみ認められている住民の権利もあります。地方自治にも「多くの人の参加によって」という民主主義の考え方が生かされているのです。

幸治（こうじ）：まずは，私たち一人一人がしっかりした⑤自分の意見を持たないといけませんね。

先生：普段から，⑥新聞やテレビ，インターネットなどの情報に注意しておく必要がありますね。

1　下線部①について，話し合いをしても意見が一致しないときは，最終的な決定の方法として，[　　]の原理がとられることがある。この原理で結論を出す前には，少数意見を尊重して十分に話し合い，合意を目指す努力が必要である。[　　]に当てはまる語を，**漢字３字**で書きなさい。

2　下線部②について，(1)，(2)の問いに答えなさい。

(1)　憲法が衆議院の優越を認めているものを，次の**ア**～**オ**から**すべて**選び，記号で答えなさい。

ア　憲法改正の発議　　**イ**　内閣不信任の決議　　**ウ**　国政調査権の発動

エ　予算の先議　　**オ**　弾劾裁判所の設置

(2)　わが国の国会で衆議院の優越が認められているのは，衆議院は参議院より任期が短く解散もあるため，[　　]と考えられているからである。[　　]に当てはまることばを，**国民**という語を用いて書きなさい。

3　下線部③について，現在のわが国の選挙制度には，一つの選挙区から[a]名の議員を選ぶ小選挙区制や，得票数に応じて，議席を[b]に対して配分する比例代表制などがある。[a]に当てはまる数字を書きなさい。また，[b]に当てはまる語を書きなさい。

4　下線部④について，住民は地方議会の解散や条例の制定・改廃を求める[a]権が保障されている。条例の制定・改廃は，有権者の50分の1以上の署名を集め，b（**ア**　首長　　**イ**　監査委員　　**ウ**　選挙管理委員会）に求めることができる。[a]に当てはまる語を書きなさい。また，bの（　　）の中から適当なものを一つ選び，記号で答えなさい。

5　下線部⑤について，憲法では自由に意見を表明する権利が認められており，精神（精神活動）の自由に関する権利に含まれる。精神の自由の権利に当たるものを，次の**ア**～**エ**から**すべて**選び，記号で答えなさい。

ア　職業選択の自由　　**イ**　学問の自由　　**ウ**　信教の自由　　**エ**　苦役からの自由

6　下線部⑥について，新聞やテレビ，インターネットなどには大量の情報があふれている。それらの情報を活用するときに，私たちはどんなことに注意する必要があるか，書きなさい。

■平成29年度問題

5　昌男（まさお）さんのクラスでは，政治のしくみについて，グループに分かれて調べた。15表は，グループごとに調べたテーマをまとめたものの一部である。次の各問いに答えなさい。

15表

グループ	テーマ
Ⅰ	①立憲主義の意義　～②人権保障のために～
Ⅱ	民主政治の実現　～③選挙制度の課題～
Ⅲ	国民主権と天皇制　～④象徴天皇制について～
Ⅳ	⑤国会と内閣　～議院内閣制のしくみ～
Ⅴ	司法制度と裁判所　～⑥三審制について～

1　下線部①について，立憲主義は，権力者の思いのままに政治が行われる「[a]の支配」ではなく，憲法にもとづいて政治が行われる「[b]の支配」を実現させる考え方である。[a]，[b]に当てはまる語を，それぞれ**漢字１字**で書きなさい。

2　下線部②について，日本国憲法は，第24条に「婚姻は，両性の[　　]のみに基（もと）いて成立し，夫婦が同等の権利を有することを基本として，相互の協力により，維持されなければならない。」と規定している。[　　]に当てはまる語を書きなさい。

3　下線部③について，資料16は，選挙での投票所のようすである。設置されている投票記載所は，となりとの間が仕切られており，民主的な選挙の原則の一つを保障している。その原則として最も適当なものを，次の**ア**～**エ**から一つ選び，記号で答えなさい。

資料16

ア　直接選挙　　**イ**　秘密選挙

ウ　平等選挙　　**エ**　普通選挙

4　下線部④について，日本国憲法では，天皇の国事行為について，内閣の助言と承認によって行うa（**ア**　条約の締結　　**イ**　国会の召集）や，内閣の指名にもとづいて行う[b]の任命などを規定している。aの（　　）の中から適当なものを一つ選び，記号で答えなさい。また，[b]に当てはまる語を書きなさい。

5　下線部⑤について，わが国の国会と内閣についての説明として正しいものを，次のア～エから**二つ**選び，記号で答えなさい。

ア　衆議院は，内閣不信任を決議することができる。

イ　内閣は，国会が可決した法律案に対して拒否権がある。

ウ　国会は，内閣から提出された予算を審議し議決する。

エ　国務大臣は，すべて国会議員でなければならない。

6　下線部⑥について，(1)，(2)の問いに答えなさい。

(1)　わが国の刑事裁判では，第一審の判決に不服の場合に第二審を求めることを［ a ］といい，その判決にも不服がある場合，さらに上級の裁判所に裁判を求めることを［ b ］という。［ a ］，［ b ］に当てはまる語を，それぞれ書きなさい。

(2)　三審制は，原則的に３回まで裁判を受けられる制度である。これは，どのような目的があると考えられるか，**人権**という語を用いて書きなさい。

■平成28年度問題

［5］　次は，選挙権について学習したときの授業の一場面である。次の各問いに答えなさい。

先生：昨年，わが国では選挙に関する法律が改正されて，70年ぶりに①選挙権が与えられる年齢が変更されます。このことについて，みなさんはどう考えていますか。

智子（ともこ）：私は，選挙できちんとした判断ができるように，もっと政治や社会のできごとに関心を持ちたいと思っています。

卓也（たくや）：私は，投票できる年齢になったらぜひ投票に行きたいと思っています。②国民の権利を行使して，もっと私たち若者の意見を③政治に生かしたいと思います。

先生：そうですね。選挙権が与えられる年齢が変更されることで，若い世代の人たちが政治に関心を持つようになり，④若い世代の意見がより政治に反映されることが期待されています。

1　下線部①について，今回の法律の改正で，選挙権が与えられる年齢は，満［ a ］歳以上に変更されることになった。また，選挙において，性別や財産などに関係なく，一定の年齢に達したすべての国民に選挙権が保障されていることを［ b ］選挙という。［ a ］に当てはまる数字を書きなさい。また，［ b ］に当てはまる語を書きなさい。

2　下線部②について，国民の権利の一つである社会権に関する(1)，(2)の問いに答えなさい。

(1)　社会権の基本となる生存権について，日本国憲法では，第25条に「すべて国民は，［ a ］で文化的な［ b ］の生活を営む権利を有する。」と規定されている。［ a ］，［ b ］に当てはまる語を，それぞれ書きなさい。

(2)　日本国憲法において保障されている権利のうち，社会権に含まれるものを，次のア～エから**二つ**選び，記号で答えなさい。

ア　人種，性別，社会的身分や家柄によって差別されない権利。

イ　能力に応じて，ひとしく教育を受けることができる権利。

ウ　住む場所やどの職業に就くかを選択することができる権利。

エ　労働者が団結して行動できるように労働組合をつくる権利。

3　下線部③について，17図は，わが国における立法権，行政権，司法権の関係について示したものである。(1)，(2)の問いに答えなさい。

(1)　次のA，Bは，17図の㋐～㋔のどれに当たるか，それぞれ一つずつ選び，記号で答えなさい。

A　衆議院の解散

B　裁判官の弾劾裁判

(2)　国の権力を立法権，行政権，司法権に分け，それぞれ独立した機関に担当させているのは何のためか，**権力**という語を用いて書きなさい。

17図

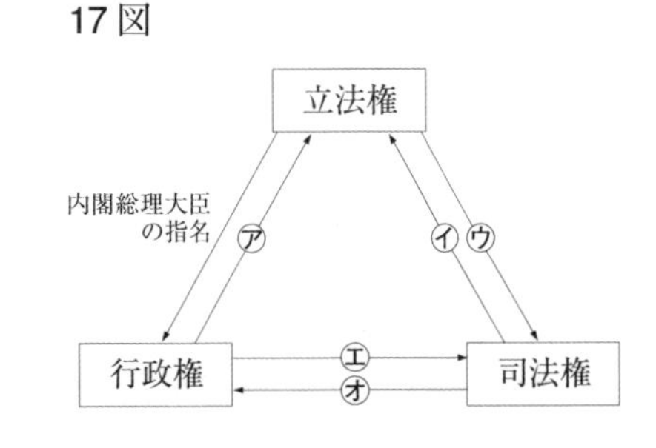

4　下線部④について，18図は，2014年におけるわが国の年代別人口を示したものであり，19図は，2009年以降の３回の衆議院議員総選挙における年代別投票率の推移を示したものである。20歳代の若い世代の意見が政治に反映されにくいと考えられる理由を，18図と19図にもとづいて書きなさい。

18図

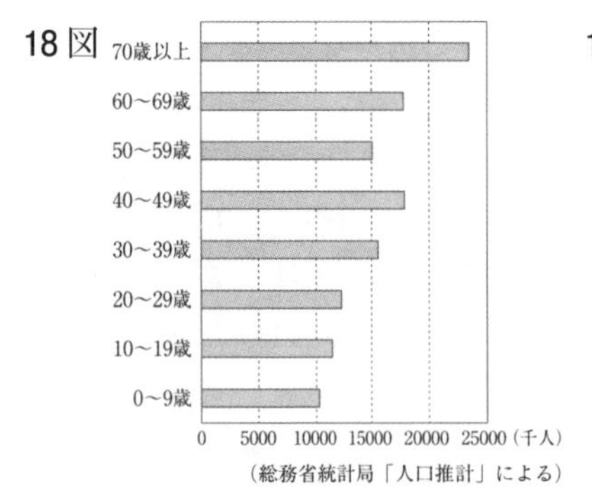

（総務省統計局「人口推計」による）

19図

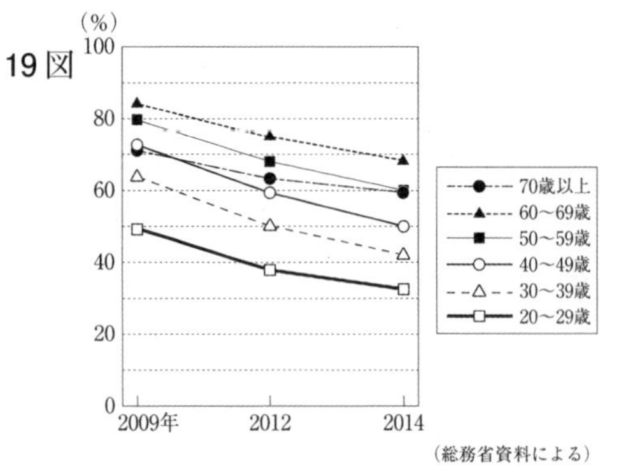

（総務省資料による）

経済

■令和５年度問題

6　次は，ある中学校の先生と生徒の放課後における会話の一部である。次の各問いに答えなさい。

> 香澄（かすみ）：兄から高校の家庭科の授業で資産形成について学習することになったと聞いたのですが，どうしてそのようになったのですか。
> 先生：民法が改正され，①成年年齢が変更されたことは知ってますよね。高校生のうちから生涯を見通したお金の管理やお金に関する計画の重要性について理解し，お金と関わる場面で困ることがないようにするため，預貯金や②株式，③債券などの金融商品の特徴についても学習するようになったようです。
> 香澄：そうだったんですね。私は，将来④金融に関わる仕事がしたいと考えているので，社会科で経済について学習することが楽しみです。
> 先生：社会科では，まず⑤消費者の立場から経済について学んでいきますので楽しみにしていてください。

1　下線部①について，成年年齢は，2022年4月1日から満何歳以上に変更されたか，書きなさい。

2　下線部②について，株式の所有者である株主は，株式会社の利益の中から［ a ］を受け取ることができる。株主は，出資した先の株式会社が倒産した場合，出資した資金を失うことになるが，株主には，会社の借金などを返す義務がないｂ（ア　無限　イ　有限）責任が認められている。［ a ］に当てはまる語を**漢字２字**で書きなさい。また，ｂの（　）の中から適当なものを一つ選び，記号で答えなさい。

3　下線部③について，債券の一つに国債がある。国債は，政府がお金をａ（ア　貸した　イ　借りた）ことを表す証明書である。日本銀行は，景気（経済）の安定を図るため，金融政策の手段の一つである［ b ］により，銀行との間で国債などを売買し，通貨量を調整することがある。ａの（　）の中から適当なものを一つ選び，記号で答えなさい。また，［ b ］に当てはまる語を書きなさい。

4　下線部④について，発展途上国などの人々の自立を支援するための金融として，事業を始めたい貧しい人々を対象に無担保で少額のお金を貸し出す制度がある。この少額金融制度を何というか，書きなさい。

5　下線部⑤について，⑴～⑶の問いに答えなさい。

⑴　消費者契約や消費者問題に関する次の**ア**～**ウ**のそれぞれの文について，正しいものには○を，誤っているものには×を書きなさい。

ア　訪問販売で商品を購入した場合，一定期間内であれば契約を解除することができる。
イ　契約書を交わさなくても，契約したとみなされることがある。
ウ　消費者からの苦情や相談を受ける消費者庁が，各都道府県に設置されている。

⑵　資料30と資料31はそれぞれ何という法律の条文の一部か，正しい組み合わせを下の**ア**～**カ**から一つ選び，記号で答えなさい。

資料30

> 第２条　①消費者の利益の擁護及び増進に関する総合的な施策の推進は，…（中略）…，消費者が自らの利益の擁護及び増進のため自主的かつ合理的に行動することができるよう消費者の自立を支援することを基本として行われなければならない。

資料31

> 第１条　この法律は，製造物の欠陥により人の生命，身体又は財産に係る被害が生じた場合における製造業者等の損害賠償の責任について定めることにより，被害者の保護を図り，もって国民生活の安定向上と国民経済の健全な発展に寄与することを目的とする。

ア　資料30：消費者基本法　　資料31：消費者保護基本法
イ　資料30：消費者基本法　　資料31：ＰＬ法
ウ　資料30：消費者保護基本法　　資料31：消費者基本法
エ　資料30：消費者保護基本法　　資料31：ＰＬ法
オ　資料30：ＰＬ法　　資料31：消費者基本法
カ　資料30：ＰＬ法　　資料31：消費者保護基本法

⑶　持続可能な社会の実現を目指すうえで，人や社会，環境に配慮した消費行動である「エシカル消費（倫理的消費）」が注目されている。表32は，エシカル消費に基づいた行動と，それにより持続可能な社会の実現に向けて可能になることを示した例の一部である。［ a ］には消費者の立場からのエシカル消費に基づいた行動を，［ b ］には人や社会，環境への配慮という観点から持続可能な社会の実現に向けて可能になることを，それぞれ書きなさい。

表32

【エシカル消費に基づいた行動】		【持続可能な社会の実現に向けて可能になること】
フェアトレード商品を買う。	➡	発展途上国の生産者が，労働に見合った価格で農産物等を売ることができる。
［ a ］	➡	食品の無駄を減らすことができる。
地元の産品を買う。	➡	［ b ］

■令和４年度問題

6　次の各問いに答えなさい。

1　わが国の財政と社会保障について，(1)～(3)の問いに答えなさい。

(1)　表30は，税金を国税と地方税，直接税と間接税で区分したものである。所得税はどこに分類されるか，表30のA～Dから一つ選び，記号で答えなさい。また，所得税には，所得が高くなるほど，税率を高くする［　　］制度が適用されている。［　　］に当てはまる語を書きなさい。

表30

	直接税	間接税
国　税	A	B
地方税	C	D

(2)　財政の主な役割のうち，政府が，民間企業にかわって社会資本や公共サービスを供給することで市場のはたらきを補う役割を［　　］という。［　　］に当てはまることばとして適当なものを，a群のア，イから一つ選び，記号で答えなさい。また，政府が好景気（好況）のときに行きすぎた景気をおさえるため，一般的に行う財政政策として最も適当なものを，b群のア～ウから一つ選び，記号で答えなさい。

〈a群〉
ア　資源配分（の調整）
イ　所得の再分配

〈b群〉
ア　増税を行い，家計や企業の消費を減らす。
イ　公共事業を増やし，失業者を減らす。
ウ　国債を銀行に売り，資金の貸し出しを減らす。

(3)　資料31は，病院での診療の際に病院から受け取った請求書兼領収書の一部である。資料31に示された点数は，診療にかかった医療費を10円ごとに1点として表したものである。あとのア～エのうち，資料31に関する制度の説明として適当なものを**すべて**選び，記号で答えなさい。

資料31

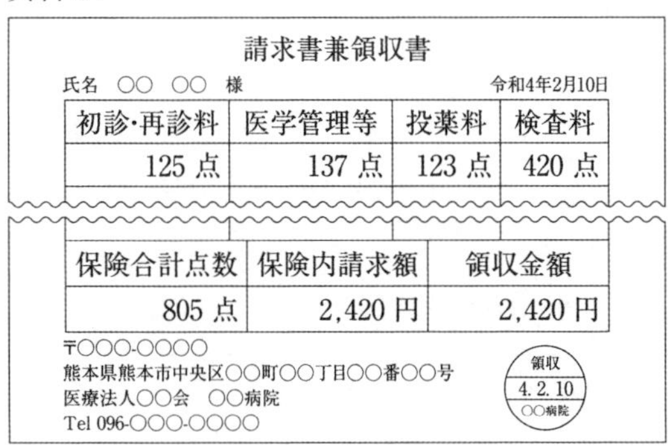

請求書兼領収書

氏名　〇〇　〇〇　様　　　令和4年2月10日

初診･再診料	医学管理等	投薬料	検査料
125点	137点	123点	420点

保険合計点数	保険内請求額	領収金額
805点	2,420円	2,420円

〒〇〇〇-〇〇〇〇
熊本県熊本市中央区〇〇町〇〇丁目〇〇番〇〇号
医療法人〇〇会　〇〇病院
Tel 096-〇〇〇-〇〇〇〇

領収 4.2.10 〇〇病院

ア　この診療で，実際にかかった医療費の総額は，8,050円である。
イ　この診療で，公的な医療保険で支払われる費用は，保険加入者の保険料ですべてまかなわれる。
ウ　この診療で利用されている公的な医療保険は，加入するかどうかを選択できる。
エ　この診療で利用されている公的な医療保険は，雇用保険と同じ社会保険の一つである。

2　金融や市場経済について，(1)～(3)の問いに答えなさい。

(1)　企業が株式などを発行して資金を調達する金融方法に対して，銀行などの金融機関から必要な資金を調達する金融方法をa（ア　直接　　イ　間接）金融という。一般的に企業などが借り入れたお金を返済するときに金融機関に支払う利子（利息）は，金融機関が預金者に支払う利子（利息）よりもb（ア　高い　　イ　低い）。a，bの（　　）の中から適当なものをそれぞれ一つずつ選び，記号で答えなさい。

(2)　消費者が，クレジットカードを利用して小売店で商品を購入した場合，［ a ］が商品の代金を立て替えて［ b ］に支払い，［ c ］が後日，商品の代金を［ a ］に支払うことで決済が行われる。［ a ］～［ c ］に当てはまるものを，次のア～ウからそれぞれ一つずつ選び，記号で答えなさい。

ア　小売店　　　イ　カード発行会社　　　ウ　消費者

(3)　資料32は，農家が収穫期を迎えたキャベツをトラクターで大量に処分しているようすである。農家がこのようなことを行わなければならないのはどのようなときか，**供給量**と**価格**という二つの語を用いて書きなさい。

資料32

■令和２年度問題

6　次の各問いに答えなさい。

1　労働者や消費者を守る法律について，⑴，⑵の問いに答えなさい。

⑴　労働者の権利を守る労働三法のうち，労働基準法は，１日の労働時間を［ a ］時間以内とするなど，労働条件の最低基準を定めている。また，労働組合法は，日本国憲法第 28 条で保障されている団結権・［ b ］権・団体行動権を具体的に保障している。［ a ］に当てはまる数字を書きなさい。また，［ b ］に当てはまる語を書きなさい。

⑵　消費者契約法により契約の取り消しができる要件に**当たらないもの**を，次の**ア**〜**エ**から一つ選び，記号で答えなさい。

ア　商品を購入する際に，販売員が重要な項目について事実とは異なる説明をした。

イ　店頭で商品を購入する契約をしたが，家に帰ってよく考えると不要な商品であった。

ウ　商品を購入する際に，販売員が将来不確実なことを断定して伝えた。

エ　店頭で商品を購入する前に，家に帰って考えたいと言ったのに帰してくれなかった。

2　図29 は，2017 年の５月から 10 月までの１ユーロに対する円の為替レート（為替相場）について，月ごとの平均値の変化を示したものである。図29 において，為替レートは，a（**ア**　円高　**イ**　円安）傾向であり，このようなとき，わが国の貿易は一般的に b（**ア**　輸出　**イ**　輸入）が有利となる。a，b の（　）の中から適当なものをそれぞれ一つずつ選び，記号で答えなさい。

図29

為替レート（円）　133　131　129　127　125　123　0

5月　6　7　8　9　10

（七十七銀行資料による）

3　図30 の⇨は農産物の一般的な流通経路を示したものである。これに対し，→は農産物直売所で販売される農産物に多くみられる流通経路である。⑴，⑵の問いに答えなさい。

図30

生産者 ⇨ 卸売業者 ⇨ 仲卸業者 ⇨ 小売業者 ⇨ 消費者

生産者 → 小売業者 → 消費者

⑴　農家や株式会社などの私企業の生産活動における最大の目的は［　　］を得ることである。［　　］に当てはまる語を書きなさい。

⑵　図30 において，一般に同じ商品の場合，⇨の流通経路に比べ，→の流通経路が消費者にもたらすと考えられる利点を，一つ書きなさい。

4　表31 は，わが国の年度当初予算における，一般会計予算の歳出に占める割合が高い上位３項目とその割合を示したものである。また，表31 の**ア**〜**ウ**は，1970 年度，2000 年度，2019 年度のいずれかである。年代の古いものから順に，記号で答えなさい。

表31

年　度	ア		イ		ウ	
項目と割合(%)	国債費	25.8	社会保障費	33.6	地方交付税交付金	20.9
	社会保障費	19.7	国債費	23.2	公共事業費	17.7
	地方交付税交付金	16.5	地方交付税交付金	15.3	社会保障費	14.3

（財務省資料による）

5　図32 と資料33 は，日本政府による無償資金協力によって井戸などの給水施設が設置されたエチオピアのティグライ州の農村で，給水施設利用者を対象として行った調査結果の一部である。この地域では，慢性的な水不足により，多くの住民が不衛生な状態にある水を使用し，女性や子どもが長時間をかけて水くみをしていた。給水施設の設置による住民の生活の変化を，図32 から読み取れることと資料33 から読み取れることを関連付けて説明しなさい。

図32

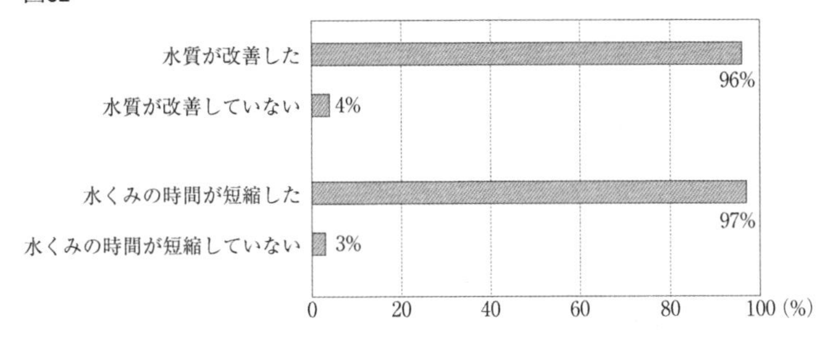

資料33

○水を原因とする病気
【減少した】　99%
○水くみの時間短縮による女性の余剰時間の活用（複数回答）
【農業活動に従事するようになった】　54%
【農業以外の所得向上の活動に従事するようになった】　82%

（図32と資料33は，国際協力機構「エチオピア外部事後評価報告書」による）

■平成29年度問題

6　次は，経済のしくみについて学習したときの授業の一場面である。次の各問いに答えなさい。

> 先生：経済活動には，①企業と家計，そして国や②地方公共団体などの政府が関係していることを学習しました。
> 智子（ともこ）：③企業は利潤をあげるために努力し，家計は労働力を提供するなどして所得を得て消費活動を行っていました。
> 先生：そうですね。政府は税金を徴収し，④社会保障などに支出しています。
> 智子：最近，企業の社会的責任という言葉を聞きますが，どのようなものですか。
> 先生：たとえば，法令を守り情報を積極的に公開することで⑤消費者の安全を保障したり，働きやすい条件を整えて⑥労働力を確保したりすることにも積極的に取り組むなどして，社会的な責任を果たそうとすることです。

1　下線部①について，わが国では，安い労働力などを求めて工場を海外に移転する企業が増え，国内の産業が衰退する「産業の□化」が進んでいる。□に当てはまる語を書きなさい。

2　下線部②について，17図は，熊本県と東京都におけるそれぞれの平成28年度当初予算の歳入の内訳を示したものである。17図のA～Cに当たる財源の組み合わせとして正しいものを，次のア～カから一つ選び，記号で答えなさい。

17図

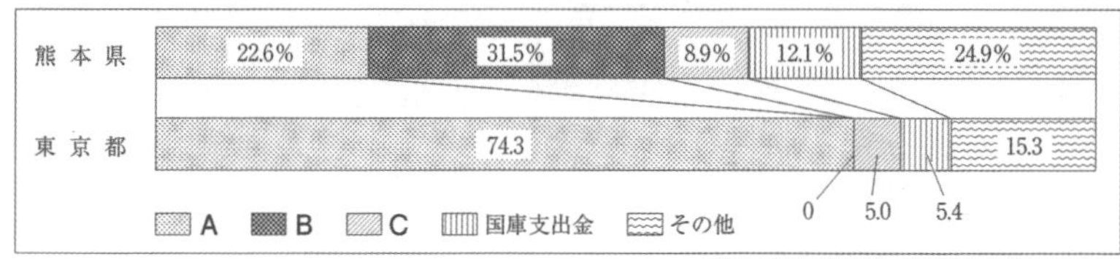

（熊本県総務部財政課，東京都財務局資料による）

ア	A：地方税	B：地方債	C：地方交付税交付金
イ	A：地方税	B：地方交付税交付金	C：地方債
ウ	A：地方交付税交付金	B：地方税	C：地方債
エ	A：地方交付税交付金	B：地方債	C：地方税
オ	A：地方債	B：地方税	C：地方交付税交付金
カ	A：地方債	B：地方交付税交付金	C：地方税

3　下線部③について，18表は，1ユーロに対する円の為替レート（為替相場）の推移を示したものである。(1)，(2)の問いに答えなさい。

18表

年	2009	2010	2011	2012	2013	2014	2015
為替レート	130円	116円	111円	102円	129円	140円	134円

為替レートは，それぞれ1年間の平均値を示す。
（日本銀行資料による）

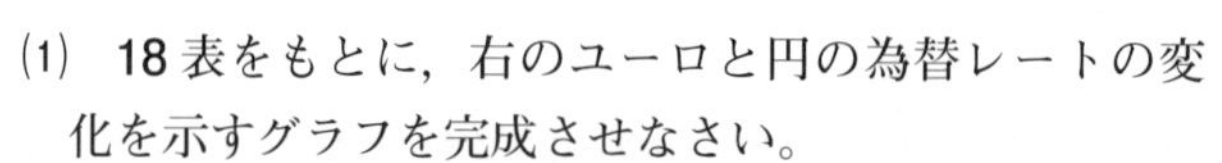

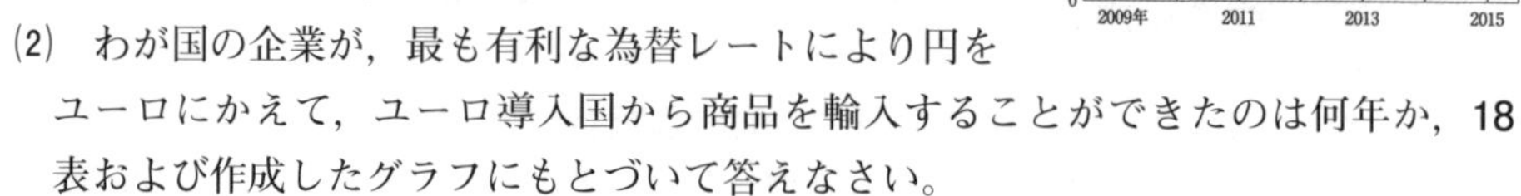

(1)　18表をもとに，右のユーロと円の為替レートの変化を示すグラフを完成させなさい。

(2)　わが国の企業が，最も有利な為替レートにより円をユーロにかえて，ユーロ導入国から商品を輸入することができたのは何年か，18表および作成したグラフにもとづいて答えなさい。

4　下線部④について，わが国の社会保障のしくみに関する説明として正しいものを，次のア～エから一つ選び，記号で答えなさい。

ア　社会保険には，障がいのある人の生活を支援する障がい者福祉がある。
イ　社会福祉には，国民の健康を増進するための感染症予防がある。
ウ　公的扶助には，生活に困っている人に対して，自立を助ける生活保護がある。
エ　公衆衛生には，保険料を納めた人が，高齢になったときに給付を受ける年金保険がある。

5　下線部⑤について，消費者問題に取り組む消費者庁が，a（ア　内閣府　　イ　財務省）に設置されている。さらに，訪問販売などによって商品を購入した場合，一定期間内であれば，消費者側から無条件で契約を取り消せる［b］という制度がある。aの（　）の中から適当なものを一つ選び，記号で答えなさい。また，［b］に当てはまる語を書きなさい。

6　下線部⑥について，19図は，1985年の熊本県の人口ピラミッドであり，20図は，2015年の熊本県の人口ピラミッドである。19図と20図から読み取れる人口構成の変化と，今後の熊本県の課題について，**労働力**という語を用いて書きなさい。

19図

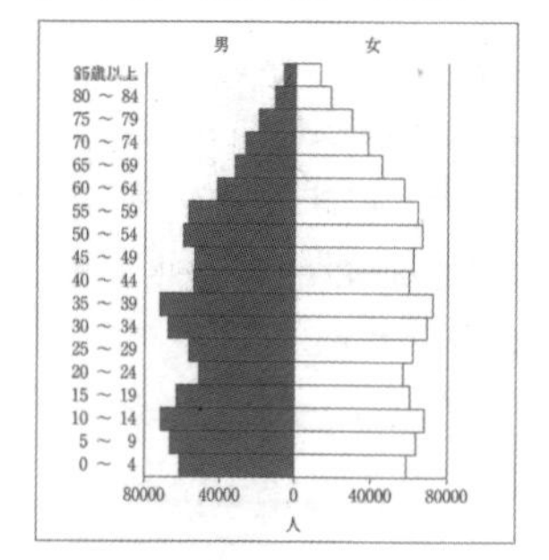

20図

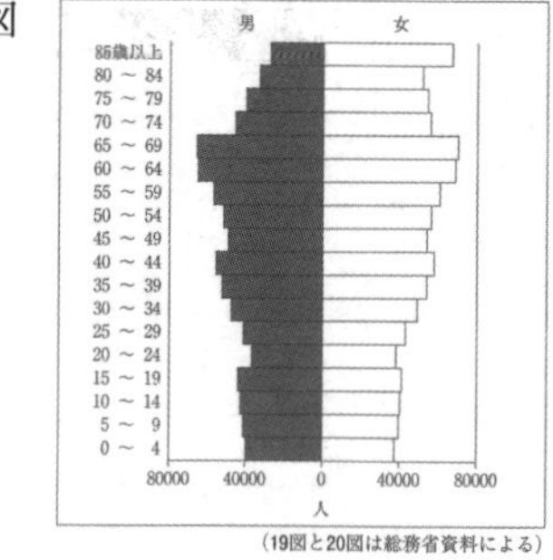

（19図と20図は総務省資料による）

■平成28年度問題

6　昌男（まさお）さんのクラスでは，グループに分かれて，授業で学習した内容からテーマを決め，調べ学習を行った。Ⅰ～Ⅲは，グループごとにテーマと項目をまとめたものの一部である。次の各問いに答えなさい。

Ⅰ	テーマ	景気変動のしくみ
	項　目	・①物価と景気の関係 ・②日本銀行による景気の調整

Ⅱ	テーマ	政府の役割と企業の役割
	項　目	・政府の経済活動と③租税 ・わが国の経済における④企業の役割

Ⅲ	テーマ	わが国と国際社会
	項　目	・⑤わが国と国際連合 ・⑥国家間の経済格差とわが国の経済援助

1　下線部①について，物価が継続的に上昇することを［ a ］という。一般的にこの現象は，b（ア　好況　イ　不況）のときに発生しやすい。［ a ］に当てはまる語を書きなさい。また，bの（　　）の中から適当なものを一つ選び，記号で答えなさい。

2　下線部②について，不況のときに日本銀行は，［ a ］政策の一つとして，国債を［ b ］，市場に流通する資金の量を［ c ］ことによって景気を回復させようとする。［ a ］～［ c ］に当てはまる語の組み合わせとして正しいものを，次の**ア**～**カ**から一つ選び，記号で答えなさい。

ア　a：金融　b：売り　c：増やす　　**イ**　a：金融　b：売り　c：減らす
ウ　a：金融　b：買い　c：増やす　　**エ**　a：財政　b：買い　c：増やす
オ　a：財政　b：買い　c：減らす　　**カ**　a：財政　b：売り　c：増やす

3　下線部③について，わが国では，所得税には累進課税が適用されている。累進課税とはどのような課税方法か，**税率**という語を用いて書きなさい。

4　下線部④について，20図は，わが国の製造業における事業所数，従業者数，出荷額に占める大企業と中小企業の割合（%）を示したものである。20図のX，Yは，大企業，中小企業のいずれかであり，**ア**～**ウ**は，それぞれ事業所数，従業者数，出荷額のいずれかである。事業所数と出荷額に当たるものを，20図の**ア**～**ウ**からそれぞれ一つずつ選び，記号で答えなさい。

20図

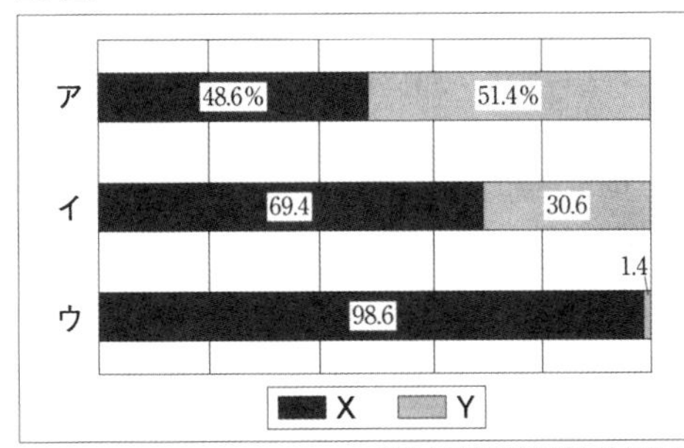

（「中小企業白書2015年版」による）

5　下線部⑤について，わが国は，独立を回復した年に国際連合への加盟を求めた。しかし，わが国の加盟に反対していた［ a ］が，国際連合の安全保障理事会で［ b ］を行使したために加盟は認められず，その後，わが国と［ a ］との国交が回復した年に加盟が認められた。［ a ］に当てはまる国名を書きなさい。また，［ b ］に当てはまる安全保障理事会の常任理事国が持つ権利を書きなさい。ただし，［ a ］には同じ国名が当てはまる。

6　下線部⑥について，(1)，(2)の問いに答えなさい。

(1)　発展途上国と先進工業国（先進国）との経済格差，およびそこから発生する問題を［ a ］問題という。その格差を小さくするために，各国の政府や国際機関が援助を行っており，政府などの援助が行き届きにくい分野では，民間の団体である［ b ］による援助も活発になっている。［ a ］，［ b ］に当てはまる語の組み合わせとして正しいものを，次の**ア**～**カ**から一つ選び，記号で答えなさい。

ア　a：東西　b：NGO　　**イ**　a：東西　b：WHO
ウ　a：南南　b：NGO　　**エ**　a：南南　b：WHO
オ　a：南北　b：NGO　　**カ**　a：南北　b：WHO

(2)　政府開発援助（ODA）の状況について，21表は，2013年におけるODAの支出額の上位8か国について支出額と人口を示したものであり，22表は，同じ年におけるわが国のODAの支出先の上位6か国を示したものである。わが国のODAの支出の状況について，21表と22表から読み取れることを書きなさい。

21表

順位	国名	支出額（百万ドル）	人口（千人）
1	アメリカ合衆国	31545	320051
2	イギリス	17881	63136
3	ドイツ	14059	82727
4	日本	11786	127298
5	フランス	11376	64291
6	スウェーデン	5831	9571
7	ノルウェー	5581	5043
8	オランダ	5435	16759

（「世界国勢図会2014/15」による）

22表

順位	国名
1	ミャンマー
2	ベトナム
3	アフガニスタン
4	イラク
5	インド
6	バングラデシュ

（外務省資料による）

■平成27年度問題

6 昌男(まさお)さんのクラスでは，職場体験の発表会を行うことになった。Ⅰ，Ⅱは，体験した職場のようすをまとめたものの一部である。次の各問いに答えなさい。

Ⅰ	体験した職場	自動車部品の製造工場
	職場のようす	工場で働く人は，①完成した製品に欠陥がないか何度も検査していた。環境に配慮し，②二酸化炭素の排出を抑える取り組みが行われていた。

Ⅱ	体験した職場	③家電製品の販売店
	職場のようす	お店は年中無休だが，④働く人がきちんと休みを取れるように勤務日が工夫されていた。お店では，⑤女性が多く働いていた。

1 下線部①について，製品の欠陥によって消費者が被害を受けた場合，消費者が製造業者の過失を証明しなくても，製造業者に被害の救済を義務づけた法律を何というか，書きなさい。

2 下線部②について，22図は，1990年と2010年における国別の二酸化炭素総排出量を示したものである。22図のア～カは，日本，アメリカ合衆国，インド，中国，ドイツ，ロシアのいずれかである。22図について説明した資料23を参考にして，インドとドイツに当たるものを22図のア～カからそれぞれ一つずつ選び，記号で答えなさい。

22図

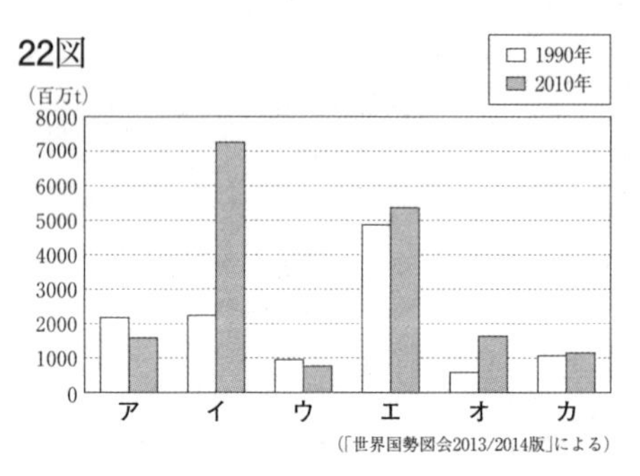

(「世界国勢図会2013/2014版」による)

24図

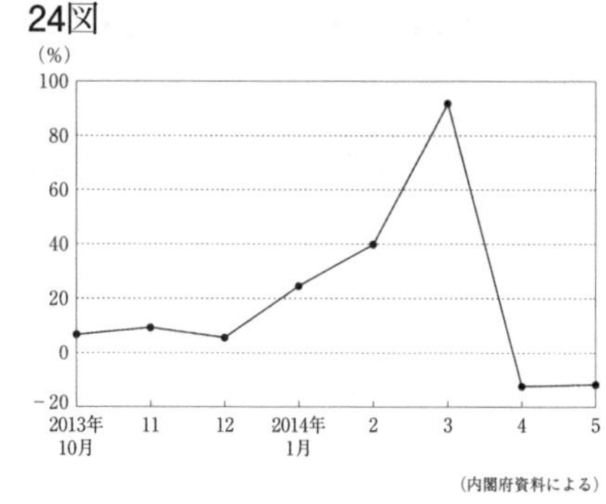

(内閣府資料による)

資料23

・京都議定書で二酸化炭素などの排出削減を義務づけられていない国は，イとオである。
・京都議定書から離脱した国は，エである。
・二酸化炭素総排出量が最も減少している国はロシアであり，日本は増加している。

3 下線部③について，24図は，2013年10月から2014年5月における国内の家電製品5品目（テレビ，エアコン，冷蔵庫，パソコン，携帯電話）の月別の販売金額について，前年同月と比較した増減の割合の推移を示したものである。2014年1月から5月にかけて，前年比の増減の割合が24図のように変化した最も大きな要因となったことを書きなさい。

4 下線部④について，休日や労働時間など労働者の労働条件については，労働三法のうちの［ a ］に定められており，現在，1週間についてb（ア 40時間 イ 48時間）をこえて，労働させてはならないとしている。［ a ］に当てはまる法律名を書きなさい。また，bの（ ）の中から適当なものを一つ選び，記号で答えなさい。

5 下線部⑤について，(1)，(2)の問いに答えなさい。

25表

年齢範囲(歳)	20～24	25～29	30～34	35～39	40～44	45～49	50～54	55～59	60～64
女性の労働力人口の割合(%)	68.7	77.6	68.6	67.7	71.7	75.7	73.4	64.6	45.8

(平成24年厚生労働省資料による)

(1) 25表は，わが国における女性の労働力人口の割合を年齢層別に示したものである。25表をもとに，右の女性の労働力人口の割合を示すグラフを完成させなさい。

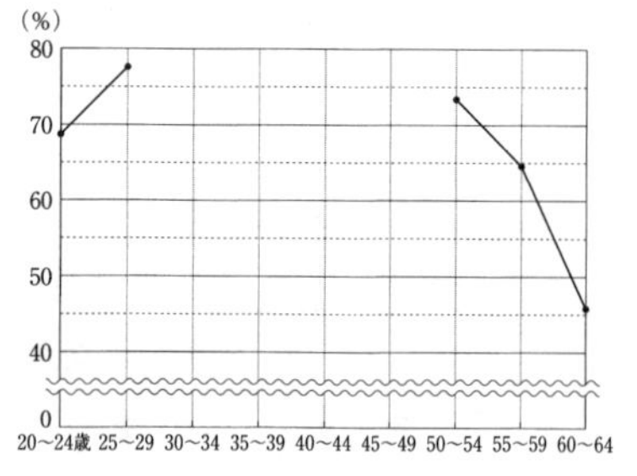

(2) わが国の女性の労働力人口について，25歳から49歳までの年齢層ごとの割合の違いは，女性のどのような就労の状況を反映したものと考えられるか，25表と作成したグラフにもとづいて説明しなさい。

■平成28年度問題

5 次の文章を読んで、あとの問いに答えなさい。

菓子をあきなふ新右衛門(しんゑもん)といへるは、少欲至直(注)にして、日ごとに買ふ品の価(あたひ)を①あらそふ事なく、売る人のいふままにまかせてもとめければ、家内の者いぶかりて(注)、「商人はいづれも②同じ事にて、その価の高下をあらそふならひなるに、いかなればかくいふままにはしたまふぞ。」といふをきゝて、「かれらは日ごとに重きを荷(にな)ひて、朝はとく出(い)で、ゆふべには遅く帰る。ことに暑寒の折からは其(そ)のくるしみいふべくもあらじ(注)。おのれらは年中店に居て風雨のうれへもなく家業をいとなむは③ありがたき事ならずや。たとひ人にもの施す事(注)はなしがたくとも、せめてはその価をあらそはずしてもとめなば、すこしはかれらがたすけともならんか。」といひけり。後々は新右衛門が情けある事をしりて、④売る者も価を低くして持ち来たりしとなん。

（大田南畝(おおたなんぽ)著「仮名世説(かなせせつ)」による。一部省略等がある。）

(注) 至直＝極めて正直なこと。
いぶかりて＝「不審に思って」の意味。
いふべくもあらじ＝「言いようもないだろう」の意味。
もの施す事はなしがたくとも＝「ものを与えるのは難しいとしても」の意味。

1 傍線①の部分「あらそふ」を現代かなづかいに直して、ひらがなで書きなさい。

2 傍線②の部分「同じ事」の内容として最も適当なものを次の**ア**～**オ**から選び、記号で答えなさい。

ア 良い品物を作って売ること。　**イ** 主人の指示に従うこと。　**ウ** 買い手の要望に応えること。
エ 楽をして品物を売ること。　**オ** 利益を求めて商売をすること。

3 傍線③の部分「ありがたき事ならずや」について、次の⑴と⑵に答えなさい。

⑴ 新右衛門がどんなことを「ありがたいことだ」と言っているのかを、次のようにまとめた。[A]と[B]の部分に入れるのに最も適当なものを、あとの**ア**～**オ**からそれぞれ選び、記号で答えなさい。

売る人たちは[A]のに、新右衛門たちは[B]こと。

ア 建物の中で苦労もなく商売をしている　**イ** 人と競い合うこともなく商売をしている
ウ 天候に関わらず値段を一定にしている　**エ** 天候に関わらず一日中外で働いている
オ 周りの者と力を合わせて働いている

⑵ 新右衛門は「ありがたいことだ」と思ったので、日頃どのようにしていたか。十五字以上、二十五字以内で書きなさい。

4 傍線④の部分に「売る者も価を低くして持ち来たりし」とあるが、売る者はどんな気持ちを抱いてこのようにしたのか。「**温情**」ということばを用いて、十五字以上、二十五字以内で書きなさい。

■平成27年度問題

5 次の文章を読んで、あとの問いに答えなさい。

人に饗応(きやうおう)(注)せられたる物をうましと思ひ、それを家にてこしらへ食する時は、外にて食したる時よりは①あじはひうまからず。いかにとなれば、家にては②思ひまうけて食ふがゆゑなり。食は、はからずして食する物にうまみはあり。されば③粗食たりとも、うまきは思ひよらざる所にあり。また、その時と所と、わが腹中に応じて、口にかなひたるよりうまき物はあるべからず。塩を添へたる湯漬けも、空腹には山海の珍味よりもうまし。④絵の道もしかなり。初めに画(か)きたるごとくと望めども、写し出(い)でなば(注)格別、筆勢墨色すべて、前によることなく、ふたたびならひ(注)することありがたし(注)。

（「雲萍雑志(うんぴょうざっし)」による。一部省略等がある。）

(注) 饗応＝食事などを用意して人をもてなすこと。　写し出でなば＝「写しだすと」の意味。
ならひ＝まねること。　ありがたし＝「めったにない」の意味。

1 傍線①の部分「あじはひ」を現代かなづかいに直して、ひらがなで書きなさい。

2 傍線②の部分「思ひまうけて食ふ」の文章中での意味として最も適当なものを次の**ア**～**オ**から選び、記号で答えなさい。

ア 自分で作ったものを自分で食べる　**イ** お金をたくさん稼いだときに食べる
ウ 人に作ってもらったものを食べる　**エ** うまいはずだと期待して食べる
オ あれこれと思い悩みながら食べる

3 傍線③の部分「粗食」の具体例を、文章中から五字以上、十字以内で抜き出しなさい。

4 傍線④の部分「絵の道もしかなり」は「絵の道も同じだ」の意味だが、食べることと絵を描くことには、どんな共通点があると述べられているか。「**感動**」ということばを用いて、二十字以上、三十字以内で書きなさい。

4 次は、この文章を読んだ井川さんと中森さんの会話の一部である。あとの(1)と(2)に答えなさい。

井川　図書館で「耳嚢」を探して読んだら、この話には「孝童自然に禍を免れし事」という題がついていたよ。
中森　なるほど。息子にとっては、[A]も[B]も「禍」、つまり災難になるはずだったけど、息子自身が気づかないうちに[A]が[B]に退治されて、無事だったということだね。
井川　そうだね。筆者は、[C]が命拾いにつながったと考えて、「孝童」ということばを使ったんじゃないのかな。

(1) [A]と[B]の部分に入れるのに最も適当なものを、次のア～オからそれぞれ選び、記号で答えなさい。ただし、会話中に二箇所ずつある[A]と[B]には、それぞれ同じものが入る。
ア 百姓　イ 親　ウ 狼　エ 雨　オ 雷
(2) [C]の部分に入れるのに適当なことばを、五字以上、十五字以内で書きなさい。

■平成30年度問題

5 次の文章を読んで、あとの問いに答えなさい。

剣術を教へて世を渡る士あり。年寄りければ、させるわざもあらざるよし、人①いひあへり。しかるに、かの士、朝とく起きて、門にたたずみけるに、はからずも荒猪の駆け来たり。逃ぐべきやうもあらざりければ、②持ちたる杖にて一打に打ちけるに、杖は細かりければふたつに折れて、猪は倒れたり。これを聞きて、③日頃心ゆかず思ひける者も、今かく老いても、年来の習練むなしからざることを感ぜしとなり。
（柳原紀光著「閑窓自語」による。一部省略等がある。）

（注）させるわざ＝たいした腕前。　逃ぐべきやうもあらざりければ＝「逃げられそうもなかったので」の意味。

1 傍線①の部分「いひあへり」を現代かなづかいに直して、ひらがなで書きなさい。
2 傍線②の部分「持ちたる杖にて一打に打ちける」について、次の(1)と(2)に答えなさい。
(1) 「打ちける」の主語にあたるものとして最も適当なことばを、文章中から一字で抜き出しなさい。
(2) 打った結果、その場はどうなったか。十字以上、十五字以内で書きなさい。
3 傍線③の部分「日頃心ゆかず思ひける者」について、次の(1)と(2)に答えなさい。
(1) 「心ゆかず」は「納得がいかない」の意味だが、どんなことを納得がいかないと思っていたのか。二十五字以上、三十五字以内で書きなさい。
(2) 「日頃心ゆかず思ひける者」が、この話の最後に感じたことを表していることばとして、最も適当なものを次のア～オから選び、記号で答えなさい。
ア 覆水盆に返らず。　イ 柔よく剛を制す。　ウ 継続は力なり。　エ 勝ってかぶとの緒を締めよ。　オ 逃げるが勝ち。

■平成29年度問題

5 次の文章を読んで、あとの問いに答えなさい。

①一童子毽子を弄び、たまたま蹴りて井に下す。すなはち伏して井を見、②影に対して泣きて曰はく、我に還せと。父之に問へば、訴へて曰はく、毽子井中の児に取らると。父も亦井に臨み、己の影を見て謂ひて曰はく、③汝が家の児子毽子を蹴るを求む、我が家の児子は求めずと言ひ難きものかと。
（「笑府」による。一部省略等がある。）

（注）一童子＝ある子ども。　毽子＝羽根におもりをつけたもの。足で蹴って遊ぶ。　井＝井戸。　汝＝おまえ。　我が家の児子は求めずと言ひ難きものか＝「うちの子はやりたがっていないとでもいうのか」の意味。

【毽子】

1 傍線①の部分「一童子毽子を弄び」は、漢文では「一童子弄毽子」と書く。傍線①の部分のとおりに読める返り点の付け方として適当なものを次のア～オから一つ選び、記号で答えなさい。
ア 一童子弄レ毽子
イ 一童子弄レ毽レ子
ウ 一童子弄二毽子一
エ 一童子レ弄二毽子一
オ 一童レ子弄二毽子一
2 傍線②の部分「影に対して泣きて曰はく」について、次の(1)と(2)に答えなさい。
(1) 子どもが影に対して言ったことばを文章中から抜き出しなさい。
(2) 子どもが泣いているのは、毽子を[　]と思ったからである。[　]に入れるのに適当なことばを、十字以上、十五字以内で書きなさい。
3 傍線③の部分に「汝」とあるが、父は誰に話しかけているつもりか、書きなさい。
4 この話の滑稽さはどんな点にあるか。三十五字以上、四十五字以内で書きなさい。

■令和2年度問題

5 次の文章を読んで、あとの問いに答えなさい。

錦織唐麿、幼けなき時、ある山里をとほりけり。夏の初めなれば、時鳥の初音を聞きて、

　家づとにならぬばかりぞ恨みなる親も待たれし初時鳥

と詠みけり。さて家に帰りてたらちねの前に出でて、「①けふ時鳥の初音聞くほどに、『家づとになるべきものならば、たらちねの喜びたまふものを』と思ひたれど、②かひなくて、ただかかる歌のみ詠みて帰りぬ」と申しければ、たらちね聞きて、「時鳥の初音聞くよりは汝が詠みつる歌を聞くこそ③うれしき心地するなれ」とぞ言はれける。折から、空に時鳥の鳴きければ、たらちねとともに「あれ、鳴きしは」と言ひければ、唐麿、

　家づとになりしことこそうれしけれ

と④上の句を直しけるとなり。

（「猿著聞集」による。一部省略等がある。）

(注) 時鳥＝鳥の一種。初夏に渡来し、夏を知らせる鳥として親しまれる。　初音＝その季節に初めて聞く鳴き声。
家づと＝みやげ。　たらちね＝母親。　かひなくて＝「どうしようもなくて」の意味。　汝＝おまえ。

1 傍線①の部分「けふ」を現代かなづかいに直して、ひらがなで書きなさい。

2 波線**ア**～**オ**のうち、主語が他の四つと**異なるもの**を一つ選び、記号で答えなさい。

3 傍線②の部分に「かひなくて、ただかかる歌のみ詠みて帰りぬ」とあるが、この時の唐麿の気持ちを説明したものとして最も適当なものを次の**ア**～**オ**から選び、記号で答えなさい。

ア みやげの代わりとなる歌を詠むことができてほっとしている。
イ 詠んだ歌をうまく推敲できないことをもどかしく思っている。
ウ とっさに初夏らしい歌を詠むことができて得意になっている。
エ 歌を詠むことしかできずに帰ったことを残念に思っている。
オ 山里で見た景色を歌に詠むことができずに悔しがっている。

4 次は、この文章を読んだ塚原さんと上田さんが、傍線③の部分「うれしき心地するなれ」について話し合っている場面の一部である。[　　]の部分に入れるのに適当な言葉を、現代語で書きなさい。

塚原　「親思う心に勝る親心」という言葉を思い出したよ。
上田　「母に[　　]」と願いながら果たせなかった唐麿の母を思う心と、その心をくみ取って「おまえの歌を聞くことの方がうれしい」と返す母の親心が、この言葉にぴったりだね。

5 傍線④の部分「上の句を直しける」の「上の句」は、和歌の初めの五・七・五の三句のことである。唐麿が直したあとの和歌を完成しなさい。

■平成31年度問題

5 次の文章を読んで、あとの問いに答えなさい。

> ある日、農夫が畑に出かけると、突然、激しい雷を伴って雨が降り出した。七歳の息子は、雷が苦手な父親が一人きりの畑で恐ろしいと思っているのではないかと心配しながら、弁当を届けようと家を出た。

この百姓は木蔭に雨をしのぎゐたりしに、我が子の来たりければ大いに驚きて、食事など受け取りたり。雨も晴れて日も暮れんとせし①ゆゑ、「とく帰れ」と言ひければ、子は「早くしまひたまへ」とて先に帰りけるが、狼の出て子の後につきて野道を送りけるを見て、親は大いに驚き、「定めて狼に襲はれん」と、②心も心ならざりしに、再び嫌ひの雷一声響くや否や、子の行きしと思ふ辺りへ落ちかかりたると見えて、農具を捨て③かしこに至りければ、我が子は見えず、狼は倒れたり。「定めて我が子も打たれたらん」と、急ぎ宿に帰りみるに、かの子は安泰にてありしとや。

（根岸鎮衛著「耳嚢」による。一部省略等がある。）

(注) とく＝「すぐに」の意味。　早くしまひたまへ＝「早く（農作業を）終わらせてください」の意味。　定めて＝「きっと」の意味。

1 傍線①の部分「ゆゑ」を現代かなづかいに直して、ひらがなで書きなさい。

2 傍線②の部分「心も心ならざりし」は「心配で落ち着いていられなかった」の意味だが、親はどんなことが心配で落ち着いていられなかったのか。十字以上、二十字以内で書きなさい。

3 傍線③の部分「かしこに至りければ」の文章中での意味として最も適当なものを次の**ア**～**オ**から選び、記号で答えなさい。

ア 雷が落ちたと思われる場所へ行き着いたところ
イ 狼が息子を送り届けた場所へ行き着いたところ
ウ 自分の家があるはずの場所へ行き着いたところ
エ 農具を落としてしまった場所へ行き着いたところ
オ 雨をしのげると思われる場所へ行き着いたところ

4 次は、この文章を読んだ福原さんと酒田さんとの会話の一部である。あとの⑴と⑵に答えなさい。

福原 利勝はこの糸切れを、[A]大切なのだと言っているよね。家臣たちだけじゃなく、現代の私たちも利勝のこの考えに学ばなければいけないなと感じさせられたよ。

酒田 確かに利勝の言葉には説得力があるよね。利勝が仁兵衛への褒美として[B]ことにしたのも、ものを大切にするという自分の価値観を家臣たちに印象的に伝えるためだったんじゃないかな。

⑴ [A]の部分に入れるのに最も適当なものを次の**ア**～**オ**から選び、記号で答えなさい。

ア 今ではもう同じ品質の糸を作れる人がいないから
イ 唐土の民の蚕に対する愛情が込められているから
ウ 工夫次第でいろいろな使い道があって便利だから
エ 多様な人々の並々ならぬ苦労が詰まっているから
オ 家臣に倹約することの意義を説く材料になるから

⑵ [B]の部分に入れるのに適当な言葉を、十字以内で書きなさい。

■令和3年度問題

5 次の【Ⅰ】は、江戸時代の武芸者、渋川時英の文章であり、【Ⅱ】は、ある生徒が【Ⅰ】を理解するために文章中の言葉について調べたことをまとめたものである。あとの問いに答えなさい。

【Ⅰ】

有徳廟(注)の時、伊豆の船兒某を召し、日和見としたまふ。三十年ほどの間に一日も見損なし。其の子、其の①父の業を継ぎて、今の日和見たり。しかるに度々見損あり。是の父は元来船兒にて多年海上を往来し、命を懸けて日和を見習ひたる者ゆゑ自然とそこに②妙を得て上手なりしを、子は父の譲(注)を受けて衣食が豊かなれば、③おのづから修行がおろそかになりて、父の伝のみを受け見習ひ、自分に困みたる(注)ことなければ、④くはしく心を用ゐて稽古せざるゆゑなるべし。武芸の家の者など、最も心得あるべきことなり。

(『薫風雑話』による。一部省略等がある。)

(注) 有徳廟の時＝徳川吉宗が将軍として国を治めていた時代のこと。
譲を受けて＝「地位や財産を譲り受けて」の意味。
困みたること＝「苦労すること」の意味。

【Ⅱ】

船兒某… 船頭の何とかという人。「船兒」は、ここでは船長として海上で実務に就く船頭のことで、積み荷や乗組員の命を守る責務を負った。「某」は名前がわからない人を指す語。

日和見… 空の状況を観察して、天候を予測すること。また、その人。和船の航海は好天順風を第一条件とするため天候の予測は重要だったが、その技術は個人の経験に基づくもので、他者への伝授は至難のことであった。

1 傍線①の部分「父の業」を具体的に表した語を、【Ⅰ】から三字で抜き出しなさい。

2 傍線②の部分「妙を得て」の【Ⅰ】での意味として最も適当なものを次の**ア**～**オ**から選び、記号で答えなさい。

ア 非常に巧みになって　**イ** 周囲の信頼を集めて
ウ 神仏の力を身に受けて　**エ** 不思議な気持ちになって
オ 奇妙に感じることがあって

3 傍線③の部分に「おのづから修行がおろそかになりて」とあるが、その結果、子は、父とは異なり、[　]が何度もあった。[　]の部分に入れるのに適当な言葉を、具体的に書きなさい。

4 傍線④の部分「くはしく」を現代かなづかいに直して、ひらがなで書きなさい。

5 武芸者である筆者が伊豆の父子の話を話題にした意図について、ある生徒が次のようにまとめた。[　]の部分に入れるのに適当な言葉を、【Ⅰ】と【Ⅱ】の内容をふまえて、十字以上、二十字以内で書きなさい。

武芸に携わる人たちに対し、武芸の家を継ぐには、家系や親の教えだけに頼るのではなく、[　]が大切だということを伝える意図。

古文

■令和5年度問題

5 次の文章を読んで、あとの問いに答えなさい。

旅人が石見国（現在の島根県西部）の茶店で休んでいると、その土地の子どもが茶店の老婆に「呼子鳥が鳴いた」と話している声が聞こえてきた。以前から呼子鳥に興味があった旅人は、老婆に話しかけた。

「いま鳴く鳥の梢は、いづこなりや、おのれに①をしへてよ、姿も見置きて、雅の友のつと（注）にも語らん」と請ひけるを、②老婆、むづかしきことといふ人かな。すべての鳥のひなのやうやう羽ならはし（注）に出でつつ、ここかしこあさるがたどたどしうて（注）、巣に帰らん道にまどふを、親鳥の巣より呼ぶなるをおしなべて（注）、呼子鳥とはいふなれば、③この鳥のみをしへて、何にかはせん（注）と答へけるにぞ、はじめて呼子鳥は一つの鳥にあらざりけりと、さとりたる。

（「紙魚室雑記」による。一部省略等がある。）

（注）雅の友のつと＝「風流を理解する友へのみやげ話」の意味。
羽ならはし＝鳥が羽を広げて飛ぶ練習をすること。
あさるがたどたどしうて＝「えさを探し求める様子が頼りなくて」の意味。
おしなべて＝すべて。
何にかはせん＝「何の意味があろうか、いやない」の意味。

1 傍線①の部分「をしへて」を現代かなづかいに直して、ひらがなで書きなさい。

2 傍線②の部分「老婆」について、「老婆」が言った言葉は、文章中のどの部分までか。その部分の終わりの五字を抜き出しなさい。

3 傍線③の部分「この鳥」を具体的に表した言葉として最も適当なものを、文章中から五字で抜き出しなさい。

4 次は、この文章を読んだ中村さんと吉田さんの会話の一部である。あとの⑴と⑵に答えなさい。

中村 この文章を読むと、老婆は、この辺りでは［A］のことを「呼子鳥」と言うのだと旅人に説明しているよ。

吉田 そうだね。でも、最後まで読むと、これまで旅人は、「呼子鳥」のことを「一つの鳥」、つまり、［B］だと思っていた、ということがわかるね。

中村 老婆の言う「呼子鳥」と、旅人の言う「呼子鳥」が違うところがおもしろいね。

⑴ ［A］に入れるのに適当な言葉を、本文の内容をふまえて十五字以上、二十字以内で書きなさい。

⑵ ［B］の部分に入れるのに適当な言葉を、旅人が、「呼子鳥」をどう理解していたかが明確になるように、五字以内で書きなさい。

■令和4年度問題

5 次の文章を読んで、あとの問いに答えなさい。

ある日、大名の土井利勝は、居間で拾った一尺（注）ほどの唐糸（注）を家臣の大野仁兵衛に預けた。数年後、利勝がその糸を求めると、仁兵衛は腰の巾着から糸を取り、差し出した。利勝は、ほどけていた下緒（注）の先をこの糸で結び、家臣を呼んで下緒を見せながらこう言った。

「これを見よ。我をしわき者（注）と呼び、①あの糸切れが何の用に立つべきやと笑ふ者も多かる中に、大切に持ちたること奇特なり。仁兵衛に三百石を取らすべし。さて、この糸切れの大切なるわけを語り聞かすべし。この糸は元来唐土の民が桑を取り、蚕を養ひ糸となし、商人に渡り、はるかの海路を経て我が国へ渡り、長崎の町人の手にかかり、京、大阪の者ども買ひ取り、②つひに江戸に至れるものなれば、その分いかばかりかと思ふぞ。さやうの辛労にて出来しものを、③少しなればとてちりとなして捨つるは天罰おそるべきことなり。今、下緒の先を結びたれば、我一尺の唐糸を、三百石にて買ひ取りたるぞ」と申されしとなり。

（「提醒紀談」による。一部省略等がある。）

（注）一尺＝約三十・三センチメートル。
しわき者＝けちな人。
唐糸＝唐土渡来の糸。唐土は中国の古い呼び名。
下緒＝刀を帯につけるのに使う組ひも。

【下緒の一例】
下緒
糸で結ぶ

1 傍線①の部分「あの糸切れ」を具体的に表した言葉として最も適当なものを、文章中の利勝の言葉から五字で抜き出しなさい。

2 傍線②の部分「つひに」を現代かなづかいに直して、ひらがなで書きなさい。

3 傍線③の部分「少しなれば」は「少しの量だから」の意味だが、下に続く言葉が省略されている。「少しの量だから」に続けるのに適当な言葉を、前後のつながりを考えて現代の言葉で書きなさい。

経済の勃興をめざすだけでは得られない豊かさをつくること。この着想を、僕らは何度でもかみしめ直せばいい。⑤今日、僕らはボールを丸くつくり得ているだろうか。

（原研哉（はらけんや）著「日本のデザイン」による。一部省略等がある。）

（注）スタイリング＝ある形や様式に整えること。　醍醐味＝物事の本当のおもしろさ。深い味わい。
表象＝外にあらわれた形。　フォークボール＝野球で、ピッチャーの投げる変化球の一つ。
柳宗悦＝一八八九（明治二二）年――一九六一（昭和三六）年。美術評論家。

1 傍線①の部分「鉛筆の断面は六角形であるが、これにも勿論理由がある」について、文章中に述べられている理由を、ある生徒が次のように箇条書きにしてまとめた。[Ⅰ]と[Ⅱ]の部分に入れるのに適当なことばを、それぞれ六字以内で書きなさい。

> 鉛筆の断面が六角形である理由
> ・[Ⅰ]。
> ・[Ⅱ]。
> ・左右対称で生産性がいい。

2 傍線②の部分「それ」の指示する内容を、二十字以上、三十字以内で書きなさい。

3 傍線③の部分に「球と球技の関係は、ものと暮らしの関係にも移行させて考えることができる」とあるが、ここで述べられている「ものと暮らしの関係」とは、[　　]という関係のことである。[　　]に入れるのに最も適当なことばを、文章中から三十字以上、四十字以内で抜き出し、最初の十字を書きなさい。

4 傍線④の部分に「民芸とは、用具のかたちの根拠を長い暮らしの積み重ねのなかに求める考え方である」とあるが、書き手が民芸の考え方を紹介した意図を説明したものとして、最も適当なものを次のア～オから選び、記号で答えなさい。

ア　書き手の主張に近い、民芸の優れた考え方を紹介することで、偏りのない公平な論を展開しようとする意図。
イ　民芸の考え方の誤りを指摘し批判することで、書き手の主張が適切なものであることを示そうとする意図。
ウ　書き手の主張に対して予想される反論として民芸の考え方を取り上げ、その反論に対して意見を述べようとする意図。
エ　比喩を用いて民芸の考え方を紹介することで、その根拠が論理的でないことを示して批判しようとする意図。
オ　書き手と民芸の考え方の共通点を示して論を補強すると同時に、相違点を示して主張を明確にしようとする意図。

5 傍線⑤の部分「今日、僕らはボールを丸くつくり得ているだろうか」に表れている考えとして、最も適当なものを次のア～オから選び、記号で答えなさい。

ア　ものの豊かさは実現されたのだから、豊かな時代の豊かな生き方として、ものの美しさを追求せねばならない。
イ　技術精度の向上が球技をはじめとする文化を発達させるから、さらに加工技術の向上を図っていかねばならない。
ウ　豊かな未来をつくり出す意志を持って、暮らしや環境の本質に即したかたちを追求せねばならない。
エ　膨大な知恵の堆積が真の豊かさをつくることに気づき、暮らしの営みの反復を通してさらに文化を熟成させねばならない。
オ　精度の高い球体が簡単に作れる時代だからこそ、精度の低い球体を懸命に作っていた時代の精神を忘れてはならない。

2　傍線①の部分「土を見る目がまったく変わってしまった」とは、［　　］ことを実感するようになったということである。［　　］の部分に入れるのに最も適当なことばを第一段落から二十五字以上、三十字以内で抜き出し、最初の五字を書きなさい。

3　傍線②の部分「産業社会の住人の生きざま」の例として、どんな生活があげられているか。「**時間**」と「**季節**」の二語を用いて、二十字以上、三十字以内で書きなさい。

4　傍線③の部分「読み替え」の表す内容を言い換えている熟語として最も適当なものを文章中から抜き出しなさい。

5　この文章で、「産業社会の住人」はどんなことを見直すべきだと述べられているか。最も適当なものを次の**ア**～**オ**から選び、記号で答えなさい。

ア　現実のある一面にしかすぎないものを、まるで現実そのものであるかのように感じていること。
イ　現実の世界にある無駄なものを切り捨てて、現実を合理的なものにするべきだと考えていること。
ウ　現実を抽象化することで生まれた様々なモデルは、現実から遊離していて当然だと考えていること。
エ　現実の世界から逃げ出して、自然の中で過ごすことで人間性を取り戻そうとする人が増えていること。
オ　現実の世界にある季節を感じさせるようなものが、産業社会の発展によって急速に失われていること。

■平成27年度問題

3　次の文章を読んで、あとの問いに答えなさい。

デザインとは(注)スタイリングではない。ものの形を計画的・意識的に作る行為は確かにデザインだが、それだけではない。デザインとは生み出すだけの思想ではなく、ものを介して暮らしや環境の本質を考える生活の思想でもある。したがって、作ると同様に、気付くということのなかにもデザインの本意がある。

僕らの身の周りにあるものはすべてデザインされている。コップも、蛍光灯も、ボールペンも、携帯電話も、床材のユニットも、シャワーヘッドの穴の配列も、インスタントラーメンの麺の縮れ具合も、計画されて作られているという意味ではすべてがデザインされていると言っていい。人間が生きて環境をなす。そこに織り込まれた膨大な知恵の堆積のひとつひとつに覚醒していくプロセスにデザインの(注)醍醐味がある。普段は意識されない環境のなかに、それを意識する糸口が見つかっただけで、世界は新鮮に見えてくる。（中略）

①鉛筆の断面は六角形であるが、これにも勿論理由がある。断面が丸いと、鉛筆は机の上を転がりやすく、机の上から床に落下しやすい。硬い床に落下すると、柔らかい炭素の芯は簡単に折れてしまう。この不都合を避けるなら、おのずと鉛筆の断面は転がりにくい形を模索することになる。しかし転がりにくいからといって、断面が三角や四角だと持った時に指が痛い。したがって、転がりにくく程よい握り心地で、左右対称で生産性のいい六角形に落ちついたという次第である。

ボールは丸い。野球のボールもテニスのボールもサッカーボールも丸い。ボールが丸い理由くらいすぐ分かると思われるかもしれないが、最初から丸いボールがあったわけではない。精度の高い球体を作る技術は、石器に丸い穴をあけるのとはわけが違う。だから初期のボールは精度の高い球体ではなく、比較的丸いという程度のものだったはずだ。しかし比較的丸いという程度のボールでは球技は楽しめない。スポーツ人類学の専門家によると、近代科学の発達と球技の発達は並行して進んできたという。つまり球体の運動は物理法則の明快な(注)表象であり、人間は、知るに至った自然の秩序や法則を、球体運動のコントロール、つまり球技をすることで再確認してきたというわけである。②それを行うには完全な球体に近いボールが必要であり、それを生み出す技術精度が向上するにしたがって、球技の技能も高度化してきたというわけである。

ボールが丸くないと、球技の上達は起こりえない。同じ動作に対するボールのリアクションが一定でないとテニスもサッカーも上達は望めない。それが一定であるなら、訓練によって球技の上達は着実に起こり、ピッチャーは(注)フォークボールを投げられるようになり、曲芸師は大玉の上に載って歩くことができるようになる。

③球と球技の関係は、ものと暮らしの関係にも移行させて考えることができる。（中略）よくできたデザインは精度のいいボールのようなものである。精度の高いボールが宇宙の原理を表象するように、優れたデザインは人の行為の普遍性を表象している。デザインが単なるスタイリングではないと言われるゆえんは、球が丸くないと球技が上達しないのと同様、デザインが人の行為の本質に寄り添っていないと、暮らしも文化も熟成していかないからである。これを悟ったデザイナーたちは、精巧な球を作るように、かたちを見出そうと努力するようになる。（中略）

(注)柳宗悦は日本の民芸運動の創始者であった。④民芸とは、用具のかたちの根拠を長い暮らしの積み重ねのなかに求める考え方である。石灰質を含んだ水滴の、遠大なるしたたりの堆積が鍾乳洞を生むように、暮らしの営みの反復がかたちを育む。川の水流に運ばれ研磨されてできた石ころのように、人の用が暮らしの道具にかたちの必然をもたらすという着想である。その視点には深く共感できる。

しかし、水流に身を任せて何百年も僕らは待つわけにはいかない。技術革命は速度と変化を同時に突きつけてくる。そこに必要なものは理性と合理性をたずさえて自分たちが生きる未来環境を計画していく意志だ。つまり、こころざしを持ってかたちをつくり環境をなすこと。近代社会の成立とともに人々はそのような着想を生み出した。それは富の蓄積へと繋がる発想ではない。それがデザインである。

■平成28年度問題

3 次は、経済学者である中村達也氏の「方法としての歳時記」という表題の文章である。よく読んで、あとの問いに答えなさい。

雑木林の小径を歩くのは、スピードからふと離れて、あれこれと効率悪くものごとを(注)反芻するのにもってこいだからである。そして、落ち葉の隙間から名も知らぬ小さな植物が芽を出しているのを見つけたりすれば、それこそ一大発見ということで、土の中深く見えないところで、密かに生命が育まれているのをいまさらながらに実感するといった次第なのである。そうした想いをあらためて確認させられたのは、『土壌動物のはたらき』（渡辺弘之著）を読んだときであった。この本によれば、たとえば(注)志賀高原の林野一平方メートルの範囲内には、トビムシが十七万五千個体、ダニが七万八千個体も生存しているというのである。驚きであった。それ以来、雑木林の中を歩いていても、①土を見る目がまったく変わってしまったような気がする。土壌生物が落ち葉を食べてそれを分解し、地中に分け入って有機物を運ぶ。そして、地中深い所から鉱物質土壌を地表に運び、土を有機質に変え、通気透水性をよくしてゆく。ミミズでさえも（などと言ってはいけない）、地中に穴を掘って空隙を作り、(注)排泄物によって土壌の生成に貢献する。そして自らは死ぬことによって肥料となり、また地表周辺では小鳥の餌となって彼らを養っている。

これらのことすべては〈土〉の世界のことであって〈土地〉の世界のことではない。そして、このような土の世界の営みは、われわれにとっては、しばしば不可視のことがらなのである。これにひきかえ、われわれにとって可視的な世界はと言えば、それはまず土地であろう。しかし、土地には土に見られるような生命が感じられない。むしろ、やたらと目につくのは、土地の上に建っている住宅や工場、それに地名や番地といった〈しるし〉である。おまけに、一坪何十万円といったぐあいの連想が土地にはつきまとう。雑木林の小径のやさしさは、一坪何十万円といった連想を拒む。それに何よりも、土には土地にない季節感があって、折々の歳時記がくり拡げられている。

（中略）

私にとっての歳時記とは、〈方法としての歳時記〉とでもいうべきものであって、縁側に座ってお茶でもすすりながら俳句をひねり出すときのあの歳時記なのではない。いささかおおげさに言えば、季節を忘れてしまった②産業社会の住人の生きざまをいまいちど見直す眼を歳時記に求めているのだ。

私の住む郊外から都心までは、電車で約四十分、駅まで歩いて二十分、つごう一時間余りはかかる。玄関を出て、アスファルトの道を車の流れを避けながら足早に駅へと向かう。その途中、道の奥の小高い丘に立つ銀杏の木のまことに威風堂々たる構えが眼に入る。日一日と色を変えて、十二月初めにはすっかり葉を落としてしまうそのさまに、通りすがりのほんの一瞬眼を走らせるのだが、効率のよいアスファルト道路をひたすら駅に急ぐ自分は、いうまでもなく、時間に追われる産業社会の住人そのものである。電車も、鈍行ではなく急行や特急に乗ることが多い。座席につけば、ただちにいねむりをするか、新聞や雑誌を読み始めるかする。時たま窓の外の畑や木立などをぼんやり眺めることがあったとしても、それは稀である。充実しているのではなくて、時間に追われているのである。そうした生活のありようを見直すための〈方法としての歳時記〉などというこの文章も、実は電車の中で書いているといった(注)体たらくである。

そうした時間に追われた生活の合い間に雑木林に入ったときほど、季節を深々と感ずることはない。ほんの一週間もたたないのに、前にはなかった植物が芽を出していたり、見なれぬ小鳥が姿を見せたり、回りの木々のつぼみがほころび始めているのがはっきりとわかる。つまり、単調に時間が過ぎているのではなく、季節が移り変わっているのである。そういえば、われわれ産業社会の住人は、季節を時間に、土を土地に、といった③読み替えをずいぶんとしてきたような気がする。自然をただちに資源と見、人間を見ても労働力や消費者としてしか見ない、といったふうにである。経済学のモデルがそうではないかと言われるかもしれない。確かに、そうである。しかし、そもそもモデルとは現実そのものではないのであり、何がしかの抽象化によって切り落としたことがらがあるはずであり、その意味では、現実から遊離しているのは当然ともいえる。そうしたことをわきまえたうえで、現実とは異なるモデルによって、現実の何が見えてくるかを問わなければならないはずであろう。

むしろ問題は、労働力や消費者でしかないような人間、資源でしかないような自然、土地でしかないような土、単調な時間の流れでしかない季節、といった具合に、現実のほうがモデルに近づくことによって、モデルが迫真性をもつようになってしまうことではなかろうか。そういった漠然とした予感が私を雑木林の小径に誘っているのかもしれない。

（「豊かさの孤独」による。一部省略等がある。）

（注）反芻＝繰り返し考えたり味わったりすること。
志賀高原＝長野県にある高原。
排泄物＝生物体が体内に生じた不用あるいは有害な物質を体外へ出した物。
体たらく＝好ましくないありさま。

1 ある生徒が、文章中に述べられている土壌生物のはたらきを次のようにまとめた。［Ⅰ］と［Ⅱ］の部分に入れるのに最も適当な語を文章中からそれぞれ抜き出しなさい。

土壌生物のはたらき
・落ち葉を［Ⅰ］し、地中に分け入って有機物を運ぶ。
・鉱物質土壌を地表に運び、通気透水性をよくする。
・ミミズは自らの死によって［Ⅱ］となり、鳥の餌にもなる。

し、子が食べて育つべき植物を見つけ出して卵を生む（だから幼虫は餌を探し回る必要がないわけだ）。飛んでいる間は、飛ばないときの一七〇倍ものエネルギーを使うから、成虫の時間は幼虫のものより格段に速いだろう。だから幼虫から成虫への変態を、「幼虫モード」の時間と「成虫モード」（ウ）の時間という、質の違う時間への切り替えと見ることができる。また昆虫は卵や蛹で冬を越すものも多く、その時には、時間はきわめて遅くなっているだろう。これは「越冬モード」（エ）の時間である。このように昆虫は成長の時期ごとに、また季節ごとに、それにみあった異なる時間を生きているのではないか。

5 われわれ人間も、活動時、安静時、睡眠時はそれぞれ［④］が異なっている。だから⑤時間の流れる速度も異なっていると考えられるだろう。時間は二四時間のっぺりと同じものが流れているわけではなく、「活動モード」の時間や「リラックスモード」（オ）の時間、「睡眠モード」の時間と、質の違う時間からなる一日を生きているのではないだろうか。

（本川達雄著「生きものとは何か　世界と自分を知るための生物学」による。）

（注）外挿＝既知の資料から未知のことを推測・予測すること。
SF＝空想科学小説。　往なし＝「相手の鋭い攻撃や追及を軽くかわし」の意味。
捕食者＝他種の生物を捕まえて食べる生物。　大賀一郎＝植物学者。
検見川の弥生時代の遺跡＝千葉市所在の遺跡。
「一粒の麦……」＝「一粒の麦はそのままでは一粒だが地に落ち死んで芽を出せばやがて多くの実がなる」の意味。

1 傍線①の部分「冬眠するリス」について、ある生徒が次のようにまとめた。［Ⅰ］と［Ⅱ］の部分に入れるのに最も適当な言葉を、文章中からそれぞれ五字以上、十字以内で抜き出しなさい。

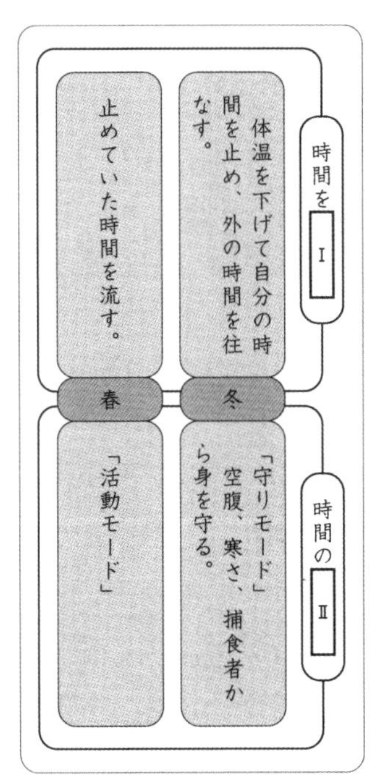

時間を［Ⅰ］
冬
体温を下げて自分の時間を止め、外の時間を往なす。
春
止めていた時間を流す。
時間の［Ⅱ］
「守りモード」空腹、寒さ、捕食者から身を守る。
「活動モード」

2 傍線②の部分に「時間を止める上で、もっとすごいことをやっているのが植物」とあるが、筆者が、「もっとすごいこと」の例として紹介しているのはどんなことか。「**大賀ハスのタネが、**」につづけて、二十五字以上、三十五字以内で具体的に書きなさい。

3 傍線③の部分に「時間モード」とあるが、波線**ア**～**オ**の「時間モード」のうち、指示する内容が他の四つと**異なるもの**を一つ選び、記号で答えなさい。

4 **4**段落では、「たとえば昆虫。」という一文が省かれている。この一文を入れるのに最も適当な部分の、直後の五字を答えなさい。

5 ［④］の部分に入れるのに最も適当な言葉を、文章中から八字で抜き出しなさい。

6 傍線⑤の部分「時間の流れる速度」についてのあなたの考えを、筆者の意見にふれながら、自分の体験や見聞をまじえて、次の〈注意〉にしたがって書きなさい。

〈注意〉
1 原稿用紙には「題名」や「氏名」は書かないで、本文だけを縦書きで書くこと。
2 書き出しは一マス空け、段落は変えないこと。
3 六行以上、七行以内にまとめて書くこと。（一行20マス）

【大賀ハス】

（熊本県「鹿央古代の森」で撮影）

1　傍線①の部分「警官」と傍線③の部分「音楽家」について、ある生徒が、それぞれが笛を吹く目的を次のようにまとめた。［Ⅰ］と［Ⅱ］の部分に入れるのに最も適当な語を、文章中からそれぞれ三字で抜き出しなさい。

〈笛を吹く目的〉
・警官……［Ⅰ］のかわりに特定の意味を伝えること。
・音楽家…個性的で創造的な［Ⅱ］音色を出すこと。

2　傍線②の部分に「伝達効率が高く」とあるが、伝達効率が高いとはどういうことかを表している部分を文章中から二十二字で抜き出し、最初の五字を答えなさい。

3　10段落～11段落は、先に述べた主張に当てはまらないものを紹介し、それが例外であると示すことで、主張の説得力を高める役割をもっている。10段落～11段落と同じ役割をもつ段落を文章中から一つ選び、数字で答えなさい。

4　傍線④の部分「ここに説明した言語の詩的機能」について、ある生徒が11段落までに述べられた内容を次のようにまとめた。［A］の部分には入れるのに最も適当な言葉を、文章中から九字で抜き出し、［B］の部分には入れるのに適当な言葉を、三十字以上、四十字以内で書きなさい。

筆者は、［A］するという言語の本来的な機能を引き合いに出しながら、［B］という言語の詩的機能について、詩を例に挙げて説明している。

5　傍線⑤の部分に「日常の言語生活にも広く見られる」とあるが、13段落～15段落に書かれている内容をふまえて、日常の言語生活における詩的機能についてのあなたの考えを、次の〈注意〉にしたがって書きなさい。

〈注意〉
1　あなたの日常の言語生活の中から、詩的機能が発揮されている例を一つ取り上げて書くこと。
2　原稿用紙には「題名」や「氏名」は書かないで、本文だけを縦書きで書くこと。
3　書き出しは一マス空け、段落は変えないこと。
4　六行以上、七行以内にまとめて書くこと。（一行20マス）

■令和2年度問題

3　次の文章を読んで、あとの問いに答えなさい。文章中の1～5は、段落につけた番号である。

1 動物の時間はエネルギーを使うと速く進む。逆にエネルギー消費量を少なくするとゆっくりになる。それを外挿(注)すれば、エネルギーを使わなければ時間が止まることになるだろう。それに近いことが起きているのが冬眠だと思われる。冬眠中は体温が極端に下がり、エネルギーをほとんど使っていない。だから時間はほぼ止まっているのではないか。①冬眠するリスは冬眠しないリスより長生きする。エネルギーを使わずに働いていなければ体が磨り（す）減らないから、そのぶん長生きになるのだろう。冬眠中に時間を止めた分だけ長く生きると解釈できる結果である。冷凍状態で長生きして未来によみがえるSF(注)があったが、動物たちは現実にそれを行っているわけだ。だから長生きしたければ冬眠すればいい。ただしそんな長生きにどれほどの意味があるかは考えねばならない。

2 冬眠する動物は長生きしたくて冬眠するわけではない。生きるのに厳しい冬という季節を、自分の時間を止めて外界の時間を往なし(注)（い）、また春になったら自分の時間を流す。これは時間を操作していると見ることができるだろう。冬眠中は時間の速度を極端に落としているのだが、それはまた時間の質を変えているという見方もできる。環境条件が厳しく食物が手に入りにくい時節には、体の反応性も運動性もエネルギー消費量も下げて不活発にする。すると食べなくても体の蓄えだけでやっていけるし、穴にこもって店じまい・守りのモードになっているのだから、極端な寒さにもダメージを受けにくく、また捕食者(注)にも捕らえられにくくなる。こうして「守りモード」の時間へと時間の質を切り替えてじっと堪え忍び、春になったら再度「活動モード」の時間に切り替え、すみやかにふだんの時間を流す。

3 ②時間を止める上で、もっとすごいことをやっているのが植物。タネという状態で休眠し、きわめて長い期間時間を止めておく。環境の変化にも耐えて持続しやすい「休眠モード」(ア)という③時間モードに入ると言ってもいい。たとえば大賀ハス(注)。大賀一郎（おおがいちろう）(注)が検見川（けみがわ）の弥生時代の遺跡からハスの種を掘り出し、花を咲かすことに成功した。このハスはその後、日本のみならず世界の各地に植えられ、大賀ハス（二千年ハス）としてピンクのきれいな花を咲かせている。休眠中のタネはほとんどエネルギーを使わない。このタネは二千年ものあいだ時間を止め、時節を待っていたのである。掘り出されなければまだまだタネのまま長生きしたと思われるが、発芽して働けばハスの個体としての寿命は数年後には尽きてしまう。だが(注)「一粒の麦もし地に落ちて死なずば、ただ一つにてあらん、死なば多くの実を結ぶべし」（『聖書』、ヨハネによる福音書）。一粒のままでいれば長生きはできても、そのままでしかない。タネという不活発モード(イ)から発芽して活発モードに移行すれば、そのタネとそれから育った個体の存続期間はたいしたことがなくても、一粒が七〇粒のムギになる。そうすれば〈私〉はより長く続いていく確率が高まる。そういう生き方をするのが生物というものであり、今の個体だけが長生きすればいいというものではない。

4 冬眠や休眠だけが時間の操作ではなく、動物は成長段階でも異なる時間モードを使い分けていると思われる。幼虫の時期はあまり動き回らず（つまりエネルギーをあまり使わず）、ひたすら食べて成長する。成虫になると羽をはやして飛び回り生殖相手をみつけて交尾

■令和3年度問題

3 次の文章を読んで、あとの問いに答えなさい。文章中の**1**～**15**は、段落につけた番号である。

1 混雑した町の交差点で交通整理の①警官がピリピリ……と笛を吹きながら、車や歩行者を手際よく捌いている姿をよく見かける。笛の吹き方の違いで、警官が車の流れを止めようとしているのか、それとも進めと指示しているのかが分る。

2 要するに警官は、ことばで「止れ」とか「行け」と言うかわりに、笛の音を使っているに過ぎず、この方が騒音のひどい町中では②伝達効率が高く、また警官の疲れも少ないからである。

3 このような笛の音は、ある具体的な内容を伝達しているという意味で、音が描写的に使われていると言えよう。

4 さて今度は同じ笛でも、③音楽家が例えばフルートで、ある曲を吹く場合を考えてみる。音楽家は彼の吹く笛の音で、何かを表現しようと努力しているには違いないが、聞く人が受けとるその内容は人により様々で、明確な具体性がないことの方が普通である。

5 しかし音楽家の笛の音が警官のそれと最も違う点は、笛から出る音は美しくかつ創造的でなければならないということである。美しく、しかも個性的な音色を出すことがフルートを吹く行為の究極の目的なのであって、笛の音に何か特定の意味を託し、それを伝えるために吹いているわけではない。

6 つまり音を出す行為の主眼は、その音をあらしめること、しかも美しく、個性的にあらしめることに置かれている。このような場合の笛の音は、詩的機能を果していると言うのである。

7 これに対し警官の吹く笛の音は、美しくある必要がない。いやむしろあまり美しく創造的な音色でない方がよいとさえ言える。通行人が聞き惚れるような音を出すことは、交通整理の目的には不向きだからである。むしろ警官の意図する指示が、簡潔にそして明確に伝わることの方が望ましい。

8 近代の音楽には標題音楽と称せられるジャンルがあって、何か具体的な内容を音で伝えようとしたり、特定の楽器に一定の役割を与えて、音により写実的な描写を行なう試みもある。しかし全般的に言うならば、演奏家は美しい、個性的で創造的な音（色）を出すために、必死に音の出し方を工夫しているのである。

9 音楽についてここに述べたことは、ほとんどそのまま言語活動にも当てはまる。いわゆる詩と称される言語芸術の分野においては、ことばは音楽の場合と同じく、具体的な内容を伝達することよりも、むしろ響きのよいことば、美しいことば、快適なリズムなどを駆使することで、音声による美の世界を創り出すことを主目的としている。

10 もちろん一口に詩といっても、細かく見れば描写に重点が置かれる叙事詩、情感の表出を主とする叙情詩の区別があり、また哲学的な内容をもつものもあれば、倫理道徳を説く詩もある。

11 しかしおしなべて詩が他の形式の文学、さらには一般の散文と異なるところは、リズム、韻律、反復繰り返しといった独特の手法で、ことばという音声素材のもつ美しさを、極限まで引き出す努力がなされる点にある。詩とは具体的な意味内容を宿命的にもつことばが、ほとんど純粋な自己実現のみを目指す音楽に、可能な限り近づこうともがく芸術の一形態と言える。

12 さて④ここに説明した言語の詩的機能は、詩的という形容から、いわゆる詩文だけに特有なことばの働きと受け止められるのは、むしろ当然であるが、実は程度の差こそあれ、私たちの⑤日常の言語生活にも広く見られるものなのである。

13 少しでもあらたまった調子で私たちが口をきくときは、ほとんど無意識に適切なことばを選ぶだけでなく、調子や語呂のよい言い方を心がけている。このことは、同じことを言うにも、なるべく耳ざわりのよい、綺麗なことばを使う必要のある祝い事の場合などに特に強く現われてくる。

14 文章を書く際にも、書いたものを自分で読み上げてみて、ことばの順序を変えたり、座りのよい表現に入れ替えるなどしながら、全体の調子をまとめていく。これはまさにことばのもつ詩的創造的な働きが問題にされているからである。

15 また冗談やしゃれ、いろいろなことば遊びなどの中でも、結構ここでいうことばの詩的機能は発揮されている。言語活動の中心が「何を言うのか」、つまり描写であることは言うまでもないが、その同じ内容を「どのように言う」ことが効果的かを選択することが、詩的機能の役割と言えよう。

（鈴木孝夫著「教養としての言語学」による。）

（注）あらしめる＝存在させる。
おしなべて＝一様に同じ傾向が見られるさま。
散文＝小説や物語、随筆のように、リズムや韻にとらわれないでつづった文章。

広い見方ができるようになるのではないでしょうか。いろんなことを学び考え想像するのが科学の真髄なのですから、②直接自分で経験したことがなくても、科学の力によって頭の中で追体験できるようになるでしょう。それによって、難問に対して新しいヒントが得られるかもしれません。違った観点からものを見ると、違った姿に見えることは確かで、それによってこれまで考えたことがなかったような新鮮なイメージが思い浮かんだりするでしょう。科学は、そんな可能性を秘めているのです。

5 実際、思いがけない結びつきが発見できると知ることが楽しくなり、「そんなことが本当にあるの？」と、自分が見つけた意外な発見に、自分自身が感動するに違いありません。それに留まらず、人に話したい、一緒に感動したいという気にもなり、何事にも自信を持って人と対応できるようになります。豊かで、やさしく人と接し合えるようになるということです。そのような人間の集団では、人それぞれが異なった発見をしているだろうし、それを互いに尊重するという気にもなるのではないでしょうか。つまり、科学を学び、科学の考え方を応用するということを通して、「知ることが生きる力に変えられる」ということに繋がるのです。

6 昔、フランシス・ベーコン（注）という人が「知は力なり」と言ったそうです。元々は、経験によって得られた知識を活かして自然に対すれば、自然を支配する力を得ることができるという意味の言葉のようです。私は、自然を支配するという考え方は好きではないので、この言葉を、さまざまな科学的な経験を積み重ねれば、[③]を獲得することができる、という意味に受け取っています。

（池内了著「なぜ科学を学ぶのか」による。）

（注）微視的＝人間の視覚で識別できないほど微細であるさま。
CG＝コンピュータを使って作られた画像や動画。
フランシス・ベーコン＝哲学者。

1 次の表は、ある生徒が傍線①の部分「理科」について、学ぶ対象と学ぶ方法を、「中学校まで」と「高校になると」の二つの段階に分けて整理したものである。表中の[Ⅰ]と[Ⅱ]の部分に入れるのに最も適当な言葉を、**2**段落から[Ⅰ]は十二字、[Ⅱ]は二十六字で抜き出し、それぞれ最初の五字を書きなさい。

	中学校まで	高校になると
学ぶ対象	Ⅰ	日常のスケールから遠く離れた世界で起こっていること
学ぶ方法	実験や観察をして実体験しておく	Ⅱ

2 この文章の**3**段落について説明したものとして最も適当なものを、次のa群（ア〜ウ）とb群（エ〜カ）から一つずつ選び、記号で答えなさい。

a群
ア **1**段落と**2**段落で述べた理科の学習に疑問を呈している。
イ **1**段落と**2**段落に引き続き探究心の必要性を訴えている。
ウ **1**段落と**2**段落を踏まえて科学の性質を掘り下げている。

b群
エ **4**段落の主張の根拠となっている。
オ **5**段落の内容の導入となっている。
カ **4**段落〜**6**段落の要約となっている。

3 傍線②の部分「直接自分で経験したことがなくても、科学の力によって頭の中で追体験できるようになる」のは、科学を学ぶと[ ]ことができるようになるからである。[ ]に入れるのに適当な言葉を二十五字以上、三十五字以内で書きなさい。

4 [③]の部分に入れるのに最も適当な言葉を次のア〜オから選び、記号で答えなさい。

ア 自然のみならず社会や人間の世界の真実まで認識する力
イ 私たちが当面する自然現象に関わる問題を解き明かす力
ウ 理科やそれ以外の科目を将来勉強するときに役に立つ力
エ 経験したことがない問題や現象に対しても疑問を持つ力
オ 人間が自然界を制御する持続可能で豊かな社会を築く力

5 波線部分に「知ることが生きる力に変えられる」とあるが、「知ることが自分の力になった経験」について、次の〈注意〉にしたがって書きなさい。

〈注意〉
1 どんなことを知ったのか、また、知ることがどんな力になったのかにふれながら書くこと。
2 原稿用紙には「題名」や「氏名」は書かないで、本文だけを縦書きで書くこと。
3 書き出しは一マス空け、段落は変えないこと。
4 六行以上、七行以内にまとめて書くこと。（一行20マス）

1 傍線①の部分「対話関係をつくっていくこと」について、ある生徒が、対話関係がつくられる段階を次のようにまとめた。[Ⅰ]と[Ⅱ]の部分に入れるのに最も適当な言葉を、文章中から[Ⅰ]は二字、[Ⅱ]は五字でそれぞれ抜き出しなさい。ただし、二箇所ある[Ⅰ]には同じ言葉が入る。

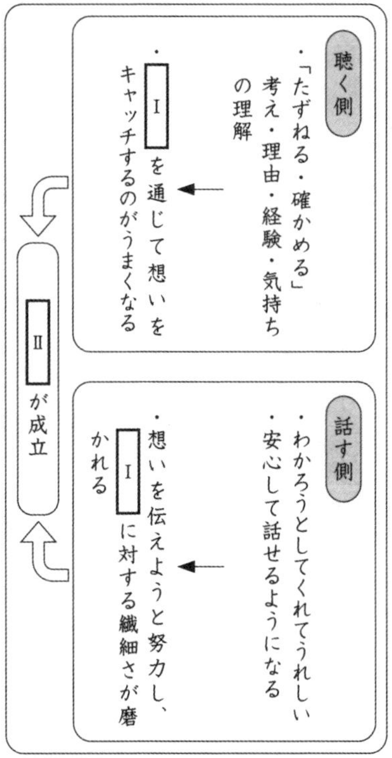

聴く側	話す側
・「たずねる・確かめる」考え・理由・経験・気持ちの理解	・わかろうとしてくれてうれしい ・安心して話せるようになる
・[Ⅰ]を通じて想いをキャッチするのがうまくなる	・想いを伝えようと努力し、[Ⅰ]に対する繊細さが磨かれる

[Ⅱ]が成立

2 [②]の部分に入れるのに最も適当な言葉を次のア～オから選び、記号で答えなさい。

ア つまり　イ または　ウ しかし　エ ところで　オ だから

3 傍線③の部分「自己理解が深まっていきます」とは、何に気づき、何ができるようになるということか。四十字以上、五十字以内で書きなさい。

4 傍線④の部分に「対話によって、価値あることを明確化できる」とあるが、筆者はその結果、何がもたらされると述べているか、最も適当なものを次のア～オから選び、記号で答えなさい。

ア 想像力が失われがちな現代における、独創的発想の手がかり。
イ 経験を軽視する現代における、実体験の重要性に気づく機会。
ウ 共生が難しい現代における、共同体の中の自分を見出す契機。
エ よさが見えづらい現代における、個人と社会の進むべき指針。
オ 価値観が多様化する現代における、他者理解につながる糸口。

5 「対話」によって得られるものについてのあなたの考えを、自分の体験や見聞をまじえて、次の〈注意〉にしたがって書きなさい。

〈注意〉
1 原稿用紙には「題名」や「氏名」は書かないで、本文だけを縦書きで書くこと。
2 書き出しは一マス空け、段落は変えないこと。
3 六行以上、七行以内にまとめて書くこと。（一行20マス）

■令和4年度問題

3 次の文章を読んで、あとの問いに答えなさい。文章中の**1**～**6**は、段落につけた番号である。

1中学校までの①理科には、最低限これだけのことを知っておけば、将来勉強をするために役に立つだろうと思われることが教材になっています。一生のうちに必ず一回は、実生活のなかでその問題にぶつかったり、話題になったりする課題が選ばれているからです。だから実験や観察をして実体験しておくことが特に重要です。

2高校になると、微視(注)的世界や超巨大な世界など、日常のスケールから遠く離れた世界へと対象が広がり、目に見えないところで何が起こっているかについて想像力を駆使しながら学んでいくことになります。そのため模型やCG(注)の助けを借りて、想像と実際の知識を比較するという作業が欠かせません。想像なしで知識のみに偏ったり、逆に知識なしで想像のみにふけったり（空想と言うべきですね）するのでは、真に理解したことになりません。そして大事なことは、科学の対象が日常に目にする物質や現象から遠ざかっていっても、そこに共通している疑問は「なぜそうなっているのだろう」、そして「不思議だな」と思う心です。そのような探究心を常に持ち続けて欲しいと思っています。

3学校の科目では「理科」と呼んでいますが、通常私たちが当面する自然現象に関わる問題を「科学」と呼ぶのは、それが社会的な事象や人間の生き方、つまり学校の科目で言えば社会や歴史や国語など他の科目にも関連しているためでしょう。理科が対象とするのは自然物そのものですが、「科学」はそれだけに留まることがなく、「科学的判断」とか「科学的予測」と言われるように、生じている自然現象に対する考え方（判断、予測）や社会との関係までをも問うことになるからです。「理科的判断」とか「理科的予測」と言うのと、ニュアンスが大きく異なることがわかると思います。また、直面する問題の解決のために科学の立場からどう考えるかは人間の生き方への重要なヒントになるように、科学は自然と人間が関係して繰り広げられる現象を全分野から論じるという意味があります。

4つまり、科学を学ぶとさまざまな問題に応用でき、科学の力によって物事の仕組みや歴史的繋がり、そして思いがけない社会的関係までも発見することができると考えられるのです。科学は、見えない部分で何が起こっているかを想像し、あたかもそれが実際に目の前で起こっているかのように見抜く学問なのです。そのような科学の営みを積み重ねていくと、世の中のさまざまな事柄に対しても幅

論説文

■令和5年度問題

3 次の文章を読んで、あとの問いに答えなさい。

対話とは、言葉を通じて互いの「想い」を受けとめあうことです。では、どうすれば①対話関係をつくっていくことができるのでしょうか。

私が授業やカルチャーセンターなどで話しあいをしてもらうとき、いつもお願いするのは、「たずねる・確かめる」ことです。「このあたり、もう少し詳しく聞かせてもらえませんか?」とたずね、「あなたが言いたいことはこういうことでしょうか? 私の理解は合ってますか?」と確かめる。これはとても大切な技術です。

このようなやり方をお願いするのは、なんとなくわかったように通り過ぎるのではなく、相手がその言葉で言おうとしている「想い」をキャッチするためです。相手の考え(思考)もきちんとわかりたいですが、それだけではなく、なぜそんなふうに考えるのか、もわかりたい。その考えにいたった文脈(その人のこれまでの経験)や、それにまつわる気持ちも受けとめたい。そのために「たずねる・確かめる」が有用なのです。

もちろん、いきなり自分の世界に無遠慮に入ろうとしてきた、と相手に感じさせてはいけません。相手の気持ちを感じ取りながらていねいにたずねることが必要です。

［②］、これまでの私の経験では、「あなたの発言をきちんと受けとりたいのです」というまっすぐな気持ちから「たずね・確かめ」ようとするときには、嫌がられることは少ない。むしろ、きちんとわかろうとしてくれてうれしい、と感じてもらえることが多いようです。

互いの「想い」の受けとめがうまくいくと、「自分の想いを聴いてくれるんだな」と思えるようになり、安心して話せるようになります。きちんと聴いてもらえると思うと、話す側も、自分の気持ちや考えをなるべくピッタリくる言葉で伝えようと努力するようになり、言葉に対する繊細さが磨かれていきます。聴く側も、言葉を通じて想いをキャッチするのがうまくなる。こうやって、互いの間に存在の承認が成り立ってきます。一定の期間、対話関係を続けると、そこは安全・安心な場になってきます。

対話関係がもたらすものは、相手の理解(他者理解)だけではありません。対話を通して相手の「想い」がわかってくると、「あの人はそう考えるんだな、自分はどうだろう」と、他者理解を通して③自己理解が深まっていきます。たとえば「自分の見方はちょっと偏っていたな」とか「こういう発想があっても面白いな」という気づきが生まれます。

これを言い換えれば、自分を客観視できる、ということでもあります。いいかたちで対話ができていくと、それぞれがどれくらい違った生の条件(個性、家庭、時代状況の違いなど)を生きてきたかに気づくとともに、人間としての共通な想い(こういうことは誰だってうれしい、悔しい)にも気づいていくことができる。自分が自分なりの特有な条件のなかを生きてきたこと、しかし皆と共通な想いがあることに気づいていくと、私は「みんなの中の一人〈one of them〉」だという開けた感覚が生まれてきます。

このようにして対話関係は、第2章で述べた、(注)自分の物語の再構築にもつながっていくのです。

これに関連して、もう一つ伝えておきたいことがあります。④対話によって、価値あることを明確化できる、ということです。

(注)ソクラテスからはじまった哲学の対話は「よさ」(価値)の根拠をテーマとしてきました。たとえば「勇気」は、もろもろの美徳のうちの一つとされている。では、「そもそも勇気とはどういうもので、なぜそれは『よい』のか?」、これをめぐって対話するのです。「そもそも~とはどういうものか。なぜ・どのようにそれはよいのか」。これがソクラテスの対話の典型的な問いの仕方です。この問いをめぐって、それぞれが自分の体験に問いかけて言語化し、交換しあう。そうすることで、皆が納得できる、一般性のある答えに近づいていくことができるのです。

何が価値あることなのか、何が大事なことなのか。こういったことを確かめることができると、どこに向かって生きていけばいいかがはっきりしてきます。

現代は、よさ(価値)が曖昧になってきている時代です。だからこそ、個人の生き方の面でも、社会の今後を構想するうえでも、哲学の対話が必要になっていると私は考えています。

(西研著「しあわせの哲学」による。)

(注) 自分の物語の再構築=筆者は第2章において、人間はその人なりの物語を形成しながら生きており、物語は壊れる時もあるが、再構築することもできると述べている。
ソクラテス=古代ギリシアの哲学者。

うまく言えない。じれったくだまりこむ千鶴の横顔を、しほりんがじっと見つめている。千鶴が本気のとき、しほりんはいつもおなじくらいの本気さで、なにかを返そうとしてくれるのだ。ちょうどいい言葉が見つからないときには、見つかるまでずっとだまっている。けれど、この日は早かった。

「うん」

胸もとのスカーフをのぞきこむように、しほりんはこくんとうなずいて言ったのだ。

「③わかるよ。千鶴の気持ち」

「え」

「あたしも、そんなふうに思うことあるし」

「しほりんも？」

「うん。でも、それでもあたし、千鶴は千鶴らしいことをしたほうがいいと思う」

「そうかな」

「わざと自分らしくないことをするより、千鶴は千鶴らしいことをして、いままでの千鶴以上にそれをがんばって、そのさきに、いままでとちがう千鶴がいるんじゃないのかな」

千鶴は千鶴らしいことをして、いままで以上にそれをがんばって、そのさきに、いままでとちがう千鶴がいる――。

千鶴はその言葉を吸いこんだ。とたん、夕焼け空が朝焼けみたいに光りかたを変えた。

「うん。そうかも。そうならいいな」

④すうっと肩から力がぬけた。

（森絵都著「クラスメイツ〈前期〉」による。一部省略等がある。）

（注）うちら＝「私たち」の意味。
野球部のとき＝千鶴としほりんは、一緒に野球部のマネージャーになろうかと相談して、野球部へ見学に行ったことがあった。

1　[①]の部分に入れるのに最も適当なものを次の**ア**～**オ**から選び、記号で答えなさい。

ア　変わりたい　**イ**　体を動かしたい　**ウ**　学びたい　**エ**　楽しみたい　**オ**　体を鍛えたい

2　傍線②の部分「ありありとイメージできる。できすぎる」という言葉から、千鶴は吹奏楽部に心ひかれる一方で、入部すれば「自分は[　]。」と感じてうんざりする気持ちになっていることがうかがえる。[　]の部分に入れるのに適当なことばを、十字以内で書きなさい。

3　傍線③の部分に「わかるよ。千鶴の気持ち」とあるが、この時のしほりんの気持ちを説明したものとして、最も適当なものを次の**ア**～**オ**から選び、記号で答えなさい。

ア　千鶴が思い悩んでいるのを見かねて、彼女をこれ以上傷つけまいと、本心とは裏腹の言葉をかけて励ましている。
イ　今後の成り行きには不安もあるので、無責任な励ましを口にすべきでないと思い、千鶴の言葉に表面的に応じている。
ウ　千鶴が未知の自分を追い求めていることに共感し、千鶴と一緒に、これまでの自分を変えていこうと決意している。
エ　千鶴の思いを受け止め、自分と重ねあわせながら、自分たちのあるべき姿を率直に語ろうと思っている。
オ　千鶴の自分勝手な態度にあきれて、親身になって相談にのるのがいやになり、なおざりな返答をしている。

4　傍線④の部分に「すうっと肩から力がぬけた」とあるが、千鶴はどんなことに気づき、どんな気持ちになったのか。三十字以上、四十字以内で書きなさい。

5　この文章の中で、千鶴やしほりんは互いに気持ちを通わせることを通して成長していく。その様子が音楽にたとえて象徴的に表現されている一文として、最も適当なものを文章中から抜き出し、最初の五字を書きなさい。

2 傍線②の部分「自分の気持ち」とは、どんな気持ちか。十字以上、十五字以内で書きなさい。

3 傍線③の部分に「何度も同じ叫び声を上げた」とあるが、何と叫んだのか。文章中から抜き出しなさい。

4 傍線④の部分に「自分が変わった」とあるが、どう思うようになったのか。「**立場**」ということばを用いて、二十字以上、三十字以内で書きなさい。

5 傍線⑤の部分「私の心に硝子の鎧があった」は、どんなことを表しているか。最も適当なものを次の**ア**～**オ**から選び、記号で答えなさい。

ア 私が幼く、姉に感謝するべきなのに逆に反発していたこと。
イ 私が姉の気まぐれな愛情表現を嫌い、避けていたこと。
ウ 私が姉を恨み、姉への不信感を拭いきれないでいたこと。
エ 私が口下手で、姉への好意を素直に表現できないでいたこと。
オ 私が姉の思いを受け入れられず、無意識に拒絶していたこと。

6 傍線⑥の部分「その時、私の心は奔流のように激しく姉に向かった」で、この時の私の気持ちを説明したものとして最も適当なものを次の**ア**～**オ**から選び、記号で答えなさい。

ア 姉として私を守ってきてくれたことが、姉の大きな負担になっていたことに気づき、急にかわいそうに思えてきている。
イ 今まで姉に抱いていたわだかまりが解け、姉への思慕やいとしさ、申し訳なさなどの気持ちが一気にあふれてきている。
ウ 姉が思い悩んでいるのを隠していることに気づき、今度は私が姉をそっとかばわなければならないと決意している。
エ 今まで姉が感じてきたつらさがひしひしと伝わり、姉を深く傷つけた理不尽なものに対して強い怒りを感じている。
オ 姉が竹とんぼを楽しんでいる姿を見て、自分も姉のような純粋な心を持ちたいという気持ちが急激に高まっている。

■平成27年度問題

4 次の文章は、「中学校に入学したばかりの千鶴（ちづる）は、どの部活動に入るか迷っていた。」という話につづく部分である。よく読んで、あとの問いに答えなさい。

考えるほどに、千鶴は自分にぴたっとくる部活なんてどこにもない気がしてきた。もともと、運動自体、あまり得意ではないのだ。それでも千鶴が体育系の部活にこだわったのは、「①」の一心からだった。ここで文化系の部活を選んでしまったら、このさきもずっと、自分はこれまでとおなじレールの上を走りつづけることになる。

新しいわたし。いままでとはちがうわたし。部活は、そんな自分に生まれ変われる最大のチャンスなのだ。

そう思いながらも、足をふみだす方向が定まらずにいたある日の放課後、吹奏楽部の見学につきあってほしいと、千鶴はしほりんにたのまれた。

「ひとりじゃ行きづらくて。お願い」

（中略）

「見学？」

教室のすみで新入部員の指導をしていた顧問の先生が、千鶴としほりんに気がついた。ベートーヴェンみたいな髪の男の先生。（中略）

「あ、はい」

「よろしくお願いします」

あわてて頭をさげたふたりに、「入っておいで」と手まねきする。ふたりが足をふみいれるなり、先生はぱんと両手を打って部員たちに呼びかけた。

「一年生が来たから、ちょっと聴かしてやって」

たちまち、パートごとの小さなかたまりがほぐれ、教室の中心に全員が集合した。先生の指揮棒にたぐられて、その大きなかたまりから蒸気のようにメロディが立ちのぼる。最初はふんわりと。ひとつ、またひとつと音が増え、メロディがふくらむ。ふくらむ。ふくらむ。ひとりひとりのかなでる楽器が、重なることでその音色を深め、引きたて、美しいハーモニーを育てていく。

砂浜の波が引いたあとで足もとの砂がすっと動くみたいに、千鶴の心は音のほうへと引きよせられた。曲が終わったときにはすっかり感動していた。なんの曲かもわからない。上手な感想だってひとことも言えなかったけれど、ベートーヴェン先生は「またおいで」と笑ってくれた。

「なんか、すごかったよね」

「うん。すごいよね、吹奏楽部。っていうか、中学生ってすごい！」

「ほんと、レベル高かった。（中略）うちら（注）も練習したらあんなふうになれるのかな」

帰り道、野球部（注）のときとは打ってかわって、ふたりのテンションは高かった。千鶴の感動がしほりんに、しほりんの興奮が千鶴にのりうつり、ふたりしてどんどん高まっていくみたいに。

「決めた。あたし、吹奏楽部に入る。千鶴もやろうよ」

しほりんに誘われるまでもなく、千鶴の気持ちも吹奏楽部へかたむいていた。

放課後の音楽室にいる自分を、千鶴はたやすく想像できた。すぐに上達するほど器用じゃなくても、まじめに練習をつんで、着実に成長していく自分。仲間や先輩たちともそれなりにうまくやっていく。②ありありとイメージできる。できすぎる。

「あのね、わたし……中学生になったら、変わりたいって、思ってたんだ」

千鶴は初めてしほりんに打ちあけた。

「いままでとはちがう自分になりたくて。吹奏楽部は、すごくいいと思うし、すごくやってみたい。でも、それじゃ、いままでのわたしといっしょって気もして……」

■平成29年度問題

4　次の文章を読んで、あとの問いに答えなさい。

> 「私」は幼い頃からずっと、姉と仲が悪いわけではないが、姉に対抗心のような気持ちを持ち続けていた。私と姉が二人で旅行に行き神社の境内で話をしていたとき、蟬の鳴き声が聞こえてきた。私は幼い頃のできごとを思い出し、「……蟬」とつぶやいた。

「――夜の蟬のことね」
姉は柔らかく微笑んだ。
「そう」
鮮やかに①記憶がよみがえった。（中略）
その日も何事かがあって、私は台所から布団の敷いてある八畳に逃げて来た。蛍光灯の吊り紐に更に紐を結んで下まで届くようにしてある。私はそれを引いた。闇が消え光が溢れた。私は白いシーツの上に汗まみれの小さな体を投げ出そうとした。
その時ブンという音がして、開いていた窓から何かが、矢のような勢いで侵入して来た。
それは襖や障子、額縁から蛍光灯にまで狂ったような線を描いてぶつかりながら飛び回った。（中略）柱にとまり、それから凄まじい声で鳴き出した。大きな油蟬だった。異様だった。
毛筋ほども動けなくなった私の後ろ、開いた襖の向こうから姉が、大きな瞳をいっそう大きくさせて覗き込んだのはその時だった。
――どうしたの。
私は瞬間に縛られた糸が解けたように、泣きながら姉の胸にしがみついていた。
「それまでにもね、たった一人の妹なんだから大事にしてやれ、とか、そういった類いのことは嫌になるほど聞かされて来たし、理屈では勿論分かっていたわ。でも、わたしは②自分の気持ちをどうすることも出来なかったの。一言でいえば、憎らしくてたまらなかったの。やきもちよ。つまり、いつまでも赤ちゃんだったのね」
姉はこだわりのない口調で続ける。
「でも、あの時に、わたし達が姉妹なんだって、理屈でなく分かったの」
姉の視線は落ちて、玉砂利を見た。
「――あの時にね、あんたは③何度も同じ叫び声を上げた」
「どんな？」
「あんた、わたしを呼ぶ時に何ていう？」
私はその言葉を口にした。
「それだよ。それを何度も繰り返したの。たまらないよ、こっちは。あんたは二十になった。だけど、今でもそういう風にわたしのことを呼ぶだろう。そりゃあ人前だったら、《姉》とか《姉さん》とかいうだろうけど、差し向かいになったら子供の頃と同じ。多分、三十になっても、五十になっても、そうだよ」
私は大きなものに見詰められているような気になって、震えた。
「――結局はそういうことだよ。あんたはわたしをそう呼び、わたしはそう呼ばれる。あの時に気が付いたのはそれなんだよ。それから、わたしは変わった。あんたに対してどうこうっていうより先に、④自分が変わったんだよ。いずれはそうなることだけれどね。人間が生きて行くってことは、いろんな立場を生きて行くっていうことだろう。拘わりとか役割とか、そういったことを理屈でなく感じる瞬間て必ず来るものだと思うよ」
「凄いね」
五歳上の瞳が私を見詰め口元は何かを懐かしむように緩んだ。それから、急に姉は《ほら、ご覧》と広い中庭の反対側を示した。
いかにも好人物そうな老人が数人の子供に取り囲まれて、竹とんぼをやっていた。老人の手から離れて宙に浮かんだ竹とんぼは、まるで天空から見えない糸で引かれているように一直線に上を目指した。（中略）
姉はぽんと立ち上がった。
「行って来る」
玉砂利を鳴らして、姉は軽やかに一直線にそちらに向かった。
背は遠ざかったが、その一歩ごとに姉が私に近付いて来るような気がした。
姉が目立たないような形で私を庇ってくれることが何度もあった。だが私は、それこそ理屈では感謝しなければいけないと分かりながら、何故か硝子の手袋をした手で撫でられているような思いを拭いきれなかった。だが、そうだったのだろうか。
手袋が姉の手にあったのではなく、⑤私の心に硝子の鎧があったのではないか。（中略）
老人は新しい方の竹とんぼを構えると、しゅっと手を擦った。
それは水色の空を目指し、高く高く、飛んだ。
姉は輝くような無心の笑みを天に向けた。上がれ上がれと祈るかのように手は胸の前で合わされ、髪は藍色のTシャツの背で揺れた。
⑥その時、私の心は奔流のように激しく姉に向かった。
「……おねえちゃん」
私は立ち上がりながら、小さくそうつぶやいていた。

（北村薫著「夜の蟬」による。一部省略等がある。）

1　傍線①の部分に「記憶がよみがえった」とあるが、思い出したできごとを描いている部分の終わりの十字を書きなさい。ただし、句読点も一字に数える。

「ありがとう」

ちゃんと声になって口から出ていたのかどうか、自信がない。愛の告白って言い方だけは勘弁してくれ、と言ってやろうと思っていたのに、そこは、今はもういい。

気を遣われて当然、だけど、あからさまに気を遣われるとムカつく。僕はそういう態度でいたはずだ。

高校生活に対しては、希望や期待を中学時代に置いたまま、時間だけが無意味に過ぎていくような三年間を送ることしか想像できなかった。

それなのに、僕の事情をわかった上で、新しい世界を覗（のぞ）いてみようと誘ってくれているヤツがいる。興味が持てるかどうかは自信がないけれど、それを考えるのはあとでもいい。

今、返さなければならない言葉が最優先だ。

（湊（みなと）かなえ著「ブロードキャスト」による。）

（注）九分＝ここでは、放送コンテストのドラマ部門で規定されている上映時間の上限のこと。圭祐は正也に誘われ、放送部の見学に来ている。

良太＝圭祐が陸上選手として目標にしていた中学入学時からの友人。駅伝で全国大会に出場するという目標を一緒に達成しようと圭祐を誘い、陸上競技の名門校、青海学院に入学した。

テンション＝ここでは、気分の盛り上がり方のこと。

1 次は、ある生徒が登場人物の設定を理解するために、傍線①の部分「三〇〇〇メートル走」の記録を中心にまとめたものである。Ⅰ と Ⅱ の部分に入れるのに最も適当な時間を、文章中からそれぞれ抜き出しなさい。

	圭祐	良太
中学一年入部時	一〇分二三秒	標準記録を突破
秋	↓ 九分五五秒	
中学二年　春	↓ Ⅰ	
ベストタイム	↓ 九分一七秒	九分〇五秒
	目標 Ⅱ 以内	
高校一年入学時	正也に誘われ放送部を見学	陸上部に入部予定

2 傍線②の部分に「圭祐、すごいよそれ」とあるが、正也は、どんなことを「すごい」と考えているか。二十五字以上、三十五字以内で書きなさい。

3 傍線③の部分「琴線」の文章中での意味として最も適当なものを次の**ア**～**オ**から選び、記号で答えなさい。

ア 物事に感動し共鳴する心情　**イ** 物事に過敏に反応する感性
ウ 物事の本質に対する好奇心　**エ** 物事を大げさに捉える気質
オ 物事を正確に判断する価値観

4 傍線④の部分に「言いかけたところで、正也は大きく息を吸った」とあるが、圭祐が正也の息づかいに注目するのは、「圭祐が培ってきたものは、[　　]」と主張する正也の話に耳を傾けてみようと思ったからである。[　　]の部分に入れるのに最も適当な言葉を、文章中から十七字で抜き出しなさい。

5 傍線⑤の部分に「昨日と同じテンションのままでいることにした」とあるが、正也は、どんな言動が圭祐を不快にさせると判断して、「昨日と同じテンションのままでいることにした」のか。最も適当なものを次の**ア**～**オ**から選び、記号で答えなさい。

ア 圭祐の気持ちを考えることなく自分の意見を押しつけていたことを謝って、普段どおりの態度で接すること。
イ 圭祐が抱える事情に配慮することなく放送部の見学に誘い出したことを謝って、現状への気遣いを見せること。
ウ 圭祐が置かれた状況に気づかないふりをして放送部に勧誘したことを謝って、その場を取り繕おうとすること。
エ 圭祐が引け目に感じている陸上部での記録を話題に出したことを謝って、卑屈になることはないと励ますこと。
オ 圭祐の陸上部での活躍ぶりを勝手に調べたことを謝って、反省の色を示すために後ろめたそうに振る舞うこと。

6 この文章は、正也とのやりとりを通して変化していく圭祐の心情を、圭祐自身が語ることで場面が展開している。正也とのやりとりを通して、圭祐の心情はどう変化したか。「**高校生活**」という語を用いて、三十五字以上、四十五字以内で書きなさい。

■令和2年度問題

4 次の文章を読んで、あとの問いに答えなさい。

「圭祐(注)は九分を意識したことがあるのか？」

ある。それを正也に話すのは……。いや、今がそのタイミングなのかもしれない。

「①三〇〇〇メートル走の目標タイムだ」

僕は中学生のあいだずっと、その時間を意識し続けていた。

だけど、三〇〇〇メートルを九分以内で走れたことは、一度もない。

僕のベストタイムは九分一七秒だ。

中学一年、陸上部に入って最初に計測したときの記録は一〇分二三秒。この記録で顧問の村岡先生に長距離部門の選手になることをすすめられ、以降、目指せ九分台、が最初の目標となった。

初めて九分台を出せたのが、一年生の秋の大会で、九分五五秒。次の目標は県大会の標準記録となる、九分四〇秒になった。地区大会で運よく三位までに入賞することができても、公式記録でこのタイムを突破できていなければ、出場できないという大会もある。

それを突破できたのが、二年生の春の大会で、九分三八秒。そこからは、一秒でも多く削って、自己新記録を更新することが目標となった。

それと同時に、(注)良太が九分を切ることを、僕を含め、陸上部の皆が期待していた。僕の母さんも応援していたから、他にももっと多くの人たちが、良太の記録に注目していたはずだ。

入部時から標準記録を余裕で突破していた良太の、中学卒業時のベストタイムは、九分〇五秒だ。

二年生の夏の県大会で四位入賞を果たしたその記録は、膝の故障によって、中学のあいだに更新されることはなかったけれど、膝が完治し、青海学院の陸上部員となれば、時間の問題だろう。

そして、あの事故がなければ、僕は良太の背中を追いながら、自分も九分を切ることを目標にしていたに違いない。

九分以内とは、良太にとっては、さほど高いハードルではない、過去の目標タイム。そして、僕にとっては……。

もう、目指すことのできない数字だ。

一〇分なら、これからも意識することはあるはずだ。いや、しなければならない。英語の授業では、毎回一〇分間テストがあり、五割できなければ、放課後の補習を受けなければならないらしい、と同じクラスのヤツが言っていた。

他にも一〇分はたくさんありそうだ。

だけど、九分以内、という数字を意識することは、二度とないと思っていた。

「②圭祐、すごいよそれ」

時間についてぼんやりと考えていた僕を、正也が目をぱっちりと開いて見ている。正直なところ、まだ、何が正也の③琴線にひっかかるのか、摑めない。

「何が？」

「九分っていう中途半端な時間が、おまえの体には刻みこまれてるってことだろ」

「走るペースとしてはね。でも、それがドラマと関係あるの？」

「大アリだよ。三〇〇〇メートルを九分で走るための、呼吸とか、ペース配分とか、スパートをかけるタイミングとか。全体の流れやリズム。トップクラスの選手のものなら、一つの分野として、研究を重ねて完成されたものだろうから、きっと、他の分野でも充分に生かせると、俺は思う」

力説しすぎたせいか、正也がふうと大きく息をついた。おかげで、僕のため息がかき消される。

「トップクラスが必要なら、良太に教えてもらえばいいよ」

「教えてもらって理解できるものじゃないんだ。それに、圭祐だってトップクラスじゃないか。中学駅伝、県大会準優勝チームの主要メンバーで、地区大会では、区間賞だって獲ってる」

「なんで、そんなこと？」

僕は目も口も開けたまま、正也を見返すことしかできない。

「本当は愛の告白をする前に、相手のことをよく調べなきゃならないんだろうけど、ひと目ぼれの場合は、告白したあとでもいいだろ。三崎中のホームページで、去年の部活動の表彰記録を見たら、ちゃんと圭祐の名前が載ってたよ」

中学校のホームページがあったことすら知らなかった。というか……。

「だから、」

④言いかけたところで、正也は大きく息を吸った。まだ、話の途中だったようだ。

「圭祐がすごい選手だったことを知って、ケガの具合とかよく知らないのに、無神経に文化部に誘ってしまってよかったのかな、って後悔したんだ。謝ろうかな、とも思った。でも、そういうことされる方が嫌だろうなって思って、⑤昨日と同じテンション(注)のままでいることにしたんだ。って、こういう言い方も気に入らないかもしれないけど」

「いや……」

「だから、陸上のことを言われて驚いた。おまけに、九分がすぐに三〇〇〇メートルと結びついて、やっぱりすごいヤツなんだって感動したんだ」

④笑顔とともに掛けられた、からかうようなそのひと言で、胸のつかえがすうっと楽になってゆく。手招きされ、雪乃はそばへ行った。

「ごめんなさい、シゲ爺」

「なんで謝るだ」

ロゴの入った帽子のひさしの下で、皺(しわ)ばんだ目が面白(おもしろ)そうに光る。

「だってあたし、あんなえらそうなこと言っといて……」

「そんでも、こやって手伝いに来てくれただに」

「それは、そうだけど……」

「婆やんに起こされただか？」

「ううん。知らない間に目覚ましを止めちゃったみたいで寝坊したけど、なんとか自分で起きたよ」

起きたとたんに〈げぇっ〉て叫んじゃった、と話すと、茂三はおかしそうに笑った。

「いやいや、それでもてぇしたもんだわい(注)。いっつも、婆やんがぶつくさ言ってるだに。『雪ちゃんは、起こしても起こしても起きちゃこねえでおえねえわい(注)』つって。それが、いっぺん目覚まし時計止めて、そんでもなお自分で起きたっちゅうなら、そりゃあなおさらてぇしたことだでほー」

「……シゲ爺、怒ってないの？」

「だれぇ(注)、なーんで怒るぅ。起きようと自分で決めて、いつもよりかは早く起きただもの、堂々と胸張ってりゃいいだわい」

⑤雪乃は、頷(うなず)いた。目標を半分しか達成できなかったのに、半分は達成できた、と言ってくれる曾祖父のことを、改めて大好きだと思った。

（村山由佳(むらやまゆか)著「雪のなまえ」による。）

（注）まっと早起きして＝「いつもよりもっと早く起きて」の意味。　てっくりけぇる＝「ひっくり返る」の意味。
てぇしたもんだわい＝「大したものだよ」の意味。　起きちゃこねえでおえねえわい＝「起きてこないので手に負えないよ」の意味。
だれぇ＝「そんなことない」の意味。

1　傍線①の部分に「心臓が硬くなる思いがした。茂三の言うとおりだ」とあるが、この時の雪乃の気持ちを表したものとして最も適当なものを次の**ア**～**オ**から選び、記号で答えなさい。

ア　ほっとした　**イ**　はっとした　**ウ**　ぞっとした　**エ**　むっとした　**オ**　ぎょっとした

2　傍線②の部分「ヨシ江は笑って言った」に表れているヨシ江の心情の説明として最も適当なものを次の**ア**～**オ**から選び、記号で答えなさい。

ア　約束を守れなかった雪乃にがっかりはしたが、急いで畑に向かおうとする雪乃の誠実さに感心し今後の成長を予感している。
イ　茂三に賛同し寝坊した雪乃に厳しく接しようとしたが、約束を守れなかったことを悔やむ雪乃の姿に同情を寄せ始めている。
ウ　寝坊した雪乃を心配しつつも静観しようとしていたが、行き先も定めぬままに家を飛び出す雪乃を落ち着かせようとしている。
エ　寝坊した上にいらだつ雪乃を反省させるためそっけなく振る舞おうとしたが、慌てふためく雪乃のあどけなさに心が和んでいる。
オ　茂三の方針で露骨に雪乃を気遣うことはできないが、寝坊したことでひどく落胆する雪乃を元気づけて送り出そうとしている。

3　傍線③の部分「雪乃は、やっぱり走りだした」について、ある生徒が次のようにまとめた。［Ⅰ］の部分に入れるのに適当な言葉を文章中から十五字で抜き出し、最初の五字を書きなさい。また、［Ⅱ］の部分に入れるのに適当な心情を表す動詞を三字以内で書きなさい。

> **特徴的な風景描写**
> ・時間の経過を表す表現
> 「あたりはもう充分に明るい」「朝焼けの薔薇色もすでに薄れ」
> ・視覚や聴覚に訴える具体的な情景
> 「納屋に明かりが灯っている」「エンジン音が聞こえる」
>
> → **雪乃が走りだした理由**
> 雪乃が走りだしたのは、［Ⅰ］ということを感じ取り、［Ⅱ］気持ちになったからである。

4　傍線④の部分「笑顔とともに掛けられた、からかうようなそのひと言で、胸のつかえがすうっと楽になってゆく」から、あることがわかり心を落ち着かせていく雪乃の様子がうかがえる。この時、雪乃がわかったことを、三十五字以上、四十五字以内で書きなさい。

5　次は、この文章を読んだ上岡(かみおか)さんと小田(おだ)さんが、傍線⑤の部分「雪乃は、頷いた」について話し合っている会話の一部である。［　］の部分に入れるのに適当な、茂三の言葉に対する雪乃の様子を、「**目標**」と「**自信**」の二語を用いて、二十五字以上、三十五字以内で書きなさい。

> **上岡**　「雪乃は、頷いた」と、主語と述語の間に読点を挟むことで、雪乃が大きくゆっくり頷く姿が浮かぶね。
> **小田**　そうだね。この描写からは、茂三の励ましに、雪乃が、自分は［　］様子が伝わるよ。

4 次の文章を読んで、あとの問いに答えなさい。

> 東京の小学校に通う五年生の雪乃（雪ちゃん）は、就農を目指す父とともに、曾祖父の茂三（シゲ爺・爺やん）と曾祖母のヨシ江（婆やん）が農業を営む長野県に移り住んだ。半年が経つ頃、父が所用でしばらく東京に戻ることになり、雪乃は茂三に、自分が父の代わりに一時間早起きをして畑仕事を手伝うと申し出た。翌朝、雪乃が目覚まし時計を見ると、セットしたはずの時刻から三十分が経過していた。

「シゲ爺は？」
「ああ、おはよう」
「おはよ。ねえ、シゲ爺は？」
「さっき出かけてっただわ」
「うそ、なんで？」
ほんのちょっと声をかけてくれたらすぐ起きたのに、どうして置いていくのか。部屋を覗いた曾祖父母が、〈よーく眠ってるだわい〉〈可哀想だからこのまま寝かせとくだ〉などと苦笑し合う様子が想像されて、地団駄を踏みたくなる。
「どうして起こしてくんなかったの？　昨日あたし、一緒に行くって言ったのに」
するとヨシ江は、スポンジで茶碗をこすりながら雪乃をちらりと見た。
「起こそうとしただよぅ、私は。けどあのひとが、ほっとけって言うだから」
「……え？」
「『雪乃が自分で、まっ(注)と早起きして手伝うから連れてけって言っただわ。こっちが起こしてやる必要はねえ、起きてこなけりゃ置いてくまでだ』って」
①心臓が硬くなる思いがした。茂三の言うとおりだ。
無言で洗面所へ走ると、超特急で顔を洗い、歯を磨き、部屋へ戻ってシャツとジーンズに着替えた。ぼさぼさの髪をとかしている暇はない。ゴムでひとつにくくる。
土間で長靴を履き、
「行ってきます！」
駆け出そうとする背中へ、ヨシ江の声がかかった。
「ちょっと待ちない、いってぇどこへ行くつもりだいや」
雪乃は、あ、と立ち止まった。そうだ、今日はどの畑で作業しているかを聞いていない。
「そんなにまっくろけぇして行かんでも大丈夫、爺やんは怒っちゃいねえだから」
②ヨシ江は笑って言った。〈まっくろけぇして〉とは、慌てて、という意味だ。目の前に、白い布巾できゅっとくるまれた包みが差し出される。
「ほれ、タラコと梅干しのおにぎり。行ったらまず、座ってお食べ。朝ごはん抜きじゃぁ一人前に働けねえだから」
「……わかった。ありがと」
「急いで走ったりしたら、てっくりけぇる(注)だから、気をつけてゆっくり行くだよ。雪ちゃんが後からちゃーんと行くって、爺やんにはわかってただわい。いつもは出がけになーんも言わねえのに、今日はわざわざ『ブドウ園の隣の畑にいるだから』って言ってっただもの」
再びヨシ江に礼を言って、雪乃は外へ出た。
あたりはもう充分に明るい。朝焼けの薔薇色もすでに薄れ、青みのほうが強くなっている。すっかり春とはいえ、この時間の気温は低くて、息を吸い込むとお腹の中までひんやり冷たくなる。
よその家の納屋に明かりが灯っている。どこかでトラクターのエンジン音が聞こえる。農家の朝はとっくに始まっているのだ。大きく深呼吸をしてから、③雪乃は、やっぱり走りだした。
長靴がぽがぽと鳴る。まっくろけぇしててっくりけぇることのないように気をつけながら、舗装された坂道を駆け上がる。ふだん軽トラックですいすい登る坂が、思ったよりずっと急であることに驚く。
息を切らしながらブドウ園の手前を左へ曲がり、砂利道に入ってなおも走ると、畑が見えてきた。整然とのびる畝の間に、紺色のヤッケを着て腰をかがめる茂三の姿がある。急に立ち止まったせいで足がもつれ、危うく本当にてっくりけぇりそうになった。
「シ……」
張りあげかけた声を飲みこむ。
ヨシ江はあんなふうに言ってくれたけれど、ほんとうに茂三は怒っていないだろうか。少なくとも、すごくあきれているんじゃないだろうか。謝ろうにも、この距離ではどんなふうに切り出せばいいかわからない。
布巾でくるまれたおにぎりをそっと抱え、立ち尽くしたままためらっていると、茂三が立ちあがり、痛む腰を伸ばした拍子にこちらに気づいた。
「おーい、雪乃。やーっと来ただかい、寝ぼすけめ」

「トロンボーンと、僕の人生」

久保塚さんは、紅茶から目を上げて私を見た。

「トロンボーンという楽器がオーケストラの主役にはなりにくいからといって、僕が僕の人生の主役でないわけではない」

静かな声だった。まるでほんとうの雨みたいに、その台詞は私の身体に染み込んできた。頭の中ではガランガランと鐘が鳴っていた。ガランガランと鳴らされて、夢から覚めたような感じだった。

混同、していたのか。

いつまでもエースにこだわってしまう私は、混同していたのか。エースでいたいと願うのなら、ソフトボールではなく、トレーナーとしてのエースをねらえばいいのではないか。

⑦こんな簡単なことにどうして気づかなかったのか、不思議なくらいだった。

（宮下奈都著「終わらない歌」による。）

（注）トレーナー＝各種のスポーツで、選手を訓練する人。また、選手の体調を調整する人。　屋台骨＝屋台・家屋の骨組み。
オケ＝「オーケストラ」の略。　ブラス＝ここでは、「ブラスバンド」の略。吹奏楽団。
癪＝気に入らなくて腹が立つこと。　不躾＝礼儀作法をわきまえないこと。

1　傍線①の部分「似ても似つかない」の文章中での意味として最も適当なものを次の**ア**～**オ**から選び、記号で答えなさい。

ア　全く似ていない　**イ**　あまり似ていない　**ウ**　似ているところもある　**エ**　よく似ている　**オ**　似つかわしい

2　傍線②の部分に「身も心も弾み出し」とあるが、久保塚さんの演奏を聴くまでの早希の心の状態を表している部分を文章中から八字で抜き出しなさい。

3　③の部分に入れるのに最も適当な言葉を、文章中から十字以内で抜き出しなさい。

4　次は、ある生徒が、久保塚さんと早希のトロンボーンへの思いを、傍線④の部分「屋台骨としてオケを支えるんだ」と、傍線⑤の部分「もったいない」に着目してまとめたものである。久保塚さんの〈思い〉の□の部分に入れるのに適当な言葉を、早希の〈思い〉を参考にして、三十五字以上、四十五字以内で書きなさい。

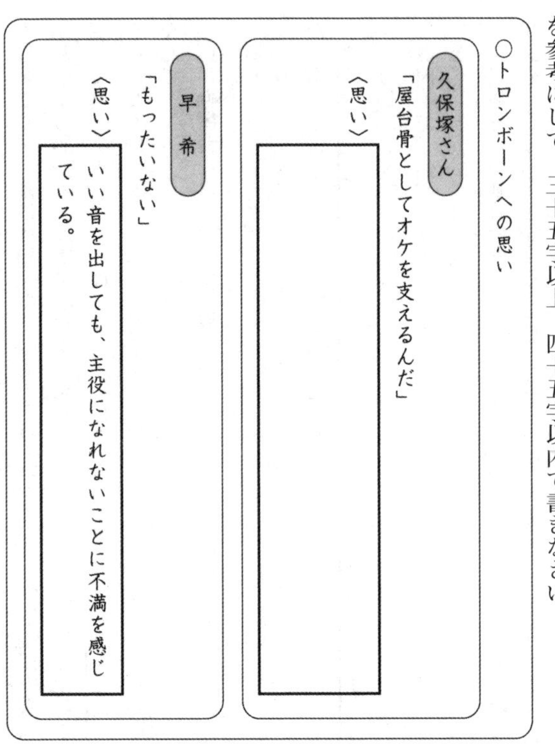

○トロンボーンへの思い
久保塚さん
「屋台骨としてオケを支えるんだ」
〈思い〉
早希
「もったいない」
〈思い〉
いい音を出しても、主役になれないことに不満を感じている。

5　傍線⑥の部分「彼は一瞬、きょとんとして、それからひとつふたつ、小さくうなずいた」に表れている久保塚さんの気持ちを説明したものとして最も適当なものを次の**ア**～**オ**から選び、記号で答えなさい。

ア　はじめは偉そうな早希の言葉を腹立たしく感じていたが、潜んでいた自分の思いに気づかされている。

イ　はじめは音楽的な素養のない早希の言葉を軽く扱っていたが、早希の真剣な姿に心を動かされている。

ウ　はじめは自嘲的な早希の言葉を受け止めきれなかったが、その場の状況を落ち着かせようとしている。

エ　はじめは興奮した早希の言葉をよそ事と捉えていたが、これまでの自分の姿勢を反省している。

オ　はじめは感情的な早希の言葉を戸惑いながら聞いていたが、早希の考えていることに思い至っている。

6　傍線⑦の部分「こんな簡単なこと」とは、どんなことか。「**ソフトボールのエースでなくても、**」につづけて、三十五字以上、四十五字以内で書きなさい。ただし、「**主役**」という語を用いて書くこと。

小説文

■令和5年度問題

4 次の文章を読んで、あとの問いに答えなさい。

> かつてソフトボール部でエースピッチャーとして活躍していた早希は、(注)トレーナーを目指して大学で学んでいる。ある日、大学オーケストラの演奏会で、スライダーズ・ミックスという曲を聴いた早希は、ゲストとして出演していたトロンボーン奏者の久保塚さんに感想を伝えに行き、その後、ゆっくり話ができる場所に移動することにした。

「トロンボーンって、人間の声にいちばん近い楽器なんだよ」
大学の正門に向かって歩きながら久保塚さんがいったとき、ちょっとびっくりした。久保塚さんの声が雨に似ているから、よけい驚いたのかもしれない。人間の身体とは①似ても似つかない金管楽器が人間の声にいちばん近い音を出せるなんて。
あの曲を聴いている最中、クラシックのことなどまったくわからない私にも、何かとてもいいものが響いてきた。手では触れない、耳から入ってくるだけでもない、身体ぜんたいを震わせるような、何かとてもいいもの。生きていることを肯定してくれるような、とても美しいもの。
胸が弾んだ。つられて②身も心も弾み出し、私の中に力が漲る感じがした。あれはトロンボーンの音色が人間の声に近いからだったんだろうか。
それもあるかもしれない。でも、人間の声に近くても遠くても、あまり関係はなかったような気もしている。私はただ、久保塚さんの奏でた音楽によろこびを感じただけだ。久しぶりに、熱くなった。ずっと冷めていた私の心も、身体も、熱くなってしまった。
ちょっと迷って、学生のあまり来なさそうな古い喫茶店に案内した。落ち着いていて、久保塚さんの声がちゃんと聞き取れるような店であればどこでもよかった。
「すごくよかったです」
席に着くなり、さっきと同じ台詞を私は繰り返した。久保塚さんは、トロンボーンってさ、といいかけてから、注文を取りに来た店員さんに気づき、
「君、何にする？」
メニューをゆっくりこちらに向けてくれた。
「僕は紅茶がいいな。あたたかい紅茶をひとつください」
何も考えずコーヒーを頼もうと思っていた私はあわてて便乗した。
「私も同じものを」
喫茶店で紅茶を頼む男の人なんて、初めて見たかもしれない。相手に合わせて注文を変える自分のことも、もしかしたら初めて見た。
「で、なんだっけ」
久保塚さんはあらためてこちらに向き直った。
「　③　」
三度目の台詞だったけれど、何度いってもいい足りないくらいだった。
「はは、ありがとう。トロンボーンって地味な楽器だから、面と向かってほめられることがほとんどなくてさ」
久保塚さんは照れくさそうに笑っている。冗談をいっているのか、そうではないのか、判断がつかなかった。
「地味なんですか？　とてもそうは見えませんでしたけど」
「地味だよ。トロンボーンはなかなか主役にはなれない。そのかわり、④(注)屋台骨として(注)オケを支えるんだ。今日の曲みたいにトロンボーンが派手な立ち回りをすることは滅多にないよ」
そういうと、左の頬にくっきりと笑窪が出た。
「スライダーズ・ミックスはトロンボーンのために書き下ろされた曲だからね。本来なら(注)ブラスでやる曲なんだ。今日はゲストの僕のために、特別にオケで演奏することになった。たまにはトロンボーンを主役に、ってことかな」
オーケストラに主役や脇役があるとは、今まで考えたことがなかった。だけど、いわれてみれば、目立つ楽器とそうでもない楽器がたしかにあるような気もする。だいたい、私は今までトロンボーンがどんな音を出すのかさえ、正確には知らなかった。トランペットなら、応援団でも吹かれるからわかる。ピアノやヴァイオリンももちろんわかる。そういう意味では、トロンボーンはメジャーではないのかもしれない。⑤もったいない。せっかくあんなにいい音を出すのに、主役になれないことが多いなんて。
「いつも屋台骨役だなんて、(注)癪じゃないですか。主役を張りたいと思ったりはしないんですか」
(注)不躾ないいぐさだったかもしれないけれど、私はそれくらい憤っていた。あんなにいい音を出しても脇役だなんて。
⑥彼は一瞬、きょとんとして、それからひとつふたつ、小さくうなずいた。
「混同してるよ」
混同って、何を。そう聞こうとしたとき、ちょうど紅茶が運ばれてきた。
久保塚さんが紅茶に静かにミルクを落とす。長い指がスプーンを持ち、紅茶をくるくるかき混ぜる。なんて穏やかなんだろう。紅茶も、指も、声も。こういう人は、がむしゃらに主役を目指すなんてことはないのかもしれない。

条件作文

〈注意〉
1 原稿用紙には「題名」や「氏名」は書かないで、本文だけを縦書きで書くこと。
2 書き出しは一マス空け、段落は変えないこと。
3 六行以上、七行以内にまとめて書くこと。(※一行20マス)

■平成29年度問題

6 次の写真は、宇宙航空研究開発機構(JAXA)のホームページに掲載されている、宇宙飛行士が宇宙で食事をする様子を写した写真である。これをふまえて、「心豊かな食事」とはどんなものかについてのあなたの考えを、あとの〈条件〉にしたがって書きなさい。

写真①
(注)アレグリア宇宙飛行士の特製(注)パエリアを食べる(注)クルー
©JAXA/NASA

写真②
宇宙日本食のしょうゆラーメンを食べる油井宇宙飛行士
©JAXA/NASA

(注) アレグリア=(人名)スペイン生まれの宇宙飛行士。
パエリア=スペイン料理の一つ。　クルー=乗組員。

〈条件〉
二枚の写真の両方またはいずれか一方を取り上げ、その写真から伝わることにふれながら、自分の体験や見聞をまじえて書くこと。

■平成28年度問題

6 次の文章をふまえて、人と人とのつながりや出会いについてのあなたの考えを、あとの〈条件〉にしたがって書きなさい。

早起き通勤を始めると、ぼくの生活の中に「ちょっとうれしい」出会いが増えるようになりました。(中略)
まずは、(注)守衛さん。
始業時間ギリギリに行くと、守衛さんと言葉を交わすなんてまずあり得ません。でも、そこはまだ人の少ない時間帯。自然に、あいさつを交わすようになります。
すると、ぼくの気持ちに変化が起こり始めました。
いままで「守衛さん」と呼んでいたその人を、ぼくは守衛さんではなく、「ぼくの知り合いの山田(やまだ)さん」と思うようになったのです。
会社の「守衛」「社員」という立場を超えて、ぼくは一個人として、山田さんを見るようになりました。山田さんも、ぼくのことを、「一社員」から「松山(まつやま)さん」と思ってくれるようになりました。
だからって、大きく何かが変わるわけではないのですが、でも着実に「ちょっとうれしい」ことなのです。

(松山真之助(しんのすけ)著「30分の朝読書で人生は変わる」による。一部省略等がある。)

(注) 守衛=役所や会社などで、人の出入りを監視し、建物を警備する仕事。ここでは、その役の人。

〈条件〉 筆者がどんなことを「出会い」と捉えているのかを簡潔にまとめたうえで、自分の体験や見聞をまじえて書くこと。

■平成27年度問題

6 次は、サッカー選手の小野伸二(おのしんじ)さんがインタビューで述べた言葉の一部である。これをふまえて、小野選手が感じている「喜び」についてのあなたの考えを、あとの〈条件〉にしたがって書きなさい。

「僕は子供の頃からとにかくサッカーが好きだった。今までその一心でやってきたんですよ。僕が喜びに感じるのは、自分だけがうまくいった時ってことじゃなく、チームの勝利に向けて11人が力を合わせて戦っている時とか、(注)AZ戦のように僕らのプレイで大観衆の(注)サポーターが大喜びしている時とかですよ。ボールを蹴っているだけでも楽しいけどね。」

(小野伸二『自分の武器? それはサッカーがたまらなく好きなことです』による。)

(注) AZ=オランダのサッカーチームの一つ。
サポーター=ある特定チームを熱烈に応援する人。ファン。

〈条件〉 小野選手の感じている「喜び」はどんな喜びなのかを簡潔にまとめたうえで、自分の体験や見聞をまじえて書くこと。

2 肥後中学校の給食委員会は、毎月、教室に掲示する「給食だより」を作成している。次は、「給食だより」十月号の【編集会議の様子】と、編集会議の中で平井（ひらい）さんが提示した残食についてのアンケート結果の【グラフ】である。あとの問いに答えなさい。

【編集会議の様子】

上森（うえもり）　今から「給食だより」十月号の編集会議を始めます。九月号は、文字が多くて情報が伝わりにくかったという反省点がありましたね。十月号では、この反省を生かした紙面づくりを心がけましょう。それでは、十月号について何か意見がある人はいませんか。

平井　はい。私は、九月号に掲載した残食についてのアンケート結果を、十月号でもう一度報告したいと考えています。残食の現状についてはぜひ知ってほしいと思っていたのに、文章でうまく伝えられず残念でした。そこで、同じデータを今度は【グラフ】にしてきました。

高田（たかだ）　これなら①一目瞭然です。九月号では気づかなかったけど、給食を残す理由には、一年生と三年生で差が大きな項目がありますね。

上森　そうですね。［A］の項目で一年生と三年生の差が大きいのは、食について学ぶ機会の違いによるものかもしれません。私は二年生の時に、トマトやあか牛などを「くまもとの赤」とブランド化して、全国に発信している方たちにインタビューをしたことがあります。その時、話をうかがった方たちは、「『くまもとの赤』の名に恥じない安心・安全でおいしいものを食卓に届けたい」という思いを熱心に語ってくださいました。この話を聞いてからは、それまで苦手だったものを残さなくなりました。

高田　②私も上森さんと同じように、食について調べ学習をしている時に③「世界食料デー」の【資料】から世界の深刻な食料事情を知り、苦手なものも残さず食べるようになりました。私は、④問題意識をもつことで、行動が変わりました。そうだ、十月号で「世界食料デー」を特集しませんか。平井さんが作ってくれた【グラフ】と一緒に提示すれば、残食に対する問題提起になると思います。

【グラフ】

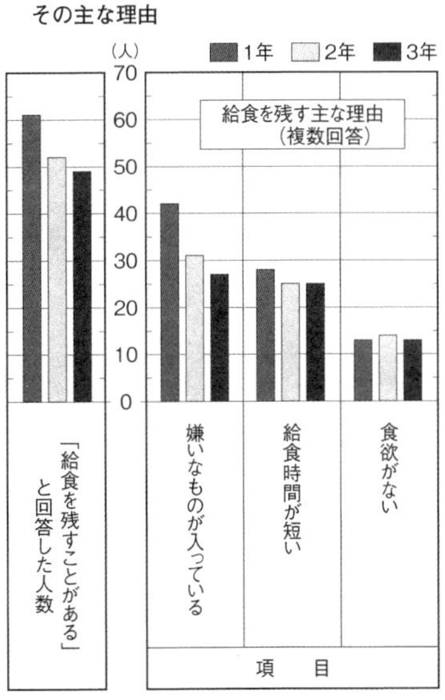

「給食を残すことがある」と回答した人数とその主な理由

（人）70 60 50 40 30 20 10 0

1年　2年　3年

給食を残す主な理由（複数回答）

「給食を残すことがある」と回答した人数

嫌いなものが入っている

給食時間が短い

食欲がない

項目

【資料】

十月は「世界食料デー」月間

みんなが食べられるような世界をつくるために、私たちにできることは何？

世界中のすべての人が食べるのに十分な食料が生産される一方で、その約三分の一が食べる前に捨てられ、世界人口のおよそ九人に一人が毎晩空腹を抱えたまま眠りについているという現実があります。

十月十六日は、飢餓のない世界の実現について一人ひとりが考えるきっかけの日として国連が定めた「世界食料デー」です。

「飢餓をゼロに」は国際社会の目標です。私たちにできることは何？

「世界食料デー」をきっかけに、あなたも考えてみませんか。

【「給食だより」の下書きの一部】

給食だより10月号　「世界食料デー」月間！

世界では９人に１人が飢餓に苦しんでいます

10月16日は国連が制定した「世界食料デー」。世界の食料問題について考えるきっかけの日です。

世界では毎年，食料の約３分の１が食べる前に捨てられています。私たちの学校から出る給食の残食も無関係ではありません。

「世界食料デー」をきっかけに，すべての人が十分に食べられる世界をつくるために，［　B　］。

世界で１年間に生産されてから消費するまでに無駄になる食料

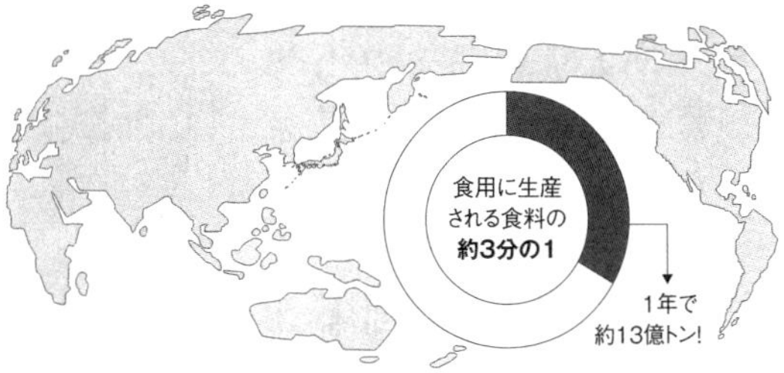

食用に生産される食料の約3分の1

1年で約13億トン!

1　傍線①の部分「一目瞭然です。」を、「一目見ただけで［　　］。」と言い換えたい。同じ意味になるように、［　　］の部分に入ることばを、五字以上、十字以内で書きなさい。

2　【編集会議の様子】の［A］の部分に入れるのに最も適当な項目を、【グラフ】から抜き出しなさい。

3　傍線②の部分に「私も上森さんと同じように」とあるが、高田さんは上森さんの発言を受けて、食について学ぶことでどのように変わったと述べているか。十字以上、十五字以内で書きなさい。

4　高田さんは、傍線③の部分『世界食料デー』の【資料】を参考に、「給食だより」に「世界食料デー」の特集記事を書くことにした。【「給食だより」の下書きの一部】の［B］の部分に入れるのに適当な呼びかけのことばを、十五字以上、二十字以内で書きなさい。

5　傍線④の部分に「問題意識をもつことで、行動が変わりました」とあるが、「問題意識をもつことで、行動が変わったあなたの体験」について、次の〈注意〉にしたがって書きなさい。

〈注意〉1　どんな問題意識をもったのか、また、問題意識をもつ前と後で、どのように行動が変わったのかにふれながら書くこと。
2　原稿用紙には「題名」や「氏名」は書かないで、本文だけを縦書きで書くこと。
3　書き出しは一マス空け、段落は変えないこと。
4　六行以上、七行以内にまとめて書くこと。（15マス×7行）

2 春田（はるた）さんのクラスでは、保健体育の授業で、「スポーツを見ること」についてスピーチをすることになり、春田さんと小山（おやま）さんが班員の前でリハーサルを行った。次は、【春田さんの原稿】と【小山さんの原稿】、リハーサル後に班員が書いた〈春田さんへの助言の一部〉と〈小山さんへの助言の一部〉である。あとの問いに答えなさい。文章中の1～4は、段落につけた番号である。

【春田さんの原稿】

1皆さんはスポーツを競技場で見たことがありますか。私自身、以前は「スポーツを見るならテレビが一番」と思っていましたが、競技場での観戦を通し、その魅力に気がつきました。

2去年、①高校生の姉は、私を誘って熊本で行われた全国高等学校総合体育大会のハンドボール競技を見に行きました。代表校同士の試合はすさまじい迫力で、私は初めて我を忘れるという体験をしました。これをきっかけに、十二月に熊本で行われた女子ハンドボールの世界選手権には、私から姉を誘って行きました。世界レベルのスピードと力強さはさらに圧倒的な迫力で、自分の視野が大きく広がった気がします。

3競技場には、自分で見どころを決める自由もあります。私は先日、一九六四年のオリンピックで競泳を観戦した小説家の随筆を読みました。建物の様子、選手たちの一つ一つの動作、観客が思わず漏らすつぶやきと叫び声。まるで自分の目をカメラにして映画を撮ったような文章でした。次に競技場に行くときは、私も自分だけの見どころを探したいと思います。

4自分だけの感動や見どころを見つけられるのは、競技場ならではです。皆さんにもぜひ、全身でスポーツを感じるという体験をしてほしいと思います。物は試し。まずは競技場に出かけてみませんか。

【小山さんの原稿】

1私は冬休みに、家族とテレビで箱根駅伝を見ました。箱根駅伝は、熊本県出身の金栗四三（かなくりしそう）さんの呼びかけで始まったレースで、東京と箱根を結ぶ往復二一七・一キロの道のりを、二日に渡って十人でタスキをつなぐ競技です。テレビからは選手のエピソードや自然豊かなコースの映像などが絶え間なく流れ、話に花が咲きました。

2競技場でスポーツを見ることは楽しいことですが、②テレビ観戦は、天候や交通手段に左右されないので子どもから高齢の方まで気軽に観戦を楽しめ、感動を分かち合えるからです。また、録画機能を使えば見るタイミングが自由になります。さらに、詳しい解説を聞くことができるので、競技への興味や関心が高まります。

3箱根駅伝のテレビ中継について調べると、険しい山道が続く箱根では電波を飛ばすことが難しく、生中継は不可能とされていたことがわかりました。しかし中継スタッフは、箱根駅伝のすべてを全国に伝えたいという一心で努力を重ね、今では、「正月の風物詩」と呼ばれるまでになったのです。

4今年はオリンピックやパラリンピックが東京で開催され、テレビ中継もたくさん予定されています。日頃スポーツを見ないという人も、いろいろな競技を見てください。きっと、スポーツの新しい魅力に気づくことができますよ。

〈春田さんへの助言の一部〉

春田 さんへの助言

		項目	評価
内容	ア	テーマにそった話題であったか	◎
	イ	構成や順序は適切であったか	◎
	ウ	話の始め方に工夫はされていたか	◎
	エ	主張に対する根拠が明確であったか	○

良かった点
2段落の「［A］」という慣用句から，［B］様子が浮かびました。

アドバイス
「高校生の姉は，私を誘って」の部分は，春田さんを主語にしたほうがあとの文とのつながりが自然になると思います。

〈小山さんへの助言の一部〉

小山 さんへの助言

		項目	評価
内容	ア	テーマにそった話題であったか	
	イ	構成や順序は適切であったか	
	ウ	話の始め方に工夫はされていたか	
	エ	主張に対する根拠が明確であったか	

良かった点
1段落の「話に花が咲きました」という慣用句から，会話が弾んでいる様子が浮かびました。

アドバイス
C最初と最後に意見を話す構成にすると，小山さんの言いたいことがもっとよく聞き手に伝わると思います。

1 【春田さんの原稿】の傍線①の部分「高校生の姉は、私を誘って」を、〈春田さんへの助言の一部〉の「アドバイス」を生かして、意味を変えずに書き換えなさい。

2 〈春田さんへの助言の一部〉の［A］と［B］の部分に入れるのに適当な言葉を、〈小山さんへの助言の一部〉の「良かった点」を参考にして書きなさい。

3 春田さんは、話題を転換するために、ある段落の冒頭に、次の一文を入れることにした。この一文を入れるのに最も適当な段落を、【春田さんの原稿】の2段落～4段落から選び、数字で答えなさい。

試合の迫力を感じることだけが競技場の魅力ではありません。

4 【小山さんの原稿】の傍線②の部分「テレビ観戦は、天候や交通手段に左右されないので子どもから高齢の方まで気軽に観戦を楽しめ、感動を分かち合えるからです」は、どの項目で評価したらよいか。最も適当なものを、〈小山さんへの助言の一部〉のア～エから選び、記号で答えなさい。

5 〈小山さんへの助言の一部〉の波線Cの部分「最初と最後に意見を話す構成にする」ために、小山さんは、【小山さんの原稿】の1段落～4段落の順番を直すことにした。〈小山さんへの助言の一部〉の「アドバイス」を生かした構成として最も適当なものを次のア～オから選び、記号で答えなさい。

ア 1→3→2→4　イ 1→3→4→2
ウ 2→1→3→4　エ 2→3→4→1
オ 4→2→3→1

■令和3年度問題

2 肥後中学校の生活委員会では、年度末に、各学年の落とし物を集計し、校内放送で落とし物についての呼びかけを行っている。次は、その準備のための【話し合いの様子】と、落とし物の【集計結果】である。あとの問いに答えなさい。

【話し合いの様子】

林田（はやしだ） 三月は、校内放送で落とし物について呼びかけることになっています。今日は、【集計結果】を参考に、呼びかけの内容を具体的に話し合いましょう。気づきや意見がある人はいませんか。

上川（かみかわ） はい。一年生は、全体の合計は全学年で一番少ないのに、タオル類の落とし物がほかの学年より多いのが気になります。

高本（たかもと） タオル類のほとんどは、体育大会の練習日に届けられました。一年生が多いのは、練習中の移動に不慣れだからかもしれません。返却したくても名前が薄くなっているものが多くて難しい状況です。

上川 では、「持ち物に書いた名前が薄くなったときは書き直そう」と呼びかけてはどうですか。

田中（たなか） いいですね。私もタオルの名前を書き直していたので返ってきたことがあります。みんなも書き直せば、落とし物を返しやすくなりますね。

高本 私もそう思います。でも、体育大会は五月の行事だし、全学年のタオル類の合計は、落とし物全体の［①］。しかもその半数は一年生です。タオル類については、体育大会の練習が始まる時期に呼びかけたほうが効果的だと思います。

林田 では、高本さんは、名前の書き直しに反対なのですか。

高本 いいえ、私もその点には賛成です。ただ、毎年、まだ使えるはずの落とし物が年度末にたくさん処分されていると先生に聞いたので、三月は広く落とし物の削減を呼びかけたほうがいいと思ったんです。返却も大切ですが、今回は、生徒みんなが落とし物を自分のこととして考えるきっかけとなるように呼びかけてみませんか。

林田 今年も呼びかけの翌週には処分する予定でしたね。高本さんの、広く落とし物の削減を呼びかけたいという意見に対して、何かいい案はありませんか。

上川 はい。筆記具を中心に呼びかけるのはどうでしょうか。筆記具なら全学年とも多いし、年度の変わり目は身の回りのものを整理する人も多いので、いいタイミングだと思います。

田中 たしかにそうですね。それに、整理すると言えば、以前読んだ本に、かばんの中身を必要なものだけにして整理をしていけば、持ち物をなくしにくくなると書いてありました。

上川 なるほど……。そうだ。それを使ってはどうでしょう。「かばん」を「筆箱」に置き換えれば、呼びかけに応用できると思います。

林田 ほかに意見はありませんか……。なければ、ここまでに出た意見をまとめます。今回の呼びかけは、落とし物の削減の取り組みとして、［②］を提案します。薄くなった名前の書き直しについてもふれますが、タオル類については、来年度の体育大会の時期に改めて呼びかけます。これでいいですか。

高本・上川・田中 はい。

【集計結果】

今年度の落とし物の集計結果

（個）

	1年	2年	3年	合計
筆記具	38	90	84	212
タオル類	14	8	6	28
その他	19	15	16	50
合計	71	113	106	290

1 【話し合いの様子】の［①］の部分には、高本さんの主張を支える言葉が入る。［①］の部分に入れるのに最も適当な言葉を次の**ア**～**オ**から選び、記号で答えなさい。

ア 一割を下回っていません　**イ** 一割を超えています
ウ 一割に上ります（のぼ）　**エ** 一割にも達していません
オ 一割に迫る勢いです

2 【話し合いの様子】の［②］の部分に入れるのに適当な言葉を、話し合いの内容をふまえて、十字以内で書きなさい。

3 次の**ア**～**エ**は、【話し合いの様子】での林田さん、高本さん、田中さんの様子をそれぞれ説明したものである。**上川さんの様子**として最も適当なものを次の**ア**～**エ**から選び、記号で答えなさい。

ア 話し合いで聞き取った内容を生かし建設的な提案をしている。
イ 話し合いが効果的に展開するよう進行の仕方を工夫している。
ウ 話題に沿って既知の情報とそれについての見解を示している。
エ 話題と自分自身の体験とを結びつけながら賛意を表している。

4 次は、田中さんが書いた【放送原稿】である。これを林田さんに見せたところ、「伝えるはずのことがもれているから付け加えたほうがいいよ」とアドバイスを受け、田中さんは、【放送原稿】の［　］の部分に付け加えることにした。［　］の部分に入れるのに適当な言葉を、「また、」につづけて書きなさい。

【放送原稿】

導入	こんにちは。生活委員会です。今日は、落とし物を減らすポイントについて、筆記具を中心にお伝えします。
展開	皆さんの筆箱はめったに使わない色ペンなどで膨れていませんか。ためしに一度、中身を全部出して、本当に必要だと思うものだけを戻してみてください。こうすると整理整頓がしやすくなり、落とし物にもすぐに気づくことができます。この方法は、筆記具以外のものにも効果的です。もうすぐ春休みです。この機会に、自分の持ち物を整理してみませんか。 また、［　　　］。 この取り組みで、来年度は、落とし物をしない一年を目指しましょう。
まとめ	最後にお知らせです。今年度の落とし物の総数は、約三百個でした。持ち主が見つからない落とし物は来週中に処分します。「もったいない」は、世界共通の合い言葉です。落とし物をした自覚がない人も、ぜひ、職員室前の落とし物入れを確認に来てください。

1　次は、吉村さんが訪れた図書館の各本棚に貼られた【分類表示の一部】である。【会話の一部】の[A]と[B]の部分に入れるのに最も適当な棚の番号を、それぞれ【分類表示の一部】の[0]～[5]から一つずつ選び、数字で答えなさい。ただし、【会話の一部】に二箇所ある[A]には同じ番号が入る。

【分類表示の一部】

[0]総記 全集・郷土資料
[1]哲学 倫理学・道徳
[2]歴史 日本史・東洋史
[3]社会科学 教育・風俗習慣
[4]自然科学 植物学・動物学
[5]技術 家政学・生活科学

分類表示

2　【会話の一部】の傍線①の部分「なぜ、『昔の人たちの思い』について調べたいのですか」という質問には、どんな意図があるか。最も適当なものを次の**ア**～**オ**から選び、記号で答えなさい。

ア　聞き取った内容を踏まえて問題を提起し、話を発展させる意図。
イ　聞き取った内容をきっかけに、さらに詳しく話を聞き出す意図。
ウ　聞き取った内容の要点をまとめ、自分の理解度を確認する意図。
エ　聞き取った内容に区切りをつけ、話題を別のテーマに移す意図。
オ　聞き取った内容に誤りがあることを暗に示し、修正を促す意図。

3　【会話の一部】の[②]の部分には、【資料】の活用方法についての永田さんのアドバイスが入る。[②]の部分に適当な言葉を入れて、会話文を完成しなさい。

4　吉村さんは、江戸時代に書かれた肥後菊の栽培や鑑賞の方法についての解説書を、現代の言葉に直した本を見つけた。次は、その【本の一部】と、吉村さんがまとめた【レポートの一部】である。あとの(1)と(2)に答えなさい。

【本の一部】

> どんなことでも苦しみなしで楽しみだけのものがあるでしょうか。（中略）苦しみの中に楽しみのあることを知り、年中菊の性質について頭を悩まし、あるいは虫に食われ、また、その年の天候不順などに苦しむとしても、咲いた菊の姿を見ると、私の志が満たされ、楽しくなります。
>
> （『日本農書全集』収録「養菊指南車（ようぎくしなんしゃ）」による。一部省略等がある。）

【レポートの一部】

> ○考察
>
> 私は、今回の学習でわかったことが二つある。
>
> 一つは、肥後六花に表れた「昔の人たちの思い」である。江戸時代に書かれた肥後菊についての解説書から、当時の人たちが、「どんなことでも[Ⅰ]」という信念にしたがって、困難なことにもひるむことなく、美しく咲いた姿を思い浮かべながら花々を育てていたことがわかった。これが、武士の精神修養につながったのだと思う。
>
> もう一つは、情報の特性についてである。インターネットから得られる情報は、全体像を大まかに捉えることに適している。そのため、調べ物の初めに使うと効率的に調査が進むと感じた。一方、本から得られる情報は、[Ⅱ]捉えることに適している。確かにその分、本は、目的の情報を探す手間や資料を読む時間はかかるかもしれないが、古今東西のさまざまな人の声を聞くことができる貴重な情報源だ。

(1)　[Ⅰ]の部分に入れるのに適当な言葉を、十字以上、十五字以内で書きなさい。

(2)　[Ⅱ]の部分に、波線部分「全体像を大まかに」と対になる言葉を、【会話の一部】の内容を踏まえて十字以内で書きなさい。

2　波線の部分に「分別は、資源の節約になる」とあるが、施設の見学後、発言者の村上さんの考えは変化している。［②］の部分に入れるのに適当な言葉を、十字以内で書きなさい。

3　次は、傍線③の部分「肥後環境センターでもらった【資料】」である。松本さんの班が、【資料】を参考に、発表の中で提案しようと考えた取り組みとして最も適当なものを、【見学後の話し合い】の内容をふまえて、あとの**ア**～**オ**から選び、記号で答えなさい。

ア　不要になった品を、必要とする人に譲ることを促す取り組み。
イ　長時間にわたる外出をする時に、水筒の持参を促す取り組み。
ウ　紙パックや、食品トレイの回収に対する協力を促す取り組み。
エ　分別のルールを理解して、ごみの適切な処分を促す取り組み。
オ　食品ごとの保存方法を知り、廃棄食材の削減を促す取り組み。

【資料】

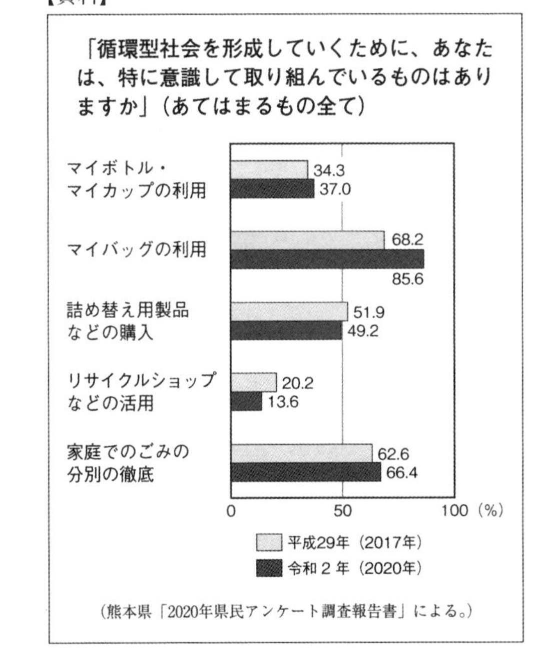

（熊本県「2020年県民アンケート調査報告書」による。）

■**令和４年度問題**

2　吉村（よしむら）さんは、「熊本の伝統」というテーマで調べたことや考えたことをまとめてレポートを書くことになった。次は、吉村さんがインターネットで見つけた【資料】と、それを持って市の図書館を訪れた時の、職員の永田（ながた）さんとの【会話の一部】である。あとの問いに答えなさい。

【資料】

熊本の貴重な宝
肥後六花（ひごろっか）

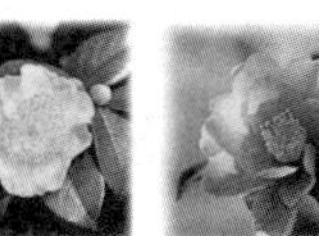

肥後朝顔（ひごあさがお）　肥後菊（ひごぎく）　肥後椿（ひごつばき）　肥後山茶花（ひごさざんか）　肥後芍薬（ひごしゃくやく）　肥後花菖蒲（ひごはなしょうぶ）

特徴
端正な一重咲き・優美な花芯・清らかな色が特徴。
それぞれの保存団体に栽培や鑑賞の方法についての厳しい規律が伝わっており，苗と種は「門外不出」の宝として守り継がれてきた。
先人たちが守り伝えた美と修練の結晶である花々からは，「昔の人たちの思い」が感じられる。

歴史
肥後六花の歴史は江戸時代にさかのぼり，熊本藩主・細川重賢（ほそかわしげかた）が武士の精神修養に園芸を奨励したことが始まりとされている。

〔参考文献〕・「肥後六花」（○○著，△△社，1986年）
・各保存会作成パンフレット

【会話の一部】

吉村　学校の課題で肥後六花について書かれた本を探しているのですが、［A］番の棚を探しても見当たりません。どの棚を探せばいいでしょうか。

永田　肥後六花について［A］番の棚を探されたんですね。確かに肥後六花は六種類の花の総称ですが、熊本独特の花なので［B］番の棚にまとめてあるんですよ。特徴や歴史について書かれた本もあるので、探してみてくださいね。

吉村　ありがとうございます。でも、特徴や歴史はインターネットで調べてだいたいわかりました。私が調べたいのは、この【資料】の「特徴」の欄に書いてある「昔の人たちの思い」についてなんです。

永田　①なぜ、「昔の人たちの思い」について調べたいのですか。

吉村　実は、私がこの【資料】について同じ班の人に説明をした時に、『昔の人たちの思い』とはどんな思いですか」と質問されたんです。すぐにインターネットで「肥後六花　昔の人たちの思い」で検索したのですが、よくわかりませんでした。

永田　いい方法がありますよ。【資料】にある［②］。インターネットの情報は全体像を大まかに捉えるのには便利ですが、一方で、その背景にある情報など、細部は省かれやすいんです。

吉村　では、「昔の人たちの思い」がどんなものかは、書き手が参考にした本に詳しく書かれているかもしれないということですか。

永田　はい。参考文献をたどることで、「昔の人たちの思い」がわかるかもしれませんよ。本は、検索機でどの棚にあるか探すことができます。使い方を説明しますね。

■令和5年度問題

2 松本さんのクラスでは、総合的な学習の時間に、班ごとに活動して調べたことを発表することになり、松本さんの班は、地域のごみ処理施設である肥後環境センターに見学に行くことにした。次は、班長の松本さんと班員との、【見学前の話し合い】と【見学後の話し合い】の様子である。あとの問いに答えなさい。

【見学前の話し合い】

松本　施設の職員の方にインタビューをする計画だったけど、見学のお願いの電話をした時に、見学中のインタビューは難しいと言われたんだ。でも、事前に、①見学申込書の備考の欄に聞きたいことを書いて提出すれば、可能な範囲で対応してもらえるそうだよ。

吉永　私は、ごみの分別について詳しく聞きたいな。

後藤　そうだね。資源の有効活用につながるように、プラスチックや紙を分別して捨てているけれど、分別したものが、どのようにリサイクルされるのかということについても、知りたいな。

村上　分別は、資源の節約になるから、リサイクルの仕組みについて知ることは大切だよね。

田中　ほかにも、発表のヒントになるような話を聞くことはできないかな。私たちの班は、環境問題について調べているから……。

吉永　そうだ。私たちにもできる、ごみの削減を目指した取り組みについて教えてもらったらどうかな。

後藤　うん。私は、食品ロスや、プラスチックごみを減らすことに興味があるから、具体的にどんなことができるか聞いてみたいな。

田中　そうなんだね。私は、社会や技術・家庭の授業で習った、循環型社会について、もっと知りたいな。

吉永　循環型社会の実現に向けた取り組みについて、参考になるような資料をもらえるといいね。

松本　ありがとう。話し合った内容をまとめて、見学申込書に書いてみるよ。

【見学後の話し合い】

後藤　今回の見学で、捨てられたごみが、いろいろな工程を経て処理されていることがわかったよ。それに、ごみを減らすための取り組みや考え方について、詳しく教えてもらえたからよかったね。

村上　私は、リサイクルの仕組みを知ったことで、ごみを分別しただけでは、資源を節約したことにならないと気づいたよ。

田中　分別さえすれば、ごみを出しても構わないという姿勢では、資源の節約にはつながらないという話が、印象的だったね。

村上　分別は、資源を循環させ、ごみを減らす第一歩になるけれど、分別するだけで終わらず、これからの［②］、という意識を持つことが大切なんだね。

後藤　そうだね。だから私は、今までは捨てていた紙を、捨てずに再利用するようにしたよ。

松本　もう実践しているんだね。私たちの発表も、資源を循環させるために自分にできることを中心にするといいんじゃないかな。

村上　いいね。一人ひとりの行動の変化につながるような取り組みを提案しようよ。

田中　だったら、③肥後環境センターでもらった【資料】が参考になりそうだよ。令和二年の調査で、意識して取り組んでいる人の割合が、五割に満たない項目に関する内容に注目すれば、みんなの意識を高められるんじゃないかな。

吉永　なるほど。それに加えて、【資料】を見ると、その条件に当てはまるものの中に、以前に比べて意識して取り組んでいる人の割合が増えた項目があるね。その項目を発表に取り入れようよ。

松本　それなら興味を持ってもらえそうだね。具体的に考えていこう。

1　傍線①の部分に「見学申込書」とあるが、次は、松本さんが記入した【見学申込書の一部】である。あとの(1)と(2)に答えなさい。

【見学申込書の一部】

肥後環境センター見学申込書	
見学日	令和４年９月１４日（水）
時間	午前 （午後）　３時００分～
見学目的	［Ｉ］について学ぶため
備考	〔見学当日に質問したいこと〕 ・資源の有効活用につながるごみの分別と，リサイクルの仕組み ・食品ロスや，プラスチックごみを減らすなど，［Ⅱ］のための具体的な取り組み ・［Ⅲ］の実現に向けてできること（参考になる資料はありませんか） ※以上のことについて，詳しく教えていただきたいと思います。よろしくお願いします。

(1)　【見学申込書の一部】の［Ⅰ］、［Ⅱ］、［Ⅲ］の部分に入れるのに最も適当な言葉を、【見学前の話し合い】から［Ⅰ］は四字、［Ⅱ］は五字でそれぞれ抜き出しなさい。

(2)　【見学申込書の一部】の下線の部分「詳しく教えていただきたいと思います」について、「教えていただきたい」の敬語の種類は［Ａ］で、「思います」の敬語の種類は［Ｂ］である。［Ａ］、［Ｂ］の部分に入れるのに適当な敬語の種類を、それぞれ次のア～ウから一つずつ選び、記号で答えなさい。

ア　尊敬語　　イ　謙譲語　　ウ　丁寧語

■平成31年度問題

1 次の文章を読んで、あとの問いに答えなさい。

ようやく明けはじめた空に向うの山々が①鋭い剣のような姿をみせ、今日も白い②濁った雲には烏の③ムれが嗄れた声をあげて舞っています。

丘の頂に来た時、足をとめ、眼下を見おろしました。褐色の一握りの土塊のように藁屋根と藁屋根との集まった部落。泥と木とでねりあわせた小屋。道にも黒い浜辺にも人影はない。一本の木に靠れ、私は谷あいにたちこめる乳色の(注)靄を眺めます。朝の海だけが綺麗でした。海は幾つかの小さな島をその沖あいに点在させて、うす陽をうけて針のように光り、浜を噛む波が白く泡だっていました。私はこの海をザビエル(注)師、カブラル師、ヴァリニャーノ師を始めとする多くの宣教師たちが信徒たちにまもられながら④オウフクしたのだと思いました。

（遠藤周作著「沈黙」による。）

(注) 靄＝地面近くの空気中に、霧のようなこまかな水滴が立ちこめたもの。
ザビエル師、カブラル師、ヴァリニャーノ師＝いずれもキリスト教の伝道に従事した宣教師。

1 傍線①～④の部分の、漢字にはよみがなをつけ、かたかなは漢字に改めなさい。

2 二重傍線Aの部分「谷あい」の「谷」の漢字を使った四字熟語に「深山幽谷」がある。「深山幽谷」の「幽谷」の部分の読みを書きなさい。

3 二重傍線Bの部分「うす陽」という漢字を漢和辞典で調べると、次の【漢和辞典の一部】のように出ていた。【例】にならって、Ⅰの部分には、「陽」の漢字から部首に当たる部分を抜き出し、Ⅱの部分には、「陽」の漢字の総画数を書きなさい。

【漢和辞典の一部】

Ⅰ 【陽】 [総画 Ⅱ]
音 ヨウ
訓 ―
なりたち

[形声] 意味を示す阝(山)と、音を示す昜(ヨウ。日がのぼってかがやいている)を合わせた字。山の日の当たる側の意味。

【例】

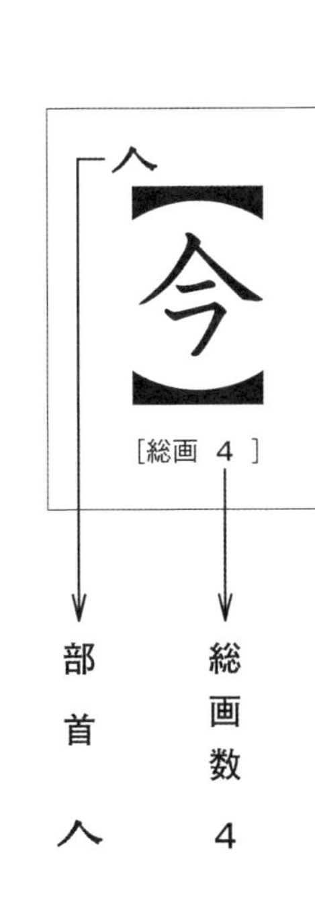

4 二重傍線Cの部分「する」は動詞である。活用の種類と活用形を書きなさい。

5 波線ア～オの品詞の説明として**適当でないもの**を次のア～オから一つ選び、記号で答えなさい。

ア 波線ア「明けはじめ」の品詞は、動詞である。
イ 波線イ「ない」の品詞は、助動詞である。
ウ 波線ウ「だけ」の品詞は、助詞である。
エ 波線エ「小さな」の品詞は、連体詞である。
オ 波線オ「白く」の品詞は、形容詞である。

■平成30年度問題

1 次の文章を読んで、あとの問いに答えなさい。

深夜の沈黙は私を①厳粛にする。私の前には②ツクエを③隔ててお前たちの母上が坐っているようにさえ思う。（中略）よく眠れ。不可思議な時というものの作用にお前たちを打ち任してよく眠れ。そうして明日は昨日よりも大きく賢くなって、寝床の中から跳り出して来い。私は私の役目をなしとげることに全力を尽くすだろう。私の一生がいかに失敗であろうとも、また私がいかなる誘惑に打ち負けようとも、お前たちは私の足跡に不純な何ものをも見出しえないだけのことはする。きっとする。お前たちは私の斃れた所から新しく歩み出さねばならないのだ。しかしどちらの方向にどう歩まねばならぬかは、かすかながらにもお前たちは私の足跡から探し出すことが出来るだろう。

小さき者よ。不幸なそして同時に幸福なお前たちの父と母との祝福を胸にしめて人の世の旅に登れ。前途は遠い。そして暗い。しかし恐れてはならぬ。恐れない者の前に道は開ける。

行け。④イサんで。小さき者よ。

（有島武郎著「小さき者へ」による。一部省略等がある。）

1 傍線①～④の部分の、漢字にはよみがなをつけ、かたかなは漢字に改めなさい。

2 二重傍線Aの部分「任して」の「任」の漢字を使った熟語の用例に、「会長に□任する」がある。□の部分に入れるのに適当な「シュウ」と読む漢字一字を書きなさい。

3 波線ア～オのうち、熟語の構成が他の四つと**異なるもの**を一つ選び、記号で答えなさい。

4 二重傍線Bの部分「なしとげる」は動詞である。活用の種類と活用形を書きなさい。

5 二重傍線Cの部分「恐れない者の前に道は開ける」には、付属語がいくつあるか。数字で答えなさい。

■令和2年度問題

1 次の文章を読んで、あとの問いに答えなさい。

年齢は五十代の①半ばくらいなのだろうか。芥川の話になると、か弱かった声にいくらか力がこもった。

A「芥川の作品ではなにが一番お好きですか」

純粋な本好きらしいと判断（ア）して遠慮（B）なく聞いてみた。秋田に来（イ）てから、C小説を読む友など一人もいなかった。

東京で過ごした中学、高校の間に、文庫本で手に入る芥川の作品はすべて読ん（ウ）でいた。もっぱらストーリーのおもしろさにひかれた子供っぽい読書体験ではあったが、それでもほんの少しだけ、小説を書くという②行為の楽しさと恐ろしさを教わった。

「いつまでも芥川ばかり読んでいる（エ）のは幼稚だっていう人たちがいるけれど、『秋』なんていいよね。大人の小説だよね。みんなが思っている以上に芥川の作品って奥が深いような気がするんだよね」

主人は座敷の上がり口に置いてあったポットのお湯を注いで茶をいれてくれた。

猪口(注)に似た小ぶりな湯飲みに、丸く小さな急須(注)で最後（D）の一滴まで注いでくれ（オ）た茶はさわやかな甘みを含んだ玉露(注)だった。出された木製の丸椅子に坐り、ガラスケース越しに主人と③ムき合ってしばし芥川談議に④ムチュウになった。

（南木佳士著「急須」による。）

（注）猪口＝小形のさかずき。急須＝お茶を注ぐ道具の一種。玉露＝最高級の緑茶。

1 傍線①～④の部分の、漢字にはよみがなをつけ、かたかなは漢字に改めなさい。

2 二重傍線Aの部分に「芥川の作品」とあるが、小説家芥川龍之介の作品「鼻」を読んで印象に残った表現を、書写の時間に書くことになった。次は、ある生徒が、【行書】で書いた下書きを【楷書】で書き直したものである。【行書】の波線部分を、**楷書**で正しく書きなさい。

【行書】
傍観者の利己主義

⇩

【楷書】
傍観者の□己主義

3 二重傍線Bの部分「遠慮」を使った四字熟語に、「深く思いを巡らし、□」という意味の「深謀遠慮」がある。□の部分に入れるのに適当な「遠慮」の意味を、次の【国語辞典の一部】の**ア**～**エ**から一つ選び、記号で答えなさい。

【国語辞典の一部】

えんりょ【遠慮】**ア** 他人に気をつかって、自分のしたいことや、言いたいことをひかえめにすること。
イ 辞退すること。
ウ 遠い先々まで考えること。
エ 公の秩序を考えて出勤や祝い事などをさしひかえること。

4 二重傍線Cの部分「小説を読む友など一人もいなかった」を文節に分ける場合、いくつに分けられるか。数字で答えなさい。

5 二重傍線Dの部分「最後」と同じ組み立てになっている熟語として、最も適当なものを次の**ア**～**オ**から選び、記号で答えなさい。

ア 親友　**イ** 土地　**ウ** 縦横　**エ** 開幕　**オ** 日没

6 波線**ア**～**オ**の動詞の説明として**適当でないもの**を次の**ア**～**オ**から一つ選び、記号で答えなさい。

ア 波線**ア**「判断し」は、サ行変格活用の動詞「判断する」の連用形である。
イ 波線**イ**「来」は、カ行変格活用の動詞「来る」の連用形である。
ウ 波線**ウ**「読ん」は、五段活用の動詞「読む」の連用形である。
エ 波線**エ**「いる」は、上一段活用の動詞「いる」の連体形である。
オ 波線**オ**「くれ」は、下一段活用の動詞「くれる」の連体形である。

■令和3年度問題

1 次の文章を読んで、あとの問いに答えなさい。

夜明け方、谷間をおおっていた霧は失せ、強くなりはじめた陽差しに山の①尾根の境界があわく霞んでいた。つい半月前まで冬の冷気に②サムそうに映^Aっていた山肌が、芽吹き出した無数の木の芽でやわらかく感じられた。

一人の少年が本堂の(注)濡れ縁の角に雑巾を手に立って、その山③ナみを眺めていた。

――遅い山の春がやっと来^Bたんじゃ……。

少年の顔がほころんだ^C。

少年のつぶらな瞳はじっと峰々を見つめていた。

あっ、と彼はちいさくつぶやいて連なる尾根の④チュウフクを見据えた。そこに一条の煙りが立ち昇っているのがかすかに見えた。少年の居る場所から煙りまではずいぶんと距離があり、この山中では鷹か鳶の眼でしか見分けられないほどちいさな煙りであったが、その煙りの出処に父の恒助が居るのを少年は知っていたから、探し当てることができた。（中略）

「ノブや、ほれっ、あの杉木立ちの下を見てみんさい。ウサギの耳がのぞいとるぞ」

^D初めて父と山に入った時の楽しい時間が思い出された。

（伊集院静著「少年譜　笛の音」による。一部省略がある。）

(注)　濡れ縁＝雨戸の敷居の外側につけた縁側。

1　傍線①～④の部分の、漢字にはよみがなをつけ、かたかなは漢字に改めなさい。

2　波線の部分「一条」の「一」の漢字を使った四字熟語に「一網打尽」がある。「一網打尽」の「一網」の部分の読みを書きなさい。

3　二重傍線Aの部分「映」を楷書で書いた場合の総画数と、次のア～オの漢字を楷書で書いた場合の総画数が同じものを一つ選び、記号で答えなさい。

ア 救　イ 隊　ウ 級　エ 径　オ 郷

4　二重傍線Bの部分「来」は動詞である。活用の種類と活用形を書きなさい。

5　二重傍線Cの部分「ほころんだ」に含まれる動詞が、国語辞典に【辞典の使い方】として次のように例示されていた。[Ⅰ]の部分に入れるのに適当な見出し語をあとのア～エから一つ選び、記号で答えなさい。また、[Ⅱ]の部分に入れるのに適当な言葉をひらがな三字で書きなさい。ただし、三箇所ある[Ⅱ]には同じ言葉が入る。

【辞典の使い方】

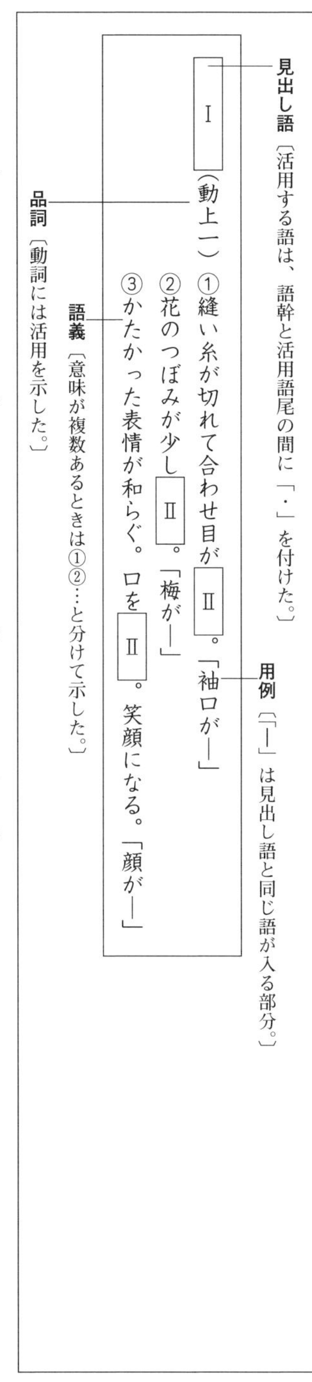

見出し語〔活用する語は、語幹と活用語尾の間に「・」を付けた。〕
Ⅰ
（動上一）
①縫い糸が切れて合わせ目がⅡ。「袖口が―」
②花のつぼみが少しⅡ。「梅が―」
③かたかった表情が和らぐ。口をⅡ。笑顔になる。「顔が―」
用例〔「―」は見出し語と同じ語が入る部分。〕
品詞〔動詞には活用を示した。〕
語義〔意味が複数あるときは①②…と分けて示した。〕

ア ほ・ころびる　イ ほこ・ろびる　ウ ほころ・びる　エ ほころび・る

6　二重傍線Dの部分「初めて父と山に入った時の楽しい時間が思い出された」には、体言がいくつあるか。数字で答えなさい。

■令和４年度問題

1 次は、ある生徒が新聞のコラムを書写し、調べた語句をまとめるなどした【ノートの一部】である。あとの問いに答えなさい。

【ノートの一部】

コラム貼付欄

〔コラムの書写〕

今から千年以上も昔の平安時代に、「もしもこの世に桜がなかったら…」と考えた歌人がいる。「伊勢（いせ）物語」で知られる在原業平（ありわらのなりひら）は「桜がなければ、春の心は①穏やかであろうに」と詠（よ）んだ。まさか季節の風物がなくなることはあるまいと思っての一首。咲いては喜び散っては名残惜しむ。春の桜に一喜一憂するのは今も同じだ。

桜の開花やウグイスの初鳴きなどの時期を調べ、季節の移ろいを捉えてきた気象庁の「生物季節観測」。業平の「まさか」が現実になったのか、都市化の影響などで観測が難しくなったとして調査対象の大幅な縮小が決まっていた。ところがA一点、気象庁と環境省は、市民参加による観測も取り入れて、調査枠組みの検討をB続けると発表。この枠組みでは、調査対象から除外されていた熊本の県鳥、ヒバリの初鳴きも対象に含まれる。

夏目漱石（なつめそうせき）の小説「C草枕」の主人公は、「魂の活動が声にあらわれたもののうちで、あれほど元気のあるものはない。ああ愉快だ」と、ヒバリの声を②満喫する。千年後、聞く人を愉快にする鳴き声が日本中で観測されていることを願いたい。

〔語句調べ〕

・「伊勢物語」＝在原業平を思わせる男を主人公とした平安時代の歌物語。平安貴族が理想とした「みやび」の心が③カンケツな文体でつづられており、後世の文化に大きな影響を与えた。

・ヒバリ＝ヒバリ科の小鳥。草原・畑地などに巣を作り、空中に高くのぼって④タえ間なくさえずる。

・「草枕」＝熊本を舞台にした小説。「D山路（やまみち）を登りながら、こう考えた。」で始まる書き出しは特に有名。

1　傍線①～④の部分の、漢字にはよみがなをつけ、かたかなは漢字に改めなさい。

2　二重傍線Aの部分「一点」は「イッテン」と読む熟語を誤って書き写している。文脈に即して、正しい漢字に改めなさい。

3　二重傍線Bの部分「続ける」は動詞である。活用の種類と活用形を書きなさい。

4　次は、ある生徒が、二重傍線Cの部分「草枕」を異なる二つの書体で書いたものと、その【違いを述べた文】である。Ⅰ、Ⅱ、Ⅲの部分に入れるのに適当な言葉を、それぞれⅠとⅡはあとのa群（ア・イ）から、Ⅲはあとのb群（ウ～キ）から一つずつ選び、記号で答えなさい。ただし、二箇所ずつあるⅠとⅡにはそれぞれ同じ言葉が入る。

【Ⅰ】 草枕

【Ⅱ】 草枕

【違いを述べた文】

Ⅰは Ⅱに比べ、点画をⅢ書くので速く書くことに適している。

a群〔ア　楷書　イ　行書〕

b群〔ウ　崩さずに　エ　明確に　オ　直線的に　カ　独立させて　キ　連続させて〕

5　二重傍線Dの部分「山路を登りながら、こう考えた。」には、活用のある自立語がいくつあるか。数字で答えなさい。

語句

■令和5年度問題

1 次は、ある生徒が国語の授業で書いた【本の紹介カード】である。あとの問いに答えなさい。

【本の紹介カード】

本の紹介カード　～友達に本を紹介しよう～

書名	「幸せについて」
著者名	谷川（たにかわ）　俊太郎（しゅんたろう）
出版社名	○○○○社
出版年	□□□□年

心に残った言葉

本というのは人に何かを教えたり、情報をもたらしたり、楽しませたりすることで、人を幸せの方向に①ミチビくものだと思うのです。

本を紹介したい理由、感想など

私は、この本を読んで、最近、本をじっくり読んでいなかったことに気づきました。インターネットで検索すれば、最新の情報や、②センモン的な知識を簡単に手に入れることができます。そんな、情報があふれているＡ社会に生きているからこそ、一冊の本から与えられる幸せについてＢ率直に伝える著者の言葉は、私の胸に響きました。読みたいと思える本を見つけて、その本を手に取り、ページをめくるといった、本を読む一つ一つの過程を大切にしながら、本の世界を読み味わっていきたいと思いました。

この本の著者である詩人の谷川俊太郎さんは、詩を作る活動にとどまらず、絵本、翻訳、脚本など、幅広い分野で多くの作品を生み出しています。また、最近では、郵便で読者に詩を届けるなど、新たな③試みを取り入れた活動をＣしています。この本は、Ｄ柔軟な発想力を持ち、新たな挑戦を続ける著者が、軽快な文章で、幸せについて語ったものです。幸せに生きるためのヒントが④凝縮されたこの本を、あなたも読んでみませんか。

1　傍線①～④の部分の、漢字にはよみがなをつけ、かたかなは漢字に改めなさい。

2　二重傍線Ａの部分「社」の漢字と同じ部首の漢字を次のア～オから一つ選び、記号で答えなさい。

ア　株

イ　

ウ　稼

エ　

オ　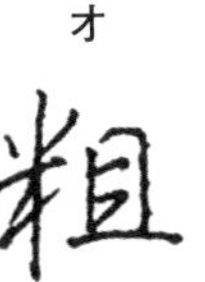

3　二重傍線Ｂの部分「率直に伝える著者の言葉は、私の胸に響きました」を文節に分ける場合、いくつに分けられるか。数字で答えなさい。

4　二重傍線Ｃの部分「し」は動詞である。活用の種類と活用形を書きなさい。

5　二重傍線Ｄの部分「柔軟」と同じ組み立てになっている熟語として、最も適当なものを次のア～オから選び、記号で答えなさい。

ア　年少　　イ　深海　　ウ　虚実　　エ　作文　　オ　競争

公立高校入試出題単元

過去９年間
(平成27年～令和５年迄)

国　　語　※印は問題を割愛しております。

語句
■令和５年度 1
■令和４年度 1
■令和３年度 1
■令和２年度 1
■平成31年度 1
■平成30年度 1

表現技法
■令和５年度 2（資料）
■令和４年度 2（レポート原稿）
■令和３年度 2（放送原稿）
■令和２年度 2（スピーチ原稿）
■平成31年度 2（要約・作文）
■平成30年度 2※(文章表現)
■平成29年度 2※(文章表現)
■平成28年度 2※(故事成語)
■平成27年度 2※(発表の構成)

条件作文
■平成29年度 6
■平成28年度 6
■平成27年度 6

小説文
■令和５年度 4
■令和４年度 4
■令和３年度 4※
■令和２年度 4
■平成31年度 4※
■平成30年度 4※
■平成29年度 4
■平成28年度 4※
■平成27年度 4

論説文
■令和５年度 3
■令和４年度 3
■令和３年度 3
■令和２年度 3
■平成31年度 3※
■平成30年度 3※
■平成29年度 3※
■平成28年度 3
■平成27年度 3

古文
■令和５年度 5（現代かなづかい・抜き出し・内容把握・空欄補充）
■令和４年度 5（現代かなづかい・内容把握・空欄補充）
■令和３年度 5（抜き出し・内容把握・現代仮名遣い）
■令和２年度 5（現代仮名遣い・主語・内容把握）
■平成31年度 5（現代仮名遣い・内容把握）
■平成30年度 5（現代仮名遣い・抜き出し・内容把握）
■平成29年度 5（返り点・抜き出し・内容把握）
■平成28年度 5（現代仮名遣い・内容把握・空欄補充）
■平成27年度 5（現代仮名遣い・抜き出し・内容把握）

高校入試出題単元　解答・解説

過去9年間

(平成27年～令和5年迄)

数学解答

●計算問題

R 5 [1](1) $\frac{9}{14}$ (2) -6 (3) $15x+2y$ (4) $2a$ (5) $2x^2-1$ (6) $4\sqrt{6}$

R 4 [1](1) 0.35 (2) -7 (3) $\frac{9x+y}{8}$ (4) $-2a$ (5) $-8x+9$ (6) $4\sqrt{2}$

R 3 [1](1) $\frac{13}{21}$ (2) -20 (3) $x+15y$ (4) $-8ab$ (5) $9x^2$ (6) $2\sqrt{2}$

R 2 [1](1) 660 (2) 15 (3) $\frac{5x+9y}{8}$ (4) $2a+1$ (5) $9x-49$ (6) $6-\sqrt{5}$

H31 [1](1) $\frac{5}{12}$ (2) 13 (3) $2x+9y$ (4) $-3a$ (5) $3x^2+1$ (6) $9\sqrt{10}$

H30 [1](1) 756 (2) -18 (3) $\frac{5x-y}{6}$ (4) $3ab$ (5) $6x$ (6) $3\sqrt{3}$

H29 [1](1) 14 (2) -5 (3) $\frac{7x-y}{2}$ (4) $-48a^2b^3$ (5) $6x-1$ (6) $2\sqrt{3}$

H28 [1](1) $\frac{5}{12}$ (2) -26 (3) $2x+7y$ (4) $24a$ (5) 16 (6) $8\sqrt{3}$

H27 [1](1) 0.56 (2) 14 (3) $\frac{7x-y}{12}$ (4) $2b$ (5) $2x^2-8$ (6) $7+2\sqrt{6}$

●小問 ※作図 P182 別紙解答分 へ記載

R 5 [2] (1) $x=-6$ (2) $x=\frac{-5\pm\sqrt{33}}{4}$ (3) $y=\frac{6}{5}$ (4) 27度

A(5) 別紙① (6) ① 3個 ② $\frac{7}{20}$ (7) ① 毎分220m ② 〔22〕分〔40〕秒後

B(5) 別紙② (6) ① 24点 ② ア 8 イ $\frac{4}{15}$

(7) ① $a=3$ ② 15分後 ③ $1\leqq b<4$

R 4 [2] (1) $x=3$ (2) $x=\frac{-7\pm\sqrt{41}}{4}$ (3) ① 13m ② 右図

(4) 80度

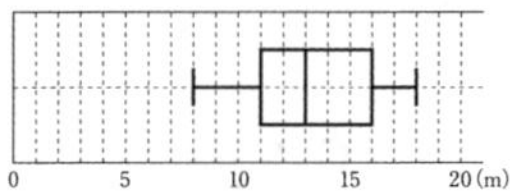

A(5) 別紙③ (6) ① 13点 ② $\frac{1}{3}$

(7) ① 妹は毎秒〔1〕m，姉は毎秒〔1.25〕m ② 30秒後

B(5) 別紙④ (6) ① 5点 ② $\frac{1}{3}$ (7) ① 60秒後 ② $a=5.5$，$b=0.8$

R 3 [2] (1) $x=-2$ (2) $x=\frac{1\pm\sqrt{37}}{2}$ (3) $a=\frac{4}{5}$ (4) $\frac{1}{4}$

B(5) 別紙⑤ (6) ① $ab-a$個 ② $n=8$ (7) ① 5080円 ② $1200<a<1320$

R 2 [2] (1) $x=-5$ (2) $x=\frac{3\pm\sqrt{13}}{2}$ (3) ア，イ，エ

B(5) 別紙⑥ (6) ① $\frac{5}{18}$ ② $\frac{7}{12}$

(7) ① 午前10時〔26〕分〔40〕秒 ② $10.8\leqq a<13.5$

H31 [2] (1) $x=3$ (2) ① 1340 ② $x=27$，$y=12$

(3) ア $\frac{-b\pm\sqrt{b^2-4ac}}{2a}$

イ $\frac{c}{a}$ を右辺に移項し，両辺に $\left(\frac{b}{2a}\right)^2$ を加えると

$$x^2+\frac{b}{a}x+\left(\frac{b}{2a}\right)^2=-\frac{c}{a}+\left(\frac{b}{2a}\right)^2$$

$$\left(x+\frac{b}{2a}\right)^2=\frac{b^2-4ac}{4a^2}$$

$$x+\frac{b}{2a}=\pm\sqrt{\frac{b^2-4ac}{4a^2}}$$

$$x=-\frac{b}{2a}\pm\frac{\sqrt{b^2-4ac}}{2a}$$

B(4) 別紙⑦ (5) ① $\frac{5}{12}$ ② ア 4 イ $\frac{7}{12}$

(6) ① 水そう〔165〕L タンク〔275〕L ② 81分15秒後

H30 [2] (1) $x=6$ (2) $(x+6)(x-1)$ (3) $0.8a+3b<1000$

(4) ① 2410歩 ② 7.23km

B(5) 別紙⑧ (6) ① (2, 6) ② 15 (7) ① D ② ア A イ $\frac{9}{25}$

H29 [2] (1) $x=5$ (2) 方程式 $x+x^2=3$ xの値 $\frac{-1\pm\sqrt{13}}{2}$

(3) ① 17.5m ② 0.2 (4) 17度

B(5) 別紙⑨

(6) ① $\frac{4}{9}$ ② $\frac{5}{8}$

③ 出る玉が同じ色になる確率は，袋Aでは $\frac{5}{9}$ であり，袋Bでは $\frac{5}{8}$ なので，出る玉が同じ色になる確率が大きいのは，袋Bである。だから，袋Bの方が，出る玉が同じ色になりやすい。

(7) ① 15km ② 午前9時〔22〕分〔24〕秒

H28 [2] (1) $x=-2$ (2) 480本 (3) ① $a=10$ ② -3 (4) $0\leqq y\leqq 12$

B(5) 別紙⑩

(6) ① 7番目

② $n=2$のとき，3の倍数になる確率は $\frac{3}{10}$ であり，$n=3$のとき，3の倍数になる確率は $\frac{2}{5}$ なので，$n=2$のときよりも$n=3$のときの方が3の倍数になる確率は大きい。だから，$n=3$のときの方が3の倍数になりやすい。

(7) ① $300cm^3$ ② $180cm^3$ ③ 30秒後

●方程式・確率・場合の数・数の規則性・資料の整理

R５ $\boxed{3}$(1) **ア** 28 **イ** 9 (2) 1組 ア 2組 エ (3) イ，ウ

R４ $\boxed{3}$(1) ① イ，エ

② 記号 ア 理由 握力が40kg未満の累積相対度数は，1組の男子は0.6，1組と2組を合わせた男子は0.55であり，1組の男子の方が大きいから。

(2) **ア** 27 **イ** 0.15

R３ $\boxed{3}$(1) イ，オ (2) 10分30秒

(3) 記号 イ 理由 図2から，通学時間が18分未満の人数が22人だから。

R２ $\boxed{3}$(1) 177.5cm (2) 26.5cm (3) **ア** 中央値 **イ** 0.2 (4) 1764人

H31 $\boxed{3}$(1) 19m (2) 0.25 (3) a＝17，b＝19 a＝18，b＝18 (4) 19.6m

H30 $\boxed{3}$(1) **ア** 17 **イ** 30 (2) 29 59 89

(3) **ウ** 6n－1 **エ** 2 **オ** 16 **カ** 15 (4) 80個

H29 $\boxed{3}$(1) **ア** 54 **イ** 4 (2) $6n^2$個 (3) n＝11

H27 $\boxed{3}$(1) ① 6 ② 7列 (2) ① $\frac{n+1}{2}$ ② $n=53$ 31列

●一次関数と二次関数

R５ $\boxed{5}$**A**(1) a＝2 (2) 2 (3) y＝2x＋4 (4) $(\frac{3}{4}, \frac{11}{2})$

B(1) $a=\frac{1}{2}$ (2) $y=\frac{6}{5}x+\frac{16}{5}$ (3) ① $\frac{4}{3}$ ② $(-\frac{2}{3}, \frac{12}{5})$

R４ $\boxed{5}$**A**(1) 8 (2) 4 (3) $y=-\frac{1}{2}x+4$ (4) $(\frac{8}{3}, -\frac{8}{3})$

B(1) $a=\frac{1}{4}$ (2) y＝4x－12 (3) ① $\frac{1}{2}t+2$ ② $t=\frac{4}{3}$，2

R３ $\boxed{5}$**A**(1) 1 (2) (4，4) (3) $y=\frac{1}{2}x+2$ (4) $(\frac{4}{3}, \frac{8}{3})$

B(1) $a=\frac{3}{4}$ (2) $y=\frac{3}{2}x+6$ (3) ① $\frac{3}{2}$ ② 9倍

R２ $\boxed{5}$**B**(1) $y=\frac{1}{4}x+3$ (2) **ア** (8，8) **イ** (4，4) (3) $(\frac{28}{5}, \frac{22}{5})$

H31 $\boxed{5}$**A**(1) 9 (2) $y=\frac{1}{2}x+6$ (3) ① 6 ② $3\sqrt{5}$

B(1) $a=\frac{1}{4}$ (2) $y=\frac{1}{2}x+2$ (3) ① $(\frac{3}{2}, \frac{11}{4})$ ② $\frac{21}{4}$倍

H30 $\boxed{5}$**A**(1) $a=\frac{3}{4}$ (2) y＝2x＋4 (3) －2 (4) (2，3)

B(1) $a=\frac{1}{3}$ (2) $y=-\frac{1}{3}x+2$ (3) ① 14 ② $\frac{5}{11}$倍

H29 $\boxed{5}$**A**(1) 8 (2) $-\frac{2}{3}$ (3) $y=-\frac{2}{3}x+4$ (4) 7個

B(1) $a=\frac{3}{4}$，b＝48 (2) $y=\frac{1}{2}x+2$ (3) ① $\frac{3}{2}t^2-4-t$ ② $(\frac{8}{3}, \frac{16}{3})$

H28 $\boxed{5}$(1) $a=\frac{1}{4}$ (2) $y=\frac{3}{4}x+10$ (3) $(-1, \frac{37}{4})$

H27 $\boxed{5}$(1) $a=\frac{2}{3}$ (2) $y=-\frac{1}{2}x+\frac{15}{2}$ (3) $(-\frac{3}{5}, \frac{6}{5})$

●平面図形（証明）

R５ $\boxed{6}$**A**(1) 証明

△ABCと△OEBにおいて

AC∥OEだから ∠BAC＝∠EOB ……①

線分ABは円の直径だから ∠ACB＝90° ……②

BEは円の接線で，線分ABは円の直径だから ∠OBE＝90° ……③

②，③より ∠ACB＝∠OBE ……④

①，④より，２組の角がそれぞれ等しいから △ABC∽△OEB

(2) ① 6cm ② $\frac{20}{3}$cm

B(1) 証明

△ADFと△ECBにおいて

∠FADと∠BECは$\overset{\frown}{BC}$に対する円周角だから ∠FAD＝∠BEC ……①

AE∥FDだから ∠EAB＝∠FDA ……②

∠EABと∠BCEは$\overset{\frown}{BE}$に対する円周角だから ∠EAB＝∠BCE ……③

②，③より ∠FDA＝∠BCE ……④

①，④より，2組の角がそれぞれ等しいから △ADF∽△ECB

(2) ① $2\sqrt{6}$cm ② $\frac{24}{25}$倍

R４ $\boxed{6}$**A**(1) 証明

△ACDと△EFDにおいて

対頂角は等しいので ∠ADC＝∠EDF …………①

ADは∠BACの二等分線なので ∠CAD＝∠OAD …………②

△OAEはOA＝OEの二等辺三角形なので ∠OAD＝∠FED …………③

②，③より ∠CAD＝∠FED …………④

①，④より2組の角がそれぞれ等しいから △ACD∽△EFD

(2) ① 2cm ② $\frac{3\sqrt{21}}{7}$cm

B(1) 証明

△ABEと△BCGにおいて

ABは円の直径だから∠AEB＝90° BG⊥CFだから∠BGC＝90°

よって ∠AEB＝∠BGC＝90° ……①

∠ABEと∠ACEは$\overset{\frown}{AE}$に対する円周角だから ∠ABE＝∠ACE ……②

また ∠ACE＝∠FCD＋∠ACF ……③

∠BCG＝∠FCD＋∠BCD ……④

∠ACF＝∠BCDと③，④より ∠ACE＝∠BCG ……⑤

②，⑤より ∠ABE＝∠BCG ……⑥

①，⑥より，2組の角がそれぞれ等しいから △ABE∽△BCG

(2) $\frac{56}{25}$cm

R３ 6 A(1) 対頂角だから　∠FED＝∠AEO …………④
③，④より　∠DCB＝∠FED …………⑤
△OBDはOB＝ODの二等辺三角形だから
∠CBD＝∠EDF …………⑥
⑤，⑥より，2組の角がそれぞれ等しい。

(2) ① $\frac{9}{4}$倍　② $\frac{5\sqrt{11}}{4}$ cm^2

B(1) 証明
△BCFと△CDHにおいて
△ABCは直角二等辺三角形だから　∠CBF＝45°　………①
△ACDは直角二等辺三角形だから　∠DCH＝45°　………②
①，②より　∠CBF＝∠DCH ………③
∠ACB＝90°だから　∠BCF＝90°－∠ACF …………④
∠ADC＝90°だから　∠CDH＝90°－∠ADE …………⑤
∠ACF＝∠ADEだから，④，⑤より　∠BCF＝∠CDH …⑥
③，⑥より，2組の角がそれぞれ等しいから
△BCF∽△CDH

(2) DH：HG＝5：3

R２ 6 B(1) 証明
△CDFと△EACにおいて
AF⊥DFだから　∠DFC＝90°　………①
ABは半円の直径だから　∠ACE＝90°　………②
①，②より　∠DFC＝∠ACE ………③
また，∠ACE＝90°だから
∠DCF＝90°－∠DCE ………④
∠AEC＝90°－∠CAE ………⑤
∠DCEと∠CAEは，
それぞれ$\overset{\frown}{BD}$と$\overset{\frown}{DC}$に対する円周角で，$\overset{\frown}{BD}$＝$\overset{\frown}{DC}$だから ∠DCE＝∠CAE …⑥
④，⑤，⑥より ∠DCF＝∠AEC ………⑦
③，⑦より，2組の角がそれぞれ等しいから　△CDF∽△EAC

(2) △DAF　△BAD　△EBD

(3) AB：AC＝BE：EC＝3：1であり，EC＝$\frac{3\sqrt{2}}{2}$ cm
よって，△EACにおいて，三平方の定理から
AE＝$\frac{3\sqrt{6}}{2}$ cm
△EAC∽△BADだから　AE：AB＝AC：AD
よって，AD＝3$\sqrt{6}$cm
△EAC∽△DAFだから　AC：AF＝AE：AD＝1：2

H31 6 A(1) ア　2組の辺の比とその間の角がそれぞれ等しい
イ　EF⊥ABだから　∠EFO＝90°　…………⑤
④，⑤より　∠ADO＝∠EFO …………⑥
対頂角は等しいから　∠AOD＝∠EOF …………⑦
また，AO，EOはともに円の半径だから　AO＝EO …………⑧
⑥より，△AODと△EOFはともに直角三角形であり，
⑦，⑧より，斜辺と1つの鋭角がそれぞれ等しい。

(2) $\sqrt{6}$ cm

B(1) 証明
△ADCと△BGFにおいて
AB⊥DCだから ∠DCA＝90°　………①
OF⊥BEだから ∠GFB＝90°　………②
①，②より ∠DCA＝∠GFB ………③
∠DACと∠DEBは$\overset{\frown}{DB}$に対する円周角だから∠DAC＝∠DEB ………④
BGは円の接線で，ABは円の直径だから∠ABG＝90°であって，
①から，DE∥BGである。　よって　∠DEB＝∠GBF ………⑤
④，⑤より　∠DAC＝∠GBF ………⑥
③，⑥より，2組の角がそれぞれ等しいから　△ADC∽△BGF

(2) ① $2\sqrt{6}$ cm　② $\frac{7\sqrt{15}}{6}$ cm

H30 6 A(1) 証明　△ABCと△CDOにおいて
△OACはOA＝OCの二等辺三角形だから　∠BAC＝∠DCO …………①
ABは半円の直径だから　∠ACB＝90°　…………②
一方，DO⊥OCだから　∠COD＝90°　…………③
②，③より　∠ACB＝∠COD …………④
①，④より，2組の角がそれぞれ等しいから　△ABC∽△CDO

(2) ① $\frac{9\sqrt{2}}{4}$ cm　② $\frac{7\sqrt{2}}{8}$ cm^2

B(1) 証明　△EADと△AGDにおいて
2つの三角形に共通な角だから　∠ADE＝∠GDA ………①
∠AEDは$\overset{\frown}{AD}$に対する円周角で，∠AOD＝90°だから　∠AED＝45°　…②
一方，四角形OACDは正方形で、ADは対角線だから　∠GAD＝45°　…③
②，③より　∠AED＝∠GAD ………④
①，④より，2組の角がそれぞれ等しいから　△EAD∽△AGD

(2) ① $\frac{9\sqrt{10}}{5}$ cm　② $\frac{16}{5}$cm^2

H29 6 (1) (a) △EDG (b) △AEG

(2) **選択した三角形が△EDGのとき**

証明 △ADEと△EDGにおいて
2つの三角形に共通な角だから ∠ADE＝∠EDG ………①
ABは半円の直径だから ∠AED＝∠ACB＝90° ………②
一方，EF∥CBだから ∠EGD＝∠ACB ………③
②，③より ∠AED＝∠EGD ………④
①，④より，2組の角がそれぞれ等しいから △ADE∽△EDG

選択した三角形が△AEGのとき

証明 △ADEと△AEGにおいて
2つの三角形に共通な角だから ∠DAE＝∠EAG ………①
ABは半円の直径だから ∠AED＝∠ACB＝90° ………②
一方，EF∥CBだから ∠AGF＝∠ACB＝90° よって ∠AGE＝90° ……③
②，③より ∠AED＝∠AGE ………④
①，④より，2組の角がそれぞれ等しいから △ADE∽△AEG

(3) $\frac{12}{7}$ cm

H28 6 A(1) 証明 △ABCと△ADEにおいて
∠ABCと∠ADEは$\overset{\frown}{AC}$に対する円周角だから ∠ABC＝∠ADE ………①
ABは円Oの直径だから ∠ACB＝90° ………②
一方，AE⊥CDだから ∠AED＝90° ………③
②，③より ∠ACB＝∠AED ………④
①，④より，2組の角がそれぞれ等しいから △ABC∽△ADE

(2) ① $4\sqrt{2}$cm ② $\sqrt{5}$cm^2

H28 6 B(1) 証明 △ADEと△BDCにおいて
四角形CDEFは正方形だから DE＝DC ………①
∠DBAと∠DABは，それぞれ$\overset{\frown}{AD}$と$\overset{\frown}{BD}$に対する円周角で，
DO⊥ABだから，∠DBA＝∠DAB＝45°
よって，△DABは二等辺三角形だから AD＝BD ………②
また，四角形CDEFは正方形で∠EDC＝90° だから
∠ADE＝90° －∠ADC ………③
一方，ABは円Oの直径だから∠ADB＝90°
したがって，∠BDC＝90° －∠ADC ………④
③，④より ∠ADE＝∠BDC ………⑤
①，②，⑤より，2辺とその間の角がそれぞれ等しいから △ADE≡△BDC

(2) $\frac{6\sqrt{2}}{7}$ cm

H27 6 (1) 証明 △ABDと△FBEにおいて
∠ABDと∠FBEはそれぞれ$\overset{\frown}{AD}$と$\overset{\frown}{CD}$に対する円周角で，
$\overset{\frown}{AD}$＝$\overset{\frown}{CD}$だから ∠ABD＝∠FBE ………①
AD＝AEだから ∠ADB＝∠AED ………②
また，対頂角は等しいから ∠FEB＝∠AED ………③
②，③より ∠ADB＝∠FEB ………④
①，④より，2組の角がそれぞれ等しいから △ABD∽△FBE

(2) $\frac{33}{4}$ cm

●空間図形

R 5 4 (1) $9\sqrt{3}\pi$ cm^3 (2) 18π cm^2 (3) $\frac{3\sqrt{3}}{2}$cm (4) $\frac{\sqrt{3}}{2}\pi$ cm^3

R 4 4 (1) 2cm (2) $3\sqrt{5}$cm (3) $4\sqrt{5}$cm^2 (4) $\frac{10\sqrt{5}}{3}$cm^3

R 3 4 (1) $\frac{9}{4}$cm (2) $\frac{9}{2}$cm^3 (3) AQ：QP＝4：11

R 2 4 (1) $4\sqrt{2}$cm (2) 4cm (3) ① 12π cm^2 ② $2\sqrt{19}$cm

H31 4 (1) ① 4cm ② $\frac{32}{3}$cm^3 (2) ① $\frac{3}{2}$cm ② $\frac{3\sqrt{3}}{2}$cm

H30 4 (1) 辺CF，辺DF，辺EF (2) ア $9^2-(8-x)^2$ イ 2 (3) 60π cm^3

H27 4 (1) $2\sqrt{13}$cm (2) $\frac{8}{3}$cm (3) AQ：QE ＝5：9 (4) $\frac{100}{7}$cm^3

H29 4 (1) 12cm (2) 288π cm^3 (3) $8+4\sqrt{3}$cm (4) 96cm^3

H28 4 (1) 64π cm^3 (2) 12cm (3) ① 3cm ② 37π cm^3

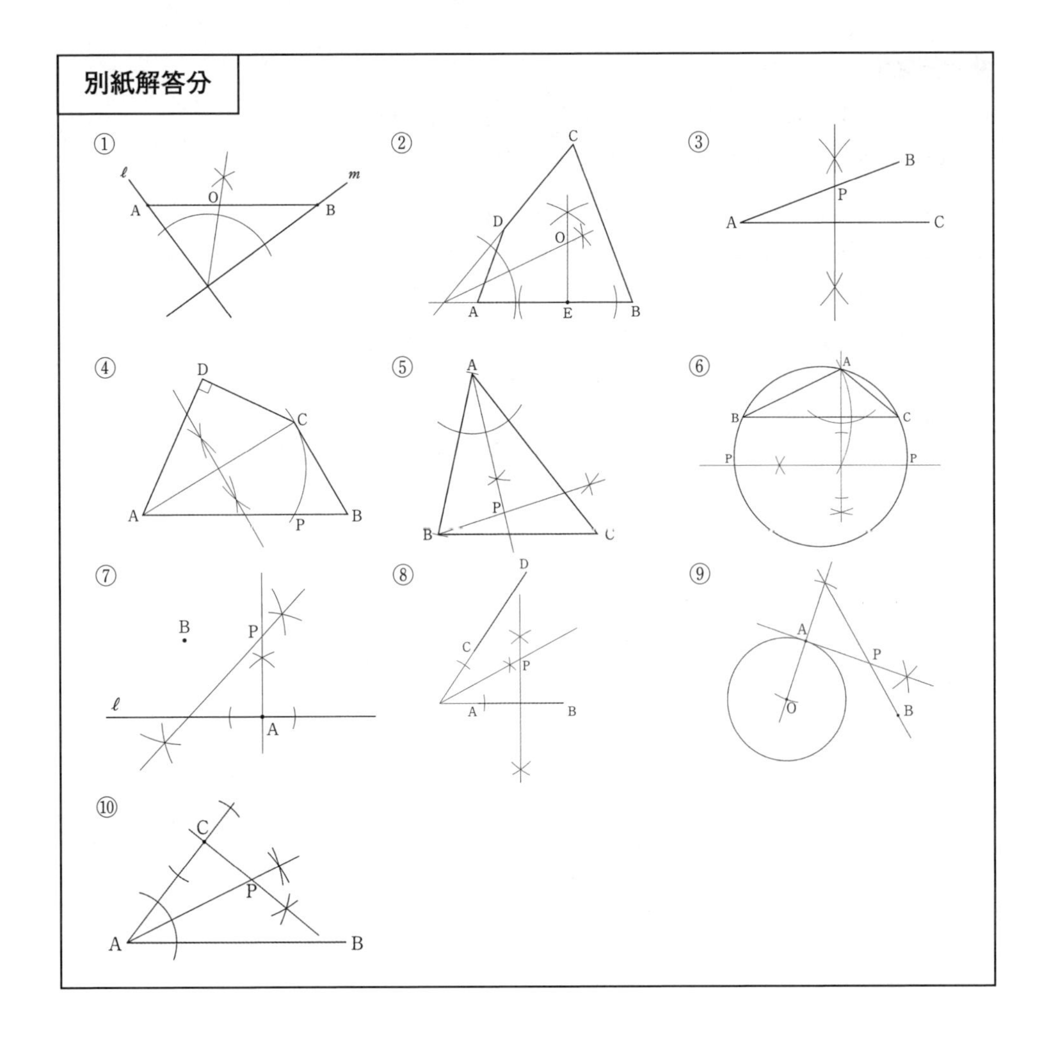

理科解答

●身近な科学

R5 [4] 1．(1) ① ウ ② イ ③ ア (2) ① エ ② オ
(3) ① ウ ② イ

R3 [4] 1．(1) 右図 (2) ① イ ② イ
(3) ① ア ② ウ ③ オ

R2 [4] 1．(1) ウ (2) 右図 (3) ア，エ
(4) 1番目 D 2番目 C

令和3年 [4] 1(1)

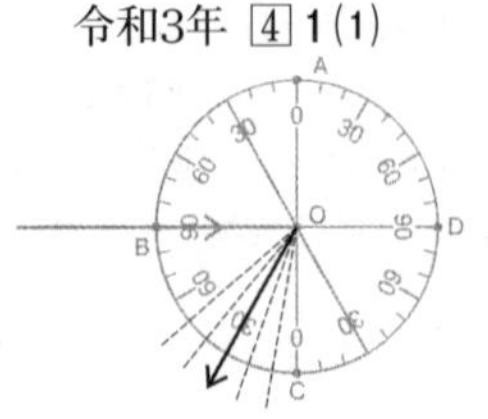

令和2年 [4] 1(2)

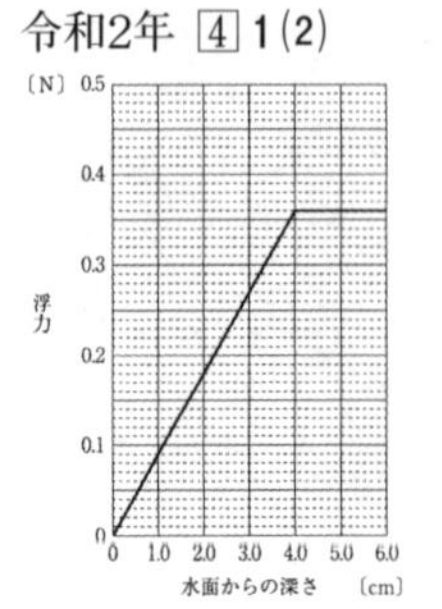

●物質の性質とその変化（質量と体積）

R4 [3] 1．(1) エ (2) ① ア ② 6.0 (3) 化学式 O_2 記号 ウ
(4) 記号 ア 理由 1分間あたりの混合物の質量の減少量が最も大きいから。
(5) 1.8％

R3 [3] 1．(1) ア (2) 4.6％ (3) カ
(4) 質量パーセント濃度 ウ 密度 ア 体積 イ (5) F→D→E

R2 [3] 2．(1) ウ，エ (2) ア エ
(3) 有機物の一部が炭にならず，ろ過によって取り除けなかったから。 (4) イ

H31 [3] 1．(1) エ (2) 試験管 a **理由：** 水の多くは液体のままであるが，エタノールの多くは気体に変化するので，エタノールの割合が大きい液体の入った袋の方がより膨らむから。 (3) ① ウ ② イ (4) イ，エ

H29 [3] 1．(1) 実験Ⅰ ア 実験Ⅱ ウ (2) ポリプロピレン (3) 0.89 g /cm^3
(4) 先に、浮いていたポリエチレンが沈み、その後、浮いていたポリプロピレンが沈む。

●化学変化と原子分子

R5 [3] 1．(1) H_2O　(2) ① イ　② ウ
(3) 試験管内に入った空気中の酸素によって，生じた銅が酸化銅に変化するのを防ぐため。
(4) 58％

R3 [3] 2．(1) 化学式　CO_2　**理由**：試験管Xには，三角フラスコの中にあった空気が多く含まれていたから。
(2) ① ア　② 吸熱（反応）　(3) 0.7g　(4) ① イ　② イ

H31 [3] 2．(1) ① イ　② ア　(2) 60 g
(3) 鉄が食品よりも先に酸化されることで，酸素が食品にふれるのを防ぐから。
(4) ウ

H30 [3] 1．(1) ① 下方　② 空気よりも密度が大きい　(2) 0.8g　(3) ① ○◎○　② ◎
(4) $2Mg+CO_2 \rightarrow 2MgO+C$　(5) ① ウ　② イ

H29 [3] 2．(1) $NaHCO_3$　(2) イ
(3) ビーカー内の塩酸がすべて反応するから。
(4) 右図　(5) イ

平成29年 [3] 2(4)

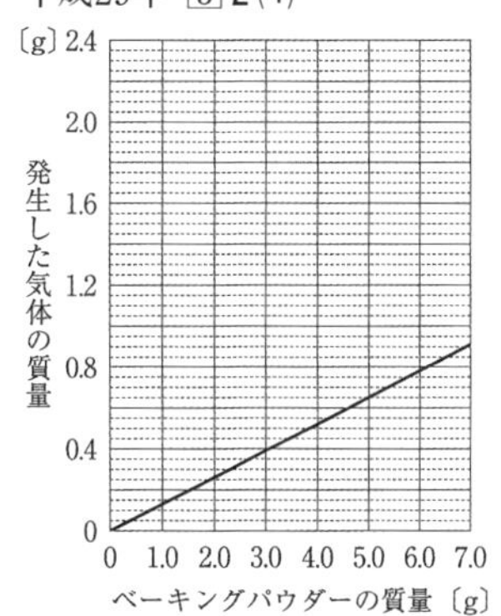

H27 [3] 1．(1) ア　ウ
(2) **方法**：(例) かいろに磁石を近づける。
結果：(例) かいろが磁石につく。
(3) ① イ　② 質量保存
(4) 物質名　酸素　**理由**：ゴム栓をはずしたことで，再び酸化が進んで温度が上がり，鉄と酸素が結びついて質量が増加したとわかるから。

●水溶液とイオン（電気分解）

R5 [3] 2．(1) $Mg \rightarrow Mg^{2+} + 2e^-$　(2) a Y　b Y　c Y　d X
(3) ① ア　② イ　③ イ　(4) ウ，エ，オ

R4 [3] 2．(1) ア，エ　(2) E　(3) ① ア　② 30　(4) B，E

R2 [3] 1．(1) エ　(2) 記号　エ　イオン式　Zn^{2+}　(3) 2N個
(4) ① アルミニウムがイオンとなって電子を放出し，その電子が導線を通って備長炭の方へ移動した　② イ

H30 [3] 2．(1) ウ → ア → イ　(2) ① ア　② ア
(3) ① ウ　② オ　(4) ① Na^+　② Cl^-

H28 [3] 2．(1) ア　エ　(2) ① ア　② ア
(3) H_2　(4) ① イ　② ア

●運動とエネルギー

令和5年 [4] 2(3)

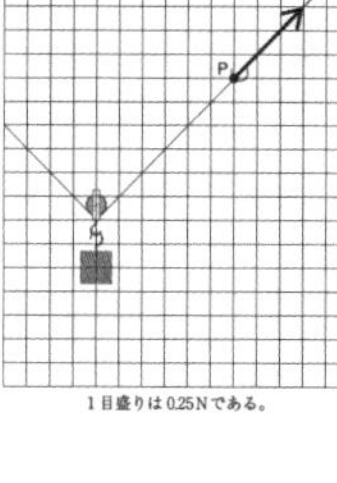

1目盛りは0.25Nである。

R5 [4] 2．(1) 仕事の大きさ 0.1J　語 仕事の原理　(2) 0.2N　(3) 右図
(4) ① ア　② 1.5N

R4 [4] 1．(1) ① イ　② ウ　③ ア
(2) ＢＣ間にある小球どうしの間隔が，図24と図25で等しいから。
(3) 0.2
(4) 重力の分力　右図
理由：それぞれの小球にはたらくレールに平行な方向の分力は，レールXよりもレールYの方が大きいから。

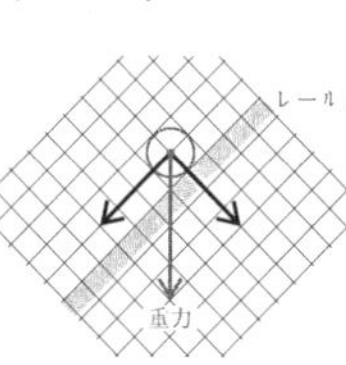

R2 [4] 2．(1) 0.10m/s　(2) ① イ　② イ　③ ウ　(3) 0.50J
(4) ① イ　② ウ　③ ア

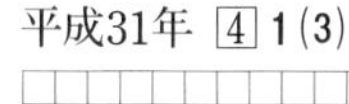
平成31年 [4] 1(3)

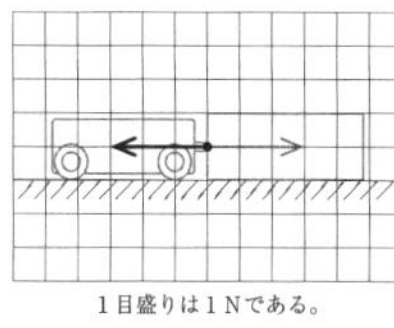

1目盛りは1Nである。

H31 [4] 1．(1) 0.5倍　(2) ① 0.1　② イ　(3) 右図
(4) イ，ウ，エ

H28 [4] 1．(1) ① ウ　② ア　(2) 18cm　(3) 1.4m/秒
(4) ① イ　② ウ

H27 [4] 2．(1) ① 0.48　② 仕事の原理　(2) 0.032W
(3) 0.5N　(4) 0.125倍

●電流とそのはたらき

R4 [4] 2．(1) ① ア　② ウ　(2) ① イ　② イ　(3) エ

R3 [4] 2．(1) ① ウ　② イ　(2) 0.30A　(3) 7.5Ω　(4) ア，イ

H30 [4] 2．(1) ① ウ　② ウ　(2) 0.04W　(3) 3120 J
(4) 表面温度が低いことで，熱エネルギーに変換される電気エネルギーの量が，白熱電球よりも少ないと考えられるから。

H29 [4] 2．(1) ① ア　② ア　(2) A，C　(3) イ，ウ
(4) 30図 ウ　31図 イ

H28 [4] 2．(1) ① 熱　② イ　(2) ① ウ　② イ　(3) イ
(4) 右図

平成28年 [4] 2(4)

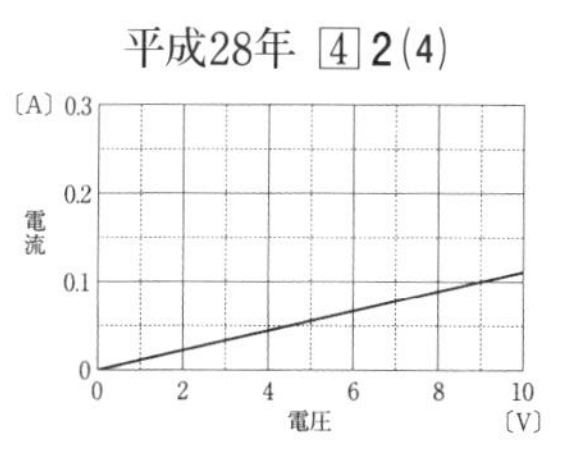

●大地の変化

R5 [2] 2．(1) ① 隆起　② 風化

(2) 火成岩はマグマが冷えて固まってできたものであるから。

(3) ア，エ，オ　(4) イ，オ，キ

R4 [2] 1．(1) ① 震度　② 10

(2) 地震のゆれで，記録用紙は動くが，おもりはほとんど動かないのでゆれを記録できる。

(3) イ　(4) ウ

R3 [2] 1．(1) ウ　オ

(2) ミョウバンの方が溶解度の差が大きく，温度を下げたときに多くの結晶をとり出すことができるから。

(3) ①イ　② 斑状（組織）　(4) ア

H30 [2] 1．(1) ① ア　② イ　(2) ① イ　② 岩石をつくる粒の大きさ

(3) 上流に分布する安山岩の一部がけずられ，その岩石が下流へ運ばれたから。

(4) a 石灰岩　b チャート

H28 [2] 1．(1) ① ウ　② ウ　(2) ① 斑状　② イ　③ ア

(3) 岩石名 玄武岩　**理由**：マグマのねばりけが弱いから。　(4) ウ

●植物の生活と種類

R5 [1] 1．(1) 2番目 エ　4番目 ア　(2) ① 葉緑体　② A　(3) ① イ ② イ

(4) ア,エ,カ

R4 [1] 1．(1) ① 子房　② ウ　(2) ① ウ　② イ　(3) ① ウ　② ア

(4) $\frac{7x}{y}$〔個〕

R3 [1] 1．(1) ① ア　② ウ　(2) ① 葉脈　② ア　(3) エ，オ

(4) ① 茎　② 根　性質　水に溶けやすい性質。

R2 [1] 1．(1) 雄花 B　2年前の雌花 D　(2) ① 花粉のう　② ア

(3) 風によって運ばれやすい点。

(4) ① C　② A　③ 種子に養分が蓄えられていたから　(5) ア　カ

H31 [1] 1．(1) ① ウ　② 合弁花（類）　(2) 右図

(3) ① 対照（実験）　② エ

(4) 葉緑体が見られる緑色をした果実では，光合成が行われるが，葉緑体が見られない赤色をした果実では，光合成が行われないから。

H30 [1] 1．(1) ① イ　② イ　③ ア

(2) ソラマメの呼吸によって放出された二酸化炭素の量と，光合成によって吸収された二酸化炭素の量が，同じであったから。

(3) ウ　(4) ① イ　② ア

●動物の種類とからだのはたらき

R5 [1] 2．(1) 右図　(2) ア，オ　(3) ① A　② D

(4) **セロハンの袋に入れる液**：デンプン溶液20cm³と水10cm³を混ぜた液

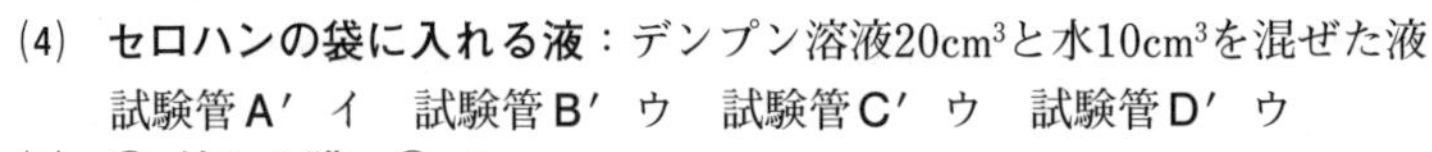

試験管A′ イ　試験管B′ ウ　試験管C′ ウ　試験管D′ ウ

R4 [1] 2．(1) ① 外とう膜　② ウ

(2) 体の表面 うろこでおおわれている。　卵のつくり 殻をもっている。

(3) ① ア　② イ　③ イ

(4) 微生物が有機物を分解するはたらきを活発にする効果がある。

R3 [1] 2．(1) 記号 B　名称 大動脈　(2) ① 肺胞　② ア　(3) 45秒

(4) ヘモグロビンは，酸素が少ないところで酸素をはなす性質があるから。

(5) ア　エ　カ

R2 [1] 2．(1) ① ウ　② イ

(2) 目が前向きについており，前方の広い範囲を立体的に見ることができるから。

(3) ① 2　② 3

(4) アカミミガメはニホンイシガメよりも短期間で個体数をふやすことができ，成長も早いため，ニホンイシガメの生活場所とえさが減ってしまうから。

H31 [1] 2．(1) ① けん　② ア　(2) 相同器官　(3) エ

(4) 鳥類の方がハチュウ類よりも出現する年代が遅いことと，シソチョウのように，鳥類とハチュウ類の両方の特徴をもつ動物がいたことから。

H30 [1] 2．(1) ① ア　② イ

(2) メダカの動きが，実験Ⅲで与えた刺激に対する反応であることをはっきりさせるため。

(3) エ

H29 [1] 2．(1) ① イ　② ウ　(2) 器官名 えら　記号 エ　(3) ウ

H27 [1] 2．(1) ① 外骨格　② イ　(2) ウ　(3) 子は水中で生活するためえらで呼吸するが，成長すると陸上で生活するため肺で呼吸する。

(4) A 3　B 1　(5) a 3　b 10　**動物名** トカゲ

●天気の変化

R3 2 2．(1) ① 露点 ② ウ (2) ① イ ② ア (3) ① ウ ② ア
(4) イ，ウ

R2 2 2．(1) 右図 (2) ① ア ② ア ③ イ (3) ① イ ② ウ
(4) 冬は太平洋上よりユーラシア大陸上の気温が低くなるため，ユーラシア大陸上の空気の密度が高くなり，下降気流が発生するから。

令和2年 2 2(1)

H31 2 2．(1) イ
(2) ① ア ② 箱の中の空気が含むことのできる水蒸気の量が多くなるから
(3) ウ (4) e

H27 2 1．(1) ① 28 ② 22 (2) ① イ ② イ
(3) コップの表面付近の空気の温度が露点よりも下がり，空気中の水蒸気が水滴になってコップの表面についたから。
(4) ウ

●地球と太陽系

R5 2 1．(1) ① ア ② 恒星 (2) 冬至 ア 太陽の南中高度 34.1度
(3) イ (4) イ，エ

R4 2 2．(1) ① 衛星 ② イ (2) ① エ ② オ (3) 日食 ウ 月食 キ
(4) ① 400 ② 地球から太陽までの平均距離は，地球から月までの平均距離の約400倍ある
(5) イ

R2 2 1．(1) ① 惑星 ② イ (2) ① イ ② ア ③ イ (3) エ (4) ① エ ② イ

H31 2 1．(1) 木星 (2) ア (3) 位置 エ **距離**：長くなる。
(4) 記号 ア 金星の形（右図）

平成31年 2 1(4)

H30 2 2．(1) ① 自転 ② 日周 (2) 6.3cm (3) 右図
(4) イ，エ (5) ① ア ② ウ

平成30年 2 2(3)

H29 2 1．(1) ① 恒星 ② 衛星 (2) 移動 c 地点 ウ
(3) 位置 D 公転 Y (4) 10図 ウ 12図 ア

H27 2 2．(1) ① イ ② ア
(2) 太陽投影板と接眼レンズの距離を調節する。
(3) エ (4) ① 球 ② ア (5) エ

英語解答

●単語・表現

R5 2 A 1．ウ 2．エ 3．イ B イ→ウ→エ→ア

R4 2 A 1．ア 2．ウ 3．イ B ウ→イ→エ→ア

R3 2 A 1．エ 2．イ 3．ウ B イ→ウ→ア→エ
C 1．ウ 2．ア

R2 2 A 1．イ 2．エ 3．ア B イ→エ→ア→ウ
C 1．エ 2．ウ

H31 2 A 1．イ 2．ウ B ① イ ② イ ③ ア ④ イ
C ウ→ア→イ D 1．エ 2．ウ

H30 2 A 1．エ 2．ア B 1．イ 2．ウ
C ① has ② largest ③ playing

H29 2 A 1．イ 2．ウ B 1．イ 2．エ
C ① was ② countries ③ written

●図や表についての英文読解

R5 2 C 1．ウ 2．イ
D 1．エ 2．(例) wanted to try new things

R4 2 C 1．ア 2．① ウ ② ウ
D 1．カ 2．(例) which they usually use

R3 2 D ① (例) to stay longer ② (例) to cook foreign dishes

R2 2 D ① reading better than speaking ② use English more

H31 2 E 1．イ 2．(The article says that you may) need a car (to go there.)

H30 2 E 1．(Twenty students in my class) don't read the newspaper (.) 2．イ

H29 2 E 1．イ 2．the lowest

H27 2 B ① ア ② キ ③ カ ④ エ

●対話文読解

R 5 3　1．① エ ② ウ ③ カ　2．A learn many things　B to enjoy events

R 4 3　1．① イ ② オ ③ ウ
2．A learning about our hometown　B enjoyed talking about it

R 3 3　1．① イ ② オ ③ ウ　2．A have many experiences　B how to become

R 2 3　1．① イ ② カ ③ ウ　2．A has many good points　B bring a better life

H31 3　1．① カ ② ア　2．(例) (Mr. Smith,) shall we choose (Goal 11 ?)
3．エ　4．A make our town better　B keep doing small things

H30 3　1．① ア ② オ　2．(例) Could you teach me how to make origami, too (?)
3．イ　4．A way　B interested

H29 3　1．(Do you) know what they are (?)
2．② カ ③ オ　3．イ　4．A told　B came

H28 3　1．ⓐ (How) about ten in the (morning?)
ⓑ (Then he) taught me something interesting (.)
2．① エ ② カ
3．(市の図書館で)「星の王子さま」を最初に日本語に翻訳した熊本出身の人について学ぶ(ことができるということ。)
4．イ　5．A in English　B was interested

●英文読解

R 5 4 A　1．She was eight years old (.)　2．ア　3．① ウ ② ウ ③ ア
4．A 気分　B 辞書　C 笑顔　5．イ

B　1．ア
2．He helped his parents check the size of the eggs and put them in the boxes.
3．(例) spend much money　4．イ，ウ，エ
5．(例) what to do to make the living environment

R 4 4 A　1．① ア ② ウ ③ ウ　2．They were in Yuki's house (.)　3．イ
4．A ゆっくり歩く　B 話を聞く　C 手伝いすぎる　5．ウ

B　1．ウ
2．They buy many popular clothes and enjoy the newest fashion.
3．(例) give them to someone　4．ウ，エ
5．(例) buy the clothes which are friendly to the environment and wear them

R 3 4 B　1．エ　2．She met him at a pet shop ten years ago.
3．(例) communication　4．イ，オ
5．(例) think more about their lives and love them

R 2 4 B　1．ア
2．Because he didn't have any friends there and he couldn't speak English well.
3．ア，ウ　4．to talk about yourself to a lot of your classmates
5．you felt

H31 4 B　1．生徒が毎日使う場所に対して感謝を表すため。
2．Because they think students should learn how to clean at home (.)
3．オ　4．tell it to　5．エ

H30 4 B　1．tired
2．光太が年配の女性にゆずろうとした席に，若い男性が座ったから。
3．ウ
4．(Japanese people) are kind to each other, so they should give up their seats to old people. (17語)

H29 4 B　1．エ
2．お年寄りから，物の修理の仕方を学ぶことを楽しみ，その物についてそれぞれの家族が持つ思い出を話すのを楽しむ機会。
3．ウ
4．He wants them to cherish 5語 the things they have and 10語 enjoy repairing them if they 15語 are broken. 20語

H27 4 B　1．She started to study about the Modern Olympics.　2．イ
3．世界中の人々のためのスポーツ行事を開催する計画。(24字)
4．became friends　5．エ
6．(例) It is fun for many people to do sports, but there are other good things in doing sports. Through sports, we learn to help each other and can become kind to other people.

●英作文

R 5 5 A　A（例）（Yes. I） bought a bag（.）

B（例）I want to use it for shopping（.）

B　【採点の観点】

(1) 発言に対する自分の賛否の立場と理由が一貫している。

(2) 理由が指定された語数で適切に書かれている。

(3) 語彙や文法が正しく使われている。

R 4 5 A　A（例）（My dream is to） become a teacher（.）

B（例）（To realize my dream, I） will study very hard（.）

B　【採点の観点】

(1) 発言に対する自分の意見と，その理由が適切に書かれている。

(2) 語彙や文法が正しく使われている。

R 3 5 A　A（例）（ I think ） playing sports （ is more interesting ）

B（例）（ because ） playing soccer with my friends is fun （ . ）

B　【採点の観点】

(1) 発言に対する自分の意見と，その理由が適切に書かれている。

(2) 語彙や文法が正しく使われている。

R 2 5 A　A（例）（ I think studying ） at home （ is better ）

B（例）（ because ） I can study with my sister （ . ）

B　【採点の観点】

(1) 質問に対して，自分の答えと，その理由を二つ適切に書いている。

(2) 語彙や文法が正しく使われている。

H31 5 A　A（例）（ I want to ） study English hard

B（例）（ because ） I want to go to many countries （ . ）

B　【採点の観点】

(1) 質問に対して，自分の意見を適切に書いている。

(2) 語彙や文法が正しく使われている。

H30 5 A　A（例）（ I want you to eat ） sushi （ . ）

B（例）There are many sushi restaurants in my town （ . ）

B　【採点の観点】

(1) 陽子の発言に対して，自分の答えを適切に書いている。

(2) 語彙や文法が正しく使われている。

H29 5 A　A（例）（ I like ） English

B（例）（ because ） I can learn about foreign cultures （ . ）

B　【採点の観点】

(1) 陽子の発言に対して，自分の意見を適切に書いている。

(2) 語彙や文法が正しく使われている。

H28 5 A　A（例）I play the piano (on weekends.)

B（例）I have played it for ten years (.)

B　例1　A　I think so, too (,)

B　we can learn many things about the world from newspapers (.)

例2　A　I don’t think so (,)

B　we can use TV or the Internet to get a lot of information (.)

H27 2 D　（例）I think fall is the best season to visit Japan. Trees in the mountains in Japan are very beautiful in fall.

社会解答

●世界地理

R５[1] 1．⑴　a　ア　b　ヒマラヤ（山脈）　⑵　ハリケーン
⑶　B　エ　E　ウ
⑷　右図

日本時間（時）	0	2	4	6	8	10	12	14	16	18	20	22	24
パリ（9：30－21：00）													

2．⑴　経済特区
⑵　15歳から64歳までの人口が減少することが予測されるので，労働力が不足することが考えられる。

R４[1] 1．⑴　a　イスラム（教）　b　ア
⑵　時差 15（時間）　経線 エ　⑶　ア　A　ウ　C
2．⑴　アパルトヘイト
⑵　記号 ウ　経済　モノカルチャー（経済）
⑶　マリでは，民族それぞれの言語があり，民族間で共通の言語が必要なため。
⑷　米の収穫面積はあまり変化していないが，米の生産量が大きく増加していることから，米の生産性が大きく向上したと考えられる。

R３[1] 1．⑴　本初子午線 G　東経150度 B　⑵　②エ　③ア
⑶　暖流と寒流がぶつかる海域だから。
2．ユーラシア大陸 ア　オーストラリア大陸 ウ
3．エ
4．⑴　語 パンパ　記号 ア
⑵　石油などの限りある資源の使用を減らすことができる点。
地球温暖化や酸性雨などの原因となる物質の増加をおさえることができる点。

R２[1] 1．⑴　a太平洋　b大西洋　⑵　北緯40度 ③　地点 イ
2．⑴　a漢（族）　bメスチソ〔メスチーソ〕
⑵　aウ　bア　⑶　山東省 ウ　甘粛省 イ
⑷　大豆 イ　輸入量 Y
3．2000年以降に加盟した国の多くは，一人当たりの国内総生産が低い。そのためＥＵ内の経済格差が課題となっている。

H31[1] 1．⑴　環太平洋（造山帯）　⑵　ア　⑶　c
⑷　モスクワ　イ　チュニス　ア
2．⑴　アフリカ系　ウ　ヒスパニック　イ
⑵　a　適地適作　b　イ
⑶　アメリカ合衆国は，農産物の生産量に占める輸出量の割合が大きい。

H30[1] 1．⑴　オセアニア（州）　⑵　イ
⑶　①ウ　②ア　③イ
⑷　語　ステップ（気候）　国　C
2．⑴　カ
⑵　日本　エ　オーストラリア　ア
⑶　1973年とくらべると，2012年はアジア州の割合が多くなっている。

H28[1] 1．アジア（州）　2．ア　3．①　ウ　④　イ
4．Ⓑ国　ア　Ⓒ国　イ　5．酸性雨
6．⑴　a　ウ　b　経済特区〔経済特別区〕
⑵　**記号**　B　**理由**　中国は一人っ子政策を進めてきたため，インドに比べると人口の増加がおさえられてきたから。

●日本地理

R５[2] 1．⑴　ウ　→　ア　→　イ　⑵　盛岡駅 イ　金沢駅 エ
2．イ
3．⑴　ア　水力　イ　火力
⑵　太陽光による発電は，発電所１箇所当たりの発電量が火力よりも少ない。
4．⑴　扇状地　⑵　イ
⑶　野岳湖から引いた水が標高250m付近を流れているため，標高250m付近よりも低い場所は水田，高い場所は畑などに利用されている。

R４[2] 1．⑴　札幌，ペキン　⑵　a群　ア　b群　ウ
⑶　福島県　ア　鹿児島県　エ
⑷　中部国際空港　ウ　福岡空港　ア
2．⑴　①　ウ　②　ア　⑵　ウ　レタス　エ　みかん
⑶　周辺にある集落の標高が低く，周囲に津波から避難できる高台がないため。

R３[2] 1．⑴　兵庫県　⑵　a　赤石（山脈）　b　カルデラ
⑶　②　ウ　④　ア
2．⑴　A　○　B　×　C　×　⑵　ア
3．⑴　a　アイヌ〔アイヌ民族〕　b　石狩（平野）
⑵　ウ　⑶　a　イ　b　排他的経済水域
⑷　経営規模の拡大や機械化が進められている。

R２[2] 1．a　ウ　b　政令指定（都市）　2．B　イ　E　ア
3．野菜産出額　ウ　畜産産出額　オ
4．中心部の気温が周辺部より高い。
5．⑴　三角州〔デルタ〕　⑵　4（倍）
⑶　原料となる原油を輸入しやすい臨海部に立地している。

H31[2] 1．⑴　B，E，F
⑵　a　ア　b　イ　⑶　C　エ　F　ウ
⑷　a　促成（栽培）　b　ア
2．⑴　X　○　Y　×　Z　×
⑵　高速バスや自動車の利用が増え，鉄道や航空機，船舶の利用が減った。

H29[2] 1．エ　2．語　扇状地　理由　水がしみこみやすいため。
3．A　長野（県）　B　埼玉（県）
4．a　北関東（工業地域）　b　太平洋ベルト
5．⑴　ア，エ　⑵　ブラジル

●歴史的分野（総合）

R５③１．⑴　a　イ　b　ウ　⑵　ア　×　イ　○　ウ　×
⑶　かな文字
２．⑴　a　北条政子　b　イ
⑵　領地が複数の子どもに分割して相続されることで細分化されていったため。
３．⑴　徳川家光　⑵　ア
⑶　作業を分担する〔分業を行う〕

R４③１．a　国司　b　口分田
２．奈良時代　イ　平安時代　エ
３．⑴　墾田永年私財法　⑵　a　摂政　b　３（人）
４．人名　北条泰時　記号　イ
５．語　下剋上　一乗谷　イ
６．外様大名ばかりであった九州に譜代大名を配置し，外様大名への監視を強化するねらい。
７．イ

R３③１．a　イ　b　ア　２．イ　→　ア　→　ウ
３．⑴　a　ウ　b　ア　⑵　京都や鎌倉の警備
４．ア　５．ウ
６．⑴　a　孔子　b　朱子学　⑵　イ

R２③１．a　青銅（器）　b　ア
２．a　聖徳太子　b　馬子　３．エ，オ
４．⑴　フビライ＝ハン　⑵　借金
５．石見銀山　ウ　国名　スペイン
６．肥料にするための草が手に入りにくくなり，鰯を原料とする肥料などを購入するようになっていた。
７．記号　イ　正しい語　蘭学者

H30③１．大仙〔大山〕（古墳）　２．ウ　→　ア　→　イ
３．a　イ　b　イ　４．ウ
５．a群　イ　b群　ウ
６．⑴　時期　B　同業者組織　株仲間
⑵　松平定信が行った改革は，出版物の規制などが厳しかったため，人々の反感をかった。

H29③１．a　高床（倉庫）　b　ア
２．寺院　東大寺　記号　イ
３．オ　４．エ　５．浄土（宗）
６．都市　大阪〔大坂〕　記号　ウ
７．参勤交代をゆるめるかわりに，大名から米を献上させた。

H27③１．a　卑弥呼　b　ア　２．A　白村江（の戦い）　B　エ
３．中国の文化をふまえながら，それを日本の風土や生活に合わせた文化。
４．ウ　５．分国法　語　けんか
６．C　e　D　a　７．a　アヘン戦争　b　イギリス
８．朱印状　時期　ウ

●歴史的分野（近代史）

R５④１．人名　ペリー　記号　イ　２．イ
３．ア　→　ウ　→　イ　４．ウ
５．⑴　預金を引き出そうとする預金者に，銀行が預金を支払うことができるようにするため。
⑵　ア
６．a　ベルリン　b　冷戦の終結

R４④１．大政奉還　２．a　イ　b　自由（党）
３．⑴　綿花　Z　綿糸　Y　⑵　ウ　→　イ　→　ア
４．a　津田梅子　b　北里柴三郎　５．ウ
６．エネルギー供給に占める石油の割合が大きく増加したことにより，エネルギー自給率が大きく低下していた。

R３④１．a　イ　b　長州（藩）　２．ウ　３．フェノロサ
４．語　南満州（鉄道株式会社）　記号　ウ
５．大日本帝国憲法が制定されるなど近代的な法や国家体制が整備されていた。
６．イギリス　ア　ドイツ　ウ　７．ア　→　ウ　→　イ
８．日本の対米輸出額が輸入額を上回り，その差が拡大する傾向にあった。

R２④１．a　ウ　b　屯田兵
２．⑴　a　イ　b　ウ
⑵　日露戦争では多くの戦費が必要となり，増税が行われたこと。
３．ウ　→　イ　→　ア
４．⑴　a　イ　b　イ
⑵　日本　B　アメリカ合衆国　D　ドイツ　C

H31④１．⑴　a　天皇　b　法律
⑵　地租を地価の2.5％に引き下げた。
⑶　a　文明開化　b　ア
⑷　イ　→　ウ　→　ア
２．⑴　記号　ア　正しい人名・数字　吉野作造
⑵　イ，オ　⑶　a　イ　b　ア

H28④１．カ　２．a　地価　b　現金
３．⑴　富岡製糸場　記号　イ　⑵　日清戦争　記号　オ
４．イ→ウ→ア
５．閣僚の大部分が，衆議院の第一党である立憲政友会の党員であったから。
６．ア　エ　７．イ

●政治

R５5１．⑴　個人　⑵　自己決定（権）
２．語　最高法規　記号　イ
３．⑴　a　常会〔通常国会〕　b　特別会〔特別国会〕
⑵　国会は，主権者である国民を代表する機関であるため。
⑶　内閣総理大臣の指名は衆議院の優越事項であるため，Ｘさんが指名された。
４．イ

R４5１．⑴　a　国民主権　b　平和主義
⑵　a　ウ　b　オ
２．⑴　A党　１（議席）　B党　０（議席）
C党　３（議席）　D党　２（議席）
⑵　比例代表制は，小選挙区制と比べて死票が少なく，多様な意見を政治に反映することができる。
３．手話で通訳をする人を配置している。
４．ア　×　イ　○　ウ　×

R３5１．社会（権）　２．A　○　B　○　C　×
３．⑴　民主主義の学校　⑵　1000（人）

R２5１．エ　２．イ，ウ　３．a　イ　b　イ
４．X　○　Y　×　Z　×
５．a　イ　b　国際平和協力〔ＰＫＯ協力〕（法）
６．⑴　（例）40歳代以下の世代が政治や選挙に関する情報をより入手しやすいようにインターネットを活用する。
⑵　政治が一部の人々の意見で決定されてしまうこと。

H31 5１．a　イ　b　ア
２．⑴　a　４（か国）　b　ウ
⑵　政府開発援助〔ＯＤＡ〕
３．⑴　a　ア　b　国民投票
⑵　国会の信任に基づいて内閣が成立するため。
４．⑴　X　イ　Y　エ
⑵　知る権利は，国や地方公共団体などの情報を対象としており，プライバシーの権利は，個人の情報を対象としている。

H30 5１．多数決（の原理）
２．⑴　イ，エ　⑵　国民の意思をより反映できる
３．a　１（名）　b　政党
４．a　直接請求（権）　b　ア　５．イ，ウ
６．正しい情報であるか判断し，適切な情報を選ぶ。

H29 5１．a　人（の支配）　b　法（の支配）　２．合意
３．イ　４．a　イ　b　最高裁判所長官　５．ア，ウ
６．⑴　a　控訴　b　上告
⑵　裁判を慎重に行い，人権を守るため。

H28 5１．a　18（歳）　b　普通（選挙）
２．⑴　a　健康　b　最低限度　⑵　イ，エ
３．⑴　A　㋐　B　㋒　⑵　権力の集中を防ぐため。
４．20歳代の若い世代は，選挙権をもつ他の世代に比べて，人口が少なく，投票率も低いから。

●経済

R５6１．（満）18（歳以上）　２．a　配当　b　イ
３．a　イ　b　公開市場操作〔オペレーション〕
４．マイクロクレジット
５．⑴　ア　○　イ　○　ウ　×　⑵　イ
⑶　a（例）必要な食品を必要な量だけ買う。
b（例）輸送にかかるエネルギー消費を減らすことができる。

R４6１．⑴　記号　A　語　累進課税（制度）
⑵　a群　ア　b群　ア　⑶　ア，エ
２．⑴　a　イ　b　ア
⑵　a　イ　b　ア　c　ウ
⑶　市場でのキャベツの供給量が過剰となり，価格が大きく下落しているとき。

R２6１．⑴　a　８　b　団体交渉（権）　⑵　イ
２．a　イ　b　ア
３．⑴　利益〔利潤〕　⑵（例）安く買うことができる。
４．ウ　→　ア　→　イ
５．水質が改善されたことで，水が原因の病気が減った。また，水くみの時間が短縮されたことによる余剰時間で，女性が所得向上のための活動に従事するようになった。

H29 6１．（産業の）空洞（化）　２．イ
３．⑴
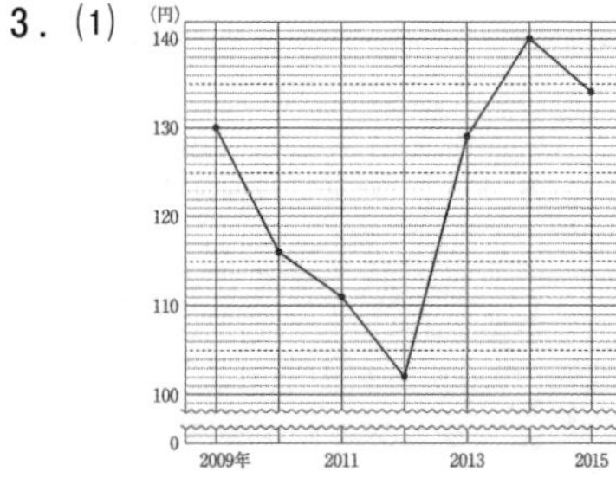

⑵　2012（年）
４．ウ　５．a　ア　b　クーリング・オフ
６．少子高齢化が進行しており，このままこの傾向が続くと，労働力の低下が考えられる。

H28 6１．a　インフレーション〔インフレ〕　b　ア　２．ウ
３．所得が多くなるほど税率が高くなる課税方法。
４．事業所数　ウ　出荷額　ア
５．a　ソビエト連邦〔ソ連〕　b　拒否権
６．⑴　オ
⑵　支出額が上位の国の中では，国民一人当たりの支出額は少なく，支出先の上位はアジアの国々である。

H27 6１．製造物責任法（ＰＬ法）
２．インド　オ　ドイツ　ウ
３．消費税率が引き上げられたこと。
４．a　労働基準法　b　ア
５．⑴右図
⑵結婚，出産，育児などのために仕事を離れる人や，子どもが成長すると再び仕事に就く人がいるという状況。

国語解答

●語句

R５ [1] 1．①導（く）　②専門　③こころ（み）　④ぎょうしゅく　2．エ　3．7
4．［活用の種類］サ行変格（活用）・［活用形］連用（形）　5．オ

R４ [1] 1．①おだ（やか）　②まんきつ　③簡潔　④絶（え間）　2．一転
3．［活用の種類］下一段（活用）・［活用形］終止（形）
4．Ⅰ　イ　Ⅱ　ア　Ⅲ　キ　5．2

R３ [1] 1．①おね　②寒（そう）　③（山）並（み）　④中腹　2．いちもう　3．ウ
4．［活用の種類］カ行変格（活用）・［活用形］連用（形）　5．Ⅰウ　Ⅱひらく　6．4

R２ [1] 1．①なか（ば）　②こうい　③向（き）　④夢中　2．[利]　3．ウ　4．5　5．ア
6．オ

H31 [1] 1．①するど（い）　②にご（った）　③群（れ）　④往復　2．（深山）ゆうこく
3．Ⅰ阝　Ⅱ12　4．［活用の種類］サ行変格（活用）・［活用形］連体（形）　5．イ

H30 [1] 1．①げんしゅく　②机　③へだ（てて）　④勇（んで）　2．就（任）　3．エ
4．［活用の種類］下一段（活用）・［活用形］連体（形）　5．4

●表現技法

R５ [2] 1．(1)　Ⅰ環境問題　Ⅱごみの削減　Ⅲ循環型社会（［完答］）　(2)　Aイ　Bウ
2．行動を変えていく　3．イ

R４ [2] 1．A４（番の棚）　B０（番の棚）　2．イ
3．（【資料】にある）参考文献を読んでみてください（。）
4．(1)　苦しみを伴わない楽しみはない　(2)　細部を詳しく（捉えること）

R３ [2] 1．エ　2．筆箱の中身の整理　3．ア
4．（また、）持ち物に書いた名前が薄くなったときは書き直してください（。）

R２ [2] 1．私は高校生の姉に誘われて
2．A我を忘れる　B試合観戦に熱中している（様子）　3．3（段落）　4．エ
5．ウ

H31 [2] 1．（一目見ただけで）よくわかります　2．嫌いなものが入っている
3．苦手なものを残さなくなった。　4．私たちにできることを考えてみませんか
5．※作文のため解答例はありません。

●作文

[注意] (1)（内容）主題にふさわしい体験や見聞とそのことに対する思いや考えが、二段落構成で明確に述べられている。
(2)（表現）文脈に即して語句が適切に使われており、内容の述べ方や表現の仕方が工夫され、わかりやすい文章になっている。
(3)（表記）漢字や仮名づかいが正しく、句読点や符号などが適切に使われている。

●小説文

R５ [4] 1．ア　2．ずっと冷めていた　3．すごくよかったです
4．目立たない楽器であっても、大切な役割をになっていることに誇りを持っている。
5．オ
6．（ソフトボールのエースでなくても、）自分が自分の人生の主役なのであり、トレーナーとしてのエースを目指せばよいということ。

R４ [4] 1．イ　2．ウ　3．Ⅰ農家の朝は　Ⅱあせる
4．茂三は、雪乃が寝坊したことに対して、怒ったりあきれたりしてはいないということ。
5．（自分は）目標を半分は達成できたのだから自信を持っていいのだと納得する（様子）

R２ [4] 1．Ⅰ九分三八秒　Ⅱ九分
2．九分という中途半端な時間が、圭祐の体に刻みこまれていること。　3．ア
4．きっと、他の分野でも充分に生かせる　5．イ
6．希望や期待もなく無意味な時間を過ごすと想像していた高校生活に対して、興味を感じ始めた。

H29 [4] 1．にしがみついていた。　2．妹を憎らしく思う気持ち。　3．おねえちゃん
4．姉という自分の立場を生きていこうと思うようになった。
5．オ　6．イ

H27 [4] 1．ア　2．（自分は）いままでといっしょだ　3．エ
4．自分らしくがんばればそれでいいのだと気づき、ほっとした気持ちになった。
5．ひとりひと

●論説文

R５ ③ １．Ⅰ言葉　Ⅱ存在の承認　２．ウ
３．他者と自己の生の条件の違いや共通の想いに気づき、自分を客観視できるようになるということ。
４．エ
５．【採点の観点】
○内容：「対話」によって得られるものについての自分の考えを、自分の体験や見聞をまじえて明確に書いている。
○表現：文脈に即して語句が適切に使われており、内容の述べ方や表現の仕方が工夫され、わかりやすい文章になっている。
○表記：漢字や仮名づかいが正しく、句読点が適切に使われている。

R４ ③ １．Ⅰ日常に目に　Ⅱ模型やＣＧ　２．ａ群ウ　ｂ群エ
３．見えない部分を想像し、目の前で起こっているかのように見抜く（ことができるようになる）
４．ア
５．【採点の観点】
○内容：「知ることが自分の力になった経験」について、どんなことを知ったのか、また、知ることがどんな力になったのかにふれながら明確に書いている。
○表現：文脈に即して語句が適切に使われており、内容の述べ方や表現の仕方が工夫され、わかりやすい文章になっている。
○表記：漢字や仮名づかいが正しく、句読点が適切に使われている。

R３ ③ １．Ⅰことば　Ⅱ美しい　２．意図する指　３．８（段落）
４．Ａ具体的な内容を伝達（する）
Ｂことばという音声素材のもつ美しさを引き出すことによって美の世界を創り出す
５．【採点の観点】
○内容：日常の言語生活における詩的機能についての自分の考えを、詩的機能が発揮されている例を一つ取り上げて、明確に書いている。
○表現：文脈に即して語句が適切に使われており、内容の述べ方や表現の仕方が工夫され、わかりやすい文章になっている。
○表記：漢字や仮名づかいが正しく、句読点が適切に使われている。

R２ ③ １．Ⅰ操作している　Ⅱ質を変えている
２．（大賀ハスのタネが、）発芽する時節を待って、二千年ものあいだ時間を止めていたこと。
３．ウ　４．幼虫の時期　５．エネルギー消費量
６．【採点の観点】
○内容：「時間の流れる速度」についての自分の考えを、筆者の意見にふれながら、自分の体験や見聞をまじえて明確に書いている。
○表現：文脈に即して語句が適切に使われており、内容の述べ方や表現の仕方が工夫され、わかりやすい文章になっている。
○表記：漢字や仮名づかいが正しく、句読点が適切に使われている。

H28 ③ １．［Ⅰ］分解　［Ⅱ］肥料
２．土の中深く　３．時間に追われて、季節の変化を実感できない生活。
４．抽象化　５．ア

H27 ③ １．［Ⅰ］転がりにくい　［Ⅱ］握りやすい
２．自然の秩序や法則を、球技を通して再確認すること。
３．デザインが人の行為の　４．オ　５．ウ

●古文

R５ ⑤ １．おしえて　２．にかはせん　３．いま鳴く鳥
４．⑴巣に帰る道に迷ったひなを呼ぶ親鳥　⑵特定の鳥

R４ ⑤ １．一尺の唐糸　２．ついに　３．（少しの量だから）何の役にも立たないだろう
４．⑴エ　⑵（仁兵衛への褒美として）三百石を与える（こと）

R３ ⑤ １．日和見　２．ア　３．天候を見誤ること（が何度もあった。）　４．くわしく
５．自ら経験を積み修行に励むこと

R２ ⑤ １．きょう　２．オ　３．エ　４．（母に）時鳥の初音を聞かせたい
５．家づとになりしことこそうれしけれ親も待たれし初時鳥

H31 ⑤ １．ゆえ　２．息子が狼に襲われること。　３．ア
４．⑴Ａウ　Ｂオ　⑵息子の親を大切に思う心

H30 ⑤ １．いいあえり　２．⑴士　⑵杖が折れて、猪が倒れた。
３．⑴士が、たいした腕前でもなさそうなのに剣術を教えていること。　⑵ウ

H29 ⑤ １．ウ　２．⑴我に還せ　⑵井戸の中の子どもに取られた　３．井戸の中の子どもの親
４．子どもだけでなく父までも、井戸の水面に映った自分の姿を他人だと思って抗議した点。

H28 ⑤ １．あらそう　２．オ
３．⑴［Ａ］エ　［Ｂ］ア　⑵売る人の言うとおりの値段で品物を買っていた。
４．新右衛門の温情に応えたいという気持ち。

H27 ⑤ １．あじわい　２．エ　３．塩を添へたる湯漬け
４．思いがけず得た感動を再び味わうのは難しいという共通点。

問題形式別解説〈数学〉

★応用①

方程式の計算と同じように両辺をそれぞれまとめ，
ax＞b，ax＜bの形にしたら，両辺をxの係数aで割る。
そのとき，aが負の数の場合は，不等号の向きを変える。

★応用②

2次方程式の平方根を用いた解法とは別に，解の公式を覚えておくと便利である。

$ax^2+bx+c=0 \qquad x=\dfrac{-b\pm\sqrt{b^2-4ac}}{2a}$

★応用③ 接線と弦のつくる角

接弦定理　円の接線とその接点を通る弦とのつくる角は，その角内の弧に対する円周角に等しい。

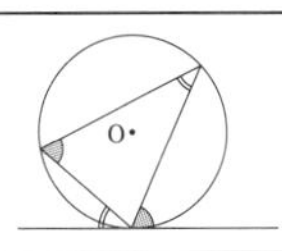

★応用④

球の表面積　$S=4\pi r^2$　球の体積　$V=\dfrac{4}{3}\pi r^3$（球の半径をrとする）

★応用⑤ 円に内接する四角形

対角の和は180°である。
1つの外角は，それととなり合う内角の対角に等しい。

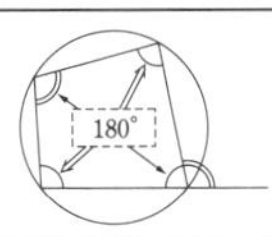

★応用⑥ 計量と相似（相似比a：bのとき）

周の長さの比	a：b
面積・表面積の比	a^2：b^2
体積の比	a^3：b^3

ポイント①

傾きmと，傾きkが垂直になるとき，次の関係がある。
$m\times k=-1$

ポイント②

2次関数 $y=ax^2$ について，xがpからqまで増加するときの変化の割合は，$a(p+q)$ で求められる。

ポイント③ 中点連結定理

①AM＝MB，AN＝NCならば，MN//BC，$MN=\dfrac{1}{2}BC$
②AM＝MB，MN//BCならば，AN＝NC，$MN=\dfrac{1}{2}BC$

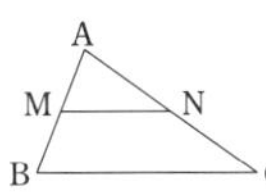

ポイント④ 円の接線

円の接線は，接点を通る半径に垂直である。
円外の1点からその円にひいた2つの接線の長さは等しい。

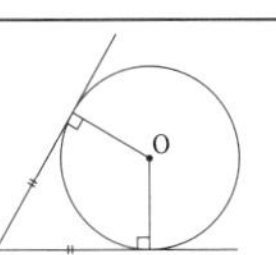

ポイント⑤

底辺を共有し，この底辺mに平行な直線ℓ上に頂点を持つ三角形の面積は等しくなる。

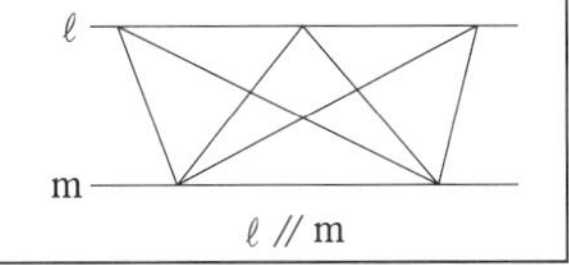

ポイント⑥

おうぎ形（半径r，中心角a°，弧の長さℓ）

弧の長さ $\ell=2\pi r\times\dfrac{a}{360}$

ポイント⑦

$y=ax+b$ において，傾き $a=\dfrac{y\text{の増加量}}{x\text{の増加量}}$ ＝変化の割合

〈計算問題〉

■令和5年 1

(1) $\dfrac{1}{7}+\dfrac{1}{2}=\dfrac{2+7}{14}=\dfrac{9}{14}$

(2) $6+4\times(-3)=6+(-12)=-6$

(3) $8x+9y+7(x-y)=8x+9y+7x-7y=(8+7)x+(9-7)y=15x+2y$

(4) $8a^3b\div(-6ab)^2\times 9b=8a^3b\times\dfrac{1}{(-6ab)^2}\times 9b=\dfrac{8a^3b\times 9b}{36a^2b^2}=2a$

(5) $(x+1)(x-5)+(x+2)^2=(x^2-4x-5)+(x^2+4x+4)=2x^2-1$

(6) $\sqrt{30}\div\sqrt{5}+\sqrt{54}=\sqrt{30}\times\dfrac{1}{\sqrt{5}}+3\sqrt{6}=\sqrt{\dfrac{30}{5}}+3\sqrt{6}=\sqrt{6}+3\sqrt{6}=4\sqrt{6}$

■令和4年 1

(1) $0.5\times 0.7=0.35$

(2) $-9+8\div 4=-9+2=-7$

(3) $\dfrac{x+3y}{4}+\dfrac{7x-5y}{8}=\dfrac{2(x+3y)+7x-5y}{8}=\dfrac{9x+y}{8}$

(4) $6ab\div(-9a^2b^2)\times 3a^2b=\dfrac{6ab\times 3a^2b}{-9a^2b^2}=-2a$

(5) $(2x-3)^2-4x(x-1)=4x^2-12x+9-4x^2+4x=-8x+9$

(6) $(\sqrt{6}-2)(\sqrt{3}+\sqrt{2})+\dfrac{6}{\sqrt{2}}=3\sqrt{2}+2\sqrt{3}-2\sqrt{3}-2\sqrt{2}+\dfrac{6\times\sqrt{2}}{\sqrt{2}\times\sqrt{2}}$
$=\sqrt{2}+3\sqrt{2}=4\sqrt{2}$

■令和3年 1

(1) $\dfrac{1}{3}+\dfrac{2}{7}=\dfrac{7}{21}+\dfrac{6}{21}=\dfrac{13}{21}$

(2) $8+7\times(-4)=8-28=-20$

(3) $3(x+y)-2(x-6y)=3x+3y-2x+12y=x+15y$

(4) $(-6a)^2\times 2ab^2\div(-9a^2b)=36a^2\times 2ab^2\div(-9a^2b)$
$=72a^3b^2\div(-9a^2b)$
$=-8ab$

(5) $(2x+1)^2+(5x+1)(x-1)=4x^2+4x+1+5x^2-4x-1$
$=9x^2$

(6) $\dfrac{\sqrt{10}}{4}\times\sqrt{5}+\dfrac{3}{\sqrt{8}}=\dfrac{5\sqrt{2}}{4}+\dfrac{3}{2\sqrt{2}}$
$=\dfrac{5\sqrt{2}}{4}+\dfrac{3\sqrt{2}}{4}=2\sqrt{2}$

■令和2年 1

(2) $6+(-3)^2=6+9=15$

(3) $\dfrac{9x+5y}{8}-\dfrac{x-y}{2}$
$=\dfrac{9x+5y-4x+4y}{8}=\dfrac{5x+9y}{8}$

(4) $(8a^3b^2+4a^2b^2)\div(2ab)^2$
$=(8a^3b^2+4a^2b^2)\times\dfrac{1}{4a^2b^2}$
$=8a^3b^2\times\dfrac{1}{4a^2b^2}+4a^2b^2\times\dfrac{1}{4a^2b^2}$
$=2a+1$

(5) $(3x+7)(3x-7)-9x(x-1)$
$=9x^2-49-9x^2+9x$
$=9x-49$

(6) $(\sqrt{5}+1)^2-\sqrt{45}$
$=6+2\sqrt{5}-3\sqrt{5}=6-\sqrt{5}$

■平成31年 1

(2) $7-2\times(-3)=7+6=13$

(3) $7x+y-(5x-8y)=7x+y-5x+8y=2x+9y$

(4) $48a^2b^2\div(-4a)\div(-2b)^2=48a^2b^2\times\left(-\dfrac{1}{4a}\right)\times\dfrac{1}{4b^2}=-3a$

(5) $(3x-1)^2+6x(1-x)=9x^2-6x+1+6x-6x^2=3x^2+1$

(6) $\sqrt{90}+\dfrac{60}{\sqrt{10}}=3\sqrt{10}+6\sqrt{10}=9\sqrt{10}$

■平成30年 1

(2) $-15+9\div(-3)=-15-3=-18$

(3) $\dfrac{x+y}{6}+\dfrac{2x-y}{3}=\dfrac{x+y+2(2x-y)}{6}=\dfrac{5x-y}{6}$

(4) $9a^2\div(-6ab)\times(-2b^2)=9a^2\times\left(-\dfrac{1}{6ab}\right)\times(-2b^2)=\dfrac{-18a^2b^2}{-6ab}=3ab$

(5) $(x+4)(x-4)-(x+2)(x-8)=x^2-16-(x^2-6x-16)=6x$

(6) $\dfrac{\sqrt{75}}{3}+\sqrt{\dfrac{16}{3}}=\dfrac{5\sqrt{3}}{3}+\dfrac{4\sqrt{3}}{3}=\dfrac{9\sqrt{3}}{3}=3\sqrt{3}$

■平成29年 1

(1) $\dfrac{7}{4}\div\dfrac{1}{8}=\dfrac{7}{4}\times\dfrac{8}{1}=14$

(2) $10+(6-9)\times5=10+(-3)\times5$
$=10+(-15)=-5$

(3) $\dfrac{5x+7y}{2}+x-4y=\dfrac{5x+7y+2x-8y}{2}=\dfrac{7x-y}{2}$

(4) $(-2)^3\times(ab)^2\times6b=(-8)\times(a^2b^2)\times6b=-48a^2b^3$

(5) $9x^2-(3x-1)^2=9x^2-(9x^2-6x+1)=6x-1$

(6) $(\sqrt{6}+\sqrt{3})(\sqrt{8}-2)$
$=\sqrt{3}(\sqrt{2}+1)\times2(\sqrt{2}-1)$
$=2\sqrt{3}(\sqrt{2}+1)(\sqrt{2}-1)=2\sqrt{3}(2-1)=2\sqrt{3}$

■平成28年 1

(1) $\dfrac{2}{3}-\dfrac{1}{4}=\dfrac{8}{12}-\dfrac{3}{12}=\dfrac{5}{12}$

(3) $=8x+y-6x+6y=2x+7y$

(4) $=16a^2\times9a\times\dfrac{1}{6a^2}=24a$

(5) $=(x^2-8x+16)+8x-x^2=16$

(6) $=3\sqrt{3}+\dfrac{\overset{5}{\cancel{15}}\sqrt{3}}{\cancel{3}}=8\sqrt{3}$

■平成27年 1

(2) $9-15\div(-3)=9+5=14$

(3) $=\dfrac{3(x-7y)+4(x+5y)}{12}=\dfrac{7x-y}{12}$

(4) $=9a\div36a^2b^2\times8ab^3=\dfrac{9a\times8ab^3}{36a^2b^2}=2b$

(5) $=(x^2+2x-8)+(x^2-2x)=2x^2-8$

(6) $=(\sqrt{6})^2+2\times1\times\sqrt{6}+1^2=7+2\sqrt{6}$

〈小問〉

■令和5年 2

(1) $5x+8=3x-4$
$5x-3x=-4-8$
$2x=-12$
$x=-6$

(2) 解の公式より
$x=\dfrac{-5\pm\sqrt{5^2-4\times2\times(-1)}}{2\times2}$
$=\dfrac{-5\pm\sqrt{33}}{4}$

(3) $a=xy=2\times3=6$ より $y=\dfrac{6}{x}$
これに $x=5$ を代入すると $y=\dfrac{6}{5}$

(4) 同じ弧に対する円周角は中心角の半分なので
$\angle ADB=\angle AOB\times\dfrac{1}{2}=140^\circ\times\dfrac{1}{2}=70^\circ$
△ACB，△AOB は二等辺三角形より底角は等しいので
$\angle CBA=(180^\circ-54^\circ)\times\dfrac{1}{2}=63^\circ$
$\angle OAB=(180^\circ-140^\circ)\times\dfrac{1}{2}=20^\circ$
三角形の内角の和は 180° なので
$\angle OAD=180^\circ-(70^\circ+63^\circ+20^\circ)=180^\circ-153^\circ=27^\circ$

(選択問題 A)

(5) 直線 ℓ と直線 m の両方に接する円の中心は直線 ℓ と直線 m から等距離（＝半径）にある点であるから，角を作る２辺から等しい距離の点の集まりである角の二等分線をひけば，線分 AB との交点が O になる。

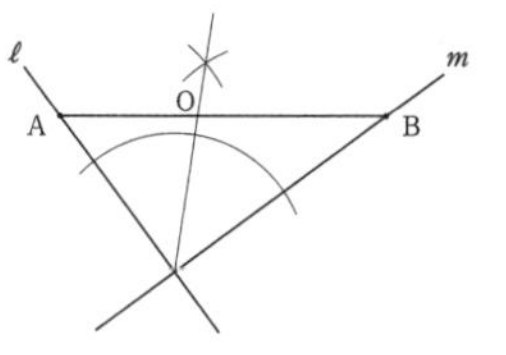

(6) ① 6 の倍数は 12, 24, 42 の 3 個である。

② 3 の倍数は 12，15，21，24，33，42，45 の 7 個である。整数は全部で 4 通り×5 通り＝20 通りできるので，3 の倍数になる確率は $\dfrac{7}{20}$

(7) ① 航平さんは 12−4＝8（分）で 2400−640＝1760（m）走っており，航平さんの走る速さは，1760 ÷ 8＝220（m/ 分）

② 航平さんが直樹さんと並ぶのは，健太さんが走った距離 2400m と直樹さんが走った距離を足したものが航平さんが走った距離と等しくなるときである。直樹さんの速さは 2400 ÷ 15＝160（m/ 分）である。健太さんが走り始めてから x 分後に並ぶとすると，
$220(x-4)=2400+160(x-12)$
$220x-880=2400+160x-1920$
$60x=1360$
$x=\dfrac{1360}{60}=22\dfrac{40}{60}$
$22\dfrac{40}{60}$分＝22 分＋$\dfrac{40}{60}\times60$ 秒＝22 分 40 秒
よって，航平さんが直樹さんと並んだのは，健太さんが走り始めてから 22 分 40 秒後。

(選択問題 B)

(5) 辺 CD にも辺 AB にも接する円の中心は，直線 CD と直線 AB から等しい距離の点の集まりである角の二等分線上にあるので，CD と AB を延長してできる角の二等分線を引く。円の接線は接点を通る半径と直角なので点 E から垂線を引く。角の二等分線と点 E からの垂線の交点が O となる。

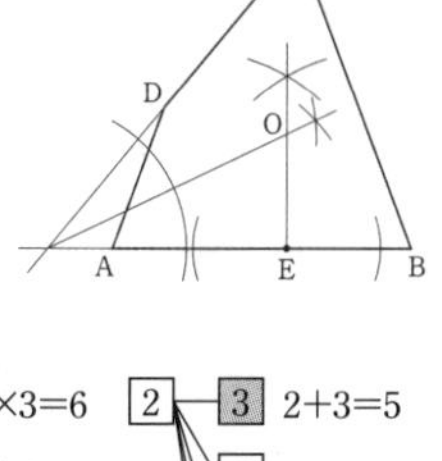

(6) ① 得点の組み合わせは右図の通りである。よって最大値は 24 点。

② 右図より，得点は 5 点が 2 通り，6 点が 3 通り，7 点が 1 通り，8 点が 4 通り，10 点が 1 通り，12 点が 3 通り，24 点が 1 通りであり，8 点となる確率が 4 通りで最も高く，全部で 15 通りなので，確率は $\dfrac{4}{15}$

2 ─ 3　2×3＝6
　├ 3　2＋3＝5
　├ 4　2＋4＝6
　├ 6　2×6＝12
　└ 6　2＋6＝8

2 ─ 3　2＋3＝5
　├ 3　2×3＝6
　├ 4　2×4＝8
　├ 6　2＋6＝8
　└ 6　2×6＝12

4 ─ 3　4×3＝12
　├ 3　4＋3＝7
　├ 4　4＋4＝8
　├ 6　4×6＝24
　└ 6　4＋6＝10

(7) ① 健太さんが 1 周 2400m を 12 分間で走り終えたとき，健太さんの a 分後に走り始め毎分 240m の速さで走っていた航平さんが健太さんの 240m 後ろにいたのであるから，
$2400-240(12-a)=240$
$10-(12-a)=1$　　$a=3$

② 直樹さんは 2400m を 15 分で 1 周走り終えたのであるから，2400 ÷ 15＝160（m/ 分）の速さで走っている。航平さんが直樹さんに追いつくのは，健太さんが走った距離 2400m と直樹さんが走った距離を足したものが航平さんが走った距離と等しくなるときである。航平さんは健太さんの 3 分後に走り始めたのであるから，
$240(x-3)=2400+160(x-12)$
$3(x-3)=30+2(x-12)$　　$3x-9=30+2x-24$
$x=15$　　よって，15 分後。

③ 健太さんが走り始めてから15分後に航平さんは直樹さんに追いつくので，$240\times(15-3)=2880$(m)地点で追いつくことがわかる，残りの距離は$4800-2880=1920$(m)である。航平さんは2分以上走っており，また，$1920\div240=8$(分)走るとゴールしてしまうので，航平さんの走る距離は2分以上8分未満であることがわかる。航平さんが待つ時間は航平さんが直樹さんにつけた差を直樹さんが走る時間であるから，$b=\dfrac{(240-160)\times\text{走った時間}}{160}$である。これに2と8を代入すると，$b=\dfrac{(240-160)\times2}{160}=1$，$b=\dfrac{(240-160)\times8}{160}=4$となる。
よって，bの値の範囲は，$1\leqq b<4$。

■令和4年 2

(1) $3x+2x=8+7$，$5x=15$，$x=3$

(2) 解の公式より，$x=\dfrac{-7\pm\sqrt{7^2-4\times2\times1}}{4}=\dfrac{-7\pm\sqrt{41}}{4}$

(3) ①中央値は7番目と8番目の平均値なので，$\dfrac{12+14}{2}=13$m

(4)

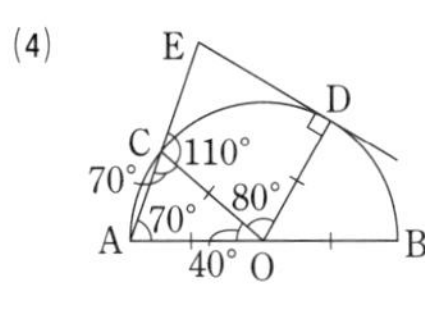

△OACはOA＝OC(半径)の二等辺三角形なので，
$\angle OCA=70°$，$\angle AOC=40°$ $\overset{\frown}{CD}=2\overset{\frown}{AC}$より
$\angle COD=40\times2=80°$ EDは接線なので，
$\angle ODE=90°$ $\angle ECO=180-70=110°$
よって，$\angle CED=360-(110+80+90)=80°$

(選択問題A)

(6) ① $3\times3+4=13$点

② 袋A 袋B

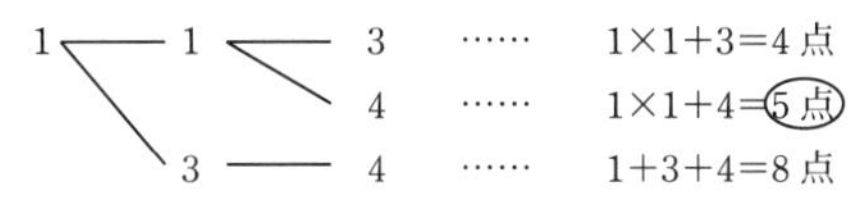

より，得点が奇数になるのは $\dfrac{2}{6}=\dfrac{1}{3}$

(7) ① 妹…$50\div50=1$m/s
姉…$50\div(54-14)=1.25$m/s

② 妹がスタートしてからx秒後にすれちがったとすると，グラフより，このとき，妹と姉が泳いだ距離の合計が50mなので，
$1\times x+1.25(x-14)=50$
$2.25x=67.5$
$x=30$

(選択問題B)

(6) ① $1\times2+3=5$点

② 赤玉を○，白玉を△とすると

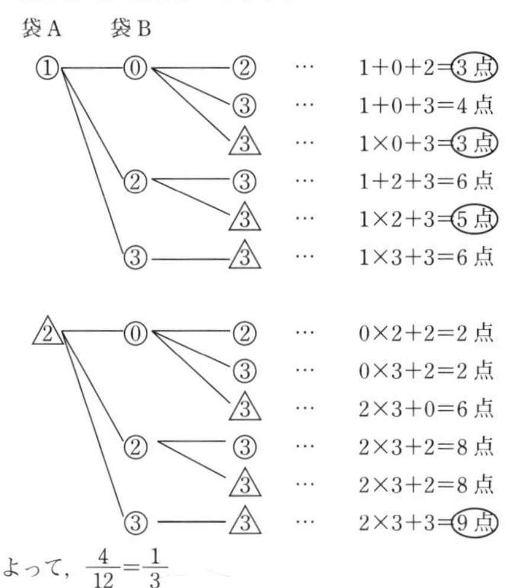

よって，$\dfrac{4}{12}=\dfrac{1}{3}$

(7) ① グラフより妹の秒速は$50\div50=1$m/s，姉の秒速は$50\div(68-28)=\dfrac{5}{4}$m/s 2回目にすれちがうまでに妹と姉は合わせて，$25\times4=100$m泳いでいるので，妹がスタートしてからx秒後にすれちがったとすると，$1\times x+\dfrac{5}{4}\times(x-28)=100$，$x=60$秒後

② 次の日のグラフをかくと下図のようになる。

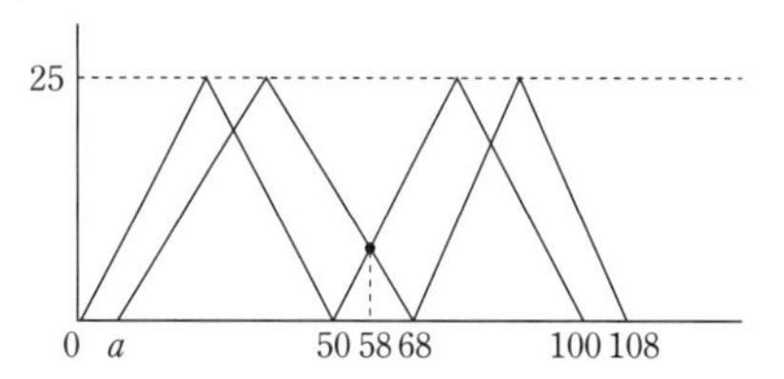

姉の平泳ぎの速さは，$50\div(68-a)=\dfrac{50}{68-a}=b$ ——①
2回目にすれちがうまでに妹と姉は合わせて，$25\times4=100$m泳いでいるので，$1\times58+b\times(58-a)=100$ ————②
①，②の連立方程式を解くと，
まず，②を整理して，$b\times(58-a)=42$
①を代入して，$\dfrac{50(58-a)}{68-a}=42$
$50(58-a)=42(68-a)$
$8a=44$
$a=5.5$

$b=\dfrac{50}{68-5.5}=0.8$

■令和3年 2

(1) $2x+7=1-x$
$3x=-6$ $x=-2$

(2) $(x+3)(x-3)=x$
$x^2-9=x$
$x^2-x-9=0$
$x=\dfrac{-(-1)\pm\sqrt{(-1)^2-4\cdot1\cdot(-9)}}{2\cdot1}=\dfrac{1\pm\sqrt{37}}{2}$

(3) $\dfrac{a\cdot4^2-a\cdot1^2}{4-1}=4$ $15a=12$ $a=\dfrac{4}{5}$

(4) aとbの組み合わせを樹形図にまとめる。下図より，$\dfrac{5}{20}=\dfrac{1}{4}$

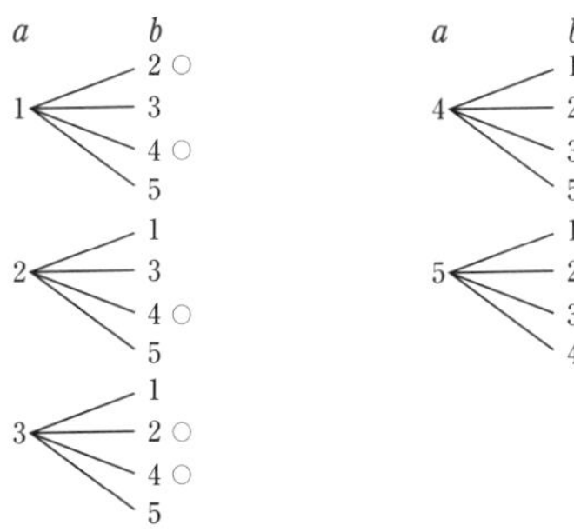

(選択問題B)

(5)

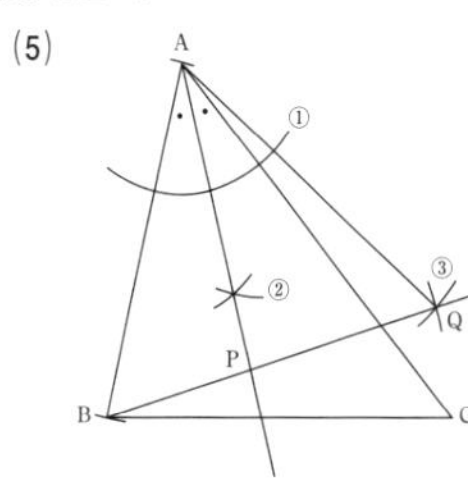

①②は∠Aの二等分線の作図。
③でAB＝AQ＝BQとなるような点Qを作図することで、△ABQは正三角形となり∠PBA＝60°となる点Pを作図できる。

(6) ① 1辺が$(b-1)$個の碁石から成っていると考えて
$a(b-1)=(ab-a)$個

② $n(n-1)=(n+2)n-24$
$n^2-n=n^2+2n-24$ $3n=24$ $n=8$

(7) ① リンドウ市のグラフとヒバリ市のグラフの交点の y 座標を求めればよい。
リンドウ市のグラフは $y=900+110x\ (x\geqq 0)$
ヒバリ市のグラフは $y=170x-1380\ (x\geqq 20)$ より、
$900+110x=170x-1380$　　$60x=2280$　　$x=38$
よって $900+110\times 38=5080$ (円)

■令和2年 2

(1) $x-4=5x+16$
$-4x=20$　　$x=-5$

(2) $x^2-3x-1=0$
$$x=\frac{-(-3)\pm\sqrt{(-3)^2-4\cdot 1\cdot(-1)}}{2\cdot 1}=\frac{3\pm\sqrt{13}}{2}$$

(3) ア：$y=x^2$
イ：$y=\frac{360}{x}$
ウ：関係ない。
エ：$y=x\times\frac{3}{100}=\frac{3}{100}x$
オ：y は x のみで決まるわけではないため，不適当。

(選択問題 B)

(6) ① サイコロの出る目の組み合わせを $(a,\ b)$ とする。点Pが $y=x$ 上に存在するのは (1, 1) (1, 2) (2, 1) (2, 2) (3, 3) (3, 6) (4, 4) (5, 5) (6, 3) (6, 6) の10通り　$\frac{10}{36}=\frac{5}{18}$

② 点Oを中心として，半径4の円を作図をする。この円と x 軸，y 軸によって囲まれた中心角90°のおうぎ形の内側にある○が求める点Pの候補である。

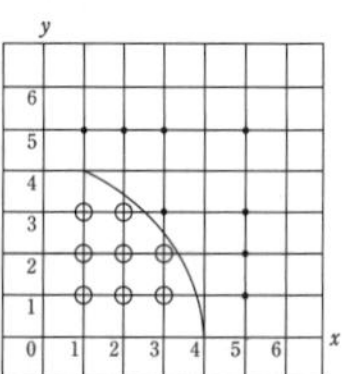

(1, 1)，(1, 3)，(3, 1) …4通りずつ
(2, 2) …1通り
(1, 2)，(2, 1) (2, 3)，(3, 2) …2通りずつ

よって　0になる確率は，$=\frac{4\times 3+1+2\times 4}{36}=\frac{21}{36}=\frac{7}{12}$

(7) ① 大輔さんがすれちがったバスは10時20分にスタジアムを出発したバスである。10時20分の時点で大輔さんはスタジアムと
$9(\text{km})-\frac{18}{60}(\text{km/分})\times 10(\text{分})=6\text{km}$
はなれている。バスは $\frac{9(\text{km})}{15(\text{分})}=0.6(\text{km/分})$ で走っているため
1分間に $0.6+0.3=0.9$km 近づく。
よって，$\frac{6}{0.9}=\frac{60}{9}=\frac{20}{3}$ 分
=6分40秒後に2人はすれちがう。
以上より　10時26分40秒

②

・4回すれちがう⇒スタジアム駅へ引かれている直線と4回交わる：AとBの間
・2回追いこされる⇒駅からスタジアム引かれている直線と2回交わる：BとCの間

(i) 直線SBの場合：$a=\frac{9(\text{km})}{50-10(\text{分})}\times 60=13.5\text{km/時}$

(ii) 直線SCの場合：$a=\frac{9(\text{km})}{60-10(\text{分})}\times 60=10.8\text{km/時}$

$a=13.5$ のとき，大輔がスタジアムに到着したと同時に，バスが出発するため，すれちがう回数が3回となるから，$a<13.5$
$a=10.8$ のとき，大輔がバスと同時にスタジアムに到着するため，追いこされる回数は2回であるから，$10.8\leqq a$
以上より　$10.8\leqq a<13.5$

■平成31年 2

(1) $\frac{2x+9}{5}=x$　$2x+9=5x$　$3x=9$　　$x=3$

(2) $(2019-9)\times\frac{2}{3}=2010\times\frac{2}{3}=1340$

(3) x をアに当てはめると，ウが y となるので
$(x-9)\times\frac{2}{3}=y$　―①
また，y をアに当てはめるとウが2となるので
$(y-9)\times\frac{2}{3}=2$　―②
②より　$y=12$　これを①に代入して
$(x-9)\times\frac{2}{3}=12$　$x-9=18$　$x=27$

B(5) ①

5 ＋ 3, 4／－ 3○, 4
6 ＋ 3, 4／－ 3○, 4○
7 ＋ 3, 4○／－ 3, 4○

箱Aに5のカードを入れたとき樹形図は上のようになり，条件をみたすのは○がついている組み合わせ。よって $\frac{5}{12}$

② 箱Aに3のカードを入れたとき，樹形図は以下のようになり，求める確率は $\frac{5}{12}$

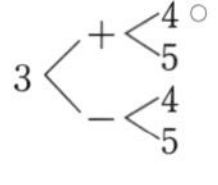

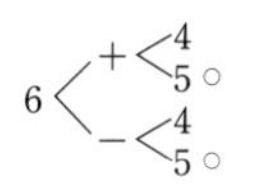

7 ＋ 4○, 5／－ 4○, 5

箱Aに4のカードを入れたとき，樹形図は以下のようになり，求める確率は $\frac{7}{12}$

4 ＋ 3○, 5○／－ 3○, 5
6 ＋ 3○, 5○／－ 3○, 5○
7 ＋ 3, 5／－ 3, 5

箱Aに5のカードを入れたとき，①の樹形図から求める確率は $\frac{6}{12}$
よって，箱Aに4のカードを入れたときに最も高くなり，その確率は $\frac{7}{12}$

(6) ① 給水装置が動いているとき，水そうには毎分3Lの割合で水が増加する。水そうの排水装置が動き始めて30分後は，給水装置が動いて5分のときである。よって，水そうの水の量は $150+3\times 5=165$〔L〕
タンクの水の量は毎分5Lで減少するので $300-5\times 5=275$〔L〕

② 排水装置を動かして x 分後の水そうとタンクの水の量を yL とする。このときグラフから，求める時間は $75\leqq x\leqq 95$ のときである。水そうについて，①より毎分3L増加し，$x=75$ のとき $y=150$ よりグラフの式は $y=3x-75$。タンクについて毎分5L減少し $x=75$ のとき $y=200$ よりグラフの式は $y=-5x+575$ よって，交点は
$\begin{cases} y=3x-75 \\ y=-5x+575 \end{cases}$ の連立方程式を解けばよい。これを解くと $\begin{cases} x=\frac{325}{4} \\ y=\frac{675}{4} \end{cases}$

よって $\frac{325}{4}=81\frac{1}{4}$ より，求める時間は81分15秒。

■平成30年 2

(1) $5x=3(x+4)$　　$5x=3x+12$　$2x=12$　　$x=6$

(2) $X=x+2$ とおくと
$X^2+X-12=(X+4)(X-3)$
Xに $x+2$ を代入すると
$\{(x+2)+4\}\{(x+2)-3\}=(x+6)(x-1)$

(3) a 円の2割引きは $0.8a$ 円。したがってすいか1個とトマト3個をまとめて買うときの代金は $0.8a+3b$　よって $0.8a+3b<1000$

(4) ① 2400歩を基準にすると以下の表のようになる。

月	火	水	木	金
＋24	0	－9	＋20	＋15

この平均は，

$\frac{1}{5}(24+0-9+20+15)=10$

よって，平均値は $2400+10=2410$

② 平均値を用いればよい。よって，$60\times2410\times5=723000$［cm］

したがって，7.23km

B(6) ① 点Aはグラフ㋐，㋑の交点なので，

$\begin{cases} y=\frac{5}{2}x+1 \\ y=-x+8 \end{cases}$ を解けばよい。よって $(x,\ y)=(2,\ 6)$

② △ODC内（辺上も含む）で x 座標，y 座標ともに自然数となる点は以下の通りである。

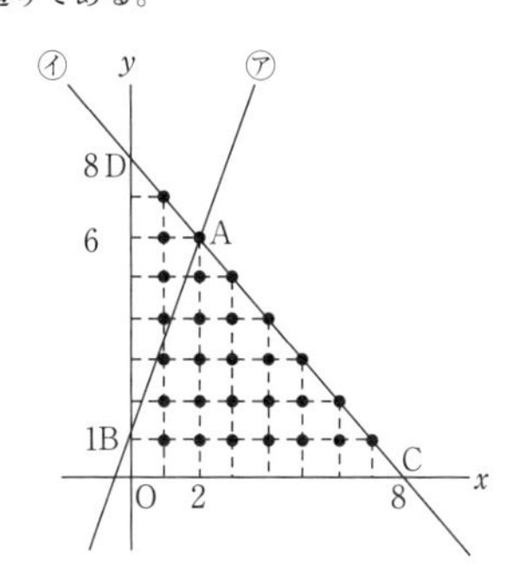

したがって　$a=18,\ b=3$　なので　$a-b=15$

(7) ① 以下のように動くので，点Dが答え。

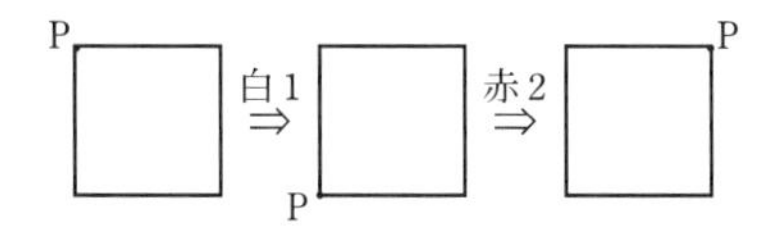

② 玉の取り出し方と，そのときのPの最後の位置は以下の通りである。

赤1：赤1：C，赤2：B，赤3：A，白1：A，白3：C
赤2：赤1：B，赤2：A，赤3：D，白1：D，白3：B
赤3：赤1：A，赤2：D，赤3：C，白1：C，白3：A
白1：赤1：A，赤2：D，赤3：C，白1：C，白3：A
白3：赤1：C，赤2：B，赤3：A，白1：A，白3：C

Aの確率は$\frac{9}{25}$，Bの確率は$\frac{4}{25}$，Cの確率は$\frac{8}{25}$，Dの確率は$\frac{4}{25}$となる。

■平成29年 2

(1) $1.3x-0.7x=1+2$　　$0.6x=3$　　$x=5$

(2) 方程式は

$x+x^2=3$　　$x^2+x-3=0$

解の公式より

$x=\frac{-1\pm\sqrt{1-4\times1\times(-3)}}{2}=\frac{-1\pm\sqrt{13}}{2}$

(3) ① 最も人数が多い階級は，

15～20である。よって最頻値は17.5m

② 20人目と21人目の階級は

20～25であり，その人数は8人である。

したがって求める相対度数は$\frac{8}{40}=\frac{1}{5}=0.2$

(4) ABは直径なので，∠ACB＝90°

DC＝BCより，△CDBは二等辺三角形なので

$\angle CDB=\angle CBD=\frac{180^\circ-90^\circ}{2}=45^\circ$…①

$\overset{\frown}{CB}$に対する円周角は等しいので，∠CEB＝∠CAB＝28°…②

∠CDBは△CEDの外角なので，∠DCE＋∠CED＝∠CDB

①，②より∠DCE＝45°－28°＝17°

B(6) ① 2つの赤玉を R_1，R_2，

白玉をWとする。

R_1：R_1，R_2，W○
R_2：R_1，R_2，W○
W：R_1○，R_2○，W

上図から，求める確率は$\frac{4}{9}$

② 3つの赤玉を R_1，R_2，R_3，

白玉をWとする。

R_1：R_1○，R_2○，R_3○，W
R_2：R_1○，R_2○，R_3○，W
R_3：R_1○，R_2○，R_3○，W
W：R_1，R_2，R_3，W○

上図から求める確率は$\frac{10}{16}=\frac{5}{8}$

(7) ① A駅からB駅までの普通列車のグラフから，普通列車の速さは

$\frac{12}{16}=\frac{3}{4}$［km／分］

普通列車はB駅からC駅まで上の速さで20分かかるので，

$\frac{3}{4}\times20=15$［km］

② ①よりA駅からC駅までの道のりは

$12+15=27$［km］

特急列車のグラフは，点(12，27)，

(36，0)を通るので，

直線の式を $y=ax+b$ とおくと

$\begin{cases} 27=12a+b \\ 0=36a+b \end{cases}$ これを解くと $\begin{cases} a=-\frac{9}{8} \\ b=\frac{81}{2} \end{cases}$

したがって　$y=-\frac{9}{8}x+\frac{81}{2}$　…①

B駅からC駅までの普通列車の

グラフは，速さが$\frac{3}{4}$［km／分］，

点(18，12)を通るので，

$y=\frac{3}{4}x+b$ に点(18，12)を代入して，

$12=\frac{3}{4}\times18+b$　つまり　$b=-\frac{3}{2}$

したがって，$y=\frac{3}{4}x-\frac{3}{2}$　…②

よって，①，②の交点を求めればよいので，

$\begin{cases} y=-\frac{9}{8}x+\frac{81}{2} \\ y=\frac{3}{4}x-\frac{3}{2} \end{cases}$ これを解くと，$\begin{cases} x=\frac{112}{5}=22\frac{2}{5} \\ y=\frac{153}{10} \end{cases}$

つまり，9時22分24秒。

■平成28年 2

(2) 輪ゴム1本あたりの重さは，$\frac{4.2}{20}=0.21$ である。

よって　ゴムバンドの本数は，$\frac{100.8}{0.21}=480$(本)

(3) ① 解の1つが4なので　$x=4$を代入して，

$(4+1)(4-2)=a \Rightarrow a=10$

② ①より $a=10$ を代入して

$(x+1)(x-2)=10$

$x^2-x-2-10=0$

$x^2-x-12=0$

$(x-4)(x+3)=0$

$x=4,\ -3$

よって，もう一つの解は，$x=-3$ である。

(4) 左図より

y の変域は

$0 \leqq y \leqq 12$

〈方程式・確率・場合の数・数の規則性・資料の整理〉

■令和5年 3

(1) 範囲＝最大値－最小値＝71－43＝28(回)

四分位範囲＝第3四分位数－第1四分位数＝60－51＝9(回)

(2) 1組は最小値が43，最大値が71より**ア**となる。

2組は最小値が47，最大値が68，第1四分位数が51より**エ**となる。

(3) **ア**　1組の回数の範囲は 71－43＝28，2組の回数の範囲は 68－47＝19。1組よりも2組のほうが小さいので誤り。

イ　1組の回数の四分位範囲は 60－51＝9，2組の回数の四分位範囲は 65－51＝14。1組よりも2組のほうが大きいので正しい。

ウ　第3四分位数が60であることから，1組の回数が64回以上である人数は9人以下であることがわかる。第3四分位数が65であることから2組の64回以上である人数は少なくとも10人いることがわかる。1組より2組のほうが多いので正しい。

エ　箱ひげ図やヒストグラムは人ごとの具体的な回数はわからず，平均値はわからないので誤り。

よって，正しい読み取りをしているのは**イ**の由衣さんと**ウ**の雄太さんである。

■令和4年 3

(1) ① **ア**　最頻値は $\frac{35+40}{2}=37.5$kg なので誤り。

ウ　表1の範囲は30～55，表2の範囲は25～55なので表2の範囲の方が大きいから誤り。

(2) **ア**　$(a-21)\div15=0.4$　より，$a=27$

イ　$(27-21)\div40=0.15$

■令和3年 3

(1)**イ**　$\frac{12+18}{2}=15$(分)

ウ　最頻値が含まれる階級は 12 ～ 18

中央値が含まれる階級は 18 ～ 24

エ　$\frac{8}{42}=0.19\cdots$

オ　$\frac{3+2+1}{42}\times100=14.2\cdots \fallingdotseq 14\%$

■令和2年 3

(1) $\frac{175+180}{2}=177.5$cm

(2) 度数が最大なのは，26.5cm

(3) イ：平均値は $(24.5\times2+25\times6+25.5\times8+26\times14+26.5\times18+27\times17+27.5\times16+28\times11+28.5\times6+29\times2)\div100=26.8$cm，中央値は 27cm なので，$27-26.8=0.2$cm

(4) $36\times\frac{98}{2}=1764$ 人

■平成31年 3

(1) 17m 以上 21m 未満が最も多い

(2) 25m 以上投げた人数は 7＋3＝10〔人〕より，$\frac{10}{40}=0.25$

(3) 中央値が 18m なので，$\frac{a+b}{2}=18$，つまり $a+b=36$ ヒストグラムから，a，b どちらも 17～21 の階級なので，$(a,\ b)=(18,\ 18),\ (17,\ 19)$

(4) $(3\times7+4\times11+6\times15+11\times19+6\times23+7\times27+3\times31)\div40=19.6$

■平成30年 3

(1) 1行目：1, 3, 5, 7, 9, 11, 13, 15, 17, …

2行目：2, 5, 8, 11, 14, 17, 20, 23, 26, …

したがって，17ア

(2) 2と3と5の最小公倍数は30

よって，30－1＝29,

30×2－1＝59,

30×3－1＝89

(3) 1行目と2行目の共通する自然数は6の倍数から1を引いた数なので，$6n-1$ウと表せる。

$n=1$ のとき5，$n=2$ のとき11，$n=16$ のとき95，$n=17$ のとき101，よって，$n=2$エから $n=16$オで，その個数は 16－2＋1＝15カ

(4) (2)より3つの行に共通する自然数は，

29($n=5$ のとき)，59 ($n=10$ のとき) ……なので

その個数は，100÷5＝20個。

よって，1行目と2行目に共通し，3行目にはない自然数の個数は 100－20＝80個。

■平成29年 3

(1) ア．1辺が3cmの正六角形は，1辺が2cmの正六角形の周りに正三角形を並べればよい。

右図から分かるように，1辺に対して，5つ正三角形を並べればよい。

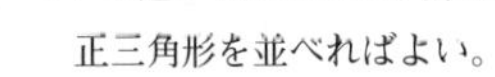

したがって，求める個数は，

24＋5×6＝54

イ．24÷6＝4

(2) 1辺が1cmの正六角形と1辺が $n$cm の正六角形の相似比は $1:n$ より，面積比は $1:n^2$ よって，必要な正三角形の個数を x とおくと

$1:n^2=6:x$

$x=6n^2$

(3) ②から，1辺が $(n+1)$cm の正六角形を作るために必要な正三角形の個数は $6(n+1)^2$。したがって，問題文から方程式を立てると，

$6n^2+138=6(n+1)^2$

両辺を6で割って

$n^2+23=(n+1)^2$

$n^2+23=n^2+2n+1$　　$2n=22$　　$n=11$

■平成27年 3

(1) ① 1列目から12列目までにおける，3段目に並んでいる数は

1	0	1	0	1	0	1	0	1	0	1	0

よって6

②

0	0	0	1	0	0	0	1	0	0	0	1
0	0	1	0	0	1	0	0	1	0	0	1
1	0	1	0	1	0	1	0	1	0	1	0

7列

(2) ① nは奇数なので最後は1でおわる

1	0	1	0	…	1	0	1

$n-1$列

2列に1列1が現れる

$\frac{n-1}{2}+1=\frac{n+1}{2}$

② ①より

$\frac{n+1}{2}=27$が成り立つ。

これを解くと

$\frac{n+1}{2}=27$

$n+1=54$

$n=53$

(i) 1段目は4つの数をくり返し，2段目は，3つの数をくり返し，3段目は2つの数をくり返すので最小公倍数の12列ごとに縦に並んでいる数の合計はくり返される。

よって　$53=12\times4+5$

(1)②より$n=12$のとき縦に並んでいる数の合計が1となるのは7列であったので$7\times4=28$列は必ずある。

あとの5列について考える。あとの5列の並び順は下のようになる。

	49列目	50列目	51	52	53
…	0	0	0	1	0
…	0	0	1	0	0
…	1	0	1	0	1
合計	1	0	2	1	1

よって縦に並んでいる数の合計が1となるのは3列であるので　$28+3=31$列あることになる。

〈一次関数と二次関数〉

■令和5年 5

(選択問題A)

(1) $y=ax^2$に$x=-1$，$y=2$を代入すると$2=a\times(-1)^2$，よって$a=2$。

(2) $y=2x^2$に$y=8$を代入すると$8=2x^2$，$x=\pm2$，Bのx座標は正より点Bのx座標は2。

(3) 直線ABは1次関数で点A$(-1,\ 2)$，点B$(2,\ 8)$を通るので

$y=\frac{8-2}{2-(-1)}x+b$

$y=2x+b$

$(-1,\ 2)$を代入

$2=-2+b$

$b=4$

よって，$y=2x+4$

(4) △AOBはOCを底辺，点Aと点Bのそれぞれのx座標の絶対値を高さとする2つの三角形△AOCと△BOCを合わせたものである。Cは直線ABの切片よりOC=4である。

$\triangle AOB=\triangle AOC+\triangle BOC=4\times1\times\frac{1}{2}+4\times2\times\frac{1}{2}=6$

同様に△OPCはOCを底辺，点Pのx座標の絶対値を高さとする三角形である。点PはBC上の点より，x座標は正，これをpとおく。△OPCの面積は△AOBの面積の$\frac{1}{4}$より，

$\triangle OPC=\triangle AOB\times\frac{1}{4}$

$4\times p\times\frac{1}{2}=6\times\frac{1}{4}$

$2p=\frac{3}{2}$

$p=\frac{3}{4}$

これを$y=2x+4$に代入

$y=2\times\frac{3}{4}+4$

$=\frac{11}{2}$

よって$\left(\frac{3}{4},\ \frac{11}{2}\right)$

(選択問題B)

(1) 点Aのx座標は1で$y=2x^2$上にあるので，$y=2\times1^2=2$，点A$(1,\ 2)$であり，直線ABは比例のグラフであるから，比例定数$=\frac{y}{x}=2$となり，直線ABは$y=2x$である。点Bのx座標は4で$y=2x$上にあるから$y=2\times4=8$，点B$(4,\ 8)$である。これを$y=ax^2$に代入すると

$8=a\times4^2$

$16a=8$　　$a=\frac{1}{2}$

(2) 点Cのx座標は-1で$y=2x^2$上にあるので，$y=2\times(-1)^2=2$，点C$(-1,\ 2)$である。(1)より点B$(4,\ 8)$。直線BCは点B，点Cを通るので

$y=\frac{8-2}{4-(-1)}x+b$

$y=\frac{6}{5}x+b$

$(-1,\ 2)$を代入

$2=-\frac{6}{5}+b$

$b=\frac{16}{5}$

よって，$y=\frac{6}{5}x+\frac{16}{5}$

(3) ① 点Pのx座標をpとおくと，点P$\left(p,\ \frac{1}{2}p^2\right)$，点Q$(p,\ 0)$，点R$(p,\ 2p^2)$とおける。

PR=QDより

$2p^2-\frac{1}{2}p^2=4-p$

$\frac{3}{2}p^2+p-4=0$

$3p^2+2p-8=0$

$(3p-4)(p+2)=0$

$p=\frac{4}{3},\ -2$

pはOB間の点より正，よって$p=\frac{4}{3}$

② ①より，点P$\left(\frac{4}{3},\ \frac{8}{9}\right)$，点Q$\left(\frac{4}{3},\ 0\right)$，点R$\left(\frac{4}{3},\ \frac{32}{9}\right)$であり，点Sの$x$座標を$s$とおくと点S$\left(s,\ \frac{6}{5}s+\frac{16}{5}\right)$とおける。

△SPRは底辺PR，高さが$\frac{4}{3}-s$，△SQDは底辺QD，高さが$\frac{6}{5}s+\frac{16}{5}$の三角形である。△SPRの面積が△SQDの面積の$\frac{5}{6}$倍なので

$\triangle SPR=\triangle SQD\times\frac{5}{6}$

$\left(\frac{32}{9}-\frac{8}{9}\right)\left(\frac{4}{3}-s\right)\times\frac{1}{2}=\left(4-\frac{4}{3}\right)\left(\frac{5}{6}s+\frac{16}{5}\right)\times\frac{1}{2}\times\frac{5}{6}$

$\frac{12}{9}\left(\frac{4}{3}-s\right)=\frac{10}{9}\left(\frac{6s+16}{5}\right)$

$12\left(\frac{4-3s}{3}\right)=10\left(\frac{6s+16}{5}\right)$

$16-12s=12s+32$

$24s=-16$

$s=-\frac{2}{3}$

よって，点Sの座標は$\left(-\frac{2}{3},\ \frac{12}{5}\right)$

■令和４年 5

(選択問題 A)

(1) $y=\frac{1}{8}x^2$ に　$x=-8$ を代入して，$y=\frac{1}{8}\times(-8)^2=8$

(2) $y=\frac{1}{8}x^2$ に　$y=2$ を代入して，$2=\frac{1}{8}x^2$

$x>0$ より $x=4$

(3) 直線 AB を $y=ax+b$ とおき，A$(-8,\ 8)$，B$(4,\ 2)$を代入して，連立方程式を解くと，$a=-\frac{1}{2}$，$b=4$ より，$y=-\frac{1}{2}x+4$

(4) ① △PAB の面積が△OAC の面積と等しくなるとき，△OAB が共通部分なので，△OBC と△OBP の面積が等しい。
それぞれ OB を底辺とすると高さが等しくないとならないので，OB∥PC となる。
よって，求める点 P は，C を通り直線 OB に平行な直線と直線 OA との交点である。

点 C は直線 AC が x 軸と交わる点なので，$y=-\frac{1}{2}x+4$ に $y=0$ を代入して，$x=8$ より　C$(8,\ 0)$

直線 OB の傾きは $\frac{2}{4}=\frac{1}{2}$ なので，C を通り直線 OB に平行な直線を

$y=\frac{1}{2}x+b$ とおくと，C$(8,\ 0)$ を代入して，$y=\frac{1}{2}x-4$

直線 OA は，$y=-x$ より，$\begin{cases} y=-x \\ y=\frac{1}{2}x-4 \end{cases}$ の連立方程式を解いて

交点 P を求めると　$x=\frac{8}{3}$，$y=-\frac{8}{3}$ より　P$\left(\frac{8}{3},\ -\frac{8}{3}\right)$

(選択問題 B)

(1) $y=ax^2$ に A$(4,\ 4)$を代入すると，$4=16a$，$a=\frac{1}{4}$

(2) C は y 軸に対して B と対称なので，C の x 座標は 2。
$y=-x^2$ に代入して，$y=-4$，C$(2,\ -4)$
直線 AC を $y=ax+b$ とおいて，A$(4,\ 4)$，B$(2,\ -4)$を代入し，連立方程式を解けばよい。

(3) ① QA=QP となるとき，△APQ は二等辺三角形なので，Q の x 座標$=\frac{t+4}{2}=\frac{1}{2}t+2$

② Q は $y=4x-12$ 上にあるので，

$x=\frac{1}{2}t+2$ を代入して，

$y=4\left(\frac{1}{2}t+2\right)-12=2t-4$

Q$\left(\frac{1}{2}t+2,\ 2t-4\right)$

△QHD$=8\times\left(\frac{1}{2}t+2\right)\times\frac{1}{2}$

$=2t+8$

△PHQ$=t\times\{4-(2t-4)\}\times\frac{1}{2}$

$=-t^2+4t$

△QHD=△PHQ×3 より，

$2t+8=3(-t^2+4t)$

$3t^2-10t+8=0$

解の公式より，$t=\frac{10\pm\sqrt{10^2-4\times3\times8}}{6}=\frac{10\pm2}{6}=\frac{4}{3}$，2

■令和３年 5

(選択問題 A)

(1) $\frac{1}{4}\times(-2)^2=1$

(2) 点 B の y 座標は $1+3=4$

$4=\frac{1}{4}x^2$　　$x^2=16$

B の x 座標は正より、$x=4$　よって $(4,\ 4)$

(3) 直線 AB の式を $y=ax+b$ とおくと、

$\begin{cases} -2a+b=1 \\ 4a+b=4 \end{cases}$

これを解いて，$a=\frac{1}{2}$，$b=2$

よって　$y=\frac{1}{2}x+2$

(4) 点 P の x 座標を p とおくと、PQ$=\frac{1}{2}p+2-\frac{1}{4}p^2$，QR$=\frac{1}{4}p^2$

PQ：QR=5：1 より、PQ=5QR であるから

$\frac{1}{2}p+2-\frac{1}{4}p^2=\frac{5}{4}p^2$

$\frac{3}{2}p^2-\frac{1}{2}p-2=0$　$3p^2-p-4=0$

$(p+1)(3p-4)=0$　$p>0$ より　$p=\frac{4}{3}$

よって$\left(\frac{4}{3},\ \frac{8}{3}\right)$

(選択問題 B)

(1) 関数㋐は A$(-2,\ 3)$を通るので $3=a\times(-2)^2$　$a=\frac{3}{4}$

(2) A$(-2,\ 3)$，C$(4,\ 12)$を通るので、
直線 AC の式を $y=ax+b$ とおくと、

$\begin{cases} -2a+b=3 \\ 4a+b=12 \end{cases}$

これを解いて $a=\frac{3}{2}$，$b=6$

よって $y=\frac{3}{2}x+6$

(3) ① 点 P の x 座標を t とおくと PQ=3PR より

$\frac{3}{2}t+6-\frac{3}{4}t^2=3\left\{\frac{3}{4}t^2-(-t+1)\right\}$

$\frac{3}{2}t+6-\frac{3}{4}t^2=\frac{9}{4}t^2+3t-3$

$3t^2+\frac{3}{2}t-9=0$　$2t^2+t-6=0$　$(t+2)(2t-3)=0$

$t>0$ より　$t=\frac{3}{2}$

②

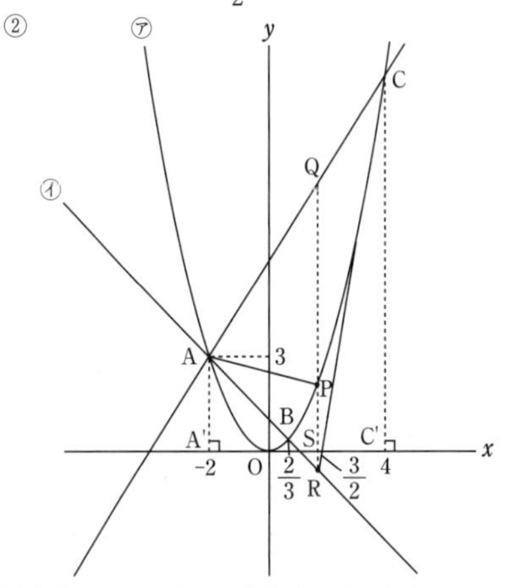

上図のように、A′，S，C′ をとる。このとき、

AB：BR$=\left(\frac{2}{3}+2\right)：\left(\frac{3}{2}-\frac{2}{3}\right)=16：5$ より

△ABP$=\frac{16}{16+5}$△ARP$=\frac{16}{21}$△ARP…①

PQ：PR=3：1 より

△ARP$=\frac{1}{3+1}$△ARQ$=\frac{1}{4}$△ARQ…②

A′S：SC′$=\left(\frac{3}{2}+2\right)：\left(4-\frac{3}{2}\right)=7：5$ より

△ARQ$=\frac{7}{7+5}$△ARC$=\frac{7}{12}$△ARC…③

①②③より

△ARC$=\frac{12}{7}$△ARQ$=\frac{12}{7}\times4$△ARP

$=\frac{48}{7}\times\frac{21}{16}$△ABP=9△ABP

よって 9 倍

■令和2年 5

（選択問題 B）

(1) A$(-4,\ 2)$，B$\left(6,\ \dfrac{9}{2}\right)$と求めることができる。

直線ABの式を$y=ax+b$とする。　　これを解いて

$$\begin{cases} 2=-4a+b \\ \dfrac{9}{2}=6a+b \end{cases} \quad \begin{matrix} a=\dfrac{1}{4} \\ b=3 \end{matrix}$$

よって　$y=\dfrac{1}{4}x+3$

(2) ア：点Cの座標はx座標をCとすると$\left(\mathrm{C},\ \dfrac{1}{8}\mathrm{C}^2\right)$とおける。また，点Cの$x$座標と$y$座標は，一致するため

$\mathrm{C}=\dfrac{1}{8}\mathrm{C}^2$　$\mathrm{C}^2-8\mathrm{C}=0$　$\mathrm{C}(\mathrm{C}-8)=0$

$\therefore \mathrm{C}=8(\mathrm{C}>0)$　　よって　C$(8,\ 8)$

イ：原点と点Cの中点となる。

よって　$\left(\dfrac{0+8}{2},\ \dfrac{0+8}{2}\right)=(4,\ 4)$

(3) 直線ABの切片をFとする。また点Pのx座標をpとするとP$\left(p, \dfrac{1}{4}p+3\right)$とおける。△PECにおいて，線分ECを底辺とすると，高さは，$8-\left(\dfrac{1}{4}p+3\right)=5-\dfrac{1}{4}p$となる。

よって　$\triangle \mathrm{PEC}=\dfrac{1}{2}\times 8\times\left(5-\dfrac{1}{4}p\right)$

$=20-p$　…①

また，△OPA＝△OFA＋△OFPである。

$$\begin{cases} \triangle \mathrm{OFA}=\dfrac{1}{2}\times 3\times 4=6 \\ \triangle \mathrm{OFP}=\dfrac{1}{2}\times 3\times p=\dfrac{3}{2}p \end{cases}$$

よって　$\triangle \mathrm{OPA}=\dfrac{3}{2}p+6$　…②

①＝②より，

$20-p=\dfrac{3}{2}p+6$　　$-\dfrac{5}{2}p=-14$　　$p=\dfrac{28}{5}$

よってy座標は，$y=\dfrac{1}{4}\times\dfrac{28}{5}+3=\dfrac{22}{5}$

以上より　P$\left(\dfrac{28}{5},\ \dfrac{22}{5}\right)$

■平成31年 5

（選択問題 A）

(1) 点Bはグラフ㋐上にあるので，$y=\dfrac{1}{4}\times 6^2=9$

(2) 点Aのy座標も(1)同様に$y=\dfrac{1}{4}\times(-4)^2=4$，したがって，A$(-4,\ 4)$，B$(6,\ 9)$を通る直線を求めればよい。求める直線を$y=ax+b$とおくと，

$$\begin{cases} 9=6a+b \\ 4=-4a+b \end{cases} \quad これを解くと \quad \begin{cases} a=\dfrac{1}{2} \\ b=6 \end{cases}$$

よって$y=\dfrac{1}{2}x+6$

(3)①

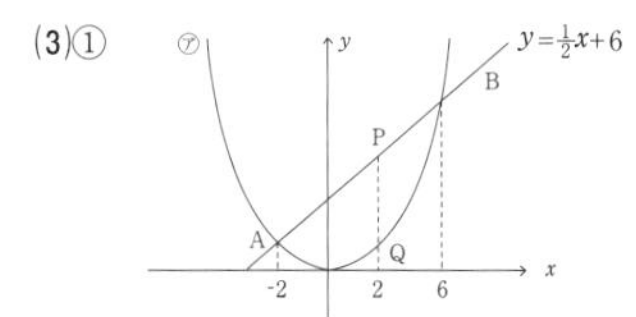

点Pは直線AB上にあり，x座標が2なので，(2)よりy座標は，$y=\dfrac{1}{2}\times 2+6=7$，また線分PQは$y$軸と平行なので$x$座標は2，

点Qはグラフ㋐上にあるので，y座標は$y=\dfrac{1}{4}\times 2^2=1$

よって，$\mathrm{PQ}=7-1=6$

② 右図の直角三角形における三平方の定理より

$\mathrm{AQ}^2=3^2+6^2=45$

$\mathrm{AQ}>0$　より　$\mathrm{AQ}=3\sqrt{5}$

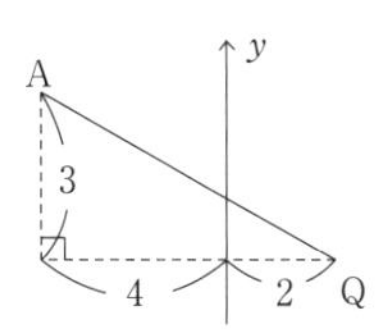

（選択問題 B）

(1) 点Aはグラフ㋐上にあるので，y座標は$y=-\dfrac{1}{3}\times(-3)^2=-3$

直線ABは原点Oを通るので$y=cx$とおくことができる。A$(-3,\ -3)$を代入して$-3=c\times(-3)$，つまり$c=1$　よって直線ABは$y=x$より，Bの座標は$(4,\ 4)$　よって，$y=ax^2$に$(4,\ 4)$を代入して$4=a\times 4^2$，つまり$a=\dfrac{1}{4}$

(2) (1)よりCの座標は$(-2,\ 1)$求める直線を$y=ax+b$おくと，

$$\begin{cases} 4=4a+b \\ 1=-2a+b \end{cases} \quad これを解くと \quad \begin{cases} a=\dfrac{1}{2} \\ b=2 \end{cases}$$

よって$y=\dfrac{1}{2}x+2$

(3)①

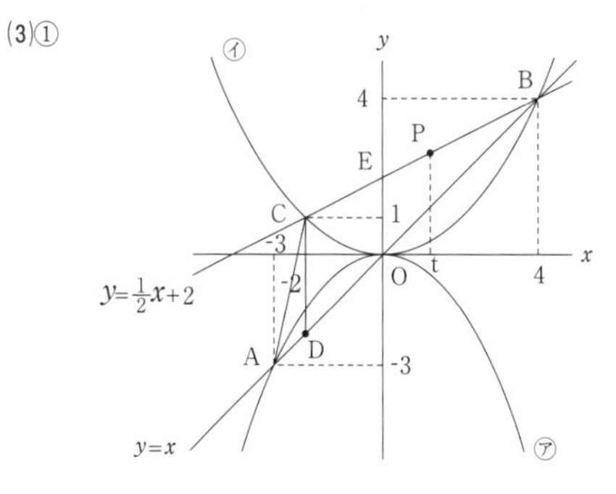

$y=x$上に線分CDがy軸と平行になるように点Dをとる（前図）

このときDの座標は$(-2,\ -2)$なので$\mathrm{CD}=1-(-2)=3$

したがって，$\triangle \mathrm{ABC}=\triangle \mathrm{ACD}+\triangle \mathrm{BCD}=\dfrac{1}{2}\times 3\times 1+\dfrac{1}{2}\times 3\times 6=\dfrac{21}{2}$

よって　$\triangle \mathrm{OPC}=\dfrac{1}{3}\triangle \mathrm{ABC}=\dfrac{1}{3}\times\dfrac{21}{2}=\dfrac{7}{2}$

ここで点Eを$(0,\ 2)$とすると，

$\triangle \mathrm{OCE}=\dfrac{1}{2}\times 2\times 2=2<\dfrac{7}{2}$より点Pは線分BE上にある。

点Pのx座標をtとおくと，

$\triangle \mathrm{OPC}=\triangle \mathrm{OCE}+\triangle \mathrm{OPE}=2+\dfrac{1}{2}\times 2\times t=2+t$

よって，$2+t=\dfrac{7}{2}$，つまり$t=\dfrac{3}{2}$

点Pは直線$y=\dfrac{1}{2}x+2$上にあるので，P$\left(\dfrac{3}{2},\ \dfrac{11}{4}\right)$

② 線分PQと直線ABの交点をRとおくと，点Rの座標は$\left(\dfrac{3}{2},\ \dfrac{3}{2}\right)$

また，点Qはグラフ㋐上にあるので点Qの座標は$\left(\dfrac{3}{2},\ -\dfrac{3}{4}\right)$

以上より，$\mathrm{QR}=\dfrac{3}{2}-\left(-\dfrac{3}{4}\right)=\dfrac{9}{4}$

よって$\triangle \mathrm{ABQ}=\triangle \mathrm{ARQ}+\triangle \mathrm{BRQ}$

$=\dfrac{1}{2}\times\dfrac{9}{4}\times\left(\dfrac{3}{2}+3\right)+\dfrac{1}{2}\times\dfrac{9}{4}\times\left(4-\dfrac{3}{2}\right)=\dfrac{63}{8}$より

（四角形AQBC）

$=\triangle \mathrm{ABC}+\triangle \mathrm{ABQ}=\dfrac{21}{2}+\dfrac{63}{8}=\dfrac{147}{8}$

したがって，$\dfrac{147}{8}\div\dfrac{7}{2}=\dfrac{21}{4}$

■平成30年 5

（選択問題 A）

(1) $y=ax^2$上に点A$(4,\ 12)$があるので，

$12=16a$　つまり　$a=\dfrac{3}{4}$

(2) 切片が4なので，$y=ax+4$とおける。この直線上に点Aがあるので，

$12=4a+4$　つまり　$a=2$　よって　$y=2x+4$

(3) 点Bは直線$y=2x+4$上にあり，y座標が0なので$0=2x+4$，つまり$x=-2$　よって　B$(-2,\ 0)$

(4)　△ABOはOBを底辺とすると高さは12なので，

$\triangle ABO=\frac{1}{2}\times 2\times 12=12$

点Pのx座標をtとおくと，Pはグラフ①上にあるので，Pの座標は

$\left(t,\ \frac{3}{4}t^2\right)$

右図より，△PBQにおいて，BQを底辺とすると，高さは$\frac{3}{4}t^2$なので，

$\triangle PBQ=\frac{1}{2}\times 8\times\frac{3}{4}t^2=3t^2$

よって　$3t^2=12$

$t>0$より　$t=2$

したがって点Pの座標は（2，3）

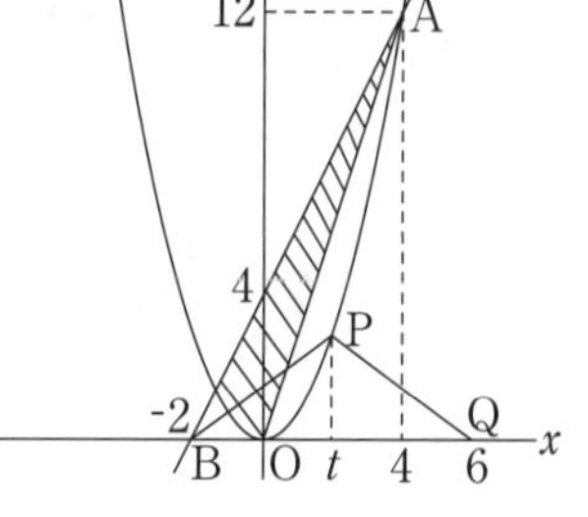

（選択問題B）

(1)　点Aは㋑上にあるので，

$y=-3+6=3$

よって　A(−3，3)

したがって，点Aは㋐上にあるので

$3=9a$　つまり　$a=\frac{1}{3}$

(2)　点Cの座標は$\left(2,\ \frac{4}{3}\right)$より，直線ACの式を$y=ax+b$とおくと，

$$\begin{cases}3=-3a+b\\ \frac{4}{3}=2a+b\end{cases}$$

これをとくと，$a=-\frac{1}{3}$，$b=2$

よって，$y=-\frac{1}{3}x+2$

(3)①　Bのy座標は条件から$3+9=12$

したがって，$12=\frac{1}{3}x^2$

$x>0$より　$x=6$　よってB(6，12)

右図のように点Bを通りACと平行な直線上であれば△ACPと△ABCは面積が等しい。

点Bを通りACと平行なので，直線の式を$y=-\frac{1}{3}x+b$とおくと，

$12=-\frac{1}{3}\times 6+b$　つまり　$b=14$

よって，点Pのy座標は14

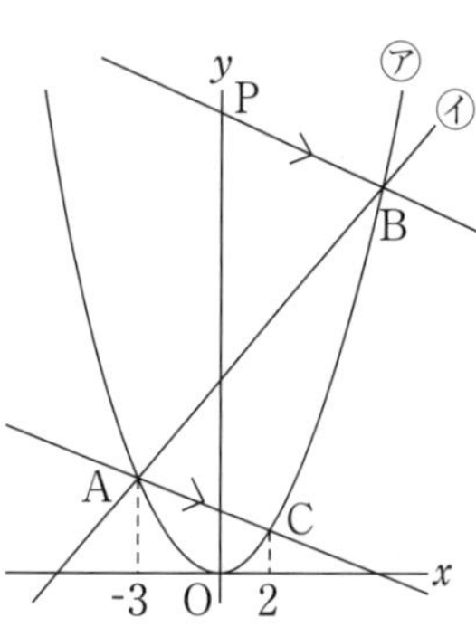

②　右図のように点Qを定めると，直線ABを底辺としたとき，△ACBと△ACQの高さは等しい，したがって，

△ACB：△ACQ＝AB：AQ

直線CPは切片がPなので，

式は　$y=ax+14$と表せ，C$\left(2,\ \frac{4}{3}\right)$を代入すると，

$\frac{4}{3}=2a+14$　つまり　$a=-\frac{19}{3}$

したがって，直線CPの式は

$y=-\frac{19}{3}x+14$，直線ABの式を$y=ax+b$とおくと，

$$\begin{cases}3=-3a+b\\ 12=6a+b\end{cases}\quad つまり\quad \begin{cases}a=1\\ b=6\end{cases}$$

よって　$y=x+6$

このことから，点Qの座標は，

$$\begin{cases}y=-\frac{19}{3}x+14\\ y=x+6\end{cases}$$

これをとくと，$(x,\ y)=\left(\frac{12}{11},\ \frac{78}{11}\right)$

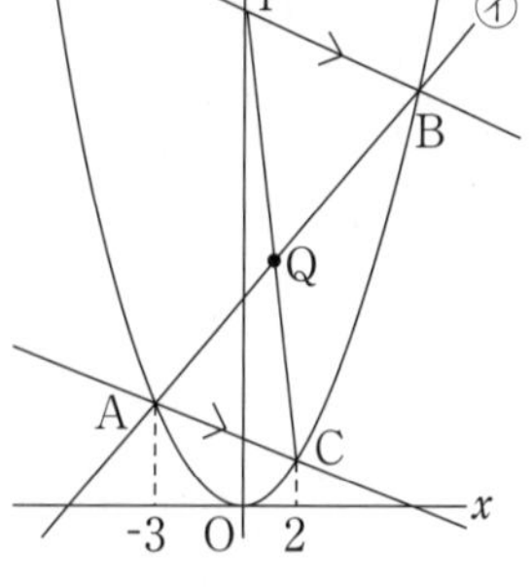

したがって，

$AB：AQ=|6-(-3)|：\left|\frac{12}{11}-(-3)\right|=9：\frac{45}{11}=11：5$

よって　$\frac{5}{11}$倍

■平成29年　5

（選択問題A）

(1)　点Aは$y=\frac{2}{9}x^2$上にあるので，

y座標は，$y=\frac{2}{9}(-6)^2=8$

(2)　点Bの座標は(3，2)より，

求める変化の割合は

$\frac{2-8}{3-(-6)}=\frac{-6}{9}=-\frac{2}{3}$

(3)　(2)より直線の式は$y=-\frac{2}{3}x+b$とおけ，

直線ABは点(3，2)を通るので

$2=-\frac{2}{3}\times 3+b$　　$b=4$

よって，$y=-\frac{2}{3}x+4$

(4)　点Cの座標は(6，0)

直線ABにおいて，

$x=1$のとき$y=\frac{10}{3}$

$3<\frac{10}{3}<4$より，

$x=1$のとき△OCDの内部でy座標が整数であるのは(1，1)，(1，2)，(1，3)の3個。

同様にして，$x=2$，3，4，5について調べていけばよい。

$x=2$のとき，(2，1)，(2，2)の2個

$x=3$のとき，(3，1)の1個

$x=4$のとき，(4，1)の1個

$x=5$のとき　0個

よって，3+2+1+1=7[個]

（選択問題B）

(1)　関数㋐について，xの値が2から4まで増加するときの変化の割合が$\frac{9}{2}$なので，yの増加量を$\triangle y$とおくと。

$\frac{\triangle y}{4-2}=\frac{9}{2}$　つまり　$\triangle y=9$

関数㋐上において，

$x=2$のとき$y=t$とおくと，

$x=4$のとき$y=t+\triangle y$

$=t+9$

したがって，(2，t)，(4，$t+9$)を$y=ax^2$に代入すると，

$$\begin{cases}t=4a\\ t+9=16a\end{cases}\quad これを解くと，\quad \begin{cases}a=\frac{3}{4}\\ t=3\end{cases}$$

また，点A(4，12)は$y=\frac{b}{x}$上にあるので

$12=\frac{b}{4}$　つまり　$b=48$

(2)　点Cのy座標は$y=\frac{48}{8}=6$

したがって，直線BCは2点(2，3)(8，6)を通るので，求める直線を$y=ax+b$とおくと，

$$\begin{cases}3=2a+b\\ 6=8a+b\end{cases}\quad これを解くと\quad \begin{cases}a=\frac{1}{2}\\ b=2\end{cases}$$

したがって，$x=\frac{1}{2}x+2$

(3) ①点Pの x 座標を t とおくと，y 座標は

$y=\frac{3}{4}t^2$

また点Qの y 座標も $\frac{3}{4}t^2$ なので，x 座標は

$\frac{3}{4}t^2=\frac{1}{2}x+2 \quad x=\frac{3}{2}t^2-4$

よって，線分PQの長さは，

$\left(\frac{3}{2}t^2-4\right)-t=\frac{3}{2}t^2-4-t$

② PRの長さは t なので，

$\mathrm{PQ}:\mathrm{QR}=\left(\frac{3}{2}t^2-4-t\right):t$

したがって，

$\left(\frac{3}{2}t^2-4-t\right):t=3:2$

$3t=3t^2-8-2t$

$3t^2-5t-8=0$

これをとくと，$t=\frac{8}{3}$，-1

$t>0$ より　$t=\frac{8}{3}$

したがって　Pの座標は $\left(\frac{8}{3},\ \frac{16}{3}\right)$

■平成28年 5

(1) 点Aは $y=-\frac{1}{2}x$ 上にあるので $(-2,\ 1)$ である。

点Aは $y=ax^2$ 上でもあるので　$1=4a$　よって　$a=\frac{1}{4}$

(2) 点Dは $\left(-5,\ \frac{25}{4}\right)$，点Cは $(8,\ 16)$

直線CDは点C，点Dを通るので，$y=ax+b$ に代入して

$$\begin{cases}16=8a+b\\ \frac{25}{4}=-5a+b\end{cases}$$

これを計算すると $y=\frac{3}{4}x+10$

(3)

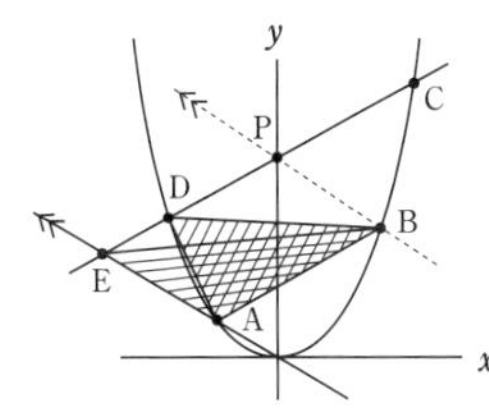

上図より△ABDと△ABEの面積は等しい。

よって　点Pは $y=-\frac{1}{2}x$ と平行で

点Bを通る破線と直線CDとの交点であると分かる。

破線の方程式を $y=-\frac{1}{2}x+b$ とおき。

点B $\left(5,\ \frac{25}{4}\right)$ を通るので代入すると

$b=\frac{35}{4}$ となる。

よって　$y=-\frac{1}{2}x+\frac{35}{4}$

$$\begin{cases}y=-\frac{1}{2}x+\frac{35}{4}\\ y=\frac{3}{4}x+10\end{cases}$$

これを解いて　$x=-1$，$y=\frac{37}{4}$

よって　P $\left(-1,\ \frac{37}{4}\right)$

■平成27年 5

(1) 点Aの x 座標3，点Bの x 座標−3より線分ABの長さは6である。AB：AD＝2：1よりADの長さ3である。点Aの y 座標が9よりDの y 座標は6である。

よって関数②は点D(3, 6)を通るので $y=ax^2$ に代入して

$6=9a \quad a=\frac{2}{3}$

(2) 点B(−3, 9)点D(3, 6)を通るので $y=ax+b$ にそれぞれ代入して

$9=-3a+b$ ……①

$-)\ 6=\ 3a+b$ ……②

$3=-6a$

$a=-\frac{1}{2}$，これを②へ代入すると，

$6=-\frac{3}{2}+b \qquad b=\frac{15}{2}$

ゆえに $y=-\frac{1}{2}x+\frac{15}{2}$

(3) 四角形ODBC＝△BCD＋△OCDより

$\triangle\mathrm{BCD}=\frac{1}{2}\times6\times3=9$

$\triangle\mathrm{OCD}=\frac{1}{2}\times6\times6=18$

よって　四角形ODBC＝9＋18＝27

点Pの座標を $(-m,\ 2m)$ とする。

四角形ODEP＝△ODE＋△OPE

$\triangle\mathrm{ODE}=\frac{1}{2}\times\frac{15}{2}\times3=\frac{45}{4}$

$\triangle\mathrm{OPE}=\frac{1}{2}\times\frac{15}{2}\times m=\frac{15}{4}m$

四角形ODEP＝$\frac{27}{2}$ より，$\frac{27}{2}=\frac{45}{4}+\frac{15}{4}m$

両辺4倍して，$54=45+15m$

$15m=9 \qquad m=\frac{9}{15}=\frac{3}{5}$

よって　点Pの座標 $\left(-\frac{3}{5},\ \frac{6}{5}\right)$

〈平面図形（証明）〉

■令和5年 6

(選択問題A)

(1) △ABCと△OEBにおいて

半円の弧に対する円周角なので	∠ACB＝90°	…①
円の接線は接点を通る半径と直角なので	∠OBE＝90°	…②
①②より	∠ACB＝∠OBE＝90°	…③
OD∥BCであれば同位角は等しいので	∠CAB＝∠BOE	…④

③④より2組の角がそれぞれ等しいから△ABC∽△OEB

(2) ① 三平方の定理より $\mathrm{AC}=\sqrt{10^2-8^2}=\sqrt{36}=6$(cm)

② 相似な図形の対応する辺の比は等しいので

AC：OB＝BC：BE　　6：5＝8：BE

$6\mathrm{BE}=40 \qquad \mathrm{BE}=\frac{40}{6}=\frac{20}{3}$(cm)

(選択問題B)

(1)

同じ弧に対する円周角は等しいので	∠FAD＝∠BEC	…①
ＦＤ∥ＡＥならば錯角は等しいので	∠FDA＝∠DAE	…②
同じ弧に対する円周角は等しいので	∠DAE＝∠BCE	…③
②③より	∠FDA＝∠BCE	…④

①④より，2組の角がそれぞれ等しいので△ADF∽△ECB

(2) ① △AEC は AE＝CE の二等辺三角形より E から中心 O に線を下すと AC を二等分する垂直二等分線となる。E から下した垂線と AC との交点を G とすると右図のように直角三角形ができ三平方の定理より，

$OG=\sqrt{3^2-(2\sqrt{2})^2}=\sqrt{9-8}=1$

EO は半径より $EG=EO+OG=3+1$

$=4$ となる。三平方の定理より $AE=\sqrt{(2\sqrt{2})^2+4^2}=\sqrt{24}=2\sqrt{6}$ (cm)

② 同じ弧に対する円周角は等しいので∠BCD＝∠EAD …①

対頂角は等しいので　∠CDB＝∠ADE …②

①②より 2 組の角がそれぞれ等しいので△BCD∽△EAD

BC＝2，AE＝$2\sqrt{6}$ で，相似な図形の対応する辺の比は等しいので，

CD：AD＝BD：ED＝2：$2\sqrt{6}$

CD＝x，AD＝y とおくと，CD:AD＝2：$2\sqrt{6}$ より

$x:y=2:2\sqrt{6}$　　$2\sqrt{6}x=2y$

$x=\frac{2}{2\sqrt{6}}y$　$x=\frac{\sqrt{6}}{6}y$

BD：ED＝2：$2\sqrt{6}$ より，$6-y:2\sqrt{6}-x=2:2\sqrt{6}$

$4\sqrt{6}-2x=12\sqrt{6}-2\sqrt{6}y$　　$2x-2\sqrt{6}y=-8\sqrt{6}$

$x=\frac{\sqrt{6}}{6}y$ を代入，$\frac{\sqrt{6}}{3}y-2\sqrt{6}y=-8\sqrt{6}$

$(\sqrt{6}-6\sqrt{6})y=-24\sqrt{6}$

$-5\sqrt{6}y=-24\sqrt{6}$　　$y=\frac{24}{5}$

これを代入，

$x=\frac{\sqrt{6}}{6}\times\frac{24}{5}$　$x=\frac{4\sqrt{6}}{5}$

よって，AD＝$\frac{24}{5}$，CD＝$\frac{4\sqrt{6}}{5}$

△ADF と△ECB の相似比は AD：EC＝$\frac{24}{5}$：$2\sqrt{6}$

面積比は辺の比の 2 乗より

△ADF：△ECB＝$\frac{24^2}{5^2}:(2\sqrt{6})^2$

$=\frac{24^2}{5^2}:24=\frac{24}{25}:1$

△ADF＝$\frac{24}{25}$△ECB

■令和 4 年 6

(選択問題 A)

(2) ① ∠CAD＝∠DEF より，錯角が等しいので，

CA∥FO

点 O は AB の中点より中点連結定理より，

OF＝$4\times\frac{1}{2}$＝2cm

② AB は直径なので∠ACB＝90°

△ABC において三平方の定理より，CB＝$\sqrt{10^2-4^2}=2\sqrt{21}$

中点連結定理より，CF＝CB×$\frac{1}{2}=2\sqrt{21}\times\frac{1}{2}=\sqrt{21}$

OE＝OA＝5，OF＝2 より，EF＝5−2＝3

△ACD∽△EDF より，DC：DF＝AC：EF＝4：3

よって　DF＝CF×$\frac{3}{7}=\sqrt{21}\times\frac{3}{7}=\frac{3\sqrt{21}}{7}$ cm

(選択問題 B)

(2)

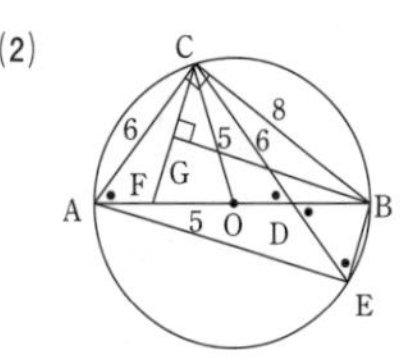

AB は円の直径なので，∠ACB＝90°

三角形 ABC において三平方の定理より，

BC＝$\sqrt{AB^2-AC^2}=\sqrt{10^2-6^2}=8$

$\overset{\frown}{BC}$ に対する円周角は等しいので，

∠CAO＝∠BED ――①

OA＝OC＝半径＝5 より，

△OAC は二等辺三角形だから，

∠OCA＝∠CAO ――②

△CAD は CA＝CD＝6 の二等辺三角形なので，∠CDA＝∠CAD ―③

対頂角は等しいので，∠BDA＝∠CDA ――④

①，②，③，④より　△OAC∽△CAD∽△BDE で，

辺の比が 5：5：6 の二等辺三角形である。

したがって，CA：AD＝5：6 より，AD＝$6\times\frac{6}{5}=\frac{36}{5}$

OD＝$\frac{36}{5}-5=\frac{11}{5}$，BD＝$5-\frac{11}{5}=\frac{14}{5}$＝BE

よって，△ABE∽△BCG より，AB：BE＝BC：CG

$10:\frac{14}{5}=8:CG$

$CG=\frac{56}{25}$cm

■令和 3 年 6

(選択問題 A)

(2) ① 点 D から AB に下ろした垂線の足を H とする。

△DHO において三平方の定理を用いて，

DH＝$\sqrt{5^2-\left(\frac{1}{2}\right)^2}=\sqrt{\frac{99}{4}}=\frac{3\sqrt{11}}{2}$

△BDC＝$\frac{1}{2}\times6\times\frac{3\sqrt{11}}{2}=\frac{9\sqrt{11}}{2}$ より、

$\frac{9\sqrt{11}}{2}\div2\sqrt{11}=\frac{9}{4}$(倍)

② ①より、△BDC と△DFE の面積比は 9：4

よって、△BDC と△DFE の相似比は 3：2

△BFO＝△BDO×$\frac{3-2}{3}$

＝△BDC×$\frac{5}{6}\times\frac{1}{3}=\frac{9\sqrt{11}}{2}\times\frac{5}{18}=\frac{5\sqrt{11}}{4}$ (cm²)

(選択問題 B)

(2) △DHC∽△EHA で相似比は

CD：AE＝6：2＝3：1

よって，CH＝$6\sqrt{2}\times\frac{3}{3+1}=\frac{9\sqrt{2}}{2}$

(1)より△BCF∽△CDH で相似比は

BC：CD＝$6\sqrt{2}$：6＝$\sqrt{2}$：1　　以上より BF＝$\sqrt{2}$CH＝9

EF＝12−(2＋9)＝1 であり

△EGF∽△DGC であることから

EG：DG＝EF：DC＝1：6

ゆえに EG：(DH＋HE)＝1：(6−1)＝1：5

また①より DH：HE＝3：1 であるから

DH：HG＝3：$\left(1+\frac{3+1}{5}\right)$＝5：3

■令和２年　6

（選択問題 B）

(2)

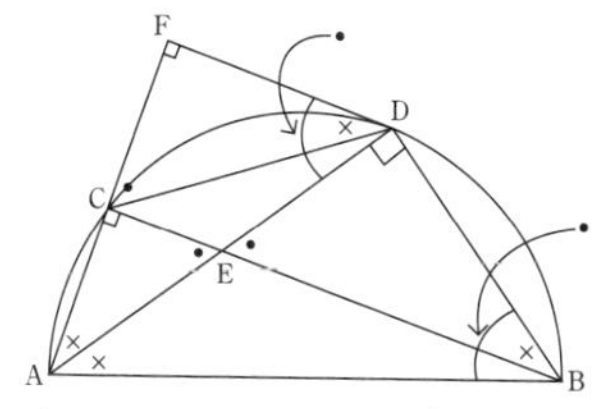

（△CDF∽△EAC と円周角の定理を使い・と×を付けていく。）

上図より　△EBD は相似であることが分かる。・＋×＝90° より

$$\begin{cases} \angle DBA=90^\circ-\underset{\times}{\angle BAD}=\bullet \\ \angle ADF=90^\circ-\underset{\times}{\angle DAF}=\bullet \end{cases}$$

であるから

△DAF と△BAD も相似である。

■平成31年　6

（選択問題 A）

(2)　直角三角形の斜辺と１つの鋭角が等しいことから△ADO≡△EFO

(1)より DO：BC＝1：2　DO：4＝1：2

これを解くと DO＝2〔cm〕

また，AO は円 O の半径より 3〔cm〕，したがって対応する辺を考えて

FO＝2〔cm〕，EO＝3〔cm〕　△EFO における三平方の定理より

$EF^2=3^2-2^2=5$　EF＞0 より　$EF=\sqrt{5}$〔cm〕

ここで，BO も円 O の半径であることから

BO＝3〔cm〕より，BF＝BO－FO＝3－2＝1〔cm〕

よって，△BFE における三平方の定理より

$BE^2=1^2+(\sqrt{5})^2=6$　BE＞0 より　$BE=\sqrt{6}$〔cm〕

（選択問題 B）

(2)①　△ODE が二等辺三角形なので，直線 OC を∠DOE の二等分線とみなせることから EC＝CD　よって　EC＝CD＝$x$cm とおくと，

△ACD∽△ECB より，AC：CD＝EC：CB　6：x＝x：4

これを解くと $x=2\sqrt{6}$〔cm〕

②　(1)より，∠DAC と同じ大きさである角に全て印をつけてみる。

そうすると∠HAC＝∠AOH より，△AHO は二等辺三角形。

したがって，H から AO に垂線を引き，その交点を I とすると，

AO＝5 より，$AI=IO=\frac{5}{2}$

①より，$CD=CE=2\sqrt{6}$ より，△ADC において三平方の定理より，

$AD=\sqrt{6^2+(2\sqrt{6})^2}=2\sqrt{15}$

△ADC∽AHI より

AC：AD＝AI：AH，$6:2\sqrt{15}=\frac{5}{2}:AH$，$AH=\frac{5\sqrt{15}}{6}$

したがって，$DH=AD-AH=2\sqrt{15}-\frac{5\sqrt{15}}{6}=\frac{7\sqrt{15}}{6}$

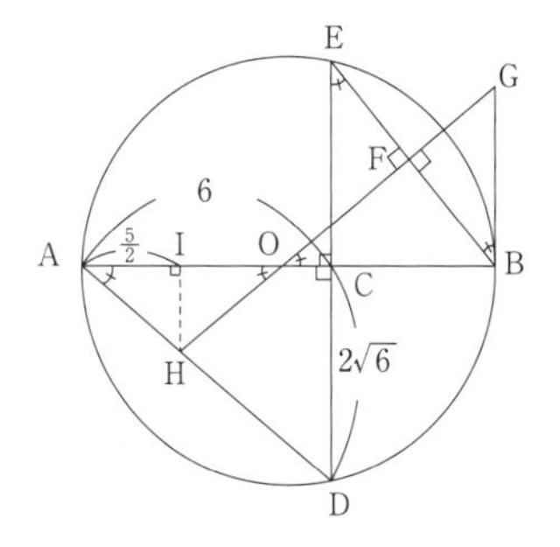

■平成30年　6

（選択問題 A）

(2)①　△ABC における三平方の定理より，

$AC^2=6^2-2^2=32$

AC＞0 より　$AC=4\sqrt{2}$［cm］

よって(1)より△ABC∽△CDO なので

AB：CD＝AC：CO

$6:CD=4\sqrt{2}:3$　(CO は円の半径)

$4\sqrt{2}CD=18$　$CD=\frac{9\sqrt{2}}{4}$［cm］

②　①と同様に

BC：DO＝AC：CO

$2:DO=4\sqrt{2}:3$

これをとくと　$DO=\frac{3\sqrt{2}}{4}$［cm］

したがって，

$\triangle CDO=\frac{1}{2}\times\frac{3\sqrt{2}}{4}\times3=\frac{9\sqrt{2}}{8}$［$cm^2$］

また，右図のように点 I を定めると，△OBC は二等辺三角形なので，

BI＝1cm　△OBI における三平方の定理より

$OI^2=3^2-1^2=8$

OI＞0 より　$OI=2\sqrt{2}$［cm］

したがって

$\triangle OBC=\frac{1}{2}\times2\times2\sqrt{2}=2\sqrt{2}$［$cm^2$］

よって，

$\triangle ABC=\frac{1}{2}\times4\sqrt{2}\times2=4\sqrt{2}$　より

$\triangle ADO=\triangle ABC-(\triangle CDO+\triangle OBC)=4\sqrt{2}-\left(\frac{9\sqrt{2}}{8}+2\sqrt{2}\right)=\frac{7\sqrt{2}}{8}$［$cm^2$］

（選択問題 B）

(2)①　条件から OG＝1cm なので，△ OGD の三平方の定理より

$GD^2=1^2+3^2=10$

GD＞0 より　$GD=\sqrt{10}$cm

また△ OAD の三平方の定理より，

$AD^2=3^2+3^2=18$

AD＞0 より $AD=3\sqrt{2}$ cm

よって，△EAD∽△AGD より

ED：AD＝AD：GD

$ED:3\sqrt{2}=3\sqrt{2}:\sqrt{10}$

$ED=\frac{18}{\sqrt{10}}=\frac{9\sqrt{10}}{5}$［cm］

②

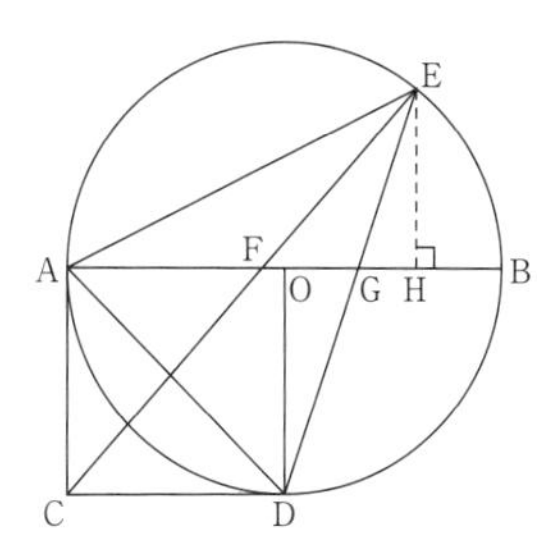

①より，$EG=ED-DG=\frac{9\sqrt{10}}{5}-\sqrt{10}=\frac{4\sqrt{10}}{5}$［cm］

したがって，$DG:GE=\sqrt{10}:\frac{4\sqrt{10}}{5}=5:4$

上図のように点 H を定めると

△ODG∽△HEG より

DG：EG＝OD：HE

5：4＝3：HE　　$HE=\frac{12}{5}$［cm］

また DG：EG＝OG：HG

$5:4=1:\text{HG}$　　$\text{HG}=\frac{4}{5}$ ［cm］なので，

$\text{AH}=4+\frac{4}{5}=\frac{24}{5}$ ［cm］

このことから，AF＝$x$cm とおくと，

$\text{HF}=\text{AH}-\text{AF}=\frac{24}{5}-x$ ［cm］と表せる

△ACF∽△HEF より

AF：HF＝AC：HE

$x:\left(\frac{24}{5}-x\right)=3:\frac{12}{5}$　　$5x:(24-5x)=15:12=5:4$

$20x=5(24-5x)$　　$9x=24$　　$x=\frac{8}{3}$

よって，△AFE の面積は　$\frac{1}{2}\times\frac{8}{3}\times\frac{12}{5}=\frac{16}{5}$［cm²］

■平成29年　6

(3)　△ABC において三平方の定理より，$AC^2+6^2=12^2$

AC＞0 より $AC=6\sqrt{3}$［cm］

AD＝DC より $DC=3\sqrt{3}$［cm］

△BCD において三平方の定理より，$(3\sqrt{3})^2+6^2=DB^2$

DB＞0 より $DB=3\sqrt{7}$［cm］

△ADE∽△BDC より，DE：DC＝AD：BD

$DE:3\sqrt{3}=3\sqrt{3}:3\sqrt{7}$　　$DE=\frac{9\sqrt{7}}{7}$［cm］

△DEG∽△DBC より，DG：DC＝DE：DB

$=\frac{9\sqrt{7}}{7}:3\sqrt{7}=3:7$

AD：DC＝1：1

DG：DC＝3：7 より，

AG：GD：DC＝4：3：7

(図1参照)

△AGF∽△ACB より，

GF：CB＝AG：AC＝4：14＝2：7

つまり，GF：6＝2：7 より，$GF=\frac{12}{7}$［cm］

■平成28年　6

(選択問題 A)

(1)　∠ABC と∠ADE が共に $\overset{\frown}{AC}$ の円周角で等しいこと，
直径に対する円周角は 90°になるので
∠ACB＝∠AED であることに気をつけて記述する。

(2)　①　(1)より△ABC∽△ADE なので
AC：AE＝AB：AD が成り立つ
3：AE＝9：6　　AE＝2
三平方の定理より，$DE=\sqrt{36-4}=4\sqrt{2}$

②　AC＝3，AE＝2
三平方の定理より，$CE=\sqrt{9-4}=\sqrt{5}$
よって　△AEC の面積は
$2\times\sqrt{5}\times\frac{1}{2}=\sqrt{5}$

(選択問題 B)

(1)　・四角形 CDEF が正方形より DE＝DC
・三角形 ABD が二等辺三角形より AD＝BD
・∠EDC，∠ADB はそれぞれ直角で
∠ADE＝90°－∠ADC
∠BDC＝90°－∠ADC より
∠ADE＝∠BDC であるので
2 組の辺とその間の角がそれぞれ等しいことに着目して証明する。

(2)　△OCD は，OD＝DB＝5，∠DOB＝90°より，$BD=5\sqrt{2}$
(1)より，△ADE≡△BDC なので，$AD=BD=5\sqrt{2}$
線分 EF と線分 AC の交点を H とすると，△DOC と△EAH において，∠DOC＝∠EAH＝90°，∠DCO＝∠EHA(同位角)より，△DOC∽△EAH。したがって，DO：EA＝OC：AH より，5：3＝2：AH，$AH=\frac{6}{5}$
△ADC と△AGH も相似なので，AD：AG＝AC：AH，
$5\sqrt{2}:AG=7:\frac{6}{5}$，$AG=\frac{6\sqrt{2}}{7}$

■平成27年　6

(2)　△ABD∽△FBE∽△ABF なので AB：AD＝FB：FE＝FA：FB＝7：4 である。

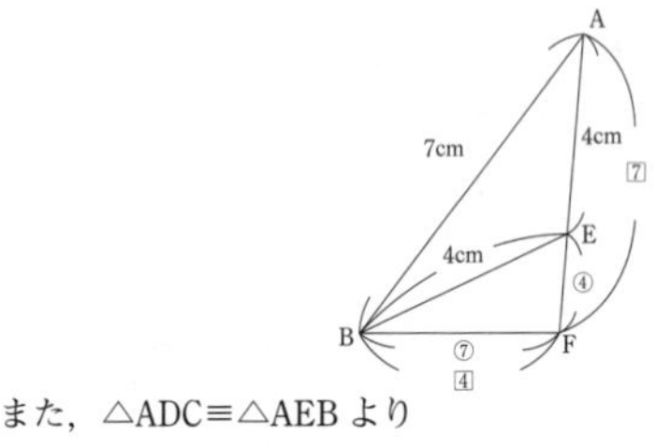

また，△ADC≡△AEB より
AE＝BE＝4cm

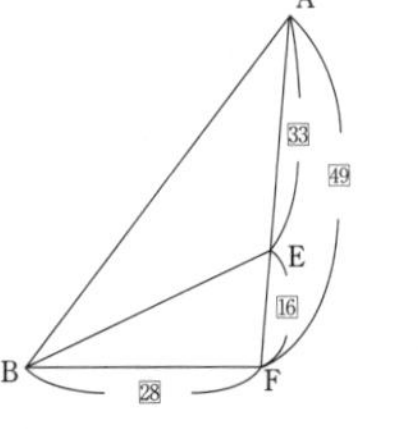

BF の長さの比を 28 とすると AF の長さの比 49
AE と EF の長さの比は 33：16 となる。
AE＝4cm より，AE：EF＝33：16
4：EF＝33：16　　33EF＝64
$EF=\frac{64}{33}$ cm
ゆえに　△ABD∽△FBE より
BD：BE＝AD：FE
$BD:4=4:\frac{64}{33}$　　$\frac{64}{33}BD=16$
$BD=\frac{33}{4}$ cm

〈空間図形〉

■令和5年　4

(1)　円錐の体積＝$\frac{1}{3}$×底面積×高さ

底面の半径＝3cm，母線の長さ＝6cm より，底面の半径と母線が作る三角形は正三角形，底面の半径，母線，円錐の高さが作る三角形は辺の比が 1：2：$\sqrt{3}$の直角三角形である。

よって，底面の半径：円錐の高さ＝1：$\sqrt{3}$
3：円錐の高さ＝1：$\sqrt{3}$
円錐の高さ＝$3\sqrt{3}$(cm)

容器 A の容積＝$\frac{1}{3}\times\pi\times3^2\times3\sqrt{3}=9\sqrt{3}\pi$ (cm³)

(2)　円錐の側面積＝母線×底面の半径×π より，
容器 A の側面積＝6×3×π＝18π (cm²)

(3) 図3の底面の円周にあたる点をQ，球Bと容器Aの接点をRとする。ORを結ぶと右図のようになる。

よって，$OQ : OR = 2 : \sqrt{3}$

$3 : OR = 2 : \sqrt{3}$

$OR = \dfrac{3\sqrt{3}}{2}$ (cm)

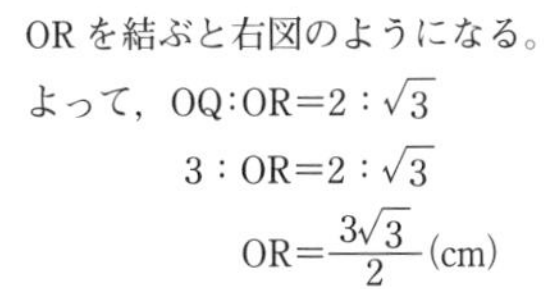

図3

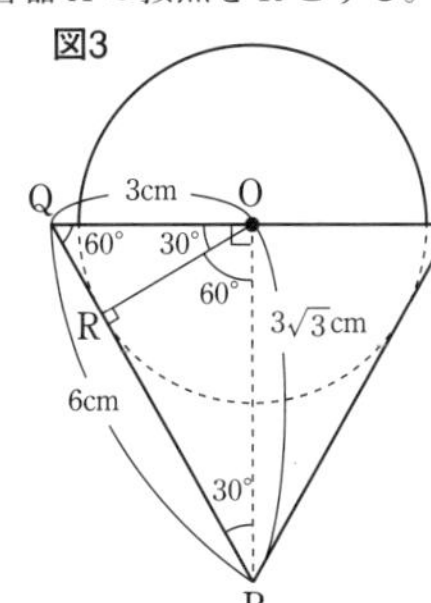

(4) 右図より，球Cの半径を r とすると，

$r : \dfrac{3\sqrt{3}}{2} - r = 1 : 2$

$\dfrac{3\sqrt{3}-2r}{2} = 2r \quad \dfrac{3\sqrt{3}-2r}{2} = 2r$

$3\sqrt{3} - 2r = 4r$

$r = \dfrac{\sqrt{3}}{2}$

球の体積$= \dfrac{4 \times \pi \times 半径^3}{3}$

$= \dfrac{1}{3} \times 4 \times \pi \times \left(\dfrac{\sqrt{3}}{2}\right)^3 = \dfrac{\sqrt{3}}{2}\pi$ (cm³)

図5

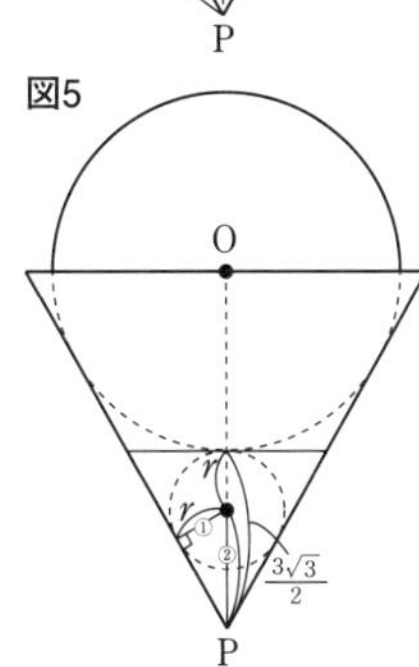

■令和4年 4

(1) 四角形EFGHは等脚台形なので，$PG = (8-4) \div 2 = 2$cm

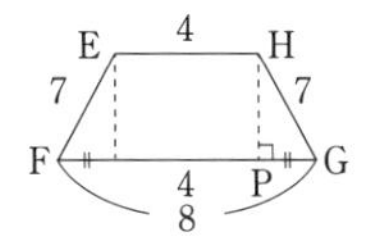

(2) △HPGにおいて三平方の定理より，$HP = \sqrt{7^2 - 2^2} = 3\sqrt{5}$cm

(3)

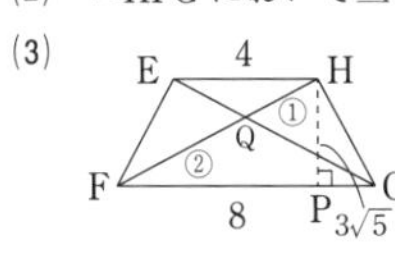

△EQH∽△GQFより

$HQ : FQ = EH : FG = 4 : 8 = 1 : 2$

$\triangle EFH = 4 \times 3\sqrt{5} \times \dfrac{1}{2} = 6\sqrt{5}$

よって，$\triangle EFQ = 6\sqrt{5} \times \dfrac{2}{3} = 4\sqrt{5}$cm²

(4)

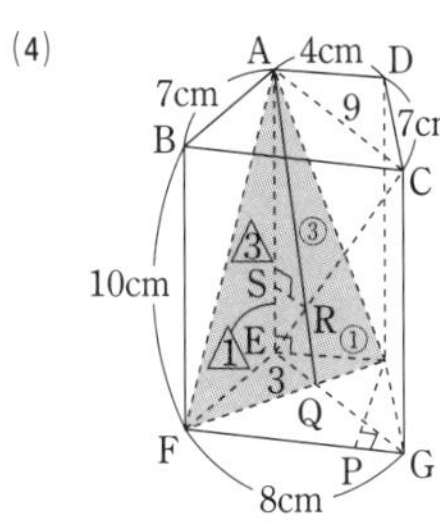

点RよりAEに向けてEQと平行な直線を引き，その交点をSとすると，三角すいREFQにおいて，△EFQを底面にとったときの高さがSEとなる。

三平方の定理より，$AC = \sqrt{(3\sqrt{5})^2 + 6^2} = 9$

$EG = 9$，$EQ : GQ = 1 : 3$ より，$EQ = 3$

△REQ∽△RCAより，

$QR : AR = EQ : CA = 3 : 9 = 1 : 3$

したがって，$SE : EA = 1 : 3$ より

$SE = 10 \times \dfrac{1}{4} = \dfrac{5}{2}$

よって，三角すいREFQの体積は，$4\sqrt{5} \times \dfrac{5}{2} \times \dfrac{1}{3} = \dfrac{10\sqrt{5}}{3}$ cm³

■令和3年 4

(1)

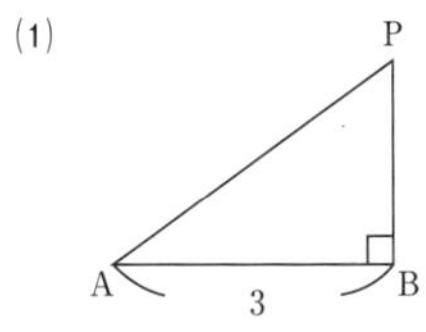

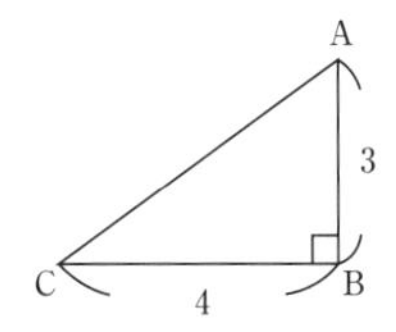

△ABPと△CBAの相似比は上図より、

$AB : CB = 3 : 4$ であるから、

$BP = BA \times \dfrac{3}{4} = \dfrac{9}{4}$ (cm)

(2) $\dfrac{1}{3} \times \triangle ABP \times BE = \dfrac{1}{3} \times \left(\dfrac{1}{2} \times 3 \times \dfrac{9}{4}\right) \times 4 = \dfrac{9}{2}$ cm³

(3) (三角すいEABQ)：(三角すいEBPQ)＝AQ：QBであることに注意する。

三角柱ABC－DEFの体積は $\left(\dfrac{1}{2} \times 3 \times 4\right) \times 4 = 24$ より、

$24 \times \dfrac{1}{20} = \dfrac{9}{2} \times \dfrac{AQ}{AQ+QP}$

$\dfrac{4}{15} = \dfrac{AQ}{AQ+QP}$

ゆえに $AQ : QP = 4 : 11$

■令和2年 4

(1)

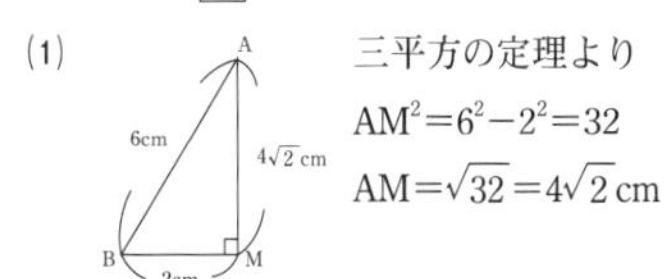

三平方の定理より

$AM^2 = 6^2 - 2^2 = 32$

$AM = \sqrt{32} = 4\sqrt{2}$ cm

(2)

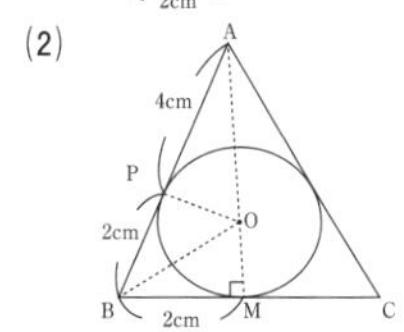

球の中心をOとする。

△OBPと△OBMは合同なので，$BP = 2$cm

$AP = AB - BP$

$= 6 - 2 = 4$cm

(3) ①

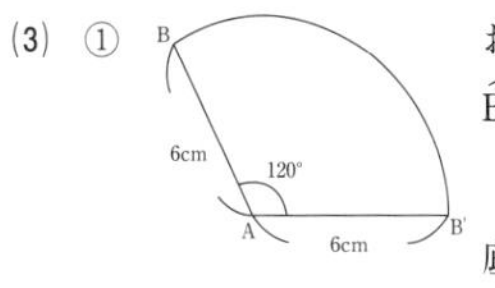

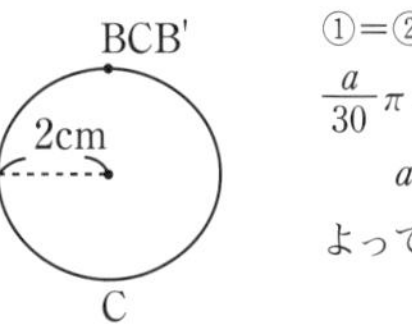

おうぎ形の中心角を a とする。

$\overset{\frown}{BB'} = 6 \times 2 \times \pi \times \dfrac{a}{360}$

$= \dfrac{a}{30}\pi$ cm　―①

底面の円の円周は，4π cm　―②，

①＝②より

$\dfrac{a}{30}\pi = 4\pi$

$a = 120°$

よって面積は，$6 \times 6 \times \pi \times \dfrac{120°}{360°}$

$= 12\pi$ cm²

②

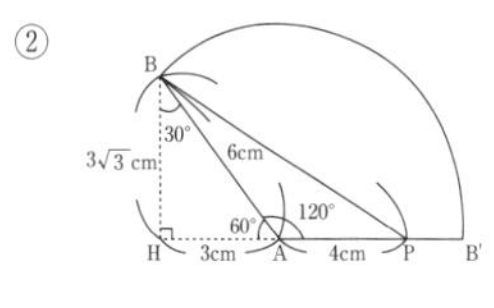

△ABHにおいて，

$AH = 3$cm，$BH = 3\sqrt{3}$ cm なので

$PB^2 = (3\sqrt{3})^2 + (3+4)^2$

$= 27 + 49 = 76$

$\therefore PB = \sqrt{76} = 2\sqrt{19}$

■平成31年 4

(1) ① $AP = 2$cm のとき，$OP : PA = 4 : 2 = 2 : 1$

よって　△OPD∽△OBA より $PD : AB =$

$OD : OB \quad PD : 6 = 2 : 3 \quad PD = 4$cm

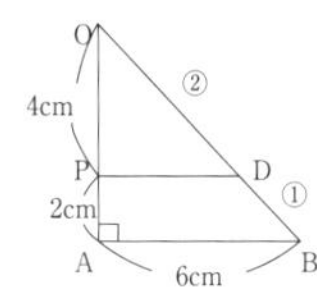

② ①より，三角すいOABCと三角すいOPDEの相似比は2：3より，

体積比は $2^3 : 3^3 = 8 : 27$ である。

三角すいOABCの体積は $\dfrac{1}{2} \times 6 \times 6 \times 6 \times \dfrac{1}{3} = 36$〔cm³〕

よって $36 \times \dfrac{8}{27} = \dfrac{32}{3}$〔cm³〕

(2) ① △ODE∽△OBCで相似比は2：3より，面積比は $2^2 : 3^2 = 4 : 9$

したがって高さが等しいので(三角すいPODE)：(三角すいPOBC)＝4：9

三角すいOABCの体積を V〔cm³〕とおくと

$\dfrac{1}{3}V$：(三角すいPOBC)＝4：9

つまり，(三角すいPOBC)$= \dfrac{3}{4}V$

よって，三角すいPABCの体積は，(三角すいOABC)－(三角すいPOBC)$= V - \dfrac{3}{4}V = \dfrac{1}{4}V$

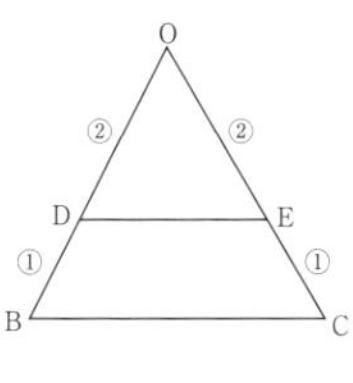

APの長さを x〔cm〕とおくと，$V = 6 \times 6 \times \dfrac{1}{2} \times 6 \times \dfrac{1}{3} = 36$ より

$\dfrac{1}{2} \times 6 \times 6 \times x \times \dfrac{1}{3} = \dfrac{1}{4} \times 36$　これを解くと　$x = \dfrac{3}{2}$

② △OABにおける三平方の定理より $OB^2=6^2+6^2=72$

$OB>0$ より　$OB=6\sqrt{2}$〔cm〕

$OB:OD=3:2$ より $OD=4\sqrt{2}$〔cm〕

同様に三平方の定理から $BC=6\sqrt{2}$,

$DE=4\sqrt{2}$, $OC=6\sqrt{2}$, $OE=4\sqrt{2}$

よって，△ODEは正三角形なので，DEを底辺としたときの高さは，三平方の定理より

$\sqrt{(4\sqrt{2})^2+(2\sqrt{2})^2}=2\sqrt{6}$〔cm〕

したがって

$\triangle ODE=\frac{1}{2}\times4\sqrt{2}\times2\sqrt{6}=8\sqrt{3}$〔cm²〕　三角すいOPDEにおいて底面を△ODEとすると，体積は，$8\sqrt{3}\times h\times\frac{1}{3}=\frac{1}{3}\times36$　これを解くと，$h=\frac{3\sqrt{3}}{2}$〔cm〕

■平成30年　4

(2)　△DPFにおける三平方の定理より

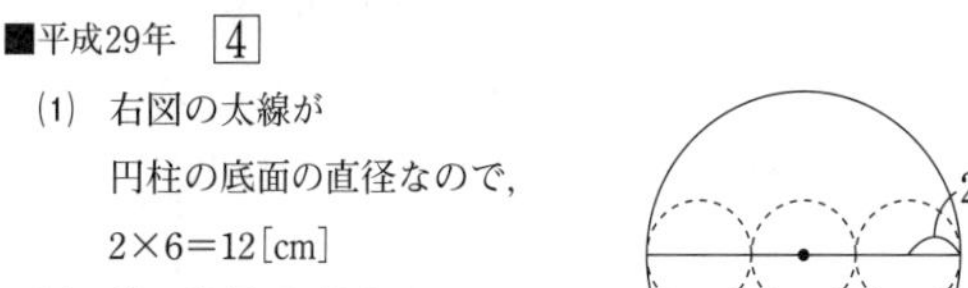

$DP^2=9^2-(8-x)^2$ ㋐よって，

$7^2-x^2=9^2-(8-x)^2$

$(8-x)^2-x^2=9^2-7^2$

$\{(8-x)+x\}\{(8-x)-x\}=32$

$8(8-2x)=32$

$8-2x=4$

$x=2$ ㋑

(3)　(2)より $DP^2=45$，$DP>0$ より $DP=3\sqrt{5}$［cm］

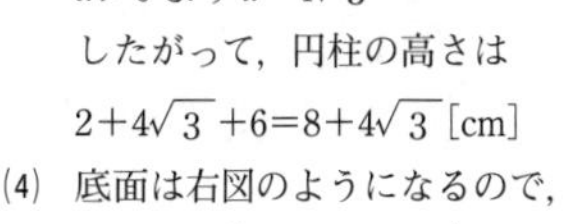

△ADPの三平方の定理より，

$AP^2=6^2+(3\sqrt{5})^2$

$=81$

$AP>0$ より $AP=9$［cm］したがって，$PQ=y$cm とすると $AQ=9-y$，と表せる。

(2)と同様に DQ^2 を2通り立式すると，

$45-y^2=36-(9-y)^2$　これをとくと，$y=5$［cm］

また，$DQ=2\sqrt{5}$［cm］よって，2つの円錐に分けることにより，

$\frac{1}{3}\times\{(2\sqrt{5})^2\times\pi\}\times4+\frac{1}{3}\times\{(2\sqrt{5})^2\times\pi\}\times5=60\pi$［cm³］

△ADQの部分　△DQPの部分

■平成27年　4

(1) △ABCで三平方の定理より

$AC^2=AB^2+BC^2$

$AC^2=36+16$

$=52$

$AC>0$ より　$AC=2\sqrt{13}$ cm

(2) 展開図を書いて考える。

線分DP，PCの長さの和が最小となる点Pは点D，Cを一直線で結んだときの線分ABとの交点である。

△ADPと△BCPは相似なので

AD：BC＝AP：BP＝5：4

AB＝6cm より　$PB=\frac{4}{9}AB$

$=\frac{4}{9}\times6=\frac{8}{3}$ cm

(3) △ADQと△ECQは相似なのでAD：EC＝AQ：QEが成り立つ

AD＝5cm，EC＝9cmなのでAQ：QE＝5：9

(4) 四角形ADFCを底面とする四角すいEADFCの体積を考える。

この四角すいの高さは点Eから線分DFにおろした垂線になる。交点をHとする。

△DEFと△EHFは相似より

DE：EH＝DF：EFが成り立つ

$6:EH=2\sqrt{13}:4$

$2\sqrt{13}EH=24$

$EH=\frac{24}{2\sqrt{13}}=\frac{12\sqrt{13}}{13}$(cm)

ゆえに四角すいEADFCの体積は

$5\times2\sqrt{13}\times\frac{12\sqrt{13}}{13}\times\frac{1}{3}=40$(cm³)

(3)よりAQ：QE＝5：9より四角すいQADFCの体積

$=\frac{5}{14}$四角すいEADFC

よって　四角すい$QADFC=\frac{5}{14}\times40=\frac{100}{7}$(cm³)

■平成29年　4

(1)　右図の太線が円柱の底面の直径なので，

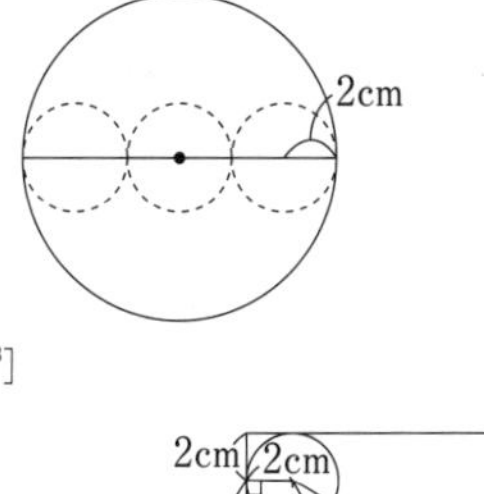

$2\times6=12$［cm］

(2)　球の半径は(1)より6cmなので，球の体積は$\frac{4}{3}\times\pi\times6^3=288\pi$［cm³］

(3)　右図の台形を考える。

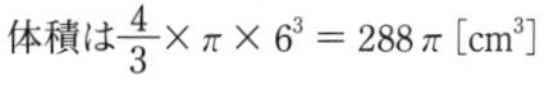

このとき，三平方の定理より，

$(6-2)^2+x^2=8^2$

$x^2=64-16=48$

$x>0$ より $x=4\sqrt{3}$

したがって，円柱の高さは

$2+4\sqrt{3}+6=8+4\sqrt{3}$［cm］

(4)　底面は右図のようになるので，

底面積は$\left(4\times2\sqrt{3}\times\frac{1}{2}\right)\times6=24\sqrt{3}$

角すいの高さは(3)の x にあたる。

よって，求める体積は，

$24\sqrt{3}\times4\sqrt{3}\times\frac{1}{3}=96$［cm³］

■平成28年　4

(1)　$(\pi\times4\times4)\times4=64\pi$ (cm³)

(2)　$(\pi\times4\times4)\times h_{(高さ)}\times\frac{1}{3}=64\pi$　より　$\frac{1}{3}h=4$

これを解くと，$h=12$

(3)　①　図2の円すいと図3の半球の接するところをCとおく。斜辺部の直角三角形に着目して三平方の定理より

$OC^2=BC^2+OB^2$

OCは球の半径，BCは図2の底面の半径より

$5^2=4^2+OB^2$

$OB^2=9$　　$OB>0$ より　　$OB=3$(cm)

②　AO：AB＝9：12＝3：4　体積比は相似比の3乗なので

体積比は $3^3:4^3=27:64$

よって　$64\pi-27\pi=37\pi$ (cm³)

問題形式別解説〈理科〉

〈身近な科学〉

■令和5年 [4] 1

(1) 振幅が大きいほど音は大きくなり、振動数が大きいほど音は高くなる。

(2) 関係を調べたい条件以外の条件をそろえた2つの実験を比較すればよい。弦の長さと音の高さの関係を調べるには弦の長さ以外の条件が同じ実験Ⅱと実験Ⅲを、弦の太さと音の高さの関係を調べるには弦の太さ以外の条件が同じ実験Ⅱと実験Ⅳを比較すればよい。

(3) 実験Ⅱと実験Ⅳの比較から弦の太さが太いほど音は低い。長さ20cmの弦に1500gのおもりを使ったときの振動数は、弦の太さが0.3mmのとき370Hz、0.5mmのとき225Hzなので、200Hzの音を出すためには弦の太さを0.5mmより太くすればよい。

まず、実験Ⅱと実験Ⅲの比較から弦の長さが長いほど音は低い。長さ20cm、太さ0.3mmの弦に800gのおもりを使ったときの振動数は270Hzなので、150Hzの音を出すためには長さ20㎝より長くする必要がある。

次に、実験Ⅰと実験Ⅱの比較からおもりの質量が大きいほど音は高い。実験Ⅲより、長さ60cm、太さ0.3mmの弦に1500gのおもりを使ったときの振動数は125Hzであり、800gのおもりを使うと、1500gを使ったときよりも音が低くなるため振動数は125Hzより小さくなってしまうため、弦の長さは60cmより短くしなければならない。よって、20cmより長く60cmより短くする必要がある。

■令和3年 [4] 1

(3) 実験Ⅰ，Ⅱの結果をもとに考える。

■令和2年 [4] 1

(1) 水圧は深いほど大きい。

直方体の下にある部分は，より大きな水圧となる。

(3) イ：間違い。重力は，どんなときも変わらない。

ウ：間違い。1.0cmのとき，$1.00-0.95=0.05$（N），

2.0㎝のとき$1.00-0.84=0.16$（N），

深さは2倍だが浮力は約3倍であり，比例していない。

〈物質の性質とその変化〉

■令和4年 [3] 1

(2) ② $200\times\frac{3}{100}=6.0$

(3) 線香を入れると激しく燃えたので，発生した気体は酸素。酸素イオンO^{2-}は水H_2Oに含まれる陰イオンなので陽極に発生する。

(5) 実験Ⅰにおいて，3.0％のオキシドールと反応して発生した酸素は

$201.0-198.2=2.8g$

実験Ⅱで用いたオキシドールをx％とすると，発生した酸素は

$201.0-199.3=1.7g$なので，

$3.0:2.8=x:1.7$より，$x=1.82\cdots\fallingdotseq1.8$％

■令和3年 [3] 1

(2) $\frac{24}{500+24}\times100=4.58\cdots\fallingdotseq4.6$（％）

■令和2年 [3] 2

(4) 10.0cm^3のしょう油から，食塩1.36gが得られているため，

食塩1.7gの場合，$10.0\times\frac{1.7}{1.36}cm^3$になる。

これを5.0cm^3／1杯とすると，$\frac{10.0\times\frac{1.7}{1.36}}{5.0}=\underline{2.5}$杯

■平成31年 [3] 1

(3) ① 質量保存の法則により，温度を上げても質量は変わらない。

② 湯をかけて温度を上げているので，分子は穏やかに増える。

(4) 沸点が80℃以上のものを選べばよいが，銅と塩化ナトリウムは固体であるので除く。

■平成29年 [3] 1

(1) 溶媒の密度よりも大きければ沈み、小さければ浮く。

(3) 21図より混合物が54cm^3より、

$\frac{48}{54}=\frac{8}{9}=0.888\cdots\fallingdotseq0.89$

〈化学変化と原子分子〉

■令和5年 3 1

(1) 青色の塩化コバルト紙を赤色に変化させる物質は水である。

(2) 酸化銅から炭素を用いて銅を得ることができたのは銅よりも炭素のほうが酸素と結びつきやすいからである。

(3) 加熱された試験管Cに空気が入ると、空気中の酸素と銅が結びついて酸化銅になってしまうのでそれを防ぐ必要がある。

(4) 銅2.0gを完全に酸化させた時に得られる酸化銅の質量は2.5gであるから、酸化銅：銅＝5：4である。クジャク石1.00gから0.72gの酸化銅が取り出せることから、何gの銅を完全に酸化させたときに酸化銅0.72gが得られるかを考える。銅の質量をxgとすると、

$5:4=0.72:x$　　$5x=2.88$　　$x=0.576$

クジャク石1.00gから酸化銅0.72gを取り出せることから、

$0.576\div1.00\times100=57.6\fallingdotseq58$(%)。

■令和3年 3 2

(3) $1.0+4.0-4.3=0.7$（g）

■平成31年 3 2

(2) 15%の食塩水30 g含まれる食塩の量は，$30\times\frac{15}{100}=4.5$ g。

加えた水の量をx gとおくと,

$\frac{4.5}{30+x}\times100=5$ (%)

これを解いて，$x=60$（g）

(4) 3つの対照実験においては，1つだけ条件を変え，他のものは同じにしなければならない。

■平成30年 3 1

(1) 密度の大きい気体の方が下の方へ行く。

(2) 問題文より，酸化銅：酸素＝2.5：0.5の割合で反応するので,

$2.5:0.5=4.0:x$

$x=0.8$

(3)(4) 化学反応式で書くと以下のようになる。

〔実験Ⅰ〕 $2CuO+C\rightarrow2Cu+CO_2$

〔実験Ⅱ〕 $2Mg+CO_2\rightarrow2MgO+C$

(5) 酸素との結びつきやすさは銅＜炭素＜マグネシウムの順に結びつきやすいので，既にマグネシウムと結びついている酸化マグネシウムは炭素では分解できない。

■平成29年 3 2

(2) 実験Ⅰで起こる反応の化学反応式は$NaHCO_3+HCl\rightarrow NaCl+H_2O+CO_2$より、二酸化炭素が発生する。また、発生する気体はそれぞれ、ア：水素，ウ：硫黄，エ：塩素

(5) 23表より、炭酸水素ナトリウム1.0gに対し、発生した気体の量が0.52gと分かる。また、25表より、ベーキングパウダー1.0gに対し、発生した気体の量が0.13gと分かる。よって、

$\frac{0.13}{0.52}\times100=25$[%]

■平成27年 3 1

(1) アとウは酸素が結びつく酸化反応。

イは、2種類以上の物質が結びついて、別の新しい物質ができる化合。

エは、1種類の物質が2種類以上の別の物質に分かれる分解。

(2) 鉄は金属であるので金属の性質を使った確かめを行う。

〈水溶液とイオン（電気分解）〉

■令和5年 3 2

(1) マグネシウムが電子を2つ放出してマグネシウムイオンになる。

$Mg\rightarrow Mg^{2+}+2e^-$

(2) 金属片のほうがイオンになりやすいのであれば、金属の原子が電子を放出してイオンになり、水溶液中のイオンがその電子を受け取って原子となるので固体が現れ、金属片のほうがイオンになりにくいのであれば変化しない。

(3) 電子は－極から＋極に移動する。銅よりも亜鉛のほうがイオンになりやすいので、亜鉛板では亜鉛原子が電子を失い亜鉛イオンになり、電子は導線を通って銅板に移動する。銅板では水溶液中の銅イオンが電子を受け取り銅原子になって銅板に付着する。すると、硫酸亜鉛水溶液中の亜鉛イオンは増加し、硫酸銅水溶液中の銅イオンは減少するのでAは＋に、Bは－に傾くので、BからAに陰イオンが、AからBに陽イオンが移動して電気的に中性に保たれる。

(4) 実験ではプロペラは右に回っているので、左に回るようにするには電子の流れを逆に、すなわちBが－極になればよい。イオンになりやすい金属板が－極になるので、イオンになりやすい金属板がBになる組み合わせを選ぶ。

イオンのなりやすさはマグネシウム＞亜鉛＞銅なので、正解は**ウ，エ，オ**。

■令和4年 3 2

(2) ビーカーEはハーブティーが赤色なので，水溶液は酸性，つまり，塩酸が余っていることがわかる。図22は塩化物イオンが多いので，ビーカーEを表している。

(3) ビーカーDに注目すると，塩酸：水酸化ナトリウム＝20：10＝2：1の割合で混ぜると中性になることがわかる。したがって，20×2＝40cm^{3}の塩酸が必要なので，40－10＝30cm^{3}加えればよい。

(4) 中和に使われた量を調べると，塩酸：水酸化ナトリウム＝2：1より

	A	B	C	D	E
塩酸	5	10	15	20	10
水酸化ナトリウム	2.5	5	7.5	10	5

よって，BとEが同じ量の塩ができる。

■令和2年 3 1

(2) 亜鉛は陽イオンとなる。放出した電子は，電極を通る。

(4) ① 備長炭とアルミニウムはくは，電極板，キッチンペーパーは水溶液の役割を果たす。炭はイオンにはならない。

■平成30年 3 2

(1) pHが7より小さければ酸性，大きければアルカリ性，7では中性である。

(2) ① 実験Ⅱのように，うすい水酸化ナトリウム水溶液を用いると，塩酸が中和してしまい，色の変化は見られなくなる。

② 電源装置から陰極に向かってマイナスの電気をもった電子が流れ，そこにプラスの電気をもった水素イオンが引きつけられるのである。

(3) ② 中和反応が起きると熱が発生する。

(4) 水素イオンや水酸化物イオンは中和するため，比例関係や一定な関係はない。したがって，中和に関係しないCl^-は一定で，2倍，3倍，4倍と量に比例しているのがNa^+である。

■平成28年 3 2

(2) 電子の向きは電流の流れる向きと逆になる。

(4) 亜鉛板Aと銅板Bの間にろ紙をはさむと＋極と－極が反対になる。よって、逆の向きに電流が流れ、モーターも逆向きに回転し始める。銅板Aと亜鉛板A、銅板Bと亜鉛板Bでは、23図の装置と同じ条件なので同じ向きに電流が流れ、モーターは同じ向きに回転する。

〈運動とエネルギー〉

■令和5年 4 2

(1) 仕事の大きさ(J)＝力の大きさ(N)×移動距離(m)＝1.0×0.10＝0.1(J)

(2) 動滑車を使うと必要な力の大きさが半分、移動距離が2倍となり、仕事の大きさは変わらない。よって、実験Ⅰと実験Ⅱの仕事の大きさは同じになるはずである。実験Ⅱの仕事の大きさ＝0.6×0.20＝0.12 (J) となり、実験Ⅰの仕事の大きさとの差0.02Jが滑車Bを動かした仕事の大きさとなる。滑車Bの重さをxNとすると、

$\frac{x}{2}\times0.20=0.02$

$0.10x=0.02$

$x=0.02\div0.10=0.2$(N)

(3) おもりと滑車にかかる重力合わせて1.5Nは右図のように分解できるので、ばねばかりが糸を引く力をP点から伸ばせばよい。

1目盛りは0.25Nである。　1目盛りは0.25Nである。

(4) 糸と水平面のなす角を小さくしていくと、滑車Cとおもりを支える力と分力を結んでできるひし形は平たく横に長くなっていくため、分力は大きくなる。よって、ばねばかりの示す値は大きくなる。

糸と水平面のなす角が30°のとき、下図のようになるので1.5N。

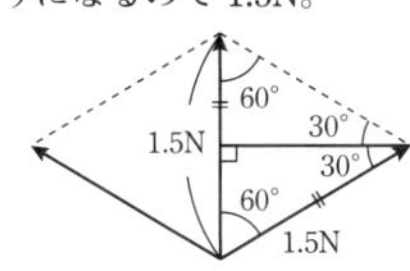

■令和4年 4 1

(3) 図24と図25を比べると，図24のレールxの方が1間隔多いことがわかる。したがって，1間隔＝60秒÷300回＝0.2秒

時間が多くかかっている。

■令和2年 4 2

(1) $\frac{0.50(\text{m})}{5.0(\text{秒})}=\underline{0.10\text{m/s}}$

(2) ① 運動エネルギーは速さで決まる。

② Bの方が位置エネルギーは大きい。よって力学的エネルギーも大きい。

③ 実験ⅠもⅡも位置の変化は変わらず。運動エネルギーは，A，Bのどちらでも，速さが0なので，0である。よって，力学的エネルギーの変化に差はない。

(3) $\frac{40(\text{mA})}{1000}\times2.5$（V）×5.0（s）＝0.50（J）

(4) モーターにかかる電圧による電気エネルギーが，おもりの力学的エネルギーとモーターなどの熱が音のエネルギーに変換される。力学的エネルギーは，AからBへの位置エネルギーの増加量なので，

0.20（N）×0.50＝0.10（J）である。

つまり$\frac{0.10(\text{J})}{0.50(\text{J})}\times10=2$（割）が力学的エネルギーになったことが分かる。

■平成31年 4 1

(1) 区間aは16打点，区間bは8打点なので，区間aの時間は区間bの時間の2倍。よって，距離が等しければ速さは$\frac{1}{2}$倍

(2) ① 60打点が1秒なので，6打点は0.1秒。

② テープの長さが増える量，減る量が一定であるのはH～Lの間である。

■平成28年 4 1

(3) 25図より、金属球Bを15cmの高さから離すと木片の移動距離（縦軸）は10cmであるから26図より、木片の移動距離（縦軸）10cmのとき金属球Bの速さ（横軸）は、1.4m/秒となる。

■平成27年 4 2

(1)① 仕事＝力の大きさ(N)×力の向きに移動した距離(m)を利用する。

(2) 仕事率(W)＝$\frac{\text{仕事の大きさ(J)}}{\text{仕事にかかった時間(秒)}}$より

仕事率(W)＝$\frac{0.48}{15}$＝0.032(W)

(3) 実験Ⅰより力の大きさ4.8(N)なので上向きにはたらく力は

4.8－2.8＝2.0(N)。よって、てこの原理を使って

$2.0\times1=x\times4$　　$4x=2.0$　　$x=0.5$(N)

(4) 滑車と台車にはたらく重力の大きさをXとすると、動滑車を使うと引く力の大きさは$\frac{1}{2}$倍になり、さらにてこを使っているので$\frac{1}{4}$倍となる。

よって　$\frac{1}{2}\times\frac{1}{4}\times X=\frac{1}{2}X=0.125X$

ゆえに0.125倍

〈電流とそのはたらき〉

■令和4年 4 2

(1) ① 右ねじの法則より，導線の周りには反時計回りに磁界ができている。

② 導線の中の磁界の向きは変わらない。

(2) ① 電流を大きくすると，はたらく力も大きくなる。

② 図29より，電磁石の右側がN極なので左側はS極。

したがって，左側にN極を近づけると引きつけられて左側に移動する。

(3) 電流は＋→－，導線の回転方向よりはたらいている力は手前が上向き，奥が下向きなので，フレミングの左手の法則より，X，YともにS極となる。

■令和3年 4 2

(1) ① スイッチaとbを入れたとき，抵抗器A，Bは並列につながれるので，電圧は等しい。

② aのみを入れたときの抵抗の大きさは，$\frac{6}{0.60}$＝10（Ω）

aとbを入れたときの抵抗の大きさは，$\frac{6}{0.90}$＝6.66…≒6.7（Ω）

よって小さくなる。

(2) 0.90－0.60＝0.30（A）

(3) 6（V）の電圧がかかったとき，抵抗器Cに流れる電流は(2)より，

0.50－0.30＝0.20（A）

よってスイッチaとcを入れたとき回路全体を流れる電流は

0.60＋0.20＝0.80（A）　オームの法則より，

このときの回路全体の抵抗の大きさは，$\frac{6}{0.80}$＝7.5（Ω）

(4) 消費電力P（W）＝電流I（A）×電圧V（V）で与えられる。

■平成30年 4 2

(1) 豆電球にかかる電圧がⒶとⒷで変わらないため，電流の大きさも変わらない。

(2) ⒶとⒷのときの電流の大きさを比べるとⒷの方が20mAだけ大きく，この20mAが発光ダイオードに流れる電流の大きさである。したがって消費電力は，

W＝IV＝0.02×2＝0.04となる。

(3) 電力量〔J〕＝電力〔W〕×時間〔s〕なので，

60Wの電力量＝60×60＝3600〔J〕

8Wの電力量＝8×60＝480〔J〕となる。

よって，3600－480＝3120〔J〕

■平成29年 4 2

(2) コイルまわりの磁界の向きは右図。

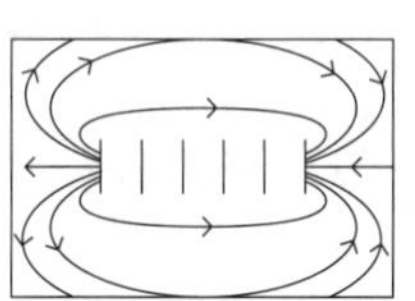

(3) ア．電流の大きさが0になると、磁界がなくなるので、方位磁針は北を指す。

エ．電流の向きを逆にすると、磁界の向きも逆になる。

(4) 点Aから点Bに近づくときと、点Bから点Aに近づくときとは、コイルの向きが逆なので注意が必要である。

■平成28年 4 2

(2)① 直列回路の全体抵抗は各抵抗の和で表され、各抵抗よりも大きくなる。一方、並列回路の全体抵抗は、各抵抗より小さくなる。電流が最大になるには全体抵抗を小さくする必要がある。よって、全体抵抗は、直列回路よりも並列回路の方が小さくなり、各抵抗も小さくすればよい。

(3) まず、31図に示されてある区間の抵抗を求める。

AB間：6÷0.2＝30（Ω）…①

AC間：10÷0.2＝50（Ω）…②

BD間：6÷0.1＝60（Ω）…③

② AC間の抵抗は、AB間の抵抗（30Ω）とBC間の抵抗の和より

AC間＝AB間＋BC間

50（Ω）＝30（Ω）＋BC間⇒BC間＝20（Ω）…④

また、③BD間の抵抗は、BC間の抵抗（20Ω）とCD間の抵抗の和より

BD間＝BC間＋CD間

60（Ω）＝20（Ω）＋CD間⇒CD間＝40（Ω）…⑤

①、④、⑤より20（Ω）の抵抗器はBC間につながっていると考えられる。

〈大地の変化〉

■令和5年 2 2

(2) 化石は生物の遺骸の骨に地層が堆積することで骨が鉱物に置き換えられ、圧力によって硬くなってできる。よって、マグマが固まってできる火成岩ではできない。

(3) ア 火山活動によって火山灰が堆積してできるのは凝灰岩である。

イ カワニナやタニシの化石が見つかったことから河川や湖であったことがわかる。

ウ 地層は上下の関係が逆転していなければ下にあるものほど古い。

エ カワニナやタニシの化石が見つかったことから河川や湖であったことがわかる。

オ 断層があることから堆積した後に力が加わったことがわかる。

(4) 両側から押される力が加わるとキの逆断層やイやオのような横ずれ断層が起こる。

■令和4年 2 1

(3) 初期微動継続時間は震源からの距離に比例するので

図11より 約50km――5秒，約140km――14秒なので，

100km――10秒

(4) まず，地震発生時刻を求める。A地点とB地点の距離と初期微動到達時刻の差より，初期微動の速さは，(138－48)÷(22分47秒－22分32秒)＝6m/s

48÷6＝8秒より，A地点の初期微動到達時刻である22時22分32秒の8秒前，22時22分24秒が地震発生時刻であることがわかる。

したがって，緊急地震速報が発表されたのは，22時22分37秒であり，B地点にS波が到達したのは，22時23分03秒より，23分03秒－22分37秒＝26秒

■平成30年 2 1

(2) 砂岩をつくっている粒は，山間部から川の流れによって運ばれてきたので丸みをおびている。また，砂岩をつくっている粒は泥岩をつくっている粒より大きい。

(4) a：8図と9表より，A地点に見られず，BとC地点でのみ見られる岩石は石灰岩である。

b：aと同様にA，E，F地点には見られず，B，C，D地点でのみ見られる岩石はチャートである。

■平成28年 2 1

(1)① 色の有無、鉱物の種類は下の通りである。

無色鉱物…チョウ石、セキエイ

有色鉱物…キ石、カクセン石、黒雲母、カンラン石

② ア 石灰岩…生物の死がいや水に溶けている物質が沈殿して固まった岩石。

イ せん緑岩…深成岩の一種。

ウ 凝灰岩…噴出物（火山灰）が堆積して固まった岩石。

(3) 火成岩の種類、火山の特徴は下表である。

火成岩	火山岩	流紋岩	安山岩	玄武岩
	深成岩	花こう岩	せん緑岩	はんれい岩
火山灰の色		白っぽい	中間	黒っぽい
マグマのねばりけ		強い	中間	弱い
火山の形		ドーム状	成層	たて状
具体例		昭和新山	富士山	三原山

〈植物の生活と種類〉

■令和５年 [1] 1

(1) 観察するものを探しやすいよう、まずは視野の広い低倍率のレンズを使う。プレパラートを割るのを防ぐため、まずプレパラートと対物レンズをできるだけ近づけ、次にプレパラートと対物レンズを離してピントを合わせる。ピントが合ったらしぼりで光の量を調節し、よりはっきり見えるようにする。よって、**イ→エ→ウ→ア**の順。

(2) ① ヨウ素液で青紫色に染まるのでデンプンを含んでいることがわかる。デンプンを作る丸い粒を葉緑体という。

② 丸い粒Aは毛細血管の中を流れている赤血球であり、細胞である。丸い粒Bの葉緑体は細胞ではなく、細胞の中に存在する細胞小器官である。

(3) ① 表4より20分ごとの気体の発生量は$0.4cm^3$，$0.5cm^3$，$0.6cm^3$，$0.6cm^3$，$0.5cm^3$，$0.4cm^3$，$0.4cm^3$，$0.2cm^3$と推移しており、100分以降に減少している。

② 160分から180分の間に$0.2cm^3$気体が発生しているのであるから、それよりも多く気体が発生すればよい。

(4) ガラス容器Aはメダカの呼吸によって排出された二酸化炭素の量X、ガラス容器Bはオオカナダモの呼吸によって排出された二酸化炭素の量Y、ガラス容器Cはメダカとオオカナダモの呼吸によって排出された二酸化炭素の量X+Yとオオカナダモの光合成によって吸収された二酸化炭素の量Zの差によって色が決まる。

まず、ガラス容器Aは黄色になったことからXはBTB液の色を変える程度の量である。次に、ガラス容器Bは色が変化していないことからYはBTB液の色が変わらない程度の量であり、X>Y(＝ア)。

最後にガラス容器Cについて見ると色が青色に変わったことから水中の二酸化炭素の量が減少したことすなわち、X+Y<Zであることがわかり、X<Z(＝エ)、Y＜Z(＝カ)。

■令和４年 [1] 1

(3) ワセリンをぬった箇所からは蒸散が行われない。

(4) $y$mm²――7個

$x$mm²――□個　と考えると，

$y:7=x:\square$ なので，$\square=\dfrac{7x}{y}$

■令和３年 [1] 1

(2) ① 葉の表面にある筋のことを葉脈といい，平行脈と網状脈からなる。

② 葉脈が網状脈のとき，維管束は輪のように並ぶ。葉脈が平行脈のとき，維管束は全体に散らばる。

(3) ア Aが集まった組織を表皮という。よって誤り。

イ 植物も動物と同様にたえず呼吸を行い，酸素をとり入れ，二酸化炭素を出している。よって誤り。

ウ 光合成でできるのは二酸化炭素ではなく酸素である。よって誤り。

エ Dは道管である。よって正しい。

オ Eは葉肉組織である。光が当たるかどうかに関係なく，呼吸が行われている。よって正しい。

■令和２年 [1] 1

(1) 雌花は，上にあるものほど新しく，多数群れているように見えるものが雄花。

(5) エンドウは被子植物であり，イチョウは裸子植物である。よって，どちらとも花をつける種子植物で，エンドウには子房があり，イチョウにはない。

■平成31年 [1] 1

(2)

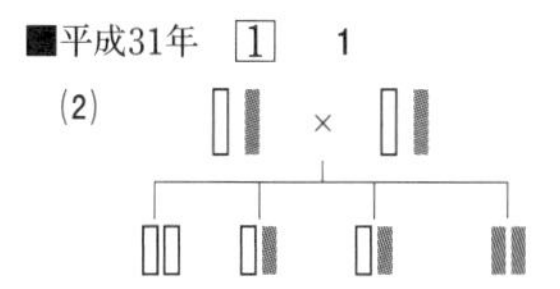

■平成30年 [1] 1

(1) 二酸化炭素を吸収し，酸素をつくり出すのが光合成である。

(2) 光の当たる場所では，光合成と呼吸を常に行っている。

(3) ウの細胞の丸い部分は核であり，核内で染色体が複製されることから細胞分裂は始まる。

(4) 4図は細胞分裂が活発に行われていることから，根の先端部分である。

〈動物の種類とからだのはたらき〉

■令和５年 [1] 2

(1) 脂肪はグリセリンに脂肪酸3分子が結合したものであり、モノグリセリドはグリセリンに脂肪酸1分子が結合したものであり、右図のようになる。

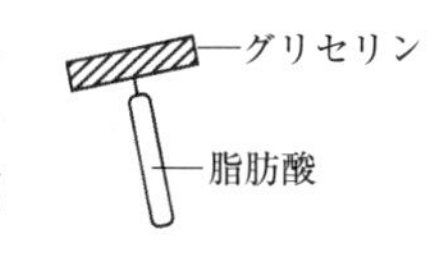

(2) タンパク質は筋肉など体をつくる材料になり、胃液に含まれるペプシンという消化酵素によって分解される。

(3) ① デンプンはセロハンを通り抜けないので、試験管Aの中にデンプンが存在しないのはデンプンがセロハンの外に出たのではなく、デンプンがすべて分解されたからだということがわかる。

② 試験管Dもベネジクト液に反応していることから、糖がセロハンの穴を通り抜けて袋の外に出ていることがわかる。

(4) だ液以外の条件をそろえた対照実験を行う必要があるので、水でうすめただ液$10cm^3$を水$10cm^3$にかえて同様の実験を行う。

■令和３年 [1] 2

(3) 安静時の15秒間の心拍数の平均は $(21+19+20)\div3=20$（回）

また，友人の心臓が全血液量を送り出すのに必要な拍動の回数は

$4200\div70=60$（回）

よって求める時間は

$15\times\dfrac{60}{20}=45$（秒）

■令和２年 [1] 2

(3) ① 50％がふ化するので，10匹が産まれる。その20％が生き残るため，$10\times0.20=2$匹。

② ニホンイシガメは，①と同じ計算をすると，1回の産卵で成体まで生き残るのは，1匹。年間で2回産卵があるため，1年間で2匹生き残る。アカミミガメは，年間で3回産卵があるため，1年間で6匹生き残る。よって$6\div2=$3倍

■平成31年 [1] 2

(3) **ア**…ハチュウ類は卵生

イ…ハチュウ類は変温動物

ウ…両生類はセキツイ動物

■平成30年 [1] 2

(3) 水の流れは体表で感じる刺激である。

■平成29年 [1] 2

(3) ア．組織の違う細胞は形やはたらきが異なる。

イ．細胞壁があるのは植物のみ。

エ．染色体の数が減少するのは減数分裂である。

■平成27年 1 2

(2) トカゲはハチュウ類。カラダの表面はうろこでおおわれている。

(4) 10表よりカエルの合計は2。カエルに当てはまるものは、BとCである。カエルはCの項目は数値が半分のことから、Cの項目の数値は2，Bの項目の数値は1である。

また、ハトの合計は6。ハトに当てはまるものはAとBとCである。

B＝1、C＝2より　A＋1＋2＝6⇒A＝3

(5) (4)よりA＝3、B＝1、C＝2、D＝4である。

トカゲに当てはまるものは、BとCであるのでa＝1＋2＝3

コウモリに当てはまるものはA～Dすべてであるのでb＝1＋2＋3＋4＝10

3番目にくる動物名は、トカゲである。

〈天気の変化〉

■令和3年 2 2

(1) ② 線香の煙は凝結核の役割をしている。

■令和2年 2 2

(2) ③ 陸はあたたまりやすいため，空気の密度が小さくなり，気圧が低く，海は，逆に気圧が高い。

風は気圧が高い方から低い方へ吹く。

(3) 等圧線は4hPa毎に引かれている。数字から計算し，A付近の気圧を求めると，25日は，1016～1018hPa, 26日は，ほぼ1020hPa, 27日は，1028hPaである。また，線が密なほど風は強い。

■平成31年 2 2

(1) 確かめたいもの以外の条件は全て同じにしなければならない。

(3) 表18より箱の中の水蒸気量は0.6g増えていることが分かる。表17より箱の体積は0.1m^{3}なので，1m^{3}あたりで増えた水蒸気量は0.6÷0.1=6［g/m^3］　よって，図19より1時間後の1m^{3}あたりの水蒸気量は16＋6=22［g/m^3］なので，

求める湿度は　$\frac{22}{24.4}\times 100 = 90.1\cdots \fallingdotseq 90$［%］

(4) 箱Bにはかいろがはられているので気温が高くなる。そして，気温が高くなると飽和水蒸気量も大きくなる。

■平成27年 2 1

(4) 湿度＝$\frac{\text{空気1m}^3\text{中に含まれる水蒸気量}}{\text{その気温での飽和水蒸気量}}\times 100$より

湿度57%，15図から28℃での飽和水蒸気量は約27〔g/m^3〕であるので

$57 = \frac{x}{27}\times 100$が成り立つ。これを解くと

$x=15.39$(g/m^3)

温度を下げていったとき空気1m^{3}中の水蒸気量約15.3(g/m^3)で水滴がつき始める。この時の温度は15図から18℃である。

〈地球と太陽系〉

■令和5年 2 1

(1) 太陽は水素やヘリウムなどの気体のかたまりであり、自ら光や熱を放つ恒星である。

(2) 冬至は昼の長さが1年の中で最も短い日であるから、太陽が出ている時間が最も短いアが正解。春分・秋分の日の太陽の南中高度は90度から北緯をひくことで求めることができ、冬至は春分・秋分の日の南中高度から23.4度をひく。90-32.5-23.4=34.1(度)

(3) 太陽は東から南にのぼって西に沈んでいく。よって，影は西→北→東の順に動く。

(4) ア　時刻盤と太陽の角度が変わらないため影の長さは変わらない。

イ　南中高度が高いほど影は短くなり、夏至から秋分にかけて南中高度は低くなる。

ウ　夏至の日のほうが秋分の日よりも昼の長さが長いので利用できる時間は長くなる。

エ　冬至の日は太陽が時刻盤よりも南寄りを動くので、時刻盤の裏側に光が当たる。

■令和4年 2 2

(2) ①②

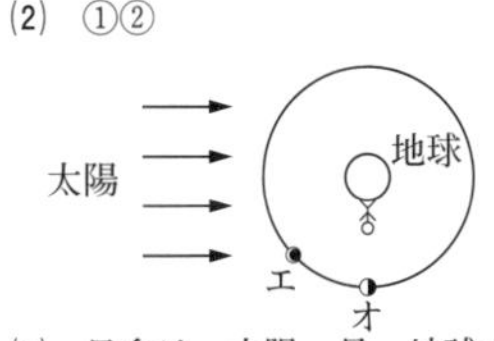

(3) 日食は，太陽，月，地球の順に，月食は，太陽，地球，月の順に並んだときに起こる。

(4) ① 140万÷0.35万＝400倍

(5) 地球の公転周期よりも月の公転周期の方が小さいので，時間が経つと月の位置はキからクの方向へ移動し，地球から見て，月の左側に太陽の光が少し当たることになる。したがって，イが答え。

■令和2年 2 1

(1) 惑星や衛星は，太陽の光を反射して光っている。

(2) 恒星は，1年間で1周（360°）するので1日で約1°動き，月は，1ヶ月で1周するので，1日約12°動く。よって，月の方が大きく移動する。

(3)

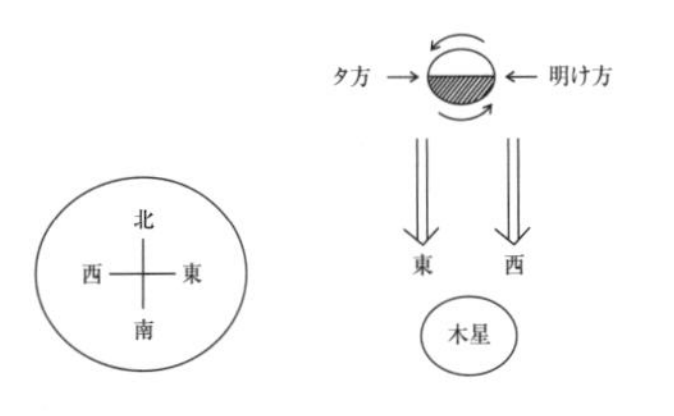

地球の北極側を北と考えると明け方は西，夕方は東となる。

(4) ① $\frac{360°}{11.9\times 12} = 1.008\cdots \fallingdotseq \underline{1.0°}$

② 地球は1ヶ月30°，木星は，1ヶ月1.0°公転するので，

1ヶ月で30－1＝29°近づくことになる。

一度，一直線上に並び，再び並ぶまで，360°近づく必要がある。

よって，$\frac{360°}{29°/\text{月}} = 13.44\cdots$（ヶ月）かかる。

■平成31年 2 1

(1) 惑星は西に沈むので，１番目が金星，２番目が木星。

(3) 図12より，火星は午後８時に南東にあるので，午後12時（真夜中）には真南に見える。したがって，図15の昨年８月５日の地球の位置から真夜中に見えるのはエである。

(4) 図15より，４か月で地球は太陽を中心に約120°移動している。この間に金星が移動するのは表13より，$120° \times \frac{1.08}{0.62} =$ 約200°

したがって，４か月後の地球と金星の位置関係は右図のようになる。

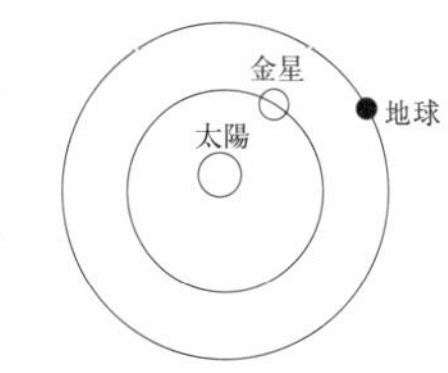

よって，地球から見て金星は明けの明星の位置にあるので，明け方東の空。

■平成30年 2 2

(2) ７時40分は９時の１時間20分前，時間になおすと$\frac{4}{3}$時間前である。したがって９時の地点から，$2.7 \times \frac{4}{3} = 3.6$（cm）前なので，$9.9 - 3.6 = 6.3$（cm）となる。

(3) 熊本に比べ，南中高度は低くなり，昼の長さは長くなっている。

(4) ア：冬至の日は，熊本の昼の長さの方が長い。

ウ：札幌の昼の長さの方がより長くなっている。

(5) ① 春分の日や秋分の日と比べ，夏至の日の南中高度は地軸の傾き分，高くなる。

② 赤道に近い（緯度が低い）ほど年間を通して南中高度は高くなる。

■平成29年 2 1

(2) 月は１日で東→南→西と移動する。また、問題の最初に「早朝」と書かれている。

(3) 問題に「午後８時」とあるので、11図のア〜イの辺りで観測している。その地点から12図の月の形が見えるのはD。また、地球の自転の向きと、月の公転の向きは同じである。

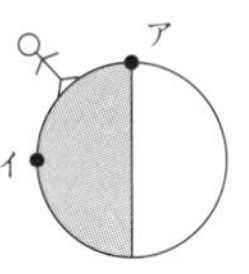

(4) 月は、日が経つにつれ西から東に移動する。したがってイとエはおかしい。また、月は右から満ちて、右から欠ける。

■平成27年 2 2

(3) 問題より太陽の像と記録用紙の円を同じ大きさにしているので太陽の直径は10.9cmである。このとき地球は$10.9 \times \frac{1}{109} = 0.1$cmである。0.1＝1mmより大きさの関係は

黒点B＜地球の直径＜黒点A＜黒点D＜黒点C

これに当てはまるものはエである。

(4)② 太陽は地球からみて約27日で１回自転している。

問題形式別解説〈英語〉

〈単語・表現〉

■令和５年 2

A 1 A：お母さん、私を動物園に連れていってくれませんか？私はそこで動物を見たいです。

B：いいですよ、でも私たちは２週間前、そこに行きませんでしたか？

2 A：どのレストランがここから最も近いですか？私はとてもお腹が減っています。

B：ABCレストランはどうですか？たった２、３分でそこに着きますよ。

3 A：ああ、彼らの演技はわくわくしますね！ステージ上のあの少女は私のクラスメイトです。

B：本当ですか？ギターを弾いている少年は私の友達です。

→「the boy」を修飾する分詞を入れる。

B ここ熊本にはたくさんの有名な果物があります。例えば、ハニーローザです。［　　　　］もし機会があれば、食べてみてください。

ア 結果として、そのような甘くて有名な果物は日本のたくさんの場所で食べられています。

イ それは桃のようですが、以前は桃のように甘くはありませんでした。

ウ だから、熊本には約20年間それをより甘くするために働いている人もいます。

エ それらのおかげで、その果物はより甘く有名になり、熊本で栽培されているハニーローザは日本で一番になりました。

■令和４年 2

A 1 A：あなたの買い物袋は［　　］見え、そしてあなたは疲れて見えます。わたしがそれを運びましょうか？

B：有難うございます。

ア 重く　イ 軽く　ウ 新しく　エ 古く

適切な形容詞を選ぶ問題。疲れているのだから、買い物袋が重いと判断する。

2 A：あそこの男性を見て！バスケットボールを上手にプレイしています。

B：そうですね。かっこいいですね。彼の様にプレイ［　　］いいのだけれど。

適切な助動詞を選ぶ問題。仮定法過去「I wish I could 〜，〜できればいいのだけれど」「できればいいのに」

3 A：どこで歌の練習をするか知っていますか？

B：いいえ。先生に聞いて、後であなたに［　　］ます。

ア 見せる　イ させる　ウ 伝える　エ 欲する

適切な動詞を選ぶ問題。「知らせる」という文章にするには使役動詞のletを選択する。後に来る動詞は原形。

B

> 私にはインドネシア人の友達がいて、彼女は面白い話をしてくれました。今日は皆さんにその話をします。ニュピを知っていますか？インドネシア語で“沈黙を守る日”という意味で、バリ島では新年の休日です。［　　　　　　　］この様に家で丸一日過ごすのは退屈だと思うかもしれません。しかし彼女はいつも暗くなるまで読書をし、夜にはきれいな星を見て楽しむそうです。

ア そこでの人々は家ではテレビも見れず、電気を付けることも出来ません。

イ 例えば、人々は仕事が出来ず、外食も買い物にも行けません。

ウ その休日はバリ島のすべての人々は静かな生活を送らなければいけません。

エ よってバリ島のお店もレストランはすべて閉まっています。

■令和3年 2

A 1 A：タローは今どこですか？ 彼を探しています。

B：私は彼を［駅］でみました。彼は阿蘇行きの列車を待っていました。

ア 病院 イ 図書館 ウ 美術館 エ 駅

阿蘇行きの列車を待っていることから判断する。

2 A：この本を知っていますか？

B：草枕です。それは100年以上前に夏目漱石によって［書かれ］ました。

ア 書かれる イ 書かれた ウ 書いている エ 書いていた

動詞の形を選ぶ問題。本が主語なので受け身を選ぶ。過去形であることも気をつける。

3 A：そのパーティに何か持っていくべきですか？

B：すべてありますよ。だからあなたは何も持ってくる［必要がありません］。

ア しなければならない イ すべき

ウ 必要がない エ しなかった。

"すべてありますよ"と言っているので、何も持ってくる必要がないという表現を選ぶ。

B 私の好きな食べ物は*いきなり団子*です。熊本で有名なお菓子の一つです。その名前は"いきなり"という言葉を含んでいます。どうしてか分かりますか？［　　］私が祖母を訪ねる時、彼女はしばしばそれを短時間で作ってくれます。

ア あなたは*いきなり*の意味は"突然"であると知っているかも知れません。しかし熊本の方言で"簡単に"という意味でもあります。

イ いくつかの起源があります。

ウ その中の一つについてお話をします。

エ よって誰かが突然あなたを訪ねた時、*いきなり団子*を簡単に作って直ぐに出すことができます。

起源が色々あり、その中の一つを話すといっている。そして一つの理由を述べて、結論をSoで始めている。

C 華：デービス先生、今お話出来ますか？

Mr.Davis：いいですよ、華。どうしましたか？

華：私は英語を話す練習を一生懸命していて、英語を話す能力を改善したく思っています。あなたは3カ国語を話すと聞きました。助言をいただけませんか？

Mr.Davis：分かりました。それで、どうして英語を話す能力を改善したいのですか？英語の試験の為ですか？

華：いいえ。私の夢は日本でツアーガイドになることです。海外から来た人々に日本の沢山の素晴らしい観光地を見せたいのです。

Mr.Davis：素晴らしい。それでは英語を話す能力を改善する方法を教えましょう。3つ大切なことがあります。時間、場所と同じ志の人々です。十分な時間と練習が出来るいい場所とお互いを助けることが出来る友達です。

華：分かりました。私は一人で、自分の家で毎日一生懸命練習をしています。私には［友達］が必要です。そしてグループを作り友人たちと英語を勉強することが出来るでしょう。本当にありがとうございます。

1 ア 彼女はデービス先生に日本の良い点について伝えたい。

イ 彼女は次の英語のスピーキングテストでいい成績を修めたい。

ウ 海外から来日する人々に日本の素晴らしい場所を見せたい。

エ 他国のツアーガイドについての情報をもっと収集したい。

華の夢はツアーガイドになって来日者に日本の素晴らしい場所を見せると本文にある。

2 ア 友人 イ 情報 ウ 静かな場所 エ さらなる機会

直後の文章に practice English with them とあり them は［　　］を受けた代名詞。文脈に合うのは friend だけである。

■令和2年 2

A 1 A：その本はどうですか。

B：難しいです。私はその話をあまり上手く理解できませんでした。

ア：まし イ：難しい ウ：簡単な エ：お腹が空いている

Bはあまり理解できていないので、難しい内容の本であったことが分かる。

2 A：私はマイクと話がしたいです。あなたは彼の電話番号を知っていますか。

B：すみませんが、わかりません。

ア：彼は イ：彼は～です ウ：彼を エ：彼の

マイクは男性であり、所有格を表すのはエ his である。

3 A：あなたは昨日その映画を見ましたか。

B：はい。とても面白かったので、もう一度みたいです。

ア：それ イ：どれ ウ：いつ エ：なぜ

so ～ that…「とても～なので、…する」を考える。

B あなたはピンクハンドフィッシュを知っていますか。それはオーストラリアに生息しています。［　　］。だから、その魚に関する情報はあまり多くありません。それについての新しい情報を見つけましょう。

ア：それらを使うことで、海底を歩くことができます

イ：体長は約10cmで、色はピンクです

ウ：今まで、4匹しか見つかっていません

エ：手のようなヒレがあります

直後の文に、情報が少ないことが述べられているので、見つかっている個体数が少ないため情報が得られていないということが考えられる。

C 春雄：ポール、台湾の高校生が来月学校に来て、お互いを知るための時間があるみたいです。私はどうしても彼らと友達になりたいです。

ポール：わぉ！彼らと会う機会があるなんて幸運ですね。

春雄：はい、とても興奮しています。私は彼らのために何かしたいのですが、何をするべきかわかりません。

ポール：私たちの街についてプレゼンしてみたらどうでしょうか。

春雄：それはいいですね！プレゼンを面白くするためには何をするべきでしょうか。

ポール：私が、3つのアイデアを与えましょう。はじめに、簡単な英語を使うべきです。次に、たくさんの画像を見せるべきです。最後に、あなたのプレゼンを聞いている学生と話をするべきです。例えば、プレゼンをしている間にいくつか彼らに質問してみる。

春雄：素晴らしい！ありがとう、ポール。

1 ア：春雄には台湾に行く機会がある

イ：春雄には会議に関していい考えがある

ウ：春雄はプレゼンをしなければならない

エ：春雄には台湾の学生と会う時間がある

1つ前の春雄の発言で、台湾の学生と友達になりたいと言っており、直前のポールの発言でも、台湾の学生と会う機会があると言っている。

2 ア：私たちの街について学ぶため

イ：台湾の学生と友達になるため

ウ：それを面白くするため

エ：英語をもっと上手く話すため

オ：英語でそのプレゼンを聞くため

ポールのアイデアは、文体や画像、質疑応答といったプレゼンに関するものしかない。

■平成31年 2

A 1 live【liv】「生きる」ア five【faiv】「5」イ give【giv】「与える」
ウ nice【nais】「よい」エ time【taim】「時間」

2 name【neim】「名前」ア bag【baeg】「袋」イ fall【fɔ:l】「落ちる」
ウ table【téibl】「食卓」エ watch【watʃ】「時計」

B

親愛なるスミス氏へ
先月のホームステイ間のあなたの手助けに感謝しています。あなたが多くの有名な場所に私を連れて行ってくれたことが私は幸せでした。それら全てがとても多くの人々によって訪れられていることに私は驚きました。
ホームステイの間、私の英語は以前より良くなりました。
一番の思い出はあなたの家での、私の誕生日会です。
プレゼントとして私に贈ったその写真が私は本当に好きです。私は将来、またあなたに会えることを望んでいます。
智子

①2文目のbe動詞が過去形になっていることから「イ」と判断できます。
②「訪れられる」という受け身の形なので「be動詞＋過去分詞形」の形になります。
③直後にthanがあることから比較級のbetterになります。
④プレゼントを贈った人が［④］を含む文に書かれていないので、「イ」となります。［④］の直前に接続詞thatが省略されていることも注意しましょう。

C

あなたは植物が昆虫に助けを求める合図を送ると思いますか。あなたはいいえと言うかもしれません、しかしいくつかの植物はそのようにするのです。［　　］彼らは、助けてもらうために他の昆虫に来て欲しいのです。

ア：いくつかの植物が昆虫によって攻撃されたとき、彼らは特別なにおいを出すでしょう。
イ：それが植物からのSOSです。
ウ：私は1つの例を示すでしょう。
「例を示す」と宣言した後に例を示し、最後にまとめを述べるので「ウ→ア→イ」となります。

D

真奈：やぁ、テッド。私たちは今週の金曜日に博物館で校外学習を行う予定でした。しかし、私たちはできません。
テッド：あら、私はそこで熊本の歴史を学べるので校外学習を楽しみにしていました。何が起きたのですか？
真奈：私は、私たちの先生から伝言を受け取りました。多くの学生が今週、病気になったので、校外学習が来週の木曜日になりました。しかし、その博物館は木曜日が閉まっているので、私たちは町の図書館に行くことになりました。私たちはそこで、博物館の人による特別授業を受けるでしょう。
テッド：だから［①］、しかし［②］、ですよね。
真奈：はい、だから来週木曜日の熊本の歴史についての特別授業を楽しみましょう。

1 ア：なぜなら、テッドが校外学習を楽しみにしていたから。
イ：なぜなら、学生は熊本の歴史を学べるから。
ウ：なぜなら、真奈が先生から伝言を受け取らなかったから。
エ：なぜなら、多くの学生が今週病気だから。
下線部は今週の金曜日に行う予定の校外学習が出来なくなった理由であり、それはエ「多くの学生が今週、病気になった。」からです。

2 ア ①私たちは今週の金曜日に博物館に行くでしょう。
②私たちは来週の木曜日にそこにも行くでしょう。
イ ①私たちは今週の金曜日に博物館に行かないでしょう。
②私たちは来週の木曜日にそこに行くでしょう。
ウ ①私たちは博物館に行かないでしょう。
②私たちは熊本の歴史について学べるでしょう。
エ ①来週の木曜日、その博物館は閉まっています。
②博物館の人が私たちの学校に来るでしょう。
2つ目の真奈の発言から、博物館には行かず、熊本の歴史を学べることが分かります。

■平成30年 2

A 1 cook【kúk】「料理する」ア cool【kú:l】「すずしい」イ food【fú:d】「食べ物」ウ school【skú:l】「学校」エ good【gúd】「良い」

2 heard【hə́:d】「hearの過去形・過去分詞形」ア early【ə́:li】「早い」イ dear【díə˞】「親愛な」ウ wear【wéə˞】「着る」エ year【jíə˞】「年」

B 1 when以下は「～の時」という付け加えた内容であり、文の主な部分はイより前である。

2 ウより前の部分全てが主語であり、関係代名詞【who are running along the river】が【The two women】を後ろから修飾している。

C

私は自分の町についてお話します。私の町には多くの美しい場所があります。私のお気に入りの場所はひご公園です。私の町には多くの公園があって、そこは最も広いです。多くの人がそこでいくつかのスポーツをすることを楽しみます。私は、あなたが私の町に来ることを望みます。

①時制が現在であり、主語が【My　town】なので、三単現の形に直す。
②be動詞＋theの形なので最上級と判断できる。
③直前に動詞があるので動名詞の形に直す。

■平成29年 2

A 1 family【fǽməli】「家族」ア face【féis】「顔」イ fan【fǽn】「うちわ、扇子」ウ fall【fɔ':l】「落ちる」エ father【fɑ':ðər】「父」

2 started ア finished イ showed ウ needed エ talked
過去形にする時につける【ed】はもとになる単語が【d】または【t】で終わる時、〔id〕と発音します。

B 質問の文の先頭に注目する。

1【which】は「どれ」という意味である。選択肢に【cats】【dogs】があがっているので、Bさんが選んだ【cats】を強調して発音する。

2【how long】は「どのくらいの間、どのくらいの長さ」という意味である。Bさんの答えの【two weeks】が「2週間」という具体的な期間を表す部分なので強く発音する。

C

私は「くまもん」について話をしようと思います。彼は2011年3月12日に生まれ、それ以来とても人気があります。彼は熊本を紹介するために、時々東京、大阪、アメリカやフランスのようないくつかの外国の国にさえ行きます。彼の旅行について読むことができます。それらの旅行はいくつかの本に書かれています。彼がもっと多くの人を幸せにしてくれるといいなと思います。

①生まれたのは2011年3月12日という過去の出来事なので、be動詞を過去形のwasに直す。②下線部の直前に【some】＝「いくつかの」という単語があるので、【country】を複数形に直す必要がある。単語の最後がsで終わる場合はyをiに変えてesをつける。③「書かれている」という受け身の文を作る必要がある。受け身は【be動詞＋過去分詞形】なので、【write】を過去分詞形に直す。

〈図や表についての英文読解〉

■令和5年 2

C

> 熊本でのイングリッシュキャンプ
> もしあなたが自分の英語を磨きたければ、このキャンプに参加してください。このキャンプでは、日本の大学で学んでいる留学生と交流することができます。彼らはこのキャンプ中あなたを手助けしてくれるでしょう。
> 日程：10/15 ～ 10/16
> 場所：ABC カルチャーホール
> 参加料：20000 円
> ・このキャンプに参加するためには、9/30 までにメールを送ってください。
> ・もしあなたが 9/15 までに登録すれば、あなたの参加料は 18000 円になります。
> これらの活動から1つ参加するものをあなたは選ぶことができます。
> 活動A：ゲームとスポーツ（グループで楽しいゲームとスポーツをすること）
> 活動B：討論（グループで校則について話すこと）
> 活動C：発表（外国の文化について学び、それらについて発表すること）
> ・あなたはキャンプ中、英語だけで話さなければなりません。
> ・もっと情報が欲しい場合には、メールを送ってください。

1 ア 「大学で学んでいる日本人の学生は活動中あなたを助けるためにキャンプに参加するでしょう。」
→助けてくれるのは留学生なので誤り。
イ 「もしキャンプの１週間前にメールを送れば、参加料は安くなるでしょう。」
→参加料が安くなるのは１ヶ月前にメールを送った場合なので誤り。
ウ 「活動の１つの中で、あなたは他の人と校則について自分の意見を交換することができるでしょう。」
→活動Bについて述べられているので正しい。
エ 「いくつかの活動の中で、あなたは日本語で会話するでしょう。」
→キャンプ中使えるのは英語だけなので誤り。

2 Risa：私はこのキャンプに参加しようと思っています。
Tom：面白そうですよね。おお、あなたは３つの活動の中から１つ選ぶことができるのですね。あなたはスポーツをすることが好きなので、おそらく［ ① ］を選ぶのではないですか？
Risa：はい、わたしはスポーツが好きです。しかし、わたしは［ ② ］を選ぶつもりです。わたしは将来外国に行きたいので、この活動の中で外国の文化について学ぶことにとても興味があります。
→スポーツが好きなことを理由に選ぶのであれば活動A。外国の文化について学べるのは活動C。

D Sam：絵梨、英語の授業の発表であなたは何について発表するつもりですか？
Eri：私は留学することについて話すつもりです。私は日本の高校生に関するこのグラフと表の結果に驚いています。
Sam：あなたは何を見つけ出しましたか？
Eri：グラフを見てください。高校生にとって、もっとも多い留学の理由は外国語の技能を磨くことです。そして、彼らの半分以上が他の国の人々と友達になりたいと思っています。
Sam：わかりました。それから、絵梨、あなたは留学したいですか？
Eri：はい、もちろんです！私は外国に住んで勉強することに興味があります。高校生の約 40 パーセントしかそうすることに興味がないことに私は驚いています。サム、あなたはどうですか？なぜあなたは日本に来たのですか？
Sam：なぜなら私は［　　　　］私は本当に日本の柔道部に入りたかったのです。約 38 パーセントが同じ考えを持っていることが私は嬉しいです。ところで、もしあなたが留学したら、どこに行きたいですか？
Eri：私はカナダに行きたいです。表を見てください。最も人気がある国ではないですが、そこに行きたい生徒の数は 900 人よりも少し多いです。私はそこに行ってその国の生活様式を経験したいです。
Sam：それは良い考えですね。あなたが将来そこに行くことができると良いですね。

1 ①グラフより「外国の人と友達になりたい」のは 51.9％なので「more than half」
②グラフより「外国での生活や勉強に関心がある」のは 40.2％なので「forty」
③最も多くなく、900 人を少し超えているのは「カナダ」。

■令和4年 2

C

> サッカーを一緒に楽しもう
> リバータウン高校サッカーチーム
> サッカーを一緒に楽しむ新しいメンバーを探しています。サッカーの経験は必要ありません。
> 我々のコーチが全て教えます。是非参加して、サッカーを楽しみましょう！
> 今週の練習計画

曜日	時間	練習場所
月	午後４時～午後６時	リバータウン公園
水	午後４時～午後６時	リバータウン高校
金	午後４時～午後６時	リバータウン球場
土	午前９時～午前 11 時	リバータウン球場

> 練習には４日間来ることも可能もしくは１日、２日、３日と選ぶことも出来ます。
> ● サッカースパイクと飲み物持参
> ● 選手としてもしくはサポーターとして参加できます。
> もし我々の活動に興味があれば、体育の White 先生もしくはいずれかの練習会を訪ねて下さい。

1 ア サッカーの経験が全くなくともチームに加わることが出来る。
イ チームがサッカーのスパイクを貸してくれるので自分のスパイクは必要ない。
ウ もしチームに参加したいのであれば、サッカーをプレイしなくてはならない。
エ もしチームに参加したいのであれば、先ず White 先生に会わなければならない。

2
Kenta：このサッカーチーム良さそうだね。練習に参加してみない？
Tom：いいね。サッカーをしたいのだけれど、毎週、月曜日と水曜日の放課後は、別の部活の集まりがあるんだ。
Kenta：僕は、土曜日の朝は英語のレッスンがあるんだ。だから、次の［ ① ］に参加するのはどうだろう？リバータウン［ ② ］で午後３時 50 分に会おうよ。

①には曜日、②には場所が入る。
Tom は月曜日と水曜日は都合がつかず、Kenta は土曜日が参加できない。したがって金曜の River Town Stadium が正解である。

D Ms. Brown：やあ、ゆみ。何をしているのですか？

Yumi：日本人がどうやって外国人と意思の疎通を図っているかの情報を収集しています。それについて発表することを考えています。

Ms. Brown：面白そうですね。それについて何か分かりましたか？

Yumi：このグラフを見て下さい。日本人には身振りを交えた意思疎通が最も［①］方法です。易しい日本語で話す割合が英語等の外国語を使って話す割合と［②］であることを知り驚きました。

Ms. Brown：いいポイントですね。易しい日本語で私に話しかけてくれるのは、英語で話しかけてくれるのと同じ位うれしく感じます。何故なら私自身が日本人の一員の様に思えるからです。

Yumi：なるほど。それは知りませんでした。次にこの表を見て下さい。違う年齢層の人々が違う意思疎通方法を選んだのが分かります。例えば、16−19 歳の人で身ぶりを使う割合は 40 代もしくは 70 代の身ぶりを使う割合より［③］です。

Ms. Brown：そうですね。スマートフォンのアプリを使う一番若いグループの割合は 70 歳代で［普段通りの日本語で］話すという割合とほぼ同じです。

1 ①については「身ぶり手ぶりを交えて話す」というのが一番人気のある方法であるので選択肢はエ，オ，カに絞られる。
②は「やさしい日本語で分かりやすく話す」割合が「英語などの外国語を使って話す」割合とほぼ同じなのでオ、カが残る。③については 16−19 歳の人で身ぶりを使う割合は 40 代もしくは 70 代の身ぶりを使う割合より高いので正解はカになる。

2 「普段通りの日本語」という意味の英語を作るには関係代名詞を使い「which they usually use/speak」とする。which の代わりに that でも可。

■令和３年 [2] D

ブラウン先生：由美、英語キャンプを計画していますか？

由美：はい。去年、我々のクラブの多くの部員がそのキャンプに参加し、すごく楽しみました。だから今年はもっと楽しいものものにしたいと思っています。

ブラウン先生：それはいいですね。

由美：ご存知のように昨年は一泊しましたよね。しかし表１を見て下さい。１４人以上が去年より①［長く滞在］したいと思っています。

ブラウン先生：すごいですね。彼らは本当にキャンプがすきなんですね。

由美：はい。今、英語キャンプの為の活動内容を企画中です。表２を見て下さい。最も人気のあるのは英語での討論とゲームをすることです。よって既にこの２つの活動は計画しました。もう一つ付け加えたいと思っています。

ブラウン先生：２つの活動が同じく第３位ですね。この２つの中から１つを加えたらどうですか？

由美：そうですね。私は②［海外の料理を作る］活動を計画します。何故なら我々は一緒に活動し、特別な料理を食べる機会を持てるからです。

① ２泊３日が８名、３泊４日が６名、計 14 名が２泊以上、すなわち昨年より長く滞在したいと思っている。want に続くのは stay だが不定詞、want to stay として使われる。動名詞　staying では意味が変わるので気をつける。

② 空欄の直後に「chance to eat something special」とあるので３位の「海外の料理を作る」という活動を追加すると分かる。to cook foreign dishes.、もしくは to make foreign food, cook の替わりに make を使っても良い。

■令和２年 [2] D

ジョーンズ先生：授業は楽しいですか。

すず：はい。まぁ私は英語で話すのは楽しいと思いますが、クラスメートは［①］。

ジョーンズ先生：本当ですか？なぜそう思うのですか。

すず：私たちの英語の先生である田中先生は、私たちにどの英語の活動が好きかを質問しました。表１を見てください。

ジョーンズ先生：面白いですね。表２は何を示しているのですか。

すず：それによると、私たちの多くが、ペア活動に楽しく参加していることがわかります。また、私たちのほとんどが、英語で何といえばよいか分からない時でも、何とか自分の考えを伝えようとしています。しかしながら、授業以外で英語を使うことはありません。だから、授業の間は、私たちは［②］べきだと思います。

ジョーンズ先生：素晴らしい！もしあなたがそうしたいのであれば、あなたの英語はもっと良くなるでしょう。私にもっとたくさん話しかけてほしいと思います。

①：表１の結果を参考にして、クラスの多数が選んでいる「読むこと(reading)」に関して文を作る。

②：すずは、元々英語で話すことが好きである。直前の文で、授業以外で英語を話す機会が少ないと言っているため、少しでもその機会を増やそうと、すずは考えている。

■平成31年 [2] E

澤さん：私は私たちの町にある新しいレストランについての記事を見つけました、カロリーナ。それらについて知っていますか。

カロリーナ：いいえ。おや、昼食時についてですね。それらのうちの１つに行きませんか。

澤さん：もちろんです。あなたは昼食に何を食べたいですか。もし、［①］なら、あなたはひごレストランに行くべきだとその記事には書いてあります。

カロリーナ：今日は暑いです。だから私は熱い食べ物は食べたくないです。

澤さん：それなら、くまモンコーヒーにおいしいパンケーキとセットの食事があります。

カロリーナ：それはいいですね。、私たちは同じ場所で昼食と甘いデザートの両方を楽しめます。私は（ホストファザーの）澤さんも私たちと一緒に来たいと思います。なぜなら、彼は甘いデザートが好きだからです。彼はどこにいますか？

澤さん：彼は車で買い物に行って、まだ家に帰っていません。だから私たちはくまモンコーヒーに行けません。その記事は、あなたはそこに行くために［②］かもしれないと書いています。

カロリーナ：それは、私たちは彼が戻るまで待たなければならないということを意味しています。

1 ア：あなたは沢山食べたいが、十分な時間がない。
イ：あなたは多くの種類の食べ物をゆっくり楽しみたい。
ウ：あなたは多くの種類の食べ物から選びたくない。
エ：あなたは食べ物に多額のお金を使いたくない。
ひごレストランの特徴は値段が高いが、沢山の料理をゆっくり食べられることなので「イ」となります。

2 くまモンコーヒーの記事の最後に「車での来店をおすすめします」とあることから、車が必要であるということを書いていれば正解です。

■平成30年 2 E

祐太：表１を見てください、キング先生。私のクラスの20人の生徒が［ ① ］。私は毎朝新聞を読みます。あなたはどうですか、キング先生。

キング先生：私も毎日新聞を読みます。私はたいてい英語の新聞を読みます、しかし日本の新聞も読みます。私はそれらから多くの日本語を学ぶことができます。

祐太：分かりました。私は新聞から、日本や世界中で何が起きているのかを学ぶことが好きです。

キング先生：いいですね。表２を見てください、祐太。あなたは１月からいくつかの授業で新聞を使う予定ですよね？

祐太：はい、そうです。［ ② ］。

キング先生：その通りです。

祐太：また、私たちは２月19日に自分たちのお気に入りの記事について発表を行う予定です。なので、私は新聞を読み、いくつかの興味深い記事を見つける必要があります。

キング先生：あなたはできます！

1　表１より，祐太のクラスの20人の生徒が新聞を読んでいないことが分かる。

2　ア　１月に私たちは数学の授業で新聞を読むでしょう。
　イ　１月23日、私たちは毎日食べている食べ物について話すでしょう。
　ウ　私たちは２月に、３つの授業で新聞を使うでしょう。
　エ　私たちは英語の授業でいくつかの新聞記事を読むでしょう。
　表２の１月23日の部分に、毎日の食事について話し合う予定が書かれている。

■平成29年 2 E

ケイト：何を見ているの、由香？

由香：投票率についての２つのグラフを見ています。グラフ１は投票率の全国平均と熊本の投票率です。

ケイト：熊本の投票率はどうですか。

由香：グラフ１によると、熊本の投票率は［ ① ］とわかります。

ケイト：グラフ２からは何がわかりますか、由香。

由香：20歳代の投票率は［ ② ］、そして60歳代の投票率が最も高いです。

ケイト：若い人々はもっと投票するべきですね。

1　ア　上がり続けている　　イ　2007年に最も高い
　ウ　2001年は2001年の全国平均よりも低い
　エ　常に全国平均よりも高い

2　空欄の文の後半に【the highest】＝「最も高い」という最上級の表現があるので、それと対応するものを入れる。

■平成27年 2 B

剛：グラフを見てください、スミス先生。これは熊本市とモンタナ州ヘレナの月平均気温を示しています。

スミス先生：そうですね。あなたたちはそれから何を学びましたか？

香織：ええと、ヘレナの冬は熊本の冬よりもずっと［ ① ］です。

剛：ヘレナの月平均気温は［ ② ］には０度よりも低いです。

スミス先生：わかりました。他に何か学びましたか？

香織：ヘレナの月平均気温は［ ③ ］には15度よりも高いです。

剛：７月はヘレナで最も暑い月ですね。ヘレナの７月の月平均気温と熊本の５月の月平均気温はほとんど［ ④ ］です。

スミス先生：とてもよくできました。

①：冬の気温を見るとヘレナが熊本市よりも低いので、アが正しい。
②：ヘレナの月平均気温を見ると１，２，12月に０度以下になるので、キが正しい。
③：ヘレナの月平均気温を見ると６，７，８月に15度以上になるので、カが正しい。
④：ヘレナの７月の平均気温と熊本の５月の平均気温が同じなので、エが正しい。

〈対話文読解〉

■令和５年 3

ベーカー先生：皆さん、こんにちは。もうすぐ夏休みがやって来ます。夏休みの間、あなたたちは何をする予定ですか？真希、あなたの計画を私たちに話してください。

真希：［ ① ］私はバスケット部に所属していて、部のメンバーとバスケットをすることや話すことがとても好きです。私たちは夏休みの間部活の時間をもっと持つことができそうなので、より良い選手になれるように最善を尽くしたいです。

ベーカー先生：それは良いですね。一郎、あなたはどうですか？

一郎：［ ② ］まず、私は２週間カナダの家族のところに滞在する予定です。私は今まで一度も海外に行ったことがないので、とてもわくわくしています。次に、私は夏祭りのボランティアとして働くつもりです。私は去年それをやって、とても楽しかったです。今年は、異なる年代の人々と話すことを楽しみたいと思っています。３番目に、私は科学部の活動を一生懸命するつもりです。私はこれらのことすべてにとても興味があります。去年よりも忙しくなるでしょうが、これらの経験を通してより学ぶことができると思います。

ベーカー先生：良いですね。夕紀、あなたは今年の夏、何をする予定ですか？

夕紀：［ ③ ］私は毎日学校の活動が忙しいので、たいていそれをすることができません。休みの間、家で家族とバーベキューをする予定です。また、家族と一緒に祖父母のもとを訪れるつもりです。彼らは私たちに海で釣りのやり方を教えてくれるでしょう。これらの経験から、私はたくさんのことを学びたいと思っています。

ベーカー先生：すばらしいですね。皆さん、ありがとう。あなたたちは夏休みの間しか参加することができないイベントを楽しむべきだと私は思います。夏休みはあなたたちにとって、家族や友人、他の多くの人々と多くの時間を過ごすことのできる良い機会です。今年の夏、あなたたちがたくさんのすばらしい経験をすることを私は期待します。

1　ア「私は家族と一緒に旅行するつもりです。」
　イ「私はとても一生懸命英語を勉強するつもりです。」
　ウ「私は学校の中や外の様々なことに挑戦するつもりです。」
　エ「私は部活を一生懸命するつもりです。」
　オ「私はボランティアとしてたくさんの人々を助けたいです。」
　カ「私は家族とたくさんの時間を過ごしたいです。」
　→①直後にバスケット部のことが書かれているので、エ。
　②直後にカナダでのホームステイ、ボランティア活動、科学部の３つのことが書かれているので、ウ。
　③直後に家族とのバーベキュー、祖父母のところへの訪問について書かれているので、カ。

2　真希：今日の授業で、私たちは夏休みの計画について話しました。それについてあなたはどう思いましたか？
　ポール：ええ、何人かの生徒が言った中に、夏休みは私たちにとってたくさんの経験を通じて［ A ］良い機会だというものがありました。また、ベーカー先生は普段参加することのできない［ B ］私たちに言ったので、私はたくさんの日本の夏祭りに行こうと決めました。
　→A：夕紀の言葉の最終文に注目する。３語なので「a lot of」を「many」に変える。
　B：ベーカー先生の最後の言葉に注目する。「tell＋人＋to～」＝「人に～しなさいと言う」は重要な表現。

■令和4年 3

Mr. Baker：みなさん、こんにちは。"熊本のNo 1"についての宿題はやってきましたか？ Keita, 君はどうだろう？

Keita：はい。熊本の3,333の石段について学びました。階段の数が日本一なのです。そこに行った時、石段は日本の石だけでなく、アメリカ、中国、インド等の外国から来たもので作られていることを知りました。石段を通して、［①］という話を聞きます。

Mr. Baker：驚きですね。その関係は永遠に続くといいですね。有難うKeita. Ayumi, あなたは何か面白いことを見つけたかな？

Ayumi：はい。ベーカー先生。日本で熊本のトマトの生産量がNo1です。秋から春にかけて、海の近くの地域でトマトが多く生産されています。それは冬に寒くなりすぎないからだと聞いています。そして夏から秋にかけては山間地では暑くなりすぎないことから多くのトマトが生産されます。よって［②］熊本は山も海もあるからです。

Mr. Baker：素晴らしい。Harukiは別のNo1を知っているかな？

Haruki：はい。熊本は地下水が豊富なのを忘れてはいけません。日本名水百選に熊本の水源が1985年に4つ、2008年に別の4つが選ばれました。これらの水源の数は日本ではNo1です。実際、日本の他の地域の人々より［③］なぜなら、熊本では約80%の水道水が地下水から来ています。一方日本の平均はわずか20%ほどです。

Mr. Baker：熊本には多くのNo1があるね。皆さんよく出来ましたね。故郷について学ぶのは新しい友達を作るのに役に立つと思います。海外に行く機会があれば、自分の故郷について紹介してはどうでしょう？それに興味を持つ人があなたに話かけるかもしれません。そしてその故郷について話をして、友達をつくり楽しい時間を過ごすことでしょう。

1 ア 熊本は石で作った芸術の長い歴史を持つ。
イ 熊本は他国といい友好関係を持つ。
ウ 熊本の人々は日々の生活で地下水を使う機会を多く持つ。
エ 熊本の人々は日々の生活で風呂に入る機会を多く持つ。
オ 熊本ではトマトは各季節に栽培される。
カ 熊本ではトマトは毎年、最も簡単な方法で栽培される。

① 石を海外から輸入することによって友好関係を築いたと考えられるのでイが正解。
② 熊本は暑からず、寒からず、年間を通してトマトが栽培されているのでウが正解。
③ 熊本では80%の水道水が地下水なので答えはウ

2 Keita：今日の授業で熊本のNo 1について話をしたよね。それについてどう思った？
Mike：熊本には多くのNo 1があるのに驚いたよ。Baker先生が言ったように［A］新しい友達を作るのに役立つよ。去年、ここに来た時、授業で自分の故郷を紹介するチャンスがあったんだ。多くのクラスメイトがそれに興味を持ってくれて、僕に話しかけてくれてすごくうれしかったよ。それで、彼らと［B］。そして良い友達になったんだ。

［A］は本文最後から5行目、「Learning about your hometown」が友達作りに役立つとBaker先生は言っている。

［B］は最後から2行目、「you'll have a good time when you talk about it with them and make some good friends there」という発言がある。「talked about it」だけでは3語なので「have a good time」を「enjoy」という動詞で置き換える。「enjoy」を過去形にし、またこの動詞は動名詞を目的語に取るので「talked」を「talking」に変える。

■令和3年 3

ベイカー先生：みなさんこんにちは。最初に日本の学校生活の良い点を話しましょう。信五 あなたの考えを話して下さい。

信五：分かりました。えーと、一番素晴らしいことは運動会や文化祭等の学校行事です。計画を練り、その行事の準備をするために一緒に働かなければなりません。これらの行事を通して、我々はいい時間を共有することが出来ます。そういうことで［①より良い行事を作るには良く計画し準備することが大切です。］

歩美：そうですね、信五。我々の学校生活の中で他の人たちと意思疎通をする多くの機会があるとも思います。例えば教室では、グループやペアを組んでお互い良く話します。職場体験プログラムの時、幼い子供たちやお年寄りと話す機会があるかも知れません。そういうことで［②違う年代の人達といかによく意思疎通をする方法を学ぶ事ができる。］

康平：なるほど。私は別の考えがあります。毎日の学校での掃除時間は学校生活の中で一番素晴らしいことだと思います。この時間で我々は自分で考え、行動することを学ぶことが出来ます。例えば、学校を掃除する時周囲の状況に注意を払い自分で掃除をする場所を見つけます。そういうことで［③我々は毎日何をするかどう行動するか自分で考える事が出来ます。］

ベーカー先生：皆さん。どうも有難う。日本の学校生活における良い点を多く見つけることが出来て嬉しく思います。学校は我々の社会のよい一員になる方法を学ぶ場所だと私は思っています。よって多くの経験をすることは一生懸命勉強する事と同じぐらい大切です。これらの経験を通して皆さんの学校生活はより、ワクワクするものになるでしょう。

1 ア クラブ活動をもっと注意深く考えることが大切です。
イ より良い行事を作るには良く計画し準備することが大切です。
ウ 我々は毎日何をするか、どう行動するか自分で考える事が出来ます。
エ 我々の学校生活でどう感情を表すかを考えることが出来る。
オ 我々は違う年代の人といかによく意思疎通をする方法を学ぶ事ができる。
カ 我々は学校より、家においてより大切な事をすることを学ぶことが出来る。

① 信五は"計画を練り、その行事の準備をするために一緒に働かなければなりません。"と言っているのでこれに合致するのはイ
② 歩美は"幼い子供たちやお年寄りと話す機会があるかも知れません。"と述べている。これに合致するのはオ
③ 康平は"我々は自分で考え行動することを学ぶことが出来ます"と言っているのでそれはウの内容と合致する。

2 信五：今日の授業では日本の学校生活の良い点について話をしました。それに対してどう思いましたか？
ポール：そうですね。日本の学校生活では勉強を一生懸命することが一番大切なことだと思ってました。しかし今、勉強だけでは十分でないと分かりました。ベーカー先生が言った様に我々はまた学校生活の中で［A多くの事を経験］すべきです。学校では他の人達と意思疎通する多くの機会とイベントがあります。よって学校生活では、我々は社会の良い一員に［Bなる方法］を学ぶことが出来ます。

ベーカー先生の発言とは"学校とは多くの経験を通して社会の良い一員になることを学ぶ場所である"である。よって［A］に入るには"多くの経験を持つ"ということになる。

この表現は文中に"Having many experiences"とあるがPaulの発言の"should"の後に続くには"Having"を"have"に変える必要がある。

［B］の後には"good members of our society"が続くので"なる方法"すなわち"how to become"もしくは"how we become"が入る。

■令和２年 3

スミス先生：今年、日本でオリンピックとパラリンピックがありますね。世界中のスポーツファン全員が、この夏非常に興奮するでしょう。スポーツをすることが楽しいのは分かっていますが、スポーツのなにか他の良い点に関して考えたことがありますか。

大志：私は６年間サッカーをしてきて、とても健康です。また、私の夢は将来海外でサッカーをすることです。私は一生懸命にサッカーを練習しますが、チームメイトは私よりもサッカーが上手いです。しかしながら、私は決して諦めません。だから、私は、①スポーツは自分たちの身体と心を強くしてくれると信じています。

涼太：私は町内の自転車チームのメンバーです。時には、国際的な自転車のレースにも参加します。たくさんの国々の友達がいます。彼らは私に、日本の文化とは異なる興味深い文化について教えてくれます。また、彼らと話していると、彼らの考え方に興味を持つようになります。それは私にとっては新しいことです。だから、私は、②スポーツを通して世界中の友達を作り、彼らの伝統について学ぶことができると思います。

里美：私の町にはみんなが参加できるスポーツクラブがたくさんあります。例えば、私の母は週に３回バレーボールをしています。祖母も週に２回卓球をしています。彼女らは、地域の人とスポーツをするのを本当に楽しんでいて、お互いを知ります。私は、③スポーツは同じ町に住んでいる人と会う機会をみんなに与えてくれると思います。

スミス先生：おぉ、あなたたちの考えはとても興味深いです。私たちはスポーツの良い点についてたくさん話し合いました。スポーツには境がなく、スポーツを通してより良い生活を送ることができるということがわかりました。この夏、世界はオリンピックとパラリンピックを通して「１つ」になるでしょう。この大きなイベントを楽しみましょう。

1 **ア**：１つのスポーツをすることはたくさんのスポーツをすることより良い。
イ：スポーツは自分たちの身体と心を強くしてくれる
ウ：スポーツは同じ町に住んでいる人と会う機会をみんなに与えてくれる
エ：スポーツはみんなを人気者にするので、スポーツをすることを楽しむことができる
オ：スポーツを見ることはすることと同じくらい面白い
カ：スポーツを通して世界中の友達を作り、彼らの伝統について学ぶことができる
①：大志は、サッカーをすることで健康になり、チームメイトに負けないようにという精神面も強い。
②：涼太は、世界中の人と友だちになり、文化を知る機会があると言っている。
③：里美の親族は、地域の人とスポーツをすることを楽しんでいる。

2 今日、私たちは、スポーツをすることは楽しく、また A でもあると知りました。スポーツには境がなく、それは私たちに B 。この夏、オリンピックとパラリンピックがあります。私は待ちきれません！

スミス先生の最後の発言を参考にすると良い。
A：この会話は、スポーツが楽しいということとスポーツの良い点についての内容である。
B：スミス先生の発言の「スポーツには境がなく～」に着目。

■平成31年 3

<教室での１日>

大志：この表にあるこれらの図はなんですかスミス先生？

スミス先生：良い質問ですね。これらは、未来の世界を変えるための１７の目標です。

大志：なるほど。私は世界の一員です。だから、世界をより良くするようなことをしなければならないですね。

スミス先生：①その通りですね。だから今日は、あなたたちにその表から目標を１つ選び、世界のために私たちができることについて考えてほしいと思います

里美：スミス先生、目標11 を選んでみましょう。

スミス先生：良いですね。里美が言ったように目標11を選びましょう。私たちのまちのための考えがたくさん思いつくと私は思います。さぁ、３分間で私たちができることを考えましょう。

<３分後>

スミス先生：②あなたたちの考えを教えてくれませんか？

里美：学校に行くときゴミを集めたり学校の近くの通りを掃除したりすることができます。

涼太：私はお年寄りを助けたいと思います。例えば、彼らの家に行き、彼らと話し、彼らのために買い物に行くことができます。

彩花：小さな子供のいる家族を助けるのはどうでしょうか。彼らに本を読んであげたり、一緒に遊んだりすることができます。

大志：私の考えは、みんなのとは少し異なります。駅の周りにたくさんの花を置くのです。

スミス先生：どの考えも素晴らしいです。最も重要なことは、私たちのまちのためにできることについて考えることです。

大志：そうですね。たぶん私たちは小さなことしかできませんが、私たちのまちをよりよくするためにそれらを続けるべきです。そうしたら、世界を変えられるかもしれないですね！！

1 **ア** あなたたちの考えを教えてくれませんか？
イ 私はそのようには思いません。
ウ いいえ、できません。
エ どの目標をあなたたちは選びましたか？
オ もっと時間が必要ですか？
カ その通りです。
①は直前の大志の発言を受けてのものであり、後ろにsoがきているため疑問形や否定形ではありません。したがって、**カ**が正解です。
②の発言の後、生徒が考えを言っているので、考えを聞くような発言が正しいです。したがって、**ア**が正解です。

2 里美は目標11を提案しています。したがって、「～にしましょう」や「～はどうですか」といった文にします。

3 **ア** 図について質問したのは大志です。
イ 学校の近くの川ではなく、通りを掃除する例を挙げています。
ウ 涼太はお年寄りのために、代わりに買い物をしたいと言っています。
エ 正しい。

4 今日、私たちは世界を変えるための17の目標について勉強し、目標11について話し合いました。私たちは A 私たちのまちをより良くする ための考えをたくさん思いつきました。私たちができることについて考えなければいけないということを学びました。もし私たちが自分たちのまちのために B 小さなことをし続ける のならば、世界を変えることができるかもしれません。

大志の最後の発言から単語を選びましょう。

■平成30年 3

エイミー：やぁ、美穂！何をしているの？

美穂：やぁ、エイミー。私はインターネットで折り紙に関する多くの情報を探しています。次の日曜日、私は市立図書館のイベントで留学生に折り紙を教えなければなりません。

エイミー：それはすごいね、美穂。

美穂：昨年、私たちの学校に来たアメリカの学生に折り紙を教えたとき、私はとても楽しかったです。だからもう一度、留学生に折り紙を教えることに決めました。

エイミー：アメリカの学生は何を作ったんですか？

美穂：彼らは手裏剣を作りました。

エイミー：[①]。

美穂：手裏剣です。

エイミー：あぁ、手裏剣！それは面白そうですね。アメリカの学生にとって、それらを作ることは難しいですか？

美穂：[②]。彼らはそれらの作り方をすぐに習得しました。

エイミー：次の日曜日、あなたは何を作る予定ですか？

美穂：私は【くまモン】を作ることを考えています。

エイミー：本当ですか？かっこいいですね！ところで、あなたはとても上手に英語を話すので、英語で折り紙を教えることは簡単でしょう？

美穂：うーん、私が英語を話すとき、たいてい少し緊張しています。しかし、アメリカの学生に折り紙を教えるときは、私は上手に英語を話すことが出来ました。

エイミー：私は折り紙が、英語を話す人とあなたの間のコミュニケーションの扉を開くと思います。私は折り紙に挑戦したいです。[③]？

美穂：もちろんです。明日の放課後ここで会いましょう、そして私があなたに何かの作り方を見せます。

1　ア　あなたは何と言いましたか？　イ　彼らの出身はどこですか？
　ウ　誰が先生でしたか？　エ　はい、そうです。
　オ　いいえ、そうではありませんでした。　カ　私もそのように思います。
①直後に美穂が「手裏剣」と言い直しているので、エイミーが聞き直したことが分かる。
②直前にエイミーが「アメリカの学生にとって、それらを作ることは難しいですか？」と尋ねており、直後には「彼らはそれらの作り方をすぐに習得しました。」とあるのでアメリカの学生にとって手裏剣を作ることは難しくないことが分かる。

2　直前にエイミーが「折り紙に挑戦したい」と述べており、直後にはアメリカの学生に折り紙を教えたことのある美穂が「もちろん」と答えているので、「私にも折り紙の仕方を教えてくれませんか？」という疑問文が適切となる。

3　ア　市立図書館で外国の人々に折り紙を教えるのは来週の日曜日である。
　イ　本文第7文目に「アメリカの学生に折り紙を教えたとき、私はとても楽しかったです。」とある。
　ウ　エイミーが手裏剣を教えたのは美穂ではなく、アメリカの学生である。
　エ　本文第22文目に「私が英語を話すとき、たいてい少し緊張しています。」と述べている。

4
今日私はエイミーに、折り紙について話しました。私はエイミーの使った“コミュニケーションの扉”という言葉が好きです。折り紙を教えることは英語を向上させるための良い[A]だと思います。彼女は折り紙について[B]なりました、だから私は折り紙を通じて良い友達を持ったことが嬉しいです。

A　方法という意味の単語が当てはまる。
B　本文を通じてエイミーが折り紙に興味を抱いていることが分かる。

■平成29年 3

<ある日の教室で>

沙紀：やあ、ジェーン。何を読んでいるのですか。

ジェーン：こんにちは、沙紀。木についての本を読んでいます。今日学校図書館の近くに何本か大きい木を見つけました。何か知っていますか？

沙紀：ごめんなさい、英語の名前は知りません。それらについて情報を探してみますね。

ジェーン：ありがとう。

沙紀：[②]

<次の日>

ジェーン：やあ、沙紀。学校の木についてなにか情報は見つかりましたか。

沙紀：はい。英語で「ginkgo tree」と呼ばれています。

ジェーン：Ginkgo tree ？

沙紀：日本では、「いちょう」や「ぎんきょう」と呼んでいます。

ジェーン：ぎんきょう？英語の単語とほとんど同じですね。

沙紀：[③]　ぎんきょうと ginkgo はほとんど同じ発音ですが、少し違います。なぜか知っていますか。

ジェーン：いいえ。それについてもっと教えてください。

沙紀：わかりました。Ginkgo はあるドイツ人によって日本からヨーロッパに持ち込まれました。彼が本に木の名前を書いた時、彼は「*ginkyo*」と書きませんでした。それ以来、ドイツ人はその木を「ginkgo」と呼び、英語を話す人がドイツ語から単語を借りたのです。今ではそれらの木は英語で「ginkgo」と呼ばれています。

ジェーン：それは面白いですね。

沙紀：私もそう思います。他の言語から借りている多くの単語があるということも私は学びました。図書館で一緒にもっと例を探しませんか。

ジェーン：楽しそうですね。図書館にいきましょう。

沙紀：はい。行きましょう。

1　間接疑問文は【疑問詞＋主語＋動詞】の語順になる。

2　②沙紀はお礼を言われているので、「どういたしまして」にあたるものを選ぶ。③ジェーンは空欄の直前で、「ぎんきょう」という言葉が英語とほとんど同じだと気付いている。そして、空欄の後で、沙紀も「ぎんきょう」が英語とほぼ同じ発音だと認めている。

3　下線部の直後に【since then】「その時以来」とあるので、「その時」にあたる直前の文をヒントにする。

4　今日、私はジェーンといちょうについて話をしました。彼女はそれについて昨日私に尋ねました。今日彼女に会った時、私は彼女にその言葉の歴史について[A]。彼女は私の話を気に入ってくれて良かったです。いちょうについて情報を探した後に、私は言葉がどこから[B]を発見するのは面白いと学びました。

■平成28年 3
<金曜日の放課後>
陽子：明日あいてますか、ベッキー？私の家にきませんか？
ベッキー：ありがとう、陽子。何時に来たらいいですか？
陽子：朝の１０時はどうですか？
ベッキー：あなたのお家は簡単に見つけられますか？
陽子：私の家の隣には郵便局が有ります。
ベッキー：わかりました。じゃあ、明日の10時にあなたの家にうかがいます。
①
陽子：さようなら。
<次の日の陽子の部屋>
ベッキー：たくさん本を持っていますね、陽子。
陽子:ありがとう、ベッキー。私は学校で友達とよく本について話をします。
ベッキー：仲間に入りたいです。でも、日本人の作家に書かれた物語を私は一度も読んだことがないです。
陽子：② 世界の有名な話について話せます。「リトルプリンス」を知っていますか？
ベッキー：はい、知っています。カナダにいた時に何度も読みました。現在はたくさんの言語で読むことができます。英語で書かれたものを読んだことが有りますか？
陽子：いいえ、ありません。次の機会に読みたいです。ところで、先週私は先生と「リトルプリンス」について話しました。その時、彼は【私に面白いことを教えてくれました】。
ベッキー：なんですか？
陽子：「リトルプリンス」を日本語に翻訳した最初の人物は熊本出身だったのです。私はそのことを知りませんでした。先生はその人物について市立図書館で調べることができるとも言っていました。なので、私は来週土曜日そこへ行くつもりです。
ベッキー：あなたと一緒に行ってもいいですか？
陽子：もちろん。今はたくさんの日本の物語が英語に翻訳されています。そこでそういった本を読んで楽しむことができます。
ベッキー：それは楽しそうですね。でも日本語で書かれた本を読んだほうが私の日本語ももっと上手になりますよね。
陽子：じゃあ＿＿それらの何冊かを読んでみたらどうですか？
ベッキー：それは面白そうです！やってみます。

1．ⓐ【How about ～】「～はどうでしょう？」という提案。
ⓑ【something 形容詞】の順番を覚える。

2．①そのあとの陽子が「Bye」と返しているので、お別れの挨拶をしているとわかる。
②直前にベッキーは日本語が読めないという意味のことを言っている。

3．直前の文に library という単語があるので、そこに注目。

4．ア　簡単な英語で書かれた本を見つけることができます。
イ　簡単な日本語で書かれた本を見つけることができます。
ウ　「リトルプリンス」を英語に翻訳することができます。
エ　「リトルプリンス」を日本語に翻訳することができます。
直後に【read】「読む」のはどうだろうと言っているのでアかイとわかる。ベッキーが直後にやってみると言っているのでイとわかる。

5．今日、ベッキーが私の家に来ました。私達は「リトルプリンス」について話しました。ベッキーはカナダで何回も読んだことがあったそうです。たくさんの言語でそれを読むことができると彼女は言っていました。なので、次の機会に A それを読みたいと思います。　私たちは他のいくつかのことについても話すことを楽しみました。私は彼女に彼女の日本語をもっと上手にするアイデアについて話しました、そして彼女はそれに B 。
A 英語で書かれたリトルプリンスを読みたいのである。
B ベッキーは「興味をもった」。【be interested in ～】

〈英文読解〉

■令和５年 4
（選択問題Ａ）

あなたたちは手紙を書きますか。私はしばしば書きます。私は手紙を書くことが好きです。私はその理由を話します。

私は小学校の国語の授業で初めて手紙を書きました。私はその時８歳でした。先生は私たちに誰かに手紙を書いて、返事を待つように言いました。だから、私はいとこのキョウコに手紙を書きました。数週間後、彼女からの手紙を受け取りました。私はとても嬉しくて、喜びのあまり飛び跳ねました。彼女は新しいペットについて書いていました。私は手紙を書くことが楽しいことに気付き、それから多くの人々にたくさんの手紙を書いています。キョウコと私は今もお互いに手紙を書き合っています。

手紙を書くことにおいて３つの良い点があると私は思います。１つ目は、手紙を書くことはあなたたちの気分を良くするということです。例えば、私は悲しいと感じるときは、時々自分の気持ちについて友達に手紙を書きます。その後すぐに、彼女は返事を送ってくれて私にいくつかの良いアドバイスをしてくれます。すると、私は悲しく感じていたことを忘れてしまうのです。

２つ目に、あなたたちが辞書を使って手紙を書くと、より多くの単語や表現を学ぶことができます。私にとって辞書を使って手紙を書くことはとても時間がかかりますが、たくさんの新しい日本語の表現を学ぶことができます。私の日本語はとても上達したと思います。

３つ目に、あなたたちは手紙で他の人々を幸せにすることができます。例えば、私がキョウコに手紙を書く時は、彼女の好きな種類の紙や封筒、切手を選びます。彼女は私の手紙を受け取るといつも笑顔で幸せに感じると話してくれます。だから、手紙は他の人々を笑顔にして幸せに感じさせる力を持っていると私は思います。

私は手紙を書き続けるでしょうか？もちろん、そうするでしょう。メールはお互いに意思疎通をするためのより速くて簡単な方法だということを私は知っていますが、これらの良い点のために私は手紙を書く方が好きです。だから、私のように手紙を書いてみてはどうですか？

1　「智子が初めて手紙を書いた時、彼女は何歳でしたか？」
→２段落目に「eight years old」とある。主語を「She」にすること。

2　ア　「私は彼女からの手紙を受け取りました。」
イ　「私はテレビで彼女を見ました。」
ウ　「私は彼女に手紙を書きました。」
→智子はキョウコに手紙を書いて返事を待っていたところなので、アが適当。

3　①現在完了形の文で、後ろに「then」があるので「since」が適当である。
②智子は悲しい時に手紙を書いて返事をもらうことでその気持ちを忘れたのだから「sad」が答え。
③直後の「her favorite kinds of paper,envelopes,and stamps」に注目する。

5　ア　「智子の先生はキョウコに、智子に手紙を書くように言いました。」
→先生がそう言ったのは智子に対してなので誤り。
イ　「智子は自分の日本語は手紙書くことでより良くなったと思っています。」
→４段落目より正しい。
ウ　「手紙を書くことはメールを打つことよりも速くて簡単だということを智子は知っている。」
→逆の内容なので誤り。

（選択問題Ｂ）

皆さん、こんにちは。私は夏休みに経験したことについて話そうと思います。そして、私は私たちの養鶏場での仕事について知ってもらいたいです。

私の両親は毎日そこでとても一生懸命働いていることを私は知っていましたが、実際どのように働いているのかについては知りませんでした。だから、夏休みの間、私は養鶏場の息子として彼らと一緒に働き、たくさんのことを学びました。

去年の８月、私は毎朝早く起きて、両親が養鶏場の掃除をしたり、鶏に餌をやったり、卵を集めたりするのを手伝いました。卵は簡単に割れてしまうので、集める時私は注意深くならなければなりませんでした。昼食後、両親が卵の大きさを調べ、箱の中に入れるのを私は手伝いました。最初は、これらすべてのことをするのは簡単に見えましたが、そうではないことに気付きました。私は働いている間、良い経験をして養鶏場について３つの良い点を見付けました。

１つ目は、私たちの養鶏場には鶏の良好な健康を保つための装置がたくさんあるということです。例えば、私の両親は常に鶏にきれいな水を与える機械を使っています。彼らはまた鶏の健康を調べるコンピューターも使っています。これらの装置のおかげで私たちの鶏は幸せで健康そうに見えます。

２つ目は、私の両親が使っている餌は私たちの食べ残しからリサイクルされたものもあるので、環境のために良いということです。その餌の中にはたくさんのビタミンやミネラルが含まれているので、私たちの鶏の健康にとっても良いです。私の両親に無料で食べ残しをくれる会社もあるので、私の両親は餌を手に入れるために［ ② ］必要がありません。

３つ目は、私の両親は卵だけでなく卵の廃棄を減らすためにスイーツも売っているということです。売るには見た目も良くない卵もありますが、まだ味は良いです。だから、私の両親はそのような卵でケーキやプリンを作っています。私の両親は卵の廃棄を減らすことができるので、これらのスイーツが売れると喜んでいます。

私たちの養鶏場についてのこれらの良い点を知って私はとても驚きました。私の両親は鶏のためだけではなく環境のためにも一生懸命働いています。私は自分の両親のことを尊敬しています。彼らのように、私は将来動物と一緒に働きたいです。だから、動物と私たちの両方にとって、より良い生活環境を作り出すために私たちは何をすべきかについて学びたいです。もしあなたたちが私のスピーチに興味があれば、私と話をしに来てください。

1　卵は簡単に割れてしまうので、「注意深く」ならなければならない。

2　「去年の８月、毎日昼食後に涼は何をしましたか？」
→第３段落に注目する。主語を「He」にすること。

3　直前に無料で食べ残しをもらえることが書かれているので、「多くの費用をかける」必要がないといった内容を入れればよい。

4　ア 「涼は去年の８月両親を手伝う前から、彼らがどのように働いているのかたくさん知っていました。」
→第２段落より、どのように働いているのかについては知らなかったので誤り。
イ 「去年の８月、涼は毎朝早く起き、養鶏場で両親と一緒に働きました。」
→第３段落の１文目より正しい。
ウ 「両親の養鶏場で仕事をすることが簡単ではないことに涼は気付きました。」
→第３段落より正しい。
エ 「両親の養鶏場には鶏を健康に保つための装置がたくさんあることに涼は気付きました。」
→第４段落より正しい。
オ 「両親が卵と鶏のために使われる餌の両方を売っていることに涼は気付きました。」
→涼の両親は鶏の餌を売っているわけではないので誤り。

5

> 涼さんへ
> 素晴らしいスピーチをしてくれてありがとう。あなたの両親が養鶏場でどのように働いているのかについて私はたくさん知りました。あなたの両親が鶏の健康のためだけではなく、私たちの環境に関するいくつかの問題についても考えていることを私は知りませんでした。あなたが動物と私たちの両方のために、もっと良く［　　　］についてたくさん学ぶことを期待しています。
> 知美

→最終段落の最後から２文目に注目する。

■令和４年　4

（選択問題Ａ）

今日は冬休みの経験についてお話をしたいと思います。昨年の12月、おじとおばが三日間、私の家に滞在しました。そして彼らの子供のSatoshiと初めて会いました。彼はまだ二歳です。彼の様な幼い子供の世話の仕方を習う良い機会でした。［ ① ］私は将来保育士になりたいからです。初日、私達は動物園に行き多くの動物をみました。彼の手を繋いで歩いたのですが、たまに彼には歩くのが［ ② ］過ぎて、彼は度々泣き、私に止まるように言いました。幼い子供と一緒にゆっくり歩くのは私には少し困難でしたが、幼い子供の面倒を見る際にそれは大事なことだと知りました。

二日目、一日中私の家でボール遊びや歌を唄って楽しみました。一緒に遊んでいる時、彼は沢山、私に話しかけるのですが、いくつかは理解できませんでした。彼の話を一生懸命聞こうとしていた時、彼は微笑み更に話しかけるのでした。注意深く聞くことは幼い子供と意思疎通を図るのに大切であると学びました。

最終日、昼食を一緒に食べました。Satoshiは上手くスプーンを使うことが出来ず、食べ物をテーブルの上にこぼし続けました。それで私がスプーンを彼の手から取り上げ、彼の口に食べ物を運びました。私は良い事をしたと思いましたが、おばは悲しそうに私に止めるように言いました。彼女は言いました。“Yuki、Satoshiの面倒をお姉さんの様に手伝ってくれて有難う、でも彼は一生懸命やっているの。彼は今学んでいて、彼をただ［ ③ ］”幼い子供が何かをしようと試みている時、手助けしすぎるのは良くないという事を学びました。彼がいる間、私は多くの経験をしました。多くの事を経験し、多くの間違いを犯すことは大切なことであると知りました。間違いを通して我々は［　　　］を学びます。Satoshiから大切なことを私は学びました。

1　① 適切な接続詞を選ぶ問題。幼い子供の世話の仕方を習う良い機会と思ったのは、将来、保育士になりたいからであるので正解はBecause
② 適切な副詞を選ぶ問題。ア　簡単に　　イ　まっすぐに　　ウ　早く　②の直後に「Walking slowly with little children was a little difficult」とあるので少し早く歩き過ぎたことが分かる。
③ 適切な動詞を選ぶ問題。「一生懸命やっているSatoshi」を「見る」のが正解。

2　「二日目、YukiとSatoshiはどこに居ましたか」という問いである。Yukiの家に居たので答えは「They were in Yuki's/ her house」

3　ア　言葉の意味の尋ね方
イ　物事をより上手にする方法
ウ　歌の唄い方
Yukiのスピーチの主題は「人は経験、間違いを通して物事をより上手にする方法を学ぶという事である」よって正解はイになる。

4　［ A ］は「Walking slowly with little children was a little difficult for me」とあるので「ゆっくり歩く」が正解。
［ B ］は二日目に「I learned that listening carefully is important ～」とあるので「話を聞く」ことが正解
［ C ］は最終日に「I learned that helping too much is not good ～」とYukiが言っている。よって「手伝い過ぎる」が正解となる。

（選択問題Ｂ）

このシャツを見て下さい。私が買ったと思いますか？いいえ。実は母が彼女の古い服を使って［ ① ］ました。このスピーチを作る為に私は“ファスト・ファッション”と“持続可能なファッション”について学びました。今日はそれについてお話をします。それから環境の為に何をすべきか考えましょう。

最初に、ファスト・ファッションについて話します。現在、多くの種類の衣類が低価格で売られ多くの人が容易く買うことができます。おしゃれな人々がよくするように、沢山の人気のある衣類を買い、最新のファッションを楽しむ人がいます。これらはファスト・ファッションの例です。しかしながら問題もあります。価格を安く抑えるために大量生産され、着られることなく処分される衣類もあります。人々は時折、衣類を買い過ぎ、いくつかは着られることなく処分されます。この様な問題の解決を試みる企業があります。例えば、もはや衣類を必要としない人から衣類を収集し、それを再利用、再生利用を試みます。このような取り組みは環境に良いと思います。

次に、"持続可能なファッション"についてお話しします。環境に優しくありたいと思い、衣類を大切に扱い、頻繁に衣類を購入しない人々がいます。環境に優しい素材を使ったり、長く着ることのできる衣類をつくる衣料品会社があります。これらは持続可能なファッションの例です。しかしながらこれらの活動にも問題があります。環境に優しい衣類はファスト・ファッションのそれよりおおむね高く、ファスト・ファッションの衣類ほど、人気が無いと思う人がいます。それでこれらの問題の解決を試みる衣料品会社があります。現在、手軽な価格でさらにおしゃれな衣類を作る試みをしています。

皆さんは自分の好きな衣類を選ぶことが出来ます。しかし環境を考え、これら３つの事を試してもらいたいのです。一つ目は、環境に優しい服を買ってください。それらは通常、他の衣類より高くなりますが環境を保護することは人気のある衣類を楽しむより大切だと思います。二番目は何度も何度も自身の服を着て下さい。それで多くの衣類を買う必要がなくなります。三番目にもう、あなたがもうその衣類が必要ない時、［②］して下さい。あなたの周りの人が必要としているかもしれません。将来、これらの活動を通して我々の世界がより持続可能になっていると望みます。

1 「母の古い服を使って」という事なので文脈にあうのはウの「作った」である。

2 「おしゃれになりたい人がよくすることは何か」という問である。本文６行目「Some people buy many popular clothes and enjoy the newest fashion」が解答になる。「Some people」は代名詞「They」に変える。

3 ［②］の直後に「Someone around you may need your clothes.」とあるので「人にあげる」もしくは「処分しないで」という日本語が考えられる。
「人にあげる」なら「give them to someone」「処分しないで」は「do not throw away」もしくは「reuse」にすると結果的に他の人が使えるようになるので 「reuse them」も可能である。

4 ア　ファスト・ファッションは直ぐに自分の衣類を作れるので人々を喜ばせている。
イ　ファスト・ファッションの一つの問題は人が衣類を長く使う事である。
ウ　長期に渡り着ることができる衣類を選ぶことは持続可能なファッションの一種である。
エ　環境に優しい衣類はそうでない衣類より往々にして価格が高い。
オ　おしゃれな衣類を楽しむことは環境保護と同じぐらい大切であるとRina は思っている。
文脈に合うのは**ウ**と**エ**である。

5
> Rina へ
> 素晴らしいスピーチを有難う。ファスト・ファッションについて少し知っていましたが"持続可能なファッション"について聞くのは初めてでした。
> 両者はいい面を持っておりそして問題を抱えていることを理解しました。でも私は持続可能なファッションの考えの方が好きです。あなたが言うように次回、衣料品店に行く時、私は［　　　　］。衣類を通じて、どう環境を守るかについてもっと考えたく思います。
> Saki

Rina は衣類を買う時、三つの事を試みて欲しいと言っている。
1　環境に優しい服を買う。
2　何度も何度も自身の服を着る。
3は問題になっているので、上記1，2の内容をまとめる必要がある。
1の「buy the clothes which are friendly to the environment」はそのまま使う。
2の「wear your clothes again and again」は「wear your clothes 」を「wear them」に変更する。
「again and again」は Saki が書いた感想文では「many times」になっている。

■令和３年 ［4］ B

本日は私のペットとペットを持つことの恩恵について話したいと思います。

私は幼い時から小さな犬を飼っています。彼の名前はコロです。10年前、両親と一緒にペットショップに行きました。最初にそこで彼を見た時、すごく可愛く小さかったです。すごく好きで飼いたくなりました。そして両親にお願いしました。"ペットとしてこの犬が欲しいの"と。両親はしばらく考え、そして言いました。"いいよ、絵里。飼ってもいいけど、ちゃんと彼のお世話をしなければいけませんよ。"私は彼を飼うことができすごく［①嬉しく］その時からずっと良い友達です。ペットを飼う恩恵とは何でしょう？その情報について本やインターネットで調べました。多くの良い点を見つけましたが、今日はペットを飼う３つの恩恵についてお話をします。１番目ですが幸福感と落ち着いた気持ちになれます。ペットと暮らすと嫌なことや、忙しい生活を忘れることが出来ます。例えば、寂しかったり、悲しい思いをした時、コロはいつも私の所に来て、私を幸せな気持ちにしてくれます。忙しい時、疲れた時、彼といると落ち着いた気持ちになります。

２番目はペットを飼うという責任感を学ぶことが出来ます。家族の中で私はコロに毎日食事を与えなければなりません。私はまた学校から帰宅すると彼に散歩をさせます。時としてこれらのことを全て自分でするのは大変だと思うことがあります。がしかし、これは彼にとっては必要なことです。だから彼のお世話をすることに責任感を感じるのです。

３番目にペットを飼うと他の人達と［②意思疎通］をする多くの機会を持つことが出来ます。

例えば、ペットの飼い主たちはよく彼らのペットを散歩させるので、他の人と会い、話す多くの機会があります。多くのペットの飼い主はそしてまた多くのペットの写真を撮り、インターネットで見せ、他の人達とペット情報を共有します。ペットを飼うことの恩恵を多く見つけましたそして多くのペットの飼い主はペットと良い時間を過ごしていることを知っています。自分のペットを世話することを通して、全ての動物が我々と同じ様に生命を持ち、我々の命と同じ様に大切であることを学びました。良いペットの飼い主になるにはペットの命をもっとよく考え、沢山の愛情を注がなければなりません。同時に、私のペット、コロが私にしてくれるように、彼らは多くの素晴らしい思い出を与えてくれるでしょう。だから皆さんがもしチャンスが有るなら、ペットを飼って、私の助言にならってみたらどうでしょうか？

1 ア　神経質な　イ　おかしな　ウ　かなしい　エ　嬉しい
ペットを飼うことができて、絵里はどう思ったのでしょう？

2 "絵里はいつ、どこでコロとあいましたか？"という質問である。
10年前にペットショップで出会ったのが解答になる。英語の語順は場所、次に時という順番になる事に気をつける。また pet shop につく冠詞は the でも可。

3 ペットを飼うと他の人々とどういう機会があるのか文脈から考える。
また "with" という前置詞もヒントになる。また問題［3］にも communicate with という表現もあった。
模範解答は communication であるが communicating でも正解である。

4 ア　絵里の両親は最初にコロと会った時、絵里は犬を飼うには若すぎると言った。
イ　絵里はペットを飼う恩恵を見つけるのに、本とインターネットを使いました。
ウ　絵里はコロが悲しいもしくは寂しい時にいつもコロと一緒にいる。
エ　絵里はいつも登校前にコロを散歩させる。
オ　絵里は全ての動物が我々と同じ様に命を持っているとペットの世話を通して学んだ。
アについてはちゃんとコロの世話をするのであれば良いと言っている。
ウについては絵里が寂しかったり、悲しかった時にコロが一緒にいる。
エは下校後である。

5
> 絵里へ。
> あなたのスピーチは大変興味深いものでした。ペットが我々を幸せにそして落ち着いた気持ちにさせるというのは同感です。あなたのスピーチでペットを飼う恩恵を学びました。
> 私は猫を飼っています。だから自分の猫のお世話の為にもっと責任感を持つべきだと思いました。スピーチの最後にあなたが言うようにペットのお世話する時に、我々はペットの命をもっと考え、愛するべきです。だから私はあなたの助言にならい、そして良いペットオーナーになろうと思います。

"At the end of your speech"「絵里のスピーチの最後に何が書いてあるか」を考えてみる。"think more about the lives of pets and give a lot of love to them."との表記がある。設問は"10字以内で答える"であるから内容を変えずに短い文章にするには品詞を変える、又は類語を使う必要がある。the lives of pets は their lives または pets' lives give a lot of love to them は動詞で love を使う。love them もしくは love them more.

■令和２年 4 B

今から小学校のときの、私の体験について話そうと思います。私が９歳のとき、父が熊本で新しい仕事を得ました。私の家族は沖縄から熊本へ引っ越すことに決めました。だから、弟と私は新しい学校に転校しました。春休みの期間、私たちは新しい先生に会うために新しい学校に行きました。彼らは私たちを歓迎してくださり、たくさん話してくれました。新しい校舎は、とても小さく見えました。

初めての登校の日、父は私たちをそこに連れていきました。私は学校生活が心配だったので緊張していました。生徒たちは優しくしてくれるか。他の生徒と同じくらい勉強できるか。良い友達を見つけられるか。学校生活は楽しいだろうか。私は新しい学校生活が①怖かったのです。そして、父は私に「私が高校生のときは、留学生としてアメリカに行き数年間そこに滞在していた。初日は、全く友達がおらず、あまり上手く英語が話せなかったんだ。だから、私はとても緊張していた。最初の英語の授業のとき、先生が私を英語で紹介してくれたので、故郷のことや部活動について話した。彼らは私に興味を持つようになり、たくさん質問してきた。そして身振り手振りでそれらに答えた。私たちはたくさん笑って良い友だちになったんだ。私はとても幸せだった。今日、お前は大勢のクラスメイトに向かって、自分のことについて話すべきだ。もし彼らがお前をよく知ってくれれば、お前に話しかけ、良い友達になってくれるだろう」と言いました。

教室で、先生は私の名前をクラスメイトに伝え、それから自己紹介しました。私はとても緊張していましたが、「私は沖縄出身です。泳ぐことが好きです。漫画が大好きです」と言いました。その後、何人かのクラスメイトが私の周りに来て、話しかけてくれました。沖縄にかつて住んでいた生徒が、沖縄の大好きな食べ物について話してくれました。もうひとりの生徒は、彼女が入っている水泳部に入らないかと聞いてくれました。他の生徒は、大好きな漫画について話し、それについて話すのを楽しみました。たくさんの生徒が私に話しかけてくれてとても幸せに感じました。

この経験から、私は１つのことを学びました。新しい学校では、②大勢のクラスメイトに向かって自分自身について話すことが大事です。そうすることで、クラスメイトはあなたに興味を持つようになり、たくさんの質問をしてくれます。もし、ただ待っていたなら、クラスメイトと話す機会を全く持てないでしょう。私は友達との新しい学校生活が本当に楽しいです。私は前の小学校でも新しい学校でもたくさんの友達を持つことができて幸せです。転校は、私にとって素晴らしい経験でした。

1 be afraid of A「A を恐れる」が正解。麻衣は、転校してからの学校生活に不安をいだいている。

2 訳:麻衣の父親は、アメリカの新しい高校での初日、なぜ緊張したのか。第２段落５行目によると「初日は、全く友達がおらず、あまり上手く英語が話せなかったんだ」とある。この部分の英語を使うと良い。

3 ア：麻衣が小学校にいたとき、父親が熊本で新しい仕事を得たので沖縄から熊本に引っ越した。(○：第１段落２行目)
イ：麻衣が春休みに新しい学校に行ったとき、そこは前の学校よりも大きいと思った。(×：第１段落５行目)
ウ：麻衣はクラスメイトに自己紹介したとき、どこ出身か、どのスポーツが好きか、大好きなもの、について話した。(○:第３段落３行目)
エ：何人かの生徒が漫画について話すために麻衣のもとへやってきたが、あまり良くわからなかったので、彼らと話すのが楽しくなかった。(×：第３段落５行目)
オ：彼女は前の学校ではあまり友だちがいなかったが新しい学校ではたくさんの友だちがいる。(×：第４段落４行目)

4 第２段落10行目の発言を参考にする。自己紹介をすることにより、クラスメイトが興味を持ち質問をしてくれることで仲良くなると言いたいのである。

5
> 麻衣へ
> スピーチありがとう。新しい学校へ転校したとき、私はあなたがどのように感じたのか理解しました。私たちはあなたの経験から大事なことを学びました。高校でたくさんの友達ができることを願っています。
> 亜美

このスピーチの内容は、麻衣が転校する前後についてである。麻衣の感情の変化について理解したことがわかるようにする。

■平成31年 4 B

こんにちは皆さん。私は英語に興味があります。だから英語クラブに入っています。私たちは水曜日に集まり、英語の先生といろんな種類の活動を行っています。例えば、映画を見たり、ゲームをしたり、外国の料理を作ったりしています。先月、紅茶会をしました。私たちはジョージとエマとジョンを誘いました。彼らは熊本の違う高校で日本語と日本の文化を学んでいる留学生です。彼らは３ヶ月前に熊本に来ました。

そのパーティーで、私は彼らに「熊本での学校生活を楽しんでいますか？」と尋ねました。ジョージは「私は先月の体育祭が本当に楽しかったです。チアリーダーのパフォーマンスを見て興奮しました。彼らは本当にすごいです。私の国では、高校のそのような大きな体育祭はありません。」と言いました。

エマは、「私はここでの昼食時間が好きです。私のホストマザーは毎朝たくさんの日本の食べ物をお弁当に入れてくれます。教室で友達と楽しくお昼ご飯を食べています。私の国では、教室で昼食を食べることはありません。学食があります。」と言いました。

ジョンは、「最初は、学校で掃除の時間があることに驚きました。私の国では、生徒は教室を掃除しません。今では、学校での掃除の時間が好きです。なぜなら掃除した後、良い気分になるからです。」と言いました。

それから私は日本の掃除時間について英語の先生と話しました。彼はロンドン出身です。彼は「私は日本の掃除時間も好きです。今では、ここで柔道の練習もしています。練習場に入ると、私たちが毎日使っている場所に感謝を示すため礼をするのです。私は、日本の生徒は同じ理由で毎日教室を掃除しているのだと思います。」と言っていました。

私はいくつかの国の学校では、掃除時間がないということを知って驚きました。私はそのことについてもっとよく知りたいです。だから私はそのことをインターネットで調べ、２つのことを学びました。１つ目は、世界中の学校には掃除時間がある国もあるが、そうでない国の方が多いということです。２つ目は、掃除というのは家で学ぶもので、学校で学ぶものではないのだから、学校では、生徒に掃除時間は必要ではないと考えている人もいるということです。

私は、異なる国では異なる考え方があるのだということを学びました。私たちはどちらが（①正しい）のか言うことはできません。しかしながら、私はワールドカップのニュースを見たとき誇らしく幸せに感じました。日本のサッカーファンが、試合の後に彼らが使った場所を掃除したのです。彼らの行いに興味を持ち掃除し始めた他の国のファンもいました。私は、掃除が日本の文化の1つであると考えます。私たちは、掃除という素晴らしい文化を心に抱き、世界中の人々（②にそれを伝える）べきです。

1　第5段落に「私たちが毎日使っている場所に感謝を示すため礼をするのです。私は、日本の生徒は同じ理由で毎日教室を掃除しているのだと思います。」と書いてあります。

2「教室で掃除をする必要がないと考えている人々もいます。なぜ彼らはそのように考えるのですか？」という疑問文です。解答はbecauseから始めましょう。また第6段落の2つ目の内容を踏まえて答えましょう。

3　ア　外国へ　イ　忙しい　ウ　異なる　エ　近い　オ　正しい

4　第7段落では日本のサッカーファンの行動によって「彼らの行いに興味を持ち掃除し始めた他の国のファンもいました。」とあるので、「掃除という文化」を伝えていくことが大事なのだとわかります。

5　ア　紅茶会で、アキは同じ高校で日本語と日本の文化を学んでいる3人の留学生と話しました。

イ　ジョージは、体育祭で良い時間を過ごし、自分の国の高校でも大きな体育祭があるのだと言いました。

ウ　エマは教室の外で友達と昼食を食べるので、日本の高校の昼食時間が好きです。

エ　ジョンは日本に来る前は学校で掃除時間がなかったが、今では日本の彼の高校での掃除時間が好きです。

オ　アキがインターネットで学んだことの1つは世界中の過半数の国で学校に掃除時間があります。

第4段落のジョンの発言を参照。ジョンは掃除の時間があることに驚いたが、今では好きだと発言しています。

■平成30年　4　B

こんにちは、皆さん。私は野球チームに入っています。私の友達と先生はとても親切です。私は学校生活を本当に楽しんでいます。しかし、私が好きでないことが一つあります。野球の練習が終わって、私が学校から電車で家に帰る時、いつも混雑しています。1時間、電車で立つことは私を＿＿＿＿にします。

ある日、私が電車で帰っている時、私は席を見つけました。私はとても嬉しかったのです！私は席に座り、読書を始めました。30分ほど読み、読書をやめた時、私はドアの近くに立っている一人の老いた女性を見つけました。彼女は少し疲れているように見えました。私は、彼女は私の祖母と同じくらい老いているように感じました。私は席を譲ってあげるべきだと思いましたが、自分自身に「私は彼女に席を譲ってあげるべきなのか、それとも席を譲る誰かを待つべきなのか。いや、優先席に座っている人々が席を譲らなければならない。」と言いました。私は答えを見つけることが出来ませんでした。

しばらくたっても、彼女はまだそこで立っていました。だから私は彼女に席を譲ることに決めました。私は立ち上がり、彼女の方へ歩き始めました。その直後、誰かが私の後ろに移動しているのを感じました。その席は音楽を聞いている若い男性に取られてしまいました。私は悲しくなりました。

その次の日、私は英語の先生と優先席について話しました。彼はイギリス出身です。「イギリスでは、優先席カードを示されたら、その人はカードを示した人に席を譲らなければならない。」と彼は言いました。彼はまた「昨年私が台湾へ旅行に行った時、席を譲るようにと書かれた多くのポスターを見ました。」とも言いました。

私たちの英語の先生も「私が初めて日本に来た時、人々は親切にしてくれました。私は、日本人はお互いに親切であると信じています。しかし時々、お年寄りに席を譲らない人々を見ます。私はなぜだか分かりません。しかしイギリスではお年寄りに席を譲ることが当然です。」と言いました。私は彼の言ったことをまだ覚えています。

私たちにとって、お互いに親切になることは難しいのでしょうか？他人に親切をしようと試みる時、なぜ私たちはためらうのでしょうか？それは多分、私たちが周囲の人々と違う状況になりたくないからでしょう。私の経験から、私はいつも「他人にとって良いことをする時にはためらうな。」と自分に言い聞かせています。他人にとって良い事をすることは彼らを幸せにし、私も幸せにするということを私は信じています。

1　＿＿＿＿を含む文は「1時間、電車で立つことは私を＿＿＿＿にします。」という訳なので、tiredが入る。

2　下線部の直前2つの文章に注目すると、席を譲ろうとしたが、若い男性によって取られてしまったことが分かる。

3　ア　光太が学校から家に帰っている時、彼は電車で祖母に会った。

イ　光太は若い男性に席を譲っている年配の女性を見た。

ウ　光太はドアの近くに立っている年配の女性を見た直後に、何をするべきか決められなかった。

エ　光太は、イギリスの人々は席を譲るために、優先席カードを示すことを学んだ。

オ　光太はいつも他人に「他人にとって良いことをする時はためらうな。」と言う。

第2段落7～9文目において、光太は席を譲るべきか迷い、答えを出せないでいる。

■平成29年　4　B

昨年、私の祖父が私に時計を見せて言いました、「健太、この時計はお前よりも年寄りだ。30歳だ。先週止まってしまったから、修理してくれる人を誰か見つけないといけない。」「新しいのを買ったら？」私は言いました。「この時計はおまえのお婆ちゃんからの贈り物なんだ。これを使い続けたいんだよ。新しい時計は欲しくない。」彼は言いました。その時、私は中学校の先生がしてくれた面白い話を思い出しました。

オランダには、リペアカフェと呼ばれる場所があります。ご存知のように、カフェでは通常コーヒーをのみ食べ物を食べます。リペアカフェでもコーヒーを楽しむことができますが、違います。自転車、洋服、机のような壊れたものをもってきて、それらの修理を楽しむことができます。

リペアカフェを始めた女性は若い人々はお年寄りから物の修理のしかたを学んだり壊れたものとのお互いの家族との思い出について話したりして楽しむ機会を持つべきだと考えています。彼女はものを修理することが楽しくて難しくないということを知ってほしいとも思っています。

私の中学の先生は日本のいくつかのイベントについても話をしてくれました。青森では、何人かのボランティアは小学校を訪れ子供たちに本の修理の仕方を教えます。このイベントで子供たちは近隣のボランティアに会い、ボランティアは同じ町の子供達に会えて幸せな気持ちになります。

神奈川の高校では、学校に持ち込まれた子供のおもちゃを生徒が修理する。彼らはそれらを修理するために一生懸命に働きます。その時、子どもたちはものをもっと大切にするということを学ぶことができます。また彼らはお年寄りを訪問し彼らの家の電気設備を点検するということもしています。壊れた部品を見つけた時は、彼らがそれを修理します。お年寄りの方々は生徒たちに大変感謝して彼らの努力に感動することさえあります。これらのイベントを通じて、生徒たちは学校の外にいる人々に会い、彼らを助ける機会を持つことができます。

私が高校生になった時、私の母は私にカバンを買ってくれました。私はそれを見る時、高校での最初の日を思い出します。そのカバンは私には本当に大切です。そのカバンと一緒にいろんな場所に行きたくさんの思い出を作りました。だから私は長く使い続けたいと思っています。そのカバンを修理するよりも新しいカバンを買う方が簡単かもしれません，しかしこの思い出を失ってしまうかもしれません。

持っているものを大切にしてもし壊れたら修理することを楽しみましょう。そうすれば、思い出を大切にして新しい思い出を作ることもできます。

1　ア　健太の祖父は新しい時計が欲しい。
　イ　健太はボランティアから修理カフェについて聞いた。
　ウ　青森の子どもたちは他の町から来たボランティアに会う。
　エ　健太は母から買ってもらったカバンを使い続けている。
2　不定詞の形容詞的用法。to 以降を訳していく。
3　青森では、子どもたちやボランティアがお互いに会っている。子どもたちはボランティアから本の修理のしかたを［　①　］、ボランティアは彼らに教えることで幸せである。
　神奈川の高校では学生たちが子どもたちやお年寄りを異なった方法で［　②　］。彼らは子どもたちのためにおもちゃを修理しお年寄りのために電気設備を点検する。
①主語が【Children】なので【learn】
②空欄を含む文の文末の【in different ways】をヒントにして【help】を選ぶ。
4　健太はクラスメートに何をして欲しいのですか。

■平成27年　4　B
私は4歳のときに水泳を始め、たくさんの大会に勝ってきました。
中学3年生のとき、私は県大会で泳ぎました。全国大会で泳ぐために県大会で良い結果を得なければいけませんでした。しかし、私は勝つことができず、それが私の中学校の最後の大会になりました。悲しかったです。数日後、私は部屋で父と話をしました。彼は言いました。「悲しんではいけないよ、里美。君は全力を尽くしたよ。」彼はまた言いました。「近代オリンピックは知ってるよね？それについて勉強すれば君にとって何かいいことがみつかるよ。」彼と話した後、私はそれについて勉強し始めました。
私は近代オリンピックを始めるために熱心に取り組んだ人について学びました。彼の名前はピエール・ド・クーベルタンです。彼は「近代オリンピックの父」として知られています。彼は1863年にフランスで生まれました。彼は子どものとき、フランスの子ども達は教室で勉強をすることしかできず、学校でスポーツを楽しむ機会がありませんでした。彼は年を取るに連れて、教育に興味を持つようになり、それについて勉強しました。
クーベルタンは20歳のときにイギリスに行き、いくつかの学校を訪れました。彼はイギリスの教育とフランスの教育の間には大きな違いがあることを見つけました。［　①　］の生徒達は学校でスポーツを楽しんでいました。彼らはスポーツを通してたくさんのことを学んでいたので、クーベルタンはスポーツが教育にとって重要だと思いました。フランスで教育を変えるために［　②　］の生徒達は［　③　］の生徒達のように学校でスポーツをするべきだと思いました。それから彼はアメリカや他のいくつかの国に行き、そこで教育について勉強しました。それらの国々を全て訪れた後に、人々はスポーツを通して友達になり、平和な世界を築くことができる、と彼は考え始めました。まもなく彼は世界中の人々のためのスポーツイベントを開催する計画を立てました。彼はたくさんの人々に会い、それについて話しました。ついに彼の夢は実現しました。1896年に最初の近代オリンピックがギリシャで開催されました。14ヶ国がそれに参加し、200人以上の若い選手が勝つために全力を尽くしました。試合後、彼らはお互いへの尊敬を示すために握手しました。人々はその若い選手達を見て感動しました。
クーベルタンはスポーツを通して3つのことを実現したいと思いました。1つ目に、彼は世界の人々に身体と精神を強くして欲しいと思いました。2つ目に、彼は皆に友達になって欲しいと思いました。3つ目に、彼は平和な世界を築いて欲しいと思いました。それらの願いはオリンピック憲章に書かれており、100年以上も変わっていません。
クーベルタンの願いについて学んだ後、私は水泳を通した経験のことを考えました。ある日、新しいメンバーが私達のチームに入ってきました。彼女の名前はトモコでした。彼女は泳ぐのがとても速く、より速く泳ぐためにいつも熱心に練習していました。私も速く泳ぐために熱心に練習しました。私達はお互いに相手より速く泳ごうとしました。一緒に泳ぐことを通して、私達は［　　］。知らないうちに、私は2つ目に話したクーベルタンの願いの1つをすでに守っていました。その経験で、私はスポーツにおける重要なことが分かりました。
私の夢は選手としてオリンピックで泳ぐことです。夢のために全力を尽くすつもりです。また、私は泳ぐときにクーベルタンの3つの願いを常に覚えておくつもりです。
1．里美は部屋で父と話した後に何をし始めましたか？
⇒第2段落の最後の文【After talking him, ～】に続く部分に書かれている。
ここの them は【the Modern Olympics】のこと。
2．イギリスの生徒達がスポーツを楽しんでいたのでフランスもそうすべきだとクーベルタンは考えた、ということを踏まえて答えを考える。
3．第4段落の第8文にある【a plan to ～】の部分を日本語にする。
4．直後に「2つ目に話したクーベルタンの願いの1つを守っていた」とあるので、2つ目の願いである、「友達になること」を英語2語で答える。
5．ア　里美は中学校最後の大会として全国大会で泳いだ。
　イ　クーベルタンは「近代オリンピックの父」として知られている人について学んだ。
　ウ　初めての近代オリンピックに参加した若い選手の数は14人だった。
　エ　クーベルタンの願いは100年以上前にオリンピック憲章に書かれていた。
　オ　トモコと里美は異なるチームでお互いよりも速く泳ごうとした。
アは、第2段落の第3文より下線部が誤り。イは、「近代オリンピックの父」＝クーベルタンなので下線部が誤り。ウは、第4段落の第12文より下線部が誤り。エは、第5段落の第5文より正しい。オは、第6段落の第2，3文より下線部が誤り。

〈英作文〉
省略

問題形式別解説〈国語〉

〈語句〉

■令和３年 1

6　父・山・時・時間

■令和２年 1

4　小説を／読む／友達など／一人も／いなかった

5　「最後」は「最（も）後」と、前の語句が後の語句を修飾している。これと同じなのはアの「親（しい）友」。イは同じ意味の語句を並べたもの、ウは反対の語句を並べたもの、エは後の語句が前の動詞の目的語になっている、オは主語・述語の関係である。

6　連体形ではなく、連用形である。

■平成31年 1

5　イ「ない」の品詞は形容詞

■平成30年 1

3　エは同じ意味の語を並べたもの。ア、イ、ウ、オは前の語が後ろの語を修飾している。

5　「ない」、「の」、「に」、「は」の４つ。

〈小説文〉

■令和５年 4

3　直後に「何度いってもいい足りない」とあるので、前に言った言葉である。

4　「トロンボーンって地味な楽器」、「トロンボーンはなかなか主役にはなれない」が、「屋台骨」つまり、なくてはならない大切な存在であることについて書けばよい。

5　「きょとんとして」がオの「戸惑いながら」に当てはまる。

6　直前の「僕が僕の人生の主役ではないわけではない」、「トレーナーとしてのエースをねらえばいいのではないか」に注目する。

■令和４年 4

1　茂三の言うとおりだと気付いたのである。

2　ア「雪乃にがっかりはした」が不適。
　イ「雪乃に厳しく接しようとした」が不適。
　エ「そっけなく振る舞おうとした」が不適。
　オ「茂三の方針で露骨に雪乃を気遣うことはできない」が不適。

4　傍線部④直前の雪乃の気持ちに注目する。

5　傍線部⑤直後に注目する。

■令和２年 4

2　傍線部②の直後にある正也の言葉「九分っていう中途半端な時間が、おまえの体に刻みこまれているってことだろ」をまとめればよい。

3　「琴線」とは、心の奥底にある感動・共鳴しやすい感情のことをいう。

5　ア「自分の意見を押しつけていた」が不適。
　ウ「気づかないふりをして」が不適。
　エ「卑屈になることはないと励ます」が不適。
　オ「反省の色を示すために」が不適。

6　最後の３段落に注目する。

■平成29年 4

1　「その日も何事かが～にしがみついていた。」の部分。

2　傍線部②直後の「憎らしくてたまらなかったの。」に注目する。

3　傍線部③直後の「差し向かいになったら子供の頃と同じ」に注目する。「姉」や「姉さん」といった人前での呼び方ではなく、幼稚な呼び方であることがわかる。

4　傍線部④直前の「わたしはそう呼ばれる。」、直後の「人間が生きて行くってことは、いろんな立場を生きて行くってことだろう」に注目する。

5　ア「私が幼く」が不適。
　イ「姉の気まぐれな愛情表現を嫌い」が不適。
　ウ「姉への不信感を拭いきれない」が不適。
　エ「私が口下手で」が不適。

6　ア「急にかわいそうに思えてきている」が不適。
　ウ「今度は私が姉をそっとかばわなければならない」が不適。
　エ「強い怒りを感じている」が不適。
　オ「自分も姉のような純粋な心を持ちたい」が不適。

■平成27年 4

1　第３段落の「いままでとはちがうわたし」、「生まれ変われる最大のチャンス」に注目する。

2　傍線部②後の千鶴の言葉「いままでのわたしといっしょって」に注目する。

3　ア「本心とは裏腹の言葉をかけて」が不適。
　イ「表面的に応じている」が不適。
　ウ「未知の自分を追い求めている」が不適。
　エ　しほりんの言葉「あたしも、そんなふうに思うことあるし」が「自分と重ね合わせながら」を表している。
　オ　全体的に不適。

4　傍線部④の前の「千鶴は千鶴らしいことをして、いままで以上にそれをがんばって」に注目。また、「肩から力が抜けた」という表現は、安心したときや、ほっとしたときに使う。

5　音楽に例えられている表現は、千鶴としほりんが吹奏楽部の見学に訪れた場面に書かれている。

〈論説文〉

■令和５年 3

1　Ⅰ　第３段落の第１文に注目する。
　Ⅱ　第６段落の「互いの間に存在の承認が成り立ってきます」に注目する。

2　直前の「ていねいに尋ねることが必要です。」と直後の「嫌がられることは少ない」に注目すると、逆接の接続詞を入れるのが適当である。

3　直後の段落の初めに「これを言い換えれば、」とあるので、この段落が傍線③と同じ内容になっている。「客観視」、「生の条件」、「共通な(の)想い」はキーワード。

4　最終段落に注目する。

■令和４年 3

3　第４段落２文目の「科学は、～学問なのです。」に注目する。

4　第５段落に注目する。

■令和３年 3

1　Ⅰ　2段落「言うかわりに」に注目する。
　Ⅱ　5段落「フルートを吹く究極の目的」に注目する。

2　7段落に注目する。

3　「～もある」「しかし」の譲歩逆接構文になっている。

4　9段落に書かれているのでまとめればよい。

■令和2年 3

1　2段落にまとめた内容が書かれているので、そこから探す。

2　3段落中の「このタネは二千年ものあいだ時間を止め、時節を待っていたのである。」の文をまとめればよい。

3　ア、イ、エは「活動モード」であるが、ウは「守りモード」である。

4　ちょうど2文目から幼虫の話が始まっているので、その直前に入れるのが適当。

5　直後の「だから時間の流れる速度も異なっている」に注目する。時間の流れる速度に関連するのは「エネルギー消費量」である。

■平成28年 3

1　第1段落に注目する。

2　第1段落の「土の中深く～いまさらながらに（実感する）」の部分。

3　傍線部②直前の「季節を忘れてしまった」、第4段落の「時間に追われる産業社会の住人」に注目する。

5　第5段落後半に注目する。

■平成27年 3

1　傍線部①の後に書かれてある。

2　傍線部②直前の「自然の秩序や～再確認してきた」の部分をまとめる。解答の最後は「～こと」で終わるように。

3　傍線部③の後にある「～のと同様」という表現に気付くこと。その直後が答えになる。

4　第7段落の最後にある「深く共感できる」より、「書き手と民芸の考え方の共通点を示し」たことがわかる。また、第8段落の書き始めが逆接の「しかし」なので、その後「相違点を示して」いる。

5　ア　「ものの美しさを追求」が不適。
　　イ　「さらに加工技術の向上を図っていかねばならない」が不適。
　　エ　「膨大な知恵の堆積が真の豊かさをつくる」が不適。
　　オ　全体的に不適。

〈古文〉

ポイント　古文では単語の最初の文字以外の「は行」は、それぞれ「わ・い・う・え・お」に直す。また「やう」は「よう」と読む。

■令和5年 5【現代語訳】

「今鳴いている鳥が止まっている木はどこにあるのか、わたしに教えてください。姿を目に焼き付けて風流を理解する友へのみやげ話として話そう」と頼むと、老婆は「難しいことを言うものだな。すべての鳥のひながだんだん羽を広げて飛ぶ練習に出かけて、あちこちにえさを探し求める様子が頼りなくて、巣に帰る道に迷うのを巣から呼ぶ親鳥をすべて呼子鳥と言うのであるから、この鳥だけを教えても何の意味があろうか、いやない」と答えたので、初めて呼子鳥は1つの鳥ではないということがわかったのである。

■令和4年 5【現代語訳】

これを見てみろ。私をけちな人と呼び、あの糸切れが何の役に立つのだろうかと笑うものが多い中で、大切に持っているなんて奇特なことである。仁兵衛に三百石を取らせてあげよ。さて、この糸切れが大切なわけを語り聞かそう。この糸はもともと唐土の民が桑を取り、蚕を養い糸として、商人に渡り、はるかな海路を経て我が国に渡り、長崎の町人の手によって、京都や大阪の人が買い取って、ついに江戸にやってきたものなので、それはどれほどのものかと思う。このような苦労をして出来上がったものを、少しだからといってちりとして捨てるのは天罰が下ることである。今、下緒の先を結んだので、私は一尺の唐糸を三百石で買い取ったのだ。」と申されたということだ。

■令和3年 5【現代語訳】

徳川吉宗が将軍として国を治めていた時代、伊豆の船頭のなんとかと言う者をお召しになって、日和見とした。30年ほどの間に1日も見誤ることがなかった。その子がその父の仕事を継いで、現在の日和見である。ところが、たびたび見誤ることがあった。この者の父は元来船頭であって長年海を行き来し、命を懸けて天候を見て覚えた者であるので自然とそのことに極めて優れており、名人であったが、子は父親の地位や財産を譲り受けて衣食が豊かであったので、自然と修業がおろそかになって、父の伝授のみを受けて覚え、自分で苦労したことがなかったので、つぶさにいろいろと注意して稽古しなかったことが原因であろう。武芸の家柄の者など、最も知っておくべきことである。

■令和2年 5【現代語訳】

錦織唐鷹が幼い時にある山を通った。夏の初めだったので、時鳥の初音を聞いて、

　みやげにならないと恨むことだよ、親が待っているのに。初めてのホトトギスよ

と、詠んだ。さて家に帰って母親の前に出て「今日、時鳥の初音を聞いて『おみやげになるようなものであれば、お母様も喜びなさったのに』と思ったけれども、どうしようもなくて、ただこのような歌だけ詠んで帰ってきました」と申し上げると、母はこれを聞いて「時鳥の初音を聞くよりも、お前が詠んだ歌を聞く方がうれしい気持ちになるのだよ」とおっしゃった。その時、空から時鳥が鳴いたので、母親とともに「あら、鳴いたね」と言うと、唐鷹は、

　おみやげになったことがうれしかったよ

と、上の句を直したということだ。

■平成31年 5【現代語訳】

この農夫が木陰で雨をしのいでいたところ、我が子が来たので驚いて、食事などを受け取った。雨も上がり晴れて日も暮れてきたので「すぐに帰れ」と言うと、子は「早く（農作業）を終わらせてください」と言って先に帰った。すると、狼がやってきて子の後ろから野道をついて行っているのを見て、親はとても驚き「きっと狼に襲われるに違いない」と、心配で落ち着いていられなかった。すると再び苦手な雷の音が一度鳴り響くとすぐに、子が向かったと思われる辺りに雷が落ちたように見えたので、農具を投げ捨て雷が落ちたと思われる場所へ行き着いたところ、我が子は見当たらずに狼が倒れていた。「きっと我が子も雷に打たれてしまったにちがいない」と急いで家に帰ってみると、子は無事だったということだ。

■平成30年 5【現代語訳】

剣術を教えながら生活をしている武士がいた。彼はお年寄りだったので、たいした腕前もないと人々は言い合っていた。ある日、この武士が朝早く起きて、門の辺りにたたずんでいると、突然凶暴な猪が駆け寄って来た。逃げられそうになかったので、持っていた杖で一発打つと、杖は細かったのでふたつに折れて、猪は倒れてしまった。このことを聞いて、日頃から納得がいかない者も、今このように老いても長年の鍛錬は無駄にはならないものだと感心した。

■平成29年 5【現代語訳】

ある子どもが毽子で遊んでいたが、たまたま蹴って落としてしまった。すぐに伏せて井戸の中を見て影に対して「私に返してくれ」と泣きながら言った。父がその子どもに尋ねると、「毽子を井戸の中の子どもに取られた」と言った。父もまた井戸の所に行き、自分の影を見て、「おまえの家の子は毽子を蹴りたがっているのに、うちの子はやりたがっていないとでもいうのか」と言った。

■平成28年 5【現代語訳】

菓子を商売としている新右衛門という者は、欲が少なく極めて正直だったので、毎日買う品物の値段を争うことなく、売る人の言うとおりの値段で買っていたので、家族は不審に思って「商人はみな利益を求めて商売をするので、その値段の交渉をするのが当たり前であるが、どうしてこのように言うとおりの値段で買うのか。」と言うのを聞いて、「彼らは毎日重い荷物を担いで、朝は早く家を出て夜遅くに帰ってくる。特に、暑いときや寒いときはその苦しみは言いようもないだろう。私たちは一年中店にいて、雨風の心配もなく家業を営んでいるのはなんとありがたいことだろうか。たとえ、人にものを与えるのは難しいとしても、せめてその価格を交渉せずに買えば、すこしは彼らの助けにならないだろうか。」と言った。その後、新右衛門に温情があることを知って、売る者も価格を低くして持って来たとのことだ。

■平成27年 5【現代語訳】

人に食事をもてなされた物をうまいと思って、それを自分の家で作って食べる時は、外で食べた時よりも味はおいしくない。なぜかというと、家ではうまいはずだと期待して食べるからである。食においては、期待せずに食べるものにうまさがある。そうであるので、粗食であっても、うまさは思いもよらない所にあるものだ。また、その時と場所と、自分の腹の中に応じて、口に合うものよりもうまい物はないであろう。塩を添えただけのお茶漬けも、空腹のときには山海の珍味よりうまい。絵の道も同じだ。初めに描いたときのように望んでも、写し出すと格別、筆の勢い、墨の色すべてが前に勝ることはなく、再びまねることはめったにない。

令和６年度　高校入試問題と解答・解説　実践形式

公立高校入試問題出題単元

国語のみ逆綴じになっております（数学、英語はＡ・Ｂ含む）

数学

【１】計算（６題）
【２】⑴〜⑷方程式・体積・確率
　　Ａ・Ｂ⑸作図⑹数の規則性⑺関数の利用
【３】資料の整理（箱ひげ図・累積相対度数）
【４】空間図形（線分の長さ・体積）
【５】Ａ関数と図形（座標・直線の式）
　　Ｂ関数と図形（直線の式・面積）
【６】Ａ平面図形（相似証明・線分の長さ）
　　Ｂ平面図形（相似証明・線分の長さ）

英語

【２】Ａ文法　Ｂ英文補充　Ｃスキャニング　Ｄ会話文
【３】対話文（英文補充・空欄補充）
【４】Ａ長文読解（英質英答・空欄補充・内容真偽）
　　Ｂ長文読解（空欄補充・英質英答・内容真偽・英文補充）
【５】Ａ・Ｂ英作文
【１】リスニング

理科

【１】１細胞と遺伝
　　２動物のからだとはたらき（神経・反応）
【２】１地球と天体（金星・火星・月）
　　２天気の変化（天気図・気圧）
【３】１物質の性質（溶解度・結晶）
　　２イオン（電気分解）
【４】１身近な科学（力・圧力）
　　２電流のはたらき（発光ダイオード）

社会

【１】世界地理（地図・海・資源・宗教・交通）
【２】日本地理（排他的経済水域・気候・人口・農業・観光・工業・地形図）
【３】歴史（古代〜近世）
【４】歴史（近現代）
【５】公民（三権分立・憲法・国際社会）
【６】公民（経済・憲法・国際社会）

国語

【１】漢字・文法
【２】発表原稿（空欄補充・作文）
【３】論説文（空欄補充・内容把握・抜き出し・段落・内容真偽）
【４】小説（心情把握・空欄補充・表現技法・内容把握）
【５】古文（現代仮名遣い・主語・内容把握・ことわざ）

解答ページ

解説ページ

令和6年度入試問題　数学

1　次の計算をしなさい。

(1)　$0.8 \div 4$

(2)　$7-5\times4$

(3)　$\dfrac{x+y}{4}+\dfrac{x-y}{9}$

(4)　$-6a^2\times9ab^2\div(ab)^2$

(5)　$(3x+1)(3x-1)-5(x-7)$

(6)　$\dfrac{6}{\sqrt{2}}+\sqrt{32}$

2　次の各問いに答えなさい。

(1)　一次方程式　$5x+18=6-x$　を解きなさい。

(2)　二次方程式　$4x^2+7x+2=0$　を解きなさい。

(3)　右の図は，AB // DC の台形 ABCD であり，AB⊥BC である。
　AB=2cm，BC=CD=3cm であるとき，台形 ABCD を辺 AB を軸として1回転させてできる立体の体積を求めなさい。ただし，円周率はπとする。

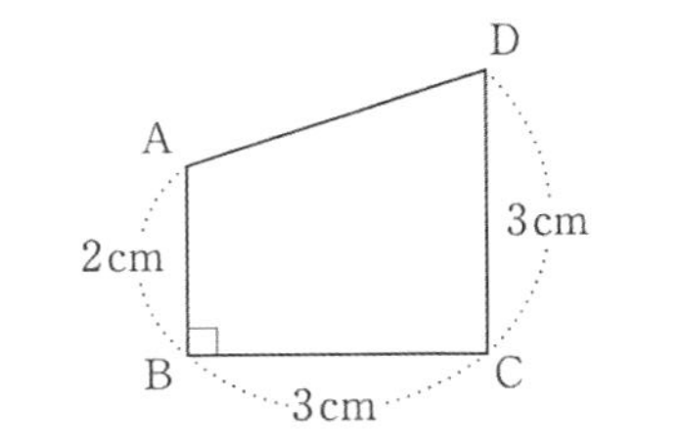

(4)　あとの図のように，箱と袋が1つずつある。箱にはA，B，Cの文字が1つずつ書かれた3個の玉が，袋には2，3，4，5，6の数字が1つずつ書かれた5個の玉が入っている。箱と袋のそれぞれから1個ずつ玉を取り出し，取り出した2個の玉を用いて，次のようにして得点を決めることにした。

・箱からAと書かれた玉を取り出したときは，袋から取り出した玉に書かれた数を得点とする。
・箱からBと書かれた玉を取り出したときは，袋から取り出した玉に書かれた数の2倍を得点とする。
・箱からCと書かれた玉を取り出したときは，袋から取り出した玉に書かれた数に7を加えた値を得点とする。

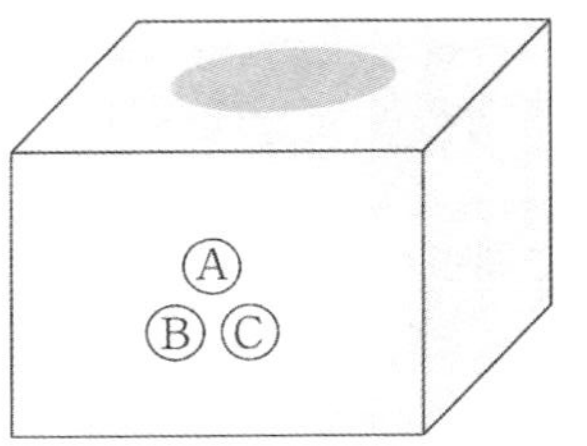

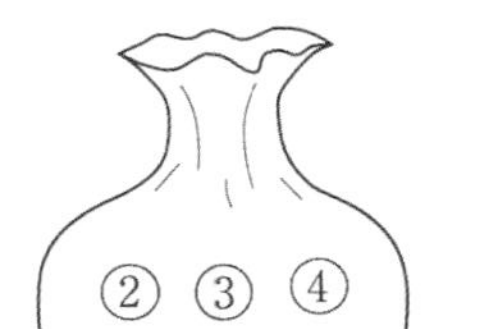

　このとき，得点が6の倍数になる確率を求めなさい。ただし，箱と袋において，どの玉が取り出されることも同様に確からしいものとする。

(選択問題 A)

(5)　右の図のように，直線ℓ上の点Aと，ℓ上にない点Bがある。ℓ上に点Pを，2点A，Bからの距離が等しくなるようにとりたい。点Pを，定規とコンパスを使って作図しなさい。なお，作図に用いた線は消さずに残しておくこと。

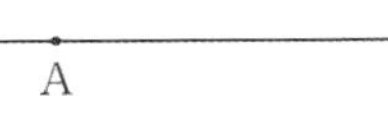

(6)　**図1**のように，同じ大きさの正方形のカードを階段の形に並べ，それぞれのカードには，下の規則にしたがって自然数を1つずつ記入する。段は，上から1段目，2段目，3段目，……と数える。

図1

				1					1段目
			2	4	6				2段目
		3	5	7	9	11			3段目
	4	6	8	10	12	14	16		4段目
									5段目

⋮　　⋮

〈規則〉
　mを自然数とする。m段目には，一番左のカードにmを記入し，左から2番目以降のカードは順に，左の数に2ずつ加えた数を記入する。

図２は，図１から５枚のカードが十字の形になるように取り出したもので，一番上のカードに記入された数が n のとき，これを「n の十字」と呼ぶことにする。

例えば，図３は，図１から太線（――）で囲まれた部分を取り出した「6の十字」であり，５枚のカードに記入された数の和は45である。

図２

図３

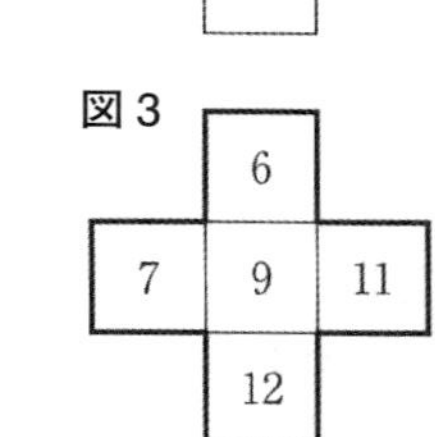

①　「10の十字」において，５枚のカードに記入された数の和を求めなさい。

②　「n の十字」において，５枚のカードに記入された数の和を，n を使った式で表しなさい。

(7)　次は，健太(けんた)さんと優子(ゆうこ)さんが，数学の授業で先生と会話をしている場面である。

図１

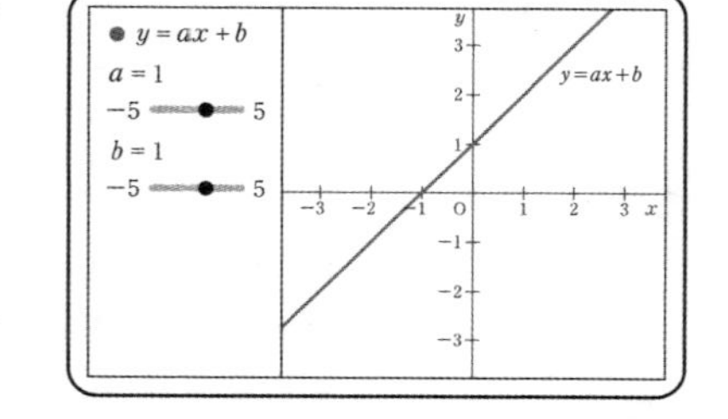

先生：今日は，一次関数のグラフについてグラフ作成ソフトを使って勉強しましょう。まずは，$y=ax+b$ という式を入力してください。そこで，$a=1$，$b=1$ とすると，図１のようにグラフと式が表示されます。

優子：図１の丸印（•）を左右に動かすと，a や b の値が変わって，グラフが変わるんですね。

先生：そうですね。では，a，b のどちらか１つだけを変えて，図１のグラフを y 軸の正の方向（上方）に平行移動するためには，どの値をどのように変えればよいでしょうか。

健太：いろいろと値を変えてみようかな……。わかった。グラフが y 軸の正の方向に平行移動するには，［　P　］するといいですね。

①　［　P　］に入れるのに最も適当なものを，次のア～エから１つ選び，記号で答えなさい。

ア　a の値を大きく　　　イ　a の値を小さく

ウ　b の値を大きく　　　エ　b の値を小さく

次は，数学の授業で３人が会話をしている場面の続きである。

先生：次の問題について考えてみましょう。

（問題）　３つの一次関数 $y=3x+1$，$y=-x+3$，$y=x+b$ のグラフがある。
３つの直線が同じ１点で交わるとき，b の値を求めなさい。

健太：$y=3x+1$，$y=-x+3$，$y=x+b$ という式を入力して，$b=1$ とすると，図２のようにグラフが表示されました。

図２

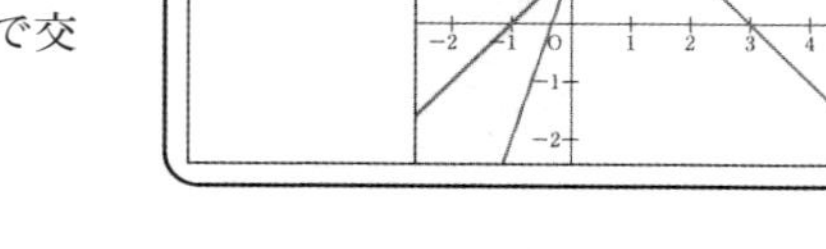

優子：$y=3x+1$ と $y=-x+3$ のグラフの交点を $y=x+b$ のグラフも通ればいいから，$b=$［　Q　］のとき，３つの直線は同じ１点で交わりますね。

②　［　Q　］に当てはまる数を求めなさい。

（選択問題Ｂ）

(5)　右の図のように，直線 ℓ 上の２点Ａ，Ｂと，ℓ 上にない点Ｃがあり，線分CAは ℓ と垂直である。ℓ 上に点Ｐを，$\angle CPB=120°$ となるようにとりたい。点Ｐを，定規とコンパスを使って作図しなさい。なお，作図に用いた線は消さずに残しておくこと。

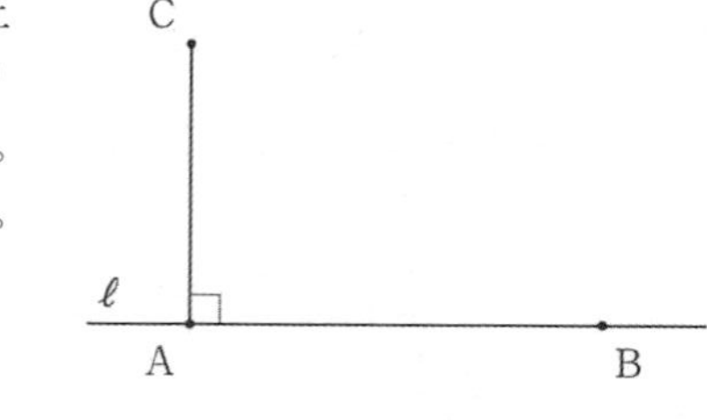

(6) **図1**のように，同じ大きさの正方形のカードを階段の形に並べ，それぞれのカードには，下の規則にしたがって自然数を1つずつ記入する。段は，上から1段目，2段目，3段目，……と数える。

図1

				1					1段目
			2	4	6				2段目
		3	5	7	9	11			3段目
	4	6	8	10	12	14	16		4段目
									5段目
				⋮					⋮

〈規則〉
m を自然数とする。m 段目には，一番左のカードに m を記入し，左から2番目以降のカードは順に，左の数に2ずつ加えた数を記入する。

図2は，**図1**から5枚のカードが十字の形になるように取り出したもので，一番上のカードに記入された数が n のとき，これを「n の十字」と呼ぶことにする。

例えば，**図3**は，**図1**から太線（――）で囲まれた部分を取り出した「6の十字」であり，5枚のカードに記入された数の和は45である。

図2

	n	

図3

	6	
7	9	11
	12	

① 「n の十字」において，5枚のカードに記入された数の和を，n を使った式で表しなさい。

② 次の［ア］，［イ］に当てはまる数を入れて，文章を完成しなさい。

ある自然数 a について，「a の十字」の5枚のカードに記入された数の和が225となるとき，a の値は［ア］である。このとき，［ア］は**図1**の中に複数あり，［イ］段目に初めて現れる。

(7) 次は，健太(けんた)さんと優子(ゆうこ)さんが，数学の授業で先生と会話をしている場面である。

先生：今日は，二元一次方程式のグラフについてグラフ作成ソフトを使って勉強しましょう。まずは，$ax+by+c=0$ という式を入力してください。そこで，$a=1$，$b=1$，$c=1$ とすると，**図1**のようにグラフと式が表示されます。

図1

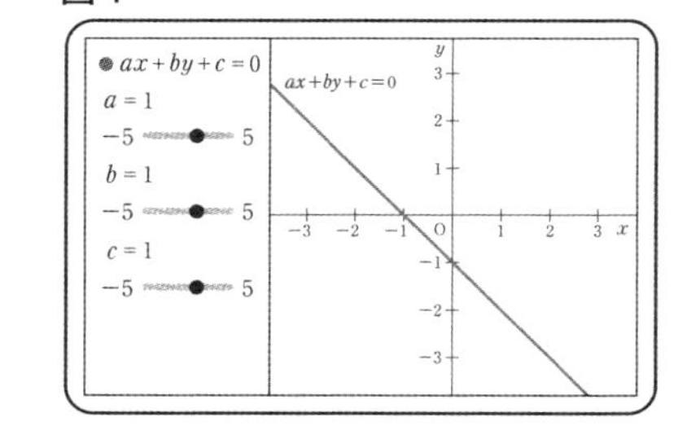

優子：**図1**の丸印（•）を左右に動かすと，a，b，c の値が変わって，グラフが変わるんですね。

先生：そうですね。では，a，b，c のうち1つだけ値を変えて，**図1**のグラフを y 軸の正の方向（上方）に平行移動するためには，どの値をどのように変えればよいでしょうか。

健太：いろいろと値を変えてみようかな……。わかった。グラフが y 軸の正の方向に平行移動するには，［P］するといいですね。

① ［P］に入れるのに最も適当なものを次の**ア**～**カ**から1つ選び，記号で答えなさい。

ア a の値を大きく　**イ** b の値を大きく　**ウ** c の値を大きく
エ a の値を小さく　**オ** b の値を小さく　**カ** c の値を小さく

次は，数学の授業で3人が会話をしている場面の続きである。

先生：次の問題について考えてみましょう。

（問題）3つの二元一次方程式 $2x-y-1=0$，$x+y-3=0$，$ax+2y-2=0$ のグラフがある。3つの直線で三角形ができない a の値をすべて求めなさい。

健太：$2x-y-1=0$，$x+y-3=0$，$ax+2y-2=0$ という式を入力して，$a=1$ とすると，**図2**のようにグラフが表示され，三角形ができました。3つの直線で三角形ができないのは，3つの直線が同じ1点で交わるときだね。そのときの a の値は $a=$［Q］だけど，他にも三角形ができないことはあるのかな。

優子：3つの直線で三角形ができないのは，3つの直線のうち2つが平行となるときもありそうだよ。だから，$a=$［Q］以外に $a=$［R］のときも三角形ができないようですね。

図2

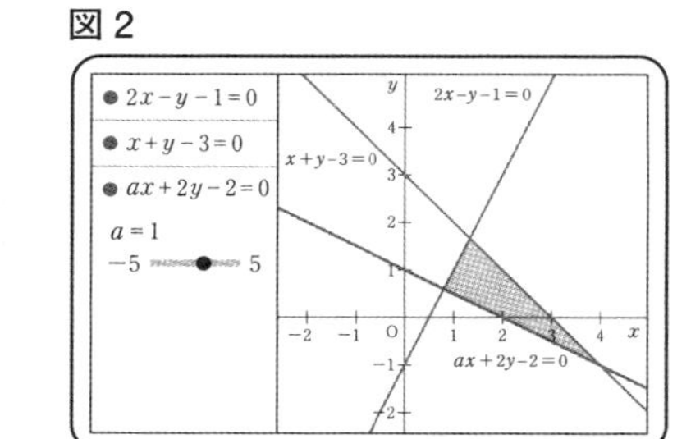

② ［Q］に当てはまる数を求めなさい。

③ ［R］に当てはまる数を**すべて**求めなさい。

3 美咲（みさき）さんは，日本の気温が年々上昇しているという記事を見て，猛暑日（一日の最高気温が35℃以上の日）の日数がどのように推移しているか，1983 年から 2022 年までの 40 年間について調べた。**表**は，美咲さんが住んでいる地域の年ごとの猛暑日の日数を度数分布表に表したものである。また，**図**は，猛暑日の日数について，40 年間を 10 年ごとのまとまりとしてⅠ期，Ⅱ期，Ⅲ期，Ⅳ期に分けてそれぞれ箱ひげ図に表したものである。

このとき，次の各問いに答えなさい。

表

年ごとの猛暑日の日数(日)	度数(回)
以上　　未満	
0 ～ 5	9
5 ～ 10	6
10 ～ 15	11
15 ～ 20	4
20 ～ 25	4
25 ～ 30	4
30 ～ 35	0
35 ～ 40	0
40 ～ 45	2
計	40

図

Ⅰ期（1983年～1992年）
Ⅱ期（1993年～2002年）
Ⅲ期（2003年～2012年）
Ⅳ期（2013年～2022年）
0　5　10　15　20　25　30　35　40　45（日）

(1) 次の A ， B に当てはまる数を入れて，文章を完成しなさい。

> **表**において，年ごとの猛暑日の日数が15日以上20日未満の階級の相対度数は A である。また，年ごとの猛暑日の日数が 20日未満の累積相対度数は B である。

(2) **図**において，**箱ひげ図の箱に着目したとき**，猛暑日の日数に関する次の**ア**～**ウ**のそれぞれの文について，正しいものを**すべて**選び，記号で答えなさい。

ア　Ⅰ期とⅡ期とでは，Ⅱ期の方が多い。
イ　Ⅱ期とⅢ期とでは，Ⅲ期の方が多い。
ウ　Ⅲ期とⅣ期とでは，Ⅳ期の方が多い。

(3) **図**において，Ⅳ期の最大値は 2018 年の 41 日である。**表**および**図**から，Ⅳ期の最大値のデータを除くとⅣ期の範囲は 10 日以上小さくなる。このように判断できる理由を，**表**および**図**から読み取れることをもとに説明しなさい。

4 **図 1** は，CD=4cm，∠BDC=90° の直角二等辺三角形 BCD を底面とする三角すい ABCD であり，辺 AD は底面 BCD に垂直で，AD=4cm である。また，点 E は辺 AC の中点である。

このとき，次の各問いに答えなさい。ただし，根号がつくときは，根号のついたままで答えること。

(1) 辺 CD の中点を F とする。
① 線分 BF の長さを求めなさい。
② 三角すい EBCF の体積は，三角すい ABCD の体積の何倍であるか，求めなさい。

(2) 辺 CD 上に点 P を，2 つの線分 BP と PE の長さの和が最小となるようにとる。

図 2 は，三角すい ABCD の展開図の一部で，△BCD と△ACD の部分を示したものである。
① 線分 PD の長さを求めなさい。
② 辺 BC 上に点 Q を，三角すい EQCP の体積が三角すい EABD の体積の$\frac{1}{2}$となるようにとる。このとき，線分 BQ と線分 QC の長さの比 BQ : QC を求めなさい。答えは最も簡単な整数比で表すこと。

図 1

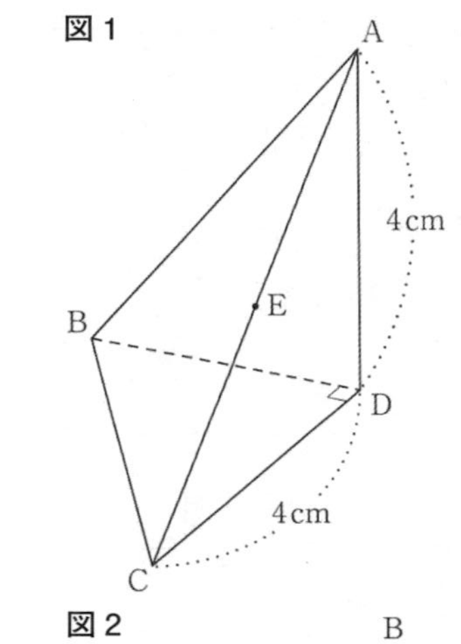

図 2

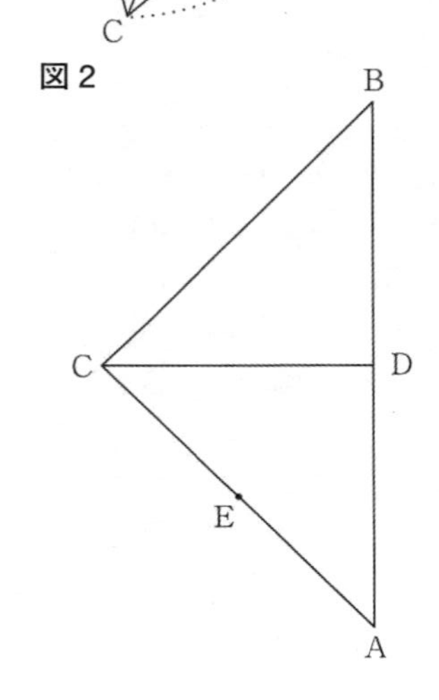

5 （選択問題 A）

右の図のように，関数$y=\frac{1}{4}x^2$……①のグラフ上に2点A，Bがある。Aのx座標は4，Bのy座標は9で，Bのx座標は負である。また，点Oは原点である。

このとき，次の各問いに答えなさい。

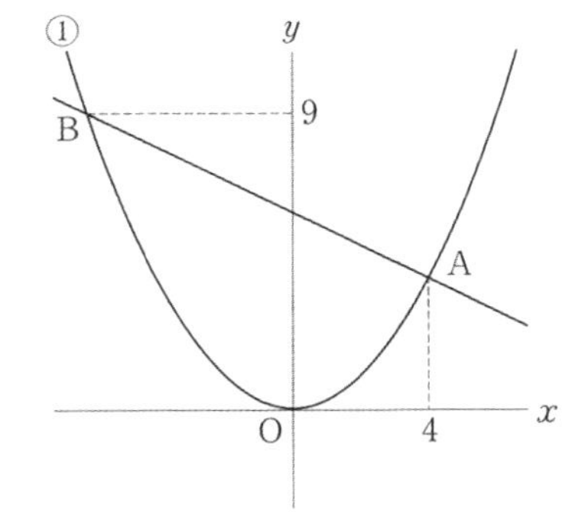

(1) 点Aのy座標を求めなさい。

(2) 点Bのx座標を求めなさい。

(3) 直線ABの式を求めなさい。

(4) 関数①のグラフ上において2点O，Aの間に点Pをとる。線分AB上において点Qを，直線PQがy軸と平行になるようにとる。また，直線PQとx軸との交点をRとする。

QP＝PRとなるときのPの座標を求めなさい。

（選択問題 B）

右の図のように，2つの関数

$y=ax^2$（aは定数）……㋐

$y=\frac{1}{2}x+2$……㋑

のグラフがある。

点Aは関数㋐，㋑のグラフの交点で，x座標は4である。点Bは関数㋐のグラフ上にあり，x座標は8である。また，点Cは関数㋑のグラフとx軸との交点である。

このとき，次の各問いに答えなさい。ただし，根号がつくときは，根号のついたままで答えること。

(1) aの値を求めなさい。

(2) 直線BCの式を求めなさい。

(3) 点Bからx軸にひいた垂線とx軸との交点をDとする。関数㋐のグラフ上において2点A，Bの間に点Pをとる。Pのx座標をtとするとき，

① △BCPの面積を，tを使った式で表しなさい。

② △BCPの面積が，△PCDの面積の$\frac{1}{3}$となるようなtの値を求めなさい。

6 （選択問題 A）

右の図は，点Oを中心とする円で，4点A，B，C，Dはこの順に円Oの周上にあり，AC⊥DBである。点Eは線分ACと線分DBとの交点であり，点Fは線分AB上にあって，EF⊥ABである。また，点GはFEの延長と線分DCとの交点である。

このとき，次の各問いに答えなさい。

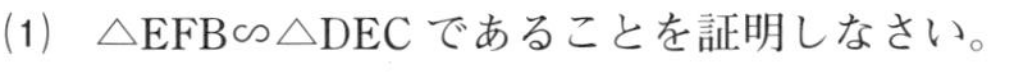

(1) △EFB∽△DECであることを証明しなさい。

(2) DE＝4cm，EB＝6cm，EC＝3cmのとき，

① 線分EFの長さを求めなさい。

② 線分GEの長さを求めなさい。

（選択問題 B）

右の図は，∠ACB＝90°の直角三角形ABCである。線分ACを直径とする円の中心をOとし，円Oと辺ABとの交点をDとする。点Eは線分DC上にあって，OE⊥DCである。点FはOEの延長と辺BCとの交点である。また，点Gは線分BE上にあって，GF⊥BEである。

このとき，次の各問いに答えなさい。ただし，根号がつくときは，根号のついたままで答えること。

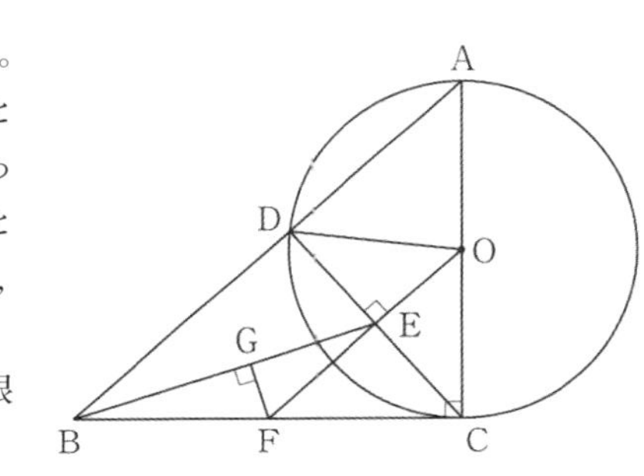
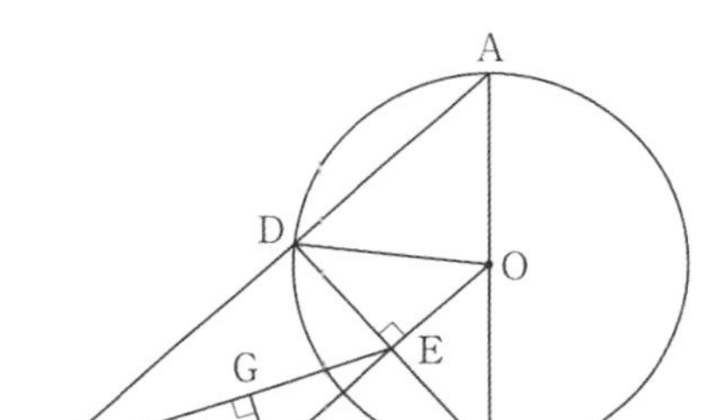

(1) △ABC∽△ODEであることを証明しなさい。

(2) AB＝6cm，AC＝4cmのとき，

① 線分DEの長さを求めなさい。

② 線分GFの長さを求めなさい。

令和６年度入試問題　英語　※リスニングは後にあります。

2 次のＡ，Ｂ，Ｃ，Ｄの問題に答えなさい。

Ａ　次の１～３の対話文の[　　]に入れるのに最も適当なものを，それぞれ下のア～エから一つ選び，記号で答えなさい。

１　A：Look!　The dog over there is very big!
　　B：Our dog is also big, but that dog looks bigger than [　　].
　　ア our　イ ours　ウ their　エ theirs

２　A：Let's go shopping in Fukuoka this weekend.
　　B：Oh, that's a good idea.　I hear there are a lot of good shops [　　].
　　ア to meet　イ to sell　ウ to visit　エ to work

３　A：Mom, has my favorite TV program [　　] yet?
　　B：Don't worry.　It'll start soon.
　　ア start　イ started　ウ starting　エ starts

Ｂ　次は，中学生の修一（しゅういち）が英語の授業でスピーチをするために書いた原稿の一部である。英文中の[　　　　]には，下のア～エの四つの英文が入る。意味がとおる文章になるようにア～エの英文を並べかえて，記号で答えなさい。

（注）SPOGOMI＝スポゴミ　,or ～＝すなわち～　according to ～＝～にしたがって
　　World Cup＝ワールドカップ　separate ～＝～を分別する　properly＝適切に

修一が書いた原稿の一部

Have you ever heard of "SPOGOMI"?　It is a new kind of "SPORT" to collect "GOMI," or trash.　[　　　　]　You get points according to how much trash and how many kinds of trash you have collected.

ア　About twenty teams from around the world took part in it then, and its rules are not so difficult.
イ　In the game, you have to make a team of three members, and you have one hour to walk around the area to collect many kinds of trash.
ウ　It started in 2008 in Tokyo, and the SPOGOMI World Cup was held in Japan in 2023.
エ　You also have twenty minutes to separate the trash properly.

Ｃ　次は，高校生の真希（Maki）が，友達のロビン（Robin）と一緒に見ている肥後水族館の英語版広告の一部である。１，２の問いに答えなさい。

（注）aquarium＝水族館　creature＝生物　schedule＝予定　feeding＝えさやり
　　penguin parade＝ペンギンパレード　timetable＝時刻表

Welcome to HIGO Aquarium

We are waiting for you with about 600 kinds of sea creatures.　We have a restaurant with a great ocean view, and we are sure you will have a good time here!

EVENT SCHEDULE

Dolphin Show (20 minutes)	Feeding of Fish (20 minutes)	Penguin Parade (20 minutes)
● 10:30 a.m.～	● 11:30 a.m.～	● 1:30 p.m.～
● 2:30 p.m.～	● 3:30 p.m.～	● 4:30 p.m.～

BUS TIMETABLE

Amaumi Station ⇩ HIGO Aquarium	9:30 ⇩ 9:50	11:10 ⇩ 11:30	12:50 ⇩ 1:10	2:30 ⇩ 2:50	4:10 ⇩ 4:30
HIGO Aquarium ⇩ Amaumi Station	10:20 ⇩ 10:40	12:00 ⇩ 12:20	1:40 ⇩ 2:00	3:20 ⇩ 3:40	5:00 ⇩ 5:20

• We are open from 10:00 a.m. to 5:00 p.m., but in July and August, we are open until 7:00 p.m.
• We are sorry, but you cannot bring your pets with you.

１　広告の内容として最も適当なものを，次のア～エから一つ選び，記号で答えなさい。
ア　You can see about six thousand kinds of sea creatures in this aquarium.
イ　You cannot have meals in this aquarium because there is no restaurant.
ウ　You can spend nine hours in this aquarium in July and August.
エ　You can visit this aquarium with your pets.

２　真希は，ロビンと広告を見ながら話をしています。[①]と[②]に入れるのに最も適当な組み合わせを，下のア～カから一つ選び，記号で答えなさい。

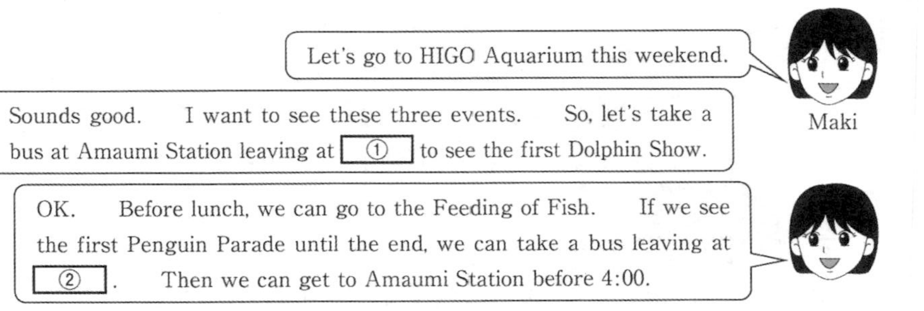

Let's go to HIGO Aquarium this weekend.
Maki
Sounds good.　I want to see these three events.　So, let's take a bus at Amaumi Station leaving at [①] to see the first Dolphin Show.
Robin
OK.　Before lunch, we can go to the Feeding of Fish.　If we see the first Penguin Parade until the end, we can take a bus leaving at [②].　Then we can get to Amaumi Station before 4:00.

ア　① 9:30　② 1:40　　イ　① 10:20　② 1:40
ウ　① 9:30　② 2:30　　エ　① 10:20　② 2:30
オ　① 9:30　② 3:20　　カ　① 10:20　② 3:20

D　次は，高校生の恵(Megumi)と，留学生のジム(Jim)との対話である。英文を読んで，1，2の問いに答えなさい。

(注) table＝表　graph＝グラフ　on average＝平均して　per day＝一日当たりの
spend～on…＝…に～を費やす　daily necessities＝日用品
compared with～＝～と比べると　Asian＝アジアの　South Korea＝韓国　rate＝割合

Megumi：Jim, I found this table and graph on the Internet yesterday. They're about how many days tourists from other countries stayed in Japan and how much money they spent on average in 2018.

Jim　　：Can I see them? Oh, the people from [①] stayed the longest in Japan.

Megumi：Yes. In the table, the people from [②] also stayed in Japan for about two weeks, but they spent the smallest amount of money per day.

Jim　　：That's right. Look at the graph. The people from [③] spent about half of their money on shopping. I've read in the newspaper that they like buying daily necessities in Japan.

Megumi：It's good that they enjoy shopping in Japan. Oh, look at the table again. Compared with people from Asian countries like China or South Korea, people from the U.S., the U.K. and Australia stayed longer in Japan. The graph shows the rate of the money they spent on places [　　] was over forty percent and higher than the rate of Asian countries.

Jim　　：That's interesting!

1　[①]～[③]に入れるのに最も適当なものを，次のア～オからそれぞれ一つずつ選び，記号で答えなさい。

ア　China　イ　South Korea　ウ　the U.S.　エ　the U.K.　オ　Australia

2　[　　]に，対話が成り立つような英語を2語で書きなさい。

Table　訪日外国人一人当たりの平均泊数と一日当たりの旅行支出額［一部抜粋］

訪日外国人の国籍	平均泊数(泊)	一日当たりの旅行支出額(円)
中　国	9.7	21,016
韓　国	4.4	14,460
アメリカ	13.5	13,210
イギリス	13.8	14,928
オーストラリア	13.3	16,926

(2018年観光庁資料による)

Graph　訪日外国人一人当たりの旅行支出の費目別構成比［一部抜粋］

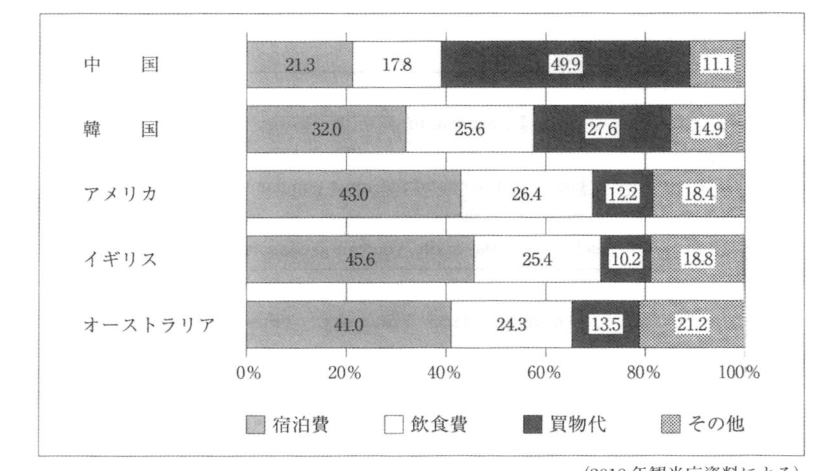

(2018年観光庁資料による)

(注) 費目別構成比は四捨五入した数値であるため，割合の合計が100.0%にならないことがある。

3　次は，アメリカに留学している高校生の健人(Kento)と友達のロイ(Roy)が，スミス先生(Mr.Smith)，ミラー先生(Ms.Miller)，デイビス先生(Mr.Davis)と放課後に会話をしている場面である。英文を読んで，1，2の問いに答えなさい。

(注) work of art＝芸術作品　postcard＝絵はがき　gift＝おみやげ　key ring＝キーホルダー
running through～＝～を流れている　ecosystem＝生態系

Kento: Roy and I are planning a trip next Sunday. Could you recommend a plan for a trip in our city?

Mr. Smith: OK. How about going to the City Museum in the morning? You can see many works of art, and learn about various cultures. In the museum, you can get beautiful postcards as gifts and have a traditional meal for lunch at the restaurant. Then, how about going to the City Tower in the afternoon? You can enjoy a wonderful view from the highest place in our city.

Ms. Miller: I'm a history teacher, so I want you to go to the History Museum and learn a lot about the history of our city. Then, how about visiting the castle by the lake? It's one of the most popular places in our city. You can enjoy lunch there with a great view, so don't forget to bring your lunch. At the castle, you can get key rings as gifts.

Mr. Davis: You should visit two famous parks in our city. First, the Green Park is popular for the river running through the park. You can enjoy fishing there. Next, you can walk to the Forest Park and learn about the ecosystem from the staff in the park. You don't have to bring your lunch because you can eat lunch at a restaurant in the Forest Park.

Roy: Thank you very much. We'll think about your plans.

次は，先生たちの話を聞いた後の，健人とロイとの対話である。

Kento : It's difficult for me to choose one from the three plans because we can learn something from all the plans.

Roy : That's right, but I like [①] because we can have lunch at a restaurant.

Kento : I see. I like [②] because we can get something as a gift.

Roy : That's also nice.

Kento : Then, let's choose [③] because we can see the works of art in the morning and a great view in the afternoon.

Roy : Sure. That'll be fun.

Kento : By the way, when and where are we going to meet next Sunday?

Roy : Well, [A] meet in front of my house at 8:00 in the morning?

Kento : OK. Then, [B] are you going to bring for the trip?

Roy : Well, I think fifty dollars will be enough for lunch, gifts, and other things.

1 先生たちの話の内容を踏まえて，[①]～[③]に入れるのに最も適当なものを，次の**ア**～**カ**からそれぞれ一つずつ選び，記号で答えなさい

ア Mr. Smith's plan
イ Ms. Miller's plan
ウ Mr. Davis's plan
エ Mr. Smith's plan and Ms. Miller's plan
オ Mr. Smith's plan and Mr. Davis's plan
カ Ms. Miller's plan and Mr. Davis's plan

2 [A]，[B]に，対話が成り立つような英語を，それぞれ3語以内で書きなさい。

4 （選択問題 A）

次は，中学生の菜々美（Nanami）が，英語の授業でスピーチをするために書いたものである。英文を読んで，**1**～**5**の問いに答えなさい。

（注）Umbrella Sky= アンブレラ・スカイ　Portugal= ポルトガル　put up ~=~ を取り付ける
roof= 屋根　protect~from…=…から ~ を守る　sunlight= 日光
thanks to~=~ のおかげで　shade= 日陰

Picture

Do you know an event called "Umbrella Sky"? It started at the summer festival in a city in Portugal more than ten years ago. Look at the picture. The people in the city put up many colorful umbrellas to cover the streets like a roof. Why did they start it? One reason is that, with the umbrellas, they could protect the visitors from strong sunlight in summer. Now, Umbrella Sky is becoming popular around the world, and we can see such events in Japan, too.

I think there are three good points about Umbrella Sky. First, it brings many different colors to the streets. In an amusement park in Japan, more than 1,000 umbrellas cover the streets like a roof. The visitors can enjoy seeing not [①] colorful umbrellas but also colorful streets in the park.

The second good point is that the visitors can feel comfortable under the umbrellas. For example, thanks to the shade of umbrellas, they do not feel so [②] even in summer when they walk under the umbrellas. The visitors also do not get very wet even [　　].
So the umbrellas can make the visitors comfortable.

The third good point is that shopping streets become active with Umbrella Sky. For example, one shopping street did not have so many visitors before. [③] thanks to Umbrella Sky, the shopping street looked different, and many people visited there and enjoyed taking pictures under the umbrellas. So Umbrella Sky has the power to make shopping streets active.

Do you understand the good points of Umbrella Sky? I think more and more people will have this event on the streets or at festivals around the world.

1　本文の内容について，次の質問に英語で答えなさい。

Can we see Umbrella Sky in Japan now?

2　[①]～[③]に入れるのに最も適当なものを，それぞれ次のア～ウから一つ選び，記号で答えなさい。

[①]　ア　all　イ　only　ウ　usually
[②]　ア　cold　イ　colorful　ウ　hot
[③]　ア　But　イ　So　ウ　Though

3　[　　]に入れるのに最も適当なものを，次のア～ウから一つ選び，記号で答えなさい。

ア　when it is dark
イ　when it is raining
ウ　when it is sunny

4　次は，菜々美のスピーチを聞いた後，クラスメートの貴浩(たかひろ)が，その内容をまとめたメモである。本文の内容に合うように，「**貴浩のメモ**」の[A]～[C]にそれぞれ適当なことばを日本語で書きなさい。

「**貴浩のメモ**」

菜々美さんが考えるアンブレラ・スカイの良い点
〈一つ目〉　アンブレラ・スカイによって通りに[A]がもたらされること。
〈二つ目〉　訪れた人がアンブレラ・スカイの下で[B]を感じること。
〈三つ目〉　アンブレラ・スカイによって商店街が[C]こと。

5　本文の内容に合っているものを，次のア～ウから一つ選び，記号で答えなさい。

ア　Umbrella Sky started in Portugal more than a hundred years ago.
イ　Thanks to Umbrella Sky, many people visited the shopping street to buy umbrellas.
ウ　Nanami thinks more people will have an event called Umbrella Sky around the world.

(選択問題 B)

次は，高校生の和真(Kazuma)が，英語の授業でスピーチをするために書いたものである。英文を読んで，**1**～**5**の問いに答えなさい。

(注) *kombu* = 昆布　global warming= 地球温暖化　plant ～=～を植える　absorb ～=～を吸収する
five times more ～=5倍多くの～　per unit area= 単位面積当たりで　nutrition= 栄養
vitamin= ビタミン　mineral= (栄養素の) ミネラル

You may think my dream is to have my own restaurant because I love [①] and I have been learning how to do it for three years. But now I have a different dream. I want to create a lot of Japanese dishes using *kombu* and introduce them to people around the world. Actually, I did not like *kombu* when I was a child, but now it is one of my favorite foods. *Kombu* is amazing, and it may help people around the world in the future.

I went to Hokkaido during the last summer vacation and stayed at my uncle's house for a week. He works for a company that grows and sells *kombu*. He told me about the great points of *kombu*.

Kombu can be a key to solving problems like global warming. We know we have to reduce CO_2 to stop it, but how can we do that? Of course, we can plant more trees, but we need many years to grow them. On the other hand, it takes only a few years to grow *kombu*, and it absorbs about five times more CO_2 than trees per unit area. So *kombu* grows faster and absorbs more CO_2 than trees.

Kombu can be helpful for solving food problems. Every part of *kombu* can be eaten, and dried *kombu* can be kept for a long time. Now, there are more and more people living in the world. Some people do not have enough food, and they do not get enough nutrition. In such a situation, *kombu* will be helpful because it has a lot of vitamins and minerals.

So to [②] can be helpful for both stopping global warming and giving more nutrition to people around the world. However, my uncle thinks people outside Japan do not eat much *kombu*. We can change the situation if Japanese dishes using *kombu* become more popular. So I want to do something about it. I was interested in having my own restaurant before, but now I am more interested in making Japanese dishes using *kombu* more popular around the world. First, I want to create many dishes using *kombu*. Then I want to introduce them to people around the world. I am sure the Internet will be helpful for that. I hope that people will enjoy eating my dishes and grow more *kombu* all over the world in the future. I believe this will be helpful for solving some problems in the world.

1 [①]に入れるのに最も適当なものを，次のア～エから一つ選び，記号で答えなさい。

ア cooking　イ drawing　ウ shopping　エ swimming

2 本文の流れに合うように，[②]に当てはまる英語を3語以内で書きなさい。

3 本文の内容について，次の質問に英語で答えなさい。

What is Kazuma more interested in now than before?

4 本文の内容と合っているものを，次のア～オから**すべて**選び，記号で答えなさい。

ア Kazuma likes *kombu* now, though he didn't like it when he was a child.

イ Kazuma's uncle works for a Japanese restaurant in Hokkaido.

ウ Kazuma knows that *kombu* needs only a few years to grow.

エ Kazuma thinks that *kombu* can be kept for a long time because it absorbs more CO_2 than trees.

オ Kazuma's uncle doesn't think *kombu* is eaten a lot in other countries.

5 下の英文は，クラスメートの久美(Kumi)が，このスピーチを聞いた後に和真に書いた感想である。英文中の[　　]に当てはまる英語を前後の文章とのつながりを考えて，5語以上10語以内で書きなさい。ただし，短縮形(I'm や isn't など)は1語と数え，ピリオド(.)，コンマ(,)などの符号は語数に含めないものとする。

久美が書いた感想

To Kazuma,

Thank you very much for your wonderful speech. I did not know about the special power of *kombu*. I like *kombu*, so I want to eat your *kombu* dishes in the future. I also think it is a good idea to use the Internet to [　　] all over the world. I hope they will be interested in your dishes and *kombu* will be popular around the world.

Kumi

[5] **(選択問題 A)**

あなたは，英語の授業で，「旅行」について，クラスメートの結衣(ゆい)と英語で伝え合う活動を行うことになった。あなたなら何と言うか。下の**条件**にしたがい，英語で書きなさい。

条件

- [A]には，3語以上の英語で書く。
- [B]には，4語以上の英語で書く。
- 短縮形(I'm や isn't など)は1語と数え，コンマ(,)などの符号は語数に含めない。

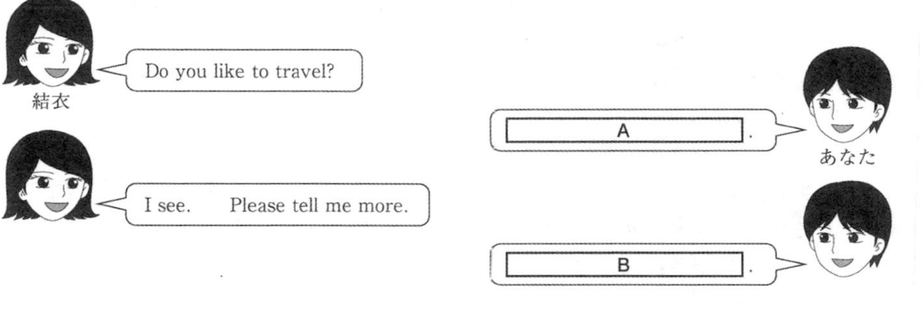

Do you like to travel?
結衣
A
あなた
I see. Please tell me more.
B

(選択問題 B)

あなたは，英語の授業で，次の**テーマ**について優美(ゆみ)と英語で意見交換をしている。下の**優美の発言**に対する**あなたの答え**として，I think または I don't think のいずれかを選び，続けてその理由を25語以上35語以内の英語で書きなさい。ただし，短縮形(I'm や isn't など)は1語と数え，ピリオド(.)，コンマ(,)などの符号は語数に含めないものとする。

(注) borrow ～＝～を借りる

テーマ

"Which is better, borrowing books from school libraries or buying books at bookstores?"

優美の発言

I think borrowing books from our school library is more convenient than buying books at stores. How about you?

あなたの答え

【 I think / I don't think 】 borrowing books from our school library is more convenient than buying books at stores.

1 次のA，B，C，Dの問題は，リスニングテストです。

A　放送を聞いて，それぞれの英文の内容を表している図として，最も適当なものをア～エから一つ選び，記号で答えなさい。**英文は１回ずつ放送します。**

1　〈友人宅にて〉

2　〈台所にて〉

B　放送を聞いて，それぞれのチャイムのところに入る対話の応答として，最も適当なものをア～エから一つ選び，記号で答えなさい。**英文は１回ずつ放送します。**

1　〈教室での対話〉

ア　I'll do my best.
イ　Math and English.
ウ　On Thursday and Friday.
エ　They were difficult.

2　〈電話による対話〉

ア　Sorry. I couldn't go with you yesterday.
イ　Sorry. I didn't know what to buy yesterday.
ウ　Sure. I have to stay home tomorrow.
エ　Sure. I'm free tomorrow.

C　放送を聞いて，それぞれの質問に対する答えとして，最も適当なものをア～エから一つ選び，記号で答えなさい。英文は２回ずつ放送します。

1　ア　Yes, he did.　　イ　No, he didn't.　　ウ　Yes, he was.　　エ　No, he wasn't.

2　He will（ア　ride a bike　　イ　take a bus　　ウ　take a train　　エ　walk）to Higo College.

3　ア　To keep smiling.　　イ　To look at the eyes of the others.
　　ウ　To speak in a clear voice.　　エ　To use a lot of gestures.

（選択問題A）

D　放送を聞いて，「メモ」の ① ～ ③ に適当な英語１語を書きなさい。また，「**先生の質問に対する答え**」では，sing songs，play games または make movies のいずれかを選んで， ④ に適当な英語を４語以上で書き，あなたの答えとなる文を完成させなさい。英文は２回放送します。

「メモ」

> Ideas for the School Festival
> - To sing ① songs in English
> - To play ② games in English
> - To make ③ movies in English and show them to other students

「先生の質問に対する答え」

I want to【 sing songs / play games / make movies 】 the most because ④ .

（選択問題B）

D　放送を聞いて，「**陽子のメモ**」の ① ～ ③ に適当な英語を１語で書きなさい。また，「**質問に対する答え**」では， ④ に適当な英語を３語で書き，答えとなる文を完成させなさい。英文は２回放送します。

「陽子のメモ」

Student's Name	Place	The Thing That Each Student Has Learned
Takuya	an airport	How to ① with people
Maki	a convenience store	To be ② about the way she spoke
Hinata	a train station	To be kind to people who have some ③

「質問に対する答え」

She believes the things that the three students have learned will ④ more about the feelings of others.

〔リスニング問題放送内容〕

A	No. 1　Oh, it's five fifty. I have to go home now. No. 2　Let's make pizza for lunch. We have cheese, onions, and tomatoes.
B	No. 1　M：How were the tests today, Megumi? F：Hi, Kevin. They weren't so difficult. But I'll have two more tests tomorrow. M：What are they? F：(チャイム) No. 2　M：Hello, this is Mark. May I speak to Momoko, please? F：This is Momoko. Hi, Mark. What's up? M：I'm planning to go shopping tomorrow. Do you want to go with me? F：(チャイム)
C	No. 1　Yoko：I'm looking for my notebook. Have you seen it, Jim? Jim：Yes, Yoko. I saw it on the table in the living room. 質問します。Did Jim see Yoko's notebook? No. 2　Jim：Hi, Yoko. I have to go to Higo College from here tomorrow. How can I get there? Yoko：Well, it's hard to walk to the college because it's very far. You can take a bus or a train, but you have to wait for a long time. How about going there by bike? Jim：That sounds good. I'll do that. 質問します。How will Jim go to Higo College tomorrow? No. 3　Yoko：I have to make a speech in front of other students, but I'm not sure I can do well. Jim：Don't worry, Yoko. I'll tell you some important things for making a speech. First, look at the eyes of the others. Next, speak in a clear voice. Yoko：I see. Anything else? Jim：Yes. Try to keep smiling. Yoko：OK. Thank you very much. 質問します。What is one thing that Jim did NOT tell Yoko to do?
(選択問題 A)	
D	English teacher：Today, we'll decide what to do in the school festival next month. Our English club has three ideas. The first idea is to sing easy songs in English. We have practiced easy songs in our English club many times. The second idea is to play fun games in English. Many students like to play fun games. The third idea is to make short movies in English and show them to other students. I'm sure you can enjoy making the movies. Now I have a question for you. What do you want to do the most, sing songs, play games, or make movies? And tell me why.
(選択問題 B)	
D	Ms. White：You had a work experience this summer, and three students made a speech about it in today's English class. First, Takuya worked at an airport. He met many visitors from all over the world. So, he learned how to communicate with people not only in Japanese but also in English. Second, Maki worked at a convenience store. She was very busy at the store, but she learned to be careful about the way she spoke. Third, Hinata worked at a train station in the town. She met some people who didn't know which train to take or people who lost something on the train. So, she learned to be kind to those people. Takuya, Maki, and Hinata made wonderful speeches. All three students have learned very important things. I believe these things that they have learned will be helpful for them to think more about the feelings of others. 質問します。What does Ms.White believe in the last part of her talk?

令和６年度入試問題　理科

1　次の各問いに答えなさい。

1　葵(あおい)さんは，ソラマメの根が成長するときの細胞の変化を調べるため，ソラマメの根の細胞を観察し，記録をまとめた。次は，その記録の一部である。

ソラマメの根が成長するときの細胞の変化

〔観察日〕

10月４日から10月６日

〔目的〕

ソラマメの根が成長するときの細胞の変化を，顕微鏡を用いて調べる。

〔方法〕

Ⅰ　水を含ませた脱脂綿にソラマメの種子をまき，発芽した種子を10個選ぶ。根の長さが９mmほどに成長したところで，図１のように，先端部分から９mmのところまでを等間隔にA，B，Cとし，ペンで印をつける。印をつけた10個の種子を，５個ずつにわける。

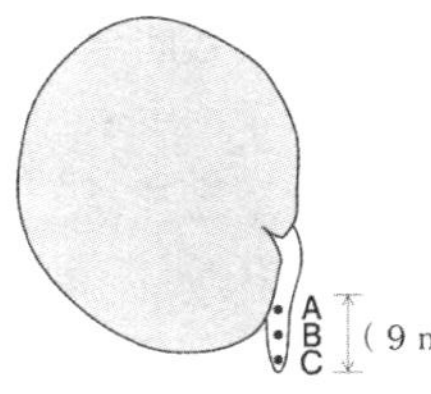

図１

Ⅱ　５個の種子の根を切り取り，うすい塩酸に30分間つけて水洗いをする。次に，A，B，Cの印付近を３mmずつ切り取り，酢酸オルセイン液で染色してプレパラートをつくる。

Ⅲ　細胞どうしがすき間なく広がった部分を顕微鏡で観察し，視野の中にある細胞の数とそのようすを調べる。

Ⅳ　残りの５個の種子は，根の長さが16mmほどになるまで成長させた後，方法Ⅱ，Ⅲと同様の操作を行う。

〔結果〕

・　根の長さが９mmのCでは，ひも状の染色体が見られる細胞がいくつか観察された。そのようすは，図２のとおり。また，根の長さが16mmのCでも同様の細胞が観察された。

・　根の長さが９mmと16mmのA，B，Cの細胞を，同じ倍率で観察したときの視野中の，細胞数とひも状の染色体が見られる細胞数の平均は，表３のとおり。

図２

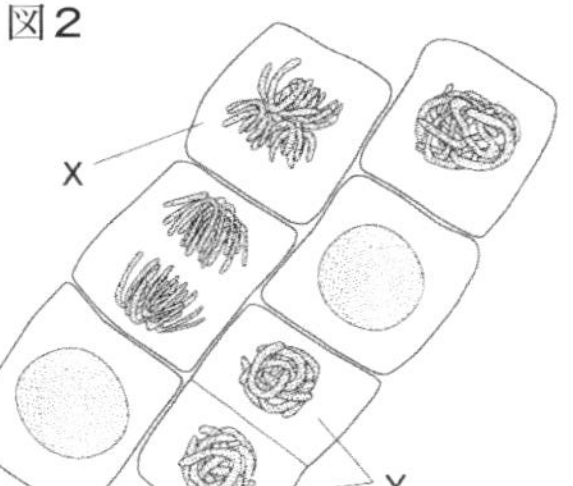

表３

	根の長さが９mm		根の長さが16mm	
	視野中の細胞数	視野中のひも状の染色体が見られる細胞数	視野中の細胞数	視野中のひも状の染色体が見られる細胞数
A	115	0	106	0
B	220	0	168	0
C	272	22	266	28

(1)　酢酸オルセイン液で染まったのは染色体であり，その中に遺伝子の本体である［　①　］が含まれている。ソラマメの体細胞の核１個に含まれる染色体数が12本であるとき，ソラマメの卵細胞の核１個に含まれる染色体数は［　②　］本である。

［　①　］に適当な語を，［　②　］に適当な数字を入れなさい。

(2)　図４は，ある植物Pの細胞分裂の過程において，図２のXの細胞と同じ時期の染色体のようすを表した模式図である。植物Pの，図２のYの細胞と同じ時期の染色体のようすを最もよく表したものはどれか。次のア～オから一つ選び，記号で答えなさい。

図４

細胞

染色体

ア　　イ　　ウ　　エ　　オ

葵さんは，ソラマメの根の細胞の変化について，次のようにまとめた。

・Cの部分でのみ，細胞分裂が行われている。
・ⓐ根が成長するとき，観察する部分によって，細胞の大きさの変化に差が見られる。

(3)　下線部ⓐについて，根が９mmから16mmに成長したとき，細胞の大きさが最も変化していたのはA～Cのどの部分か，記号で答えなさい。また，そう判断した理由を，表３をふまえて書きなさい。

葵さんは，ソラマメの種子を土にまいて育てたところ，ⓑ２枚の対になった子葉が見られた。さらに育てると花が咲き，やがて図５のような，中に４つの種子のあるさやができた。

図５

種子

さや

(4)　下線部ⓑのようすから植物を分類したとき，このような植物の根に見られる特徴を書きなさい。

(5) 図**5**の種子のでき方について，正しく説明しているものはどれか。次の**ア**～**エ**から一つ選び，記号で答えなさい。

ア　子房の中に少なくとも胚珠(はいしゅ)が４つあり，それぞれの胚珠の中の１つの卵細胞に，１つの精細胞が受精して４つの種子ができた。

イ　子房の中に少なくとも胚珠が４つあり，それぞれの胚珠の中の１つの卵細胞に，複数の精細胞が受精して４つの種子ができた。

ウ　子房の中に胚珠が１つあり，胚珠の中の１つの卵細胞に，１つの精細胞が受精し，分裂して４つの種子ができた。

エ　子房の中に胚珠が１つあり，胚珠の中の１つの卵細胞に，複数の精細胞が受精し，分裂して４つの種子ができた。

2　次は，世界陸上の100m競走をテレビで見たときの，生徒たちの会話である。

明雄(あきお)：スタートのⓐ音を聞いてから，選手たちが走り出すまでの反応がとても速くて驚いたよ。

優子(ゆうこ)：そうだね。私は、選手のⓑ腕やあしの動きに注目して見ていたけど，すごく速かったね。

楓(かえで)　：刺激を受けとってから反応するまでの時間はどれくらいなんだろう。自分たちで実験して調べてみようよ。

(1) 下線部ⓐの刺激によって生じる感覚を答えなさい。

(2) 下線部ⓑについて，腕やあしは筋肉のはたらきにより，骨と骨のつなぎ目の部分で曲がったり伸びたりする。この部分を［①］という。図**6**は，ヒトが腕を曲げたときの，腕の骨のようすを模式的に表したものである。腕を曲げたときに縮む筋肉のけんは，肩の骨と［②］の部分の骨についている。

図**6**

肩の骨

A　B　C　D

［①］に適当な語を入れなさい。また，［②］に当てはまるものを，図**6**の**A**～**D**のいずれかの記号で答えなさい。

明雄さんら６人は，横一列に手をつないで並び，６人からは見えないように電球Ⅰ，Ⅱを設置し，次のような実験を行った。図**7**のように，明雄さんは右手にスイッチⅠを，楓さんは左手にスイッチⅡを持ち，明雄さんがスイッチⅠを押して電球Ⅰを点灯させると同時に左手で隣りの優子さんの右手を握った。優子さん以降は，右手を握られたら隣りの人の右手を握るということを順に行った。最後の楓さんは，右手を握られたら左手に持ったスイッチⅡを押して電球Ⅱを点灯させた。この実験を１秒間に30コマ撮影できるビデオカメラを使って撮影し，電球Ⅰが点灯してから電球Ⅱが点灯するまでのコマ数を調べた。同様の実験を５回繰り返し行い，平均のコマ数を求めた。表**8**は，その結果を示したものである。

図**7**

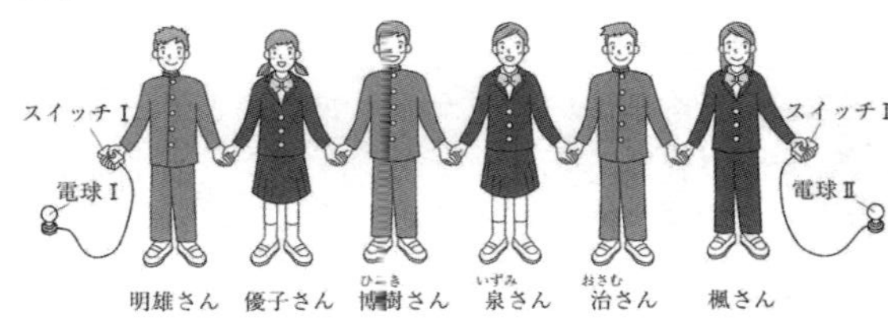

表**8**

	1回目	2回目	3回目	4回目	5回目	平均
コマ数	38	38	36	38	35	37

(3) 手を握られてから隣りの人の手を握る反応が起こるまでの信号の経路について，次の**ア**～**カ**を，信号が伝わる順に左から並べ，記号で答えなさい。ただし，**同じ記号を複数回用いてもよい**。

ア　手の皮ふ　　**イ**　せきずい　　**ウ**　手の筋肉

エ　運動神経　　**オ**　感覚神経　　**カ**　脳

(4) 表**8**から，刺激を受けとってから反応するまでの１人当たりの平均反応時間は何秒と考えられるか。小数第３位を四捨五入して答えなさい。

2　次の各問いに答えなさい。

1　拓海(たくみ)さんは，昨年５月に熊本県内のある場所で，天体の観察を行った。図**9**は，20時に観察した火星，金星，月を，図**10**はこのときに天体望遠鏡で観察した金星をスケッチしたものである。また，表**11**は，図**9**の天体と地球について，太陽からの平均距離と公転周期を示したものである。

図**9**

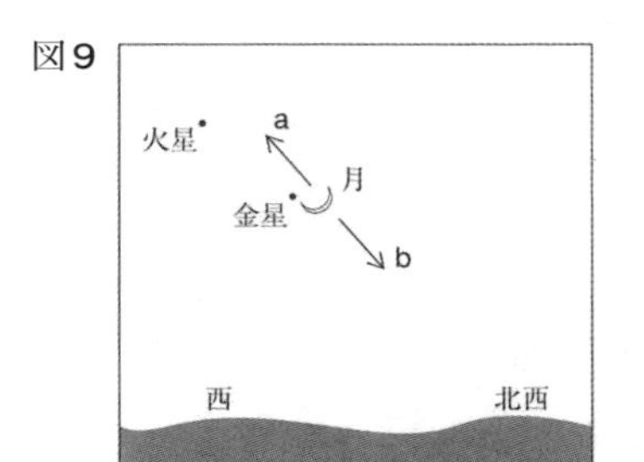

図**10**

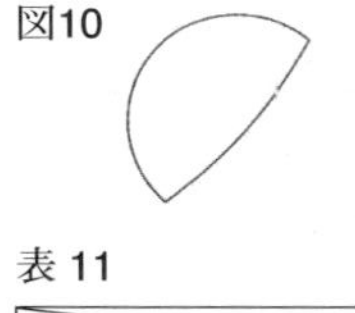

表**11**

	金星	地球	月	火星
太陽からの平均距離〔億 km〕	1.08	1.50	1.50	2.28
公転周期〔年〕	0.62	1.00	0.08	1.88

(1) 金星や火星のように恒星のまわりを公転し，ある程度の質量と大きさをもった天体を［①］という。太陽系の天体の中で，太陽から最も離れた位置を公転している［①］は，②（**ア**　天王星　　**イ**　海王星　　**ウ**　めい王星）である。

［①］に適当な語を入れなさい。また，②の（　　）の中から正しいものを一つ選び，記号で答えなさい。

(2) 1週間後の同じ時刻の月の位置は，図**9**の**a**，**b**のどちらの向きへ移動しているか。**a**，**b**のいずれかの記号で答えなさい。また，このときの月の形を，右の図中の-------をなぞって，——で示しなさい。

(3) 図**9**や図**10**，表**11**からわかることについて，正しく説明しているものはどれか。次の**ア**～**オ**から**二つ**選び，記号で答えなさい。

ア 20時以降も観察を続けたとき，金星より火星の方が先に地平線に沈む。
イ 1か月後の金星の見かけの大きさは小さくなっている。
ウ 火星が太陽のまわりを1周する間に，金星は太陽のまわりを3周以上する。
エ 1年後の5月に観察できる金星は，よいの明星である。
オ 地球から金星までの距離は，地球から火星までの距離より長くなることがある。

次は，太陽系の広がりに関する，拓海さんと先生の会話である。

拓海：宇宙はとても広いので，金星や火星までいったいどのくらい離れているのかイメージがわきません。

先生：太陽系を縮小して考えてみましょう。例えば，直径が1万2800kmの地球を，直径が4cmの卓球ボールの大きさに縮小して考えてみると，縮尺は3億2000万分の1になります。この縮尺から，地球を直径が4cmの卓球ボールとしたときの，地球と金星の最接近距離を表**11**を用いて求めてみましょう。

(4) 下線部の距離として最も適当なものを，次の**ア**～**エ**から一つ選び，記号で答えなさい。

ア 13.1cm　　**イ** 33.8cm　　**ウ** 131m　　**エ** 338m

2 由香(ゆか)さんは，春の天気が変わりやすいことに興味をもち，過去の天気についてインターネットで調べた。図**12**は，ある年の5月17日と18日の9時の天気図で，図**13**は，図**12**と同じ年の5月17日の熊本市における気温，降水量，風向，風力を1時間ごとに示したものである。

図12

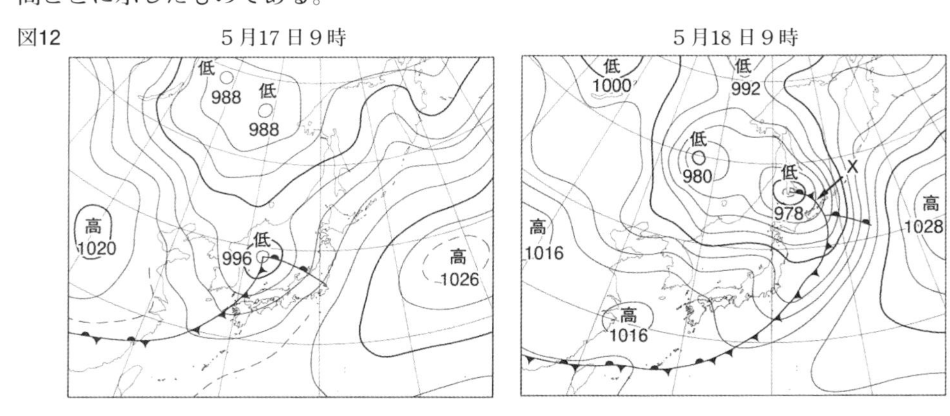

図13

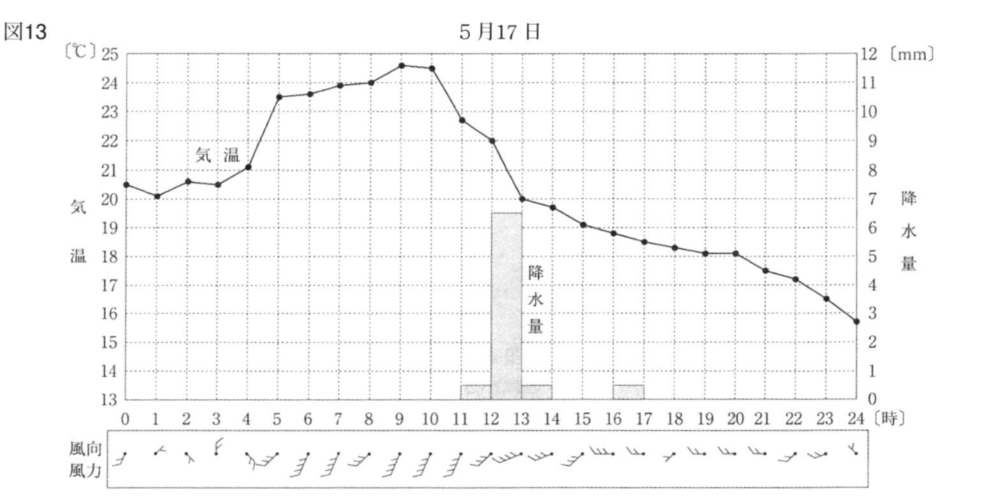

(1) 図**12**のように，日本付近にある低気圧は，上空を吹く［①］によって東へ移動する。また，移動とともに，寒冷前線が温暖前線に追いつき，**X**のような［②］前線ができることがある。
［①］，［②］に適当な語を入れなさい。

(2) 図12，図13からわかる熊本市の気象の変化について，正しく説明しているものはどれか。次のア～エから一つ選び，記号で答えなさい。

ア　5月17日の9時から11時には風力3を超える北北東の風が吹いていた。

イ　5月17日の11時から14時にかけての降水量の合計は7mmには達していない。

ウ　5月17日において，1時間あたりの気温の変化が最も大きいのは，12時から13時までの1時間である。

エ　5月18日の9時は，西の海上にある高気圧の影響で前日の同時刻よりも気圧が4hPa以上高くなり，風が弱まった。

(3) 図13において，5月17日10時以降の，気温の低下と降水は，寒冷前線の通過が原因と考えられる。寒冷前線の通過によって気温が低下する理由と，降水の原因となった雲が寒冷前線で発生するしくみを，**寒気**と**暖気**という**二つ**の語を用いて，それぞれ書きなさい。

由香さんは，気象の変化は気圧の変化によって起こることを知り，気圧の変化を調べるため，次のⅠ～Ⅲの順に，図14のような気圧計を自宅でつくった。

Ⅰ　ガラス管に等間隔に目盛りをつける。

Ⅱ　三角フラスコに着色したくみ置きの水を入れ，Ⅰのガラス管をつけたゴム栓をする。

Ⅲ　ガラス管に少し息を吹き込み，ガラス管の水位を上昇させ，はじめの水面の位置を決める。

図14

ガラス管つきゴム栓

三角フラスコ

はじめの水面の位置

着色した水

由香さんはつくった気圧計を，標高70mにある自宅から，標高19mの地点Pと標高300mの地点Qに持っていき，ガラス管内の水位を調べたところ，地点Pでは下がり，地点Qでは上がっていた。由香さんは，この気圧計を使って，台風の通過にともなう気圧の変化を調べることにした。

(4) 図15は，図14の気圧計を拡大したものであり，矢印Aは大気の圧力を，矢印Bは三角フラスコ内の空気の圧力を示したものである。由香さんの自宅に台風の中心が近づくと，ガラス管内の水位はどうなると考えられるか。最も適当なものを，次のア～エから一つ選び，記号で答えなさい。ただし，測定中の気温の変化は考えないものとする。

図15

A

B

ア　Aは小さくなり，Bは大きくなるため，ガラス管内の水位は上がる。

イ　Aは小さくなり，Bはほぼ変わらないため，ガラス管内の水位は上がる。

ウ　Aは大きくなり，Bはほぼ変わらないため，ガラス管内の水位は下がる。

エ　Aは大きくなり，Bは小さくなるため，ガラス管内の水位は下がる。

(5) 図16は，ある年の9月4日から7日における台風の通過経路（——→）を示しており，台風の進路上の○印は，それぞれの日の9時における台風の中心の位置を示したものである。9月7日の熊本市における風向は，どのように変化したか。最も適当なものを，次のア～エから一つ選び，記号で答えなさい。

図16

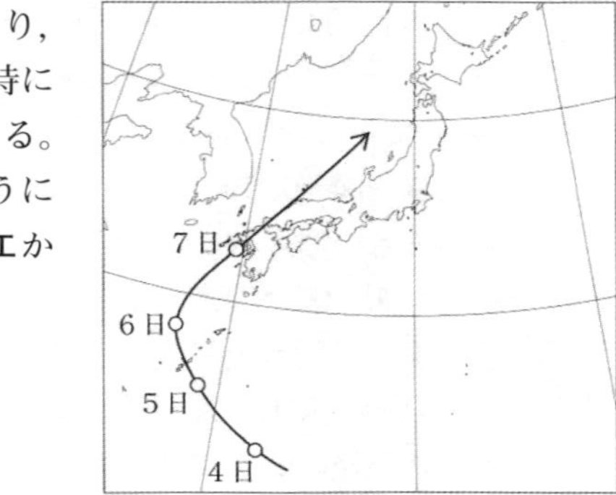

ア　西→北→東　　イ　西→南→東

ウ　東→北→西　　エ　東→南→西

3　次の各問いに答えなさい。

1　明雄さんは，物質の再結晶について調べるため，次の実験Ⅰを行った。

実験Ⅰ　水10.0gに硝酸カリウム6.0gを入れた試験管を，図17のように，80℃の湯につけ，硝酸カリウムを溶かした。その後，ゆっくり冷却すると，硝酸カリウムの結晶が確認でき，水溶液の温度は20℃になっていた。

図17

温度計

80℃の湯

(1) 溶質，溶液，溶媒の質量の関係を，明雄さんが，次のように表したところ，先生から誤っていると指摘された。正しい関係になるように，波線部Ⓐ，Ⓑを＋，－，＝のいずれかの記号でそれぞれ改めなさい。

溶質の質量　Ⓐ＋　溶液の質量　Ⓑ＝　溶媒の質量

(2) 図18は，硝酸カリウムの溶解度曲線であり，a～dは，各温度での溶解度を示している。水100.0gに硝酸カリウムを60.0g入れ加熱して溶かし，20℃まで冷却したとき，とり出すことができる結晶の質量は，［①］gとなる。このことをふまえると，実験Ⅰで，結晶としてとり出すことができる硝酸カリウムの質量は，［①］gの［②］分の1となる。

［①］に入る質量を，図18のa～dのいずれかを使って数式で表しなさい。また，［②］には，適当な数字を入れなさい。

図18

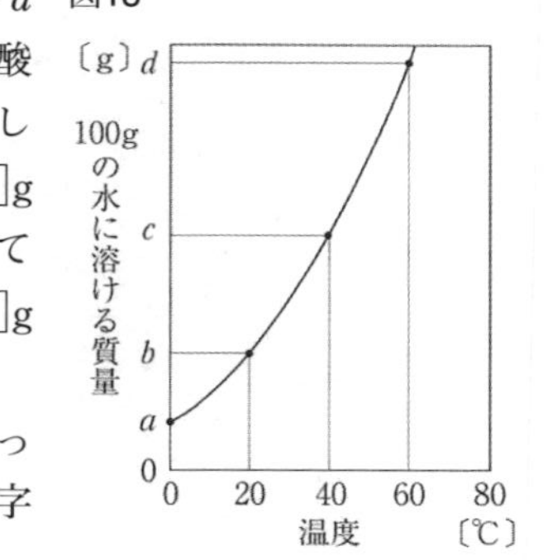

次に明雄さんは，ショ糖（砂糖）の結晶をつくるため，実験Ⅱを行った。表 19 は，水 100g に対するショ糖の溶解度を温度ごとに示したものである。

表 19

温度〔℃〕	0	20	40	60	80
ショ糖〔g〕	179	204	238	287	362

図20　図21

ショ糖の小さな結晶（1.0g）　大きくなった結晶　ビーカーの底にできた結晶

実験Ⅱ　ビーカーに，20℃の水 20.0g とショ糖 60.0g を入れてよくかき混ぜた後，放置した。次に，この水溶液を 80℃まで加熱して，よくかき混ぜた後，図 20 のような 1.0g のショ糖の小さな結晶を入れ，約 1 か月間，20℃で放置したところ，図 21 のようにショ糖の結晶は大きくなり，ビーカーの底にも結晶ができた。

(3)　下線部のとき，ビーカー内の物質のようすを最もよく表したモデルはどれか。次のア～オから一つ選び，記号で答えなさい。ただし，ア～オの〇は水の粒子，●はショ糖の粒子を表すものとする。

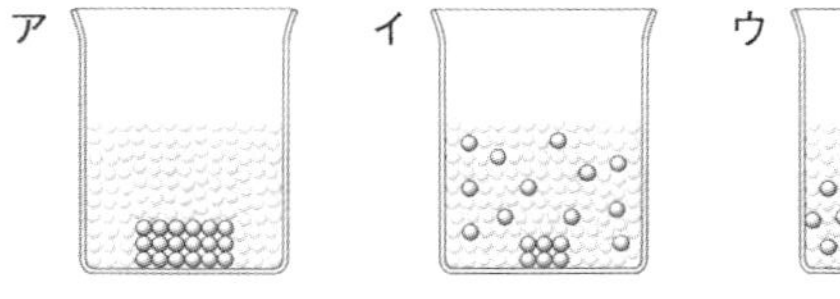
ア　イ　ウ
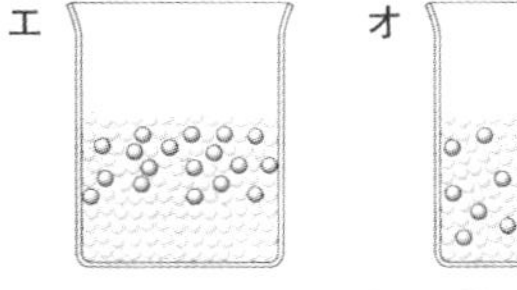
エ
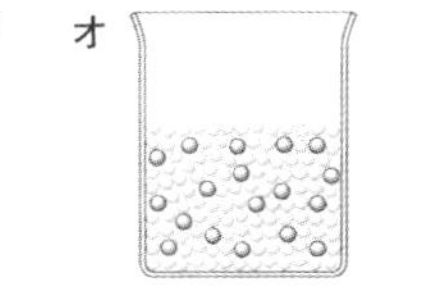
オ

(4)　図 21 の，大きくなった結晶の質量を調べると，6.0g であった。水の蒸発がなかったと考えたとき，ビーカーの底にできた結晶の質量は何 g か，求めなさい。

2　葵さんは，いろいろな水溶液の性質を調べるため，次の実験Ⅰ，Ⅱを行った。

実験Ⅰ　4 つのビーカーに，それぞれ砂糖水，塩化ナトリウム水溶液，うすい塩酸，水酸化バリウム水溶液を入れ，それぞれに B T B 液を加え，色の変化を調べた。

図22

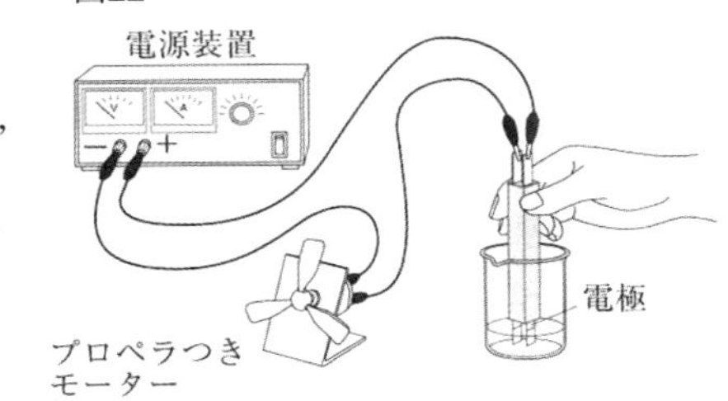

実験Ⅱ　実験Ⅰのそれぞれの水溶液について，図 22 の装置を用いて，6 V の電圧を加え，電極付近のようすと，プロペラが回るかどうかを調べた。

表 23 は，実験Ⅰ，Ⅱの結果を示したものである。

表 23

	実験Ⅰ	実験Ⅱ	
	B T B 液の色	電極付近のようす	プロペラ
砂糖水	緑色	変化なし	回らなかった
塩化ナトリウム水溶液	緑色	気体が発生した	回った
うすい塩酸	黄色	気体が発生した	回った
水酸化バリウム水溶液	青色	気体が発生した	回った

(1)　水酸化バリウムが電離したときに生じるイオンを，化学式で**二つ**答えなさい。

(2)　次の**ア**～**ウ**のそれぞれの文について，表 23 の結果をふまえて，正しいものには〇を，誤っているものには×を書きなさい。

ア　水に溶ける物質は，すべて電解質である。
イ　電解質の水溶液に電流を流すと，電極付近で変化が起こる。
ウ　酸性の水溶液とアルカリ性の水溶液は，いずれも電解質の水溶液である。

図24

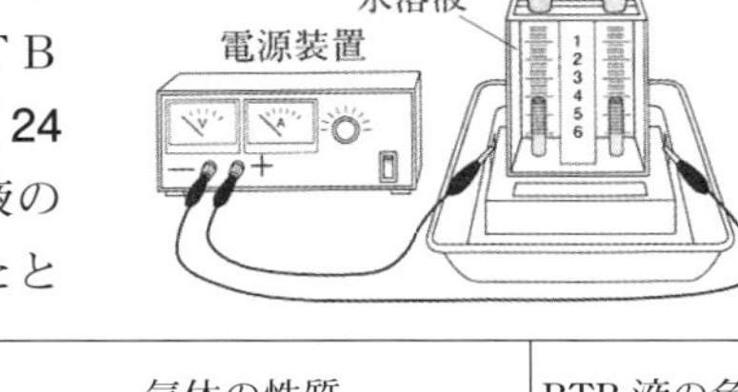

実験Ⅱの塩化ナトリウム水溶液で，プロペラが回っているとき，電極付近で気体が発生し，B T B 液の色の変化が見られた。そこで，葵さんは図 24 の装置を用いて，2.5％の塩化ナトリウム水溶液の電気分解を行い，陰極で気体が $2.0cm^3$ 集まったところで，電圧を加えるのをやめ，陽極と陰極で発生した気体の体積や性質を確かめた。また，電極付近の水溶液を試験管にとり，B T B 液を加え，色の変化を調べた。表 25 は，その結果を示したものである。

表 25

	集まった気体の体積〔cm^3〕	気体の性質	BTB 液の色
陽極	0.1	赤に着色した水の色が消えた。また，プールの消毒薬のような特有の刺激臭がした。	黄色
陰極	2.0	マッチの火を近づけると音を立てて燃えた	青色

実験を終えて，葵さんは表 25 を見ながら，先生と次のような会話をした。

葵　：実験の結果から，発生した気体は，陽極が□，陰極が水素であると考えられます。また，ⓐ集まった気体の体積は，陰極の方が陽極よりもかなり多かったです。

先生：そうだね。陽極と陰極で発生する気体の体積は，ほぼ同じになるはずなんだけど，そうならないのはなぜだろうね。その他に，ⓑ電極付近のイオンについても考えてみようか。

(3) □ に当てはまる気体の名称を答えなさい。また，下線部ⓐのように，陽極と陰極で差が見られた理由を，陽極と陰極で発生した気体の性質の違いにふれながら書きなさい。

(4) 下線部ⓑについて，表25の，発生した気体や，ＢＴＢ液の色の変化から，陽極付近では，①が減少し，②が生じたと考えられる。また，陰極付近では，③が生じたと考えられる。

①～③に当てはまるイオンを，次のア～エからそれぞれ一つずつ選び，記号で答えなさい。

ア　ナトリウムイオン　　**イ**　水素イオン

ウ　塩化物イオン　　**エ**　水酸化物イオン

4　次の各問いに答えなさい。

1　拓海さんと優子さんは，浮いている磁石にはたらく力に興味をもち，次の実験を行った。ドーナツ型の磁石Aと磁石Bを用意し，図26のように，木製の棒がついた木製の板に磁石Bを置き，その上に磁石Aをのせたところ，磁石Aは浮いた状態で静止した。このとき，磁石Aと磁石Bの間の距離は，4.5cmであった。なお，磁石と棒の間の摩擦は考えないものとする。

図26

(1) 磁石のまわりには，磁力のはたらく空間があり，これを①という。磁力のように，離れた物体にもはたらく力には，②（**ア**　垂直抗力　　**イ**　弾性力　　**ウ**　重力）などがある。

①に適当な語を入れなさい。また，②の（　）の中から正しいものを一つ選び，記号で答えなさい。

図26の装置を台ばかりにのせたところ，200gの値を示した。次に，図27のように磁石Aを手で上から押さえ，磁石Aと磁石Bの間の距離を変化させて，台ばかりが示す値を記録した。表28は，その結果を示したものである。なお，100gの物体にはたらく重力を1Nとする。

表28

磁石Aと磁石Bの間の距離〔cm〕	4.5	3.5	2.5	1.5
台ばかりの値〔g〕	200	260	370	660

図27

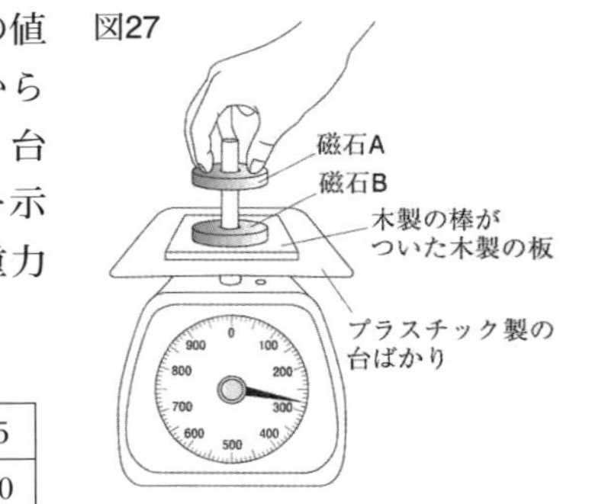

(2) 磁石Aと磁石Bの間の距離が3.5cmのとき，手が磁石Aを上から押す力の大きさは，① Nである。また，このとき，磁石Bが磁石Aから受ける磁力の大きさは，磁石Aが磁石Bから受ける磁力の大きさ②（**ア**　と等しい　　**イ**　よりも大きい　　**ウ**　よりも小さい）と考えられる。

①に適当な数字を入れなさい。また，②の（　）の中から正しいものを一つ選び，記号で答えなさい。

(3) 図26の装置の板の底面積は120cm^{2}であった。磁石Aと磁石Bの間の距離が1.5cmのとき，台ばかりがこの板から受ける圧力は何Paか，求めなさい。

次に，図26の装置の磁石Aを，別のドーナツ型の磁石Cにかえて，台ばかりにのせた。このとき，台ばかりの値は220gを示し，磁石Cと磁石Bの間の距離は4.5cmであった。

(4) 磁石Aを磁石Cにかえて行った実験の結果から，磁石Aと磁石Cの質量を比べると，①（**ア**　磁石Aの方が大きく　　**イ**　磁石Cの方が大きく　　**ウ**　どちらも等しく），また，磁石Cが磁石Bにおよぼす磁力の大きさと図26で磁石Aが磁石Bにおよぼす力の大きさを比べると，②（**ア**　磁石Aの方が大きい　　**イ**　磁石Cの方が大きい　　**ウ**　どちらも等しい）と考えられる。

①,②の（　）の中からそれぞれ正しいものを一つずつ選び，記号で答えなさい。

2 由香さんは，ある発光ダイオードが乾電池１個では発光しないことに疑問をもち，その発光ダイオードの性質を調べるため，次の実験Ⅰ，Ⅱを行った。

実験Ⅰ　図29のように，発光ダイオードを手回し発電機につなぎ，ハンドルを<u>時計回りに少しずつ速くしながら回転させたところ，はじめは発光しなかったが，ある速さ以上になると発光した</u>。また，反時計回りに回転させたところ，回転の速さをかえても発光しなかった。

図29

実験Ⅱ　実験Ⅰで用いた発光ダイオードを使い，図30のような回路をつくり，発光ダイオードの長いあしを電源装置の＋極側、短いあしを－極側につなぎ，加える電圧をかえたときの電流の大きさと発光のようすを調べた。さらに，発光ダイオードのあしを逆につないで，同様の実験を行った。表31は，実験Ⅱの結果を示したものである。

図30

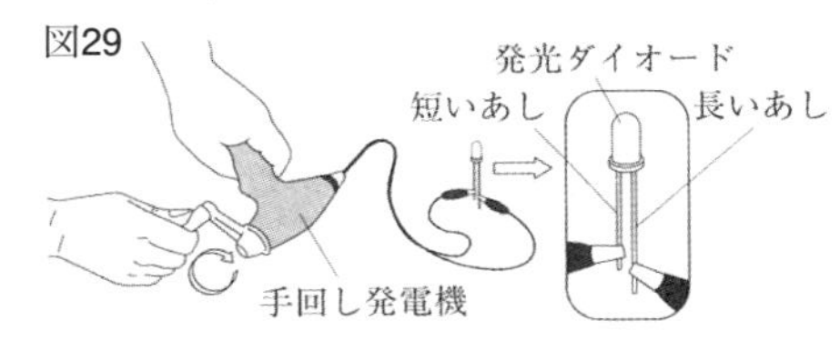

表31

長いあし	電圧〔V〕	電流〔mA〕	発光のようす
＋極側	1.0	0	発光しなかった
	2.0	0	発光しなかった
	3.0	20	発光した
	4.0	100	発光した
－極側	1.0	0	発光しなかった
	2.0	0	発光しなかった
	3.0	0	発光しなかった
	4.0	0	発光しなかった

(1) 手回し発電機を回転させて発光ダイオードに電流が流れたとき，[①]は，[②]に変換され，発光ダイオードが発光したとき，[②]は，[③]に変換されたと考えられる。

[①]～[③]に当てはまるエネルギーを，次の**ア**～**エ**からそれぞれ一つずつ選び，記号で答えなさい。

ア　光エネルギー　　　**イ**　化学エネルギー
ウ　運動エネルギー　　**エ**　電気エネルギー

(2) 下線部のとき，手回し発電機のハンドルを回す手ごたえとして最も適当なものを，次の**ア**～**ウ**から一つ選び，記号で答えなさい。

ア　始め小さいが急に大きくなる　　　**イ**　始め大きいが急に小さくなる
ウ　常に変わらない

(3) 実験Ⅱの発光ダイオードを豆電球にかえて，3.0 Vの電圧を加えると，400mAの電流が流れた。この豆電球と実験Ⅱの発光ダイオードについて，それぞれ3.0 Vで発光させたときの１分間に消費する電力量を比べると，①（**ア**　豆電球　　**イ**　発光ダイオード）の方が小さく，その差は，[②] Jである。

①の（　　）の中から適当なものを一つ選び，記号で答えなさい。また，[②]に適当な数字を入れなさい。

(4) 由香さんは，実験Ⅱで用いた発光ダイオードを２つ用意し，電源装置の電圧を3.0 Vに固定して，次の**A**～**D**の回路をつくることにした。このとき，回路**A**～回路**D**で発光する発光ダイオードの数は何個か，それぞれ数字で答えなさい。

回路A

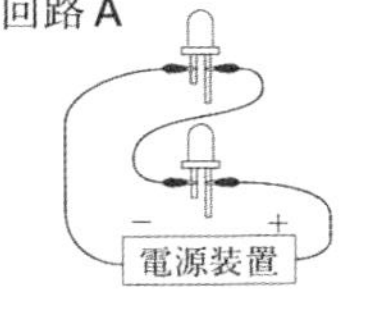

回路B

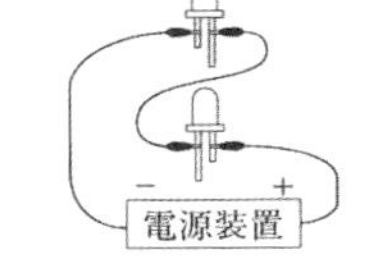

回路C

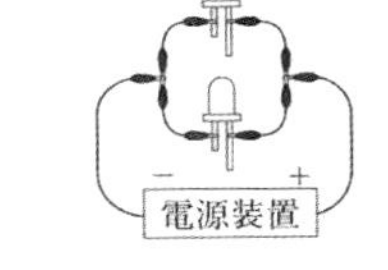

回路D

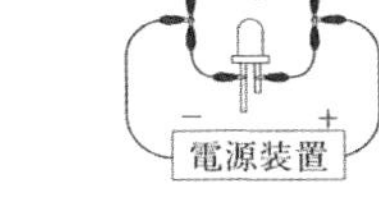

令和6年度入試問題　社会

1　次の各問いに答えなさい。

1　図1は，南極点を中心とした世界の一部を示した地図であり，中心からの距離が正しい。また，図1の中心からのびる直線は経線を，━━ は赤道を表している。(1)，(2)の問いに答えなさい。

図1

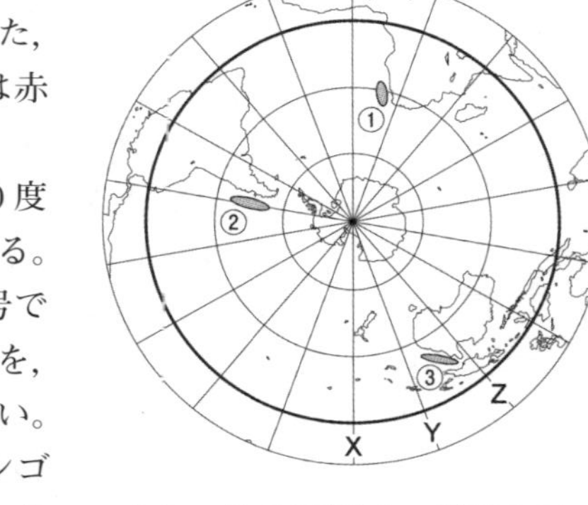

(1)　図1において，南半球の緯線は（**ア**　10度　**イ**　20度　**ウ**　30度）間隔で引かれている。（　）の中から適当なものを一つ選び，記号で答えなさい。また，日本列島を通過する経線を，図1の**X**～**Z**から一つ選び，記号で答えなさい。

(2)　図1の（灰色の楕円）で示した①～③のうち，サンゴ礁がみられる海域を一つ選び，記号で答えなさい。また，その海域は，世界の三つの大洋のうちどれに属するか，大洋名を書きなさい。

2　圭太（けいた）さんは，日本がエネルギー資源の多くを海外から輸入していることに関心を持ち，その輸入相手国について調べた。(1)～(5)の問いに答えなさい。

(1)　**表2**は，原油，石炭，天然ガスのそれぞれについて，2021年における日本の輸入量の上位3か国と，総輸入量に占める割合を示したものであり，**A**～**C**は，原油，石炭，天然ガスのいずれかである。原油と石炭に当たるものを，**表2**の**A**～**C**からそれぞれ一つずつ選び，記号で答えなさい。

表2

資源	A		B		C	
国名と割合（%）	オーストラリア	65.4	オーストラリア	35.8	サウジアラビア	39.7
	インドネシア	12.4	マレーシア	13.6	アラブ首長国連邦	34.7
	ロシア	10.8	カタール	12.1	クウェート	8.4

（「データブック オブ・ザ・ワールド 2023」による）

(2)　**表3**は，**表2**で示した8つの国について，人口密度や，国土面積に占める森林面積と耕地面積のそれぞれの割合を示したものであり，**ア**～**エ**は，オーストラリア，ロシア，マレーシア，サウジアラビアのいずれかである。オーストラリアとマレーシアに当たるものを，**表3**の**ア**～**エ**からそれぞれ一つずつ選び，記号で答えなさい。

表3

国＼項目	人口密度（人/km^2）	国土面積に占める割合(%) 森林面積	国土面積に占める割合(%) 耕地面積
ア	3	17.4	4.0
イ	8	49.8	7.5
ウ	16	0.5	1.7
エ	102	58.2	25.2
アラブ首長国連邦	132	4.5	1.3
インドネシア	143	49.1	28.4
カタール	231	0.0	2.1
クウェート	239	0.4	0.8

（「データブック オブ・ザ・ワールド 2023」，2023年FAO資料による）

(3)　シベリアで暮らす人々の生活に関する説明として最も適当なものを，次の**ア**～**エ**から一つ選び，記号で答えなさい。

ア　乾燥に強いオリーブやぶどうが栽培され，オイルやワインに加工されている。

イ　アルパカの放牧が行われ，その毛は寒さをしのぐ衣類の材料となっている。

ウ　永久凍土がとけないよう，多くの建物で床を高くする工夫がなされている。

エ　アボリジニの人々をはじめとする，先住民の伝統的な暮らしや文化が尊重されている。

(4)　圭太さんは，西アジアの国々には多くの外国人労働者が住んでいることを知った。**資料4**は，アラブ首長国連邦における主な宗教別の人口の割合と，それぞれの宗教に関することがらについて，圭太さんがまとめたものである。**資料4**の［　　］に当てはまる宗教名を書きなさい。また，**資料4**の［点線枠］で示した**X**～**Z**には，下の**ア**～**ウ**の写真のいずれかが当てはまる。**X**に当てはまるものを一つ選び，記号で答えなさい。

資料4

宗教	イスラム教	［　　］教	キリスト教
アラブ首長国連邦における人口の割合	62%	21%	9%
信者の割合が多い主な地域	西アジア，中央アジア 東南アジア アフリカ北部	インド	ヨーロッパ 南北アメリカ オセアニア
信仰と人々の暮らしの関わり	イスラム暦の9月に断食（だんじき）を行う	牛肉を食べることを避ける	聖書を読む
いのりのようす	X	Y	Z

（「データブック オブ・ザ・ワールド 2023」による）

ア

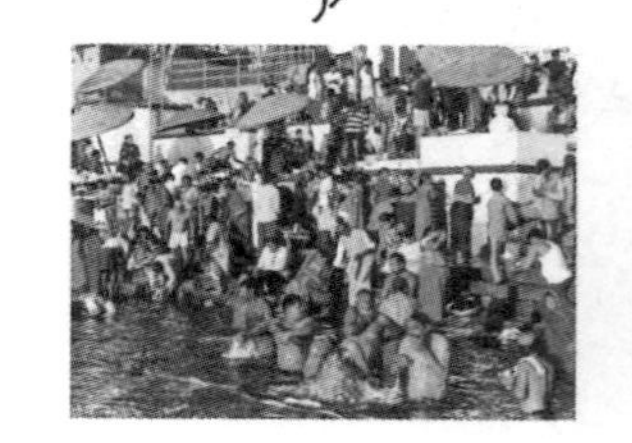

イ

ウ

(5) 資料**5**は，インドネシアの首都の市街地に，道路の上を通る鉄道を建設しているようすである。また，図**6**は，この都市における人口の推移と，2030 年の人口推計を示したものである。この都市にこのような鉄道を建設する理由として考えられることを，資料**5**と図**6**から読み取れることをもとに書きなさい。

資料**5**

(JICA 資料による)

図**6**

(「世界国勢図会 2023/24」などによる)

2 望（のぞみ）さんと和洋（かずひろ）さんは，自由研究で日本の地理について調べた。次の各問いに答えなさい。

1 望さんは，日本の国土と海との関係について調べた。(1)，(2)の問いに答えなさい。

(1) 図**7**の----は，東京から**a**（**ア** 1000km **イ** 2000km）ごとに引かれている。また，図**7**の⟶は，海流の流れを示したものであり，[b]海流とよばれる暖流である。**a**の（　）の中から適当なものを一つ選び，記号で答えなさい。また，[b]に当てはまる語を書きなさい。

図**7**

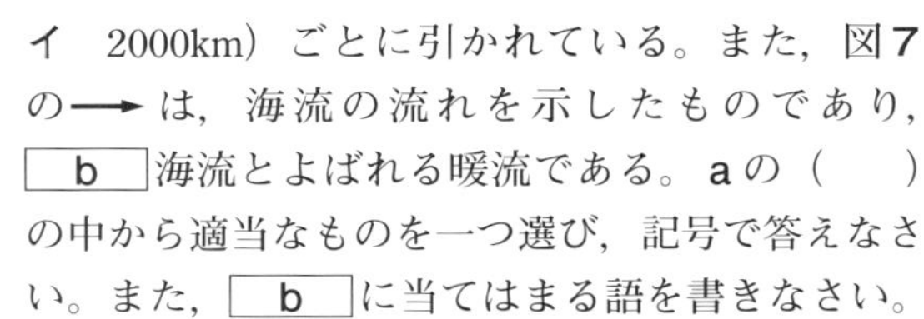

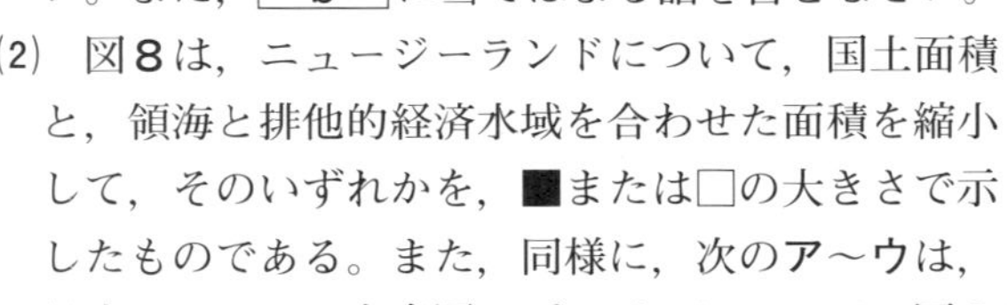

(2) 図**8**は，ニュージーランドについて，国土面積と，領海と排他的経済水域を合わせた面積を縮小して，そのいずれかを，■または□の大きさで示したものである。また，同様に，次の**ア**～**ウ**は，日本，アメリカ合衆国，ブラジルについて，図**8**と同じ比率で縮小して示したものである。日本とアメリカ合衆国に当たるものを，**ア**～**ウ**からそれぞれ一つずつ選び，記号で答えなさい。

図**8**

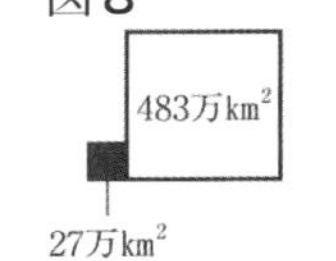

ア

イ

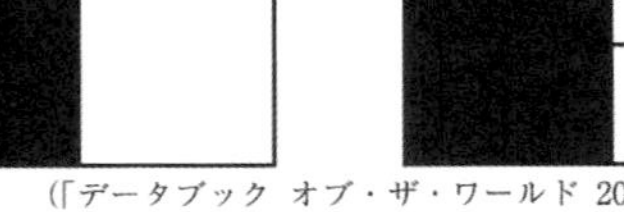

ウ

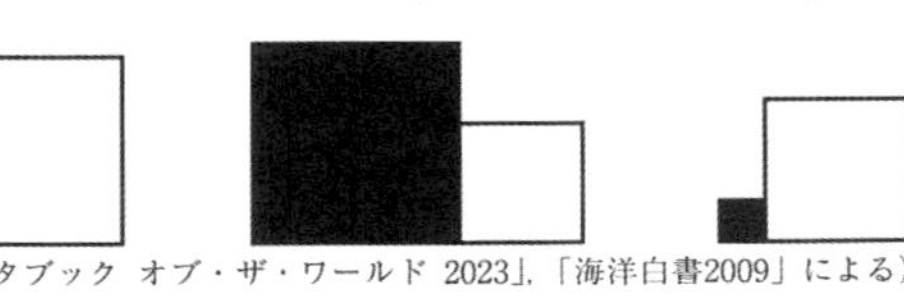

(「データブック オブ・ザ・ワールド 2023」,「海洋白書2009」による)

2 和洋さんは，外国からの旅行客が多く訪れる地域について調べた。図**9**の ▬ は，2019 年における外国人宿泊数の上位 10 都道府県を示したものである。(1)～(4)の問いに答えなさい。

図**9**

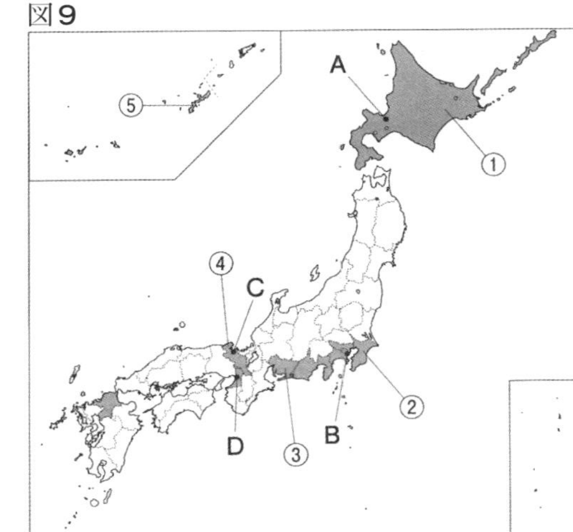

(「データでみる県勢2021」による)

(1) 下の**ア**～**エ**は，図**9**の・で示した**A**～**D**の都市の気温を折れ線グラフで，降水量を棒グラフで示したものである。図**9**の**B**の都市に当たるグラフを，**ア**～**エ**から一つ選び，記号で答えなさい。

ア　**イ**　**ウ**　**エ**

(気象庁資料による)

(2) 表 10 は，図**9**の①～⑤の道府県と熊本県における，人口，農業産出額，外国人宿泊数と，2023 年 11 月第 1 週にその道府県を発着した国際旅客定期便数を示したものである。表 10 の**イ**と**オ**に当たる道府県を，図**9**の①～⑤からそれぞれ一つずつ選び，その**道府県名**を書きなさい。

表 10

道府県＼項目	人口（万人）	農業産出額（億円）	2019 年における外国人宿泊数（万泊）	2023 年 11 月第 1 週の国際旅客定期便数（便）
ア	727	2893	363	207
イ	615	3853	480	1334
ウ	515	12667	881	130
エ	245	642	1203	0
熊本県	173	3407	94	18
オ	147	910	775	123

(「データブック オブ・ザ・ワールド 2023」,「データでみる県勢 2021」, 国土交通省資料による)

(3) 表11は，福岡県における，鉄鋼，自動車などの輸送用機械と，すべての製造品について，1970年と2020年のそれぞれの出荷額を示したものである。1970年から2020年にかけての，福岡県におけるすべての製造品に占める鉄鋼および輸送用機械の出荷額の変化について，表11から読み取れることを，**割合**という語を用いて書きなさい。

表11

項目　　　　　　年	1970	2020
鉄鋼（億円）	4699	9769
輸送用機械（億円）	281	33538
すべての製造品（億円）	18379	99122

（経済産業省「工業統計調査」による）

(4) 図12は，東京都の台東区（たいとう）と墨田区（すみだ）の一部を示した２万５千分の１の地形図である。図12から読み取った下の**ア**～**エ**の文のうち，下線部が正しいものを一つ選び，記号で答えなさい。

図12

（国土地理院平成28年発行「東京首都」による）

ア　上野駅を通るＪＲ線の西側には，<u>図書館</u>が４か所ある。
イ　稲荷町駅（いなりちょう）と田原町駅（たわらまち）との間は地形図上で３cmあり，実際の距離は<u>7.5km</u>である。
ウ　蔵前駅（くらまえ）から言問橋（ことといばし）までの最短コースとなる道路沿いには，<u>交番</u>がある。
エ　台東区の区役所は，隅田川（すみだ）よりも<u>東側</u>にある。

3　遥香（はるか）さんのクラスでは，日本の世界文化遺産について調べ，カードにまとめた。Ⅰ～Ⅵは，そのカードの一部である。次の各問いに答えなさい。

Ⅰ　北海道・北東北の縄文遺跡群
①<u>縄文時代</u>に，１万年以上にわたって狩りや漁，採集により定住生活を行った人々の暮らしと精神文化を伝える遺跡で構成されている。

Ⅱ　百舌鳥（もず）・古市（ふるいち）古墳群　－古代日本の墳墓群－
４世紀後半から５世紀後半にかけて政治・文化の中心地の一つであった，大阪湾に面する平野部に築造された複数の②<u>古墳</u>で構成されている。

Ⅲ　古都奈良の文化財
710年から784年まで日本の都であった平城京の寺社を中心に構成されている。代表的な文化財として，③<u>東大寺をはじめ，春日（かすが）大社や唐招提寺（とうしょうだいじ）</u>などがある。

Ⅳ　平泉　－仏国土（ぶっこくど）（浄土）を表す建築・庭園及び考古学的遺跡群－
④<u>浄土信仰</u>にもとづく理想世界の実現を目指して造営された，中尊寺をはじめとする複数の寺院や庭園で構成されている。

Ⅴ　琉球（りゅうきゅう）王国のグスク及び関連遺産群
三つの王国に分かれていた琉球を中山王（ちゅうざん）の尚氏（しょう）が統一し，⑤<u>琉球王国を建国</u>した15世紀までに築かれたグスク（城）などで，構成されている。

Ⅵ　長崎と天草地方の潜伏キリシタン関連遺産
⑥<u>鎖国下の江戸時代</u>の長崎と天草地方における潜伏キリシタンが，既存の社会・宗教と共生しながら信仰を継続してきたことを物語る集落や史跡などによって，構成されている。

1　下線部①について，縄文時代につくられたものとして適当なものを，次の**ア**～**エ**から一つ選び，記号で答えなさい。

ア

イ

ウ

エ

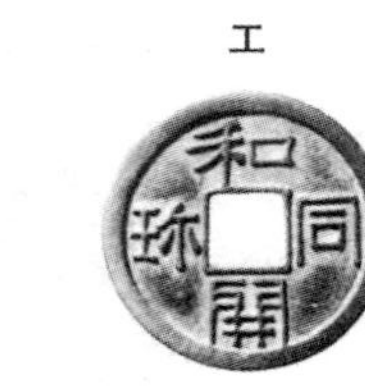

2　下線部②について，前方後円墳は，大和政権（ヤマト王権）の王であり，のちに天皇という称号でよばれるようになる［　a　］や，それに従った豪族の墓として造られた。また，大和政権は，朝鮮半島などから日本列島に移り住んだ人々とその子孫である［　b　］を登用し，書類の作成や財政の管理などを担当させた。［　a　］，［　b　］に当てはまる語をそれぞれ書きなさい。

3　下線部③について，次のア～ウは，それぞれの寺社に関するできごとである。年代の古いものから順に，記号で答えなさい。

ア　再建された東大寺の南大門に，運慶らがつくった金剛力士像がおさめられた。
イ　白河上皇が，武士の警備のもと，貴族とともに春日大社に参詣した。
ウ　唐招提寺を開いた鑑真が，日本の求めに応じ，遣唐使にともなわれて来日した。

4　下線部④について，浄土信仰（浄土の教え）に関することがらとして適当なものを，次のア～エから一つ選び，記号で答えなさい。

ア　聖武天皇は，仏教の力によって災いを鎮め，国家を守ろうと考えた。
イ　空海は，山奥の寺で学問や修行を行うことを重んじ，高野山に金剛峯寺を建てた。
ウ　藤原頼通は，阿弥陀仏（阿弥陀如来）を信仰し，平等院鳳凰堂を造った。
エ　栄西は，座禅によって自らの力で悟りを開くことを人々に勧めた。

5　下線部⑤について，琉球王国の建国よりも後におこったできごとを，次のア～エからすべて選び，記号で答えなさい。

ア　平清盛が，宋との間で盛んに貿易を行った。
イ　元の軍勢が，二度にわたって九州北部に攻めてきた。
ウ　種子島に漂着したポルトガル人が，日本に鉄砲を伝えた。
エ　豊臣秀吉が，明を征服しようと約15万人の大軍を朝鮮半島に送った。

6　下線部⑥について，表13は，遥香さんが，江戸幕府の鎖国体制が整うまでのできごとをまとめたものである。(1)，(2)の問いに答えなさい。

表13

年	できごと
1613	全国でキリスト教が禁止される。
1624	スペイン船の来航が禁止される。
1635	日本人の海外渡航や帰国が禁止される。
1637	島原・天草で，［　　］を大将とするキリシタンなどの一揆がおきる。
1639	Aポルトガル船の来航が禁止される。

(1)　表13の［　　］に当てはまる人名を書きなさい。また，鎖国下において，幕府が図14の•で示した都市を窓口として貿易を行った相手として適当なものを，次のア～ウから一つ選び，記号で答えなさい。

ア　中国　　イ　朝鮮　　ウ　琉球

図14

(2)　資料15は，表13の下線部Aに関する命令の一部である。幕府が，キリスト教の禁止を強化する過程で，ポルトガル船の来航を禁じた理由として考えられることを，表13と資料15から読み取れることを関連付けて書きなさい。

資料15

> 一　禁止されていることを知りながら，キリスト教を広める者が密かに日本にやって来ている。
> 一　キリシタンが徒党を組んでよからぬことを企てているならば，直ちに処罰する。

（「御当家令条」現代語訳による）

4　翔平さんのクラスでは，近現代の歴史について，班ごとにテーマを決めて調べ学習を行った。翔平さんの班は，「日本のスポーツの歴史」というテーマで調べた。次の各問いに答えなさい。

1　次は，テニスの歴史についてまとめたものの一部である。(1)，(2)の問いに答えなさい。

> 日本で初めてテニスコートがつくられたのは，①横浜の外国人居留地で，1878年のことだといわれていますが，道具が高価だったこともあり，日本人には普及しませんでした。しかし，東京高等師範学校の依頼により国産のゴムボールが開発されると，師範学校の卒業生たちによって軟式テニスとして全国の②学校に広まりました。

(1)　下線部①について，横浜は，江戸幕府とアメリカ合衆国が結んだ［　　］条約により，貿易港として開港した。［　　］に当てはまる語を書きなさい。

(2)　下線部②について，次のア～ウは，明治時代の学校教育の制度に関するできごとである。年代の古いものから順に，記号で答えなさい。

ア　教育勅語が発布された。
イ　学制が公布された。
ウ　義務教育が6年間となった。

2　次は，ゴルフの歴史についてまとめたものの一部である。(1)〜(3)の問いに答えなさい。

> 日本初のゴルフ場は，1901年にイギリス人が神戸（こうべ）の六甲山（ろっこうさん）につくった4ホールのゴルフ場だとされています。③第一次世界大戦が始まった1914年には，日本人による初のゴルフ場である東京ゴルフクラブが開場されました。④大正時代は，大正デモクラシーの風潮の中で，ゴルフ以外のさまざまなスポーツも盛んになるなど，⑤人々の生活も大きく変わっていきました。

(1)　下線部③について，第一次世界大戦が始まる前，ヨーロッパでは三国同盟と三国協商の二つの陣営が対立していた。図16の［　　］で示したA〜Fは，二つの陣営のいずれかを形成した国である。三国同盟を結んだ国の組み合わせとして正しいものを，次のア〜エから一つ選び，記号で答えなさい。

図16

ア　A・B・C　　イ　A・B・F
ウ　C・D・E　　エ　D・E・F

(2)　下線部④について，この時代に天皇機関説を唱えた法学者として正しいものを，a群のア〜ウから一つ選び，記号で答えなさい。また，この時代のできごととして**適当でないもの**を，b群のア〜エから一つ選び，記号で答えなさい。

〈a群〉
ア　田中正造　　イ　平塚らいてう　　ウ　美濃部（みのべ）達吉

〈b群〉
ア　シベリア出兵を見越して買い占められた米の安売りを求め，米騒動がおきた。
イ　大政翼賛会のもとにつくられたさまざまな組織に，国民が組み込まれた。
ウ　部落差別の解消を目的として，全国水平社が結成された。
エ　加藤高明（たかあき）内閣のもとで普通選挙法が成立した。

(3)　下線部⑤について，資料17のA〜Cは，大正から昭和初期にかけて，都市部を中心に人々の生活に広まったものである。資料17のA〜Cに共通して読み取れる生活様式の特徴を書きなさい。

資料17

A

B

C

3　次は，プロ野球の歴史についてまとめたものの一部である。(1)〜(3)の問いに答えなさい。

> 日本のプロ野球は，1934年にアメリカ合衆国のメジャーリーグの選抜チームが来日したことを機に始まりました。当時の日本は，柳条湖（りゅうじょうこ）での鉄道爆破事件をきっかけにおきた［ a ］と，その後のb（ア　国際連盟からの脱退　　イ　日英同盟の解消）などにより国際的に孤立していたころでした。太平洋戦争中は一時中止されていたプロ野球も，⑥戦後まもなく再開され，1960年代にはアメリカへ渡る日本人野球選手が現れます。日本人最初のメジャーリーガーが活躍していたころ，日本国内は⑦高度経済成長期で，プロ野球人気も大いに高まりました。

(1)　［ a ］に当てはまる語を書きなさい。また，bの（　　）の中から適当なものを一つ選び記号で答えなさい。

(2)　下線部⑥について，戦後日本では民主化政策の一つとして農地改革が行われた。表18は，1941年と1949年における自作・自作兼小作・小作の農家の戸数を示したものである。表18から読み取れる農家の戸数の変化について，農地改革の内容にふれながら説明しなさい。

表18

項目／年	農家の戸数（万戸） 自作	自作兼小作	小作
1941	149	222	152
1949	343	219	49

（「農地改革顛末（てんまつ）概要」による）

(3)　下線部⑦について，資料19のA〜Cは，日本の高度経済成長期のできごとのようすである。資料19のA〜Cのそれぞれと関連が最も深いと考えられるできごとを，あとのア〜ウから一つずつ選び，記号で答えなさい。

資料 19

A

B

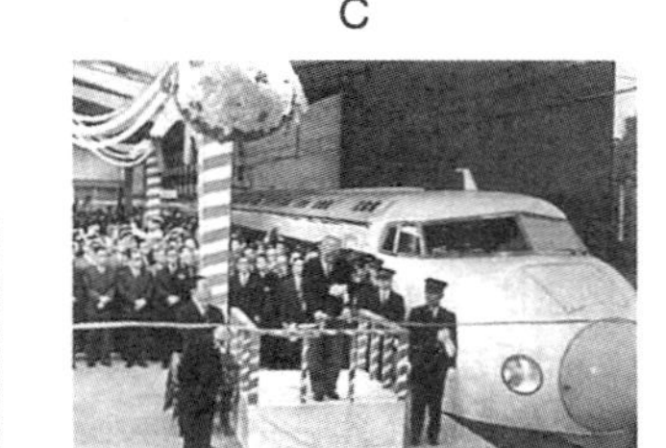

C

ア　1960 年にアメリカ合衆国との条約が改定された。
イ　1964 年に東京でオリンピックが開催された。
ウ　1973 年に中東で大きな戦争が勃発（ぼっぱつ）した。

5　次は，ある中学校の社会科の授業における一場面である。次の各問いに答えなさい。

> 先生：10 月 1 日は「法の日」です。2023 年は,「法の日」に関連したイベントとして，①法廷や②法務省の見学会などが行われました。また，法務省は，学校での法教育の普及に取り組んでいます。
> 生徒：法教育は何のために行われるのですか。
> 先生：③自由で公正な社会を支える人材を育てるという目的があります。そのために，法教育では，例えば，④法やルールの意義，⑤より良いルールの作り方，また，個人の尊重や自由・⑥平等など法の基礎となっている基本的な価値を学びます。
> 生徒：そうなんですね。私たちの生活にとって大切なことが学べるのですね。

1　下線部①について，資料 20 は，[a]裁判所大法廷のようすである。[a]裁判所は，法律などが憲法に違反するかどうかの最終決定権を持つことから，[b]ともよばれる。[a]，[b]に当てはまる語の組み合わせとして正しいものを，次のア～エから一つ選び，記号で答えなさい。

資料 20

ア　a：高等　b：憲法の番人　　イ　a：高等　b：特別裁判所
ウ　a：最高　b：憲法の番人　　エ　a：最高　b：特別裁判所

2　下線部②について，法務省は国の行政機関であり，法務大臣は，内閣を構成する[a]大臣の一人である。[a]大臣は，b（ア　全員が国会議員の中から選ばれなければならない　イ　国会議員以外から選ばれることがある）。[a]に当てはまる語を書きなさい。また，b の（　）の中から適当なものを一つ選び，記号で答えなさい。

3　下線部③について，日本国憲法が保障する財産権や，居住・移転・職業選択の自由は，自由権のうち，[　　]の自由に当たる。[　　]に当てはまる語を書きなさい。

4　下線部④について，(1)，(2)の問いに答えなさい。

(1)　次のア～エに示す各国の宣言や憲法などの一部のうち，「法の支配」の考え方が述べられたものとして最も適当なものを一つ選び，記号で答えなさい。

ア　議会の同意なしに，国王の権威によって法律やその執行を停止することは，違法である。（権利章典）
イ　人間はみな，譲り渡すことのできない権利を，神によって与えられている。（アメリカ独立宣言）
ウ　経済生活の秩序は，すべての人に，人たるに値する生存を保障することをめざす，正義の諸原則にかなうものでなければならない。（ワイマール憲法）
エ　すべて国民は，法の下に平等であって，人種，信条，性別，社会的身分又は門地により，政治的，経済的又は社会的関係において，差別されない。（日本国憲法）

(2)　国際法に関する次のア～ウの説明文の下線部には，**誤っているもの**が一つある。誤りのある文の記号を書き，正しい語に改めなさい。

ア　国際連合には，国家間の紛争を法的に解決する機関として，国際司法裁判所がある。
イ　各国に人権保障を義務付けた条約として，国際人権規約が採択された。
ウ　日本では，条約の締結は内閣が行うが，裁判所の承認が必要である。

5　下線部⑤について，この中学校では，合唱コンクールの自由曲を各クラスで決める話し合いの当日に欠席者が出た場合，資料 21 に示す**ルール**にもとづいて対応することになっている。資料 21 の**ルール**が，手続きの公正さに配慮したものであるといえる理由を書きなさい。

資料 21

> **ルール**
> 話し合いを延期して，欠席者が出席できるようになってから話し合いをするなどの配慮をすること。

6　下線部⑥について，表22は，2023年における，各国の男女格差の程度を示すジェンダー・ギャップ指数を示したものであり，表23は，日本における分野ごとのジェンダー・ギャップ指数を示したものである。また，表24は，2023年10月時点の各国の国会議員に占める女性の割合を示している。日本の男女格差の特徴について，表22～表24をふまえて説明しなさい。

表22

順位	国名	指数
6	ドイツ	0.815
15	イギリス	0.792
40	フランス	0.756
43	アメリカ合衆国	0.748
125	日本	0.647

表23

分野	指数
経済	0.561
教育	0.997
健康	0.973
政治	0.057

（表22と表23は，世界経済フォーラム資料による）

（注）ジェンダー・ギャップ指数は，値が小さいほど男女格差が大きく，0が完全不平等，1が完全平等を表している。表22の順位は，146か国中の順位である。

表24

国名	女性の割合（%）
フランス	37.8
ドイツ	35.1
イギリス	34.6
アメリカ合衆国	28.9
日本	10.3

（表24は，列国議会同盟資料による）

（注）衆議院または下院における割合である。

6　香澄（かすみ）さんは，職場体験の発表を行うことになった。資料25は，香澄さんが職場体験に行ったスーパーマーケットのようすについてまとめたものである。次の各問いに答えなさい。

資料25

○さまざまな①企業から商品が仕入れられ，従業員が開店前にそれらを棚に並べていた。
○商品の中には，②日本企業が外国の工場で生産し，日本に輸入したものがあった。
○値札には，商品本体の③価格と，④消費税額を含めた総額が表示されていた。
○店長は，⑤従業員が安心して働ける職場づくりに努め，⑥社会貢献活動にも積極的に取り組んでいると話されていた。

1　下線部①について，企業は，私企業と，国や地方自治体の資金で運営される［ a ］企業とに分けられる。また，資本金や働く人の数によって大企業と中小企業とにも分けられ，専門的な知識や技術をもとに起業して新しい事業に取り組む企業である［ b ］企業の多くは，中小企業である。［ a ］，［ b ］に当てはまる語をそれぞれ書きなさい。

2　下線部②について，外国に工場などを移転する企業が多くなることで国内の産業が衰退することを「産業の［ a ］化」という。また，日本に輸入される商品は，b（ア　円高　イ　円安）になるほど，安く仕入れることができる。［ a ］に当てはまる語を書きなさい。また，bの（　）の中から適当なものを一つ選び，記号で答えなさい。

3　下線部③について，図26は，ある商品についての市場での需要量，供給量と価格との関係を示したものであり，X，Yは需要曲線か供給曲線のいずれかを，また，Pは均衡価格を示している。ここで，この商品の生産量が増加すると，XまたはYはどのように動くか，図26のア～エから適当なものを一つ選び，記号で答えなさい。また，このとき，価格は図26のPよりも上がるか，下がるか，書きなさい。

図26

4　下線部④について，表27は，各年度の日本の租税収入に占める直接税と間接税の割合を示したものである。また，表28は，1989年4月に導入された消費税の税率の移り変わりを示したものである。消費税導入以降の租税収入に占める間接税の割合の変化について，表27と表28から読み取れることを関連付けて書きなさい。

表27

年度	租税収入に占める割合（%）	
	直接税	間接税
1985	77.6	22.4
2000	70.0	30.0
2015	65.7	34.3
2020	65.5	34.5

（表27は，総務省資料による）

表28

期　間	税率（%）
1989年4月～1997年3月	3
1997年4月～2014年3月	5
2014年4月～2019年9月	8
2019年10月～現在	10

5　下線部⑤について，日本国憲法は，労働基本権として，労働者が労働組合をつくる権利である［　　］権のほか，団体交渉権や団体行動権を保障している。［　　］に当てはまる語を書きなさい。

6　下線部⑥について，日本における取り組みの例として，NPOや企業が学用品の寄付を募り，発展途上国の子どもに届ける活動がある。表29は，世界の国々を一人あたりの国民総所得によって区分し，その区分ごとに，2018年における貧困下で生活する人口の割合と，小学校を卒業した子どもの割合を示したものである。表29から読み取れる低所得国の課題を書きなさい。

表29

区分＼項目	貧困下で生活する人口の割合（%）	小学校を卒業した子どもの割合（%）
高所得国	0.6	99.7
上位中所得国	2.0	96.0
下位中所得国	12.4	85.7
低所得国	45.3	53.7

（世界銀行資料，ユネスコ資料による）

（注）一人あたりの国民総所得の区分および貧困の基準は，世界銀行による）

5　傍線⑤の部分に「私には届かない」とあるが、この時の日々乃の気持ちを説明したものとして、最も適当なものを次のア～オから選び、記号で答えなさい。

ア　川木と久しぶりにテニスをして技術の高さを見せつけられたことで、川木に対抗意識を持つのはやめようと思っている。
イ　川木の才能に嫉妬していたことを反省し、川木と比べることなく自分を信じて努力してみようと思っている。
ウ　川木のテニスに対する強い思いを感じ、自分のたどり着けない大きな舞台で川木が活躍するに違いないと思っている。
エ　今は川木のようにみんなに慕われていなくても、いつかは川木と同じように部を支えたいと思っている。
オ　川木の存在を大切に思う仲間の気持ちを理解しつつも、自分には川木を止められないと思っている。

6　文章中の波線部分は、あるクラスの生徒たちがこの文章について話し合った時に話題になった箇所である。生徒たちが話し合った会話の一部である次のア～オから、この文章の内容と**合っていない**発言を一つ選び、記号で答えなさい。

ア　「こいつ、本当に、めちゃくちゃ上手いんだ」とあるね。初めて川木と練習した時のことを思い出させるほど、試合中の川木の姿が日々乃の胸を打ったことが表現されているね。
イ　他にも、二人が「声をあげて笑う」場面は、笑い合ったことでそれまでの重苦しい空気が緩み、日々乃が川木に謝るという次の場面につながっていくよう、工夫されていると感じたよ。
ウ　そのあとの会話で、日々乃は、「まあ、そんなとこ。こっ」と、円陣についての川木の問いかけを否定しなかったね。川木は、日々乃の心情が変化したことに気づいていたのかもしれないね。
エ　後半の部分で、日々乃に自分の思いが伝わっていないと感じた川木が、「本当だからなあ！」と怒ったように叫ぶ場面は、川木の率直な人柄が伝わってきておもしろいと思ったよ。
オ　日々乃は、川木の叫びに、「わかったわかった」と笑って返しているね。川木の自分への思いを感じ取って、すがすがしい気持ちになっている日々乃の様子が読み取れるね。

5

次の文章を読んで、あとの問いに答えなさい。

ある人みみづく(注)を①かけて、それを囮(おとり)にして鳥を②捕(とら)へけるに、同じく狩りをする友達のもとより、みみづくを借りに寄越(よこ)すが、その文(ふみ)に、「みみづく」を略し、「づく」と③書きて、その末に「づく」とは、「みみづく」の事なり。「みみづく」と書けば、文字かず多くこと(注)長になる故(ゆゑ)に、「づく」と書くとながながとことわりけり(注)。それならばはじめより「みみづく」と書けかし(注)と④片腹いたし。文字をつづめん(注)とて、多くの文字を添へ、詞(ことば)を短くせんとて、かへりて長くなる事をしらず。世間の事をみるに⑤このたぐひおほし。

（「駿台雑話(すんだいざつわ)」による。一部省略等がある。）

（注）みみづく＝フクロウ科の鳥のうち、頭部に耳状の羽毛をもつ種類の呼称。
こと＝「言葉」の意味。　ことわりけり＝「説明した」の意味。
書けかし＝「書けよ」の意味。　つづめん＝「縮めよう」の意味。

1　傍線①の部分「かけて」を現代かなづかいに直して、ひらがなで書きなさい。

2　傍線②の部分「捕へけるに」と、傍線③の部分「書きて」の主語として最も適当なものを、それぞれ次のア～オから一つずつ選び、記号で答えなさい。

ア　ある人　　イ　みみづく　　ウ　友達
エ　世間　　オ　筆者

3　傍線④の部分「片腹いたし」は、「滑稽だと思う」という意味である。どんな点を滑稽だと思ったのか。「『みみづく』を『づく』と省略することで」につづけて、三十字以上、四十字以内で書きなさい。

4　次は、この文章を読んだ岡本(おかもと)さんと下柳(しもやなぎ)さんが、傍線⑤の部分「このたぐひおほし」について話し合っている場面の一部である。□の部分に入れるのに最も適当なものをあとのア～オから選び、記号で答えなさい。

岡本　「このたぐひおほし」とあるけれど、今でもそうなのかな。
下柳　この話のような例に限らず、自分の発言や行動が□ことって今でも結構あると思うよ。よく考えて行動したいね。

ア　一石を投ずる　　イ　水をさす　　ウ　しのぎを削る
エ　恩を仇(あだ)で返す　　オ　裏目に出る

海の向こう。

日本よりも暑い夏。

自分より上手いやつが、たくさんいるコート。

本戦の試合を観たときに、思ったこと。

③夏の日差しみたいな目でボールを追っていた川木。

こいつは前しか見ていない。そしてその背中を見て、男子部はずっと走り続けてきたのだろう。

「私も、私なりにやってみるよ」

十七歳の私に残されたほんの数ヶ月、川木ほどではないにしろ、みんながついてきてくれるような背中になれたら。それはきっと、とても誇らしいことなんだ。

「大丈夫。④日々乃もちゃんとスーパーエースだよ」

川木が笑った。

私はしばらく、その言葉を噛みしめるように立ち尽くしていた。やがて肩をすくめて、ボールを出す。川木が打ち返す。私はそれを、ゆったりとしたロブで返す。川木がそのボールをじーっと眺めながら、担ぐようにラケットを構える。

「あのさ、日々乃はもしかして未だに信じてないかもしんないけど」

溜めながら、川木が言った。

「なにが？」

私は宙を見上げて、ボールの行方を追う。

「俺、日々乃のテニスは、まじで一番、綺麗だと思ってるから」

川木がスマッシュを放つ。

綺麗にコートの中央を切り裂いて、高く跳ねた。

⑤私には届かない。

誰も届かない場所に、川木のボールは届くだろう。

海の向こうまで、この空を越えて、きっと届くのだろう。

口にしないけど、信じているよ。

あんたはきっと、プロになって戻ってくる。そのときは私も、いつかの夏のエースとしての自分を、誇って話せるといい。

「本当だからなあ！」

何も言わない私に川木が怒ったように叫んだ。

「わかったわかった」と私は笑って、走ってボールを拾いにいった。

（天沢夏月著「17歳のラリー」による。）

（注）ラリー＝ボールを続けて打ち合うこと。　円陣＝何人もの人が輪のかたちにならぶこと。
フラットショット＝ボールの回転をおさえた打球。
フォアハンド＝ラケットを持つ手の側に来た球を打つこと。　ロブ＝高くゆるい打球。
グラウンドスマッシュ＝相手が打ったボールが一度高くバウンドしたところを強打すること。

1　傍線①の部分に「顔がかーっと熱くなった」とあるが、この時の日々乃の心情として、最も適当なものを次のア～オから選び、記号で答えなさい。

ア　声出しをからかわれたことへの憤慨　　イ　声出しを満足にできないことへの自嘲

ウ　声出しを評価してもらえたことへの驚嘆　　エ　声出しを聞かれてしまったことへの羞恥

オ　声出しを任せてもらえないことへの諦念

2　傍線②の部分に「目、覚めたと思う」とあるが、日々乃が「目、覚めた」と言ったのは、［　　］と思えるようになったからである。［　　］の部分に入れるのに適当な言葉を二十字以上、二十五字以内で書きなさい。

3　次は、ある生徒が、傍線③の部分「夏の日差しみたいな目」に使われている表現技法についてまとめたものである。［A］の部分に入れるのに最も適当な言葉をあとのア～ウから選び、記号で答えなさい。また、［B］の部分に入れるのに適当な言葉を、文章中から五字で抜き出しなさい。

> ○「夏の日差しみたいな目」について
> 〈表現技法〉〈説　明〉
> ［A］…　自分の方を見る川木の目を見て、試合の時の川木の目を思い出した日々乃は、川木のまなざしと、夏の［B］した日差しとを重ね合わせている。

ア　直喩　　イ　隠喩　　ウ　擬人法

4　傍線④の部分「日々乃もちゃんとスーパーエースだよ」には、川木のどんな思いがうかがえるか。二十字以上、三十字以内で書きなさい。

ウ　4段落は2・3段落で述べた内容について詳細に考察しながら要約し、問題を提起している。
エ　5段落は4段落で述べた内容を深めており、筆者の主張に対する読者の理解を促している。
オ　6段落は文章全体の展開をふまえたまとめとなっており、筆者の主張の根拠を提示している。

5　この文章で述べられている内容と合っているものを、次のア～オから一つ選び、記号で答えなさい。
ア　一人称的世界の体験である「感じ（クオリア）」を記憶することで、私たちは美しい光景を楽しむことができる。
イ　一人称の世界において感覚や情動で世界を捉えて行動することで、私たちは身体的に世界に働きかけることができる。
ウ　一人称の世界と三人称の世界とを必要に応じて行き来することで、私たちは互いを本当の意味で理解することができる。
エ　三人称の視点をもとにして想像することで、私たちは美しい花や美しい光景を見て心から感動することができる。
オ　三人称の視点から世界を捉える力を備えることで、私たち人類は文化的に大きな発展を遂げることができる。

4　次の文章を読んで、あとの問いに答えなさい。

> 高校のテニス部に所属する日々乃希里夏（ひびのきりか）（私）は、香凜（かりん）や志保（しほ）と共にテニスの練習に打ち込んでいた。部長の香凜からエースとして扱われることに抵抗を感じていた日々乃は、海外へのテニス留学が決まっている川木（かわき）から、練習中に「女子部のエースだろ」と言われ、「あんたみたいなスーパーエースに、私なんかの気持ちはわからない！」と言って練習を途中でやめて立ち去ってしまう。その後、川木の試合を観（み）て心を動かされた日々乃は、川木を練習に誘った。

打つのはあれ以来だから、ほぼ一ヶ月ぶりか。そんなに久しぶりというわけでもないのに、川木のボールはなんだかひどく懐（なつ）かしい感じがした。そうか、これはたぶん、一年のとき、初めて打ったときの感覚だ。とても上手（うま）いと思ったのを覚えている。いつしか一緒に打ち過ぎて慣れてしまったけど、こないだの試合を観て改めて実感した。こいつ、本当に、めちゃくちゃ上手いんだ。

「そういや今日、珍しかったな」

ラリー(注)をしながら、川木が言い出した。

「なにが？」

「円陣(注)。日々乃が声出してなかった？」

①顔がかーっと熱くなった。そうだ、今日の練習前の円陣、声出しは私だった。香凜もいたし、志保もいたけれど、私が出した。あまり大きい声は出ていなかったと思うけれど、男子部にはさすがに聞こえただろう。微妙に裏返っていて、後で香凜と志保ににやにやしながらからかわれたのはここだけの話だ。

「結構でかい声出るよな、日々乃。こないだの応援も、よく聞こえた」

「そりゃ、まあ、運動部だし」

「まあ、三年声出ししてるしな」

「そうそう。出るようになるって」

私たちは声をあげて笑う。軽い笑い声は、日の長くなった市民体育館のテニスコートに、心地よく響く。

「川木」

一度口を開くと、話したいことは、思いのほかするっと出た。

「こないだはごめん。いきなり帰ったりして」

「ああ、いや、いいよ」

川木も軽く受け止めてくれた。

「ってかわりィ、俺もちょっと言い方きつかった。辞める分際でエラそうっていうか……」

「ううん。おかげで②目、覚めたと思う。今さらって感じもするけど」

「ふーん。それが、今日の円陣に関係あったりすんの？」

「まあ、そんなとこっ、こっ」

私は「こっ」に合わせてラケットを勢いよく振るった。いつものフラット(注)ショット。川木みたいに曲がったり、高くバウンドはしない代わり、まっすぐに鋭く飛ぶ、私のフォアハンド(注)。

川木のボールが乱れた。ふんわりと浮いたボールを、私は容赦なくもう一度フラットショットで叩（たた）く。川木がよろよろと逃げるようにロブ(注)を上げた。情けないフォームのわりにこんなときでも上手いもので、しっかりと深い。

一度落として、私はグラウンドスマッシュ(注)を叩き込んだ。

川木が拾い損ねた。珍しいことだ。コートを抜けたスマッシュが後ろのフェンスに当たってガシャガシャ音を立てた。十八球目だった。

川木はこっちを見ていた。私も川木をまっすぐに見つめ返す。

川木の目はぎらぎらとしている。

その目に映っているのは、もっと遠い場所だ。

3 次の文章を読んで、あとの問いに答えなさい。文章中の**1**～**6**は、段落につけた番号である。

1私たちは世界を知覚や情動によって感知し、それにもとづく行動をすることで世界に働きかける。そしてその結果をふたたび知覚的・情動的に感知し、また新たに世界に働きかける。このような知覚や情動と行動の絶えざる循環が私たちの体験の世界だ。本書では、「感情」という言葉ではなく、「情動」というあまり馴染みのない言葉をあえて用いるが、それは心に「感じる」側面ではなく、心臓の鼓動や手足の震えなどの身体の「動き」の側面を強調したいからである。恐怖はたんに怖いという感じが心に生じることではなく、それに加えて心臓が高鳴り、身体が震えることである。

2知覚や情動と行動の絶えざる循環からなる体験の世界は、とりわけ「①一人称の世界」である。私は「いま、ここ」にいて、そこから世界を感知し、世界に働きかける。たとえば、私はいま、公園の池のそばにいて、そこから美しい花を見つけ、その花に感動し、それに近づく。このように私のいる「いま、ここ」という特定の位置から、世界を知覚し、情動を抱き、世界に働きかけることが、一人称の世界である。世界のなかで「いま、ここ」という位置を占めて、そこから世界と交わる存在は「世界内存在」とよばれる。一人称の世界というのは、ようするに世界内存在として世界と交わることによって、自分に立ち現れてくる世界にほかならない。

3これにたいして②三人称の世界は、自分を世界の外に置き、その外側の視点から俯瞰的（注）に眺めた世界である。それは「いま、ここからの眺め（the view from now and here）」ではなく、世界のどこにも視点を置かない「どこからでもない眺め（the view from nowhere）」である。「彼は喫茶店に行き、彼女は図書館に行った」と語るとき、私は彼や彼女のいる世界から自分の身を切り離し、世界の外側の視点からただ世界を眺める。私は世界を超越しているので、世界に身体でもって働きかけることはできない。超越的視点から、世界を眺めるだけである。神なら、超越的視点からでも世界に働きかけることができるかもしれないが、人間はただ眺めるだけである。

4「いま、ここからの眺め」という一人称の世界を超えて、「どこからでもない眺め」である三人称の世界を獲得できるのは、人間のきわめてすぐれた能力である。それは一人称の主観的世界を超えて三人称の客観的世界を手にすることを意味する。しかし、私たち人間が三人称の客観的世界を獲得できるのは、あくまで一人称の主観的世界を基礎にしてのことだ。世界のなかに身をおいて、「いま、ここ」から世界を眺め、それにもとづいて世界に働きかける。これができるようになると、つぎは「ここ」からではなく、かりに「あそこ」から世界を眺めると、世界がどう立ち現れるか、そしてそれにもとづいて世界にどう働きかけるかが想像できるようになる。「いま」についても、同様だ。こうして想像のなかで、どんな一人称的な視点からでも世界を眺めることができるようになる。これが③三人称の客観的世界の獲得にほかならない。

5このように三人称の客観的世界の獲得は、一人称の主観的世界を基盤にしてなされる。しかも、三人称の客観的世界を手に入れても、世界に働きかけるためには、やはり④一人称の主観的な世界が必要だ。「いま、ここ」から世界を捉えてこそ、「いま、ここ」から世界に働きかけることができる。世界から身を切り離して、外側から世界を捉えているだけでは、「そこ」に椅子があり、「あそこ」に机があるといった一人称的な把握ができない。そのため、その椅子に座るとか、あの机に向かって行くとかといった行動を実行できない。身体でもって世界に働きかけるためには、世界のうちに身を置いて、一人称的に世界を把握しなければならない。傍観者のままでは、行動を起こせないのである。

6体験の世界は一人称の世界である。したがって、体験して覚えるということは、世界との一人称的な交わりを通じて、物事が「どんな感じ（クオリア）なのか」を知ることである。「いま、ここ」から世界を知覚的・情動的に感知し、それにもとづいて世界に身体的に働きかける。このようにして、たとえば、「美しい光景を楽しむ」ことがどんな感じなのかを知ることができるようになる。体験して覚えることは、この「感じ（クオリア）」をつかむことなのである。

（信原幸弘著『「覚える」と「わかる」　知の仕組みとその可能性』による。）

（注）俯瞰的＝広く全体を見渡す様子。

1　次の表は、ある生徒が傍線①の部分「一人称の世界」と、傍線②の部分「三人称の世界」について整理したものである。表中の［Ⅰ］と［Ⅱ］の部分に入れるのに最も適当な言葉を、文章中から［Ⅰ］は三字、［Ⅱ］は二字でそれぞれ抜き出しなさい。

一人称の世界	三人称の世界
〈関わり方〉 ・世界の内側に自分を置く。 ・「いま、ここ」という位置から世界と［Ⅰ］。	〈関わり方〉 ・世界の［Ⅱ］に自分を置く。 ・「どこからでもない」位置から世界を眺める。
〈一人称の例〉「私」	〈三人称の例〉「彼」「彼女」

2　傍線③の部分「三人称の客観的世界の獲得」とは、「一人称の主観的世界を基盤にして、［　］ことができるようになること。」を意味している。［　］に入れるのに適当な言葉を三十五字以上、四十五字以内で書きなさい。

3　傍線④の部分に「一人称の主観的な世界が必要だ」とあるが、一人称の主観的な世界が必要とされるのは、三人称の客観的世界を手に入れても、［　］からである。［　］の部分に入れるのに、最も適当な言葉を、文章中から十七字で抜き出しなさい。

4　この文章における各段落の役割について説明したものとして最も適当なものを、次のア～オから選び、記号で答えなさい。

ア　**1**段落はこの文章の導入にあたり、具体例を交えながら主題を提起することで読者の興味を引いている。

イ　**2**段落は例を示して原因となる事柄を説明しており、**3**段落で述べられる結果の理解につなげている。

2

肥後中学校の池田（いけだ）さんは、学年全体で聴いた情報モラルに関する講話や、講話のあとに班で話し合った内容などをまとめて、クラス代表として学年集会で発表することになった。次は、講話のあとに行った【話し合いの様子】と、池田さんの【発表原稿】である。あとの問いに答えなさい。【話し合いの様子】の**1**～**8**は、発言につけた番号である。

【話し合いの様子】

池田　**1**今日の講話は、インターネットとの付き合い方という、私たちにとって身近な内容だったね。

宮本（みやもと）　**2**インターネットの使い方については、これまでにも勉強してきたよね。今日の講話でも、実際にあったことがたくさん紹介されていて、わかりやすかったよ。

井上（いのうえ）　**3**うん。自分だったらどうするだろうと想像しながら話を聴くことができたよ。調べものをする時だって、たくさんの情報がすぐに見つかるインターネットはとても便利だから、毎日のように使っているよね。

松永（まつなが）　**4**ただ、今日の講話を聴いていたら、インターネットは便利なだけじゃないと感じたよ。

宮本　**5**悪意がなくても[①]を信じて拡散してしまう危険性や、ネット依存、著作権の侵害など、いろいろな問題が紹介されていたね。

松永　**6**リスクがたくさんありすぎて、何に注意すればいいかわからなくなってしまいそうだよ。インターネットを安心して使うには、どんなことに注意して利用すればいいのか知りたいな。

井上　**7**そうだね。危険だからインターネットは使わないというわけにはいかないからね。

池田　**8**インターネットを使うと、学びを広げたり、深めたりすることができるから、勉強する時にインターネットを活用することも多いよね。インターネットを上手に使っていきたいね。

【発表原稿】

導入	皆さんがインターネットを使う時に気をつけていることは何ですか。情報流出、人間関係のトラブル、誤った情報の氾濫、権利の侵害、健康被害など、さまざまなリスクがあるため、混乱してしまうという人もいると思います。そこで、②こうしたリスクに対応するための情報モラルを理解するヒントとなるものがないか探してみました。
展開	調べてみると、「情報モラルの大半が日常モラルである」と書いてある資料を見つけました。これは、インターネットを使用する時には、節度や思慮、思いやりといった、日常モラルが非常に大切だということを表していると思います。言い換えると、対面のコミュニケーションでやってはいけないことは、[③]のです。もちろん、これだけで全てのリスクに対応することはできませんが、日常モラルを忘れないように注意してインターネットを利用することが、リスクに備える第一歩になると思います。 例えば、SNS（ソーシャル・ネットワーキング・サービス）のような、インターネットを通じて多くの人々が互いに情報を発信し合い、交流できる④ソーシャルメディアは、情報の客観性や信頼性を確認する必要はありますが、さまざまなことについての情報を得るという点でも、他者とコミュニケーションを図るという点でも、大変便利なものです。SNSのように、コミュニケーションツールとしてインターネットを活用する場合は、いっそう日常モラルが大切になることを意識する必要があると思います。
まとめ	はじめに述べたように、インターネットを使う際にはさまざまなリスクがあります。しかし、今やインターネットは社会に欠かせないものです。情報モラルを正しく理解して⑤インターネットを活用し、学びを広げたり、深めたりしていくことが大切だと考えます。

1　【話し合いの様子】の[①]の部分に入れるのに最も適当な言葉を、【発表原稿】から五字で抜き出しなさい。

2　【発表原稿】の傍線②の部分「こうしたリスクに対応するための情報モラルを理解するヒントとなるものがないか探してみました」について、池田さんがヒントを探すきっかけとなった発言はどれか。【発表原稿】の内容をふまえて、【話し合いの様子】の**1**～**8**から最も適当な発言を選び、数字で答えなさい。

3　【発表原稿】の[③]の部分に入れるのに適当な言葉を、十五字以上、二十字以内で書きなさい。

4　次は、【発表原稿】の傍線④の部分「ソーシャルメディア」について調べていく中で、日本におけるソーシャルメディアの利用の特徴に興味を持った池田さんが、下の【グラフ】を参考にして、ソーシャルメディアの利用に関する日本と他国の違いについてまとめたものである。[A]と[B]の部分に入れるのに最も適当な言葉を、【発表原稿】からそれぞれ十五字以上、二十字以内で抜き出しなさい。ただし、二箇所ある[A]には同じ言葉が入る。

> 【グラフ】を見ると、ソーシャルメディアの利用に関して、日本では、[A]ことができるという点よりも、[B]ことができるという点にメリットを感じている割合が高く、他国（アメリカ、ドイツ、イギリス）では、日本に比べ、[A]ことができるという点にメリットを感じている割合が高いことがわかる。

【グラフ】

ソーシャルメディアを利用して、良かったと思えたこと（複数回答）

新しい友人ができた
相談相手ができた
家族や友達との結びつきが深まった
しばらく連絡を取っていなかった人と再び連絡を取ることができるようになった
社会や経済等に関する最新のニュースや情報を得ることができた
趣味や身近な地域の話題など、自分が興味のある情報を得ることができた

50(%)　40　30　20　10　0

日本　アメリカ　ドイツ　イギリス

（総務省「ICTによるインクルージョンの実現に関する調査研究」（2018）による。）

5　【発表原稿】の傍線⑤の部分に「インターネットを活用し、学びを広げたり、深めたりしていく」とあるが、「インターネットを使うことで、学びが広がったり、深まったりしたあなたの体験」について、次の〈注意〉にしたがって書きなさい。

〈注意〉
1　インターネットのどのような点が、学びを広げたり、深めたりすることにつながったのかにふれながら書くこと。
2　原稿用紙には「題名」や「氏名」は書かないで、本文だけを縦書きで書くこと。
3　書き出しは一マス空け、段落は変えないこと。
4　六行以上、七行以内にまとめて書くこと。（一行25マス）

令和6年度入試問題　国語

1 次は，ある生徒が「郷土の偉人」を紹介するために作成した資料の【下書きの一部】である。あとの問いに答えなさい。

【下書きの一部】

「郷土の偉人」　北里柴三郎（きたさとしばさぶろう）について

1 生涯

1853年	現在の阿蘇（あそ）郡小国町に生まれる。
1886年	東京医学校を卒業後，ドイツに留学し，世界的に有名な細菌学者であるコッホにA師事する。
1889年	破傷風菌のB純粋培養に成功する。
1892年	日本で初めての伝染病研究所の初代所長となる。
1894年	ペスト菌を発見する。
1914年	北里研究所を設立する。
1916年	郷土に図書館「北里文庫」を建設し，寄贈する。
1931年	東京で死去する。

2 人物像

○ 海堂尊（かいどうたける）さんは，著書「北里柴三郎」の中で，「北里柴三郎の生涯をア振り返れば，波瀾万丈（はらんばんじょう）でありながら，その背骨を一本の太い①ハシラが②貫いている，という③インショウがあります。それは公益性の高い『社会貢献』という視点が常に中心に置かれている，ということです。」と述べています。

○ 北里柴三郎がイ生まれた1853年は，鎖国を続けていた日本にペリーが来航した年です。翌年，日本が開国すると，西洋の文明とC共に，コレラなどの恐ろしい伝染病が日本に入り込みます。伝染病の④脅威から人々をウ守るため，公衆⑤エイセイの必要性が認識され始めた時期に，柴三郎は医学の道を歩み始めました。

○ 留学から戻った柴三郎を支援したのは「学問のすゝめ」でエ知られる福沢諭吉（ふくざわゆきち）でした。諭吉らの支援を得て伝染病研究所を開いた柴三郎は，大勢の優れた細菌学者を育てました。また，図書館を設立して郷土のために力をオ尽くすなど，社会に大きく貢献しました。

1　次の(1)と(2)に答えなさい。

(1)　下線①「ハシラ」，②「貫（いて）」，③「インショウ」，④「脅威」の部分の，漢字にはよみがなをつけ，かたかなは漢字に改めなさい。

(2)　下線⑤の部分「エイセイ」を漢字に改めたものとして，最も適当なものを次のア～エから選び，記号で答えなさい。

ア　永世　イ　永生　ウ　衛生　エ　衛星

2　二重下線Aの部分に「師事」とあるが，「師事」という言葉における「事」の意味として，最も適当なものを次の【漢和辞典の一部】のア～エから選び，記号で答えなさい。

【漢和辞典の一部】

【事】　ア　ことがら。ものごと。
　　　イ　できごと。
　　　ウ　人が専念しておこなうこと。しごと。
　　　エ　（人に）つかえる。

3　二重下線Bの部分「純」を楷書で書いた場合の総画数と，次のア～オの漢字を楷書で書いた場合の総画数が同じものを一つ選び，記号で答えなさい。

ア 強　イ 津　ウ 教　エ 週　オ 起

4　二重下線Cの部分「共に」が修飾している一文節を抜き出しなさい。

5　波線ア～オの動詞のうち，活用の種類が他の四つと**異なるもの**を一つ選び，記号で答えなさい。

数学解答

大問	区分	小問	解答	小問	解答	配点
1		(1)	0.2	(2)	−13	各1
		(3)	$\frac{13x+5y}{36}$	(4)	$-54a$	各2
		(5)	$9x^2-5x+34$	(6)	$7\sqrt{2}$	各2
2		(1)	$x=-2$	(2)	$x=\frac{-7\pm\sqrt{17}}{8}$	各2
		(3)	24π cm^3	(4)	$\frac{4}{15}$	各2
	(選択A問題)	(5)	作図			2
		(6) ①	65			1
		(6) ②	$5n+15$			2
		(7) ①	ウ			1
		(7) ②	2			2
	(選択B問題)	(5)	作図			2
		(6) ①	$5n+15$			1
		(6) ②	ア 42		イ 10	2
		(7) ①	カ			1
		(7) ②	−1			1
		(7) ③	−4, 2			1
3		(1)	A 0.1		B 0.75	2
		(2)	ア，イ			2
		(3)	猛暑日の日数が40日以上の2回はⅡ期とⅣ期の1回ずつであり，30日以上40日未満となった年は1回もないから。			2

大問	区分	小問	解答	配点
4		(1) ①	$2\sqrt{5}$ cm	1
		(1) ②	$\frac{1}{4}$倍	2
		(2) ①	$\frac{4}{3}$ cm	1
		(2) ②	BQ：QC＝1：3	2
5	(選択A問題)	(1)	4　(2) −6	各1
		(3)	$y=-\frac{1}{2}x+6$　(4) $\left(3,\ \frac{9}{4}\right)$	各2
	(選択B問題)	(1)	$a=\frac{1}{4}$	1
		(2)	$y=\frac{4}{3}x+\frac{16}{3}$	2
		(3) ①	$-\frac{3}{2}t^2+8t+32$	1
		(3) ②	$t=2+2\sqrt{5}$	2
6	(選択A問題)	(1)	証明 △EFBと△DECにおいて EF⊥ABだから ∠EFB＝90° ……① AC⊥DBだから ∠DEC＝90° ……② ①，②より ∠EFB＝∠DEC ……③ ∠EBFと∠DCEは$\overset{\frown}{DA}$に対する円周角だから ∠EBF＝∠DCE ……④ ③，④より，2組の角がそれぞれ等しいから △EFB∽△DEC	3
		(2) ①	$\frac{24}{5}$ cm	1
		(2) ②	$\frac{5}{2}$ cm	2
	(選択B問題)	(1)	証明 △ABCと△ODEにおいて OE⊥DCだから ∠OED＝90° ……① ∠ACB＝90°だから，①より ∠ACB＝∠OED ……② ACは円Oの直径だから ∠ADC＝90° ……③ OE⊥DCだから，③より OF∥AB ……④ ④より ∠EOD＝∠ODA ……⑤ △OADはOA＝ODの二等辺三角形であるから ∠ODA＝∠CAB ……⑥ ⑤，⑥より ∠CAB＝∠EOD ……⑦ ②，⑦より，2組の角がそれぞれ等しいから △ABC∽△ODE	3
		(2) ①	$\frac{2\sqrt{5}}{3}$ cm	1
		(2) ②	$\frac{5\sqrt{6}}{18}$ cm	2

英語解答

大問	区分	小問	解答	配点
2		A	1 イ　2 ウ　3 イ	各問1
		B	ウ → ア → イ → エ	2
		C	1 ウ　2 オ	各問2
		D 1	① エ　② ウ　③ ア	2
		D 2	(例) to stay	2
3		1	① オ　② エ　③ ア	各2
		2 A	why don't we	2
		2 B	how much	2
4	(選択問題A)	1	Yes, we can (.)	2
		2	① イ　② ウ　③ ア	各1
		3	イ	1
		4	A さまざまな色　B 快適さ　C 活気づく	各1
		5	ウ	1
	(選択問題B)	1	ア	1
		2	(例) grow more *kombu*	2
		3	He is more interested in making Japanese dishes using *kombu* more popular around the world.	2
		4	ア，ウ，オ	2
		5	(例) introduce many dishes using *kombu* to people	3
5	(選択問題A)	A	(例) Yes, I do (.)	5
		B	(例) I enjoy traveling around many places in Japan (.)	
	(選択問題B)		【採点の観点】 (1) 発言に対する自分の賛否の立場と理由が一貫している。 (2) 理由が指定された語数で適切に書かれている。 (3) 語彙や文法が正しく使われている。	5

大問	区分	小問	解答	配点
1		A	1 エ　2 ウ	各問1
		B	1 イ　2 エ	各問1
		C	1 ア　2 ア　3 エ	各問1
	(選択問題A)	D ①	easy	各1
		D ②	fun	
		D ③	short	
		D ④	(例) (I want to) 【sing songs / play games / make movies】 (the most because) I am good at singing songs (.)	2
	(選択問題B)	D ①	communicate	各1
		D ②	careful	
		D ③	problems	
		D ④	help them think	2

理科解答

大問	小問	設問	解答	配点
1	1	(1)	① DNA ② 6本	1
		(2)	エ	2
		(3)	記号 B 理由：視野中の細胞数の減る割合が最も大きいから。	2
		(4)	主根と側根が見られる。	1
		(5)	ア	1
	2	(1)	聴覚	1
		(2)	① 関節 ② D	1
		(3)	ア，オ，イ，カ，イ，エ，ウ	2
		(4)	0.25 秒	2
2	1	(1)	① 惑星 ② イ	1
		(2)	月の移動 a 月の形	1
		(3)	ウ ／ オ	2
		(4)	ウ	2
	2	(1)	① 偏西風 ② 閉そく（前線）	1
		(2)	エ	1
		(3)	理由：（観測地点が）暖気から寒気の中に入るため。	1
			しくみ：暖気が寒気によって押し上げられることにより雲が発生する。	1
		(4)	イ	1
		(5)	エ	1
3	1	(1)	Ⓐ ＝ Ⓑ －	1
		(2)	① $60.0-b$ ② 10	2
		(3)	イ	1
		(4)	14.2g	2
	2	(1)	Bg^{2+} ／ OH^{-}	1
		(2)	ア × イ ○ ウ ○	1
		(3)	名称 塩素	1
			理由：陽極で発生した気体は陰極で発生した気体よりも水に溶けやすいから。	2
		(4)	① ウ ② イ ③ エ	2
4	1	(1)	① 磁界 ② ウ	1
		(2)	① 0.6N ② ア	2
		(3)	550Pa	1
		(4)	① イ ② イ	2
	2	(1)	① ウ ② エ ③ ア	1
		(2)	ア	1
		(3)	① イ ② 68.4 J	2
		(4)	回路A 0個 回路B 0個 回路C 2個 回路D 1個	2

社会解答

大問	小問	設問	解答	配点
1	1	(1)	緯線 ウ 経線 Z	1
		(2)	記号 ③ 大洋名 太平洋	1
	2	(1)	原油 C 石炭 A	1
		(2)	オーストラリア ア	1
			マレーシア エ	1
		(3)	ウ	1
		(4)	宗教名 ヒンドゥー（教） X イ	1
		(5)	都市の人口増加にともなって深刻な交通渋滞がおきているから。	2
2	1	(1)	a ア b 対馬（海流）	1
		(2)	日本 ウ アメリカ合衆国 ア	1
	2	(1)	イ	1
		(2)	イ 千葉県 オ 沖縄県	各1
		(3)	すべての製造品に占める出荷額の割合が，鉄鋼は減少しているのに対して，輸送用機械は増加している。	2
		(4)	ウ	1
3	1		イ	1
	2		a 大王 b 渡来人	1
	3		ウ → イ → ア	1
	4		ウ	1
	5		ウ，エ	1
	6	(1)	人名 天草四郎〔益田時貞〕 記号 ア	1
		(2)	ポルトガル人がキリスト教を密かに広め，日本国内のキリシタンが一揆をおこすことを警戒したから。	2
4	1	(1)	日米修好通商（条約）	1
		(2)	イ → ア → ウ	1
	2	(1)	ウ	1
		(2)	a群 ウ b群 イ	1
		(3)	洋風の生活様式が取り入れられている。	1
	3	(1)	a 満州事変 b ア	1
		(2)	政府が地主の農地を買い上げ，小作農家に安く売り渡した結果，自作農家が増加し，小作農家は減少した。	2
		(3)	A ウ B ア C イ	1
5	1		ウ	1
	2		a 国務（大臣） b イ	1
	3		経済活動〔経済〕（の自由）	1
	4	(1)	ア	1
		(2)	記号 ウ 正しい語 国会	1
	5		クラスの全員が話し合いに参加できるようにしているから。	1
	6		他国と比べて男女格差が大きく，特に国会議員に占める男女の割合のような政治の分野での格差が大きい。	2
6	1		a 公（企業） b ベンチャー（企業）	1
	2		a 空洞（化） b ア	1
	3		記号 エ 価格 下がる	1
	4		消費税の税率の引き上げにともなって，租税収入に占める間接税の割合が高まってきた。	2
	5		団結（権）	1
	6		低所得国では，貧困下で生活する人の割合が高く，学校教育を受けられない子どもの割合も高い。	2

国語解答

大問	小問	設問	解答	配点
1	1	(1)	① 柱 ② つらぬ（いて） ③ 印象 ④ きょうい	各1
		(2)	ウ	
	2		エ	
	3		オ	
	4		入り込みます	
	5		イ	
2	1		誤った情報	1
	2		6	1
	3		インターネット上でもやってはいけない	2
	4	A	他者とコミュニケーションを図る	各1
		B	さまざまなことについての情報を得る	
	5		【採点の観点】 ○内容 インターネットを使うことで，学びが広がったり，深まったりした自らの体験について，インターネットのどのような点が，学びを広げたり，深めたりすることにつながったのかにふれながら明確に書いている。 ○表現 文脈に即して語句が適切に使われており，内容の述べ方や表現の仕方が工夫され，わかりやすい文章になっている。 ○表記 漢字や仮名づかいが正しく，句読点が適切に使われている。	6
3	1		Ⅰ 交わる Ⅱ 外側	各1
	2		どんな一人称的な視点からでも，世界の現れ方や，世界への働きかけ方を想像する	3
	3		傍観者のままでは，行動を起こせない	2
	4		エ	2
	5		イ	2
4	1		エ	1
	2		みんながついてきてくれるような存在になりたい（と思えるようになったから）	2
	3		A ア B ぎらぎらと	1
	4		日々乃の力を認めることで，自信を持たせたいという思い。	2
	5		ウ	2
	6		イ	2
5	1		かいて	1
	2		② ア ③ ウ	各1
	3		（「みみづく」を「づく」と省略することで）言葉を短くしようとしたのに，説明のために，かえって文が長くなった点。	3
	4		オ	2

令和６年度　問題解説

〈数　学〉

1 (1) $0.8\div4=0.2$

(2) $7-5\times4=7-20=-13$

(3) $\dfrac{x+y}{4}+\dfrac{x-y}{9}=\dfrac{9(x+y)+4(x-y)}{36}=\dfrac{13x+5y}{36}$

(4) $-6a^2\times9ab^2\div(ab)^2=\dfrac{-6a^2\times9ab^2}{a^2b^2}=-54a$

(5) $(3x+1)(3x-1)-5(x-7)=9x^2-1-5x+35$

$=9x^2-5x+34$

(6) $\dfrac{6}{\sqrt{2}}+\sqrt{32}=\dfrac{6\times\sqrt{2}}{\sqrt{2}\times\sqrt{2}}+4\sqrt{2}=3\sqrt{2}+4\sqrt{2}=7\sqrt{2}$

2 (1) $5x+x=6-18$

$6x=-12\quad\therefore x=-2$

(2) 解の公式より，$x=\dfrac{-7\pm\sqrt{7^2-4\times4\times2}}{2\times4}=\dfrac{-7\pm\sqrt{17}}{8}$

(3) 求める立体の体積は，半径BCの円が底面で高さがDCの円柱から，上の円すいを取り除いたものである。

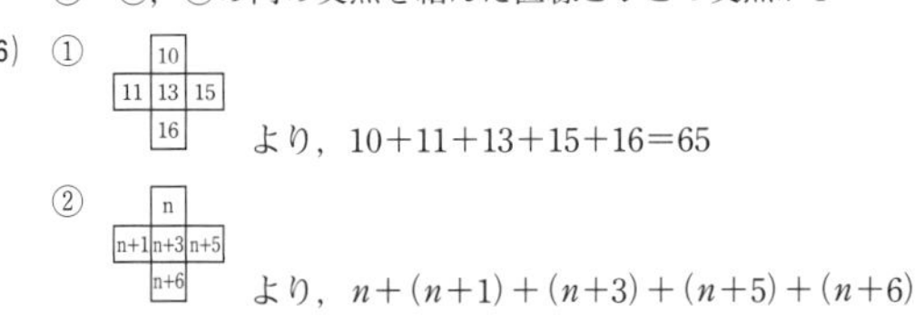

したがって，$3\times3\times\pi\times3-3\times3\times\pi\times1\times\dfrac{1}{3}$

$=24\pi\,\text{cm}^3$

(4) Ⓐ―② ⇒ 2, ③ ⇒ 3, ④ ⇒ 4, ⑤ ⇒ 5, ⑥ ⇒ 6
Ⓑ―② ⇒ 4, ③ ⇒ 6, ④ ⇒ 8, ⑤ ⇒ 10, ⑥ ⇒ 12
Ⓒ―② ⇒ 9, ③ ⇒ 10, ④ ⇒ 11, ⑤ ⇒ 12, ⑥ ⇒ 13

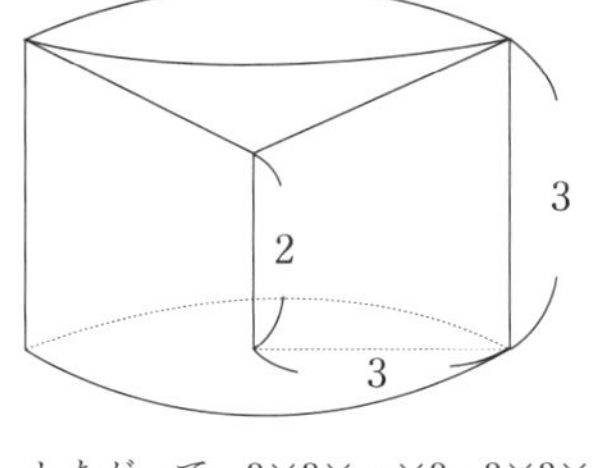

よって，$\dfrac{4}{15}$

(選択問題 A)

(5) ① Aを中心に適当な半径の円をかく

② ①と同じ半径の円をBを中心にかく

③ ①，②の円の交点を結んだ直線とℓとの交点がP

(6) ① （図：10 / 11 13 15 / 16）より，$10+11+13+15+16=65$

② （図：n / n+1 n+3 n+5 / n+6）より，$n+(n+1)+(n+3)+(n+5)+(n+6)$

$=5n+15$

(7) ① グラフをy軸の正の方向に平行移動するには，切片bを大きくすればよい。

② $y=3x+1$と$y=-x+3$の交点は連立方程式を解いて，

$x=\dfrac{1}{2}$，$y=\dfrac{5}{2}$より，$\left(\dfrac{1}{2},\ \dfrac{5}{2}\right)$

これを，$y=x+b$に代入して，$\dfrac{5}{2}=\dfrac{1}{2}+b$，$b=2$

(選択問題 B)

(5) ① A，Cを中心にそれぞれ半径ACの円をかき，その交点をDとすると，△ACDは正三角形となるので，∠ACD＝60°

② A，Dを中心にそれぞれ適当な円をかき，その交点とCを結んだ直線とABとの交点がPとなる。

③ ②の直線は∠ACDの二等分線なので∠ACP＝30°
∠CAP＝90°より，∠CPB＝30＋90＝120°である。

(6) ① （図：n / n+1 n+3 n+5 / n+6）より，$n+(n+1)+(n+3)+(n+5)+(n+6)$

$=5n+15$

② ア ①より，$5a+15=225$，$a=42$

イ 段の最も右端の数字に注目すると，1段目の「1」から5ずつ増えていくので，10段目の最も右端は$1+5\times9=46$ そして，同じ段において，左に1つ行くと2ずつ小さくなるので，10段目の右から数えて3番目が42であることがわかる。

(7) ① $ax+by+c=0$ を変形すると，

$y=-\dfrac{a}{b}x-\dfrac{c}{b}$となる。

y軸の正の方向に平行移動させるには，傾き$-\dfrac{a}{b}$を変えずに，切片$-\dfrac{c}{b}$を大きくしなくてはならないので，cの値を小さくすればよい。

② $\begin{cases}2x-y-1=0\\x+y-3=0\end{cases}$

の連立方程式を解くと　$x=\dfrac{4}{3}$，$y=\dfrac{5}{3}$　より，交点は$\left(\dfrac{4}{3},\ \dfrac{5}{3}\right)$

この点を$ax+2y-2=0$も通るので，代入して，

$a\times\dfrac{4}{3}+2\times\dfrac{5}{3}-2=0$，$a=-1$

③ 直線の傾きはそれぞれ，2，－1，$-\dfrac{a}{2}$なので，平行になるときは傾きが同じだから，

$2=-\dfrac{a}{2}\quad\therefore a=-4$

$-1=-\dfrac{a}{2}\quad\therefore a=2$

3 (1) A…$\dfrac{4}{40}=0.1$

B…$\dfrac{9+6+11+4}{40}=0.75$

(2) ウ…箱はⅢ期の方が大きいので誤っている。

4 (1) ① △BDFにおいて三平方の定理より，

$BF=\sqrt{4^2+2^2}=2\sqrt{5}$

② FはCDの中点より，△ABC：△BCF＝2：1
EはACの中点より，三角すいABCDの高さ：三角すいEBCFの高さ

＝2：1

したがって，三角すいABCDの体積：三角すいEBCFの体積

＝4：1

よって，$\dfrac{1}{4}$倍

(2) ① 線分BPとPEの長さの和が最小になるPは，展開図において，BとEを直線で結んだときのCDとの交点である。EからADに垂線を下ろし，その交点をGとすると，

中点連結定理より，DG＝GA＝2

△BPD∽△BEGより

PD：EG＝BD：BG

PD：2＝4：6

$PD=\dfrac{4}{3}$

② EがACの中点より，三角すいEABDの体積＝三角すいBCDEの体積なので，三角すいEQCPの体積が三角すいEABDの体積の$\dfrac{1}{2}$になるのは，底面である△QCPの面積が△BCDの面積の$\dfrac{1}{2}$になるときである。

$PD=\dfrac{4}{3}$より，$CP=4-\dfrac{4}{3}=\dfrac{8}{3}$

△QCPの高さをQR＝$x$cmとすると，

$\triangle QCP=\dfrac{8}{3}\times x\times\dfrac{1}{2}$

$\triangle BCD=4\times4\times\dfrac{1}{2}=8$より

$\dfrac{8}{3}\times x\times\dfrac{1}{2}=8\times\dfrac{1}{2}$

$x=3$

△QCR∽△BCDより

x：4＝QC：BC

3：4＝QC：BC

したがって，QC：BQ＝3：1

よって，BQ：QC＝1：3

5 (選択問題 A)

(1) $y=\frac{1}{4}x^2$ に $x=4$ を代入して，$y=\frac{1}{4}\times4^2=4$

(2) $y=\frac{1}{4}x^2$ に $y=9$ を代入して，$9=\frac{1}{4}x^2$，$x^2=36$

$x<0$ より，$x=-6$

(3) 直線 AB を $y=ax+b$ とおき，A$(4,\ 4)$，B$(-6,\ 9)$ を代入して連立方程式を解けばよい。

(4) P の x 座標を t とすると，$y=\frac{1}{4}x^2$ 上にあるので，$\mathrm{P}\left(t,\ \frac{1}{4}t^2\right)$

Q の x 座標は t で，直線 AB 上にあるから，$y=-\frac{1}{2}t+6$

より　$\mathrm{Q}\left(t,\ -\frac{1}{2}t+6\right)$

R の x 座標も t で，x 軸上にあるから，R$(t,\ 0)$

したがって，$\mathrm{QP}=\left(-\frac{1}{2}t+6\right)-\frac{1}{4}t^2=-\frac{1}{4}t^2-\frac{1}{2}t+6$

$\mathrm{PR}=\frac{1}{4}t^2$

よって，QP=PR のとき　$-\frac{1}{4}t^2-\frac{1}{2}t+6=\frac{1}{4}t^2$

$t^2+t-12=0$

$(t-3)(t+4)=0$

$t>0$ より，$t=3$

ゆえに，$\mathrm{P}\left(3,\ \frac{9}{4}\right)$

5 (選択問題 B)

(1) 点 A は $y=\frac{1}{2}x+2$ 上にあるので，$x=4$ を代入して，

$y=\frac{1}{2}\times4+2=4$　$\therefore$ A$(4,\ 4)$

また，点 A は $y=ax^2$ 上にもあるので，代入して，$4=a\times4^2$　$\therefore a=\frac{1}{4}$

(2) 点 B は $y=\frac{1}{4}x^2$ 上にあるので，$x=8$ を代入して，$y=\frac{1}{4}\times8^2=16$

より，B$(8,\ 16)$

点 C は $y=\frac{1}{2}x+2$ と x 軸との交点なので，$0=\frac{1}{2}x+2$，$x=-4$

より，C$(-4,\ 0)$

したがって，直線 BC を $y=ax+b$ とおいて，

B$(8,\ 16)$，C$(-4,\ 0)$ を代入して，連立方程式を解けばよい。

(3) ①

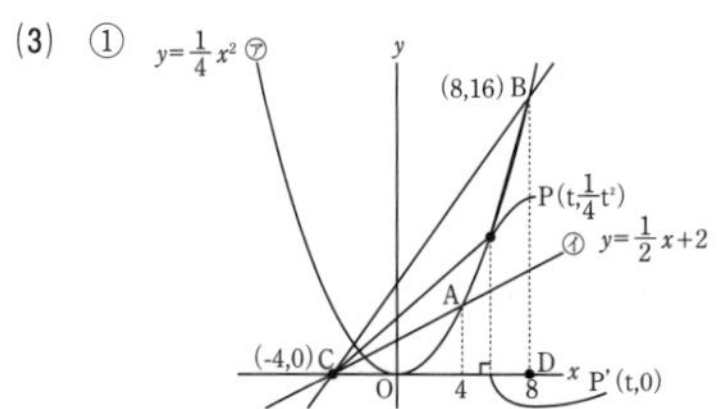

点 P は $y=\frac{1}{4}x^2$ 上にあるので，$x=t$ を代入して，$y=\frac{1}{4}t^2$

$\therefore \mathrm{P}\left(t,\ \frac{1}{4}t^2\right)$

点 P より x 軸に垂線を下ろし，その交点を P′とすると，P′$(t,\ 0)$

△BCP=△BCD−△PCP′−台形 PP′DB

$=12\times16\times\frac{1}{2}-(t+4)\times\frac{1}{4}t^2\times\frac{1}{2}-\left(\frac{1}{4}t^2+16\right)\times(8-t)\times\frac{1}{2}$

$=96-\frac{1}{8}t^3-\frac{1}{2}t^2-t^2+\frac{1}{8}t^3-64+8t$

$=-\frac{3}{2}t^2+8t+32$

② $\triangle\mathrm{PCD}=12\times\frac{1}{4}t^2\times\frac{1}{2}=\frac{3}{2}t^2$

したがって，$-\frac{3}{2}t^2+8t+32=\frac{3}{2}t^2\times\frac{1}{3}$

$-2t^2+8t+32=0$

$t^2-4t-16=0$

解の公式より，$t=2\pm2\sqrt{5}$，$t>0$ より　$t=2+2\sqrt{5}$

6 (選択問題 A)

(2) ① △DEC において三平方の定理より，$\mathrm{DC}=\sqrt{4^2+3^2}=5$

△EFB∽△DEC より，EB : EF=DC : DE

6 : EF=5 : 4　$\therefore \mathrm{EF}=\frac{24}{5}$

② (1)と同様にして，△DEC∽△AFE より，

△EFB∽△DEC∽△AFE

したがって，∠DCE=∠AEF ――― ㋐

また，対頂角は等しいので，∠GEC=∠AEF ――― ㋑

㋐，㋑より，∠DCE=∠GEC だから，△GEC は二等辺三角形である。

G から EC に垂線を下ろし，その交点を H とすると，

GH は EC の垂直二等分線になるので，EH=HC

中点連結定理より，$\mathrm{GH}=\mathrm{DE}\times\frac{1}{2}=4\times\frac{1}{2}=2$

また，△DEC∽△GHE より，

DC : DE=GE : GH

5 : 4=GE : 2　$\therefore \mathrm{GE}=\frac{5}{2}$

6 (選択問題 B)

(2) ① AC=4，AO=OC より，AO=DO=2

△ABC において三平方の定理より，$\mathrm{BC}=\sqrt{6^2-4^2}=2\sqrt{5}$

△ABC∽△ODE より，AB : BC=DO : DE

$6:2\sqrt{5}=2:\mathrm{DE}$　$\therefore \mathrm{DE}=\frac{2\sqrt{5}}{3}$

②

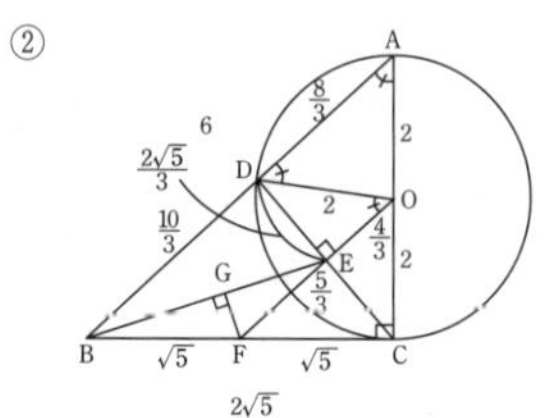

△ABC∽△ODE より，AB : AC=OD : OE

6 : 4=2 : OE　$\therefore \mathrm{OE}=\frac{4}{3}$

また△AOD は OD=OA の二等辺三角形より，

∠OAD=∠ODA=∠DOE ⇒ ∡

△ODE において，∠EDO+∡=90°であるから，

∠ADE=∠EDO+∡=90°

したがって，錯角が等しいので，OE∥AD，OF∥AB

中点連結定理より，$\mathrm{AD}=\mathrm{OE}\times2=\frac{8}{3}$

$\mathrm{DB}=6-\frac{8}{3}=\frac{10}{3}$

中点連結定理より，$\mathrm{BF}=\mathrm{FC}=\sqrt{5}$

$\mathrm{EF}=\mathrm{DB}\times\frac{1}{2}=\frac{5}{3}$

△BDE において三平方の定理より

$\mathrm{BE}=\sqrt{\left(\frac{10}{3}\right)^2+\left(\frac{2\sqrt{5}}{3}\right)^2}=\frac{2\sqrt{30}}{3}$

∠BED=90°−∠GEF

∠EFG=90°−∠GEF　より，∠BED=∠EFG

また，∠BDE=∠EGF=90°だから，

2 組の角が等しいので　△BED∽△EFG

したがって，DE : BE=GF : EF

$\frac{2\sqrt{5}}{3}:\frac{2\sqrt{30}}{3}=\mathrm{GF}:\frac{5}{3}$

$\mathrm{GF}=\frac{5\sqrt{6}}{18}$

〈英　語〉

2 A　1　A：見て！あっちにいる犬はとても大きい！
B：私たちの犬も大きいですが，あの犬は［　　］よりも大きいようです。
あの犬は私たちの犬よりも大きいと考えられるので，ours：私たちのもの（＝犬）。

2　A：今週末に福岡に買い物に行きましょう。
B：わあ，いい考えですね。［　　］いい店がたくさんあると聞いています。
買い物に行くので，to visit：訪れるための。

3　A：お母さん，私のお気に入りのテレビ番組はもう［　　］?
B：心配しないでください。もうすぐ始まります。
「has … yet?」と聞いているので現在完了の完了用法であり，過去分詞の started。

B

「スポゴミ」について聞いたことがありますか？それは「ゴミ」すなわちごみを集める新種のスポーツです。［　　］集めたごみの量と種類に応じてポイントが加算されます。

ア　その時，世界中からおよそ20チームが参加しました，そのルールはそれほど難しくありません。
イ　試合では，3人1組のチームを作り，1時間で多くの種類のごみを集めるためにエリアを歩き回ります。
ウ　2008年に東京で始まり，2023年に日本でスポゴミワールドカップが開催されました。
エ　また，ごみを分別するために20分間が与えられます。

ウのスポゴミワールドカップの記述を受けて「世界中からおよそ20チームが参加しました」とあるので，ウ→アの順になる。また，「そのルールはそれほど難しくありません。」とあることから，アの後にはルールについて述べたイ・エが入り，制限時間について記述を受けて「また，ごみを分別するために20分間が与えられます」と続くと考えられるのでイ→エの順になる。よって，ウ→ア→イ→エの順になる。

C

肥後水族館へようこそ

私たちはおよそ600種類の海の生物と一緒にあなたをお待ちしております。素晴らしい海の眺めのレストランもございますので，楽しい時間をお過ごしいただけること間違いなしです！

イベント予定

イルカショー（20分間）	魚のえさやり（20分間）	ペンギンパレード（20分間）
●午前10時30分～	●午前11時30分～	●午後1時30分～
●午後2時30分～	●午後3時30分～	●午後4時30分～

バスの時刻表

あまうみ駅	9時30分	11時10分	12時50分	2時30分	4時10分
	↓	↓	↓	↓	↓
肥後水族館	9時50分	11時30分	1時10分	2時50分	4時30分

肥後水族館	10時20分	12時00分	1時40分	3時20分	5時00分
	↓	↓	↓	↓	↓
あまうみ駅	10時40分	12時20分	2時00分	3時40分	5時20分

・営業時間は午前10時から午後5時までですが，7月と8月は午後7時まで営業しています。
・申し訳ございませんが，ペットを連れてくることはできません。

1　ア　この水族館はおよそ6000種類の海の生物を見ることができます。
イ　この水族館はレストランがないので食事をとることができません。
ウ　この水族館は7月と8月は9時間過ごすことができます。
エ　この水族館はペットと一緒に訪れることができます。
7月と8月の営業時間は午前10時から午後7時までの9時間である。

2

真希：今週末肥後水族館に行きましょう。

ロビン：いいですね。私はこれらの3つのイベントを見たいです。ですから，最初のイルカショーを見るために［①］に出発するバスにあまうみ駅で乗りましょう。

真希：わかりました。昼食の前に，魚のえさやりに行くことができます。もし，最初のペンギンパレードを最後まで見ると，私たちは［②］に出発するバスに乗ることができます。それから午後4時までにあまうみ駅に着くことができます。

ア　①　9時30分　②　1時40分　イ　①　10時20分　②　1時40分
ウ　①　9時30分　②　2時30分　エ　①　10時20分　②　2時30分
オ　①　9時30分　②　3時20分　カ　①　10時20分　②　3時20分

①は最初のイルカショーが始まるのが10時20分なので，あまうみ駅を9時30分に出発して肥後水族館に9時50分に到着するバスに乗る必要がある。②は最初のペンギンパレードが終わるのは始まる午後1時30分の20分後の午後1時50分なので，それ以降に出発し，4時前にあまうみ駅に着くバスであり，肥後水族館を3時20分に出発し，あまうみ駅に3時40分に到着するバスに乗ればよい。

D

恵　：ジム，私は昨日インターネットでこの表とグラフをみつけました。これらは2018年に外国からの旅行客が平均して日本に何日滞在したか，いくらお金を使ったかについてのものです。
ジム　：それらを見てもいいですか？ああ，［①］から来た人々が最も長く日本に滞在していますね。
恵　：はい。表では，［②］から来た人々も約2週間滞在しています，しかし彼らは1日当たりに使っている金額が最も少ないです。
ジム　：その通りです。グラフを見てください。［③］から来た人々はおよそ半分のお金を買い物に使っています。私は彼らが日本で日用品を買うのが好きだとニュースで読みました。
恵　：彼らが日本で買い物を楽しんでいるのはいいことです。ああ，表をもう一度見てください。中国や韓国のようなアジアの国々の人々と比べると，アメリカ，イギリス，オーストラリアの人々はより長く滞在しています。このグラフは，彼らが［　　］場所に使ったお金の割合は40パーセント以上でアジアの国々の割合よりも高いことを示しています。
ジム　：それは興味深いですね！

1　ア　中国　イ　韓国　ウ　アメリカ
エ　イギリス　オ　オーストラリア
表によると最も長く滞在しているのはイギリスなので①はエ。約2週間滞在していて，一日当たりに使っている金額が最も少ないのはアメリカなので②はウ。およそ半分のお金を買い物に使っているのは中国なので③はア。

2　彼らとはアメリカ，イギリス，オーストラリアから来た人々を指し，グラフによれば宿泊費に40パーセント以上の割合のお金を使っている。よって，正解は宿泊するための場所であり，to stay が正解。

3

ロイと私は来週の日曜に旅行に行くことを計画しています。私たちの町を旅行するプランをおすすめしてくれませんか？ 健人

スミス先生 わかりました。午前中に市の博物館に行くのはどうですか？多くの美術作品を見ることができ，様々な文化について学ぶことができます。博物館では，美しいポストカードをおみやげにもらったり，レストランでは伝統的な食事をとることができたりします。それから，午後には市のタワーに行くのはどうですか？市で最も高い場所からの素晴らしい景色を楽しむことができます。

ミラー先生 私は社会の教師です，ですから私はあなたに歴史博物館に行って私たちの市の歴史について多く学んでほしいと思います。 それから，湖のほとりの城を訪れてはどうですか？その城は私たちの町で最も人気のある場所の一つです。そこでは素晴らしい眺めとともに昼食を食べることができます，ですから昼食を持っていくのを忘れないようにしてください。城ではおみやげにキーホルダーがもらえます。

デイビス先生 私たちの町の2つの有名な公園を訪れるべきです。まず，グリーンパークは公園を流れている川で人気です。そこでは釣りを楽しむことができます。次に，フォレストパークに歩いて行き，公園でスタッフから生態系について学ぶことができます。フォレストパークのレストランで昼食を食べることができるので昼食を持っていく必要はありません。

どうもありがとう。あなたたちのプランについて考えます。 ロイ

健人 ：私たちはすべてのプランから何か学ぶことができるため，3つのプランの中から1つを選ぶことは難しいです。

ロイ ：その通り，しかし私はレストランで昼食をとることができるので［①］がいいです。

健人 ：わかりました。私はおみやげをもらうことができるので［②］がいいです。

ロイ ：それもいいですね。

健人 ：それでは，午前中に美術作品を見ることができ，午後には美しい景色を見ることができるので［③］を選びましょう。

ロイ ：もちろんです。楽しくなるでしょう。

健人 ：ところで，次の日曜は何時にどこで待ち合わせましょうか？

ロイ ：そうですね，私の家の前に朝8時に集まる［A］？

健人 ：わかりました。それでは，旅行に［B］持って行くつもりですか？

ロイ ：そうですね，昼食，お土産その他を買うためには50ドルで十分だと思います。

1 ア スミス先生のプラン イ ミラー先生のプラン
 ウ デイビス先生のプラン エ スミス先生とミラー先生のプラン
 オ スミス先生とデイビス先生のプラン
 カ ミラー先生とデイビス先生のプラン
 ①レストランで昼食をとることができるのはスミス先生とデイビス先生のプラン，②お土産をもらうことができるのはポストカードがもらえるスミス先生のプランとキーホルダーがもらえるミラー先生のプラン，③午前中に美術作品を見ることができ，午後に美しい景色を見ることができるのはスミス先生のプランである。

2 A 何時にどこで待ち合わせしますか？という質問に対しての応答であり，「～しませんか？：Why don't we…？」が入る。
 B 「50ドルで十分」と答えているのでお金をいくら持って行くつもりか聞いていることがわかるので，いくら：how much が入る。

（選択問題A）

4 「アンブレラスカイ」というイベントを知っていますか？それは10年以上前にポルトガルの夏祭りで始まりました。写真を見てください。町の人々が通りを屋根のように覆うためにさまざまな色の傘を取り付けます。なぜ彼らはそれを始めたのでしょうか？1つの理由は，傘を使って，夏の強い日差しから観光客を守ることができるからです。今，アンブレラスカイは世界中で人気になっていて，私たちは日本でもそのようなイベントを見ることができます。

私は，アンブレラスカイについて3つのいい点があると思います。1つ目は，町にたくさんの色をもたらすことです。ある日本の遊園地では，1000個以上の傘で屋根のように通りを覆います。観光客はさまざまな色の傘を見ること［①］ではなく，遊園地の中のさまざまな色の通りを見ることも楽しむことができるのです。

2つ目のいい点は観光客が傘の下で快適に感じる点です。例えば，傘がつくる日陰のおかげで彼らが傘の下を歩くとき，夏であってもそれほど［②］感じません。また，観光客は［　　］であってもそれほど濡れることもありません。ですから，その傘たちが観光客を快適にすることができるのです。

3つ目のいい点はアンブレラスカイがあることで商店街が活発になることです。例えば，ある商店街では以前はそれほど多くの観光客はいませんでした。［③］アンブレラスカイのおかげで，商店街は違って見え，多くの人々がそこを訪れ傘の下で写真を撮ることを楽しみました。ですから，アンブレラスカイは商店街を活発にする力を持っているのです。

アンブレラスカイのいい点について理解することは出来ましたか？私はますます多くの人々が世界中の通りやお祭りでこのイベントを行うだろうと思います。

1 今日本でアンブレラスカイを見ることはできますか？
 第2段落第3文より，日本の遊園地で見ることができる。

2 ① ア 全て イ ～だけ ウ いつも
 not only A but also B：AだけでなくBもまたとなり，イ。
 ② ア 冷たく イ さまざまな色の ウ 暑く
 「傘がつくる日陰のおかげで…夏でもそれほど～感じない」とあるので，それほど暑く感じない，ウ。
 ③ ア しかし イ だから ウ ～だけれども
 前後を見ると「ある商店街では以前はそれほど多くの観光客はいませんでした」「アンブレラスカイのおかげで，…多くの人々がそこを訪れ傘の下で写真を撮ることを楽しみました」とあるので前後の内容が逆接になっていることがわかるので，ア。

3 ア 暗くなった時 イ 雨が降っている時 ウ 晴れている時
 傘のおかげでそれほど～しないとなるので，傘で防げるものが入る。

4 第2段落，第3段落，第4段落をそれぞれまとめればよい。

5 ア アンブレラスカイは100年以上前にポルトガルで始まった。
 イ アンブレラスカイのおかげで，多くの人々が傘を買うための商店街に訪れる。
 ウ 菜々美はより多くの人々が世界中でアンブレラスカイというイベントを行うだろうと考えている。
 第5段落第2文にウとほぼ同じ内容が書かれている。

（選択問題Ｂ）

4　私が［　①　］が好きで３年間それのやり方を学んできたので，私の夢は自分のレストランを持つことだと思うかもしれません。しかし，今，私は異なる夢を持っています。私は昆布を使って多くの日本料理を作り出し，それを世界中の人々に紹介したいです。実は，私は子どもの時は昆布が好きではありませんでした，しかし今では私の大好きな食べ物のひとつです。昆布は素晴らしいです，そして将来世界中の人々を救うかもしれません。

私は去年の夏休みの間北海道へ行き１週間おじの家で過ごしました。彼は昆布の養殖と販売をする会社で働いています。彼は昆布のすばらしい点について教えてくれました。

昆布は地球温暖化のような問題を解決する鍵になる可能性があります。私たちは地球温暖化のために二酸化炭素を減らさなければならないことを知っています，しかしどうすればいいでしょうか？もちろん，私たちはより多くの木を植えることができます，しかしそれらを育てるには多くの年月が必要です。一方，昆布は育つのにたった数年しかかかりませんし，単位面積当たりで木のおよそ５倍多くの二酸化炭素を吸収します。ですから，昆布は木よりも早く成長し，より多くの二酸化炭素を吸収するのです。

昆布は食糧問題を解決する可能性もあります。昆布は全ての部分を食べることができ，乾燥させた昆布は長期間保存することができます。現在，世界ではますます多くの人々が生活しています。十分な食べ物がなく，十分な栄養を得ることができない人もいます。そのような状況では，多くのビタミンやミネラルを含んでいるので昆布はとても役に立つでしょう。

ですから［　②　］することは地球温暖化を止めること，世界中の人々により多くの栄養を与えることに役に立つ可能性があります。しかしながら，私のおじは海外の人々はあまり昆布を食べないと思っています。もし昆布を使った日本料理が世界中でもっと人気になれば，この状況を変えることができるかもしれません。ですから私はそのために何かしたいです。これまで私は自分のレストランを持つことに興味がありました，しかし今は世界中でより多くの人々に昆布を使った日本料理を作ることにもっと興味があります。まず，私は昆布を使ったたくさんの料理を作り出したいです。それからそれらを世界中に紹介したいです。私はインターネットがそのために役に立つだろうと確信しています。私は将来人々が私の料理を食べることを楽しみ，より多くの昆布を世界中で育てること望みます。私はそれが世界のいくつかの問題を解決するのに役に立つと思います。

1　ア　料理すること　イ　描くこと
　ウ　買い物をすること　エ　泳ぐこと
　「私の夢は自分のレストランを持つことだと思う」理由なのでア。

2　「地球温暖化を止めること，世界中の人々により多くの栄養を与えるのに役に立つ可能性がある」のは第３段落，第４段落で書かれているように，より多くの昆布を育てること＝ grow more kombu

3　第５段落第４文をまとめればよい。

4　ア　和真は子どもの頃昆布が好きではなかったが，今では好きである。
　イ　和真のおじは北海道の日本料理屋で働いている。
　ウ　和真は昆布が育つのにほんの数年しかかからないことを知っている。
　エ　和真は昆布が木よりも多くの二酸化炭素を吸収するので，長期間保存することができると考えている。
　オ　和真のおじは海外で昆布がたくさん食べられているとは思っていない。
　アは第１段落第４文，ウは第３段落第４文，オは第５段落第２文に書かれている。

5

> 和真へ
> 　素晴らしいスピーチをどうもありがとう。私は昆布の特別な力について知りませんでした。私は昆布が好きです，だから私は将来あなたの昆布の料理を食べたいです。私も世界中で［　　］するためにインターネットを使うことはいい考えだと思います。私は彼らがあなたの料理に興味を持ち，昆布が世界中で人気になることを望みます。　久美

第５段落第６文〜第８文をまとめればよい。

〈理　科〉

1　1　(4)　双子葉類における根の特徴を書く。
　2　(4)　$1 \div 30 \div 5 = 0.2466\cdots \fallingdotseq 0.25$

2　1　(2)　月は西から東に公転している。
　三日月なので、まず上弦の月とおり、そこから左側がどんどん太っていく。
　(3)　ウ…表 11 を見ると $1.88 \div 0.62 = 3.03$ より正しい。
　オ…例えば、地球から見て金星が太陽の向こう側にある場合には、地球から金星までの距離が地球から火星までの距離より長くなりえる。
　(4)　地球と金星が最も接近するのは、太陽、金星、地球が一直線上に並ぶときなので、このときの地球と金星との距離は、
　$1.50 - 1.08 = 0.42$（億 km）
　縮尺が３億 2000 万分の１なので、0.42（億 km）÷３億 2000 万
　＝ 0.131km
　＝ 131m
　2　(2)　ア「南南西の風」なので不適
　イ「合計が約 7.5mm」なので不適
　ウ「気温の変化が最も大きいのは、４時から５時まで」なので不適
　(5)　低気圧は反時計回りに吹き込むことを考えると、低気圧の右側→下側→左側が熊本に当たって移動するので、東→南→西となる。

3　1　(3)　溶け残った結晶は粒子がくっついているが、水溶液中に溶けているものは粒子がばらばらになっている。
　(4)　表 19 より、20℃の水 20g に溶けるショ糖は $204 \times \frac{20}{100} = 40.8$g
　これにショ糖 $60.0 + 1.0 = 61.0$g を溶かすと、結晶は $61.0 - 40.8 = 20.2$g できる。大きくなった結晶が 6.0g なので、底にできた結晶は、$20.2 - 6.0 = 14.2$g
　2　(2)　ア　砂糖は水に溶けるが電解質ではない。

4　1　(2)　$260 - 200 = 60$g より、0.6N
　(3)　660g→6.6N、$120\text{cm}^2 = 0.012\text{m}^2$ より
　求める圧力 $= \frac{6.6\text{N}}{0.012\text{m}^2} = 550\text{Pa}$
　(4)　$220 - 200 = 20$g、磁石Ｃの方が質量が大きく、力の大きさも大きい。
　2　(3)　発光ダイオード…$3.0\text{V} \times 0.02\text{A} \times 60\text{s} = 3.6\text{J}$
　豆電球…$3.0\text{V} \times 0.4\text{A} \times 60\text{s} = 72\text{J}$
　したがって、その差は $72 - 3.6 = 68.4$J
　(4)　回路Ａ…電源装置の電圧が 3.0V のとき、１つの発光ダイオードにかかる電圧は 1.5V ずつなので、表 31 より発光しない。
　回路Ｂ…短い方が＋極につながっているので、発光しない。
　回路Ｃ…電源装置の電圧が 3.0V のとき、１つの発光ダイオードにかかる電圧は 3.0V ずつなので、表 31 よりどちらも発光する。
　回路Ｄ…回路Ｃと同様にどちらも発光しそうだが、上は短い方が＋極につながっているので発光しない。

〈国　語〉

1　3　「純」と「起」は10画。「津」9画、「教」11画、「週」11画。

　5　「生まれ」は下一段活用、残りは五段活用。

3　1　Ⅰ　第2段落に注目する。

　　　Ⅱ　第3段落に注目する。

　2　第4段落をまとめればよい。

　3　第5段落に注目する。

　4　第4段落、第5段落ともに「三人称の客観的世界は、一人称の主観的世界を基礎（基盤）に獲得される」ことについて書かれてある。

　5　最終段落に注目する。

4　1　恥ずかしいときに使われる表現。

　2　傍線部②直後の「今日の円陣に関係」、「みんながついてきてくれるような背中になれたら」に注目する。

　3　「ような」、「みたいな」といった言葉が使われる表現技法を、比喩の中でも「直喩」という。

　4　「スーパーエース」＝「実力がある者」という言葉を使うことで、落ち込んでいた日々乃を励まそうとしている様子が読み取れる。

　5　傍線部⑤直後に注目する。

　6　イ「それまでの重苦しい空気が緩み」が不適。

5　【現代語訳】

　ある人、みみづくを飼っていて、それを囮にして鳥を捕まえていたが、同じように狩りをする友達のところから、みみづくを借りるために人を寄越した。その手紙には「みみづく」を略して「づく」と書かれており、文末には「づく」とは「みみづく」のことである。「みみづく」と書けば、文字数が多い言葉になってしまうので「づく」と書いたと長々と説明していた。それならば初めから「みみづく」と書けよと滑稽に思う。文字を縮めようとして多くの文字を添え、言葉を短くしようとしてかえって長くなることを知らない。世間のことを見ると、このような類のことが多い。

熊本県公立入試（社会）に出た年号のすべて

時代	年	出来事
	239	卑弥呼が魏に使いを送り金印を与えられる
	604	聖徳太子が十七条憲法を制定
	607	小野妹子が遣隋使として派遣される
	645	大化の改新
	652	班田収授法によって口分田が与えられる
	663	白村江の戦い
	672	壬申の乱
	701	大宝律令を制定
奈良	710	平城京（奈良）に都を移す
	713	「風土記」
	720	「日本書紀」
	741	国ごとに国分寺が建てられる
	743	墾田永年私財法の制定
	752	東大寺の大仏が建てられる
	756	正倉院が建てられる
平安	794	都を京都に移し平安京とする
	796	教王護国寺が建てられる
	797	坂上田村麻呂が征夷大将軍に任命
	816	高野山に金剛峯寺が建てられる
	858	藤原良房が摂政となる（摂関政治の始まり）
	894	遣唐使を廃止する
	935	平将門の乱
	939	藤原純友の乱
	1016	藤原道長が摂政となる
	1053	平等院鳳凰堂建立
	1086	白河上皇が院政を始める
	1124	中尊寺金色堂を建立
	1156	保元の乱
	1159	平治の乱➡67　平清盛が太政大臣となる
	1179	平清盛が宋と貿易はかる
	1185	壇ノ浦の戦い➡守護・地頭をおく
鎌倉	1192	源頼朝が征夷大将軍に任命
	1203	東大寺南大門の金剛力士像完成
	1212	鴨長明「方丈記」
	1221	承久の乱／六波羅探題を置く
	1232	北条泰時が御成敗（貞永）式目を制定
	1274	文永の役（元寇）
	1281	弘安の役（元寇）
	1297	永仁の徳政令
	1333	鎌倉幕府滅ぶ
室町	1334	建武の新政が始まる
	14C頃	イタリアでルネサンスがおこる
	1392	足利義満が南北朝を合一
	1404	勘合貿易が始まる
	15C初	首里城が建てられる
	1428	正長の土一揆
	1429	琉球王国成立
	1467	応仁の乱（～77）
	1489	足利義政が銀閣寺を建立
	1498	バスコ＝ダ＝ガマのインド到着
	1517	ルターの宗教改革
	1519～22	マゼラン一行世界一周
	1534	イエズス会設立
	1543	ポルトガル人が種子島に鉄砲を伝える
	1549	ザビエルがキリスト教を伝える
	1560	桶狭間の戦い
	1573	織田信長が室町幕府滅ぼす
安土桃山	1575	長篠の戦い
	1582	本能寺の変／太閤検地／天正遣欧少年使節が派遣される
	1587	豊臣秀吉が宣教師の国外追放を命じる
	1590	小田原攻め（北条氏滅亡）
	1600	関ヶ原の戦い
江戸	1603	徳川家康が江戸幕府を開く
	1609	姫路城が建てられる
	1612，13	徳川家康がキリスト教を禁止する
	1615	武家諸法度
	1635	参勤交代の制度
	1637	島原の乱（島原・天草一揆）
	1641	鎖国の完成
	1649	慶安の御触書
	1669	シャクシャインの戦い
	1685	徳川綱吉の生類憐みの令
	1688	名誉革命（イギリス）
	17C末	松尾芭蕉「おくのほそ道」
	1716	享保の改革
	1721	目安箱設置
	1742	公事方御定書
	18C後半	イギリスで産業革命
	1765	ワットの蒸気機関改良
	1772	田沼意次が老中になる
	1774	杉田玄白・前野良沢「解体新書」
	1776	アメリカ合衆国が独立
	1782	天明の大飢饉（～87）
	1787	寛政の改革
	1789	フランス革命　フランス人権宣言
	1792	ラックスマンが根室に来航
	19C初	伊能忠敬が日本地図をつくる
	1804	ナポレオンが皇帝となる
	1825	外国船（異国船）打払令
	1837	大塩平八郎の乱
	1840	アヘン戦争（～42）➡42　南京条約
	1841	天保の改革／株仲間の解散
	1851	清で太平天国の乱（～64）
	1853	ペリーが浦賀に来る
	1854	日米和親条約（函館・下田を開港）
	1857	インドの大反乱
	1858	日米修好通商条約（函館・横浜・長崎・新潟・神戸）
	1859	安政の大獄
	1860	桜田門外の変
	1861	アメリカの南北戦争
	1863	リンカーンが奴隷解放宣言／長州藩が外国船を砲撃
	1864	下関砲撃事件
	1866	薩長同盟
	1867	大政奉還
明治～近代→	1868	戊辰戦争／五箇条の御誓文
	1869	版籍奉還
	1871	廃藩置県／岩倉使節団が派遣される
	1872	鉄道開通／学制の発布／太陽暦の採用／「学問のすすめ」発刊
	1873	徴兵令／地租改正⬅72　地券の発行
	1874	板垣退助らの民撰議院設立建白書／立志社設立
	1875	江華島事件
	1876	日朝修好条規
	1877	西南戦争
	1880	国会期成同盟設立
	1881	板垣退助らが自由党結成
	1882	大隈重信が立憲改進党結成
	1884	秩父事件
	1885	内閣制度が始まる（伊藤博文が初代内閣総理大臣）
	1889	大日本帝国憲法発布
	1890	教育勅語発布／第一回帝国議会
	1894	治外法権の撤廃に成功／甲午農民戦争➡日清戦争
	1895	下関条約➡三国干渉（独・露・仏）
	1899	義和団事件（の乱）➡02　日英同盟
	1901	八幡製鉄所操業開始／与謝野晶子が「みだれ髪」を発表
	1904	日露戦争が始まる➡05　ポーツマス条約
	1911	関税自主権の回復（条約改正）
	1911	辛亥革命➡12　中華民国成立／平塚雷鳥らが青鞜社を設立
	1914	第一次世界大戦始まる
	1915	二十一か条の要求
	1917	ロシア革命
	1918	シベリア出兵／米騒動／第一次世界大戦終わる／原敬内閣
	1919	パリ講和会議➡ベルサイユ条約が結ばれる
	1919	朝鮮で三・一独立運動／中国で五・四運動
	1919	ドイツでワイマール憲法発布
	1920	国際連盟発足
	1921	ワシントン会議➡日英同盟廃棄
	1923	関東大震災
	1925	普通選挙法の制定(25歳以上の男子)／加藤孝明内閣／ラジオ放送始まる
	1928	5か年計画
	1929	世界恐慌
	1931	満州事変➡33　日本の国際連盟脱退
	1932	五・一五事件
	1933	ルーズベルトのニューディール政策
	1933	ドイツでヒトラーが政権をにぎる
	1936	二・二六事件
	1937	日中戦争／盧溝橋事件
	1938	国家総動員法の公布
	1939	第二次世界大戦始まる
	1940	日独伊三国軍事同盟
	1941	日ソ中立条約／太平洋戦争が始まる
	1945	ポツダム会談➡ポツダム宣言
	1945	第二次世界大戦・太平洋戦争終わる／国際連合が発足／財閥解体／普通選挙法の改正（20歳以上の男女）
	1946	日本国憲法が公布
	1947	日本国憲法が施行／教育基本法制定
	1948	世界人権宣言
	1950	朝鮮戦争勃発
	1951	日米安全保障条約の調印
	1951	サンフランシスコ平和条約
	1955	アジア・アフリカ会議
	1955	ソ連がワルシャワ条約つくる
	1956	日ソ共同宣言➡国交回復➡日本の国際連合加盟
	1962	キューバ危機
	1964	東京オリンピック／東海道新幹線開通
	1965	日韓基本条約の締結／ベトナム戦争
	1967	公害対策基本法
	1972	沖縄の日本復帰／世界遺産条約
	1973	第四次中東戦争／石油危機（オイルショック）
	1978	日中平和友好条約の締結
	1989	冷戦終結ベルリンの壁崩壊
	1991	湾岸戦争／ソ連の解体
	1992	地球サミット（国連環境開発会議）
	1994	子ども（児童）の権利条約、日本批准
	1997	香港・中国に返還

社会資料集 ①

鑑真（がんじん）　奈良時代：天平文化

平等院鳳凰堂（びょうどういんほうおうどう）　平安時代：国風文化

1053 年　藤原頼通

かな文字（「高野切第一種（こうやぎれだいいっしゅ）」の一部）
平安時代：国風文化

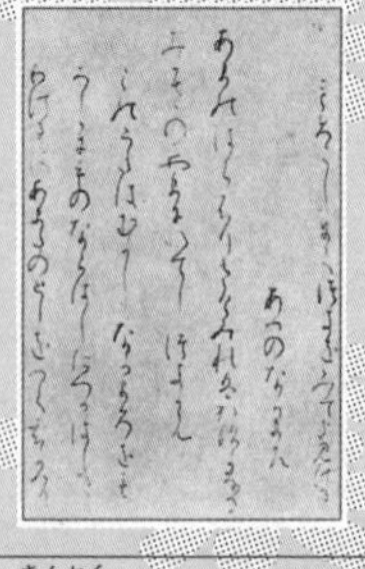

元寇（「蒙古襲来絵詞（もうこしゅうらいえことば）」）

1274 年　文永の役
1281 年　弘安の役　元寇

定期市（備前国福岡市（びぜんのくにふくおかのいち））（「一遍上人絵伝（いっぺんしょうにんえでん）」）

鎌倉時代

金閣（きんかく）　室町時代

北山文化：足利義満

正長の土一揆の碑文

1428 年

銀閣（ぎんかく）　室町時代

東山文化：足利義政

南蛮貿易の様子（「南蛮屏風（なんばんびょうぶ）」）　安土桃山時代

江戸時代の農具の進歩

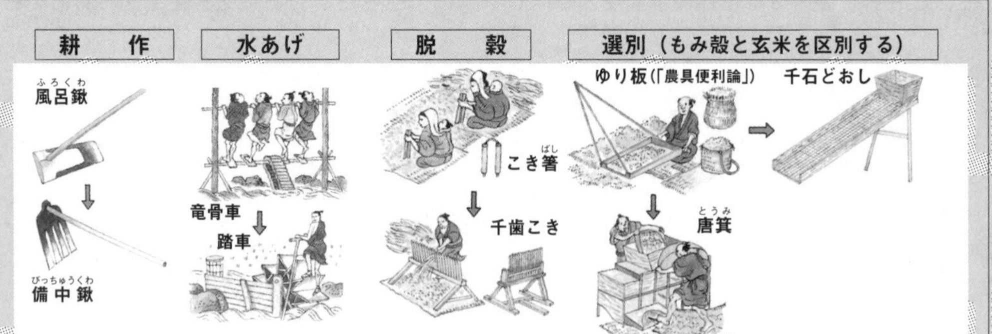

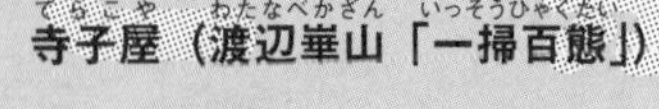

寺子屋（てらこや）（渡辺崋山（わたなべかざん）「一掃百態（いっそうひゃくたい）」）

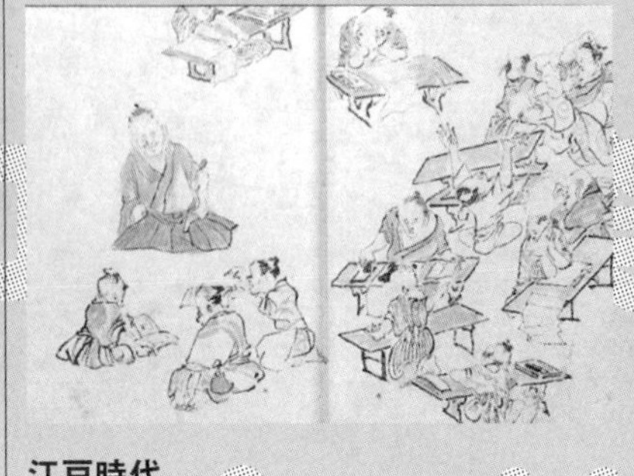

江戸時代

富嶽三十六景（葛飾北斎）

江戸時代：化政文化

北方領土

社会資料集 ②

十七条の憲法の制定（604年）飛鳥時代

一に曰く、和をもって貴しとなし、さからうことなきを宗とせ。（和をたいせつにして、人といさかいをしないようにせよ。）

二に曰く、あつく三宝を敬え。三宝とは仏・法・僧なり。（あつく仏教を信仰せよ。）

三に曰く、詔（天皇の命令）を承りては必ずつつしめ。（天皇の命令をうけたら、かならずしたがえ。）

鎌倉幕府のしくみの一部

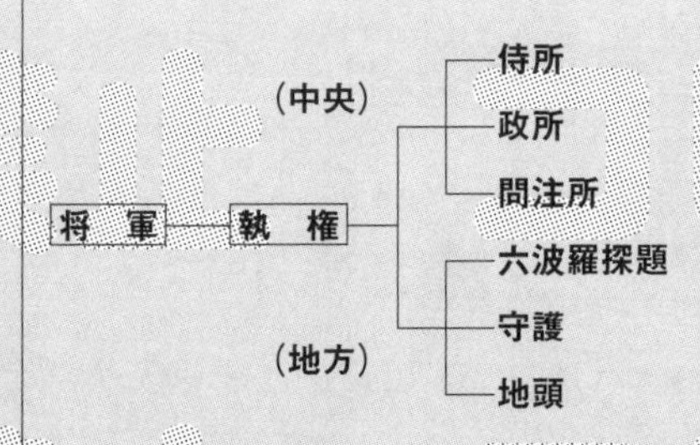

楽市・楽座令（1577年）

一、この地を楽市と命ぜられたからには、いろいろな座の特権や座役などはすべて免除する。

一、往来する商人で、中山道を通る者は、この町（安土）に来て寄宿すること。

一、領国内で徳政を行っても、ここでは免除する。

一、他国からの移住者は、だれでも前からの住民と差別しない。

（安土山下町定「近江八幡市共有文書」）

刀狩（1588年）

一、諸国の百姓が刀・脇指・弓・槍・鉄砲その他、武具を持つことを堅く禁止する。

（「小早川家文書」）

武家諸法度

一、学問と武道にひたすら精を出すようにしなさい。

一、諸国の城は、修理する場合であっても、必ず幕府にもうし出ること。まして新しい城をつくることは厳しく禁止する。

一、幕府の許可なしに、婚姻を結んではならない。（部分要約）

五箇条の御誓文

一　広ク会議ヲ興シ万機❶公論ニ決スベシ

一　上下心ヲ一ニシテ盛ニ経綸❷ヲ行ウベシ

一　官武一途庶民ニ至ル迄、各其志ヲ遂ゲ、人心ヲシテ倦マザラシメン❸コトヲ要ス

一　旧来ノ陋習❹ヲ破リ、天地ノ公道❺ニ基クベシ

一　智識ヲ世界ニ求メ、大ニ皇基❻ヲ振起スベシ

❶すべての政治。❷国を治め民を救う方策。❸あきさせない。❹悪い習慣。攘夷の風潮のこと。❺国際法。❻天皇の政治の基礎。

日本の外交

飛鳥時代⇒隋（遣隋使）
奈良・平安時代⇒唐（遣唐使）
平安終わり⇒宋（日宋貿易、平清盛）
鎌倉時代⇒元（元寇）
室町時代⇒明（勘合貿易、足利義満）
安土桃山時代⇒ポルトガル、スペイン（南蛮貿易）
江戸時代⇒東南アジアの国々（朱印船貿易）
⇒（鎖国、出島）

文化の名前と特色、代表的なもの

飛鳥文化⇒法隆寺（世界最古の木造建築）
天平文化⇒国際色豊か、日本書紀、古事記、万葉集、東大寺大仏、東大寺正倉院
国風文化⇒日本風の文化、寝殿造り、かな文字、源氏物語（紫式部）、平等院鳳凰堂
鎌倉文化⇒素朴で力強い武士の文化、東大寺南大門金剛力士像、平家物語、徒然草（兼好法師）
室町文化⇒北山文化、金閣、能
⇒東山文化、銀閣、書院造、水墨画（雪舟）
桃山文化⇒豪華で壮大な文化、唐獅子図屏風（狩野永徳）、茶の湯の流行（千利休）
江戸時代⇒元禄文化　上方中心、町人中心の派手な文化、浮世絵（見返り美人図）、朱子学、奥の細道（松尾芭蕉）
⇒化政文化　江戸中心、庶民を中心とした文化、蘭学（解体新書）、富嶽三十六景（葛飾北斎）、大日本沿海輿地全図（伊能忠敬）

裁判のしくみの一部

刑事裁判
裁判官
検察官
判決
被告人　弁護人
被告人の犯罪を証拠をあげて処罰を要求
弁護人をたのめる
黙秘権を使える
証人を呼べる

民事裁判
裁判官
両方の主張を聞き法律にもとづいて
判決
証人や証拠を出して判決を求める
証人や証拠を出して裁判に応ずる
原告側訴訟代理人　当事者〈原告〉
当事者〈被告〉　被告側訴訟代理人
（一般には弁護士）
刑事裁判とちがい処罰ではない。

わが国の三権分立

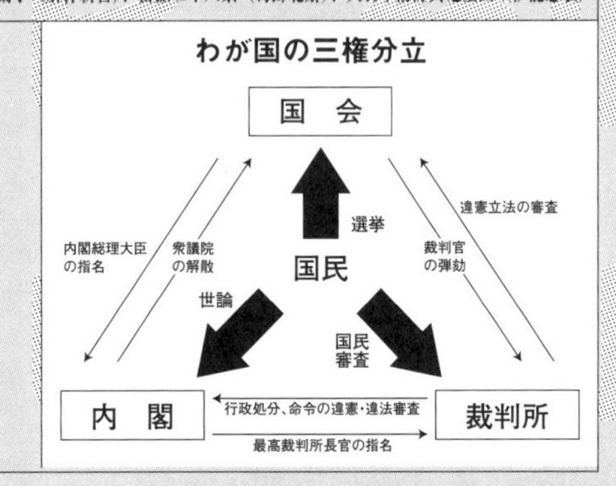

わが国の経済活動の一部

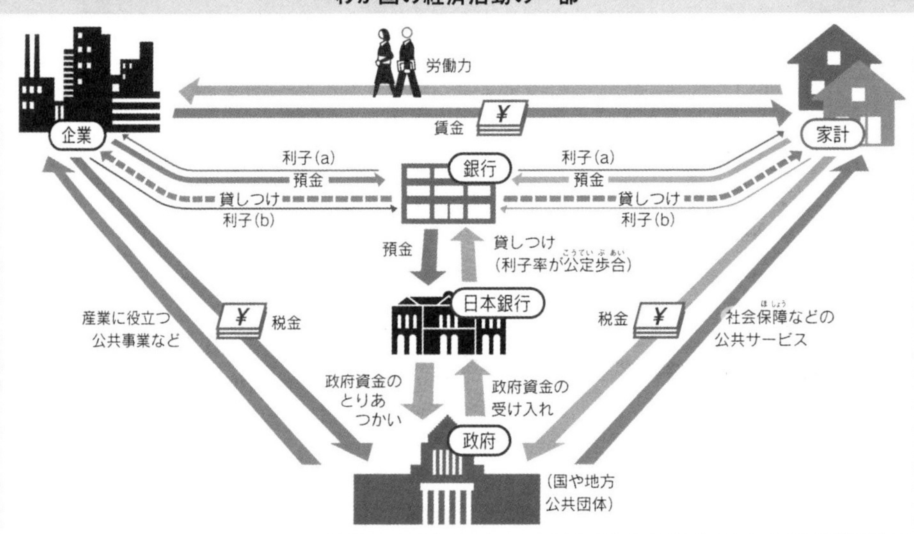

高校入試理科重要公式集

■気体の性質

性質＼気体	水　素	酸　素	二酸化炭素	アンモニア	塩　素	窒　素
色	ない	ない	ない	ない	黄緑色	ない
におい	ない	ない	ない	刺激臭	刺激臭	ない
空気と比べた重さ	最も軽い	少し重い	重い	軽い	最も重い	少し軽い
水への溶け方	溶けにくい	溶けにくい	少し溶ける	非常に溶ける	溶けやすい	溶けにくい
集め方	水上置換	水上置換	水上(下方)置換	上方置換	下方置換	水上置換
その他の性質	・マッチの火を近づけると音を立てて燃える。 ・亜鉛にうすい塩酸を加えると発生。	・火のついた線香を近づけると炎が明るくなる。 ・二酸化マンガンにオキシドールを加えると発生。	・石灰水を白くにごらせる。 ・水溶液は酸性 ・石灰石にうすい塩酸を加えると発生。	・水溶液はアルカリ性 ・塩化アンモニウムと水酸化カルシウムの混合物を加熱すると発生。	・漂白作用 ・殺菌作用 ・水溶液は酸性	・空気の約4/5を占める ・燃えない。

■指示薬

	リトマス紙	ＢＴＢ液	フェノールフタレイン溶液
酸　性	青色 → 赤色	黄色	無色
中　性		緑色	無色
アルカリ性	赤色 → 青色	青色	赤色

■試薬

・石灰水…二酸化炭素があると白くにごる
・塩化コバルト紙…水があると赤色に変化する
・酢酸カーミン（酢酸オルセイン）溶液…核を赤く染める
・ヨウ素液…デンプンがあると青紫色に変化する
・ベネジクト液…糖があると赤かっ色の沈殿ができる

■化学反応式・イオン式

①酸化

・$2H_2+O_2 \rightarrow 2H_2O$
水素＋酸素→水

・$2Mg+O_2 \rightarrow 2MgO$
マグネシウム＋酸素→酸化マグネシウム
質量比 3 : 2

・$2Cu+O_2 \rightarrow 2CuO$
銅 ＋酸素→酸化銅
質量比 4 : 1

・$C+O_2 \rightarrow CO_2$
炭素＋酸素→二酸化炭素

・$4Ag+O_2 \rightarrow 2Ag_2O$
銀 ＋酸素→酸化銀

・$3Fe+2O_2 \rightarrow Fe_3O_4$
鉄 ＋酸素→酸化鉄

②還元

・$2CuO+C \rightarrow 2Cu+CO_2$
酸化銅＋炭素→銅 ＋二酸化炭素

③化合

・$Fe+S \rightarrow FeS$
鉄 ＋硫黄→硫化鉄

④分解

・$2H_2O \rightarrow 2H_2+O_2$
水 →水素＋酸素

・$2NaHCO_3 \rightarrow Na_2CO_3+CO_2+H_2O$
炭酸水素ナトリウム→炭酸ナトリウム＋二酸化炭素＋水

・$2HCl \rightarrow H_2+Cl_2$
塩酸 →水素＋塩素

⑤イオン

・$HCl \rightarrow H^+ + Cl^-$
塩酸 →水素イオン＋塩化物イオン

・$NaOH \rightarrow Na^+ + OH^-$
水酸化ナトリウム→ナトリウムイオン＋水酸化物イオン

・$NaCl \rightarrow Na^+ + Cl^-$
塩化ナトリウム→ナトリウムイオン＋塩化物イオン

■公式集

・密度〔g/cm³〕＝ $\dfrac{質量〔g〕}{体積〔cm^3〕}$

・湿度〔%〕＝ $\dfrac{空気1m^3中に含まれている水蒸気量〔g〕}{その気温の空気1m^3中の飽和水蒸気量〔g〕} \times 100$

・圧力〔Pa〕＝ $\dfrac{力の大きさ〔N〕}{力がはたらく面積〔m^2〕}$

・速さ〔m/秒〕＝ $\dfrac{物体が移動した距離〔m〕}{移動にかかった時間〔秒〕}$

・質量パーセント濃度〔%〕＝ $\dfrac{溶質の質量〔g〕}{水溶液の質量〔g〕} \times 100$

・電圧〔V〕＝抵抗〔Ω〕×電流〔A〕

・電流〔A〕＝ $\dfrac{電圧〔V〕}{抵抗〔Ω〕}$　・抵抗〔Ω〕＝ $\dfrac{電圧〔V〕}{電流〔A〕}$

・電力〔W〕＝電流〔A〕×電圧〔V〕

・熱量〔J〕＝電力〔W〕×時間〔秒〕

・仕事〔J〕＝力の大きさ〔N〕×力の向きに動いた距離〔m〕

・仕事率〔W〕＝ $\dfrac{仕事〔J〕}{仕事にかかった時間〔秒〕}$

■顕微鏡の使い方

〈ピントの合わせ方〉

横から見て，プレパラートを対物レンズに近づける。

接眼レンズをのぞきながら，プレパラートをはなしていく。

■ルーペの使い方

見たいものを前後に動かす。

見たいものが動かせないときは，顔を前後に動かす。

■ガスバーナーの使い方

〈火の消し方〉

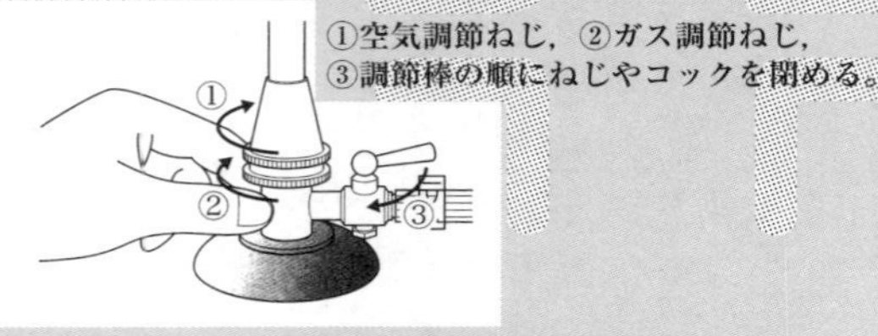

①空気調節ねじ，②ガス調節ねじ，③調節棒の順にねじやコックを閉める。

■メスシリンダーの使い方

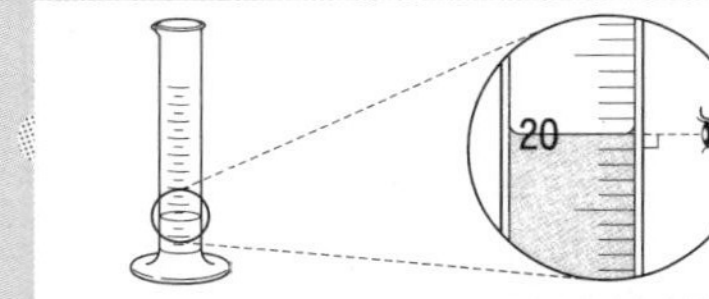

①水平な台の上に置く。
②目もりは，管の中央を真横から読む。
③目分量で1目もりの$\frac{1}{10}$まで読む。

■とつレンズを通った光の進み方

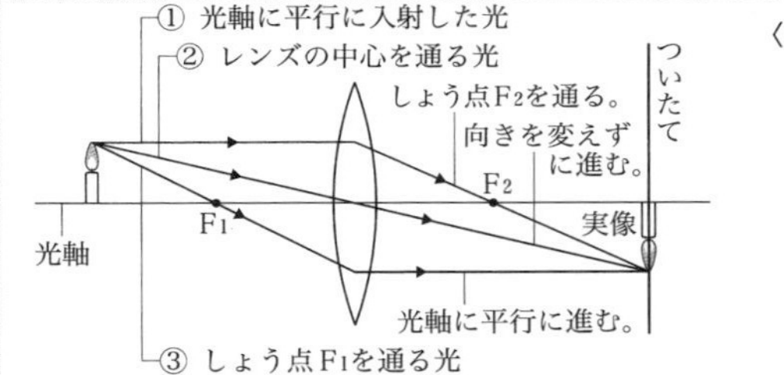

〈光源がしょう点F₁の内側の場合〉

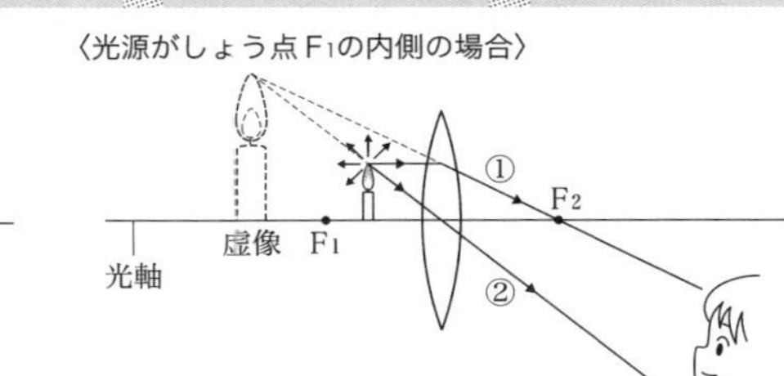

公立高校英単パーフェクト　591

(株) ガクジュツ

able (be able to)
about
abroad
across
activity
Africa
afraid
after (↔ before)
afternoon
again
ago
agree
all
almost
along
already (↔ yet)
also
always
among
and
animal
another
answer (↔ ask, question)
any
anyone
anything
around
arrive
article
as
ask (↔ answer)
aunt (↔ uncle)
Australia
away
baby
back
bad (↔ good)
bag
baseball
basketball
beautiful
because
become
bed
before (↔ after)
begin (↔ finish)
believe
best
better
between
big (↔ small)
bike
bird
birthday
black
blue
boat
body
book
borrow
both
bread
break
breakfast
bring (↔ take)
brother
brush
build
building
bus
busy
but
buy (↔ sell)
by
cake
call
can (= be able to, → could)
candy
cap
car
card
care
carefully
carry
catch
century
chair
chance
change
check
child (children)
chocolate
choose
chorus
city
class
classmate
classroom
clean
collect
close (↔ open)
cloud
club
cold (↔ hot)
college
colo(u)r
comic
come (↔ go)
communication
computer
concert
cook
cool (↔ warm)
country (countries)
course (of course)
cry
culture
cup
cut
cycling
dance
dangerous
dark
daughter (↔ son)
day
dear
decide
delicious
department
desk
dictionary
different (↔ same)
difficult (↔ easy)
dinner
do (does → did → done)
doctor
door
down
draw
dream
drink
drive
during
each
ear
early (↔ late)
earth
easily
east (↔ west)
easy (↔ difficult)
eat
egg
either
else
elementary
English
enjoy (=have a good time)
enough
enter
especially
even
evening
event
ever
every
everybody
everyone
everything
example (for example)
excite (exciting)
excuse
expensive
experience
eye
face
fall
family
famous
fan
far
farm
fast (↔ slow)
father
favorite
feel
festival
few
figure
finally
find (→ found)
fine
finish (↔ begin)
fish
flower
fly
food
foot (feet)
for
foreign
forest

forget
free
friend
from
fruit
fry
fun
future
game
garden
get
girl
give
glad (be glad to)
glass
go (↔ come)
goal
good (↔ bad)
grandfather
grandmother
great
green
ground
grow
guess
hair
half
hamburger
hand
happen
happy (↔ sad)
hard
hardly
have
head
health
hear
heavy
help
here
high (↔ low)
hill
history
holiday
home
homestay
hometown
homework
hope
hospital
hot (↔ cold)
hour
house
how
however
hundred
hungry
idea
if
important
in
information
international
Internet
interesting
into
introduce
invite
Japan (Japanese)
job
join
juice
junior
just
keep
kind
kitchen
know (→ knew)
lake
language
large (↔ small)
last
late (↔ early)
later
learn
leave (→ left)
left (↔ right)
lend
lesson
let
letter
library
life
light
like
listen
little
live
long (↔ short)
look
lose
lot (a lot of)
love
lucky
lunch
make (→ made)
man (men)
many
marry
math
may
maybe
meal
mean
meet
member
memory
message
milk
mind
minute
money
month
moon
more
morning
most
mother
mountain
mouth
move
movie
much
museum
music
must (= have to)
name
nature
near
necessary
need
nervous
never
new (↔ old)
news
next
nice
night
noon
nose
notebook
nothing
now
number
nurse
o'clock
of
office
often
old (↔ young, new)
once
only
open (↔ close)
orange
other
out
outside
over
own
paper
parent (parents)
park
part (part of)
party (parties)
pay
pencil
people
perfect
person
phone
piano
picture
pink
place
plan
plane
play
please
point
police
poor (↔ rich)
popular
practice
present
pretty
problem
put
question (↔ answer)
quickly
quiet
rain
raincoat
reach
read
ready
really
receive
red
remember
restaurant
rest
rice
rich (↔ poor)
ride
right (↔ left)
rise

river
road
room
run（→ running）
sad（↔ happy）
same（↔ different）
sandwich
save
say（→ said）
school
science（scientist）
sea
season
see（→ seen）
sell（↔ buy）
send
shall
share
shock
shop（→ shopping）
short（↔ long , tall）
should
shout
show
sick（↔ well）
since
sing
sister
sit（↔ stand）
sky
sleep
slope
slowly（↔ fast）
small（↔ large）
smile
snow
so
softball
some
someday
someone
something
sometimes
son（↔ daughter）
soccer
soon
sorry
sound
speak
special
speech
spend
sport（sports）
stadium
stand（↔ sit）
star
start（↔ stop）
station
stay
still
stone
stop（↔ start）
store
story（stories）
strange
street
strong
student
study
subject
such
sun
sunny
supermarket
support
sure
surprise
swim
table
Taiwan
take（↔ bring）
talk
tall（↔ short）
tea
teach
teacher
team
teeth
tell
tennis
than
thank（thank you）
then
there
these
thing
think
those
thousand
through
ticket
time
tire（tired）
today
together
tomorrow
too
town
traditional
train
trash
travel
tree
trip
try
turn
twice
uncle（↔ aunt）
under
understand
until（又は till）
use
useful
usually
vacation
very
view
village
visit
voice
volleyball
wait
walk
wall
want
warm（↔ cool）
wash
watch
water
way
weak
weather
week
weekend
welcome
well（↔ sick）
what
when
where
which
white
who
whose
why
will（= be going to）
wind
window
winter
with
without
woman（women）
wonderful
word
work
world
worry
write
wrong
yard
year
yellow
yesterday
yet（↔ already）
young（↔ old）

＜季節＞ spring summer fall winter
＜曜日＞ Sunday Monday Tuesday Wednesday Thursday Friday Saturday
＜ 月 ＞ January February March April May June July August September October November December
＜ 数 ＞ one two three four five six seven eight nine ten eleven twelve thirteen …
twenty thirty forty fifty sixty seventy eighty ninety hundred thousand
＜序数＞ first second third fourth fifth sixth seventh eighth ninth tenth eleventh twelfth

不規則動詞活用表

意味	原形（現在）	過去形	過去分詞	現在分詞
	be/am,is/are	was/were	been	being
	begin	began	begun	beginning
	bring	brought	brought	bringing
	buy	bought	bought	buying
	come	came	come	coming
	do,does	did	done	doing
	drink	drank	drunk	drinking
	eat	ate	eaten	eating
	feel	felt	felt	feeling
	fly	flew	flown	flying
	get	got	got (ten)	getting
	go	went	gone	going
	have,has	had	had	having
	keep	kept	kept	keeping
	leave	left	left	leaving
	lose	lost	lost	losing
	mean	meant	meant	meaning
	pay	paid	paid	paying
	read	read	read	reading
	ring	rang	rung	ringing
	run	ran	run	running
	see	saw	seen	seeing
	send	sent	sent	sending
	show	showed	shown	showing
	sit	sat	sat	sitting
	speak	spoke	spoken	speaking
	stand	stood	stood	standing
	take	took	taken	taking
	tell	told	told	telling
	throw	threw	thrown	throwing
	wake	woke	woken	waking
	win	won	won	winning

意味	原形（現在）	過去形	過去分詞	現在分詞
	become	became	become	becoming
	break	broke	broken	breaking
	build	built	built	building
	catch	caught	caught	catching
	cut	cut	cut	cutting
	draw	drew	drawn	drawing
	drive	drove	driven	driving
	fall	fell	fallen	falling
	find	found	found	finding
	forget	forgot	forgot (ten)	forgetting
	give	gave	given	giving
	grow	grew	grown	growing
	hear	heard	heard	hearing
	know	knew	known	knowing
	lend	lent	lent	lending
	make	made	made	making
	meet	met	met	meeting
	put	put	put	putting
	ride	rode	ridden	riding
	rise	rose	risen	rising
	say	said	said	saying
	sell	sold	sold	selling
	set	set	set	setting
	sing	sang	sung	singing
	sleep	slept	slept	sleeping
	spend	spent	spent	spending
	swim	swam	swum	swimming
	teach	taught	taught	teaching
	think	thought	thought	thinking
	understand	understood	understood	understanding
	wear	wore	worn	wearing
	write	wrote	written	writing

形容詞・副詞の比較変化表

語尾の子音字を重ねて，-er，-estをつける語

意味	原級	比較級	最上級
大きい	big	bigger	biggest
熱い	hot	hotter	hottest
うすい	thin	thinner	thinnest
赤い	red	redder	reddest
太った	fat	fatter	fattest

語尾のyをiにかえて-er，-estをつける語

意味	原級	比較級	最上級
忙しい	busy	busier	busiest
簡単な	easy	easier	easiest
早い・早く	early	earlier	earliest
乾いた	dry	drier	driest
幸福な	happy	happier	happiest
騒がしい	noisy	noisier	noisiest
かわいい	pretty	prettier	prettiest
重い	heavy	heavier	heaviest

不規則変化をする語

意味	原級	比較級	最上級
悪い	bad	worse	worst
悪く	badly		
病気の	ill		
良い	good	better	best
健康な,じょうずに	well		
後の〈順序〉	late	latter	last
少量の	little	less	least
多数の	many	more	most
大量の	much		
遠くに	far	farther [further]	farthest [furthest]

前にmore，mostをつける語

beautiful	（美しい）	interesting	（おもしろい）
difficult	（難しい）	useful	（役に立つ）
famous	（有名な）	important	（重要な）
careful	（注意深い）	carefully	（注意深く）
popular	（人気のある）	slowly	（ゆっくりと）